刑事诉讼法修改与检察工作

——第八届高级检察官论坛论文集

石少侠　胡卫列　韩大元　　主　编

郭立新　俞波涛　徐鹤喃　　副主编

中国检察出版社

图书在版编目（CIP）数据

刑事诉讼法修改与检察工作：第八届高级检察官论坛论文集/石少侠，
胡卫列，韩大元主编．—北京：中国检察出版社，2012.11
ISBN 978 - 7 - 5102 - 0753 - 2

Ⅰ．①刑…　Ⅱ．①石…②胡…③韩…　Ⅲ．①刑事诉讼法 - 中国 - 文集
②检察机关 - 工作 - 中国 - 文集　Ⅳ．①D925.204 - 53②D926.3 - 53

中国版本图书馆 CIP 数据核字（2012）第 254737 号

刑事诉讼法修改与检察工作

——第八届高级检察官论坛论文集

石少侠　胡卫列　韩大元　主　编

郭立新　俞波涛　徐鹤喃　副主编

出版发行：中国检察出版社

社　　址：北京市石景山区鲁谷东街 5 号（100040）

网　　址：中国检察出版社（www. zgjccbs. com）

电　　话：(010)68630384(编辑)　68650015(发行)　68636518(门市)

经　　销：新华书店

印　　刷：三河市西华印务有限公司

开　　本：720 mm×960 mm　16 开

印　　张：45.25 印张　插页 4

字　　数：837 千字

版　　次：2012 年 11 月第一版　2012 年 11 月第一次印刷

书　　号：ISBN 978 - 7 - 5102 - 0753 - 2

定　　价：98.00 元

编者的话

　　高级检察官论坛是国家检察官学院倡议,国家检察官学院与中国人民大学法学院联合主办的一个系列学术会议。论坛的宗旨是围绕检察理论与检察实践中的前沿热点问题展开多元的全方位的探索与对话,以期对促进中国特色社会主义检察制度的科学发展,推动社会主义法治的进步有所助益。

　　2012 年 3 月 14 日,十一届全国人民代表大会第五次会议通过了《关于修改〈中华人民共和国刑事诉讼法〉的决定》,对我国刑事诉讼法典作了第二次重大修订。本次修法不仅是我国刑事司法改革成果的法定化,也是我国刑事司法制度进步和发展的重要标志,涉及我国刑事诉讼制度的几乎所有方面,确立和深化了人权保障等许多重要的原则。刑事诉讼法作为一部涉及诉讼资源分配和司法职权配置的法律,在本次修改过程中从多个方面强化并规范了检察权,这对检察机关既是机遇也是挑战。如何准确理解刑事诉讼法修改的基本精神和相关内容,明晰检察工作面临的新要求和挑战并积极应对,是我们面临的重要任务。鉴于此,我们将今年论坛的主题确定为"刑事诉讼法修改与检察工作",希望经由大家的深入思考和讨论,能够对相关问题有更为清晰的把握和共识,推动新刑事诉讼法的贯彻执行,推动检察工作的新发展。

　　论坛的组织得到各方的积极响应和参与,共收到来自中国人民大学等院校专家学者和各级检察机关检察同仁的相关论文近 300 篇。但囿于篇幅的限制,我们只能挑选部分有代表性的文章结集出版,特此说明。

　　本届论坛由江苏省镇江市人民检察院承办,中国检察出版社对于论文集的出版给予了大力支持,我们表示衷心的感谢!同时,由于时间紧迫,未能尽如人意的地方在所难免,诚请大家批评指正!

编　者

2012 年 10 月 29 日

目　　录

一、尊重和保障人权条款在刑事司法中的落实

二、证据制度的完善及新要求

三、强制措施制度的修改及执行

四、侦查程序的修改与检察工作应对

五、审判程序的修改与公诉工作

六、特别程序及检察监督

一、尊重和保障人权条款
在刑事司法中的落实

尊重和保障人权在刑事司法中的落实

——基于宪法理论的解释

徐燕平*　　王卫明**

一、新刑诉法中的"尊重和保障人权"原则

（一）"尊重和保障人权"的宪法含义

人权是指人作为人应享有的权利。保障人权是现代国家法治建设的基本目标之一。党的十五大报告和十六大报告都提出国家尊重和保障人权。2004年3月14日，十届全国人大二次会议通过了《中华人民共和国宪法修正案》，把"国家尊重和保障人权"写入宪法。"'尊重和保障人权'便由一个政治规范提升为宪法规范，将尊重和保障人权的主体由执政党提升为'国家'，获得了最高的法律效力。"①

作为宪法原则，尊重和保障人权意味着所有国家机关都有尊重和保障人权的义务，人权保障的义务主体不是抽象意义上的国家，不是社会组织或者个人，而是所有国家机关，义务的内容体现为在立法（这里的"法"主要是但不仅仅是最高权力机关制定的法律，还应包括行政法规、地方性法规等广义上的法）中明确尊重和保障人权的义务，在法律、法规等实施中明确国家机关尊重和保障人权的义务。

在尊重和保障人权成为一项宪法原则后，国家机关保障的人权应不限于宪法第二章规定的公民基本权利以及宪法其他条款规定的公民权利②。在此意义上，我们认为宪法所规定的保障人权的国家义务只是国家机关所应承担的最低

＊　上海市青浦区人民检察院检察长。

＊＊　法学博士，上海市青浦区人民检察院检察长助理，上海政法学院法律学院副院长、副教授。

①　主要包括《宪法》第13条规定的公民财产权利、第125条规定的"被告人有权获得辩护"的权利和第134条规定的"各民族公民都有用本民族语言文字进行诉讼的权利"。

②　焦洪昌：《"国家尊重和保障人权"的宪法分析》，载《中国法学》2004年第3期。

义务，法律可以——而且随着法治的不断发展，法律应该——设定更高的保障人权的国家义务。反过来讲，法律设定的国家保障人权义务的底线不得低于宪法保障的公民权利。

（二）"尊重和保障人权"写入新刑诉法的意义

2012 年 3 月 14 日，第十一届全国人大第五次会议通过了《关于修改〈中华人民共和国刑事诉讼法〉的决定》，修改后的《中华人民共和国刑事诉讼法》自 2013 年 1 月 1 日起施行。

将"尊重和保障人权"写入新刑诉法是本次刑诉法修改的一大亮点。"考虑到刑事诉讼制度关系到公民的人身自由等基本权利，将'尊重和保障人权'明确写入刑事诉讼法，既有利于更加充分地体现我国司法制度的社会主义性质，也有利于司法机关在刑事诉讼程序中更好地遵循和贯彻这一宪法原则。"①

刑诉法的任务之一就是"保护公民的人身权利、财产权利、民主权利和其他权利"，这一点早已写在我国的刑诉法中。显然，新刑诉法第 2 条增加规定"尊重和保障人权"不是为了仅仅突出权利范围的拓展，因为从解释路径上，修改之前的刑诉法第 2 条中的"其他权利"就概括了刑事司法活动中国家应保障的除刑诉法明确规定之外的其他权利。刑诉法第 2 条修改的意义在于它确立了刑诉法中的"尊重和保障人权"原则。

作为新刑诉法的一项基本原则，"尊重和保障人权"的理念不仅贯穿于本次刑诉法修订的全过程并指导刑诉法的修订，而且新刑诉法在程序设置和具体规定中都贯彻了这一宪法原则。"比如完善证据制度，防止刑讯逼供；扩大法律援助的范围、完善辩护制度，解决律师在执业中反映强烈的会见难、阅卷难、调查取证难等突出问题；规定讯问时录音录像制度、强化对侦查活动的监督、完善死刑复核程序等规定都体现了尊重和保障人权的基本原则。"②

刑事诉讼制度关系到公民的人身自由等基本权利。反过来，国家机关侵犯公民人身自由的可能性和严重性也主要发生在刑事司法活动中。因此，我们常说刑诉法是"小宪法"，是因为刑诉法保障了宪法规定的公民人身自由等基本权利。而且，由于我国宪法通常被认为不能直接适用，因而法律将宪法规定的权利保障的内容具体化，无疑是我国实现人权保障的必由之路。比如，有关公民人身自由，宪法第 37 条规定："中华人民共和国公民的人身自由不受侵犯。任何公民，非经人民检察院批准或者决定或者人民法院决定，并由公安机关执

---

① 王兆国：《关于〈中华人民共和国刑事诉讼法修正案（草案）〉的说明》，2012 年 3 月 8 日在第十一届全国人民代表大会第五次会议上。

② 黄太云：《刑事诉讼法修改释义》，载《人民检察》2012 年第 8 期。

行，不受逮捕。禁止非法拘禁和以其他方法非法剥夺或者限制公民的人身自由，禁止非法搜查公民的身体。"本条第 1 款规定了公民的人身自由权利，第 2 款和第 3 款则是国家可能实施的限制人身自由的程序、行为方式的禁止性规定。新刑诉法第 78 条（修改前刑诉法第 59 条）规定："逮捕犯罪嫌疑人、被告人，必须经过人民检察院批准或者人民法院决定，由公安机关执行。"第 163 条（修改前第 132 条）规定："人民检察院直接受理的案件中符合本法第七十九条、第八十条第四项、第五项规定情形，需要逮捕、拘留犯罪嫌疑人的，由人民检察院作出决定，由公安机关执行。"显然，刑诉法对人身自由限制的规定是宪法规定的具体化和现实化。

（三）尊重和保障人权原则对于刑诉法中不明确条款适用的指引功能

法律原则不仅体现着立法目的，也统率和指引着具体法律规范的适用。法律原则是在法律的制定和法律实施的全过程中必须遵守的法律规范。具体的法律规范应包含明确的权利（权力）和义务内容。但由于语言的不确定性，法律规范适用机关在解释、适用该条款中可能享有的裁量权等原因，使得法律规范所指向的权利主体和义务主体可能会对规范所包含的权利和义务内容产生争议。这时候，法律原则对于指引具体法律规范的解释和适用就显得十分必要。在法理上，法律规范的解释和适用必须符合法律原则的内涵。

作为新刑诉法中的一项基本原则，尊重和保障人权对于新刑诉法中不明确条款的适用有直接的指引作用，国家机关应在遵循"尊重和保障人权原则"的前提下对相关内容加以解释和适用。比如，新刑诉法第 115 条规定，当事人和辩护人、诉讼代理人、利害关系人对于司法机关及其工作人员采取强制措施法定期限届满，不予以释放、解除或者变更的行为，有权向该机关申诉或者控告，受理申诉或者控告的机关应当及时处理；人民检察院对申诉应当及时进行审查。本条只规定了审理机关"应当及时"处理或审查，但没有规定明确的法律期限。由于强制措施是对公民人身自由的限制，因此，在理解"应当及时"的时限时，应以强制措施给公民必要的、最低限度的人身自由限制为标准。同时，适用该条款应比照刑诉法相关条款。新刑诉法第 95 条规定："犯罪嫌疑人、被告人及其法定代理人、近亲属或者辩护人有权申请变更强制措施。人民法院、人民检察院和公安机关收到申请后，应当在三日以内作出决定；不同意变更强制措施的，应当告知申请人，并说明不同意的理由。"本条同样是对变更强制措施的规定，但本条明确了国家机关处理申请变更强制措施的时限为"三日"。基于新刑诉法第 115 条和第 95 条都是对变更强制措施的限制人身自由权利的限制，因此，第 115 条中的"应当及时"应以不超过 3 日为限。

非法证据的排除是新刑诉法中十分重要的条款。在一定意义上，刑事司法中实现的非法证据的排除可以认为是一个国家刑事执法文明程度的标志。新刑诉法第 54 条规定："采用刑讯逼供等非法方法收集的犯罪嫌疑人、被告人供述和采用暴力、威胁等非法方法收集的证人证言、被害人陈述，应当予以排除。"该条出现了两处"等"字眼，即"采用刑讯逼供等非法方法"和"采用暴力、威胁等非法方法"。那么，除了本条明确规定的刑讯逼供、暴力和威胁等非法方法外，还有哪些方法符合本条的立法精神而归于非法方法呢？显然，基于尊重和保障人权原则的要求，本条的非法方法应是指那些国家机关实施的足以让人遭受精神上、肉体上的痛苦、疼痛等行为。《联合国禁止酷刑公约》禁止"以酷刑手段获取的口供"。根据《公约》的定义，"酷刑"包含"蓄意使某人在肉体或精神上遭受剧烈疼痛或痛苦的任何行为"。因此，一般认为，出于保障人权的需要，对于刑讯逼供的解释不能过于狭窄，对于情节严重的饿、烤、冻、晒、熬等非人道手段应当包括在"刑讯逼供"的含义中，用此手段获取的口供完全应当予以排除。

二、新刑诉法中的人权保障

（一）新刑诉法对人身权利的保障

1. 人身自由的保障：宪法规定的基本义务和新刑诉法设定的更高义务

人身权利首先是宪法规定的人身自由不受侵犯。宪法第 37 条规定："中华人民共和国公民的人身自由不受侵犯。"作为一项宪法权利，公民的人身自由一方面表明人身自由不受侵犯；另一方面则意味着国家可以依法对人身自由进行限制，包括逮捕、拘禁和搜查等措施。新刑诉法第 78 条、第 163 条等条款包含了限制人身自由的具体程序和行为方式。

宪法规定的公民人身自由只是宪法对国家机关设定的最低义务。在限制人身自由方面，本次刑诉法修改对国家机关增加了更多的义务，特别体现在国家机关在采取限制人身自由的措施的时候应当履行及时通知被限制人身自由的人的家属的义务。新刑诉法第 73 条第 2 款规定："指定居所监视居住的，除无法通知的以外，应当在执行监视居住后二十四小时以内，通知被监视居住人的家属。"第 83 条第 2 款规定："拘留后，应当立即将被拘留人送看守所羁押，至迟不得超过二十四小时。除无法通知或者涉嫌危害国家安全犯罪、恐怖活动犯罪通知可能有碍侦查的情形以外，应当在拘留后二十四小时以内，通知被拘留人的家属。有碍侦查的情形消失以后，应当立即通知被拘留人的家属。"为了追诉和惩治犯罪，限制犯罪嫌疑人的人身自由是必要的，但限制人身自由权利的权力行使应当是公开的。秘密的警察权力是专制国家的象征；在现代法治国家，国家权力的行使因"公开"而更具合法性、正当性。因此，新刑诉法特别规定了国家机关在采取限制人身自由措施后的通知家属义务，这项义务是实现人身自由保障的更高层次的法律义务。

人身自由不仅意味着国家机关在限制公民人身自由时应履行宪法和刑诉法规定的法定义务，还应包括公民在受到国家机关将采取限制人身自由措施时的对抗性权利。新刑诉法第86条特别增加规定了人民检察院在审查批准逮捕前的讯问义务和听取意见的义务。该条第1款规定："人民检察院审查批准逮捕，可以讯问犯罪嫌疑人；有下列情形之一的，应当讯问犯罪嫌疑人：（一）对是否符合逮捕条件有疑问的；（二）犯罪嫌疑人要求向检察人员当面陈述的；（三）侦查活动可能有重大违法行为的。"第2款规定："人民检察院审查批准逮捕，可以询问证人等诉讼参与人，听取辩护律师的意见；辩护律师提出要求的，应当听取辩护律师的意见。"从工作机制上，长期以来实行的检察机关审查批准逮捕主要是审查公安机关报送的提请逮捕文书和案卷材料，缺少当面听取犯罪嫌疑人陈述或辩解这个环节，这既不利于全面了解案情，准确查明犯罪事实，正确掌握逮捕标准，也不利于及时发现侦查活动中的违法行为，维护犯罪嫌疑人的合法权益。因此，新刑诉法第86条对强化侦查监督、维护犯罪嫌疑人的合法权益将起到积极作用。从人权保障的程序看，批准逮捕前的审查对人民检察院而言是一项义务，对于犯罪嫌疑人而言则是一项程序性权利。我们可以将此项权利类比为人民法院审判中的被告人享有的辩护权。这两项权利的功能意义是相通的，即当公民人身自由可能受到限制的时候（未定罪前的逮捕，定罪后的管制、拘役和徒刑等），公民都有权为保障自身的人身自由而辩解、辩护。

2. 严禁刑讯逼供：国际公约内容在刑诉法中的体现

人身权利不仅仅是宪法和刑诉法所保障的人身自由，还包括国家机关不得对公民进行不人道的对待。在刑事司法活动中，保障公民人身权利、严禁刑讯逼供是十分重要的内容。《联合国公民权利和政治权利国际公约》第7条规定："任何人均不得加以酷刑或施以残忍的、不人道的或侮辱性的待遇或刑罚。特别是对任何人均不得未经其自由同意而施以医药或科学试验。"刑讯逼供是一种野蛮、不人道的取证手段，它严重侵犯公民的人身权利，极易导致冤假错案。因此，新刑诉法第54条规定采用刑讯逼供等非法方法收集的犯罪嫌疑人、被告人供述应当予以排除。非法证据排除规则的确立，以及公安机关、检察机关对于证据收集合法性的说明义务、证明义务，将能积极有效地遏制刑讯逼供的发生。

此外，为在实践中尽可能减少刑讯逼供发生的可能性，新刑诉法对于羁押场所进行了限制性规定。新刑诉法第 83 条第 2 款规定："拘留后，应当立即将被拘留人送看守所羁押，至迟不得超过二十四小时。"第 91 条第 2 款规定："逮捕后，应当立即将被逮捕人送看守所羁押。"该法第 121 条规定的录音录像制度对控制、减少、甚至完全消除刑讯逼供也将起到积极作用。该条规定："侦查人员在讯问犯罪嫌疑人的时候，可以对讯问过程进行录音或者录像；对于可能判处无期徒刑、死刑的案件或者其他重大犯罪案件，应当对讯问过程进行录音或者录像。录音或者录像应当全程进行，保持完整性。"

（二）新刑诉法在辩护权方面的新规定

1. 宪法规定的辩护权

在人权保障的意义上，刑事诉讼中的辩护权应当是犯罪嫌疑人、被告人在刑事司法活动的所有阶段应当享有的、以法定的事由和以法定的形式、由自己或者委托他人来合法对抗国家机关的法定权利。它的功能在于为个人提供一项对抗国家、保护自身权利的可能性。基于此认识，我们认为广义上的辩护权包括三种权利类型：一是实体意义上的为被追诉人进行无罪、罪轻或者减轻、免除刑事责任的辩护；二是为实现实体权利而应享有的程序保障（如辩护律师的会见权、阅卷权和调查权）；三是在刑事诉讼活动中认为自身权利受到侵犯时的保障（被追诉人、代理人和律师等享有的申诉权利）。

宪法第 125 条规定："人民法院审理案件，除法律规定的特别情况外，一律公开进行。被告人有权获得辩护。"虽然宪法只是规定了被告人的辩护权，但这并不意味着辩护权只能在审判阶段行使。修改前的刑诉法第 33 条第 1 款规定："公诉案件自案件移送审查起诉之日起，犯罪嫌疑人有权委托辩护人。自诉案件的被告人有权随时委托辩护人。"刑诉法将辩护权的阶段扩展到移送审查起诉阶段。

2. 新刑诉法中的辩护权：权利行使阶段的提前和内容的增加

从法律的整体性和协调性上，新刑诉法对辩护权内容的修改是对 2007 年新修订的律师法有关内容的回应。从人权保障的角度，新刑诉法有关辩护权的新规定是实现人权保障的坚实基础。新刑诉法中的辩护权体现为两大特征：一是辩护权贯穿于刑事司法活动的全部过程；二是辩护权的行使更具可操作性和可行性。

新刑诉法将辩护阶段提前到自被侦查机关第一次讯问或采取强制措施之日起。新刑诉法第 33 条第 1 款规定："犯罪嫌疑人自被侦查机关第一次讯问或者采取强制措施之日起，有权委托辩护人；在侦查期间，只能委托律师作为辩护人。被告人有权随时委托辩护人。"在内容方面，新刑诉法第 36 条规定："辩护律师在侦查期间可以为犯罪嫌疑人提供法律帮助；代理申诉、控告；申请变更强制措施；向侦查机关了解犯罪嫌疑人涉嫌的罪名和案件有关情况，提出意见。"

新刑诉法对于律师的会见权和阅卷权作了更明确和更具可操作性的规定。新刑诉法第37条第2款规定："辩护律师持律师执业证书、律师事务所证明和委托书或者法律援助公函要求会见在押的犯罪嫌疑人、被告人的，看守所应当及时安排会见，至迟不得超过四十八小时。"第4款规定："辩护律师会见犯罪嫌疑人、被告人时不被监听。"律师阅卷的范围也从修改前的诉讼文书和技术性鉴定材料扩展到全部案卷材料（新刑诉法第38条）。

除此之外，为使犯罪嫌疑人、被告人享有的程序性权利的实现更具现实性，新刑诉法第31条第2款规定："辩护人、诉讼代理人可以依照本章的规定要求回避、申请复议。"第33条第2款最后一句规定："犯罪嫌疑人、被告人在押期间要求委托辩护人的，人民法院、人民检察院和公安机关应当及时转达要求。"第3款规定："犯罪嫌疑人、被告人在押的，也可以由其监护人、近亲属代为委托辩护人。"

（三）新刑诉法中的其他人权保障内容

1. 救济权利

"没有救济就没有权利"。在诉讼权利行使方面，新刑诉法第47条规定了辩护权行使的救济权。本条规定："辩护人、诉讼代理人认为公安机关、人民检察院、人民法院及其工作人员阻碍其依法行使诉讼权利的，有权向同级或者上一级人民检察院申诉或者控告。人民检察院对申诉或者控告应当及时进行审查，情况属实的，通知有关机关予以纠正。"第95条规定了申请变更强制措施的救济程序，规定："犯罪嫌疑人、被告人及其法定代理人、近亲属或者辩护人有权申请变更强制措施。人民法院、人民检察院和公安机关收到申请后，应当在三日以内作出决定；不同意变更强制措施的，应当告知申请人，并说明不同意的理由。"对于刑事司法活动中司法机关及其工作人员实施的可能侵犯被追诉人人身权利、财产权利的行为，新刑诉法第115条规定当事人和辩护人、诉讼代理人、利害关系人有权向该机关申诉或者控告。

2. 特定主体的权利保障

新刑诉法第65条规定，对于"患有严重疾病、生活不能自理，怀孕或者正在哺乳自己婴儿的妇女，采取取保候审不致发生社会危险性的"的犯罪嫌疑人、被告人，可以取保候审。第72条规定，对符合逮捕条件，但"患有严重疾病、生活不能自理的；怀孕或者正在哺乳自己婴儿的妇女；系生活不能自理的人的唯一扶养人"的犯罪嫌疑人、被告人，可以监视居住。新刑诉法的这两个条款对于特定主体依法采取强制措施的规定充分体现了刑诉法尊重和保障人权的原则。

3. 财产权利的保障

新刑诉法第 63 条规定证人因履行作证义务而支出的费用应当给予补助，证人作证的补助列入司法机关业务经费，由同级政府财政予以保障；证人作证的依法可得利益不得克扣。第 71 条规定了保证金的退还程序。第 99 条规定："被害人死亡或者丧失行为能力的，被害人的法定代理人、近亲属有权提起附带民事诉讼。"新刑诉法的三项有关财产内容的修改条款，分别指向财产权利保障的实体权利（第 63 条和第 71 条）和程序权利（第 99 条）。

总体而言，新刑诉法体现的权利保障既是宪法规定的以人身自由为重点的公民权利的具体化和现实化，新刑诉法本身也为国家机关设定了更多、更高层次的法定义务。作为新刑诉法的一项基本原则，尊重和保障人权要求国家机关在行使权力可能侵犯个人权利的时候（即便被侵犯的个体是犯罪嫌疑人、被告人）应积极对待当事人的意见。这一点，恰好是法治精神在所有专门法领域的体现。

人权具有道德属性和法律属性。在刑事诉讼中，国家机关尊重和保障人权的义务是对人权保障的道德属性（每个人都享有人格尊严，不得受到非人道的对待）和法律属性（惩治犯罪也必须以遵守法定的程序、保障被追诉人的法定权利为前提和基础）的典型和集中的反映，即国家机关在办理刑事案件、惩治犯罪过程中应充分尊重和保障人作为人应享有的权利。

三、检察机关在尊重和保障人权方面的职能

在刑事诉讼活动中，尊重和保障人权是人民法院、人民检察院和公安机关的共同责任和义务。三个机关在刑事司法活动中都有权对个人的人身自由加以限制（比如新刑诉法第 64 条、第 65 条）、都有权对个人的财产权利进行限制（如新刑诉法第 66 条）、都可能对辩护人和诉讼代理人的诉讼权利施加不利影响（如新刑诉法第 47 条）。三个机关都需要本着尊重和保障人权的精神行使其权力。

根据宪法和刑诉法，人民法院、人民检察院、公安机关在刑事诉讼中应当分工负责、互相配合、互相制约，以保证准确有效地执行法律（宪法第 135 条和新刑诉法第 7 条）。但是在人权保障方面，检察机关在尊重和保障人权方面的地位比较特殊。一方面在于检察机关可能因为行使其职权（比如决定逮捕、决定监视居住等）而对被追诉人的权利产生不利影响；另一方面可能因为没有积极履行法定的诉讼活动中的监督职能而对被追诉人的权利产生不利影响。

人民检察院在诉讼过程中的监督职能贯穿于全部诉讼活动环节。在公安机关的侦查环节，人民检察院要对侦查活动的合法性进行监督。新刑诉法第57条规定的"人民检察院应当对证据收集的合法性加以证明"的义务同时也是对证据收集是否侵犯个人权利的合法性监督义务。在强制措施环节，新刑诉法第73条第4款规定："人民检察院对指定居所监视居住的决定和执行是否合法实行监督的职能。"第93条规定："犯罪嫌疑人、被告人被逮捕后，人民检察院仍应当对羁押的必要性进行审查。对不需要继续羁押的，应当建议予以释放或者变更强制措施。有关机关应当在十日以内将处理情况通知人民检察院。"作为法律监督机关，人民检察院对人民法院的审判活动进行监督。此外，人民检察院还对人民法院决定的对精神病人强制医疗的决定进行监督（新刑诉法第285条和第288条）。

人民检察院除了依法直接对公安机关和法院的刑事诉讼活动进行监督外，还要受理来自当事人和辩护人、诉讼代理人、利害关系人等的申诉和控告（如新刑诉法第115条）。

由于人民检察院的法定监督职能，人民检察院在实现人权保障的内容上具有终局性的意义。任何个人在认为自身权利受到公安机关和人民法院的侵犯时，都可以向人民检察院以申诉、控告、上诉或抗诉等各种形式提请给予法律保障；任何人民检察院在认为公安机关和人民法院的司法行为侵犯人权时，都可以采取通知纠正、提出书面意见、上诉或抗诉等方式行使自己的监督权力，当然也包括基于人民检察院上下级之间的领导关系形成的权利保障终局格局。与西方国家普遍由法院承担人权保障的司法功能不同，人民检察院似乎被赋予了更多的人权保障功能。正因如此，人民检察院在行使职权的时候需要更加慎重。① 从尊重和保障人权的刑诉法原则出发，人民检察院需要严格遵守新刑诉法的规定；在适用不明确的法律条款时，应以尊重和保障人权的精神对权力的行使作出严格解释，而对权利的实现作宽泛理解。

---

① 关于刑诉法修改后检察机关应慎重使用权力的问题，主要从检察功能的增强和检察权的强化角度论述。参见龙宗智：《理性对待法律修改　慎重使用新增权力——检察机关如何应对刑诉法修改的思考》，载《国家检察官学院学报》2012年第3期。

检察权能的再审视

——以新刑诉法"尊重和保障人权"为视角

陈祖德[*]

2012 年 3 月 14 日，十一届全国人大五次会议审议通过了《全国人民代表大会关于修改〈中华人民共和国刑事诉讼法〉的决定》。修改后的刑诉法与现行刑诉法相比，有多处重要修改，其中特别强化了对人权的司法保障，不仅将尊重和保障人权写入了刑诉法总则，而且贯彻到具体的刑事诉讼制度中，体现了中国特色社会主义司法制度的本质属性和我国人权事业新的发展进步。因此，加强对新刑诉法中涉及尊重和保障人权的观念变革与制度更新的研究，探索打击犯罪与保障人权两者之间的关系，重新审视检察权能，对正确贯彻新刑诉法具有重要意义。

一、将"尊重和保障人权"写入刑诉法的背景与动因

将"尊重和保障人权"写入刑诉法体现了对宪法原则的遵循。2004 年，我国宪法修正案明确规定了国家尊重和保障人权的原则。这次刑诉法修改，确立"尊重和保障人权"的基本任务，不断提高刑事司法中司法文明和人权保障水平，既是进一步落实宪法规定的要求，也是完善刑事诉讼制度的必然，同时也是履行我国加入的国际人权公约的承诺的要求，符合世界法治发展的潮流；将"尊重和保障人权"写入刑诉法体现了对司法现实的关切。自人权入宪以来，司法机关的人权意识显著提升，尊重和保障人权已成为广大司法人员基本的思想共识和行为准则。但不容忽视的是，在刑事司法实践中，刑讯逼供、游街示众等侵犯当事人权利的违法行为并没有完全绝迹，因刑讯逼供、程序违法导致的冤假错案时有发生，非法证据排除、律师辩护等维护当事人权利的制度还没有彻底落实。这次刑诉法修改，明确"尊重和保障人权"原则，意在进一步强调程序公正对人权保障的重要性，要求司法人员牢固树立惩罚犯

---

* 重庆市人民检察院第二分院党组书记、检察长。

罪与保障人权并重的观念，理性、平和、文明、规范执法，努力实现惩罚犯罪与保障人权的统一；将"尊重和保障人权"写入刑诉法体现了对民众司法需求的回应。随着全球化、信息化社会的到来，信息传输、扩散的速度加快，司法机关处理案件而产生的不公或冤假错的问题，进入媒体、网络后，很快就会引起一定的社会震荡及反响。人们对司法活动的关注以及对司法公正性的要求更为强烈，也对维护司法公正和保护人权提出了更高的要求。因此，迫切需要通过完善刑事诉讼程序，进一步保障司法机关准确及时惩治犯罪，保护公民合法权益。这次刑诉法修改，就是针对上述问题，在刑事诉讼程序的设计上加以体现。

修改后的刑诉法共计 290 条，与现行刑诉法相比增加 65 条，完善 90 条，合并 1 条，涉及 156 处改动，主要围绕证据制度、强制措施、侦查措施、辩护制度、审判程序、刑罚执行、特别程序等八个方面进行了修改完善。本次修法体现了控制犯罪与保障人权的有机统一，为有效惩治犯罪，促进社会和谐提供了法制保障；体现了立足国情与吸收借鉴人类司法文明成果的有机统一，为有效解决实践中的突出问题，树立良好国际形象提供了法制保障；体现了公正与效率的有机统一，进一步提升了我国诉讼文明、司法民主和人权保障水平。

二、人权保障原则在新刑诉法中的具体体现

人权源自人类本身固有的尊严。"无论哪一个国家都无法堂而皇之地否认人权，人权已经成为神圣的观念，全世界都在提倡对人权的保障和尊重。"①保障人权，从广义上说，是指在通过刑事诉讼追究犯罪的过程中，保障公民合法权益不受非法侵犯，包括使公民的人身财产权利得到保护，使无辜的人不受刑事追究，诉讼参与人的诉讼权利得到保障，犯罪嫌疑人、被告人的人格尊严受到尊重。从狭义上讲，一般指保障诉讼参与人的人权，主要是保障犯罪嫌疑人、被告人的人权，也包括保障被害人的人权。②刑事诉讼活动与人权保障密切相关。我国宪法修正案明确规定"国家尊重和保障人权"，刑事诉讼的诉讼理念和制度构建应当在人权保障方面提出更高的标准和要求，而这种提高首先需要体现在刑事诉讼的立法上。

修改后的刑诉法，确立了强化人权保障的目标，加大了对诉讼中的人权尤其是被追诉人权利的保护，丰富了被追诉人诉讼权利的行使方式和救济路径，

---

① ［日］大沼保昭：《人权、国家与文明》，王志安译，三联书店 2003 年版，第75页。
② 童建明：《遵循追究犯罪与保障人权相平衡原则 推进刑事诉讼制度的改革和完善》，载《人民检察》2011 年第 12 期。本文主要从狭义上理解和论述保障人权。

明确了对诉讼中侵犯人权行为的惩戒和制裁，增加了诉讼的透明度和对抗性，从而确保了诉讼参与人合法权利的有效实现。具体而言，修改后的刑诉法涉及人权保障的内容主要表现在以下几个方面：

（一）确立"尊重和保障人权"的任务，体现强化人权保障的价值取向

新刑诉法第2条增加规定"尊重和保障人权"，把人权保障作为刑诉法的一项重要任务规定下来。即"尊重和保障人权，保护公民的人身权利、财产权利、民主权利和其他权利，保障社会主义建设事业的顺利进行"。

（二）建构一套严禁刑讯逼供的运作机制，为保障人权设置程序制裁措施

1. 确立了"不得强迫自证其罪"的原则，新刑诉法第50条增加规定："审判人员、检察人员、侦查人员必须依照法定程序，收集能够证实犯罪嫌疑人、被告人有罪或者无罪、犯罪情节轻重的各种证据。严禁刑讯逼供和以威胁、引诱、欺骗以及其他非法方法收集证据，不得强迫任何人证实自己有罪"。

2. 确立了"非法证据排除规则"，新刑诉法第54条和第58条详细规定了非法证据排除的条件、范围、程序和方法。

3. 出台了一整套保障依法讯问和审讯的措施，包括新刑诉法第121条规定的侦查讯问中的全程录音录像措施；第116条规定的严格审讯场所，即拘捕后要立即送交看守所，进行讯问；第117条规定的严格传唤和拘传的时间，每次不得超过12小时，特别重大的案件，传唤、拘传持续的时间不得超过24小时，其中还要保证犯罪嫌疑人的饮食和必要的休息时间等。

（三）改革刑事辩护制度，把人权保障原则落到实处

1. 辩护律师介入诉讼的时间提前。新刑事诉讼法第33条明确规定："犯罪嫌疑人自被侦查机关第一次讯问或者采取强制措施之日起，有权委托辩护人；在侦查期间，只能委托律师作为辩护人。被告人有权随时委托辩护人。"

2. 强化律师的辩护权，把律师参加刑事诉讼落实到诉讼的各个阶段。

（1）第31条规定了辩护律师有申请回避的权利，"辩护人、诉讼代理人可以依照本章的规定要求回避、申请复议。"

（2）第47条规定了律师的执业保障权。"辩护人、诉讼代理人认为公安机关、人民检察院、人民法院及其工作人员阻碍其依法行使诉讼权利的，有权向同级或者上一级人民检察院申诉或者控告。人民检察院对申诉或者控告应当及时进行审查，情况属实的，通知有关机关予以纠正。"并进一步在第115条规定："当事人和辩护人、诉讼代理人、利害关系人对于司法机关及其工作人员有下列行为之一的，有权向该机关申诉或者控告：（一）采取强制措施法定期限届满，不予以释放、解除或者变更的；（二）应当退还取保候审保证金不

退还的；（三）对与案件无关的财物采取查封、扣押、冻结措施的；（四）应当解除查封、扣押、冻结不解除的；（五）贪污、挪用、私分、调换、违反规定使用查封、扣押、冻结的财物的。"

（3）第56条规定，辩护律师有权申请对非法证据的排除。

（4）第73条规定，辩护律师对监视居住者，获得告知权并参与诉讼。

（5）第95条规定，辩护人有申请变更强制措施的权利。

（6）第159条规定，在案件侦查终结前，辩护律师提出要求的，侦查机关应当听取辩护律师的意见，并记录在案。辩护律师提出书面意见的，应当附卷。

（7）第160条规定，侦查机关侦查终结的案件，应当将案件移送情况告知犯罪嫌疑人及其辩护律师。

（8）第170条规定，人民检察院审查案件应当听取辩护人的意见，并记录在案。提出书面意见的，应当附卷。

（9）第182条规定了开庭前的准备工作，规定人民法院应当通知辩护人参与庭前准备工作，解决回避、出庭证人名单、非法证据排除等与审判相关的问题。

（四）坚持"以人为本"，加强对特殊人群、弱势群体的程序保护

1. 强制措施中充分体现人文关怀。

（1）第65条关于适用取保候审的规定："（三）患有严重疾病、生活不能自理，怀孕或者正在哺乳自己婴儿的妇女，采取取保候审不致发生社会危险性的；（四）羁押期限届满，案件尚未办结，需要采取取保候审的。"

（2）第72条关于监视居住适用对象的规定："人民法院、人民检察院和公安机关对符合逮捕条件，有下列情形之一的犯罪嫌疑人、被告人，可以监视居住：（一）患有严重疾病、生活不能自理的；（二）怀孕或者正在哺乳自己婴儿的妇女；（三）系生活不能自理的人的唯一扶养人；（四）因为案件的特殊情况或者办理案件的需要，采取监视居住措施更为适宜的；（五）羁押期限届满，案件尚未办结，需要采取监视居住措施的。对符合取保候审条件，但犯罪嫌疑人、被告人不能提出保证人，也不交纳保证金的，可以监视居住。"

2. 把法律援助的范围进一步扩大到可能被判处无期徒刑、死刑的案件。

新刑诉法第34条规定："犯罪嫌疑人、被告人因经济困难或者其他原因没有委托辩护人的，本人及其近亲属可以向法律援助机构提出申请。对符合法律援助条件的，法律援助机构应当指派律师为其提供辩护。犯罪嫌疑人、被告人是盲、聋、哑人，或者是尚未完全丧失辨认或者控制自己行为能力的精神病人，没有委托辩护人的，人民法院、人民检察院和公安机关应当通知法律援助

机构指派律师为其提供辩护。犯罪嫌疑人、被告人可能被判处无期徒刑、死刑，没有委托辩护人的，人民法院、人民检察院和公安机关应当通知法律援助机构指派律师为其提供辩护。"

3. 在第五篇专门设立特别程序，其中未成年人刑事案件诉讼程序、依法不负刑事责任的精神病人的强制医疗程序以及当事人和解的公诉案件诉讼程序中集中体现了法律的人文关怀。在未成年人刑事案件诉讼程序中所规定的实行教育、感化、挽救的方针，坚持教育为主、惩罚为辅的工作原则，以及程序设计中的分管分押、指定辩护、犯罪原因调查、讯问时代理人到场、附条件不起诉、不公开审理、犯罪记录封存等，无不体现诉讼人道、人本、人伦、人性的法律观和道德观。

4. 在执行程序中确立社区矫正制度，在执行程序中体现了人文关怀。新刑诉法第 258 条规定："对被判处管制、宣告缓刑、假释或者暂予监外执行的罪犯，依法实行社区矫正，由社区矫正机构负责执行。"这一规定不仅是我国刑罚执行机制的一项重大改革，更是我国执行程序中创设的一种非监禁方法的执行程序。

三、刑诉法中人权保障条款对检察权能的影响

检察机关承担着国家公诉、职务犯罪侦查、法律监督等检察职能，检察权是集诉讼权、职务犯罪侦查权、法律监督权于一体的混合性国家权力。检察职能贯彻刑事诉讼始终，刑诉法与检察工作联系密切。因此，刑诉法修改对检察权能的影响是深刻的，既存在诉讼理念方面的冲击，又给传统办案模式带来了新的挑战。

（一）对诉讼理念的冲击

长期以来，面临刑事犯罪的多发以及贪污贿赂、渎职侵权犯罪日趋严重的局面，在刑事诉讼职权主义模式的影响下，一些人员过分地强调刑事实体和程序法律的惩罚性与追诉性，将之视为打击犯罪、维护社会稳定的利器。在这种观念的主导之下，刑事司法实践中不时出现"疑罪从有"、"疑罪从轻"的现象，针对一些事实不清、证据不足的疑难案件，采取疑罪从轻的处断原则，避免承担责任。① 在价值取向上，刑事司法活动更偏向实体正义，过于追求实体结果的公正，而忽视了程序的正当性要求，由此滋生了刑讯逼供、暴力取证等

---

① 如媒体曝光并引起轰动的佘祥林、赵作海等典型案件。如果判死刑，万一错判，责任重于泰山；如果放掉，放错了也责任难当。只好折中处理，从轻判决死缓或判处有期徒刑 15 年，为自己留有余地。

非法现象。这些观念与做法表现在检察工作中，则是一些检察人员仍或多或少地存在"重打击、轻保护"的观念，甚至存在个别刑讯逼供等非法取证行为。一些检察人员将律师片面地理解为"对手"、"敌人"，对辩护人依法行使权利心存抵触，不积极予以支持。一些检察人员将检察机关在刑事诉讼中的角色片面地定位于"控方"，一定程度上弱化了法律监督者的"客观公正"义务。而新刑诉法则从理念和制度两个层面体现出对人权的尊重，进一步确立了体现人文关怀的刑事司法理念，规定"不得强迫任何人证实自己有罪"，明确律师侦查阶段的辩护人身份，扩大律师在审查起诉阶段的权利，规定"传唤、拘传犯罪嫌疑人，应当保证犯罪嫌疑人的饮食和必要的休息时间"等。由此可见，传统诉讼理念与新刑诉法赋予检察机关尊重和保障人权的职责使命是不相适应的。

（二）对传统办案模式的影响

1. 对职务犯罪侦查工作的影响

其一，新刑诉法进一步完善了辩护制度，强化对犯罪嫌疑人的人权保障，对职务犯罪侦查工作提出了新的更高的要求。辩护律师的提前介入，将给职务犯罪侦查工作带来一定挑战，比如有利于强化犯罪嫌疑人的对抗心理，导致拒供、翻供现象增多。在被侦查机关第一次讯问或者采取强制措施之日起，犯罪嫌疑人就可以聘请辩护律师提供法律帮助。一些犯罪嫌疑人可能会凭借这一点，到案接受讯问时拒不交代问题。即使在讯问时有所交代，待律师会见后，经过和律师商量分析，明白自己的行为及所交代事实的法律后果后，一些犯罪嫌疑人也可能因畏罪产生动摇心理，导致供述出现反复。

其二，新刑诉法进一步完善证据制度，对职侦工作严格、公正、文明执法提出了更高的要求。新刑诉法针对1996年刑诉法有关证据的规定比较原则，难以满足司法实践需要等问题，对证据制度作了多处修改和补充。但是，新刑诉法关于"不得强迫任何人证实自己有罪"的规定，关于非法证据排除标准和排除程序的规定，以及关于侦查人员出庭说明情况的规定，对职侦部门的调查取证工作的规范化有了较为严格的要求，也对侦查人员的综合业务素质提出了新的挑战。

其三，新刑诉法进一步完善强制措施，提升了控制和查处犯罪嫌疑人的水平，也对依法规范适用强制措施提出了更为严格的要求。新刑诉法针对强制措施中存在的"传唤、拘传持续时间过短"、"取保候审监管力度不足"、"监视居住措施难以实施"、"逮捕条件过于原则"等一系列问题，对五种强制措施的适用条件、程序进行了修改完善，符合办案工作实际，一方面，一定程度上缓解了职侦工作遇到的强制措施适用难问题。但是，另一方面，刑诉法出于平衡打击犯罪和保障人权的考虑，为防止强制措施被滥用，对强制措施的具体适用规定了较为严格的限制条件。

其四，新刑诉法进一步完善侦查措施，增强了侦查能力，同时也加强了防止滥用侦查权的监督制约措施。为适应经济社会发展的需要和犯罪情况的变化，新刑诉法对侦查措施进行了较大幅度的修改和补充，如增加讯问证人的地点，完善勘验、检查措施，将"债券、股票、基金份额等财产"纳入查询、冻结财产和查封、扣押财产的范围，根据查办犯罪的需要，设置专门章节规定技术侦查、秘密侦查措施，这些都将对侦查工作的顺利开展起到一定的促进作用。但须注意的是，新刑诉法在赋予侦查机关必要侦查手段的同时，也设置了相应的限制性规定，如针对容易侵犯犯罪嫌疑人人权的侦查讯问环节，明确规定"犯罪嫌疑人被送交看守所羁押以后，侦查人员对其进行讯问，应当在看守所内进行"，以加强对讯问活动的监督制约。对技术侦查措施，更是严格限定适用范围、审批程序，并且严格限定采取技术侦查措施获取的证据的用途，防止出现侵犯犯罪嫌疑人人权的行为。

其五，新刑诉法作出讯问犯罪嫌疑人时实行全程同步录音录像的规定，为检察机关加强执法规范化建设提供了契机，同时也对侦查人员的侦查讯问能力提出了更高的要求。2005年，最高人民检察院作出《人民检察院讯问职务犯罪嫌疑人实行全程同步录音录像的规定（试行）》，之后最高人民检察院又提出讯问职务犯罪嫌疑人要做到全面、全部、全程的"三全"要求。"三全"制度的推行，为有效遏制刑讯逼供、提高侦查讯问质量起到了重要作用。立法机关在总结司法实践的基础上，明确将这一制度写入新刑诉法，进一步凸显了它的重要性。但不容忽视的是，一些职侦干警对于执行"三全"规定理解不够、认识模糊、心存疑惑，不能正确对待和认同接受，认为"三全"规定是自缚手脚，制约办案。一些职侦干警存在畏难情绪，担心侦查谋略、技巧，讯问语言、语气和肢体动作的运用，可能会被作为涉嫌逼供、诱供遭到控告，所以面对摄像头感觉不适应，对如何切入案件、如何开展审讯没有信心和把握，导致不敢开口问、不敢大胆办，发挥不出应有的侦查水平，进而影响案件突破。

2. 对刑事检察工作的影响

其一，新刑诉法关于逮捕条件的调整、逮捕程序的完善以及证据制度等新的规定，对提高审查逮捕质量提出了新的要求。现行审查逮捕制度总体上是合理的、有效的，各级检察机关侦查监督部门对逮捕条件的审查把关总体上是严格的，案件质量总体上是比较高的，属于错捕、错不捕的比例极低，涉及人数不多。但也应当看到，我国的逮捕率仍然在80%以上的高位运行，年逮捕人数90余万人，其中有相当一部分人因涉嫌罪行较轻，捕后被不起诉或者被判处徒刑缓刑以下轻刑。① 当前逮捕率之所以居高不下，一方面是因为办案人员受传统观念的影响，存在"构罪即捕"的思维定式；另一方面是因为非羁押性措施的成本高、风险大、适用率低，法律赋予侦查机关的手段有限，通过羁押获取口供进而突破案件的传统侦查模式一时间还难以扭转。新刑诉法从强化人权保障的角度出发，进一步细化了逮捕条件，完善了审查批准逮捕程序，将监视居住作为逮捕的替代措施，同时增加规定逮捕后对羁押必要性进行审查的程序，为减少羁押提供了空间。这就要求，侦查监督人员要切实增强人权保障意识，强化逮捕必要性的审查，提高审查逮捕的质量。

其二，新刑诉法确立的非法证据排除制度，体现出程序公正和遵循证据裁判原则的理念。公诉人在审查判断证据之时，不但要审查证据之"实"，还要判断证据之"真"，识别证据之"伪"，纠正取证之"错"，既要充分注重证明犯罪嫌疑人或被告人有罪或罪重的证据，又要特别关注证明犯罪嫌疑人或被告人无罪或罪轻的证据，这对公诉人审查判断证据的能力提出了更高的要求。附条件不起诉制度体现出的最大限度挽救未成年犯罪人的精神，以及刑事和解制度体现出的最大限度化解社会矛盾的理念，尤其是由于证据制度的完善带来的执法风险，在因证据不充分难以起诉时如何做好被害人的工作，均对公诉人员化解社会矛盾的能力提出了更高的要求。

3. 对诉讼监督工作的影响

司法是社会救济的最后一道防线，司法公正是实现人权保障的重要前提。因此，加强对司法权力的监督与制约，强化对刑事诉讼活动的动态监督与控制，符合检察机关系法律监督机关的宪法定位，也是检察机关贯彻新刑诉法"尊重和保障人权"原则的一项重要工作。刑诉法修改将检察监督贯穿诉讼的各个阶段，形成了完整科学的监督机制，修改后的刑事诉讼法增加了十个方面的监督内容，扩大了监督范围，健全了监督程序，丰富了监督手段，明确了监督效力。② 对此，一方面，检察机关要加大应对、协调、处置力度，强化对侦

---

① 万春：《新刑事诉讼法对侦查监督工作的影响及其应对》，载孙谦、童建明主编：《检察机关贯彻新刑事诉讼法学习纲要》，中国检察出版社 2012 年版，第 9 页。

② 陈国庆：《全面强化检察机关对刑事诉讼活动的法律监督》，载《人民检察》2012年第 7 期。

十个方面的监督内容包括：设立逮捕后羁押必要性审查程序，加强检察机关对羁押执行的监督；对指定居所监视居住的决定和执行的监督；对阻碍辩护人、诉讼代理人行使诉讼权利的违法行为的监督；通过依法排除非法证据，加强对非法取证行为的监督；明确检察机关对查封、扣押、冻结等侦查措施的法律监督；加强对简易程序审判活动的监督；将量刑纳入法庭审理过程中，有利于对量刑活动的监督制约；完善死刑复核法律监督；完善检察机关对减刑、假释和暂予监外执行的法律监督；关于对强制医疗的决定和执行的监督。

查机关、审判机关司法活动的检察监督，着力解决实践中群众普遍关注的侵犯犯罪嫌疑人或被告人合法权益的违法侦查行为，阻碍辩护人或诉讼代理人依法行使诉讼权利的行为，违法查封、扣押、冻结当事人财物的行为以及监外执行、减刑、假释、强制措施等监督缺失的问题；另一方面，检察机关还应进一步加大内部监督制约力度，强化对重点执法岗位、重点执法环节的监督，规范执法行为，依法、妥善、有效解决群众诉求，切实强化人权保障。

四、应对之策

法律的生命在于执行。如何将新刑诉法确立的"尊重和保障人权"落到实处，是司法机关今后长期面临的一项重要课题。检察活动作为刑事诉讼活动中的重要一环，无法也不能回避当前实践中的诸多问题和种种不适应。检察机关和人员应以"破茧化蝶"的信心和勇气，积极应对难题和挑战，努力将纸上的"法律"转化为鲜活的实践。在此，笔者有如下建议：

第一，转变执法观念。检察机关贯彻实施新刑诉法，不仅要严格按照法律文本的表述去准确理解法律的具体规定，更要树立正确的刑事诉讼观念。观念的转变和树立，对于准确理解法律、正确履行职责、抓好配套制度机制建设等，具有十分重要的意义。[①] 因此，检察机关及人员一方面要主动转变不合时宜的执法观念，自觉树立打击犯罪与保障人权并重的观念，强化法律监督与加强自身监督并重的观念以及讲求司法效率、优化司法效果的观念；另一方面，要注意防止重打击轻保护、重实体轻程序、重监督别人轻自身监督、重案件查办轻矛盾化解等偏向。

第二，强化制度构建。修改后的刑事诉讼法确立了一系列新的刑事诉讼规则，但不少规定仍然较为原则，实践中如何具体操作还不太明确，也没有现成的经验可供借鉴。因此，要加强调查研究，建立配套制度与机制，促进新刑诉法的贯彻实施。如在逮捕必要性的审查上，应当在总结近年来检察机关大力推行且行之有效的逮捕必要性证明制度的基础上，根据新刑诉法的规定，进一步会同侦查机关研究建立"社会危险性"证明制度，即侦查机关在提请逮捕时，除了要向检察机关移送证明已涉嫌犯罪、可能判处徒刑以上刑罚的证据外，还应移送证明犯罪嫌疑人具有法定的社会危险性情形的证据材料；如对非法取证行为的监督上，检察机关应进一步健全和完善介入侦查引导取证工作机制，加强与侦查机关（部门）的配合与制约，对于需要介入侦查以及侦查机关（部

---

① 陈国庆：《认真贯彻新刑事诉讼法　全面强化刑事诉讼法律监督》，载孙谦、童建明主编：《检察机关贯彻新刑事诉讼法学习纲要》，中国检察出版社 2012 年版，第 139 页。

门）要求介入侦查的案件，应当及时介入，对证据的收集、固定和补充、完善提出建议，发现侦查活动有违法情形的，应当及时依法提出纠正意见；又如对技术侦查活动的监督上，检察机关如何开展法律监督法律上未作明确规定，尚需检察机关积极会同侦查机关（部门）在实践中认真探索，研究对技术侦查的监督方式和程序，从而不断发展和完善侦查监督制度；再如新刑诉法关于附条件不起诉制度的规定比较原则，对附条件不起诉的适用标准、操作程序、考核评价机制，尤其是对涉罪未成年人的具体教育、矫治措施、方法以及附条件不起诉制度与不起诉制度、刑事和解制度的有机衔接等问题，需要进一步细化完善。

第三，改进工作措施。首先，对职侦工作而言，实现惩罚犯罪和保障人权两者的平衡显得尤为重要。因此，检察机关应当加大侦查信息化和装备现代化建设力度，不断扩大信息共享范围。要提高侦查工作的科技含量，积极运用现代科技手段发现犯罪、侦查指挥、取证固证、追逃追赃，推动侦查办案工作深入发展；要改变依赖口供、以供促证的传统办案模式，进一步强化初查工作，提高初查的质量和效果，尽量通过外围调查获取被调查人涉嫌犯罪的可靠证据，力争把核心证据固定在立案前，做到从外围入手、从外围突破，实现"由供到证"向"由证到供"的转变，促进案件的顺利侦破；着力提高讯问能力特别是第一次讯问的能力，做到讯问的全面性、准确性和固定性。要不断提高职侦干警在全程录音录像条件下的审讯水平，充分发挥讯问在侦破案件中的重要作用。要注意准确区分讯问技巧、讯问谋略与"威胁、引诱、欺骗"的界限，既不能把讯问技巧、讯问谋略的使用视为禁区，以致在讯问中畏首畏尾，降低侦查效益，也不能随意突破法律规定，甚至采取刑讯逼供以及威胁、引诱、欺骗等非法方法获取犯罪嫌疑人供述的行为，最终导致所获取的供述因非法而被排除。其次，新刑诉法明确了检察机关审查逮捕可以讯问犯罪嫌疑人，听取辩护律师的意见，可以询问证人等诉讼参与人，这些规定增加了审查逮捕工作的司法审查色彩，推进了审查逮捕工作的诉讼化改造。检察机关应严格遵守这些规定，加强证据审查，全面获取犯罪嫌疑人罪重、罪轻、无罪的证据，更加全面地了解案件情况，及时发现和纠正侦查程序的非法取证行为，准确适用逮捕措施，切实防止错捕、漏捕，实现客观公正、保障人权。新刑诉法还明确了检察机关捕后对继续羁押必要性审查的职责，检察机关应认真履行这项职责，以降低羁押率，革除司法实践中长期存在的对犯罪嫌疑人一捕了之、办案期限不满羁押就不终止的积弊，节约司法资源，维护犯罪嫌疑人的合法权利。最后，新刑诉法进一步完善了辩护制度，赋予辩护人更大的辩护权，这对公诉人审查案件能力提出了新的更高要求。在具体办案中，公诉人必须弱化对口供等言词证据的依赖，强化证据补强意识，重视对实物证据的审查和运用。另外，新刑诉法修改完善的"非法证据排除制度"、"刑事和解制度"等都对公诉工作提出了新的要求和挑战，检察机关必须及时改进工作措施，提高公诉人员的证据审查能力、法律监督能力和应对风险、化解矛盾的能力。

第四，优化执法环境。检察机关的执法行为与法律监督活动并非处于真空之中，而是与其他执法、司法机关乃至与一些社会组织、机构、社会群众有着千丝万缕的联系。"尊重和保障人权"虽系检察机关的重要职责，但非一己之任，也非凭一己之力就能促成。因此，检察机关应当按照新刑诉法的要求，加强与侦查、审判机关的相互配合、相互制约的力度，统一法律认识，提高诉讼质量和效率。与此同时，还应积极引入社会力量配合检察机关的工作，增强与有关部门和社会各界的工作合力，共同实现"人权保障"的目标。

尊重和保障人权条款在刑事司法中的落实

——以检察机关刑事司法中落实人权保障分析为视角

肖振猛*　　崔海港**

一、尊重和保障人权是社会主义法治的基本内容

人权保障作为当今世界的普世的价值选择，尊重和保障人权的观念已深入人心。在我国，与民众权利保护意识不断增长相适应的是"执法为民"、"以人为本"刑事司法理念的提出，它表明了规范完善的刑事司法行为对维护公民人权的意义所在，即尊重和保障人权是社会主义的本质要求，也是刑事司法的重要内容。

（一）是社会主义的本质要求

1992 年邓小平同志在南巡讲话中，对社会主义的本质概念作了完整性的概括："社会主义的本质，是解放生产力，发展生产力，消灭剥削，消除两极分化，最终达到共同富裕。"不难发现，小平同志对社会主义本质的概括至少蕴涵着两点重要内容：一是实现社会主义本质的主体是人民，因为"人民是历史的创造者"，只有人民才能解放生产力，发展生产力；二是社会主义本质要求社会发展的最终成果要惠及所有的人民，成果由全体人民共享，目的是实现共同富裕和和谐稳定的社会发展目标。

1. 人的全面发展是实现社会主义本质的必要条件。江泽民同志在庆祝中国共产党成立 80 周年大会上的讲话中指出，促进人的全面发展是马克思主义关于建设社会主义新社会的本质要求。人类历史发展的必然趋势是让社会主体的人充分自由地全面发展，而人的全面发展建立在社会生产力高度发展的基础上。社会生产力的高度发展能够使人的必要劳动时间越来越短，也必将产生巨大的社会财富，这就为个人的自由发展创造了时间空间。马克思认为：时间不

＊　贵州省人民检察院副检察长。
＊＊　贵州省人民检察院干警。

仅是人生命的尺度，而且是人的发展空间，只有拥有这种"自由时间"，人类才能获得自由发展的条件。随着科技革命的深入，人的劳动方式也将发生重大改变，当人不再从事那种可以让物来代替人从事的劳动的时候，当劳动者已不在直接的生产过程中，而是站在生产过程的旁边，以生产过程的监督者、调节者的身份出现时，人将成为自然界的主人。劳动也不仅是谋生的手段，而是成为生活的第一需要。

2. 尊重和保障人权是实现人全面发展上的重要内容。人的全面发展包括劳动能力、社会关系和个人道德素养诸多方面的自由充分发展，实现人的全面发展要求作为社会个体的人在体力和智力发展上的完美结合。社会主义社会的生产资料主要由社会全体成员共同占有，加上社会生产力的高度发展，这就为人的全面发展提供了充足的时间空间，也为个人全面发展提供了丰富的物质条件。而我国人权保障内容包括经济、社会和文化权利，公民权利和政治权利，少数民族、妇女、儿童、老年人和残疾人的权利等，几乎涵盖了人全面发展的所有内涵。我国自 2009 年《国家人权行动计划（2009—2010 年)》颁布实施以来，人权保障在制度化、法治化的轨道上不断推进，尊重和保障人权事业步入新的阶段。2012 年 6 月 11 日，经国务院授权，国务院新闻办公室发布《国家人权行动计划（2012—2015 年)》。这是我国第二个以人权为主题的国家规划，为我国在今后四年中，推动和保障人权事业，促进人的全面发展规划了宏伟蓝图，对推动我国人权保障事业和实现人的全面发展具有重要意义。可见，积极促进人权保障事业的发展，实现人的全面发展是社会主义制度本质的基本内涵。

（二）是宪法和法律保障人权的基本精神

2004 年十届全国人大二次会议通过中华人民共和国宪法修正案，将"国家尊重和保障人权"正式写入宪法。体现我国对人权保障事业的高度重视，受到社会各界的广泛关注。而刑事司法蕴涵着丰富的人权保障的内容，是落实宪法尊重和保障人权的重要内容。在追诉犯罪过程中，侦查、批捕、审判、羁押等所有的刑事司法环节，无一例外地与人权保障息息相关。2012 年 3 月，十一届全国人大五次会议把"尊重和保障人权"写入有"小宪法"之称的刑诉法第 2 条，规定了限制司法权力的滥用和具体补救措施。在具体条文适用方面，更是集中体现既要增加诉讼手段，完善诉讼程序，提高突破案件、打击犯罪的能力，又要保障被追诉人的基本权利，如延长拘传时间的同时，规定应当保障嫌疑人的饮食和必要的休息时间，如赋予侦查机关可以采取技术侦查措施、提高侦破案件的能力，又规定严格审批，对国家秘密、商业秘密和个人隐私应当保密，同时确立了中国特色的"非法证据排除规则"、"不得强迫任何人证实自己有罪"等人权保障条款，充分体现了国家在惩罚犯罪时，注重人权保障的刑事司法理念。

（三）是刑事司法的重要内容

当前，我国刑事司法的内容或者说刑事司法的目的就是通过惩罚犯罪，震慑其他有犯罪倾向的不法分子，预防和控制其他犯罪行为的发生，从而实现维护广大群众的财产权乃至生命权；并通过完善刑事追诉程序，预防和控制公安司法人员不作为、乱作为的渎职侵权行为，实现尊重和保障犯罪嫌疑人、被告人乃至被害人的人权。

1. 惩罚犯罪，维护公共安全，保障人权。依法惩罚犯罪分子，从而实现预防和控制犯罪行为的发生，实现对公民的人权保障，是刑事司法的重要内容。"菲利认为：犯罪是由人类学因素、自然因素和社会因素相互作用而成的一种社会现象。这一规律导致了我所讲过的犯罪饱和论，即每一社会都有其应有的犯罪，这些犯罪的产生是由于自然即社会条件引起的，其质与量是与每一个社会集体的发展相应的……犯罪不可能指望通过刑罚予以消灭，而只能尽可能将其控制在不危及社会的根本生存条件这一社会可以容忍的限度之内。"① 可见，犯罪的发生是客观的，而通过刑罚消灭犯罪现象的发生也仅是司法者的幻想而已，只有通过对不法分子的惩罚，实现预防和控制犯罪行为的发生，因为对个体犯罪的惩罚始终不是刑事司法的终极目的，而预防和控制犯罪行为的发生，进而维护广大群众的合法利益才是刑事司法的最终目的。但是随着科技的发展，高智能犯罪也在增加，危害公共安全和不特定多数人的财产权、健康权甚至生命权的现象也时有发生，如《刑法》第286条规定的破坏计算机信息系统罪，其侵害的对象是不特定群体的财产权，而且在危害结果出来之前，具有较强的隐蔽性。因此，只有通过刑罚惩治犯罪分子的不法行为，对其他从事该犯罪行为的不法分子起到震慑作用，使之不敢或不愿为其犯罪行为付出被惩罚的代价，从而保障广大群众的财产权利。此外，近期出现的"瘦肉精"事件、"苏丹红"事件、"地沟油"事件等，很大程度上危及了更多不特定群体的生命健康权，唯有通过打击涉嫌犯罪的不法分子的犯罪行为，使之不愿、不敢为此付出被惩罚的刑事代价，实现维护公共安全，保护群众权利的刑事司法目的。

2. 规范司法程序，防止职务侵权，保障人权。司法程序的设置是为了规范公安司法人员对实体法的适用，保质保量地完成对刑事案件的侦查、提请批捕、公诉和审判，但是实务中，存在着多年来一直为广大群众唾弃的刑讯逼

---

① 陈兴良：《刑法哲学》，中国政法大学出版社1997年版，第6页。

供、超期羁押等侵害人权的现象，其后果可能导致冤假错案的发生，如河南赵作海案、云南杜培武案等。司法人员严格遵循程序法定，全面落实程序性规范对于保障公民人权、防止侵权具有重要意义。事实上，公众对打击犯罪的期求是刚性的，但问题在于采用什么手段、使用什么方式，是否真正实现司法的公平正义，这才是问题的关键。因此，刑事诉讼程序的重点在于规范刑事司法行为，实现司法公正，尽可能少发生陈瑞华教授所讲的"刑事程序失灵"的现象。① 在满足群众对惩罚犯罪期求和保障公民诉权实现的同时，最大限度地尊重和保障人权。

二、新刑诉法尊重和保障人权的具体规定

（一）明确新刑诉法的基本任务

2012年3月，十一届全国人大五次会议通过了《关于修改〈中华人民共和国刑事诉讼法〉的决定》。刑诉法的任务中增加了"尊重和保障人权"的规定，是这次刑诉法修改的一大亮点，是我国民主法治建设进程中的一件大事，也是规范和完善中国特色社会主义法律体系的重要内容。新刑诉法无论是关于"辩护制度"、"不得强迫自证其罪"、"非法证据的排除"等规定，还是对特殊人群的例外规定，无不体现尊重和保障人权的立法价值取向。

1. 坚持"以人为本"，落实尊重人权原则。新刑诉法在第五篇专篇规定了特别程序，体现新刑诉法人文关怀立法旨意。一是尊重和保护未成年犯罪嫌疑人、被告人的隐私权。本着教育、感化、挽救的方针，对于失足的未成年犯罪嫌疑人、被告人，新刑诉法第274条在现行刑诉法的基础上，扩大了不公开审理的范围，即未满18周岁的未成年人涉嫌犯罪的一律不公开审理，不仅对公众不公开，对新闻媒体同样不公开。同时对被判处5年以下有期徒刑刑罚的未成年人实行犯罪记录封存制度，对未成年人犯罪记录的封存，有利于避免未成年人的先前行为为其以后的生活带来负面影响，有利于回归正常生活。二是尊重当事人的和解意愿，促进社会和谐。这是刑事司法贯彻中央关于宽严相济刑事政策的要求，也是及时化解社会矛盾，尊重当事人权利，促进社会和谐的重要途径。新刑诉法具体规定了当事人和解的适用条件和案件范围，检察机关在当事人和解中的作用及和解案的处理。目前，检察机关已适用办理的刑事和解案件，社会反响不错，取得了较好的社会效果和法律效果。三是关于不负刑事责任精神病人强制医疗的规定。既是对不负刑事责任精神病人自身健康权利的尊重，又是维护社会公共安全的需要。当然，新刑诉法关于尊重人权的规定

---

① 陈瑞华：《刑事程序失灵问题的初步研究》，载《中国法学》2007年第6期。

不仅仅局限于此,例如,法律援助范围进一步扩大的规定、强制措施中对特殊群体的例外规定等,无不体现"人道、人本、人伦、人性"的刑事司法中尊重人权的立法旨意。

2. 细化人权保障措施,落实保障人权原则。现行刑诉法关于公安机关的侦查活动、检察机关的法律监督活动、审判机关的审判活动作了较为详尽的规定,保障了国家对犯罪分子处以刑罚权,预防和控制犯罪,同时也规范公安司法人员职务行为,防止发生不作为、乱作为渎职侵权行为。但是国家的政治、经济、文化等各项事业的发展,促使人们在满足基本的物质需要后,对民主法治建设的期望值更高、更全面。与此同时,在近20年刑事诉讼法实施过程中,也出现过不利于人权保障甚至侵害人权的现象,如刑讯逼供、辩护难、出庭难、超期羁押等。为此,为顺应时代发展需要,落实宪法关于人权保障的原则性规定,新刑诉法对保障人权作了大量具体的规定。例如关于严禁刑讯逼供的规定。新刑诉法第50条关于不得强迫任何人证实自己有罪的规定;第54条和第58条非法证据的排除规定,从非法证据排除的条件、范围、程序和方法等方面进行细化规定,注重保障犯罪嫌疑人、被告人以及证人、被害人和其他诉讼参与人的合法权益,防止刑讯逼供、侵害人权行为的发生。再如审讯程序规范方面。新刑诉法第116条规定了审讯场所的要求,即拘留逮捕后移交看守所讯问;第117条详细规定了传唤、拘传的规定,即传唤、拘传持续的时间不得超过12个小时,案情特别重大、复杂,需要采取拘留、逮捕措施的,传唤、拘传持续的时间也不得超过24小时,其间要保障犯罪嫌疑人必要的休息时间和饮食等,进一步规范侦查讯问行为,目的是保障犯罪嫌疑人的合法权益。

(二) 完善证据制度

现行刑诉法在第五章共八条对证据制度作了规定,法律条文规定相对简单、抽象。相关司法解释也存在解释不统一、内容不全面的现象,致使司法实践中存在的问题难以解决,如非法证据的排除、证人出庭、当事人反复鉴定等问题,致使司法机关办案人员在刑事司法环节中无法操作。因此,为了更好地保障人权,有必要对证据制度进行完善。

1. 明确了案件的举证责任和证明标准。新刑诉法第49条明确了人民检察院是公诉案件的举证责任主体,而且检察机关作为法律监督机关不仅应当提供犯罪嫌疑人、被告人有罪的证据,还应该提供其无罪、罪轻、罪重的证据。第53条是关于证据确实充分的条件、不轻信口供的办案原则规定,其中在第2款第3项规定:"综合全案证据,对所认定事实已排除合理怀疑。"如何认定"合理怀疑",从文理解释的角度分析,"排除合理怀疑"就是排除了合理的、符合常人思维水平的怀疑。如美国人辛普森杀妻案,大家都知道辛普森杀害了其妻子，办案警官收集到的证据已足以证明辛普森涉嫌杀人，但是办案警官仍感觉没把握，所以他将实验室被害人的血迹染在一只手套上，举证说辛普森利用该手套杀人。后来这个虚假的手套污染了整个案件，让法官对整个案件无法排除合理怀疑，辛普森被宣布无罪。排除合理怀疑作为新刑诉法的一项内容是当前我国刑事司法借鉴和吸收外国先进刑事司法理念的一次创新，对推动尊重和保障人权事业发展具有积极意义。

2. 完善了证人出庭及保护制度。长期以来，证人出庭率低是我国刑事司法的难题之一。为了使证人能够出庭作证，查明事实真相，进一步提升我国刑事司法的质量，新刑诉法第59条、第62条、第63条、第187条、第188条明确规定了证人证言的采信原则、证人的保护措施，证人出庭和不出庭的法律后果等制度，从程序和实体两方面对证人出庭的条件予以明确。例如，增加了人民警察出庭作证的规定，人民警察对其"执行职务时目击的犯罪情况"，对案件的定罪量刑有重大影响，控辩双方有异议的情况下，法院认为警察有出庭作证的必要时，人民警察有出庭作证的义务。应该说警察执行职务时目击的犯罪情况，是案件的直接证据，其证明效力对于查明案件事实有重要意义。对于不出庭作证的行为，上述条款也规定了相应的惩处措施，从拘传到行政拘留规定了不同梯度，体现了对证人的合法权益的保护。此外，还规定了拒绝作证的例外情况，限于被告人的配偶、父母、子女，这既是我国文化传统"亲亲相隐"社会伦理习惯的影响，又是维护家庭和睦、社会和谐的现实需要。[①] 因为"法"是上层建筑一部分，其来源于社会现实和文化传统。

（三）规范刑事强制措施

现行刑诉法关于强制措施的规定在一定程度上体现了保障人身自由的精神，但在司法实践中，存在力度不够，偶有侵害人权的现象，如超期羁押限制人身自由，这种"惩罚性"的强制措施与设置强制措施初衷不一致，实践中需要进一步规范和完善。

1. 完善监视居住措施。现行刑诉法监视居住制度的规定是减少羁押的重要刑事强制措施，但由于措施不够完善，缺乏可操作性，监视居住成本过高等问题，致使实务中使用率较低。新刑诉法为防止刑事强制措施的滥用，保障被追诉人的权利，进一步完善了监视居住相关规定，如第73条明确规定了可以指定居所执行三点要求：一是无固定住处而应当监视居住的；二是涉嫌危害国家安全犯罪、恐怖活动犯罪、特别重大贿赂犯罪，在住处执行可能有碍侦查

---

① 陈国庆、李兴友：《中华人民共和国刑事诉讼法最新释义》，中国人民公安大学出版社2012年版，第223页。

的；三是强调对指定居所监视居住必须经上一级检察院或公安机关批准，指定的居所不得是羁押场所或者专门办案场所，防止侦查机关将指定居所监视居住变成变相羁押，侵害犯罪嫌疑人、被告人的合法权益，并规定了人民检察院对指定居所监视居住的决定和执法是否合法实行监督的规定。

2. 细化逮捕条件。新刑诉法第 79 条细化了批准逮捕的条件，归纳起来可分为三种情况：一是犯罪分子具有继续实施犯罪的潜在可能性；二是犯罪分子具有妨碍社会秩序和危害公共安全的可能性，如毁灭证据串供，打击报复举报控告人，自杀或逃匿，严重违反取保候审、监视居住的规定等；三是妨害诉讼正常进行可能性，比如实施新的犯罪，有现实危险、曾经故意犯罪、身份不明等。随着法治的进步，人们对逮捕的作用、功能的认识越来越趋向合理，越来越符合现代法治的要求，因为逮捕是刑事司法中最严厉的强制措施。细化逮捕措施符合人权保障的法治理念，最大限度控制逮捕，尽可能少捕是贯彻逮捕的谦抑性原则或逮捕的必要原则的重要体现，也是保障人权、防止侵权的重要措施。

（四）强化律师辩护权利

新刑诉法第 33 条、第 36 条至第 40 条、第 267 条吸收了律师法中关于辩护权的规定，进一步规范了辩护人的权利和法律援助范围。

1. 完善辩护人权利。新刑诉法第 33 条规定嫌疑人第一次被侦查机关讯问后或采取强制措施之日，可以委托律师作为辩护人，同时新增规定检察机关、法院受理案件 3 日内有告知义务。将犯罪嫌疑人、被告人有权委托辩护人的时间提前至被第一次讯问或者采取强制措施之日。虽然现行刑诉法规定犯罪嫌疑人在嫌疑人被侦查机关第一次讯问后或采取强制措施之日起，可以聘请律师为其提供法律咨询、代理申诉、控告以及申请取保候审、要求解除超过法定期限的强制措施等，但是聘请律师的身份不明确，不是辩护人。新刑诉法明确规定犯罪嫌疑人自被第一次讯问或者采取强制措施之日起有权委托辩护人，明确聘请律师的身份是辩护人，便于加强律师执业权利的保障。

2. 扩大法律援助范围。新刑诉法取消了"公诉人出庭公诉案件的"限制，法律援助范围没有案件种类限制，对自诉案件同样适用；在法律援助对象上，在原有基础上，扩大到尚未完全丧失辨认或控制自己行为能力的精神病人和可能被判处无期徒刑的犯罪嫌疑人、被告人；新刑诉法还扩大了法律援助的义务主体，不仅法院有提供法律援助的义务，检察机关、公安机关都有通知法律援助机构指派律师为犯罪嫌疑人、被告人提供辩护的义务。法律援助制度不仅有助于实现社会公平正义、保障公民基本权利得以保障，而且是践行依法治国，实现执政为民、执法为民的重要举措，对于推进我国人权保障事业的发展具有重要意义。

（五）加大未成年人权利保护

新刑诉法在其特别程序中专章规定了未成年人刑事案件诉讼程序，从第266条至第276条共计11条对未成年人权利进行保护。

1. 封存犯罪记录。新刑诉法第275条规定，"犯罪的时候不满十八周岁，被判处五年有期徒刑以下刑罚的，应当对相关犯罪记录予以封存。"并规定除司法机关为办案需要或者有关单位根据国家规定进行查询的以外，不得向任何单位和个人提供，依法进行查询的单位应当对被封存的犯罪记录的情况予以保密。防止出现涉嫌犯罪的未成年人回归社会受到消极因素影响，出现"破罐子破摔"现象，是新刑诉法尊重和保障人权的重要体现。

2. 附条件不起诉制度。新刑诉法第271条、第272条、第273条设置附条件不起诉制度，分别就未成年人附条件不起诉的适用条件，附条件不起诉的监督考察要求，附条件不起诉的撤销和附条件不起诉考验期满后的处理作了相关规定。明确了未成年人涉嫌刑法分则第四章侵犯公民人身权利、民主权利罪、第五章侵犯财产罪、第六章妨害社会管理秩序罪的适用附条件不起诉制度，充分体现了我国刑事立法保障人权和惩罚犯罪二者并重的立法要求。

三、在刑事司法中切实做到尊重和保障人权

鉴于刑法条文呈现"静态、被动"的特点，诉讼程序则是将刑法"静态"条文在"动态"中适用、落实，可见，刑诉法是"动态"的程序法。可以说，刑事司法的整个过程就是用"动态"的诉讼规则贯彻落实"静态"的刑法条文的过程，最终实现惩罚犯罪，保障人权刑事司法目的。具体到检察环节就是严格落实程序法、实体法的规定，在惩治犯罪维护社会稳定中切实尊重和保障人权。

（一）在职务犯罪侦查中尊重和保障人权

以技术侦查措施的规定为例，现行法律中对检察机关在办理职务犯罪案件过程中关于技术侦查措施使用，没有明确的法律规定。但在司法实践中，为查明事实，惩治职务犯罪，检察机关职务侦查部门使用技术侦查措施为实务中的普遍做法，比如商请公安部门使用手机定位措施，商请通信公司协助查询手机通话记录等，应该说是方法多样，做法不一。由于没有具体的法律规定，缺乏刚性操作规则，对侦查对象的权利侵害存在潜在危险性，不利于人权保障。根据新刑诉法第148条规定，对检察机关技术侦查措施的适用规定，立法的旨意在于审慎适用技术侦查措施，注重尊重和保障人权。因此，实务中应当注意：一是技术侦查措施的使用范围。技术侦查措施的适用要切实贯彻重罪原则

和必要性原则，防止适用范围过大或适用不当侵害公民人身自由权利。二是贯彻适用技术侦查措施和执行技术侦查措施相分离的原则。在适用技术侦查措施中，由于公民的职业、身份不同，使用技术侦查措施对其造成的影响也不一样，加上技术侦查措施本身为国家机密，为了便于对侦查对象权利的保护，检察机关经过批准采取技术侦查措施的，应当交公安机关、国家安全机关等有关机关执行技术侦查，而不是检察机关自行执行。

（二）在正确履行侦查监督工作中尊重和保障人权

逮捕是刑事司法中最严厉的刑事强制措施，它是对公民人身自由的剥夺。如果错误使用逮捕甚至滥捕，就会伤害无辜，既是对公民的人身权利和民主权利的侵害，也自然会损害检察机关的执法公信力。

1. 对逮捕条件中"社会危险性"再认识。现行刑诉法对"社会危险性"应如何把握存在不同认识，司法实践中存在"构罪即捕"的现象，不利于人权保障。因此，全省检察干警要在新刑诉法第79条进一步细化逮捕条件的基础上，对"社会危险性"要从整体上把握，具体包括犯罪行为对他人或社会造成的危害程度、行为人个人及家庭情况、可能判处的刑期长短综合考量，如果行为的社会危害性不大或者虽有危险性但采取其他措施足以完成诉讼程序的，就不宜逮捕，刑事司法不仅意味着对犯罪被追诉人给予刑事惩罚，给被害人受伤的心灵以抚慰，它同时也应该对被追诉人的正当权利给予保护，因为刑事司法是追求正义的司法活动。

2. 加强逮捕后必要性审查措施的应用。根据新刑诉法第93条规定，犯罪嫌疑人、被告人被逮捕后，人民检察院应当对羁押的必要性予以审查。实务中存在"一捕到底"的现象，一些案件要么在实体上发生变化，即行为人"社会危险性"已不存在；要么在程序上发生了变化，即据以认定涉嫌犯罪的证据有了新的变化，其强制措施也应当随之而变。这种"一押到底"的做法既是对行为人合法权利的不当侵害，也是导致羁押人员过多、浪费大量司法资源的重要原因。

（三）在依法提起公诉中尊重和保障人权

公诉检察工作是检察工作的中心环节，是依法追究刑事犯罪，保障国家社会安全，维护公民权益的重要检察工作。

1. 落实案卷移送制度。现行刑诉法为避免法官提前查阅全部案卷，形成先入为主、先定后审的弊端，规定了主要证据复印件移送模式。但在司法实践中，辩护人在审判阶段无法查阅全部案卷材料，不利于被追诉人辩护权的充分实现。为解决上述问题，新刑诉法第172条规定，检察机关提起公诉时，应当移送案件材料和证据，而不是只移送证据目录、证人名单和主要证据复印件或者照片。作为法律监督机关，有义务维护辩护人的阅卷权利，依法移送案卷材料，保障控、辩双方在诉讼中公平进行。

2. 要进一步增强出庭公诉的法律监督责任。新刑诉法第 210 条规定，适用简易程序审理的案件，无论是独任审判还是合议庭审判，公诉人都应当出庭，这样检察机关能够在审判中，发现违反程序的庭审活动，便于及时提出纠正意见，履行法律监督职能，切实维护被追诉人的合法权益。

（四）在规范控告申诉检察工作中尊重和保障人权

控告申诉检察工作是检察业务工作的重要组成部分，是维护群众合法权益的重要检察工作，可以说控告申诉检察业务工作与人权保障息息相关。一是提升申诉人的维权意识。在复查案件过程中，办案人员从程序、实体两方面对案件再次审查，发现问题及时要求相关单位或部门予以纠正，切实维护申诉人的合理诉求；即使申诉人的诉求于法无据，但接访人员能够以案说法，向申诉人宣传法律知识，广泛宣传依法维权理念，进一步推动我国人权保障事业的发展。尤其是当前中央政法委部署的积案化解工作，对开展普法教育，教育公民依法维护自身合法权益具有重要意义。如谭某不服检察机关不批准逮捕一案中，为向申诉人说明检察机关作出不批准逮捕决定的合理性，办案部门邀请申诉人左邻右舍 50 余人参加听证会，现场做申诉人的释法说理工作，申诉人当场对检察机关的决定表示认可。应该说这是一场现实生动的法制宣传教育实践活动，社会影响深远。二是开展司法救助，注重人文关怀。当前，刑事被害人救助是检察机关面临的一项重要课题。司法实践中，存在加害人没有经济赔偿能力，致使被害人家属生活困难，难以为继的情形；另外，在一些刑事案件中，加害人的行为并未使被害人遭受物质损失，但精神伤害较大，被害人无法获得民事赔偿，不利于社会和谐稳定，如强奸罪。通过控告申诉部门开展刑事被害人救助工作，使被害人受伤的心灵得到了慰藉，人格尊严得到了尊重，也彰显了我国刑事司法的人文关怀。

论被追诉人辩护权的有效行使与充分保障

——以人权保障意识为视角

郑 青*

现代刑事诉讼的产生和发展，与人权发展的历史是密切相关的。刑事诉讼法因此被誉为保障犯罪嫌疑人、被告人以及其他诉讼参与人的权利而设立的一种"人权法"。新刑事诉讼法将"尊重和保障人权"写入总则第 2 条，既顺应了人权保障的国际潮流，又彰显了我国人权保障事业的重要进步；既是本次刑事诉讼法修改最耀眼的闪光点，又是贯穿其中的一条主线。刑事诉讼关系到公民的基本权利，将"尊重和保障人权"写入刑事诉讼法，既有利于更加充分地体现我国司法制度的社会主义性质，也有利于司法机关在刑事诉讼法中更好地遵循和贯彻这一原则。[1] 在刑事诉讼中，人权保障的核心是犯罪嫌疑人、被告人的人权保护。犯罪嫌疑人、被告人在刑事诉讼中面临着强大的打击压力，他们的人权自卫能力非常有限，是刑事司法的弱势群体。如果不加强和保障他们的诉讼人权，势必形成控方压倒辩方的态势，而不可能形成控辩双方平等对抗，法院居中裁判的现代诉讼模式。[2] 在犯罪嫌疑人、被告人享有的诉讼权利中，辩护权又居于最基础、最核心的地位。法谚有谓："刑事诉讼之历史，正是辩护权扩大之历史。"被追诉者最为重要的程序性人权就是享有辩护权，没有辩护权，被追诉者的其他程序性人权就会失去存在的价值和意义。[3] 而且，辩护权能够保障实体性基本权利的实现，防止实体性基本权利受到国家权力的

---

* 湖北省人民检察院党组成员、副检察长，全国检察业务专家。

[1] 王兆国：《关于〈中华人民共和国刑事诉讼法修改案（草案）〉的说明——2012年 3 月 8 日在第十一届全国人民代表大会第五次会议上》。

[2] 柯葛壮、魏韧思：《刑事诉讼法修改之基本理念及基本原则》，载陈光中、汪建成、张卫平主编：《诉讼法理论与实践——司法理念与三大诉讼法修改（2006 年卷）》，北京大学出版社 2006 年版。

[3] 韩德培主编：《人权的理论与实践》，武汉大学出版社 1995 年版，第 778 页。

不当侵犯。从某种意义上讲，刑事诉讼中的人权保障主要是围绕获得辩护权的实现而展开的。[①] 辩护制度是辩护权的制度保障，是为了保障犯罪嫌疑人、被告人充分、正确行使辩护权而设立的。

此次刑事诉讼法修改，对辩护制度的大量条款进行了完善，实现刑事诉讼法与律师法的有机衔接，着力解决实践中刑事辩护难之顽症，着力强化辩护律师权利的保障力度，最终强化犯罪嫌疑人、被告人的人权保障。本文对辩护权的基础理论进行了有益探讨，对我国辩护制度的发展完善进行了全面分析，对检察机关保障辩护权的具体路径提出了初步设想，以期推动我国公正司法与人权保障的伟大事业。

一、深化认识，准确把握辩护权的含义与功能

被追诉人的辩护，主要表现为根据事实和法律提出和论证对被追诉人有利的材料和理由，在实体上反驳指控，提出证明被追诉人无罪、罪轻、应当减轻或免除其刑事责任的材料和意见，以及在程序上主张被追诉人所拥有的合法的诉讼权利，防止其受到不公正的待遇和不应有的侵犯。[②] 辩护权是指法律赋予犯罪嫌疑人、被告人及其辩护人针对指控所享有的一系列防御权利的总称。辩护权是犯罪嫌疑人、被告人最重要的诉讼权利，是被追诉人享有的一项基本人权，被称为"维护权利的权利"，具有专属性、防御性、绝对性等特征。对辩护权的保障内容包括：一是被指控人享有自行辩护权和选任律师协助帮助权；二是各国应制定保障被指控人辩护权的程序和机制；三是指定律师为贫穷者提供法律援助；四是被指控人选任律师的时间；五是被指控人与律师联络、会见权；六是对被指控人获得律师的有效辩护之保障。其中，保障辩护权积极、有效行使的核心是获得律师帮助权和法律援助权。[③]

在现代法治国家，辩护权不仅规定在各国的刑事诉讼法律上，而且许多国家还规定在宪法上，作为一项公民的基本权利加以确认和保护。辩护权不仅在各个主权国家的国内立法中得到完善、丰富，其价值也日益为国际社会所认可，辩护权已超越国界，成为一项普遍人权。在辩护权的保护方面，从 20 世纪 40 年代至今，通过一系列国际性法律文件，建立了一套明确的、有底线但

---

① 尹晓红：《获得辩护权是被追诉人的基本权利——对〈宪法〉第 125 条"获得辩护"规定的法解释》，载《法学》2012 年第 3 期。

② 熊秋红：《审前程序中的律师辩护权》，载《法律科学》2004 年第 5 期。

③ 卞建林主编：《现代司法理念研究》，中国人民公安大学出版社 2012 年版，第 80—81 页。

也有一定延展性的标准。这些文件包括《世界人权宣言》、《公民权利和政治权利国际公约》、《关于律师作用的基本原则》等。其中,《关于律师作用的基本原则》的规定最为详尽,其要求为被刑事追究者提供完整、平等、及时、有效的律师帮助。[①]《公民权利和政治权利国际公约》第 14 条第 3 款(丁)项规定:"出席受审并亲自替自己辩护或经由他自己选择的法律援助进行辩护;如果他没有法律援助,要通知他享有这种权利;在司法利益有此需要的案件中,为他指定法律援助,而在他没有足够能力偿付法律援助的案件中,不要他自己付费。"此项规定包括了被告人享有出席法庭审判并亲自为自己辩护的权利,被告人享有选择律师为自己辩护的权利,被告人享有获得法律援助的权利等三层意思。世界各国和国际社会之所以高度重视辩护权,是因为保障辩护权具有十分重要的功能:

一是有利于实现被追诉人的主体地位。在现代法治国家的刑事程序中,犯罪嫌疑人、被告人成为程序主体,其不仅被视为一个有尊严的人,基本人权在诉讼中得到有效保障,而且拥有参与涉及自身利益的决定过程及改善自身处境的机会和手段。通过辩护权的有效行使,保障被追诉人对诉讼程序的充分参与,由被动接受追诉和审判转变为积极参与诉讼、积极防御,充分表达意见;排除国家机关对其不利甚至错误的指控,有效影响诉讼进程和诉讼结局,维护自身的合法权益,真正成为主宰自己命运的诉讼主体。

二是有利于实现控辩平衡。被追诉人是辩护权的本原主体。犯罪嫌疑人、被告人辩护权的基础是嫌疑人、被告人自己本人有辩护的权利。这是产生委托辩护人的辩护权利的基础。[②] 但是,由于犯罪嫌疑人、被告人在诉讼活动中处于天然的劣势,他们不可能充分、有效地为自己进行辩护。于是律师就成为为犯罪嫌疑人、被告人进行辩护最有利、最专业也最能发挥作用的重要力量。[③]同时,被追诉人面对是以强大组织为后盾的国家机关,为了发现案件真相,能够对其进行侦查并采取强制措施,两者实力明显不平等。要实现完完全全的"武器平等"在侦查程序中,乃至于在整个刑事诉讼中,皆属遥不可及的梦想,但是透过辩护制度适度平衡双方的差距,仍属可能,并且也是公平程序的

---

① 龙宗智:《徘徊于传统与现代之间——中国刑事诉讼法再修改研究》,法律出版社 2005 年版,第 71 页。

② [日]村井敏邦、刘明祥:《日本的刑事辩护问题》,载王丽主编:《走有中国特色的律师之路》,法律出版社 1997 年版,第 90 页。

③ 顾永忠:《刑事辩护的现代法治涵义解读》,载《中国法学》2009 年第 6 期。

最低要求。① 这种为抽象的权利提供具体、可行的现实保障，才是犯罪嫌疑人、被告人人权保障的要义所在。总之，辩护人尤其是辩护律师的参与和帮助，推动了控辩双方由形式上的平等向实质上的平等转变，真正做到平等武装、平等对抗。

三是有利于实现司法公正。保障辩护权可以在公权力和私权利之间建立起一个有效的制衡机制，防止公权力造成的伤害和冤假错案的产生。辩护权与控诉权之间存在诉讼上的对立统一关系。其统一性表现在相互依存，互为存在条件，并共同服务于公正审判的目的。② 基于刑事司法的"公益"性质，法官、检察官虽都负有对犯罪嫌疑人、被告人有利和不利事项一律注意的客观性义务，对有罪与无罪、罪重与罪轻两个方面均应同等关注，但这仅仅是一种应然情形。实际上，刑事司法机关承担着追究犯罪的使命和职能，在有意无意之间忽视或误判一些有利于犯罪嫌疑人、被告人的线索或证据，往往在行为上产生偏颇。犯罪嫌疑人、被告人辩护权的有效行使，能够督促国家机关履行客观性义务，制约司法人员依法行使职权，特别是对检察机关正确审查判断证据，监督侦查行为依法进行具有重要的作用。同时，犯罪嫌疑人、辩护人提出其无罪或者罪轻的证据或意见，有利于检察人员发现疑点和矛盾，促使检察人员更加全面、深入、细致而有针对性地进行审查把关，真正履行好客观义务。

我国宪法第125条明确规定"被告人有权获得辩护"，将辩护权作为公民的基本权利。但作为司法原则的辩护权更多地具有宣示的效果，缺少基本权利所具有的要求义务主体必须作为或不作为以满足权利实现的刚性约束。③ 为此，新刑事诉讼法在基本原则部分明确提出保障辩护权行使原则，使得公安司法机关对辩护权负有积极的保障义务。1996 年刑事诉讼法将辩护权的内容仅界定为维护犯罪嫌疑人、被告人实体性合法权益的活动，这是一种对辩护权内涵的片面理解。除了这种实体性质的刑事辩护之外，还存在着另一种刑事辩护，即程序性刑事辩护。所谓程序性刑事辩护，是指在刑事辩护中以有关部门的侦查、起诉、审判活动程序违法为由，提出犯罪嫌疑人、被告人无罪、罪轻或者不应追究刑事责任的意见，以及要求诉讼程序应予补充或者重新进行的辩

---

① 林钰雄：《刑事诉讼法》（上册），中国人民大学出版社 2005 年版，第 158 页。

② 龙宗智：《相对合理主义》，中国政法大学出版社 1999 年版，第 205 页。

③ 葛同山：《刑事辩护权的六大发展规律》，载《南阳师范学院学报（社会科学版）》2009 年第 1 期。

护方法。① 修改后的刑事诉讼法第 35 条明确规定，辩护人的责任是根据事实和法律，提出犯罪嫌疑人、被告人无罪、罪轻或者减轻、免除其刑事责任的材料和意见，维护犯罪嫌疑人、被告人的诉讼权利和其他合法权益。"诉讼权利"是指刑事诉讼法和其他法律规定的，犯罪嫌疑人、被告人在刑事诉讼中享有的程序性的权利。同时删除了"证明"二字，主要原因在于，原来的表述似有赋予辩护人证明责任之嫌。在刑事诉讼中，辩护人主要是对犯罪指控和人民检察院、自诉人的举证进行辩解和反驳，并不承担犯罪嫌疑人、被告人无罪的举证责任。新刑事诉讼法进行如此调整，体现了实体辩护与程序辩护并重的思想，使整个刑事辩护制度的基础发生了根本性的变化。②

二、立足实践，全面完善刑事辩护制度和机制

2007 年律师法的修订，使得律师在刑事诉讼中的会见权、阅卷权和调查取证权得到了补充和强化③，言论豁免权亦被认可，使人们看到了刑事辩护制度的新希望。但律师法与刑事诉讼法的冲突是不可回避的现实，律师的诉讼权利被搁置或架空，律师参与刑事诉讼的困境并未得到根本改善，亟须刑事诉讼法加以发展完善。

（一）针对侦查阶段律师地位不明的问题，明确赋予其享有辩护人身份。在侦查阶段，法律对犯罪嫌疑人委托的律师的身份未作规定。有人称之为"受犯罪嫌疑人委托的律师"、"犯罪嫌疑人的法律顾问"、"法律帮助人"、"辅佐人"，也有人将其称为"广义辩护人"。侦查机关及其工作人员具有天然的攻击性、侵犯性，侵犯犯罪嫌疑人合法权利的行为极易发生。如果认识不到侦查机关与被追诉人之间的对抗性，不加强对被追诉人的辩护权的保护和强化，诉讼程序就有可能演化成一个由侦查机关主导的"治罪程序"。④ 新刑事诉讼法第 33 条明确规定，犯罪嫌疑人自被侦查机关第一次讯问或者采取强制

① 王敏远：《刑事辩护概念的发展》，载陈光中主编：《诉讼法理论与实践》（上），中国政法大学出版社 2002 年版，第 409 页。

② 顾永忠：《刑事诉讼法修改中的律师辩护制度》，载《中国法律》2012 年第 2 期。

③ 律师的会见权、阅卷权、调查取证权被视为律师辩护权的三大基石，属于辩护律师的固有权。此外，辩护律师还享有代理性辩护权，即代理被追诉者行使法律赋予的各项诉讼权利，这些诉讼权利的第一主体为被追诉者，辩护律师行使这些权利主要体现了代理当事人进行辩护的功能角色。详见陈卫东：《刑事辩护律师权利体系的合理架构与立法规制》，载《国家检察官学院学报》2005 年第 3 期。

④ 陈光中、汪海燕：《侦查阶段律师辩护问题研究》，载陈光中、侯建军主编：《深化刑事司法改革的理论与实践》，中国人民公安大学出版社 2010 年版，第 57 页。

措施之日起有权委托辩护人,这是我国辩护制度发展史的一个重要转折点。律师在侦查阶段的辩护人地位得以确立,有利于在观念上和具体实践中保障律师执业权利。辩护律师在侦查阶段享有的权利至少包括:向办案机关了解案情;代理申诉、控告;向办案单位提出意见;会见通信;调查取证;申请取保候审;其他法律帮助。但是,侦查阶段的辩护权并不是完整意义上的。一方面,侦查阶段的辩护人是无法实现阅卷权的;另一方面,辩护人在会见犯罪嫌疑人是不能对证据进行核实的。①

(二)针对会见难、阅卷难问题,完善了会见权、阅卷权的保障。新刑事诉讼法吸收借鉴了律师法关于会见权、阅卷权的规定。新刑事诉讼法第37条规定,律师凭"三证"可以会见犯罪嫌疑人、被告人,看守所应在48小时之内安排会见,会见时不被监听。但是,危害国家安全犯罪、恐怖活动犯罪、特别重大贿赂犯罪案件,在侦查期间律师会见在押犯罪嫌疑人的,应经侦查机关许可。同时,扩大了律师的阅卷范围。新刑事诉讼法第38条规定,在审查起诉阶段和审判阶段,辩护律师可以查阅、摘抄、复制本案的案卷材料。与此相适应,新刑事诉讼法恢复了全卷移送制度,检察机关向法院提起公诉时,应将案卷材料、证据移送法院,这无疑有助于律师全面了解和掌握案情,提高辩护的有效性和成功率。

(三)完善司法机关听取律师辩护意见的规定。实践中冤假错案的发生,往往与办案机关未听取律师的辩护意见有着重要关联。新刑事诉讼法增加了许多新的规定,要求相关办案机关在审查批捕、侦查终结、审查起诉、非法证据排除、庭审期间审查鉴定意见、证人出庭以及死刑复核等关键办案节点,听取辩护人的意见,并将书面意见附卷。这极大地强化了辩护律师的程序参与,对其提出辩护意见更加重视,使其对诉讼结论的形成能够施加及时、有效的实质性影响。

(四)降低辩护律师的执业风险。实践中,一些办案机关以涉嫌毁灭证据、伪造证据或者妨碍作证罪为由,依据刑法第306条对辩护律师采取强制措施、追究刑事责任。这一做法使律师无法充分行使辩护权,加大了执业压力和执业风险,造成律师普遍不愿受理刑事案件,使国家创设辩护制度的目的落空。新刑事诉讼法第42条删去了"不得威胁、引诱证人改变证言"的内容,只保留"不得威胁、引诱证人作伪证"。这主要是因为证人证言本身就具有较强的主观性、变动性,改变证言的情况有多种原因。而且,辩护人享有调查取

---

① 陈卫东主编:《刑事诉讼法修改条文理解与适用》,中国法制出版社2012年版,第25—26页。

证权，其向证人调查取证的目的，就是希望得到证人关于案件情况的真实证言，特别是希望得到与侦查机关收集到的不一样的证言。同时，该条还明确要求在侦查辩护人的伪证罪时，应当实施侦查机关整体回避原则，由该辩护人所承办案件的侦查机关以外的侦查机关来对其立案侦查。这样规定主要是为了保证公正执法的需要，防止个别地方的侦查机关出于某种不正确的目的，对辩护人的辩护行为进行打击报复。① 本条最后还规定，辩护人是律师的，应当及时通知其所在的律师事务所或者所属的律师协会，便于律师事务所、律师协会及时介入，为辩护律师提供必要的帮助，防止追究辩护律师伪证罪的程序被滥用。

（五）增加阻碍辩护人依法行使诉讼权利的救济渠道。实践中一些办案机关不注意保护辩护人诉讼权利的行使，人为限制辩护权行使，有的甚至故意制造障碍，阻扰辩护人依法行使诉讼权利。这不仅不利于保护被追诉人的合法权益，而且妨碍了刑事辩护制度的功能发挥，影响案件的正确处理和公正司法。辩护律师在执业过程中一旦遇到这些不当的甚至违法的行为，往往感到救济渠道不足，难以及时纠正。新刑事诉讼法第 47 条专门增加了对阻碍辩护人依法行使诉讼权利的救济途径，强化了对辩护权的保障，强化了人民检察院的法律监督职能。这体现了立法机关对刑事司法权的严格控制，体现了检察机关的法律监督地位，从"以权利制约权力"与"以权力制约权力"的有机结合上，规制刑事司法权的行使，维护司法公正。

（六）扩大法律援助的范围。我国现阶段刑事辩护率普遍偏低，许多被追诉人因经济困难或者其他原因，未能委托律师进行辩护，辩护律师的作用难以发挥。被追诉人的辩护权不得因其贫困而舍弃，国家负有无偿为其提供律师帮助的义务。新刑事诉讼法第 34 条在 1996 年刑事诉讼法的基础上，进一步扩展了法律援助的适用范围：一是将审判提供法律援助修改为在侦查、审查起诉、审判阶段均可提供法律援助；二是扩大了法律援助的对象范围，增加规定对尚未完全丧失辨认或者控制自己行为能力的精神病人，以及可能被判处无期徒刑的犯罪嫌疑人、被告人，也应提供法律援助。

三、严格执行，确保辩护权在整个刑事诉讼中得到全面落实

维护法制、保障人权是世界各国检察官的共同职责与使命。联合国《关于检察官作用的准则》第 12 条明确规定："检察官应始终一贯迅速而公平地

---

① 陈国庆主编：《中华人民共和国刑事诉讼法最新释义》，中国人民公安大学出版社 2012 年版，第 68 页。

依法行事，尊重和保护人的尊严，维护人权，从而有助于确保法定诉讼程序和刑事司法系统的职能顺利地运行。"我国检察机关在刑事诉讼中同时肩负着诉讼职能与诉讼监督两种职能，不仅仅是追诉机关或控告人，而且负有通过法律监督保障人权的特殊职责。为此，检察机关需要牢固树立惩治犯罪与保障人权并重的意识，一方面要采取有效措施积极应对刑事诉讼法修改所带来的严峻挑战，既要有力地惩治犯罪，维护社会和谐稳定；又要充分保障辩护权在检察环节的有效行使，通过辩护人在职务犯罪侦查、批捕、审查起诉等环节对检察机关执法办案的外部监督制约，真正实现理性、平和、文明、规范执法，确保检察权依法、正确行使。另一方面，检察机关要坚持宪法定位，充分履行法律监督职能，监督公安司法机关在侦查、起诉、审判和刑罚执行等诉讼阶段的执法行为，使辩护权在整个刑事诉讼中得到不折不扣的落实，维护司法公正。

（一）在职务犯罪侦查环节，随着辩护律师工作重心逐步由法庭审判向审前程序特别是侦查阶段的转移，随着传统的实体辩护向以挑战侦查行为合法性为目的的程序性辩护的发展，侦查与反侦查的矛盾将更加尖锐，控诉证据与辩护证据并存对抗的局面将不可避免。为此，职务犯罪侦查部门应努力做到：1. 摒弃排斥律师介入侦查的观念，克服抵触情绪，及时告知犯罪嫌疑人及其近亲属有权聘请律师作为辩护人；对辩护律师的会见权予以支持，不监听、不设阻；对律师申请调取证据、申请变更强制措施要及时审查，依法作出决定；对律师依法查阅案卷材料予以提供，不得搞内外有别的"留一手"。2. 摒弃过度依赖口供、片面收集有罪证据的观念，坚持证供并重、相互印证，全面客观地收集证据，强化证据的完善、固定工作；充分利用好法律赋予的侦查手段和措施，强化科技手段的配置和运用，发挥科学技术在揭露证实犯罪中的重要作用，特别要规范使用技术侦查措施这一发现和惩治犯罪的有力手段，摆脱对口供的依赖心理，为侦查工作从"证"到"供"创造条件。3. 发挥检察工作一体化机制的作用，统筹优势侦查资源在首次讯问时集中力量同步取证，争取在律师介入之前取得最主要证据；完善侦、捕、侦协调配合机制，认真做好及时介入侦查、引导取证工作，补强完善证据。

（二）在审查起诉环节，随着律师在侦查阶段辩护人地位的明确，随着辩护人会见权、阅卷权、申请调查取证权的加强，控辩双方的力量对比将实现相对平衡，控辩双方的庭审对抗将更具实质性。为此，公诉部门应努力做到：1. 检察机关内部审查讨论和决定案件时，要把讨论和研究辩护律师的意见作为审查起诉的一项必经程序和重要内容。认真审查、善于听取律师的辩护意见，特别是律师提出无罪、罪轻或不需要追究刑事责任的意见，加强与律师的交流和沟通，全面客观地分析案情，进一步完善案件证据体系，有针对性地做好审查起诉工作,增强工作的主动性。2. 构建新型控辩关系,借助辩护权的依法充分行使,提升公诉质量。辩护人要切实履行对特定证据的告知义务,应将其收集的有关犯罪嫌疑人不在犯罪现场、未达到刑事责任年龄、属于依法不负刑事责任的精神病人的证据,及时告知人民检察院,这既能够及时保护犯罪嫌疑人的合法权益,又可以防止"突袭审判",使检察机关及时做好准备工作,提高诉讼效率和质量。3. 树立全面审查案件的观念。改变过去那种过于偏重审查有罪、重罪证据,忽视审查无罪、罪轻证据的思维定式,把对两种性质不同证据的审查放在同等重要的位置,学会换位思考和逆向思维,避免因为律师自行调取证据而陷入被动。4. 提高全面分析、判断和运用证据的能力。不但能审查证据之"实",还要判断证据之"真",识别证据之"伪",纠正取证之"错"。5. 尽量避免受侦查机关起诉意见书的影响,避免先入为主,在全面分析案情和证据的基础上,努力形成客观公正的审查意见,不能为了定罪和"从重"而人为地拔高有罪证据的证明力。6. 巩固和加强捕诉衔接工作,保证检察机关内部对侦查活动监督和引导取证工作的连续性,使公诉部门能及时获取更多的关于案件定性、证据状况等方面的信息。

(三)在诉讼监督环节,新刑事诉讼法将阻碍辩护人行使诉讼权利的违法行为纳入了诉讼监督的范围,属于新增的诉讼监督的重要内容。辩护律师享有一系列诉讼权利,检察机关应当严格新刑事诉讼法第47条的规定,对公安、法院、监管场所和检察机关自身阻碍辩护人依法行使诉讼权利的违法行为进行调查核实,依法予以纠正,履行好法律监督职能。目前,有关的司法解释尚未出台,需要进一步明确以下内容:1. 明确辩护律师申诉、控告的范围。根据新刑事诉讼法的规定,对辩护人提出的回避要求或者对不予回避决定不服的复议申请不予受理的;没有依法告知犯罪嫌疑人、被告人有权委托辩护人的;没有转达在押的犯罪嫌疑人、被告人委托辩护人的要求的;应当通知而不通知法律援助机构为符合条件的犯罪嫌疑人、申请人或者被告人指派律师为其提供辩护或者法律帮助的;没有受理、答复辩护人提出的变更强制措施申请或者解除强制措施要求的;没有告知辩护律师犯罪嫌疑人涉嫌的罪名和案件有关情况的;违法限制辩护律师同在押、被监视居住的犯罪嫌疑人、被告人会见和通信的;不允许辩护律师查阅、摘抄、复制本案的案卷材料的;违法限制辩护律师收集、核实有关证据材料的;没有正当理由不同意辩护律师提出的收集、调取证据或者通知证人出庭作证的申请,或者不答复、不说明理由的;不提交收集的证明犯罪嫌疑人、被告人无罪或者罪轻的证据材料的;应当听取辩护律师的意见而不听取的;在讯问和审判的时候不通知辩护人到场的;不向辩护人及时送达本案的法律文书,或者不及时告知案件移送情况的;阻碍律师在审判过程中行使各项诉讼权利的；其他阻碍辩护人、诉讼代理人依法行使诉讼权利的行为，都有权向检察机关提出申诉或控告。2. 明确监督工作的部门分工。对辩护人、诉讼代理人认为侵犯其诉讼权利的申诉、控告，可由案管部门统一受理，然后根据案件所处诉讼阶段分流给相关部门办理。在侦查阶段，应当由侦查监督部门负责；在审查起诉阶段，应当由控告申诉部门负责；在审判阶段，应当由公诉部门负责。3. 明确审查处理程序和期限。人民检察院对辩护律师的申诉、控告应及时进行审查，认为情况属实的，应当报经检察长决定，通知有关机关或者本院有关部门予以纠正。辩护人对人民检察院作出的处理决定不服的，可以向上一级人民检察院申诉或者控告。上一级人民检察院经审查，认为情况属实的，应当报经检察长决定，通知有关机关或者下级人民检察院予以纠正。对辩护人的申诉、控告，人民检察院应当在受理后的 10 日内作出决定，由案件管理部门书面答复辩护人。检察机关相关职能部门要切实履行各自的职责，确保生效后的立法和司法解释得以执行，为辩护人提供及时、畅通的救济。

职务犯罪嫌疑人权利保障

刘志成 *

尊重和保障人权是我国宪法确立的一项重要原则。具有"小宪法"、"人权法"之称的刑事诉讼法秉承法治精神，贯彻宪法原则，以规范的程序确定行为的罪与非罪以及如何处罚为基本要旨，以打击犯罪的同时落实人权保障为内在目标，本质上是公民权利保护性法律。新修正的刑事诉讼法写入"尊重和保障人权"，不仅将宪法和法律赋予全体公民必不可少的基本人权纳入保护范畴，而且在程序设计中让参与者，特别是犯罪嫌疑人、被告人拥有的权利以可行使、有保障、能实现的应然状态予以明确。就职务犯罪嫌疑人的权利保障而言，主要体现在三个方面：一是疑犯自然保有权利，包括不得强迫任何人自证有罪、申辩和控告话语权、法律帮助受援权等；二是程序设定保障权利，包括完善辩护制度，保障律师始于侦查阶段的辩护权、会见权和辩护人的阅卷权、调查取证权等；三是制约监督保护权利，包括严格强制措施适用等。检察机关是贪污贿赂、渎职侵权犯罪案件直接立案侦查的机构，在查处职务犯罪案件中要坚决贯彻执行新刑事诉讼法各项规定，把追究犯罪与保障人权有机统一，保确犯罪嫌疑人合法权利的实现。

一、树立"权力可为最小化，权利可有最大化"人权保障落实观

法律是针对过往社会管理问题而设定的未来行为的准则，具有规范性、概括性等特点。其规范性是指法律为人们的行为提供模式、标准、样式和方向，其概括性是指从以往大量现实的、具体的行为中高度抽象出来的行为模式。可以说，法律深深地烙印着过去肯定的提炼和未来要求的规则。但是过去并不雷同现在，更不等于未来。任何法律规定都不可能明确详尽现在和未来所有行为或者事实，必然具有一定的自由裁量的空间。刑事诉讼法关涉人们的生命、自

---

* 江西省人民检察院三级高级检察官，国家检察官学院井冈山分院副院长，全国检察理论研究人才。

由、财产、尊严等问题，各个个案侵权起因有别，危害后果不同，罪与非罪、如何处罚等事关权利要求与保障，联结着社会经济与观念心理，随时变迁在所难免。故此，刑事诉讼法中留下公权力自由裁量的空间就是必然了。新修正的刑事诉讼法法条多处出现的"可以"、"可能"、"或者"，以及时效方面的"之前"、"以内"等，就是自然表现。

在现代民主法治国家理念中，公权力拥有刑罚权的价值不在于为了惩罚犯罪而占有，更重要的是为着尊重和保障所有人的人权而行使。其最高宗旨是，在"使无罪的人不受刑事追究，罪轻的人不致重罚"的前提下，实现惩罚和预防犯罪功能，还社会和被害人公平正义。权力易于膨胀，权利易受侵害。当权力的张力蚕食权利的享有的时候，宁可漏过轻过，不可错过是基本准则。面对强悍的刑罚追诉权，无论哪个诉讼阶段犯罪嫌疑人、被告人都是弱小的。职务犯罪嫌疑人虽然在岗时拥有相当的权力和权势，一旦面对指控和追究，没有不低下高昂头颅，在祈祷与侥幸中抵抗、挣扎，法定的权利在自信与尊严流失的境况下，往往意识不到损害，或者因角色而不敢冒犯、抗争，惧怕"眼前亏"而先行忍受着不公正待遇。这就是常有的庭上翻供的原因。"尊重和保障人权"不只是宣告，更应是有正确理念指引下的实实在在的行动。因此，侦查机关在适用自由裁量规定，行使自由裁量权的时候，为了防范侵害犯罪嫌疑人合法权利，应该谦抑裁剪，节制适用，尽可能从有利于犯罪嫌疑人权利保障着想，养成"权力行使最小化'可以'，权利拥有最大化'可以'"的自由裁量权执行理念。我国检察机关虽然是维护国家法制统一的法律监督机构，理当胜于他人践行人权保障，但从查办职务犯罪案件实践情况看，权利保障不力甚至刑讯逼供等侵害人权个案常常拷问责任的担当。其中原因也许很多，但自身的自由裁量权的权利保障性节制意识缺乏，无疑是重要的。

在公权滥用可陈不尽，腐败形势严峻不降的当下，倡导职务犯罪嫌疑人的权利保障的最大化"可以"，看似不识时务。但腐败不是一日形成的，根源也是复杂的，干着急是无用的，依赖侵权式的严厉更是不能真正解决问题的。不惜损害犯罪嫌疑人合法权利，特别是刑讯逼供的侦查取证行为，是一种滥权表现，更是一种缺失自信、腐败无能的癫狂。遏制当前我国公权滥用、腐败蔓延问题，最根本的思路、理念应该是：在立法上从严"剥夺其掠夺"，以得不偿失的后果警示预防后来者；在执法侦查中充分利用、技谋行使诸如技术侦查等手段，让那些传言中的贪腐数额、犯罪劣迹不至于最终缩水、折扣，留下遗憾疑虑。设置沉默权的香港特别行政区，尚能创建成清廉的世界，我们何以怕犯罪嫌疑人充分享有合法权利呢！

二、正确理解和执行"不得自证有罪"规定

调查取证是办理职务犯罪案件的重要环节，依法收集证据是准确适用法律，公正处理案件的基本要求。但在打击犯罪功能理念主导下，围绕证实犯罪收集证据的办案思维常常影响证据的获取行为，尤其在外部客观调查没有有力证据的情况下，往往把案件突破寄托于犯罪嫌疑人的口供，而采取刑讯逼供等违背人权保障规定的手段。近年来司法实践中发生的冤案错案，大多与刑讯逼供取证有关。针对刑讯逼供的危害与顽症，修正后的刑事诉讼法明确将收集证据"不得强迫任何人证实自己有罪"入法，这是我国刑事司法制度文明进步的标志，也是履行我国签署的有关国际公约的需要。

"不得强迫任何人证实自己有罪"规定虽然与国外的"沉默权"有差异，但仍是在保障犯罪嫌疑人权利原则下，侦查机关收集口供的禁止性规定，要求办案讯（询）问犯罪嫌疑人不能以任何手段迫使其认罪和提供证明自己有罪的证据。① 其内涵包括：一是禁止侦查人员以伤害犯罪嫌疑人身体和精神的强制性和欺骗性手段，获取口供；二是犯罪嫌疑人是否承认犯罪事实只能在宣讲刑事政策，宣传法律有关交代罪行可从宽处理的规定而启发"如实回答"提问，不得强迫认罪；三是采用刑讯逼供等非法手段获取的证据应予以排除，不能作为定罪依据；四是没有犯罪嫌疑人认罪口供，其他证据完整充分的仍可定罪处罚。

在侦查职务犯罪案件实践中，我们长期存在过分依赖犯罪嫌疑人口供现象，忽视、淡漠外围调查取证，以口供突破案件。因而，常常把侦查重点放在加大审讯力度上，一方面组成审讯精兵强将，轮番持续强势审问，甚至不惜使用威吓、欺骗等所谓"谋略手段"获得犯罪嫌疑人供认罪行；另一方面对羁押中的疑犯实行"疲劳战"，给予其巨大的精神压力，摧毁其心理防线，甚至不惜施以人身体罚、折磨，让其顺着审问者的推断、满足论证罪行的需要回答提问，且在最后询问笔录签署中草率画押。这种做法与法律规定不符，是侵害犯罪嫌疑人权利的错误行为，必须纠正。经验表明，法律监督者的权威来自严格践行依法办案的表现。上述审讯思维和做法极有可能造成冤假错案，损害检察机关公信力。检察机关是维护国家法制统一的监督机构，只有模范地遵守法律规定，才能在执法中赢得尊重。查办职务犯罪案件既要针对不同案情和对象讲究策略方法，更要执行好"不得强迫自证有罪"规定：一是侦查取证思路要抛弃"口供为王"陋习，立足外围线索，巧用合法手段，排查矛盾疑点，

---

① 郎胜主编：《中华人民共和国刑事诉讼法释义》，法律出版社 2012 年版，第 107 页。

深挖痕迹漏洞，迅速果断出击，固定关联证据；二是审讯取证要依法宣讲法律政策，告知如实回答获得从宽处理的规定与益处，消解抗拒侥幸心理，催生敢作敢为勇气，在不经意交谈中获取有用线索与事实；三是坚持执行录音录像和拘传、羁押管理规定，防范法庭翻供抵赖。

正因为对犯罪嫌疑人审讯中的逼供行为严重，修正后的刑事诉讼法严明了排除非法证据。这是贯彻人权保障的、不得已的断然决策。我们在职务犯罪案件审查决定逮捕和起诉等环节，要坚决地严格执行非法证据排除规定，反向促使改变调查取证重审讯口供，轻外围调查的观念与做法。侦查审讯人员应该以理性和自信的心态对待被审问者，与其被后续程序中排除而被动，[①] 不如多从外围挖掘、突破。

三、为辩护权有效行使提供方便

刑事诉讼中犯罪嫌疑人、被告人的辩护权是最基本的一项诉权，这是现代刑事诉讼的重要标志之一。辩护与控诉、审判三方交互作用，共同推动诉讼过程。没有辩护，就不算现代刑事诉讼。辩护权由刑事犯罪嫌疑人（被告人）及其辩护人行使，是对被控告、被追究的犯罪，从事实、证据、法律、处刑等诸方面进行申辩、反驳、反证，以及其他维护犯罪嫌疑人（被告人）的合法权益，使案件得到公正合法处理的权利。我国刑事诉讼法早已规定辩护制度，但在"对敌人的宽恕，就是对人民的犯罪"的"专政"观念影响下，立法粗简疏漏，执行中理解异议阻碍多，长期没有得到应有的落实。修正后的刑事诉讼法进一步明确和强化了辩护制度，充分昭示了我国社会主义法治尊重和保障人权的本质与追求。

职务犯罪案件自侦查阶段开始，犯罪嫌疑人除了自行辩护外，可以委托律师和其他人身自由的人帮助辩护，而且在委托辩护的时间上从原审查起诉阶段提前到侦查阶段。具体辩护权利主要包括：1. 律师在诉讼开始介入权。第一次讯问或者对犯罪嫌疑人采取强制措施之日起，律师可以接受委托成为辩护人，为犯罪嫌疑人提供法律帮助、代理申诉控告、申请变更强制措施以及了解犯罪嫌疑人涉嫌罪名和案件有关情况等。2. 辩护律师的会见和通信权。侦查

---

① 被誉为"非法证据排除第一案"的章国锡受贿案，法庭因章国锡确实存在体表伤痕，于是转而要求公诉方证明没有进行刑讯逼供。在公诉方没有提供充分证明的情况下，法院将章国锡的有罪供述直接予以排除。检察院指控受贿 7.6 万元，一审法庭最终只认定 6000 元，判章国锡犯受贿罪，免予刑事处罚。检察院提起抗诉，但二审开庭其也不能证明没有进行刑讯逼供。参见《法制日报》2011 年 12 月 27 日。

阶段辩护律师可以同在押犯罪嫌疑人会见和通信，其他辩护人经检察院许可也可以会见和通信，并且会见不被监听。3. 辩护人申请调取证据权。在完善阅卷权的同时，规定了辩护人认为在侦查、审查起诉期间，侦查机关收集的证明犯罪嫌疑人无罪或者罪轻的证据材料未提交，有权申请调取。4. 犯罪嫌疑人和辩护人的话语权。在审查逮捕时，增加了"犯罪嫌疑人要求向检察人员当面陈述意见的"和辩护律师提出要求的，审查批准逮捕部门办案人员必须听取的规定；在审查起诉时，在原听取犯罪嫌疑人意见的基础上，又增加了听取辩护人意见的规定。5. 犯罪嫌疑人及其法定代理人、近亲属和辩护人有申请变更或解除强制措施权。申请变更既包括申请强制措施种类的变更，也包括申请变更强制措施的执行方式；并在申请后 3 日以内得到决定；不同意变更强制措施的，要通知申请人并说明理由。强制措施法定期限届满的可以要求解除。6. 犯罪嫌疑人获得法律援助权。获得法律援助新增加了犯罪嫌疑人，而且扩大到各个诉讼阶段，没有委托辩护人的，除了因经济原因由本人及其亲属申请外，对于身体健康存在缺陷或障碍的和可能判处无期徒刑、死刑的，检察机关有义务通知法律援助机构指派律师为其辩护。7. 犯罪嫌疑人、辩护人、诉讼代理人对检察机关及其工作人员侵犯其合法权益的，有权进行申诉或者控告，对申诉、控告处理不服的，可以向上一级检察院申诉。

权欲易膨胀，权力常越界。辩护权的设立和行使，不仅仅是为了反驳追究、控诉，更重要的本质目的还是保证刑事法律适用，防范冤假错案以及国家法制公平正义的污损。调查指控职务犯罪嫌疑人罪责是检察机关的责任，尊重并方便犯罪嫌疑人辩护权的行使是侦查、审查起诉部门的义务。辩护权的充分有效行使不仅仅有利于保障犯罪嫌疑人的权利，也有利于提高打击犯罪的准确性，提高办案质量，维护法律的尊严。检察机关查办职务犯罪既要加大打击力度，充分利用刑事诉讼法修改增加的技术侦查手段等措施，遏制职务犯罪势头，提高民众对反腐败的满意度，又必须依法办案，牢固树立人权保障意识，贯彻执行犯罪嫌疑人权利保障规定，充分尊重其辩护权，依法为辩护权行使提供便利。一是及时主动向犯罪嫌疑人告知应有的辩护等权利，并提供相应帮助与联系，积极履行应尽的法定义务；二是认真听取犯罪嫌疑人、辩护人意见，可信可取的应该采纳或者纠正，依法不能采纳的也要说明解释；三是及时为辩护律师依法履行职务提供便利，尤其是在安排会见、查阅复制案卷等方面不能故意阻碍、拖延，要尽可能满足其合法要求；四是认真考虑、慎重决定辩护人调取无罪或者罪轻证据材料的要求，尽量完整提交收集的与案件有关的事实证据。

职务犯罪嫌疑人的辩护人违反法律规定，帮助、策划犯罪嫌疑人伪证、串供等禁止性行为的，要坚决揭露和打击，但必须依法进行。涉嫌犯罪应当追究刑事责任的，要执行修正后的刑事诉讼法的规定，"由办理辩护人所承办案件的侦查机关以外的侦查机关办理"，不得自行查办。

四、自律节制适用强调措施

为保证刑事诉讼活动的正常进行，在侦查阶段对具有社会危险性的犯罪嫌疑人采取一定的强制措施是必要的。我国刑事诉讼法设定了拘传、取保候审、监视居住和逮捕四种强制措施。由于强制措施具有限制、剥夺人身自由特性，不得不慎重。法律规定了严格的适用条件，是否适用、采用何种强制性措施，要根据案件具体情况决定。但在实践中，仍然存在随意甚至滥用强制措施的情况和超期羁押现象。这次修正刑事诉讼法从保障犯罪嫌疑人权利出发，作了很多修改完善。在职务犯罪侦查中，适用强制措施规定对查实犯罪证据极为重要。但是，强制性剥夺自由及财产的事实与后果，并非法院审判意义上的定罪惩罚，使用不慎就会侵害犯罪嫌疑人权利。作为维护法制的监督机关，不仅要模范地遵守法律的规定，还应该尽可能地自律节制强制措施的使用。对于不具有社会危险性的犯罪嫌疑人，可以不采用强制措施的尽量不采用；采用较轻强制措施能够保证诉讼活动进行的，不应采用较重的强制措施；解除或变更强制措施不影响诉讼活动进行的，应解除或变更。

1. 节制适用拘传，不得以拘传方式变相拘禁。侦查中，对不需要逮捕、拘留的犯罪嫌疑人，可以传唤到犯罪嫌疑人所在市县内的指定地点或其住处讯问。如果犯罪嫌疑人拒不接受传唤到案，或者不拘传可能逃跑或走漏消息的，可以采用拘传的强制措施。针对实践中的问题，修改后的刑事诉讼法对拘传的操作程序作了补充完善，对案情特别重大复杂的拘传时间可以适当延长，但最长不得超过24小时；拘传要保证犯罪嫌疑人的饮食和必要的休息时间；不得以拘传方式变相拘禁犯罪嫌疑人。对于实践中存在的连续拘传、怎样保证犯罪嫌疑人饮食和必要的休息时间等问题没有规定。本着"不得变相拘禁"和人道主义原则，正确理解与适用拘传规定，应将能够具体细化的问题在检察机关刑事诉讼规则中明确，并认真贯彻执行。如因案情需要再次拘传的间隔时间，至少不少于12小时；按正常人身体机能保持与维持需要，保障犯罪嫌疑人应有的吃喝以及睡眠与休息，特别是延长拘押时间的；延长拘传时间应从严把握，规定报批手续等。

2. 节制适用逮捕，不得违法羁押和审讯。逮捕是以关押的方式限制犯罪嫌疑人、被告人人身自由的最严厉的强制措施。修正后的刑事诉讼法从切实保障被羁押人权利着想，针对实践中存在的问题细化规定了逮捕条件和适用要求，删除了原来模糊的、可以自由发挥的"有逮捕必要"即可逮捕的规定，明确列举存在五种采取取保候审不足以防止发生社会危险性的情形才可逮捕。而且要求逮捕后，立即送看守所羁押，除无法通知外，应当在 24 小时以内通知家属。过去在职务犯罪侦查中，为方便调查取证，立案就逮捕和有意延缓通知亲属，为突破案情"造势"自定审讯羁押场所成为习惯。另外，在审讯中常以限制休息等疲劳战获取口供的做法，都是违背人权保障规定的，新刑事诉讼法禁止的行为，绝不能使用。对被拘留的人，应该在 24 小时内进行讯问，发现不当，立即释放，不能为了表示拘留应当，想方设法也要在"鸡蛋里挑出骨头"来。

3. 节制适用取保候审，不要以案件"尚未办结"而降格替代。取保候审是以保证人担保或者交纳保证金的形式来保证犯罪嫌疑人、被告人在传讯、审判时及时到案，并且不毁灭、伪造证据或者串供，不干扰证人作证的强制措施。修正后的刑事诉讼法增加两类情况规定：一是适用条件中对对象作了人道性许可明确，即只要采取取保候审不致于发生社会危险性的三种情况可以适用：（1）患有严重疾病；（2）年老残疾等原因生活不能自理；（3）怀孕或者正在哺乳自己婴儿的妇女。二是羁押期限届满，案件尚未办结，需要采取取保候审的。同时，细化了被取保审人应当遵守的事项等规定。对在犯罪嫌疑人的羁押期限内，不能办结的案件，原法律规定"可以取保候审或者监视居住"。修正后的刑事诉讼法为防止办案久拖不结而无限期羁押，首先增加规定"应当予以释放"，其次是"需要继续查证的"，才采用取保候审。在查办职务犯罪中，由于案件侦查的特殊性，很多都不能在规定期限内办结，而延长关押，因为现行刑事诉讼法在是否继续关押问题上是"可以取保候审"，即存在自由裁量权。执行新的刑事诉讼法对羁押期届满的是释放，尽管也"可以取保候审"，但这是有前提的，即继续查证需要。有些案件可能无法查证到刑罚追究的程度，不管办案人员如何理解"需要继续查证"，应当先考虑释放，不能降格以求，以一句"尚未办结"为由而不释放被羁押人。

4. 节制强制措施期限适用"最大化"，不得延缓解除和变更。为了防止案件久拖不决而无限期羁押，修正后的刑事诉讼法增加了对犯罪嫌疑人羁押期限届满未能结案的，应当释放的规定；犯罪嫌疑人及其法定代理人、近亲属和辩护人有权要求解除法定期限届满的强制措施。虽然羁押期限未届满，但犯罪嫌疑人及其法定代理人、近亲属和辩护人有合法理由提出变更强制措施申请的，检察机关在接到申请后 3 日以内应当作出决定；不同意变更强制措施的，要通知申请人并说明理由。这些规定，将有利于解决长期存在的超期羁押问题，检察机关应该毫无折扣地执行，特别是合法申请变更，必须尊重，不可淡漠，弃之不理。

五、强化内部制约监督与管理

依照法律管辖规定，普通刑事案件的侦查由公安机关进行，检察机关进行监督、制约，而由检察机关直接受理，行使侦查的职务犯罪案件，在法庭审理前没有诉讼法意义上的系统外的监督制约，从受案立案到侦查起诉全由检察机关自己决定与实行。任何权力都有滥用的可能，检察权也不例外。法律之所以没有规定对职务犯罪侦查的外部监督，并不是确认检察权具有天然的滥用免疫力，只是相信作为国家法律监督机关的检察院能够做好内部监督制约，何况检察机关上下级是法定的领导关系。事实上，这些年最高人民检察院一直在加强推进内部监督和依法接受外部监督工作，近十年来探索建立的人民监督员、不起诉审批、逮捕权上提一级和案件管理机构的设立等制度，主要针对的就是自侦案件的监督制约。但是，实事求是地看，内部监督的力度、效果与依法办案、保障人权的要求和效果还有差距。修正后的刑事诉讼法顺应我国法治发展需要，吸收近年来司法改革的成果，赋予了检察机关保障人权的更加重要的使命，在很多方面强化、突出了检察机关的监督保障职能。笔者认为，这些强化不仅仅是希望检察机关做好对公安侦查、法院审判和监管改造执行机关履行相应职能进行监督，确保尊重和保障人权，还包括检察机关内部对自侦案件办理的做好制约监督，也确保职务犯罪嫌疑人的合法权利能够充分实现。

司法活动是通过对立的辩驳，探寻真相，获取正义的过程。分权制约和正当程序是法治的重要原则，也是司法权法治的基本要求。从检察权的司法性要求看，维护自侦案件查处的公平公正，保障犯罪嫌疑人的诉讼权利，要强化内部监督，更要改善内部制约。检察机关查办职务犯罪案件尽管在内部分设了履行侦、捕、诉职能的机构，但同体制约监督的自然"善"性和人员"熟"性等原因，往往难以真正"对立求真"，特别是一些市、县检察院，因人员少，上案就从各部门抽调人员组成专案组，立案审查、使用强制措施、审查决定逮捕、审查起诉等各项工作都是专案组人员自己进行，相应的审查批准和监督机构只是依照要求办理手续。专案组人员尽管来自履行不同职责的部门，但到同目标的组里后，或多或少会淡漠原本应有的责任意识，制约监督的效果自然难以实现。为切实贯彻刑事诉讼法，保障查处职务犯罪嫌疑人权利要求，侦、捕、诉职能预设的功能作用必须保证，内部制约监督必须改善：一是分管领导必须分开，不能共管兼管。二是侦、捕、诉三机构不能同化、合并，必须各自依法履行职能。三是制约监督意见应有"优越权"。职责部门意见与侦查办案意见不一致时，领导特别是检察长要优先重视考虑和采信制约监督意见，不能考虑面子，照顾情绪。四是加大办案人员违规办案追究处理力度，不能以功抵过，以能淡过。

为加强内部监督，提高办案质量，促进案件管理工作标准化、规范化，各级检察机关正在内部设立和完善案件管理机构。这是对检察业务管理模式的创新探索。就目前最高人民检察院案件管理中心的职责范围而言，总体是以管理案件程序为主，兼管实体监督，这是必要的。检察职权中具有终结性的权力，是自侦案件办理中的立案、采用强制措施、决定逮捕、不起诉等。这些权力，法律没有规定外部监督制约机构和权利救济办法，都有可能侵害犯罪嫌疑人及其他诉讼当事人的权利。长期以来，我们自身对这些问题重视得不够、解决得不太好，常常出问题，是"谁来监督监督者"质疑的重要依据，是影响公信力的主要环节。案件管理机构设立既然以内部监督出发，就应该在最需要、最缺乏、最薄弱的业务管理上发力，重点是增强自侦案件办理权力行使的对立力量，抗衡侦查权的"自话自说"。因此，应明确赋予新设立的案件管理中心对自侦案件的制约监督职权，一方面对不立案、撤案、不捕不诉等案件实行复查；另一方面对人身和财产强制措施采用与变更、技术侦查措施使用和特别程序中当事人、辩护人合法要求意见以及控告、申诉处理情况进行审查，既防止查处职务犯罪案件打击不力，又防范办案中侵害犯罪嫌疑人和其他诉讼参与人权利的问题。

非法证据排除规则的意义与责任

——一种人权视角

温　辉[*]

一、引言

2012 年 3 月 14 日第十一届全国人民代表大会第五次会议通过了《关于修改〈中华人民共和国刑事诉讼法〉的决定》。修改后的刑事诉讼法条款从 225 条增加到 290 条，修改的地方多达 150 多处。这次"大"修，涉及基本原则、证据制度、强制措施、辩护制度、侦查措施、审判程序、刑罚执行程序、特别程序等诸多内容，其中最大的亮点就是"人权入法"，即将"尊重和保障人权"的宪法原则写入刑事诉讼法总则，成为刑事诉讼法的一项基本原则，贯穿于刑事诉讼法的始终。非法证据排除规则就是这一基本原则贯彻于证据制度方面的具体体现。

新修改的刑事诉讼法吸纳了最高法、最高检、公安部、国家安全部和司法部联合发布的《关于办理死刑案件审查判断证据若干问题的规定》和《关于办理刑事案件排除非法证据若干问题的规定》中关于非法证据排除的有关规

---

[*] 国家检察官学院教授，法学博士。

定，在第 54 条至第 58 条①中详细规定了非法证据排除的条件、范围、程序和方法，为杜绝刑讯逼供设置了程序制裁措施。并在此基础上，增加不得强迫任何人证实自己有罪的规定，② 更是彰显了人权思想的光辉。依刑事诉讼法的规定，非法证据主要有三类：非法方法收集的犯罪嫌疑人、被告人供述；非法方法收集的证人证言；非法方法收集的被害人陈述。囿于篇幅，本文将在非法方法收集的犯罪嫌疑人、被告人供述这个意义上，以人权视角讨论非法证据排除的意义、基础和责任，以就教于各位同仁。

二、非法证据排除的意义——从人权的普遍性谈起

"人权"这一名词如此的"伟大"③，以至数百年来无数先辈对其倾注了太多的情感，付出了太多的心血。时至今日，人权已成为国际社会普遍关心的重大问题之一。但对什么是人权，其特质为何，则是言人人殊。有人认为："人权是人的个体或群体在一定的历史条件下并基于一定的经济结构和文化发

---

① 第 54 条规定："采用刑讯逼供等非法方法收集的犯罪嫌疑人、被告人供述和采用暴力、威胁等非法方法收集的证人证言、被害人陈述，应当予以排除。收集物证、书证不符合法定程序，可能严重影响司法公正的，应当予以补正或者作出合理解释；不能补正或者作出合理解释的，对该证据应当予以排除。在侦查、审查起诉、审判时发现有应当排除的证据的，应当依法予以排除，不得作为起诉意见、起诉决定和判决的依据。"第 55 条规定："人民检察院接到报案、控告、举报或者发现侦查人员以非法方法收集证据的，应当进行调查核实。对于确有以非法方法收集证据情形的，应当提出纠正意见；构成犯罪的，依法追究刑事责任。"第 56 条规定："法庭审理过程中，审判人员认为可能存在本法第五十四条规定的以非法方法收集证据情形的，应当对证据收集的合法性进行法庭调查。当事人及其辩护人、诉讼代理人有权申请人民法院对以非法方法收集的证据依法予以排除。申请排除以非法方法收集的证据的，应当提供相关线索或者材料。"第 57 条规定："在对证据收集的合法性进行法庭调查的过程中，人民检察院应当对证据收集的合法性加以证明。现有证据材料不能证明证据收集的合法性的，人民检察院可以提请人民法院通知有关侦查人员或者其他人员出庭说明情况；人民法院可以通知有关侦查人员或者其他人员出庭说明情况。有关侦查人员或者其他人员也可以要求出庭说明情况。经人民法院通知，有关人员应当出庭。"第 58 条规定："对于经过法庭审理，确认或者不能排除存在本法第五十四条规定的以非法方法收集证据情形的，对有关证据应当予以排除。"

② 第 50 条规定："审判人员、检察人员、侦查人员必须依照法定程序，收集能够证实犯罪嫌疑人、被告人有罪或者无罪、犯罪情节轻重的各种证据。严禁刑讯逼供和以威胁、引诱、欺骗以及其他非法方法收集证据，不得强迫任何人证实自己有罪。必须保证一切与案件有关或者了解案情的公民，有客观地充分地提供证据的条件，除特殊情况外，可以吸收他们协助调查。"

③ 《中国的人权状况》（1991 年 11 月 1 日）。

展，为了其自由的生存、活动和发展以能够真正掌握自己的命运所必需平等具有的权利。"① 并进一步分析人权概念的内涵，指出：第一，人权的主体是人的个体（自然人）和群体；第二，人权的客体乃是人为了在自然界和社会生存、活动和发展所必需的诸种物质的和精神的条件；第三，人权具有历史性；第四，人权的总的价值倾向就是人能够真正掌握自己的命运；第五，自由是人权的内容要素；第六，平等是人权的形式要素。② 尽管抱有"抛开意识形态方面的分歧"的初衷，但显而易见的是，这一概念过分强调人权的历史性以及社会文化的多样性，从而减弱了其确定性，并使人权的本质湮没于纷繁的文化历史之中，令人难识其真面目。

当我们从学术研究最基本的常识角度探究概念时，就需要剥离令人眼花缭乱的表象，直抵达事物的本质。马克思就曾告诉我们，每一种思想体系，都有其逻辑起点，确立逻辑起点，应该"从表象中的具体达到越来越稀薄的抽象"，直接"达到一些最简单的规定"。③ 人权最简单的规定是什么？夏勇教授认为：人权即"人类的权利"，它不是指"人类对某物（如对自然界）的权利"，而是指"人作为类的权利"。自然权利之与人权相通，在于它对"类"的解说。这里的"自然"不是"自然界"意义上的自然，而是本性意义上的自然，指本然的、天然权利或天权。④ 米尔恩则以"普遍的最低限度的道德标准"⑤ 作为人权的道德基础，由此推导出最低限度的人权概念。他认为，"人权概念就是这样一种观念：存在某些无论被承认与否都在一切时间和场合属于全体人类的权利。人们仅凭其作为人就享有这些权利，而不论其在国籍、宗教、性别、社会身份、职业、财富、财产或者其他任何种族、文化或社会特性

---

① 文正邦、付子堂：《论人权的宪法保障》，载《法律科学》1992 年第 5 期，第 24 页。

② 文正邦、付子堂：《论人权的宪法保障》，载《法律科学》1992 年第 5 期，第 24—25 页。

③ 《马克思恩格斯选集》第 2 卷，人民出版社 1995 年版，第 103 页。

④ 夏勇：《人权概念起源——权利的历史哲学》，中国政法大学出版社 2001 年版，第 229 页。

⑤ ［英］米尔恩：《人的权利与人的多样性——人权哲学》，夏勇、张志铭译，中国大百科全书出版社 1995 年版，第 7 页。米尔恩认为，当今世界上流行的人权概念是一个所有人类社会都应该努力去达到的理想标准概念。这些权利体现了现代自由主义民主工业社会的价值和制度。该宣言含蓄地号召所有的国家都应该变成自由主义民主工业社会。但是，人类的大多数没有，也从来没有生活在这样的社会里，在可以预见的将来也不可能如此……结果是，在许多国家，尤其在组成所谓"第三世界"的国家，这种理想标准无可避免地成为乌托邦。

方面的差异。"① 这种最低限度标准的人权，无论它采取何种特定形式，都将在事实上能够适用于一切文化和文明——即便它们之间有各种差异。而且米尔恩认为，这个标准有着消极和积极两方面的作用：在消极的方面，要求人不能被仅仅当作手段；在积极的方面，则要求全人类在一切交往中始终遵循共同道德原则。② 因此，从人权的本质属性考察不难看出，人权是一项普遍权利，人权具有普遍性的特质。人权不仅是西方的，也是东方的；不仅是他们的，也是我们的。夏勇教授从原理的角度、经验的角度、传统的角度和规范的角度探讨了人权在当代中国的道德基础，③ 并认为："尽管人权的口号和人权原理的基本架构最早出现于西方，但是，包括中国在内的第三世界国家之追求人权、认同人权，从根本上讲，不是，也不应该是外压的，而是内发的。"④2004 年，我国宪法修正案将"国家尊重和保障人权"写入宪法，使人权由政治范畴嬗变为法律范畴，由道德权利上升为法律权利。

作为一项普遍性权利，人权应该是每一个人的权利。这里的"每一个人"理所当然地包括犯罪嫌疑人、被告人，甚至犯人。当然，犯罪嫌疑人因犯罪嫌疑，其人身自由可以依法被限制或被剥夺，但这并不意味着他/她的人格尊严、生命权等随之而丧失或可任意被侵犯、被剥夺。恰恰相反，根据《公民权利和政治权利国际公约》的规定，这些权利是不可克减的。甚至有学者认为："在诸如身体的完整性、人格尊严和禁止酷刑这样的基本人权问题上，没有任何妥协的余地。"⑤ 我国刑事诉讼法和刑法分别从保障犯罪嫌疑人、被告人获得公正审判权利和保障公民人身权利的角度，规定了非法证据排除规则和刑讯逼供罪，旨在禁止司法工作人员的刑讯逼供——对犯罪嫌疑人、被告人施以肉刑、变相肉刑、精神折磨——的行为，即便其以获取真实口供、保护被害人的人权、提高诉讼效率等为理由。因为行为的动机改变不了刑讯逼供行为侵犯犯罪嫌疑人、被告人的人格尊严、生命权这一客观事实。有人说：刑讯逼供是用

---

① 〔英〕米尔恩：《人的权利与人的多样性——人权哲学》，夏勇、张志铭译，中国大百科全书出版社 1995 年版，第 2 页。

② 〔英〕米尔恩：《人的权利与人的多样性——人权哲学》，夏勇、张志铭译，中国大百科全书出版社 1995 年版，第 153 页。

③ 夏勇：《人权概念起源——权利的历史哲学》，中国政法大学出版社 2001 年版，第 246—248 页。

④ 夏勇：《人权概念起源——权利的历史哲学》，中国政法大学出版社 2001 年版，第 245 页。

⑤ 〔瑞士〕托马斯·弗莱纳：《人权是什么》，谢鹏程译，中国社会科学出版社 2000 年版，第 24 页。

侵犯人权的方法来保护人权，是一种得不偿失的挖肉补疮的行为。① 其实，在看到刑讯逼供破案和保护被害人人权的动机的同时，我们也应该看到刑讯逼供背后所折射出的行为观念和心理，即刑讯者存在着先入为主、有罪推定的观念和把犯罪嫌疑人、被告人视为获取证据的手段的心理。正是有罪推定观念，催生了刑讯逼供行为，并使之有了得以宽宥的理由，② 这反过来又助长了刑讯逼供行为的发生。而有罪推定则是人权保障之天敌和大碍。至于把犯罪嫌疑人、被告人视为手段，更是对人性尊严的蔑视和践踏。康德说：人是目的，不是手段。德国宪法法院在一份判决中导出"客体公式"，认为：即当个人在国家中完全被变成一个客体时，就抵触了人性尊严，因为一个人既然被矮化为"物体、手段与数值"，自然不必在意其精神与意识，因而极易成为他治、他决的客体，构成对人性尊严之侵害。而人性尊严则是我们享有人权的道德基础和逻辑前提。③

三、非法证据排除的责任——从人权的国家义务谈起

宪法是一张写着人民权利的纸。权利对应着义务，如果这张纸上所写的权利能够得以实现，必须有义务人承担相应的义务，否则，规定基本权利的宪法就只能是空文。"人权入宪"的重大意义即在于有了国家对尊重和保障人权的承诺。

传统公法理论认为，宪法的主要功能在于限制"国家不得为非"，并不涉及私人之间的关系。公民的权利神圣不可侵犯，国家不得干涉，私人间的关系由契约予以调整。宪法基本权利是一种消极的自由权，也是一种"防卫权"，是完全针对国家而制定的。从宪法规范的规范主体来看，它们是宪法制定者与宪法遵守者。宪法制定者是国家的主权者——人民，宪法的遵守者是国家机关，包括立法机关、行政机关和司法机关。对于基本权利规范而言，主体一方为人民，其享有权利；主体另一方为国家机关，其承担义务。如德国基本法第1条第1项规定："人的尊严不可侵犯。尊重和保护人的尊严是全部国家权力

---

① 马贵翔、倪泽仁：《建立强制性隔离讯问制度的构想》，载《中国刑事法杂志》2002 年第 2 期，第 79 页。

② 有人认为，人们出于自身安全的考虑，希望政府对犯罪进行严厉打击，而对采取什么手段，哪怕是刑讯逼供也往往能理解和宽容。欧春燕：《论刑讯逼供的产生原因及控制对策》，载《湖南社会科学》2009 年第 5 期，第 203 页。

③ 《世界人权宣言》在序言中指出："鉴于对人类家庭所有成员的固有尊严及其平等的和不移的权利的承认，乃是世界自由、正义与和平的基础。"《经济、社会及文化权利国际公约》和《公民权利和政治权利国际公约》在序言中都写道："确认这些权利是源于人身的固有尊严。"

的义务。"

进入 20 世纪以来，面对资本主义发展所产生的一系列的社会问题，如贫富分化、失业等，传统公法理论迎来了新的挑战，且也获得了新的发展，团体主义和干涉主义萌发，"福利国"观念也应运而生。在"福利国"观念和思潮的支配和影响下，工作权、生存权、受教育权、环境权等社会权载入宪法，成为人权的新谱系。社会权与自由权在基本权利领域形成二元格局。虽然说，两种权利性质不同，其基本功能也不同：自由权具有"防御功能"，社会权具有"给付功能"。① 但两者都针对国家权力，前者以"国家不作为"为主要诉求对象②，后者以"国家积极作为"为主要诉求对象。

与西方建立在公民与国家对抗、对政府抱有着不信任态度的思维模式下的宪法观相对应，社会主义类型宪法以马克思主义为指导思想，从来不曾确立"控制国家"的理念。黑格尔认为，他的近代先驱们在建构国家概念时过分强调了公民与政府之间或者政府内部各种势力之间的对立。③ 他以和谐作为价值准则，认为政府与公民之间、政府各部门之间必然存在一种"调和"，反对"以权制权"或"以野心对抗野心"的理论，主张三权之间重在合作，而不是钩心斗角，政府各部门就像人体各部位一样，各部分区分明确而又互相依赖，通过合作完成整体的目的。④ 马克思主义从德国古典哲学那里汲取了营养。按照马克思主义的理论，在社会主义国家，一切的个人利益、局部利益都是统一于整体利益的，国家与社会由二分重新走向统一，宪法也不会像资本主义宪法那样仅具有"国家取向"了。⑤ 虽然基本权利具有着对第三者的效力，但是，基本权利的义务主体仍然是国家，并且主要是国家。同时，由于社会主义国家对社会权的广泛认可，在一定意义上加重了国家对基本权利的义务。

---

① 李建良：《基本权利理论体系之构成及其思考层次》，载李建良：《宪法理论与实践》（一），学林文化事业有限公司 1999 年版，第 60 页。

② 其实，美国宪法所坚持的那种观念——宪法仅保护公民个人权利不受政府侵犯，在德国已发展为宪法从正负两个方向保护个人权利：它不仅提供禁止政府侵犯的防御性权利，而且规定政府有责任从正面保护这些权利。张千帆：《西方宪政体系》（下册·欧洲宪法），中国政法大学出版社 2001 年版，第 155—156 页。

③ ［美］阿兰·S. 罗森鲍姆编：《宪政的哲学之维》，郑戈译，三联书店 2001 年版，第 125 页。

④ http：//www. oci. org. cn/xianzhengzhidao/xianzhenglunheng/sanyuesanshi/chenduan-hong. htm.

⑤ 张翔：《基本权利在私法上效力的展开：以当代中国为背景》，载《中外法学》2003 年第 5 期，第 546 页。

我国宪法规定："国家尊重和保障人权。"基于宪法根本法的地位和宪法权利的保障方式，国家对人权的义务需要通过具体法律加以落实和具体。新刑事诉讼法把"尊重和保障人权"写入法典，就是国家人权义务进一步落实和具体化的体现。新刑事诉讼法第54—56条明确规定公安机关、人民检察院和人民法院负有排除非法证据的责任。《国家人权行动计划（2012—2015年）》在"获得公正审判的权利"部分特别提及要完善非法证据排除制度，"对采用刑讯逼供等非法方法收集的犯罪嫌疑人、被告人供述和采用暴力、威胁等非法方法收集的证人认言、被害人陈述，应当予以排除，不能作为定案的根据。"

在司法实践中，为对接修改后的刑事诉讼法，检察机关已对审查起诉案件中的非法证据进行了排除。江苏省苏州市平江区人民检察院在办理李某贩卖毒品一案时就利用非法证据排除规则对李某的第一份辨认笔录予以排除。承办人在审查案件的讯问录像时注意到李某辩解称："第一笔事实不是真的，我根本没有作案时间。"随后在审查时发现，李某仅在进入看守所之前供述过第一笔犯罪事实，其后一直否认；而且反映李某第一次辨认过程的图片并未清楚显示辨认的准确地点，与后两张辨认图片形成了明显对比。承办人认为，犯罪嫌疑人李某的第一份辨认笔录可能受到了外部的非法提示，应当作为非法证据予以排除，进而李某的第一笔犯罪事实因为证据不足而无法成立。经补充侦查，其结果并未消除承办人的疑虑。因此，该院对李某的第一份辨认笔录予以排除。最后法院判决认可了该院的指控。① 笔者欣慰于检察机关对排除非法证据职责的担当，但期盼检察机关在非法证据排除方面迈出更坚定、更有力的步子，不是简单地"排除"了事，而是严格执行新刑事诉讼法"对于确有以非法方法收集证据情形的，应当提出纠正意见；构成犯罪的，依法追究刑事责任"的规定。

四、结语

继"人权入宪"后的"人权入法"，是我国人民政治生活中的一件大事。它表明我国人权事业正朝向世界人权宣言所确立的"共同标准"不断迈进。②

---

① 邓学平、卢志坚：《犯罪事实为何少了?》，载《检察日报》2012年6月19日第1版。

② 其实，我们必须清醒地看到与"共同标准"的差距。有学者指出："仅仅禁止酷刑或将其规定为犯罪是不够的。当我们将第7条连同第2条一起理解时，还会产生缔约国通过某些控制机制确保有效保护的义务。"人权事务委员会列举了若干用以防止酷刑的预防性义务：禁止"与外界隔绝的"拘禁，医生、律师和家人的定期探访，有关所有被拘禁者的集中登记和信息，禁止使用以酷刑手段获取的证据以及对执法人员和医疗人员的相应培训。[奥]曼弗雷德·诺瓦克：《〈公民权利和政治权利国际公约〉评注》，孙世彦、毕小青译，生活·读书·新知三联书店2008年版，第187页。

非法证据排除的最直接理由是收集证据方法的非法性，特别是刑讯逼供。而刑讯逼供的危害不仅在于侵犯人权、破坏法治，更为严重的是它损害了公众对政府的信任。公众的信任则是立国之根本。对此孔子早已言明。子贡问政，子曰："足食，足兵，民信之矣。"子贡曰："必不得已而去，于斯三者何先?"曰："去兵。"子贡曰："必不得已而去，于斯二者何先?"曰："去食。自古皆有死，民无信不立。"而政府赢得信任的不二法门即是担负起人权的重任，①并且确保认真地履行自己的承诺。

---

① 托马斯·弗莱纳认为：在付出尊重每一个人的人权的高昂代价后，人们可以赢得一种更高的善：对国家和政府的信任。[瑞士] 托马斯·弗莱纳：《人权是什么》，谢鹏程译，中国社会科学出版社 2000 年版，第 10 页。

侦查程序的改革与人权保障

郭 冰[*]

一、刑事诉讼法修改的法治及人权发展背景

现代意义上以自由、平等、人道为重要内容的人权是近代资本主义商品生产逐步发展和资产阶级民主革命取得成功后才出现的，东方国家文化中的社会和谐哲学与社会伦理传统与西方的人权观念其实是一致的。在当今的国际社会，维护和保障人权是一项基本道义原则。是否合乎保障人权的要求已成为评判一个集体（无论是政治上的还是经济上的）优劣的重要标准。[①]

随着人类物质文明、制度文明和精神文明的不断发展，公民人权意识也不断觉醒与提升。犯罪嫌疑人（被告人、罪犯）作为一个特殊的群体，其人权是集体人权中特殊的群体权利。随着网络时代信息资讯途径的便捷化，佘祥林案、聂树斌案、李荞明案等促使侦查程序的改革逐渐受到更广泛的关注，在刑诉法修改的过程中，基于任何人都可能是"潜在犯罪嫌疑人"的理论出发点，为了保障每一个公民的利益，刑事诉讼应当强调被告人的宪法权利保障，在社会秩序和个人自由冲突的平衡中，人们逐步向防止侦查权恣意性的程序性制约机制倾斜。

正因为如此，自1996年刑诉法修改以来，根据实践中出现的问题及时代的新发展，2003年，党的十六大提出了"推进司法体制改革"的战略决策。随之，《中央司法体制改革领导小组关于司法体制和工作机制改革的初步意见》提出了改革和完善诉讼制度等10方面35项改革任务；2008年，党的十七大提出了"深化司法体制改革"号召。2008年12月，中共中央转发了《中央政法委员会关于深化司法体制和工作机制改革若干问题的意见》，确定了司

---

* 法学博士，国家检察官学院副教授。

① 徐同来：《中国的第一部人权宣言》，载《湖北第二师范学院学报》2011年第3期。

法改革的 60 个课题，其中有 15 个课题是有关刑事司法制度的。① 作为 19 号文件的改革成果，中央司法机关开始出台了一系列司法解释或规范性文件，如 2010 年 6 月 13 日，"两院三部"联合发布的两个证据规定（即《关于办理死刑案件审查判断证据若干问题的规定》、《关于办理刑事案件排除非法证据若干问题的规定》）。特别是 2007 年 10 月 28 日十届全国人大常委会第三十次会议通过的修订后的律师法，对原律师法作了较大调整，在诸多方面进一步改革和完善了我国律师制度，其中对律师会见、阅卷、调查取证等执业权利作出了一些新的规定，这些对刑事案件的侦查工作提出了新要求。

二、侦查程序中的国际人权标准

自《世界人权宣言》发表 60 多年来，联合国制定了诸多国际人权的宣言、公约和议定书，逐步确立了与刑事侦查相关的一系列国际人权保护原则和规则，形成了人权国际保障的措施和程序，这些规定在不同程度上体现了国际人权法的要求，也为我国刑诉法修改中刑事侦查程序的人权保障提供了参考标准。

（一）免受酷刑、残忍、不人道或侮辱性对待或刑罚的权利

当今国际社会，反酷刑已成为一项最低限度的国际人权标准。《世界人权宣言》中明确规定，"任何人不得加以酷刑，或施以残忍的、不人道的或侮辱性的待遇或刑罚。"国际社会通过了一系列禁止酷刑的国际法律文件，如 1949 年日内瓦四项公约、1955 年联合国《囚犯待遇最低限度标准规则》等。随后出台的诸多国际法律文件中，凡是涉及人权问题，均毫无例外地明文规定禁止酷刑，如 1966 年的《公民权利和政治权利国际公约》、1975 年的《保护人人不受酷刑和其他残忍、不人道或有辱人格待遇或处罚宣言》、1979 年的《执法人员行为守则》、1982 年的《关于医务人员、特别是医生在保护被监禁和拘留的人不受酷刑和其他残忍、不人道或有辱人格的待遇或处罚方面的任务的医疗道德原则》等，依据这些国际法律文件的规定，禁止酷刑是绝对的、无例外的国际义务，国际社会鼓励各国尽可能广泛地禁止酷刑。

（二）非依法律的规定和程序，任何人不得被剥夺自由的权利

为保障诉讼活动的顺利进行，国家执法人员有必要采取一定的强制手段和措施，而如果这种强制手段和措施属于非正当行使权力之列，则必然使公民的权利遭受损害。针对此，《公民权利和政治权利国际公约》确定了"人人有权

---

① 参见周永康：《认真总结司法体制改革的成果和经验 不断完善中国特色社会主义司法制度》，载《法制日报》2012 年 9 月 15 日第 1 版。

享有人身自由和安全"的权利，要求"除非依照法律的规定和程序，任何人不得被剥夺自由"，不被"任意逮捕或拘禁"。并通过《囚犯最低限度标准规则》、《保护所有遭受任何形式拘留或监禁的人的原则》等国际法律文件，明确了工作人员应采取正当程序进行逮捕、拘禁或监禁等措施。

此外，国际文件还为非法剥夺自由的情况提供保障，因非法逮捕和拘禁而遭受权利侵害的受害者有得到赔偿的权利。

（三）被剥夺自由的人有获得人道的、尊重其人格尊严之待遇的权利

作为对被监禁人基本权利的保障，《公民权利和政治权利国际公约》、《保护所有遭受任何形式拘留或监禁的人的原则》等文件具体从隔离关押、体格检查、免费治疗等方面加以规定，要求刑事司法程序具有人道性，要给予任何被监禁者以人格尊严的尊重，以使他们能顺利回归社会。

（四）未经法庭依法确认有罪前，被视为无罪的权利

《世界人权宣言》第 11 条第 1 款规定，"凡受刑事控告者，在未经获得辩护上所需的一切保证的公开审判而依法证实有罪以前，有权被视为无罪。"这是联合国文件中首次确认了无罪推定原则，为在世界范围内贯彻这一原则提供了法律依据。从而确保受刑事追诉的人，在未经法庭依法确认其有罪之前，均被视为无罪。根据有关保障被告人权利国际文件的规定，反对强迫自证其罪的权利被认为是无罪推定原则的延伸性要求：作为被刑事指控者所享有的最低限度权利，确认任何人都有不被强迫作不利于自己的证言或强迫承认犯罪的权利。

（五）保障辩护的权利

《公民权利和政治权利国际公约》第 14 条规定："……在判定对他提出的任何刑事指控时，人人完全平等地有资格享受以下的最低限度的保证：（甲）迅速以一种他懂得的语言详细地告知对他提出的指控的性质和原因；（乙）有相当时间和便利准备他的辩护并与他自己选择的律师联络。"对于任何被刑事指控的人，都应具有相当的时间和便利来准备他的辩护，包括与自己选择的律师联络，有权亲自辩护或由其选择的律师帮助辩护，必要时，还应获得法律援助律师的辩护，不得因其无力偿付费用而失去律师法律帮助等权利。

（六）住宅、通信等不受非法干涉的权利

保障自然人个人生活的安宁是维护权利主体人格权和人格尊严最重要的内容之一，《公民权利和政治权利国际公约》第 17 条规定："（一）任何人的私生活、家庭、住宅或通信不得加以任意或非法干涉，他的荣誉和名誉不得加以非法攻击……"从而确立了对公民住宅权、名誉权及隐私权的保护，防止非法司法行为的侵害。权利主体能够按照自己的意志支配个人的私生活，不受他

人的干涉与破坏。如自然人的私生活不受非法窥视和骚扰；自然人的住宅不受非法的监视、监听、摄影等；权利主体有权对个人信件、电子邮件、电报、传真的内容加以保密，禁止他人擅自查看、刺探和非法公开。

三、刑诉法修改中的侦查程序

我国已加入包括《经济、社会及文化权利国际公约》在内的 27 项国际人权公约，并积极为批准《公民权利和政治权利国际公约》创造条件，从立法、行政和司法各个环节完善尊重和保障人权的法律法规和实施机制。[①] 此次刑诉法修改中关于侦查程序的完善使我国刑事诉讼法在保障人权方面又迈进了一步，也是与国际社会刑事司法准则接轨的体现。

（一）讯问程序的改革

讯问是刑事侦查的重要措施之一。长期以来我国侦查实践中多依赖口供，特别是职务犯罪的侦查中，口供更具有其他证据所无可比拟的地位。侦查讯问活动本身存在较强的利益冲突性，在侦查讯问活动中，双方的较量和斗争反复出现，直到犯罪嫌疑人转变态度供述案件事实为止。这种冲突具有不平等的一面，犯罪嫌疑人往往处于相对不利的地位，容易出现侵害人权的现象。因此，刑诉法此次修改中，在讯问过程中更加关注犯罪嫌疑人的权利保障，以对抗具有国家强制力的侦查机关。

1. 羁押后讯问场所的强制性规定

近年来，看守所从设备设施到监管水平有了很大改进，侦查过程中刑讯逼供的主要场所不在看守所，而主要发生在看守所之外和送往看守所之前这两个环节。新刑诉法第 116 条第 2 款规定："犯罪嫌疑人被送交看守所羁押以后，侦查人员对其进行讯问，应当在看守所内进行。"据此，讯问只能在看守所内进行，不得以任何理由将犯罪嫌疑人带出看守所进行讯问。这一规定在讯问人员和犯罪嫌疑人之间进行了物理隔离，从时间、空间两个角度防范了刑讯逼供的发生，能有效地防止侦查讯问中刑讯逼供等违法讯问、非法取证行为的发生。

2. 禁止变相拘禁犯罪嫌疑人

新刑诉法明确规定，采取传唤、拘传持续的时间不得超过 12 小时；案情特别重大、复杂，需要采取拘留、逮捕措施的，传唤、拘传持续的时间不得超过 24 小时。不得以连续传唤、拘传的形式变相拘禁犯罪嫌疑人。

---

① 中华人民共和国国务院新闻办公室：《国家人权行动计划（2012—2015 年）》，载《人民日报》2012 年 6 月 12 日第 14 版。

同时要求传唤、拘传犯罪嫌疑人，应当保证犯罪嫌疑人的饮食和必要的休息时间。这些规定增加了法律的人性关怀，有利于切实保障犯罪嫌疑人的合法权利。

3. 讯问方法的规制

在非法取证的行为中，刑讯逼供行为使犯罪嫌疑人在肉体或精神上感到痛苦而被迫作出某种供述的同时，可能造成被审讯对象重伤、死亡和冤假错案的发生。轰动全国的杜培武案件、聂树斌案件等均反映出刑讯逼供的严重危害。这损害了司法机关的形象，破坏了社会稳定，严重地侵犯了犯罪嫌疑人的人身权利和民主权利，造成严重后果。因此，禁止酷刑等非法侦查手段是国际社会的共识。我国宪法确认了对公民权利的保护，为禁止和惩治非法侦查提供了基本前提，如宪法规定："公民的人格尊严不受侵犯，禁止用任何方法对公民进行侮辱、诽谤和诬告陷害。"我国刑法也体现了禁止酷刑的精神，但同大多数国家一样，我国刑法中虽没有直接规定酷刑罪的条款，但将酷刑行为包括在诸如刑讯逼供罪、暴力取证罪、虐待被监管人员罪等犯罪之中，是符合联合国关于禁止酷刑的要求的。

此次修法中对讯问方法的禁止性规定严格规范了审判人员、检察人员和侦查人员收集证据的行为，新刑诉法第50条规定："审判人员、检察人员、侦查人员必须依照法定程序，收集能够证实犯罪嫌疑人、被告人有罪或者无罪、犯罪情节轻重的各种证据。严禁刑讯逼供和以威胁、引诱、欺骗以及其他非法方法收集证据，不得强迫任何人证实自己有罪。必须保证一切与案件有关或者了解案情的公民，有客观地充分地提供证据的条件，除特殊情况外，可以吸收他们协助调查。"虽然此处的"不得强迫任何人证实自己有罪"不同于美国宪法第五修正案中被告人享有"不被强迫自证其罪的特权"，但这一规定也是极大的进步，是对宪法"国家尊重和保障人权"条文的落实，也将进一步推动刑讯逼供顽症的解决。

此外，刑诉法修改中还增加了侦查人员"坦白从宽"的告知义务和犯罪嫌疑人"如实回答"的义务。新刑诉法第118条第2款规定："侦查人员在讯问犯罪嫌疑人的时候，应当告知犯罪嫌疑人如实供述自己罪行可以从宽处理的法律规定。"并对采用刑讯逼供等非法方法收集的犯罪嫌疑人、被告人供述和采用暴力、威胁等非法方法收集的证人证言、被害人陈述，予以排除。

（二）询问证人程序的完善

新刑诉法第122条第1款修改为："侦查人员询问证人，可以在现场进行，也可以到证人所在单位、住处或者证人提出的地点进行，在必要的时候，可以通知证人到人民检察院或者公安机关提供证言。在现场询问证人，应当出示工作证件，到证人所在单位、住处或者证人提出的地点询问证人，应当出示人民检察院或者公安机关的证明文件。"

在什么地点询问证人不仅关系到证据的收集，也关系到证人权利的保证和证据收集的效果。该条增加了现场询问和在证人提出的地点询问两种方式，一方面使询问工作更加灵活，可以提高侦查效率；另一方面证人对作证地点的选择权是证人合法权利的重要内容，询问程序的修改也反映出尊重诉讼参与人的意愿，规范询问程序的立法倾向。

（三）增加全程录音录像的规定

为防止刑讯逼供，2005 年 11 月 1 日，最高人民检察院发布了《人民检察院讯问职务犯罪嫌疑人实行全程同步录音录像的规定》，这一制度在全国检察系统分三步实施到位。要求对职务案件从侦查到起诉在看守所以审录分开方式进行，严格权利告知义务、保密义务、重新录制情形，严密移送封存程序和技术规范。经过实施，已渐趋成熟。公安部虽然没有针对讯问录音录像出台专门规定，但要求全国各级公安机关积极推进这项工作。

此次刑诉法修改根据具体的司法实践，增加了一条规定，要求侦查人员在讯问犯罪嫌疑人的时候，可以对讯问过程进行录音或者录像；对于可能判处无期徒刑、死刑的案件或者其他重大犯罪案件，应当对讯问过程进行录音或者录像。而且录音或者录像应当全程进行，保持完整性。

全程录音录像提高了讯问活动的透明度和规范性，具有保障犯罪嫌疑人人身权利、固定口供证据等多方面的诉讼价值。

（四）查封、扣押、冻结等侦查措施的完善

侦查活动中为查明案件事实，往往要收集可用以证明犯罪嫌疑人有罪或者无罪的各种财物、文件，这必然对当事人的权利造成一定的侵害，故此，规范此项侦查措施是必要的。

随着我国经济社会的发展，财产的表现形式不再局限于存款和汇款，因此根据财产形式的变化刑诉法作出了新规定，增加了"债券、股票、基金份额"等新的财产形式，另外，也增加了"查封"措施，加强了对查封、扣押、冻结三项措施的监督。

（五）技术侦查措施的授权

随着科学技术的发展和犯罪的智能化，使用高科技手段进行侦查成为现代刑事侦查的客观要求。然而，检察机关的侦查手段十分匮乏，公安机关侦查实践中广泛使用的监听、诱惑侦查和卧底侦查等特殊侦查手段法律没有明确规定，仅在国家安全法和人民警察法中加以规范，实践中通过这些措施收集到的证据材料只有通过合法转换才能作为诉讼证据使用，而且法律没有明确规定，更容易对公民的人格权、隐私权、自律权等造成侵害。

因此，刑诉法修改中将《联合国反腐败公约》中规定的以及实践中使用的监听、控制下交付、诱惑侦查、密拍、特情等特殊侦查手段全面纳入刑事诉讼的范畴，专节规定了技术侦查（包括秘密侦查和控制下交付）的内容，明确规定公安机关立案后"对于危害国家安全犯罪、恐怖活动犯罪、黑社会性质的组织犯罪、重大毒品犯罪或者其他严重危害社会的犯罪案件"，人民检察院在立案后，"对于重大的贪污、贿赂犯罪案件以及利用职权实施的严重侵犯公民人身权利的重大犯罪案件"，根据侦查犯罪的需要，经过严格的批准手续，可以采取技术侦查措施；"追捕被通缉或者批准、决定逮捕的在逃的犯罪嫌疑人、被告人"，经过批准，可以采取追捕所必需的技术侦查措施。并明确了技术侦查手段的使用原则、条件、实施程序及证据效力等。

此外，刑诉法修改中还规范了样本采集与侦查实验侦查措施，以及不明身份犯罪嫌疑人进行身份调查的程序，使侦查程序更科学化、规范化，有利于实现有效控制犯罪与保障人权的平衡。

强化法律监督　尊重保障人权

——刑事诉讼法再修改与检察机关的应对

于天敏*

2012 年 3 月 14 日，十一届全国人大第五次会议通过《关于修改〈中华人民共和国刑事诉讼法的决定〉》，这是我国民主法制建设的又一个重要里程碑。修改后的刑事诉讼法（以下简称"新刑事诉讼法"）更好地适应了经济社会发展形势，充分彰显了我国民主法制建设的巨大成就，在证据制度、辩护制度、强制措施、侦查措施、起诉程序、审判程序、执行程序、特别程序等方面进行了重要的修改和完善。此次刑事诉讼法修改涉及的重大问题几乎都与检察工作有关，对检察工作既是机遇又是挑战，挑战与机遇并存。如何在新刑事诉讼法强化监督、保障人权的大背景下，正确履行检察职能，不辜负时代的重托，是检察机关需要着力思考的重要问题。

一、刑事诉讼法再修改的价值取向：权利保障与权力监督

一部法律修改的价值取向，承载着法律本身的目的和追求，是立法精神的集中体现。综观新刑事诉讼法，体现了正义与理性、自由与秩序、惩罚犯罪与保障人权、公正与效率等价值理念的内在统一和和谐发展。而"权利—权力关系是法律调整对象的重心"[1]，也是本次刑事诉讼法再修改自始至终贯穿的一条主线。因此，人权保障和权力监督是新刑事诉讼法的主要价值取向。

（一）权利保障

现代刑事诉讼的一个重要目标，不仅在于打击犯罪，更在于人权保障。而人权保障的状况，是检验一个国家刑事法治文明程度的试金石。由于犯罪嫌疑人、被告人处于被追诉的地位，他们的实体权利和诉讼权利最容易受到侵犯。因此，刑事诉讼法中的人权保障，其核心和基础是保障犯罪嫌疑人、被告人的

---

* 法学博士，重庆市人民检察院第一分院检察长，全国检察业务专家。

① 公丕祥：《法理学》，复旦大学出版社 2002 年版，第 202 页。

各种权利。但这并不是说，刑事诉讼法中的人权保障绝不仅仅在于保障犯罪嫌疑人、被告人的权利和自由，而是"通过保障犯罪嫌疑人、被告人的权利和自由来捍卫和保障全体公民的个人权利"。① 因为，刑事诉讼法制度与公民的人身自由等基本权利息息相关。

新刑事诉讼法不仅在打击犯罪方面作了许多新的规定，强化了打击犯罪的手段，同时，认真落实宪法人权保障原则的要求，在人权保障方面迈出了重要的步伐。"尊重和保障人权"被写入刑事诉讼法总则第 2 条，作为重要任务予以规定，这体现了社会主义制度的本质要求。但是，人权保障不仅仅是刑事诉讼的一项重要任务，更是刑事诉讼的一项重要原则，对刑事诉讼立法和司法都有指导意义。"'尊重和保障人权'绝不仅仅是一个宣示性表述，它作为贯穿于刑事诉讼法始终的一条基本原则，有十分具体的内容。"② 在加强人权保障理念的引领下，新刑事诉讼法在程序设置和具体规定中都贯彻了人权保障的要求。具体体现在：（1）明确犯罪嫌疑人在侦查阶段可以委托辩护人，完善辩护律师会见和阅卷的程序，扩大法律援助的适用范围，进一步完善被追诉人的辩护权；（2）严格限制逮捕措施的适用，增加捕后羁押必要性审查制度，以减少对犯罪嫌疑人、被告人的人身自由的限制和剥夺；（3）确立非法证据排除规则，增加讯问录音录像的规定，以遏制刑讯逼供等非法取证行为；（4）完善审判程序，保障被告人获得公正审判权；（5）进一步强化犯罪嫌疑人、被告人的救济权利；等等。

（二）权力监督

民主法治国家的真谛是什么？我国澳门特别行政区学者米健教授指出："简单些讲，民主就是通过民意形成公共权力，而法治则是将这种公共权力置于一种可以被社会监督和民意控制的权力行使秩序之中，并且这种权力控制的秩序只能通过一种权力的制衡实现。所以，民主法治就是十二个字：民意上达，权力控制，监督制衡。"③ 刑事诉讼是国家权力与公民权利冲突最激烈的场域。对权力配置与运行进行有效制约和监督，不仅是遏制权力滥用，保障人权的重要途径，也体现了一个国家刑事诉讼文明及法治化的程度和水平。新刑事诉讼法坚持权力制约原则，切实加强了侦查程序、起诉程序及审判程序等诉讼过程中的权力制约，以充分保障犯罪嫌疑人、被告人的各项权利。其中，最

---

① 徐静村主编：《刑事诉讼法学》（上），法律出版社 2004 年版，第 57 页。

② 黄太云：《刑事诉讼法修改释义》，载《人民检察》2004 年第 4 期（下），第 11 页。

③ 米健：《检察官的角色与担当》，载《国家检察官学院学报》2011 年第 3 期，第 6 页。

重要的是全面强化了检察机关对刑事诉讼的法律监督，把 1996 年刑事诉讼法关于人民检察院法律监督的抽象规定，基本上实现了具体化和法典化。其中，增添的诉讼监督的内容包括：（1）对辩护人、诉讼代理人的申诉或者控告进行及时审查，情况属实的，通知公安机关予以纠正（第 47 条）；（2）对侦查人员以非法方法收集证据的，应当进行调查核实（第 55 条）；（3）对指定居所监视居住的决定和执行是否合法实行监督（第 73 条）；（4）犯罪嫌疑人、被告人被逮捕后，应当对羁押的必要性进行审查。对不需要继续羁押的，应当建议予以释放或者变更强制措施（第 93 条）；（5）对当事人、辩护人等对司法机关及其工作人员的申诉或者控告应当及时处理，对申诉应当及时审查，情况属实的，通知有关机关予以纠正（第 115 条）；（6）认为公安机关可能存在以非法方法收集证据情形的，可以要求其对证据收集的合法性作出说明（第 171 条）；（7）可以向决定或者批准暂予监外执行机关提出书面意见（第 255 条）；（8）对强制医疗的决定和执行实行监督（第 289 条）；等等。可以看出，法律监督贯穿于刑事诉讼的全过程，监督范围的扩大，监督程序的健全，监督手段的丰富，监督效力的明确，使检察机关"监督者"的地位更加凸显。笔者认为，这是符合中共中央 2008 年 19 号文件《关于深化司法体制和工作机制改革若干问题的意见》精神的。

权利保障与权力监督二者密切联系，相辅相成。权力监督的目的，既在于有效惩治犯罪，也在于有效保障人权。现代法治国家反对采取不择手段、不计代价的方法来追诉犯罪，要求通过对国家机关权力进行必要的限制以为犯罪嫌疑人的权利提供充分的保障，以实现惩治犯罪与人权保障的有机统一。新刑事诉讼法对人权的保障，主要就是通过加强对权力的监督与控制，防止国家机关滥用权力来实现的。

二、检察工作面临的现实挑战：如何适应人权保障的需要

新刑事诉讼法加强了检察机关的法律监督权，强化了检察机关在人权保障中的作用，为检察工作提供了新的发展机遇，但同时也对检察机关履行法律监督职能提出了更高的要求，对我们的执法理念、职责任务、素质能力、体制机制都提出了新的挑战和考验。

（一）执法理念面临的挑战

应当说，执法理念的挑战是最大的挑战。当前，在检察队伍中，还普遍存在着"重打击犯罪，轻人权保障"、"重实体，轻程序"、"重有罪推定，轻无罪推定"以及"重配合，轻监督"等执法观念，这些执法观念在诉讼各个阶段都有所体现，与人权保障的要求越来越不适应。

1. 构罪即捕的执法观念。在侦查监督环节，执法人员受传统的"重打击犯罪，轻人权保障"执法观念影响，仍然存在构罪即捕的思维定式，过多地强调控制犯罪，对人权保障强调不够，这种不正确的执法理念给逮捕附加上了诸多本不应有的功能，导致实践中逮捕功能异化，逮捕措施被过多、过滥地适用。目前，我国的逮捕率仍然在80%以上高位运行，年逮捕人数90余万人，其中有相当一部分人因涉嫌罪行较轻，捕后被不起诉或者被判处处刑缓刑以下轻刑。① 逮捕羁押率居高不下，普遍羁押成为一种常态，造成大量轻罪案件犯罪嫌疑人被关押，其人身自由被限制和剥夺。

2. 有罪即诉的执法观念。在审查起诉环节，执法人员受传统的"重有罪推定，轻无罪推定"执法观念的影响，仍然坚持有罪即诉的执法观念，把本来就可以作不起诉处理更适宜的或应该不起诉的案件作了起诉处理，造成不起诉率偏低。据统计，近年来在提起公诉的案件中，被人民法院判处3年有期徒刑以下刑罚的犯罪人数，占判决总人数的60%以上，宣告缓刑的人数占判决总人数的20%以上（上述数据不包括职务犯罪案件和经济犯罪案件）。虽然现行刑事诉讼法设立了不起诉制度，但不起诉处理的比率一直较低，仅占2%左右。② 对数量庞大、社会危害性较轻的轻微犯罪案件的绝大多数予以起诉和判刑，既侵犯了被告人的合法权益，加重了其不必要的讼累，也浪费了司法资源。

3. "口供中心主义"的执法观念。由于受"重口供，轻证据"执法观念的长期侵染，侦查机关对口供仍然存在着较大的依赖性，即大多数案件都是通过口供和以口供为线索查找其他犯罪线索来实现的。目前，侦查机关仍然沿用了"由供到证"的侦查模式。整个侦查活动基本上都围绕犯罪嫌疑人的口供而展开，过分倚重犯罪嫌疑人、被告人口供的观念和做法仍然没有得到根本性的改变。

4. "重配合，轻监督"等执法观念。目前，在检察人员中还存在着监督意识不强、"重配合，轻监督"等执法观念，影响到法律监督的实效，与人权保障的要求不相适应。有的检察人员不敢监督、不愿监督；有的检察人员监督意识不强，把主要精力放在指控刑事犯罪和查办预防职务犯罪上，诉讼监督工作开展得不够有力；有的甚至没有意识到没有监督将会导致执法不公，损害当事人合法权益的严重后果。

---

① 孙谦、童建明主编：《检察机关贯彻新刑事诉讼法学习纲要》，中国检察出版社2012年版，第9页。

② 黄太云：《刑事诉讼法修改释义》，载《人民检察》2012年第4期（下），第62页。

（二）职责任务面临的挑战

随着新刑事诉讼法的贯彻实施，检察机关在职责任务的履行上面临着新的挑战。

1. 工作职责加重，强度加大。如前所述，新刑事诉讼法按照加强监督的指导思想，全面强化了检察机关的法律监督权力。这既意味着检察机关获得了更好的执法条件，也意味着检察机关将承担更大的职责。"检察机关在被赋予权力的同时，被国家和社会寄予厚望，能不能不负众望，这是检察机关面临的最大问题。"① 同时，检察机关工作量将增加，工作强度加大。如简易程序案件出庭就带来 45% 的新增工作量；在羁押必要性审查工作方面，无论审查还是监督，其工作量都大大增加；在出庭公诉方面，在强化律师辩护职能之外，新增证据合法性证明、量刑法庭调查与辩论的内容，以及证人出庭尤其是专家证人出庭带来的庭审交叉询问，使得庭审的对抗性大大增加，指控犯罪、证实犯罪的强度进一步加大。

2. 指控不确定因素增加，指控风险加剧。新刑事诉讼法强化了检察机关的证明责任，并且随着非法证据范围的扩大，有些物证、书证一旦排除，必然削弱控方证据的证明力，案件很可能在提起公诉后，被告人被判无罪。同时，当出现证据合法性问题时，检察机关还要承担证明证据合法性的责任，证明不能，该证据就要被排除，指控风险进一步加大。新刑事诉讼法第 187 条、第 188 条、第 192 条等条文还规定了关键证人、鉴定人、专家辅助人的出庭制度。哑巴证人、书面证言"一统天下"的局面将被打破，庭审控辩对抗将大为增强。庭审中瞬息万变的情况时有发生，不确定性因素大大增加，检察官指控的风险也大大增加，胜败难以预料。

3. 检察权强化与人权保障可能产生冲突。新刑事诉讼法为有效惩治犯罪，强化了检察机关侦查权，尤其是增强了强制侦查权，包括强制措施的扩充、侦查手段的扩张和取供条件的改善。如传唤、拘传时间由 12 小时延长到 24 小时；特大贪污贿赂案件，可以适用指定居所监视居住；检察机关侦查职务犯罪案件，可以决定使用技术侦查手段；等等。这些侦查权力如果过度使用或使用不当，都可能侵犯相对人的合法权利。同时，在加强监督过程中，国家权力包括检察权的强化与公民私权利的保障可能产生冲突，如何从社会的整体利益和

---

① 龙宗智：《理性对待法律修改　慎重使用新增权力——检察机关如何应对刑诉法修改的思考》，载《国家检察官学院学报》2012 年第 3 期，第 53 页。

社会变革发展出发公平协调处理这种冲突，检察机关也面临挑战。[①]

（三）素质能力面临的挑战

新刑事诉讼法的贯彻实施，给检察人员的能力素质带来了很大挑战，具体体现在：

1. 审查判断证据能力。非法证据排除规则要求检察人员不但要审查证据之"实"，还要能判断证据之"真"，识别证据之"伪"，纠正取证之"错"，这对检察人员审查、判断、运用和纠错证据的能力提出了更高的要求。

2. 出庭公诉能力。新刑事诉讼法扩大了简易程序、二审出庭的范围，强化了律师辩护权，强化了证人出庭，规定了证据合法性调查、量刑辩论等，给检察人员出庭履行支持公诉职责提出了更高的要求。

3. 法律监督能力。新刑事诉讼法在很大方面加强了检察机关的诉讼监督职责，检察人员如何敢于监督、善于监督，这无疑是一个严峻的挑战。

（四）执法机制面临的挑战

应当说，新刑事诉讼法的许多规定仍然比较原则，如何更好地依法惩治犯罪，保障人权，还需要检察机关建立完善相应的机制。例如，如何规范使用技术侦查手段；如何落实非法证据排除制度；如何有效开展简易程序出庭；如何明确和规范公诉案件和解程序；如何实施对未成年人犯罪的附条件不起诉及监督考察；如何对强制医疗、指定监视居住实施监督；如何严格规范违法所得及没收程序，防止利益驱动办案，防止侵害犯罪嫌疑人合法权益；等等。同时，检察机关如何完善内部考核机制，防止权力滥用而侵犯人权，这也是需要解决的一个突出问题。"检察机关是一个有组织的执法单位，实行考核制度是必要的，但目前设置的绩效考核，总的看仍具有重打击、轻保护，以及重实体、轻程序的倾向。关键在于考核指标与方式方法要实事求是、合理可行，既有利于发挥检察机构和检察官履行职能的积极性，又要有利于检察官和检察机关履行客观义务，而不是损害这种义务，不应由此产生扭曲检察行为或弄虚作假，即所谓'逼良为娼'的效应。这个边界如何掌握好，是各级检察机关仍然需要解决的问题。"[②]

---

①　龙宗智：《理性对待法律修改　慎重使用新增权力——检察机关如何应对刑诉法修改的思考》，载《国家检察官学院学报》2012年第3期，第54页。

②　龙宗智：《理性对待法律修改　慎重使用新增权力——检察机关如何应对刑诉法修改的思考》，载《国家检察官学院学报》2012年第3期，第54页。

三、强化法律监督与保障人权的路径

（一）转变执法理念，强化人权保障的理念

学习贯彻新刑事诉讼法，不仅是法律知识的更新、具体制度的变化、工作方式的调整，更是一次观念、理念与思维方式的重大转变与重新调整。"实践证明，思想是行动的先导，没有正确的理念，再严格的制度、再完备的程序在执行中也会扭曲、走样。"① 检察机关在贯彻落实刑事诉讼法过程中，要切实树立尊重和保障人权的执法理念，以与新刑事诉讼法的价值取向相适应。要克服构罪即捕的执法观念，坚持刑罚谦抑原则，将逮捕作为一种必要手段而保留，严格掌握新刑事诉讼法规定的逮捕条件，防止逮捕权滥用。对于可捕可不捕的，坚持不捕，以切实解决普遍羁押问题。要克服有罪即诉的执法观念，树立慎重起诉思维，依法、充分行使起诉裁量权，改变目前不起诉率偏低的现状，更好地保障犯罪嫌疑人的权利。要切实转变口供中心主义观念，牢固树立证据规则意识，坚决杜绝以刑讯逼供或者其他违法方式收集证据。要切实树立客观公正的理念，给当事人以公平、公道、公正的对待和处理，不能搞先入为主、有罪推定，一味地追求有罪、罪重、严惩重判。要树立正确的法律监督理念，既要理直气壮地行使法律赋予的监督职权，也要认真探索监督规律，善于监督。

（二）加强诉讼监督，强化各个诉讼环节的人权保障

由于刑事诉讼各个阶段的地位、任务不同，法律赋予犯罪嫌疑人、被告人的诉讼权利也有所不同。因此，检察机关应当根据诉讼各个阶段的特点，有针对性地加强犯罪嫌疑人、被告人诉讼权利的保护。

1. 审前程序的人权保障。审前程序包括侦查程序和起诉程序两个阶段。侦查程序是国家权力与公民权利对抗最激烈的阶段，犯罪嫌疑人的权利最容易受到侵犯，因而最需要保护。新刑事诉讼法进一步完善了辩护制度，强化犯罪嫌疑人在侦查阶段的辩护权。检察机关要依法保护犯罪嫌疑人的辩护权利，保障辩护律师依法履行职责，听取辩护人的意见和依其申请调查证据。

2. 审判程序的人权保障。在审判程序，保障被告人的权利不仅是法院的责任，也是检察机关的责任。检察机关要依法保障被告人辩护权、获得公正审判的权利等各项权利。同时，检察机关要恪守客观公正义务，既要积极指控被告人有罪，也要注意被告人无罪、罪轻的事实和证据。庭审中，一旦指控的事实和证据发生变化，检察官应当从客观公正的立场出发，公正处理。在事实、证据发生变化，对被告人应当从轻或减轻处罚的，检察官应当及时发表从轻或者

---

① 童建明主编：《新刑事诉讼法理解与适用》，中国检察出版社2012年版，第62页。

减轻处罚的量刑建议。

3. 二审、再审程序的人权保障。法院判决一旦作出，就具有既判力。非依法定事由并经法定程序，不得变更。这是保证法安定性的必然要求。新刑事诉讼法仍然保留了检察机关对刑事判决的抗诉权，无论是对有罪判决还是无罪判决，也无论是对未发生法律效力的判决还是对已发生法律效力的判决，检察机关都可以提起抗诉。我们认为，从人权保障的角度看，检察机关行使抗诉权既要积极，也要慎重。特别是对已发生法律效力的、不利于被告人的抗诉，应当从严掌握。

4. 执行程序的人权保障。检察机关要在尊重在押人员人格尊严、人身权利、劳动、生活、医疗卫生等方面基本权利的基础上，全面维护新刑事诉讼法规定的在押人员新的诉讼权利，使他们感受到法治文明和司法人文关怀。要进一步完善刑罚变更执行同步监督机制，规范减刑、假释、暂予监外执行事前监督的程序和内容；进一步建立健全社区矫正法律监督机制，切实加强对社区矫正各种执法环节的法律监督，预防和纠正社区服刑人员脱管漏管、违法交付执行、违法变更执行等问题，促进社区矫正工作依法、规范开展。进一步建立健全医疗执行监督机制，认真开展对强制医疗执行活动的监督，维护被执行人的合法权益。

5. 特别程序的人权保障。新刑事诉讼法增加了未成年人附条件不起诉和刑事和解特别程序。检察机关在作出附条件不起诉决定前，应当征得犯罪嫌疑人及其法定代理人的同意，充分保障其程序主体地位。对于刑事和解案件，检察机关要充分审查和解协议的自愿性、合法性，保证和解协议是被追诉人和被害人真实的意思表示。对于达成和解协议的，检察机关要依法作出不起诉决定，或者建议法院从轻、减轻处罚。

（三）加强制度建设，完善人权保障的相关机制

新刑事诉讼法赋予了检察机关一系列新的监督职权，如何依法高效地履行这些新的监督职能，充分保障犯罪嫌疑人、被告人的人权，需要制定相应的配套工作机制。

1. 关于非法证据排除机制。新刑事诉讼法对证据的种类、排除主体、排除原则等作了规定，但在检察环节如何排除非法证据，尚待细化。（1）证据排除既可由检察机关主动启动，也可依犯罪嫌疑人、被告人及其辩护人的申请而启动。（2）排除的内容，包括言词证据和实物证据。对于非法言词证据，应当一律强制排除。对于违法取得的物证、书证，若严重影响到司法公正并不能进行补正或作出合理解释时，应当予以排除。（3）对于依法排除的证据，检察机关不得将之作为起诉决定的依据。

2. 关于羁押必要性审查机制。新刑事诉讼法为减少羁押，规定了羁押必要性审查机制，并赋予检察机关羁押必要性的监督职责。（1）审查主体。我们认为，对于捕后羁押必要性的审查，由审查起诉部门进行审查比较合适，这样有利于避免重复劳动，提高诉讼效率；同时也符合中立性的要求。（2）审查方式。检察机关（主要指审查起诉部门，下同）对羁押必要性的审查，既可以依犯罪嫌疑人及其辩护人的申请进行，也可以主动为之。审查的方式，包括审查案卷材料，讯问犯罪嫌疑人，听取公安机关、犯罪嫌疑人辩护人及被害人的意见，以全面了解案件及犯罪嫌疑人的人身危险性，并作出适当的决定。（3）羁押必要性评估。检察机关对已经被逮捕在押的犯罪嫌疑人，要综合犯罪嫌疑人逮捕时依据的条件的变化、羁押期间的具体表现、诉讼期间证据保全情况等因素，评判有无继续羁押的必要性。（4）处理决定。检察机关主动对羁押必要性进行审查，如果维持原逮捕决定，可以不通知公安机关、犯罪嫌疑人和被害人。如果作出建议释放或者变更逮捕措施的决定，则应当通知公安机关、犯罪嫌疑人和被害人。

3. 证人保护机制。新刑事诉讼法增加了证人保护的规定，涉及复核证据工作的保密，以及对控方证人人身安全的保护。对于危害国家安全犯罪、恐怖活动犯罪、黑社会性质的组织犯罪、毒品犯罪等案件的证人、鉴定人、被害人，要根据案件需要，采取不公开真实姓名、住址和工作单位等个人信息，不暴露外貌、真实声音等出庭作证，对人身和住宅采取专门保护等措施。对其他案件中证人、鉴定人、辩护人及其近亲属因人身安全面临危险，要求检察机关提供保护的，也要积极做好相关工作。由于诉讼进程的推进，保护证人的职责除了检察机关外，在侦查、审判环节也要加强这方面的工作。因此，检察机关要积极与公安机关、法院等有关部门进行衔接与协调，争取共同制发规范性文件，建立、完善相关的工作机制，共同做好这一工作。

4. 关于非法取证行为调查处理机制。新刑事诉讼法规定，人民检察院接到报案、控告、举报或者发现侦查人员以非法方法收集证据的，应当进行调查核实，对于确有以非法方法收集证据情形的，应当提出纠正意见。为适应新的要求，需要建立相关工作机制予以衔接。（1）检察机关在接到控告、举报后，应当对侦查机关取证行为进行调查，并确认其是否确实违法。（2）侦查机关对人民检察院提出的纠正意见、检察建议无异议的，应当在15日内纠正并告知纠正结果。（3）侦查机关如果认为《纠正违法通知书》有误的，有权向检察机关提请复议。对复议结果仍不满意的，有权向上一级检察院申请复核。（4）检察机关确认侦查人员以非法方法收集证据的，应当根据非法证据排除规则决定予以排除。

5. 关于辩护人、诉讼代理人申诉、控告处理机制。辩护人、诉讼代理人认为公安机关、人民检察院、人民法院及其工作人员阻碍其依法行使诉讼权利而提出申诉或者控告的，检察机关应当依法进行调查，并作出相应的处理。

（四）强化内部管理，防止检察权滥用而侵犯人权

1. 加强队伍建设，提高人权保障的水平。严格检察官职业准入制度，从源头上保证检察官的素质。健全检察官岗位定期培训、阶梯式培训、终身培训等制度，培养各类行家里手和业务专家，大力推进队伍专业化建设。健全检察官逐级遴选交流和晋升奖惩机制，建立符合检察官职业特点的检察官职务序列和职级比例制度，积极推进检察官及其辅助人员的分类管理，完善检察职业保障制度。

2. 强化对重要岗位和关键环节的监督。在加强内部分工制约的同时，结合新刑事诉讼法，突出强化对侦查、审查逮捕、公诉等重要岗位和不批捕、不起诉、撤案、变更强制措施等关键环节的监督，防止检察权的滥用。

3. 加强规范执法，提高办案质量和效率。结合新刑事诉讼法，细化执法标准，统一执法尺度，规范裁量权行使；严格执行非法证据排除规定，落实和规范讯问职务犯罪嫌疑人全程同步录音录像制度，加强人权保障；加强案件管理工作，建立统一受案、全程管理、动态监督、案后评查、综合考评的执法办案管理新机制，以提高办案质量和效率。

4. 完善考核评价机制。完善考核评价机制，将人权保障情况作为检察实绩考核评价的重要指标。根据检察工作规律科学设定考核标准。切实加大执法过错责任追究力度，对检察人员违法违规或者严重不负责任导致案件处理错误的，要以"零容忍"的态度严肃追究责任。

在刑事诉讼活动中如何尊重和保障人权

苏喜民* 李玉川**

2004 年 3 月，第十届全国人大第二次会议审议通过了宪法修正案，首次将"国家尊重和保障人权"正式载入国家的根本大法。尊重和保障人权是我国宪法确定的一项重要原则，体现了社会主义制度的本质要求。刑事制度关系到公民人身自由等基本权利，因此 2012 年修改后的刑事诉讼法（以下简称新刑事诉讼法）第 2 条增加了"尊重和保障人权"原则的规定，实现了从"人权入宪"到"人权入法"的突破，具有里程碑式的意义，极大地提升了保障人权在刑事诉讼中的地位，保证了宪法原则的贯彻落实。因此，作为一名检察人员，应增强宪法观念，牢固树立人权意识，把维护和保障公民的权利和自由切实落实到位。

一、在刑事诉讼活动中尊重和保障人权应树立的执法新理念

尊重和保障人权是检察机关和检察人员的宪法义务和道德责任，保障人权是贯穿于法律监督职能始终的目标之一，严格执行法定程序，通过诉讼程序保障人权，是检察机关尊重和保障人权的基本途径和着力点。[①] 检察人员作为履行法律监督职责的重要司法主体，在尊重和保障人权方面应树立四种执法新理念。

（一）由仅保护犯罪嫌疑人和被告人人权的观念向全面保护当事人人权的观念转变

有学者认为，在刑事司法活动中，人权保护重点应是犯罪嫌疑人和被告人，因为他们是刑事司法系统的打击对象，其人权很容易成为打击犯罪的牺牲品。刑事司法系统所面对的是社会利益、犯罪嫌疑人和被告人的利益、被害人及其亲属的利益。刑事司法也应在这三者利益关系中寻求平衡，全面合理地保

---

* 河北省张家口市人民检察院法律政策研究室主任，全国检察理论研究人才。

** 河北省沽源县人民检察院检察长，党组书记。

① 孙谦主编：《检察理论研究综述》（1999—2009），中国检察出版社 2009 年版，第 95 页。

护人权，这才符合全面尊重和保障人权的本质要求。① 除依法保护犯罪嫌疑人和被告人的人权外，还要尊重和保障广大人民群众的人权。因为只有通过依法打击犯罪，才能体现尊重和保障广大人民群众的人权。此外，还要尊重和保障被害人的人权。只有通过打击犯罪，使犯罪分子依法受到惩罚，并依法赔偿被害人因犯罪而受到的损失，才能从根本上化解被害人与被告人之间的仇怨，安抚被害人的心灵，从而体现尊重和保障被害人的人权。

（二）从偏重打击犯罪的观念向打击犯罪与人文关怀并重的观念转变

打击与保护是相辅相成的关系。只有保护而没有打击，保护就显得软弱无力。只有打击没有保护，打击的真正目的就不能实现。追究、惩罚犯罪固然是国家的一项重要功能，对维护国家安全和社会安定，保护公民的合法权利不受侵犯起到了巨大作用。但随着依法治国方略的逐步实施、"人权入宪"和建立社会主义和谐社会目标的提出，这些都要求检察机关既要打击犯罪以匡扶正义，又要公平地对犯罪嫌疑人、被告人施以人文关怀，充分尊重和保障其享有的权利，保障在诉讼活动中实现公平正义。

（三）从单纯追求实体正义的观念向追求实体正义与程序正义并重的观念转变

正义是法治的最终目的，也是司法的最高追求。实体正义包括认定犯罪事实清楚、证据确实充分，认定罪名准确等方面。威廉姆·道格拉斯曾说："权利法案的大多数规定都是程序性条款，这一事实绝不是无意义的，正是程序决定了法治与恣意的人治之间的基本区别。"② 这就说明实体正义固然重要，但要由程序正义来保障。如司法实践中程序方面存在刑讯逼供造成虚假口供、虚假陈述等情形，极易造成冤假错案；单纯追求实体正义极易导致检察机关在刑事诉讼中漠视甚至践踏诉讼参与者的正当权利。因此，必须彻底扭转轻程序、重实体的思想，切实树立起严格按程序规定办事、不按程序法办事也是违法的思想。在执法办案中，既要严把案件的事实关、证据关、适用法律关，又要严把程序关；既要加强对违反实体法的监督，又要注重纠正违反程序法的行为，以促进实体公正与程序公正的有机统一，使诉讼程序的正义"以人们能够看得见的方式得到实现"。

---

① 刘立霞：《刑事司法的理念更新与制度完善》，载《人民检察》2005年2月（上半月），第5—6页。

② 孙光骏：《论我国刑事诉讼程序的完善与人权保护》，载张智辉、谢鹏程主编：《中国检察》（第三卷），中国检察出版社2003年版。

（四）从单纯追求司法公正的观念向追求司法公正与诉讼效率并重的观念转变

公平正义就是公正司法、严格执法、不枉不纵。① 公平和正义是法治的最终目的和司法的最高追求，效率则是司法工作的生命。"迟到的正义等于非正义"，因此说正义价值与效率价值是有机统一的。正如一位学者所言："对一般公民而言，犯罪行为发生以后，如果犯罪人的刑事责任得不到及时追究，或者无辜的犯罪嫌疑人不能及时地摆脱诉累，公民对国家法律的权威性、司法的公正性就会产生怀疑，刑罚的一般预防和教育作用也得不到发挥。"讲求诉讼效率就是要求以一定的司法资源投入换取尽可能多的诉讼成果，即降低诉讼成本，提高工作效率，加速诉讼运作，减少案件拖延和积压的现象。② 新刑事诉讼法对简易程序作了大幅度的修改完善，新增加了当事人和解的公诉案件诉讼程序，这些都旨在提高诉讼效率，依法保护当事人的人权。

二、在刑事诉讼活动中如何尊重和保障犯罪嫌疑人、被告人及其辩护人、罪犯的人权

被追诉人的权利是刑事诉讼人权保障的重心之所在。在刑事诉讼中的侦查、审查起诉、审判和执行等各环节，检察人员应切实尊重和保障犯罪嫌疑人、被告人及其辩护人、罪犯的人权。

（一）完善刑事辩护制度，依法保障犯罪嫌疑人、被告人的辩护人权利

1. 新刑事诉讼法把律师介入刑事诉讼的时间从审查起诉阶段提前到侦查阶段，使侦查阶段律师的"辩护人"地位得到确认。

2. 扩大了律师的辩护权，把律师参加刑事诉讼落实到诉讼各个阶段。新刑事诉讼法第 31 条规定了辩护律师有申请回避的权利，第 47 条规定了律师的执业保障权，并进一步在"侦查"一章的第 115 条规定了当事人和辩护人、诉讼代理人、利害关系人对于司法机关及其工作人员违法行为的申诉或者控告权。第 56 条规定了辩护律师有权申请对非法证据的排除。第 73 条规定了辩护律师对监视居住者，获得告知权并参与诉讼。第 95 条规定了辩护人有申请变更强制措施的权利。第 159 条规定，在案件侦查终结前，辩护律师提出要求的，侦查机关应当听取辩护律师的意见，并记录在案。辩护律师提出书面意见的，应当附卷。第 160 条规定，侦查机关侦查终结的案件，应当将案件移送情

---

① 霍九成：《论检察改革与公正正义》，载《中国检察论坛》2004 年第 5 期，第 17 页。

② 陆而启：《刑事司法改革的理论透视与制度构建》，载张智辉、谢鹏程主编：《中国检察》（第三卷），中国检察出版社 2003 年版，第 47 页。

况告知犯罪嫌疑人及其辩护律师。第170条规定了检察机关审查案件应当听取辩护人意见，并记录在案。提出书面意见的，应当附卷。第182条规定了人民法院应当通知辩护人参与庭前准备工作，解决回避、出庭证人名单、非法证据排除等与审判相关的问题。

3. 对律师其他权利的保障。完善律师会见程序，即辩护律师持"三证"要求会见在押的犯罪嫌疑人、被告人的，看守所应当及时安排会见，且会见时不被监听。但是，危害国家安全犯罪案件、恐怖活动犯罪案件、特别重大贿赂犯罪案件除外。扩大辩护律师的阅卷权。即自审查起诉之日起辩护律师可查阅、摘抄、复制全部案卷材料。修改追究辩护人刑事责任的规定，辩护人涉嫌犯罪的，应当由办理辩护人所承办案件的侦查机关以外的侦查机关办理，使辩护人的职业安全性得到提高。确立了辩护律师对委托人涉案信息的保密权。

（二）完善强制措施，出台依法讯问和审讯的措施，依法保障犯罪嫌疑人、被告人的权利

1. 此次新刑事诉讼法完善逮捕条件和人民检察院审查批准逮捕的程序。新增了人民检察院对羁押必要性进行审查的规定，对没有必要继续羁押的犯罪嫌疑人和被告人及时变更为取保候审或者监视居住等强制措施，就是对"尊重和保障人权"原则的具体体现。因为它必将强化对在押人员权利进行救济的意识，有效降低羁押率，减少羁押，切实保障犯罪嫌疑人和被告人的合法权益。

2. 严格限制采取强制措施后不通知家属的例外情形。新刑事诉讼法严格限制采取强制措施后不通知家属的例外情形，明确规定，采取逮捕和指定居所监视居住的，应当在执行后24小时以内通知家属；同时，将拘留后因有碍侦查不通知家属的情形，仅限于涉嫌危害国家安全犯罪、恐怖活动犯罪两种案件。保障被剥夺人身自由者家属的知情权，一方面可以避免其家属担惊受怕；另一方面可以保障其及时聘请辩护人介入诉讼。

3. 新刑事诉讼法结合中国国情并参考联合国《公民权利与政治权利国际公约》，为从制度上进一步遏制刑讯逼供和其他非法取证的行为，保障诉讼参与人的合法权利，彰显程序正义，规定不得强迫任何人证实自己有罪原则。并确立了非法证据排除规则，明确规定了非法证据排除的具体内容，并具体设置了可操作性的排除程序。

4. 加强对公权力制约，有效遏制刑讯逼供，实现讯问程序的正当性。新刑事诉讼法第116条规定了犯罪嫌疑人被拘留后应当在24小时内送看守所羁押；侦查人员讯问犯罪嫌疑人，应当在看守所内进行。第121条规定了侦查人员讯问犯罪嫌疑人全程同步录音录像制度。还有严格传唤和拘传的时间，每次

不得超过 12 小时，特别重大的案件，传唤、拘传持续的时间也不得超过 24 小时，其中还要保障其必要的休息和饮食时间等。

（三）对诉讼中的特殊人群、弱势群体采用人道主义的程序保护措施

1. 在强制措施中充分体现人文关怀。新刑事诉讼法第 65 条、第 72 条关于取保候审、监视居住的条件规定，特别关注患病、生活不能自理、甚至系生活不能自理的人的唯一扶养人、怀孕或在哺乳自己婴儿的妇女等。还有对各种强制措施执行中通知家属，依法变更，听取辩方意见，以及不服申诉、控告等救济措施，都是人文精神在诉讼中的具体体现。

2. 新刑事诉讼法第 34 条规定将法律援助的范围进一步扩大到可能被判处无期徒刑、死刑的案件，从原来的审判阶段延伸到侦查、审查起诉阶段，从而大大扩大了法律援助的案件范围和适用范围。这一规定充分体现了诉讼中的人道主义和人权保障原则。

3. 在未成年人刑事案件诉讼程序、依法不负刑事责任的精神病人的强制医疗程序以及当事人和解的公诉案件诉讼程序中体现的人文关怀最为集中。特别是在未成年人刑事案件诉讼程序中所规定的实行教育、感化、挽救的方针，坚持教育为主、惩罚为辅的工作原则，以及程序设计中的分管分押、指定辩护、犯罪原因调查、讯问时代理人到场、附条件不起诉、不公开审理、犯罪记录封存等，这些均充分体现了人文、人伦精神。

（四）在刑罚执行环节加强对罪犯人权的保护

新刑事诉讼法第 258 条规定，"对被判处管制、宣告缓刑、假释或者暂予监外执行的罪犯，依法实行社区矫正，由社区矫正机构负责执行。"这是执行程序中确立的社区矫正制度，也是我国执行程序中创设的一种非监禁方法的执行程序。依据新刑事诉讼法规定，人民检察院对人民法院判决被告人无罪、免除刑罚处罚的执行情况实行监督，保障在押被告人在判决后立即获得释放。被判处死刑的罪犯在被执行死刑时，人民检察院派检察人员临场监督，监督执行死刑的场所、方法和执行活动是否合法，当发现依法应当停止执行情况时，有权建议人民法院停止执行，保障罪犯的合法权益。人民检察院对公安机关执行人民法院已经发生法律效力的管制、剥夺政治权利、宣告缓刑假释的判决与裁定活动是否合法实行监督，保障罪犯的合法权利。人民检察院对监管场所刑罚执行活动中的违法行为实行监督，保障罪犯获得合理的监管待遇，保障公民不受违法羁押。人民检察院对减刑、假释、监外执行活动实行监督，发现有违法情况，有权提出纠正，保障罪犯获得减刑、假释、监外执行的权利。

三、在刑事诉讼活动中如何尊重和保障被害人（被害人委托代理人、证人）的人权

提升被害人的地位，充分尊重被害人的权利，可以有效地防止司法机关以国家利益、社会利益等名义侵害个人利益，也可以防止司法权的任意性和专断化。① 笔者认为，被害人参与诉讼应享有的基本权利应包括知情权、处分权和受保护权三方面。

（一）赋予被害人知情权

知情权是被害人的一项基本人权，因为它作为直接侵害的对象，理应对整个案件的处理过程有充分了解。被害人的知情权是指被害人有权知悉其享有哪些诉讼权利、通过何种程序参与诉讼、案件的进展过程及处理情况等，而负责提供信息的一方应以合理的方式提供信息并加以保障的权利。② 根据新刑事诉讼法规定，被害人的知情权包括：在立案阶段，有案件移送其他机关通知权、不立案理由通知权和复议决定通知权；在侦查阶段，有对侦查阶段用作证据的鉴定结论拥有知情权；在审查起诉阶段，有被告知委托诉讼代理人的权利、获得不起诉决定书的权利；在审判阶段，有被告知开庭的时间、地点、不公开审理的理由、申请回避权、决定书内容。但以上知情权是仅仅不够的，为更好地保障被害人诉讼权利的有效行使，笔者认为完整的被害人知情权应包括诉讼地位知情权、诉讼程序知情权、诉讼权利知情权、案件进展知情权、获得援助知情权、犯罪嫌疑人情况知情权等六方面内容。

（二）赋予被害人处分权

1. 对被害人享有附带民事诉讼权利的保护

根据新刑事诉讼法第99条规定："被害人由于被告人的犯罪行为而遭受物质损失的，在刑事诉讼过程中，有权提起附带民事诉讼。"关于附带民事诉讼的提起主体，一般情况下是被害人作为附带民事诉讼的原告人，但当被害人为不满18周岁的未成年人或精神病人时，则其法定代理人有权提起附带民事诉讼。

2. 保护被害人在审查起诉环节中委托诉讼代理人的权利

新刑事诉讼法第44条规定："公诉案件的被害人及其法定代理人或者近亲属，附带民事诉讼的当事人及其法定代理人，自案件移送审查起诉之日起，

---

① 朱洛夫、张永昌：《被害人权利救济视野下完善公诉机制的思考》，载《中国检察官》2009年第10期，第25页。

② 赵国玲主编：《中国犯罪被害人研究综述》，中国检察出版社2009年版，第142页。

有权委托诉讼代理人。自诉案件的自诉人及其法定代理人，附带民事诉讼的当事人及其法定代理人，有权随时委托诉讼代理人。人民检察院自收到移送审查起诉的案件材料之日起三日以内，应当告知被害人或者其法定代理人或者其近亲属、附带民事诉讼的当事人及其法定代理人有权委托诉讼代理人。"这一条文规定了被害人委托诉讼代理人的权利，如果被害人已死亡，可由被害人的近亲属委托；如果被害人是无行为能力人或未成年人，他们的一些权利包括诉讼权利由其法定代理人代行。

3. 赋予被害人刑事和解权

当西方的恢复性司法与我国文化相结合时，这种司法模式符合中国社会多重的价值追求，刑事和解制度应运而生。所谓刑事和解，是指在刑事诉讼程序运作过程中，加害人（即被告人或犯罪嫌疑人）与被害人及其亲属以认罪、赔偿、道歉等方式达成谅解与协议后，国家专门机关不再追究加害人刑事责任或者对其从轻处罚的一种案件处理方式。① 通过大量的司法实践探索，认为这种案件处理方式侧重对轻微刑事案件的被害人提供补偿，解决了传统的附带民事诉讼方式的弊端，随着公众对刑事和解的了解，其成为解决被害人损失的一种重要方法和被害人参加刑事诉讼的重要途径。笔者认为，被害人在刑事和解中具有重要的处分权利，被害人的处分意识和处分权利直接影响到刑事案件的处理结果。适用此种形式解决问题的被害人呈逐年增加趋势。可喜的是，关于当事人和解的公诉案件诉讼程序，在新刑事诉讼法第五编第二章作了专门规定，这必将为被害人有效解决刑事和解的处分权开拓广阔的空间。

（三）赋予被害人受保护权

1. 被害人的财产受保护权

从司法理论看，建立被害人刑事财产权益保护机制，可以有效地使被害人从被害后果中获得恢复，平复被害人的心理，消除和缓解被害人和被告人之间的冲突，不仅有助于人权保护的完整性，也有助于社会和谐。② 从国内外实践探索看，自 1963 年新西兰通过了世界上第一部关于补偿被害人损失的法律《刑事被害人补偿法》以来，目前，世界上许多国家已经建立了被害人救助、国家补偿制度。近年来，我国一些检察机关对在检察环节建立被害人救助制度开始研究探索。2009 年 5 月 20 日，江苏省人大常委会批准了全国首部刑事被害人进行司法救助的地方性法规——《无锡市刑事被害人特困救助条例》。这

---

① 陈光中：《刑事和解再探》，载《中国刑事法杂志》2010 年第 2 期，第 3 页。
② 朱春莉：《刑事被害人财产权益保护机制的建立和完善》，载《中国刑事法杂志·检察论坛》2008 年 12 月号，第 97 页。

种探索为在全国建立国家补偿制度积累了经验。笔者同意学者的观点，应规定被害人救助制度，对于因犯罪而使被害人或者被害人的近亲属的生活陷入困境，而犯罪人又无力赔偿的，规定国家给予适当的救助，并明确救助的程序，防止被害人境况因犯罪侵害而贫困化，以更好地维护社会和谐稳定。①

2. 被害人的人身受保护权

关于对被害人人身权益的专门保护，刑法第六章第二节虽专门设立了妨害司法罪，以进一步保障刑事诉讼活动的正常进行，但保护的对象仅是证人，并无在诉讼活动中起重要作用的被害人，这样就容易使某些被害人慑于犯罪嫌疑人、被告人及其家属的淫威，不敢出庭作证或到司法机关陈述，致使犯罪分子逃避法律制裁，建议保护的对象应扩大到被害人。另外，从惩治、减少、预防犯罪，调动公民积极同违法犯罪行为作斗争的角度看，都有必要设立专条对被害人加以保护。庆幸的是新刑事诉讼法第62条对此作出了规定，即对于危害国家安全犯罪、恐怖活动犯罪、黑社会性质的组织犯罪、毒品犯罪等案件，证人、鉴定人、被害人因在诉讼中作证，本人或者其近亲属的人身安全面临危险的，人民法院、人民检察院和公安机关应当采取以下一项或者多项保护措施：不公开真实姓名、住址和工作单位等个人信息；采取不暴露外貌、真实声音等出庭作证措施；禁止特定的人员接触证人、鉴定人、被害人及其近亲属；对人身和住宅采取专门性保护措施；其他必要的保护措施。证人、鉴定人、被害人认为因在诉讼中作证，本人或者其近亲属的人身安全面临危险的，可以向人民法院、人民检察院、公安机关请求予以保护。人民法院、人民检察院、公安机关依法采取保护措施，有关单位和个人应当配合。

（四）对未成年人被害人的特殊保护

我国未成年刑事司法模式选择，应当采取恢复性司法模式（核心理念是实现修复正义，重塑社会和谐）、注重惩罚司法模式为辅的组合设计，以便更好地兼顾未成年犯罪人、被害人（特别是未成年被害人）和社会的各方利益。未成年被害人是指不满18周岁的被害人。由于未成年被害人自立意识不够强，各种法律知识相对欠缺，如果没有律师等法律专业人员的鼎力帮助，就有可能使自身的诉讼权利行使不够或不充分。而新刑事诉讼法及相关司法解释仅对未成年被告人作了较为详尽的特殊保护规定，而没有对未成年被害人特殊权益保护的条款。2010年8月28日，中央综治委预防青少年违法犯罪工作领导小

① 童建明：《遵循追究犯罪与保障人权相平衡原则，推进刑事诉讼制度的改革与完善》，载《人民检察》2011年第12期，第32—33页；宋英辉：《未成年人刑事司法的模式选择与制度构建》，载《人民检察》2011年第12期，第73页。

组、最高人民法院、最高人民检察院、公安部、司法部、共青团中央联合发布了《关于进一步建立和完善办理未成年人刑事案件配合工作体系的若干意见》，对未成年被害人及证人合法权益的保护作了详尽规定，这是对未成年人被害人予以特殊保护的重要依据。依据最高人民法院关于执行《中华人民共和国刑事诉讼法》（以下简称《解释》）第36条之规定，开庭审理时不满18周岁的未成年被告人没有委托辩护人的，人民法院应当为其指定辩护人。笔者认为，对于未成年被害人的诉讼权利也完全应该同等受到保护。应当在《解释》中增加规定：对于开庭审理时不满18周岁的未成年被害人没有委托诉讼代理人的，人民法院应当为其指定诉讼代理人。

（五）其他诉讼环节对被害人人权的保护

依据新刑事诉讼法第111条之规定，人民检察院对公安机关的刑事立案活动实行监督。被害人认为公安机关对应当立案侦查的案件而不立案侦查，向人民检察院提出的，人民检察院应当要求公安机关说明不立案的理由。人民检察院认为公安机关不立案理由不能成立的，应当通知公安机关立案，公安机关接到通知后应当立案，以保障被害人享有的控告权，对不立案决定提出异议权等诉讼权利的实现。第173条、第176条规定，人民检察院对案件审查后，认为证据不足，不符合起诉条件的，根据疑罪从无原则，作出不起诉决定，保障犯罪嫌疑人不受有罪指控。对于有被害人的案件，应当将不起诉决定书送达被害人。被害人如果不服，可以向上一级人民检察院申诉，请求提起公诉或向人民法院起诉。人民法院受理案件后，人民检察院应将有关案件材料移送人民法院，保障被害人对公诉案件的起诉权。第185条至第193条规定，被告人和被害人享有对合议庭组成人员、书记员、公诉人、辩护人、诉讼代理人、鉴定人和翻译人员申请回避的权利，享有对证人、鉴定人发问的权利，享有对有关证据提出意见的权利，享有申请通知新的证人到庭、调取新的物证、申请重新鉴定或勘验的权利，被告人在法庭辩论终结后还享有最后陈述的权利等。第203条规定，人民检察院发现人民法院审理案件违反法律规定的诉讼程序，有权向人民法院提出纠正意见，以维护当事人和其他诉讼参与人的上述诉讼权利。第241条规定，被害人及其法定代理人、近亲属对已生效的判决、裁定有向人民法院或人民检察院提出申诉的权利，上级人民检察院如果发现确有错误，有权按照审判监督程序向下级人民法院提出抗诉，以保障其申诉权的实现。

（六）对证人实施特殊保护措施

证人作为刑事诉讼参与人，在刑事诉讼中起着其他当事人无可替代的重要作用，检察机关应充分尊重和保障其人权。新刑事诉讼法第61条规定，人民法院、人民检察院和公安机关应当保障证人及其近亲属的安全。对证人及其近亲属进行威胁、侮辱、殴打或者打击报复，构成犯罪的，依法追究刑事责任；尚不够刑事处罚的，依法给予治安管理处罚。第 62 条规定了对证人的人身保护措施。第 63 条规定，证人因履行作证义务而支出的交通、住宿、就餐等费用，应当给予补助。证人作证的补助列入司法机关业务经费，由同级政府财政予以保障。有工作单位的证人作证，所在单位不得克扣或者变相克扣其工资、奖金及其他福利待遇。这些都是对证人实施的特殊保护措施，充分体现了司法机关尊重和保障证人等诉讼主体人权的立法意图。

总之，检察人员应以深入学习贯彻新刑事诉讼法为有利契机，通过树立四个执法新理念，在刑事诉讼活动中依法保障当事人的合法权利，最大限度地实现打击犯罪与保障人权有机统一，在我国实现依法治国进程中发挥应有的作用。

中国社会的转型与刑事诉讼法的修改

孙　锐*

2012 年 3 月 14 日，十一届全国人民代表大会第五次会议表决通过了《关于修改〈中华人民共和国刑事诉讼法〉的决定》。本次刑事诉讼法的修改，从总体上看，体现了对国家权力运行的进一步规制和对人权保障的进一步强化。这一修法方向与中国社会的转型方向是一致的，反映了中国社会发展的基本趋势。

一、中国社会的转型

当今中国社会发展的基本特征常被用"转型期"一词来概括，那么，这一"转型"究竟是从哪儿转向哪儿呢？

（一）中国社会转型的本质分析

当今中国社会各个领域的重大转型都根源于国家与社会的二元化和由此所导致的国家、社会与个人关系的转型，即从"国家、社会/个人"模式转向"国家/社会、个人"模式，其实质是从国家本位主义转向社会本位主义和人本主义。

1. "国家、社会/个人"模式下的国家本位主义

"国家、社会/个人"模式反映了国家与社会胶合状态下，国家、社会与个人三者之间的基本关系。据以构建这一模式的核心问题是整体利益与个体利益、公共利益与私人利益的关系问题。其中，社会利益是指社会全体成员的共同利益，也即公共利益，而国家则被认为是社会全体成员的代表，是公共利益的代表，由此，国家利益、社会利益、社会全体成员的共同利益、公共利益等都被等同起来，并都被归纳为一种整体利益。而个人利益则被与这些整体利益对立起来，其结论是，个体利益应当服从并服务于整体利益，个人利益应当服从并服务于社会利益和被认为与社会利益完全一致的国家利益。

---

* 国家检察官学院讲师，中国政法大学诉讼法学法学博士。

在国家与个人的关系上，此种模式实际上反映了一种"国家本位主义"的价值观，认为国家才是主体、是目的，人应当服从于国家和为国家服务，这实际上是把人客体化、工具化了。而强调人的主体性、目的性，反对人被客体化、工具化的"人本主义"在这样的观念下则被曲解为了对个人特权和一己私利的追求。

在国家与社会的关系上，此种模式反映了国家与社会的胶合，其实质是社会为国家所吞噬，也即社会国家化。值得说明的是，无论我们在理论上是否承认国家与社会的区别，这种区别都是客观存在的。社会是由人与人的不特定的交往所构成的交往体系，其没有统一的意志，也没有脱离于社会成员之外的利益，所谓的社会利益只能是社会成员的利益，也即归根结底仍是人的利益，是一种现实的利益。而国家在某种意义上是一种公共权力组织，具有统一的意志与权力，国家虽然被作为公共利益的代表，但是由其所代表出来的公共利益是"与实际的单个利益和全体利益相脱离的"①，是一种抽象的、而非现实的利益。此种抽象的公共利益可能符合社会全体成员的现实利益，也可能并不符合。正如哈耶克所指出的，"共同利益或公益这两个术语直到今天仍是最难给出明确定义的概念，因此，由统治集团的利益所指向的几乎任何内容，都有可能被塞到这些概念当中去。"② 忽视国家与社会的区别，实际上就是把由国家所代表出来的抽象的公共利益等同于社会全体成员现实的共同利益，而在对抽象公共利益的追求中，社会全体成员的现实利益则可能淹没其中。

2. "国家/社会、个人"模式下的社会本位主义与人本主义

"国家/社会、个人"模式反映了在国家与社会分离或说二元化状态下，国家、社会与个人三者之间的基本关系。据以构建该模式的核心问题是，国家权力的行使与社会自治与发展和个人自由与幸福的关系。其结论为，国家权力的行使应以保障社会发展和个人幸福为目的，其对社会自治和个人自由的干预不应超过实现此目的所必需的限度。

此种模式可被分解为"国家/社会"和"国家/个人"模式，在国家与社会的关系上，它强调国家与社会的分离，其实质是认清了由国家所代表出来的抽象的公共利益和自社会中自生出来的社会全体成员的现实的共同利益的区别。它强调社会发展才是目的，国家只是保障社会发展所必需的手段，这也正是"社会本位主义"的基本内涵。

---

① 参见《马克思恩格斯选集》（第 1 卷），人民出版社 1995 年版，第 132 页。

② ［英］弗里德利希·冯·哈耶克：《法律、立法与自由（第一卷）》，邓正来等译，中国大百科全书出版社 2000 年版，第 2 页。

在国家与个人的关系上，此种模式强调国家权力的行使应以维护所有不特定个人的自由与发展为终极目的，而不应对个人自由形成不必要的妨碍。人才是唯一真正的利益主体，其不应成为国家用以实现抽象利益的工具，而人的主体化和去工具化，正是"人本主义"价值观的核心所在。

在社会与个人的关系上，有学者指出，"国家/社会（公民社会）二分比国家/个人取向更具包容性。正如公民个人行为是社会行动的重要组成部分一样，国家/个人二分方法也能为国家/社会（公民社会）分析框架所包含。"①这说明"国家/社会"与"国家/个人"这两种框架具有内在的一致性，也说明社会本位主义与人本主义具有内在的一致性。社会全体成员并非一个抽象的整体，而是由一个个具体、现实的人或个体所组成的。社会没有独立于其个体成员的自身的利益，其本身并不是真正的利益主体，也无法成为利益主体，真正的利益主体只能是作为个体的人，所谓的社会发展，也只有是在有利于不特定的社会成员的发展时才具有实际意义。换句话说，此种模式下，公共利益的内核并非强调利益整体性的"整体利益"，而是强调利益主体不特定性的"不特定人的利益"，当某种法律制度有利于社会中的每一个不特定的人时，它就是符合社会全体成员共同利益的，换句话说，"社会全体成员"和"社会中每一个不特定的成员"实际上是一回事，因此，"社会本位主义"与"人本主义"价值观的实质是一致的。

（二）中国社会"转型期"的历史分析

中国社会有着深厚的国家本位主义传统，其向社会本位主义和人本主义的转变是一个艰难的过程。

1. 中国的国家本位主义传统

古代中国的国家本位主义是与自然经济、小农经济的生产方式和将国家与社会胶合起来的宗法制度紧密相连的。中国社会赖以生存的地理环境具有封闭性，丰饶的土地和充裕的劳动力使中国农村缺乏制度化的合作基础，人们在各自的土地上进行分散的生产经营，他们的需要和利益虽然是一致的，但他们之间的社会黏合力很差。"因此，他们不能代表自己，一定要别人来代表他们。他们的代表一定要同时是他们的主宰，是高高站在他们上面的权威，是不受限制的政府权力……所以，归根到底，小农的政治影响表现为行政权支配社会。"② 在这样经济基础上所形成的伦理观念，也必然具有国家本位主义的色

① ［英］帕特里克·邓利维、布伦登·奥利里：《国家理论：自由民主的政治学》，欧阳景根等译，浙江人民出版社2007年版，第218页。

② 《马克思恩格斯选集》（第1卷），人民出版社1995年版，第677页。

彩。中国社会的宗法伦理是与专制统治相适应的，并被与政治国家的法律法规混同起来，形成了所谓的"礼法"。从表面上看，是血缘社会法则同化了国家，因而"国家"被"社会"化了。但实质上却是国家吞噬了社会，因而社会被国家化了，"国"居"家"上。①

一直到近代中国，一方面，孕育国家本位主义的自然经济、小农经济的经济基础并未发生改变；另一方面，封建宗法制度虽然被废除，但在特殊的历史境遇下兴起的民族主义却也与国家本位主义紧密相连。正如美国学者菲利普·库恩所指出的，"民族主义的主要特点是，它总是锲而不舍地致力于创造一股强大的中央集权国家。在这种情况下，20 世纪中国体制的变化始终显示出强烈的国家主义色彩。"②

新中国成立后，国家本位主义又与计划经济和阶级斗争论联系在一起。一方面，为了巩固新政权和有效调配极端有限的社会资源进行现代化建设，中国选择了苏联式的计划经济体制和国家主义的社会发展模式。国家是计划的主体，无所不包的计划将国家的势力推向了社会生产、生活的各个方面，社会被组织起来，不断地被政治化、国家化。③ 另一方面，阶级斗争论成为了政治、经济、文化生活等一切领域的指导思想，从国家的政策法律制度到普通公众的文化娱乐方式全都成为了维护无产阶级专政的工具，社会生活的每一个角落都被打上了政治和阶级的烙印，维护无产阶级国家统治本身成为目的，而人则被当成了维护国家机器运转的"螺丝钉"，从而实际上被工具化了。

2. 中国从国家本位主义向社会本位主义、人本主义的转型

自 20 世纪 70 年代末起，中国社会发生了前所未有的巨变，国家本位主义在经济、政治、文化等各个领域都受到了严峻的挑战。

在经济领域，从一开始，经济体制改革的明确方针就是通过"放权"而搞活经济。所要放的权力来自哪里？来自国家；要将权力下放到哪里？下放给社会。④ 市场经济所要求的经济调节方式的自发性，即所谓"看不见的手"，更是直接提出了经济领域的社会自治。市场经济要求经济主体成员具有能够在

---

① 参见鲁品越：《中国历史进程与市民社会之构建》，载《中国社会科学季刊》（香港）1994 年 8 月。

② 转引自萧功秦：《市民社会与中国现代化的三重障碍》，载《中国社会科学季刊》（香港）1993 年 11 月。

③ 曾峻：《公共秩序的制度安排——国家与社会关系的框架及其运用》，学林出版社2005 年版，第 218 页。

④ 王新生：《市民社会论》，广西人民出版社 2003 年版，第 294 页。

经济生活中开展独立决策和行动的独立的"经济"人格。① 因此说，计划经济实质上是一种国家权力经济，而市场经济实质上是一种个人权利经济。② 从计划经济到市场经济的转变必然导致国家本位主义向社会本位和人本主义的转变。

经济领域的变化必然投射在政治领域。伴随着计划经济的解体，国家很难再通过对社会资源分配的绝对控制来施行政治管制和施加政治影响。因此，国家要维护政治稳定，就不能再通过自上而下的政治施压的方式进行，而必须吸收、反映民众自下而上的政治诉求，也即要建立民主政治。民主政治就其本质来说，就是一种非国家本位主义的政治，它的出发点不是贯彻国家意志，而是反映民众意志。并且，随着政治的民主化，"民众"一词也不再是一个将个体湮没其中的整体性概念，而成为越来越强调个体的集合性概念，每一个公民都是政治生活的主体，除了依法被剥夺政治权利的以外，每一个公民都有表达自己政治诉求的权利，互联网的发展也使得个体的这种政治诉求的影响势不可挡。可见，政治的民主化实际上也就是政治领域从国家本位主义向社会本位主义和人本主义的转型。

从法治角度来看，在高度集中的计划经济体制和集权政治体制下，法律主要是国家用以约束公民行为的单向度规范，同时，由于政治权力和行政级别在国家政策形成和法律制定中具有决定性的意义，因此法律在很大程度上是领导者意志的反映，尽管其采取了法律的形式，本质上却是"人治"的工具。而随着经济的市场化和政治的民主化，国家本身也成为了法律约束的对象，而只有国家本身成为了法律约束的对象，才可能形成真正的、实质上的"法治"。"二战"期间，以"法治国家"著称的德国最终蜕变为了一个"法律国家"，甚至"暴力国家"，立法者享有全能的、无所不包的权力，甚至可以制定限制乃至废除基本权利的法律，这正是"法治"被形式化的结果。③ 国家与社会的二元并行与互动，是现代法治演进的基石，④ 真正的"法治"必然是社会本位

---

① 参见王岩：《市场·政府·自由——社会主义市场经济下公民自由的实现》，载《中国行政管理》2006 年第 11 期。

② 胡锦光、王书成：《论经济体制的转型对中国宪政的影响》，载《郑州大学学报（哲学社会科学版）》2007 年第 6 期。

③ 邵建东：《德国"法治国家"理论与实践的经验及教训》，载《江海学刊》2005 年第 1 期。

④ 杨雄、李京生：《刑事诉讼中的社会参与机制研究》，载《法学杂志》2010 年第 10 期。

主义和人本主义的，法治的历史是以人为本和以人的权利保障为依归的历史。①

在思想文化领域，从意识形态来看，过去，我们对马克思主义理论的关注往往集中在阶级斗争论上，并将阶级斗争论与国家本位主义紧密地联系在一起。现在却有越来越多的学者发现，马克思实际上是一个坚定的社会本位主义和人本主义学者。马克思指出："黑格尔想使'自在自为的普遍物'——政治国家——不为市民社会所决定，而相反地使它决定市民社会"，这是将两者的关系"头足倒置"了。② 恩格斯甚至将"决不是国家制约和决定市民社会，而是市民社会制约和决定国家"标示为马克思主义唯物史观的"基本原理"。马克思的政治理想就是要"把靠社会供养而又阻碍社会自由发展的寄生赘瘤——'国家'迄今所吞食的一切力量归还给社会机体"。③ 马克思还指出："人是人的本质"、"人的根本就是人本身"、④ "人们的社会历史始终是他们个体的发展的历史，而不管他们是否意识到这一点。"⑤ "要不是每个人都得到解放的社会本身也得不到解放。"⑥ 可见，在马克思的政治哲学视域内，"人"不是一个纯思辨的形而上的概念，而是具有鲜明的个体特征的。对马克思主义的重新解读，反映了我们自己的观念由国家本位主义向社会本位主义和人本主义的转变。同时，从党的指导方针来看，2002 年中国共产党的第十六次代表大会提出了"构建和谐社会"的目标，2007 年中国共产党的第十七次代表大会又提出以"以人为本"为核心的科学发展观，"构建和谐社会"和"以人为本"的提出反映了党的指导方针也由国家本位主义转向了社会本位主义和人本主义，这是对中国社会发展趋势的正确判断与理性顺应。此外，从民众的文化生活来看，过去主要由国家组织的以灌输政治影响为目标的"宣传式"文化也逐渐让位于民众自发的多元化的文化生活。文化的多元化和经济的市场化、政治的民主化一样，都是中国社会转型的基本标志之一，⑦ 共同反映了中国社会由国家本位主义向社会本位主义、人本主义的转变。

---

① 李少伟：《权利的人本主义解释》，载《法学杂志》2010 年第 12 期。
② 《马克思恩格斯选集》（第 1 卷），人民出版社 1995 年版，第 358 页。
③ 《马克思恩格斯选集》（第 1 卷），人民出版社 1995 年版，第 377 页。
④ 《马克思恩格斯全集》（第 1 卷），人民出版社 1956 年版，第 9 页。
⑤ 《马克思恩格斯选集》（第 1 卷），人民出版社 1995 年版，第 532 页。
⑥ 《马克思恩格斯全集》（第 20 卷），人民出版社 1965 年版，第 318 页。
⑦ 参见张文显：《中国社会转型期的法治转型》，载《国家检察官学院学报》2010 年第 4 期。

二、中国社会的转型对刑事诉讼观念的影响

中国社会从国家本位主义向社会本位主义、人本主义的转型，必然导致刑事诉讼观念、理论等方面的相应变化。

（一）国家本位主义下的刑事诉讼

在国家本位主义下，由国家所代表的"与实际的单个利益和全体利益相脱离的"抽象的公共利益被等同于了社会全体成员现实的共同利益，因此，刑事诉讼也就被设计成为由代表公共利益的国家对侵犯公共利益的犯罪予以调查和惩罚的活动，其在本质上是一种国家权力（刑罚权）的实现方式。

从刑事诉讼的目的来看，在国家本位主义下，刑事诉讼的目的就是"国家进行刑事诉讼所期望达到的目标"。① 而国家通过刑事诉讼所期望达到的直接目标就是惩罚犯罪，根本目标则是要通过惩罚犯罪来维护国家统治秩序。

从刑事诉讼的价值来看，国家是此种刑事诉讼的价值主体，因此，此种刑事诉讼的价值也就在于对国家这一主体需要的满足，具体而言，就是对国家惩罚犯罪以维护国家统治秩序之需要的满足。由于对犯罪的惩罚就取决于对案件真相的认定，因此，此种刑事诉讼必然是重实体真实而轻程序正当的。

从刑事诉讼的构造来看，此种刑事诉讼实质上只可能有两方构造，一方是代表公共利益、拥有刑罚权的国家及代表国家的机关；另一方是涉嫌侵犯此公共利益的个人。就实质上居于诉讼一方的国家机关来说，实际上无从实现真正的控审分离，其权力行使要么呈现为横向联合的模式，要么呈现为前后相继的模式，后者也即我们通常所说的"线形构造"。

从刑事证明理论来看，在此种刑事诉讼中，刑事证明就是国家及代表国家的机关收集证据、运用证据发现案件真相的活动，是一种自向证明，其在本质上是一种认识活动。其中，代表国家的机关均为证明主体，他们均对作为证明对象的案件事实负有查证责任，这在过去也被冠以"证明责任"的称谓，并由此得出了法院也承担证明责任的结论。证明标准即为这些国家机关认定案件事实所需要达到的标准。

（二）社会本位主义、人本主义下的刑事诉讼

在社会本位主义和人本主义下，由国家所代表的公共利益被承认是一种与现实的公共利益相脱离的抽象的公共利益，它可能符合社会全体成员现实的共同利益，也可能并不符合。同时，由于放纵国家权力的滥用实际上等同于将所有不特定的个人都置于了遭受国家权力侵害的危险之中，因此，对犯罪嫌

---

① 宋英辉：《刑事诉讼目的论》，中国人民公安大学出版社 1995 年版，第 3 页。

人、被告人利益的保护实际上也是对所有不特定社会成员的利益的保护，也是对公共利益的维护。可见，刑事诉讼实际是要解决这样的社会冲突：一方面我们要依靠国家权力惩罚犯罪，另一方面我们又要防范国家权力滥用侵犯人权，也就是说，刑事诉讼应当是一种力图在依靠国家权力与限制国家权力之间寻求平衡的社会冲突解决方式。

此种刑事诉讼的目的就是要保障所有不特定的社会成员既免受犯罪的侵害，又免受国家权力滥用的侵害，因此也就是既要（依靠国家权力）惩罚犯罪，又要（限制国家权力）保障人权，也即我们平常所说的惩罚犯罪与保障人权并重。

从刑事诉讼的价值来看，在此种刑事诉讼中，作为社会成员的现实的人才是刑事诉讼的主体，刑事诉讼的价值就在于满足所有不特定的、现实的人的需要，具体而言，就是满足人既不受犯罪侵害，亦不受国家权力滥用之侵害的需要。因此，此种刑事诉讼自然要以实体真实与程序正当并重。

从刑事诉讼的构造来看，要妥善解决既要依靠国家权力惩罚犯罪又要防范国家权力滥用的冲突，其最好的方式就是遵循冲突解决的一般规律与途径，由中立的第三方在冲突双方之间予以无偏倚的裁决。这里的冲突双方实际上也就是我们通常所说的控辩双方，控方是运用国家权力调查和追究犯罪的一方，辩方则是防范国家权力滥用的一方，至于裁判者则应作为具有独立人格的人来根据自己的良知和理性不偏不倚地居中裁判，也即以中立裁判为己任，而不应与控方一样以调查和追究犯罪为己任。这也就是我们通常所说的控审分离、控辩平等对抗、裁判者中立。

从刑事证明理论来看，在此种刑事诉讼中，刑事证明是控辩双方运用证据向裁判者阐明、论证各自所主张事实的活动，是一种他向证明。审判前收集证据、调查案件事实的查明活动则是证明活动的前提和基础。其中，证明主体为控辩双方，证明对象为控辩双方提出的能够引起相应法律效果的主张事实，控方要就被告人有罪承担证明责任，证明标准即为控方要使裁判者相信被告人有罪所必须达到的标准，因此其必然反映为裁判者认定被告人有罪所需达到的心证程度。

三、中国社会的转型与刑事诉讼法的修改

中国社会由国家本位主义向社会本位主义、人本主义的转变，导致了刑事诉讼观念与理论的变迁，而刑事诉讼观念和理论的变迁又必然会反映在刑事诉讼法的修改之中。需要指出的是，中国社会的转型肇始于 20 世纪 80 年代初的经济体制改革，到 90 年代初市场经济体制的初步确立，这一转型已逐渐明朗

化，因此，中国刑事诉讼观念的转变在 1996 年刑事诉讼法的修改中就已有体现，本次刑事诉讼法的修改实际上延续了 1996 年刑事诉讼法修改的基本方向，反映了中国社会转型和刑事诉讼观念转变的持续深化。

从刑事诉讼本质观的转变来看，从把刑事诉讼作为"国家权力（刑罚权）实现方式"到把刑事诉讼作为"社会冲突解决方式"，这一本质观的转变在本次刑事诉讼法修改中有很多突出的表现。一方面，从刑事诉讼修改的整体方向来看，其实际上力图在依靠国家权力惩罚犯罪和防范国家权力滥用之间保持平衡，但是由于我们过去太过于倾向惩罚犯罪，所以此次刑事诉讼法修改更多地是强化了对国家权力的规制和对个人权利的保障。另一方面，此次刑事诉讼法修改所确立的一些具体制度也反映了对刑事诉讼作为"社会冲突解决方式"之本质的认同，其中最为典型的就是刑事公诉案件的和解制度，在作为国家权力实现方式的刑事诉讼中，刑事诉讼是由代表公共利益的国家对侵害公共利益的犯罪予以调查和追究的活动，涉嫌犯罪者的个人利益与由国家所代表的公共利益不在同一层面上，从而无从和解。而在作为社会冲突解决方式的刑事诉讼中，刑事诉讼所追求的不是由国家所代表的抽象的公共利益，而是社会全体成员的现实的共同利益，这种共同利益既非与个人利益对立，也非高于个人利益，而是以所有不特定社会成员的个人利益为实质内核的，由此，刑事和解制度的确立也就顺理成章。

从刑事诉讼目的观的转变来看，本次刑事诉讼法修改突出了刑事诉讼惩罚犯罪和保障人权并重的目的。一方面，虽然未能将"保障人权"写入新刑事诉讼法第 1 条关于立法目的的规定中，但是却在第 2 条关于刑事诉讼任务的规定中写入了"尊重和保障人权"。在具体制度的修改与完善方面，更是处处体现了对人权保障的追求，如赋予侦查阶段律师以辩护人的地位、扩大律师阅卷范围、规定律师会见不被监听、扩大法律援助范围、规定不得强迫任何人自证其罪、完善非法证据排除制度、确立侦查讯问录音录像制度、确立羁押必要性复查制度、确立律师意见附卷制度、限制发回重审次数、确立死刑复核讯问被告人制度、确立未成年人犯罪案件诉讼程序、强化检察机关诉讼监督权等。另一方面，本次刑事诉讼法修改也非常注意利益平衡，力图实现惩罚犯罪与人权保障的并重，而非一味地强调人权保障转而忽视惩罚犯罪，例如，延长了拘传的时间、扩大了指定居所监视居住的适用范围、延长了检察机关自侦案件决定逮捕的期限等。

从刑事诉讼价值观的转变来看，本次刑事诉讼法修改力图扭转我国一直以来重实体真实而轻程序正当的倾向。其最典型的表现就是规定了不得强迫任何人自证其罪和完善了非法证据排除制度，前者是对国家权力行使必须符合正当程序的直接要求，后者则是通过对违反正当程序所取得的证据予以排除来推动人们对正当程序的尊重。

从刑事诉讼构造观的转变来看，本次刑事诉讼法修改继续强化了控审分离、控辩平等对抗、裁判者中立的正三角形诉讼构造。其最典型的表现为通过对证人、鉴定人出庭作证制度的完善来强化庭审对抗，包括确立了证人强制出庭制度、证人保护制度和证人经济保障制度等。此外，本次刑事诉讼法修改还扩大了辩护律师的权利、确立了辩护律师意见附卷制度、确立了控辩双方证据开示制度，并规定简易程序中公诉人也须出庭等，这些也都反映了对控审分离、控辩平等对抗、裁判者中立的正三角形诉讼构造的强化。

从刑事证明理论的转变来看，本次刑事诉讼法修改继续坚持与正三角形诉讼构造相适应的他向证明理论。其突出表现是明确规定了由控方承担证明责任。上述证人、鉴定人出庭制度以及控辩双方证据开示制度等与正三角形诉讼构造相适应的规定，实际上也都是此种刑事证明理论的反映。

尊重和保障人权条款在刑事司法中的落实

孙应征*　　刘国媛**

2012 年 3 月 14 日，十一届全国人大五次会议顺利通过刑事诉讼法修改决定。刑诉法的此次修改，将"尊重和保障人权"的宪法原则写进了总则第二条，并在多项具体规定中加以贯彻和体现，是刑诉法修改的一大亮点，更是我国刑事司法制度的一大进步，值得欢欣鼓舞。然而，法律的生命在于实施，立法的价值只有通过司法活动才能最终实现，因此，如何将该条款在司法实践中予以落实是司法机关面临的一个重要课题。本文中，笔者将结合几项具体规定的理解与适用对此问题进行初步的阐释，以期对修改后的刑诉法的实施有所裨益。

一、提高认识，将"尊重和保障人权"切实转化为司法理念

理念是行动的先导，一项法律制度无论规定得多么理想与科学，执法者如果没有先进的司法理念作指导，再好的制度也不过是僵硬的条款，不会变成活生生的司法现实。[①] "尊重和保障人权"写入刑诉法总则，绝不仅仅是一个口号和宣言，它有着实实在在的内容，它既是指导刑诉法立法的一项基本原则，需要在具体制度设计和规范性条款中予以贯彻和落实，同时，也是刑事司法的基本理念和原则，理应作为司法实践的指导。应该说，本次刑诉法的修改在很多具体诉讼制度和程序规定中都充分体现了"尊重和保障人权"的基本原则，例如，在完善证据制度中，明确不得强迫任何人证实自己有罪，确立非法证据排除制度；在完善强制措施制度中，完善了逮捕条件和人民检察院审查批准逮捕的程序，强调检察机关在批准逮捕后对羁押必要性的审查，严格限制采取强制措施后不通知家属的例外规定；在完善辩护制度中，明确犯罪嫌疑人在侦查

---

　*　武汉市人民检察院检察长。

　**　武汉市人民检察院法律政策研究室副主任。

　①　张伯晋：《直面新问题应对新挑战，迎接新刑诉法实施》，载《检察日报》2012 年 3 月 20 日第 3 版。

阶段可以委托律师为辩护人，完善辩护律师会见和阅卷的程序，扩大法律援助的适用范围；在完善侦查程序中，完善了讯问犯罪嫌疑人、被告人的规定，强化对检察机关对侦查活动的监督；在审判程序中扩大二审开庭范围，明确死刑复核程序；在增设的特别程序中，设置未成年人附条件不起诉和犯罪记录封存制度；等等。如何将这些具体的条款实实在在地落实到司法实践中，关键在于将"尊重和保障人权"的理念根植于每一位干警的内心，对此，司法机关要自觉提高对"尊重和保障人权"条款重要意义的认识，加强学习和教育，加大宣传力度，强化干警"尊重和保障人权"意识，并以此为基本理念和原则贯穿于执法办案始终。

二、犯罪嫌疑人在接受讯问时"如实回答"应以"不得强迫自证其罪"为前提

修订后的刑诉法第 50 条规定："严禁刑讯逼供和以威胁、引诱、欺骗以及其他非法的方法收集证据，不得强迫任何人证实自己有罪。"同时，第 118 条第 1 款规定："犯罪嫌疑人对侦查人员的提问，应当如实回答。但是对与本案无关的问题，有拒绝回答的权利。"第 2 款规定："侦查人员在讯问犯罪嫌疑人的时候，应当告知犯罪嫌疑人如实供述自己罪行可以从宽处理的法律规定。"这两条规定同时出现在刑诉法典中，司法实践部门如何理解与适用是一个需要研究的问题。"不得强迫自证其罪"能够写入刑诉法，充分体现了"尊重和保障"人权的修法宗旨，是我国刑事司法制度的一大进步。但是，犯罪嫌疑人"如实回答"的规定似乎与"不得强迫自证其罪"存在技术性冲突。我们可以设想这样一个司法场景：当侦查人员讯问犯罪嫌疑人时，犯罪嫌疑人可以根据修订后的刑诉法第 50 条的规定主张"你不能强迫我证实自己有罪"，而讯问人员（包括审判人员、检察人员和侦查人员）又可以援引该法第 118 条的规定，"你有如实供述的义务"。此时，纠结的不仅仅是犯罪嫌疑人，还包括司法机关。

笔者认为，对以上两条规定，在实践中应从立法原意的角度去理解和把握，即"犯罪嫌疑人应当如实回答"应以"不得强迫自证其罪"为前提。首先，司法必须符合"尊重和保障人权"的立法宗旨。如前所述，"尊重和保障人权"的修法宗旨，是对宪法保障人权原则的回应，更加凸显了刑事诉讼的人权保障理念，意味着在惩罚犯罪的同时要尊重和保障人权，该规定不仅有宣示性，也有指导性，是司法实践必须遵循的原则和基础。其次，"如实回答"与"从宽处理"应视为是对"不得强迫自证其罪"的补充，而不能理解为犯罪嫌疑人的"义务"，犯罪嫌疑人在接受讯问时，他可以选择"如实回答"，

也可以选择"不回答"。犯罪嫌疑人如实回答有两种可能：一是当其原本没有犯罪行为时，他（她）可以如实回答，当然这种情况下的如实回答不存在自证其罪的问题，他（她）也可以以"与案件无关"为由拒绝回答任何问题；二是当其确为犯罪人时，他（她）可以保持沉默，侦查人员不能采取刑讯逼供或者以加重处罚相威胁逼其认罪，否则违法甚至可能构成犯罪。虽然法律规定"不得强迫自证其罪"，但从有利于侦查的角度也鼓励犯罪嫌疑人如实供述"自己的罪行"，即当其如实供述自己的罪行时，根据法律可以给予"从宽处理"的奖励。但是，如果犯罪嫌疑人不愿意如实回答，侦查人员也不得强迫，司法裁决也不得以其"不如实回答自己的罪行"为由从重处罚，即鼓励"自白"但不惩罚"沉默"。基于以上分析，笔者认为，对修订后的刑诉法第50条与第118条的理解与适用，司法机关与司法人员必须坚持"尊重和保障人权"的宗旨，"不得强迫自证其罪"是原则、是前提，"如实回答，从宽处理"则是对"不得强迫自证其罪"的补充以及对犯罪嫌疑人、被告人"如实回答"的鼓励。

三、对讯问犯罪嫌疑人进行同步录音录像应成为司法常态

修订后的刑诉法第121条规定："侦查人员在讯问犯罪嫌疑人的时候，可以对讯问过程进行录音或者录像；对于可能判处无期徒刑、死刑的案件或者其他重大犯罪案件，应当对讯问过程进行录音或者录像。录音或者录像应当全程进行，保持完整性。"此规定借鉴和吸收了近年来司法改革的实践成果，旨在规范执法行为，遏制刑讯逼供。在我国当前刑事侦查技术和侦查水平还不是很高的情况下，侦查工作的成败一定程度上依赖于犯罪嫌疑人、被告人供述，也正因此，刑讯逼供作为一种丑恶现象在司法实践中久禁不止，近年暴露出来的佘祥林案、胥敬祥案、赵作海案等一系列冤假错案的发生无不与刑讯逼供密切相关。为避免和遏制刑讯逼供和冤假错案的发生，国家将规范司法行为，禁止刑讯逼供等作为司法改革的一项重要任务，司法机关特别是检察机关在实践中积极采取有效措施，对讯问犯罪嫌疑人、被告人进行全程同步录音录像就是其中之一。实践证明，对讯问犯罪嫌疑人、被告人进行全程同步录音录像是必要而具有实践意义的。一方面，全程同步录音录像可以将整个讯问过程展示在镜头下面，对于司法人员的讯问行为是一种有效监督，更是一种规范，不仅可以避免刑讯逼供等暴力取证行为的发生，同样可以避免语言威胁、"诱供"、超时讯问等"软暴力"的发生。另一方面，全程同步录音录像有利于巩固证据，防止犯罪嫌疑人、被告人翻供，或者以司法人员对其刑讯逼供等为借口推翻以前的供述（这在司法实践中已经成为一种普遍现象），特别是在非法证据排除

成为刑事司法的一项基本原则的情况下，对讯问过程进行全程同步录音录像是对司法行为合法性的一种有效证明。

基于以上考虑，笔者认为，对修订后的刑诉法关于"侦查人员在讯问犯罪嫌疑人的时候，可以对讯问过程进行录音或者录像"的规定应从严把握，这既是"保障人权"的有效方法，同时也是规范司法行为的有效措施。首先，虽然法规定是"可以对讯问过程进行录音或者录像"，但司法实践中应该做到"必须对讯问过程进行录音和录像"。如果仅仅是"可以录音或者录像"，在司法实践中录音录像只是选项之一，可以录音录像也可以不录音录像，而且录音和录像也是可以选择的，即或者录音或者录像，并不要求录音的同时还要录像，果真如此理解和执行，这一规定的实践意义就会大打折扣，对司法行为的规范要求也大大降低了，过去司法实践中存在的问题将仍然难以避免。比如，当犯罪嫌疑人、被告人以刑讯逼供为由申请非法证据排除时，根据修订后的刑诉法第54条、第56条、第57条规定，侦查机关、检察机关以及审判机关都需要对证据合法性进行审查判断，但是，如果没有讯问过程的全程同步录音录像，则只能依赖犯罪嫌疑人、被告人的申辩以及参与讯问的司法人员的说明去判断，但是，当双方的观点明显对立的情况下，检察官和法官将是选择相信犯罪嫌疑人、被告人的申辩还是相信讯问人员的说明呢？这将使检察官和法官陷入无解的处境，对于司法公信力将是极大的伤害。其次，根据修订后的刑诉法，对于可能判处无期徒刑、死刑的案件或者其他重大犯罪案件，应当对讯问过程进行录音或者录像。对该规定的执行在实践中可能存在一个悖论，即一个案件刚刚发生，侦查人员就需要去判断该案是否可能判处无期徒刑或者死刑进而决定是否对讯问过程进行录音或者录像。对一个案件裁决结果的预判应该建立在一定的证据基础上，但是在侦查之初，侦查人员又根据什么来判断案件可能的裁判结果呢？笔者认为，要解决这个问题，仍然需要对"讯问过程全程同步录音录像"从严把握，即让"对讯问犯罪嫌疑人进行全程同步录音录像"成为司法常态，任何一个案件在讯问犯罪嫌疑人、被告人时都应该全程同步录音录像。

四、对非法证据应严格依法排除

证据是诉讼的灵魂，证据制度是本次刑诉法修改的一项重要内容。刑事证据的"成色"如何直接影响定罪量刑、影响人权保障。[①] 修订后的刑诉法在

---

① 王松苗、柴春元：《强化证据意识，提高刑事司法能力》，载《检察日报》2012年4月19日第1版。

《两个证据规定》① 等法律法规、司法解释的基础上，明确规定了我国的非法证据排除规则。非法证据排除规则，是指执法人员及其授权的人通过侵犯被取证人权利的非法手段所取得的证据予以排除的规则。② 该规则是对证据的合法性规则的补充，是从反面规定的证据采纳规则。修订后的刑诉法第 54 条至第 58 条规定了非法证据排除规则，科学界定了非法言词证据的内涵及外延，明确规定了非法证据的诉讼阶段，排除非法证据的范围，较为详细具体地规定了排除非法证据的程序③，基本确立了中国特色的非法证据排除规则。

修订后的刑诉法第 54 条规定，采用刑讯逼供等非法方法收集的犯罪嫌疑人、被告人供述和采用暴力、威胁等非法方法收集的证人证言、被害人陈述，应当予以排除。收集物证、书证不符合法定程序，可能严重影响司法公正的，应当予以补正或者作出合理解释，否则，该物证、书证不能作为定案的根据。根据以上规定，非法证据可以分为非法言词证据和非法实物证据。非法实物证据由于情况比较复杂，难以作出一概禁止的一般性规定。而且对非法取得的物证、书证等实物证据能否排除，国内外存在较大争议，司法实践中一般很少予以排除。非法实物证据的排除以取得不符合法定程序、可能严重影响司法公正和不能补正或者作出合理解释为条件，只有同时具备上述三个条件才应当予以排除。当前，我国取得实物证据的手段、条件尚不完备，对非法证据排除的范围还不能像英美各国那样全部实行绝对排除，对非法实物证据只能实行有限排除、附条件的排除。④ 对于非法言词证据，即采用刑讯逼供等非法手段取得的犯罪嫌疑人、被告人的供述和采用暴力、威胁等方法取得的证人证言、被害人陈述等证据，经依法确认为非法取得，即应当予以排除，不能作为定案的根据。这一规定与联合国《禁止酷刑和其他残忍、不人道或有辱人格的待遇或处罚公约》规定的确保在任何诉讼程序中不得援引任何确属酷刑逼供作出的陈述为证据的内容是一致的。非法言词证据包括实体违法，如以刑讯逼供取得口供；也包括程序违法，如侦查人员违反规定单人取证。但是二者的效力是不同的，如果以刑讯逼供等非法手段取得的犯罪嫌疑人、被告人供述，属于非法

---

① "两个证据规定"是指：2010 年 6 月 24 日"两高三部"联合颁布的《关于办理死刑案件审查判断证据若干问题的规定》和《关于办理刑事案件排除非法证据若干问题的规定》。

② 杨宇冠：《非法证据排除制度化之路径选择》，载《人民检察》2010 年第 7 期。

③ 樊崇义：《"五条八款"确立非法证据排除规则》，载《检察日报》2012 年 3 月 20 日第 3 版。

④ 冯承远：《新刑事诉讼法证据制度解读与适用》，中国检察出版社 2012 年版，第 64 页。

言词证据，应当依法予以排除。对于程序违法取得的言词证据，一般情况下属于瑕疵证据，实践中一般均应补正、完善；如果严重违反程序法的，属于非法言词证据，实践中应当严格排除。结合一些国际条约关于"非法"取证行为的界定，这些取证行为一般包括：暴力取证；精神折磨的方法取证；用不人道的方法取证；使用药品取证；使用殴打、捆绑，违法使用戒具，较长时间冻、饿、晒、烤等肉刑或变相肉刑损害身体健康，威胁、引诱、欺骗，较长时间羁押、麻醉、催眠等方法取证。① 如言词证据是通过以上"非法行为"取得，无论是在侦查阶段还是在审查批捕、审查起诉以及审判阶段，一经确认就应严格予以排除，没有任何补强和完善的可能。

五、强制证人作证应以完备的证人保护机制为基础

现行刑诉法第 48 条规定："凡是知道案件情况的人，都有作证的义务。生理上、精神上有缺陷或者年幼，不能辨别是非、不能正确表达的人，不能作证人。"同时，第 47 条还规定："证人证言必须在法庭上经过公诉人、被害人和被告人、辩护人双方讯问、质证，听取各方证人的证言并且经过查实以后，才能作为定案的根据。法庭查明证人有意作伪证或者隐匿罪证的时候，应当依法处理。"以上两条规定应该说是比较理想的证人作证制度，但理想不等于现实，1996 年刑诉法实施至今已近 16 年，这一制度在实践中并没有得到落实，证人必须作证的义务没能完全保证，证人"出庭率"更是不足 5%。② 此次刑诉法修改在保留 1996 年刑诉法规定的基础上，在第 187 条进一步规定："公诉人、当事人或者辩护人、诉讼代理人对证人证言有异议，且该证人证言对案件定罪量刑有重大影响，人民法院认为证人有必要出庭作证的，证人应当出庭作证。"第 188 条规定："经人民法院通知，证人没有正当理由不出庭作证的，人民法院可以强制其到庭，但是被告人的配偶、父母、子女除外。证人没有正当理由拒绝出庭或者出庭后拒绝作证的，予以训诫，情节严重的，经院长批准，处以十日以下的拘留。被处罚人对拘留决定不服的，可以向上一级人民法院申请复议。复议期间不停止执行。"第 62 条规定："对于危害国家安全犯罪、恐怖活动犯罪、黑社会性质的组织犯罪、毒品犯罪等案件，证人、鉴定人、被害人因在诉讼中作证，本人或者其近亲属的人身安全面临危险的，人民

---

① 冯承远：《新刑事诉讼法证据制度解读与适用》，中国检察出版社 2012 年版，第 65 页。

② 樊崇义：《证人作证制度实现三个方面的进步》，载《检察日报》2012 年 3 月 21 日第 3 版。

法院、人民检察院和公安机关应当采取以下一项或者多项保护措施：（一）不公开真实姓名、住址和工作单位等个人信息；（二）采取不暴露外貌、真实声音等出庭作证措施；（三）禁止特定的人员接触证人、鉴定人、被害人及其近亲属；（四）对人身和住宅采取专门性保护措施；（五）其他必要的保护措施。证人、鉴定人、被害人认为因在诉讼中作证，本人或者其近亲属的人身安全面临危险的，可以向人民法院、人民检察院、公安机关请求予以保护。人民法院、人民检察院、公安机关依法采取保护措施，有关单位和个人应当配合。"第63条规定："证人因履行作证义务而支出的交通、住宿、就餐等费用，应当给予补助。证人作证的补助列入司法机关业务经费，由同级政府财政予以保障。有工作单位的证人作证，所在单位不得克扣或者变相克扣其工资、奖金及其他福利待遇。"综观以上规定，从形式逻辑而言，修订后的刑诉法对于证人作证制度已经形成了一套完整的机制，即"公民作证的义务—特定范围的出庭作证—强制出庭作证与例外—拒绝作证的惩罚与救济"，① 以上规定对于规范证人作证、解决实践中"作证难、出庭难"等问题是有积极意义的，然而，法律规范形式逻辑上的严谨与司法实践的有效执行并不必然对等。笔者认为，解决证人作证问题的关键在于对证人及其亲属完备而有效的保护，这是前提和基础。强调公民作证的义务以及对其拒绝作证而给予必要的惩罚，对于惩罚犯罪，提高司法效率是必要的，但是，作为司法机关在考虑自身履责需要的同时，也需要从证人的角度来考虑问题。作为公民个人，协助司法机关惩罚犯罪，如实作证固然是公民应尽的义务，但是维护自身及亲属的安全也是其本能的需要，当一个人自身安全难以保证的情况下强制其履行作证的义务是不合理的，也是不符合人性的——司法不能要求普通公民牺牲自身及亲属的人身安全而去履行作证的义务。修订后的刑诉法对于证人保护虽然作出了一些规定，但是相对于证人作证后可能面临的风险，这种保护是远远不够的。在国外证人保护制度非常成熟，美国、新加坡、德国等国家都有单独的证人保护法。比如，加拿大有《证人保护项目法》，澳大利亚有全国性的国家证人保护计划，德国有证人保护法，美国有被害人和证人保护法。除了这些单独的立法以外，很多国家的诉讼法都有关于证人保护的规定。一些国际组织在一些国际条约里，也有一些示范条款。联合国有一个"模范证人保护法案"，就是一种示范性的国际证人保护公约。除了这些国家法律和国际公约以外，很多国家还有专门的证人保护计划，还有很多国家，比如美国、澳大利亚，有专门的证人保护机构。

---

① 参见樊崇义：《证人作证制度实现三个方面的进步》，载《检察日报》2012年3月21日第3版。

相比之下，修订后的刑诉法在证人保护方面的区区五项规定，其差距是显而易见的。因此，笔者认为，在修订后的刑诉法正式实施后，在没有完备的证人保护计划的情况下，司法机关对于强制证人作证以及对证人拒绝作证的处罚必须慎重。

综上所述，"尊重和保障人权"写入刑诉法总则，是我国刑事司法制度的重大进步，然而，其意义不在于宣示或者口号，而在于体现其精神价值的规范性条款在司法实践中的实现，作为司法机关及司法人员，主观上必须将其作为司法理念内置于心，同时也要将理念通过实践外化于行。

尊重和保障人权在新修订
刑事诉讼法中的落实

钟文华* 王远伟**

随着社会的发展和人类的进步，国际社会已将尊重和保障人权作为评判一个国家民主法治文明的标杆。1948 年 12 月 10 日联合国通过的《世界人权宣言》首次阐明了人类大家庭所有成员的固有尊严和普遍人权，作为所有人民和所有国家努力实现的共同标准。《牛津法律大辞典》对人权的定义是："人权是指人们主张应当有或者有时明文规定的权利。这些权利在法律上得到确认并受到保护，以此确保个体在人格和精神、道德以及其他方面的独立得到最全面最自由的发展。"① 与此相对应的人权保障制度，则是指国家或国际组织运用经济的、政治的、法律的、思想的以及其他方法保障国家或国际组织所确认的人权得以实现的一系列制度的总称。在人权的各种保障方法中，法律保障是人权保障体系中最基本、最权威的。

我国从 1979 年制定刑事诉讼法到今天的修订，落实尊重和保障人权原则从无到有，经历了一个漫长的过程。根据 1988 年宪法关于保护私营经济的合法权利和利益的修改补充规定及宪法序言第七自然段后两句的修改规定的精神，1996 年刑事诉讼法在 1979 刑事诉讼法的基础上将第 2 条修改为："中华人民共和国刑事诉讼法的任务，是保证准确、及时地查明犯罪事实，正确应用法律，惩罚犯罪分子，保障无罪的人不受刑事追究，教育公民自觉遵守法律，积极同犯罪行为作斗争，以维护社会主义法制，保护公民的人身权利、财产权利、民主权利和其他权利，保障社会主义建设事业的顺利进行。"1996 年刑事诉讼法修改增加了 "财产权利" 的内容和将 "保障社会主义革命和社会主义建设事业的顺利

---

* 重庆市人民检察院第三分院公诉处处长，全国检察理论研究人才。
** 重庆市人民检察院第三分院检察官，中国法学会会员。
① ［英］沃克：《牛津法律大辞典》，李双元等译，法律出版社 2003 年版，第 537 页。

进行"改为"保障社会主义建设事业的顺利进行"。① 1999 年我国将"依法治国，建设社会主义法治国家"写进了宪法，2004 年又把"尊重和保障人权"写进了宪法，从此将人权保障原则上升为宪法原则。2012 年把"尊重和保障人权"写入素有"小宪法"之称的刑事诉讼法总则第 2 条，此举不仅契合了社会主流的价值取向，也彰显了我国人权保障事业的进步。可以说，这是此次刑事诉讼法修改最耀眼的闪光点。② 另外，这也是我国部门法第一次进行了尊重和保障人权的规定，更具有现实指导意义。③

一、"尊重和保障人权"写入刑事诉讼法的意义

刑事诉讼制度与公民人身、自由等宪法基本权利密切相关，将"尊重和保障人权"明确写入刑事诉讼法，突出了保障人权在刑事诉讼中的重要性，充分体现了我国刑事司法制度的社会主义性质，对于推动公安、司法机关在刑事诉讼程序中更好地遵循和贯彻这一宪法原则，都具有十分重要的意义：④

一是有利于在司法实践中将"尊重和保障人权"的基本原则贯穿于所建立的具体诉讼制度和程序中。如在证据制度中，规定了不得强迫任何人证实自己有罪，并建立了非法证据排除制度；在强制措施中，完善了逮捕条件和人民检察院审查批准逮捕的程序，严格限制采取强制措施后不通知家属的例外规定；在辩护制度中，明确犯罪嫌疑人在侦查阶段就可以委托辩护人，扩大法律援助的适用范围；在侦查程序中，强化了对侦查活动的监督；在审判程序中，明确第二审应当开庭审理的案件范围，并对死刑复核程序作出具体规定；在执行程序中，增加社区矫正的规定；在特别程序中，设置专门针对未成年人刑事案件等特定案件的诉讼特别程序以保障未成年人的合法权益；等等。

二是有利于保护犯罪嫌疑人、被告人、被害人及其他诉讼参与人的合法权益。此次刑事诉讼法的修改，将"尊重和保障人权"原则规定为刑事诉讼的根本任务，有利于促使公安、司法机关在司法实践中进一步依法办案、切实保障诉讼参与人尤其是犯罪嫌疑人、被告人和被害人的合法权益，进而有力地推进我国刑事司法制度的民主化和法治化水平，更加充分地体现我国司法制度的

---

① 王尚新、李寿伟主编：《关于修改刑事诉讼法的决定释解与适用》，人民法院出版社 2012 年版，第 1—2 页。

② 张军、陈卫东主编：《刑事诉讼法新制度讲义》，人民法院出版社 2012 年版，第 2 页。

③ 陈光中主编：《中华人民共和国刑事诉讼法修改条文释义与点评》，人民法院出版社 2012 年版，第 2 页。

④ 卞建林主编：《中华人民共和国刑事诉讼法最新解读》，中国人民公安大学出版社 2012 年版，第 7—8 页。

社会主义性质。

三是有利于维护社会和谐稳定和发展。从现实的国情出发，当前我国正处于人民内部矛盾凸显、刑事犯罪高发时期，惩罚犯罪任务十分艰巨。只有在刑事司法活动中充分保障各诉讼参与人的人身权利和诉讼权利，才能切实提高公安司法机关的办案质量，缓和犯罪嫌疑人、被告人与被害人、公安司法机关以及社会公众之间的对立情绪，使其积极认罪服法、自首立功、积极改造，进而减少再次犯罪，以维护社会稳定，促进社会和谐。诚如大多数学者认为，尽管本次修改未能将"尊重和保障人权"写入第 1 条立法目的，但将其作为刑事诉讼的根本任务之一，表明以惩罚犯罪为主线的刑事诉讼本质有所改变，预示着人权保障将成为未来刑事诉讼制度发展完善的总体趋势，具有重大意义。

四是有利于更好地参与、履行国际公约。迄今为止，我国已经参加了包括《经济、社会及文化权利国际公约》、《联合国禁止酷刑公约》在内的 25 项国际人权公约和议定书。1998 年 10 月 5 日签署了联合国《公民权利和政治权利国际公约》和《经济、社会及文化权利国际公约》（以下简称《两权公约》），正在创造条件适时予以批准。我国作为国际公约的参加国，应该履行公约有关尊重和保障人权的规定，特别是刑事司法程序中被追诉者的程序权利和实体权利。此次"尊重和保障人权"载入刑事诉讼法，为批准和实施《两权公约》进一步创造了良好的条件。①

二、尊重和保障人权原则在新修订的刑事诉讼法中的具体体现②

按照刑事诉讼法是国家法律体系中基本法的定位，基于刑事诉讼法作为重要的部门法，必须贯彻落实宪法的规定，加大人权保障的力度，加强对公权力行使的制约和规范的考虑。因此，刑事诉讼法不仅应当赋予公安、司法机关必要的权力以有力追究和惩罚犯罪，同时必须严格限制国家公权力以防止公民个人权利受到侵害。国家专门机关在追究、惩罚犯罪的过程中，往往自觉或不自觉地超越权限、甚至滥用权力，从而侵犯了诉讼参与人，特别是犯罪嫌疑人、被告人的权利，严重损害了司法公正。鉴于此，刑事诉讼领域内的保障人权，可以从以下三个层面去理解：第一个层面是保障犯罪嫌疑人、被告人和罪犯的权利，防止无罪的人受到刑事法律追究，防止有罪的人受到不公正的处罚；第

---

① 陈光中主编：《中华人民共和国刑事诉讼法修改条文释义与点评》，人民法院出版社 2012 年版，第 4 页。

② 该部分引用了樊崇义：《人权保障原则得到充分具体体现》，载《检察日报》2012 年 5 月 9 日第 3 版。

二个层面是保障所有诉讼参与人、特别是被害人的权利；第三个层面是通过对犯罪的惩罚保护广大人民群众的权利不受犯罪侵害。其中，保障被追诉人的权利是保障人权的重心所在。① 这次修订刑事诉讼法，在程序设置和具体规定中都贯彻落实了这一原则。② 具体包括以下几个方面：

第一，对刑事诉讼结构加以调整，改革了刑事辩护制度，把尊重和保障人权原则落到实处。具体包括：

一是新修订的刑事诉讼法把刑事诉讼中控、辩、审三种基本职能进行了调整和优化组合，解决了长期以来侦查阶段律师辩护缺位的问题，把律师介入刑事诉讼的时间从审查起诉阶段提前到侦查阶段。第33条明确规定："犯罪嫌疑人自被侦查机关第一次讯问或者采取强制措施之日起，有权委托辩护人；在侦查期间，只能委托律师作为辩护人。被告人有权随时委托辩护人。"也就是说在犯罪嫌疑人失去自由的第一天开始，律师就以辩护人的角色，介入到刑事司法活动当中，可以主动同公安检察机关沟通，及早发现和防止冤假错案。这样使我国刑事诉讼结构全面实现了控诉职能、辩护职能、审判职能的优化组合，达到了现代刑事诉讼结构的基本要求。

二是新修订的刑事诉讼法完善了律师会见制度。明确规定辩护律师除了危害国家安全、恐怖活动犯罪、特别重大贿赂犯罪案件外，可持律师执业证书、律师事务所证明和委托书或者法律援助函要求会见在押的犯罪嫌疑人、被告人，看守所应当及时安排会见，至迟不得超过48小时。

三是新修订的刑事诉讼法完善了律师查阅权，增设了申请、告知制度。明确规定从审查起诉之日起，辩护律师可以查阅、摘抄、复制本案的案卷材料。辩护人认为侦查、审查起诉期间公安机关、人民检察院收集的证明犯罪嫌疑人、被告人无罪或罪轻的直接材料未提交的，可以申请人民检察院调取。与此同时，辩护人收集的有关犯罪嫌疑人不在犯罪现场、未达到刑事责任年龄、属于依法不负刑事责任的精神病人的证据应当及时告知检察机关。

四是新修订的刑事诉讼法增设的辩护律师其他一些权利。如第31条规定了辩护律师有申请回避的权利，"辩护人、诉讼代理人可以依照本章的规定要求回避、申请复议。"第47条规定了律师的执业保障权。"辩护人、诉讼代理人认为公安机关、人民检察院、人民法院及其工作人员阻碍其依法行使诉讼权利的，有权向同级或者上一级人民检察院申诉或者控告。人民检察院对申诉

---

① 陈光中、刘林呐：《尊重和保障人权不仅仅是一项基本原则》，载《检察日报》2012年3月19日第3版。

② 郎胜主编：《中华人民共和国刑事诉讼法释义》，法律出版社2012年版，第5页。

或者控告应当及时进行审查，情况属实的，通知有关机关予以纠正。"并进一步在"侦查"一章第115条规定："当事人和辩护人、诉讼代理人、利害关系人对于司法机关及其工作人员有下列行为之一的，有权向该机关申诉或者控告：（一）采取强制措施法定期限届满，不予以释放、解除或者变更的；（二）应当退还取保候审保证金不退还的；（三）对与案件无关的财物采取查封、扣押、冻结措施的；（四）应当解除查封、扣押、冻结不解除的；（五）贪污、挪用、私分、调换、违反规定使用查封、扣押、冻结的财物的。"第56条规定，辩护律师有权申请对非法证据的排除。第73条规定，辩护律师对监视居住者，获得告知权并参与诉讼。第95条规定，辩护人有申请变更强制措施的权利。第159条规定，在案件侦查终结前，辩护律师提出要求的，公安机关应当听取辩护律师的意见，并记录在案。辩护律师提出书面意见的，应当附卷。第160条规定，公安机关侦查终结的案件，应当将案件移送情况告知犯罪嫌疑人及其辩护律师。第170条规定，检察机关审查案件应当听取辩护人的意见，并记录在案。提出书面意见的，应当附卷。第182条规定了开庭前的准备工作，规定人民法院应当通知辩护人参与庭前准备工作，解决回避、出庭证人名单、非法证据排除等与审判相关的问题。另外，新刑事诉讼法保留和加强了辩护律师参加一审、二审、死刑复核和审判监督程序的规范。

从上述一系列规定可以明确地看出，这次刑事诉讼法的修改，调整了诉讼结构，强化了辩护权，把律师参与和介入刑事诉讼贯穿于整个诉讼的过程中，使人权保障原则得以贯彻落实。

第二，建构了一套严禁刑讯逼供的运作机制，为尊重和保障保障人权设置了严格的程序制裁措施。具体包括：

一是确立了"不得强迫自证其罪"的原则。第50条增加规定："审判人员、检察人员、侦查人员必须依照法定程序，收集能够证实犯罪嫌疑人、被告人有罪或者无罪、犯罪情节轻重的各种证据。严禁刑讯逼供和以威胁、引诱、欺骗以及其他非法方法收集证据，不得强迫任何人证实自己有罪。""不得强迫任何人证实自己有罪"的规定，宣示了现代刑事诉讼制度的法律原则，意义重大。

二是确立了"非法证据排除规则"。第54条和第58条详细规定了非法证据排除的条件、范围、程序和方法。非法证据排除制度是修正案中公认的亮点，采用刑讯逼供等非法方法收集的犯罪嫌疑人、被告人供述和采用暴力、威胁等非法方法收集的证人证言、被告人陈述，应当予以排除。违反法律规定收集物证、书证，严重影响司法公正收集的证据，也应当予以排除。在侦查、审查起诉、审判时发现有应当排除的证据的，应当依法予以排除，不得作为起诉意见、起诉决定和判决的依据。

三是出台了一整套保障依法讯问和审讯的措施。比如：第121条规定的侦查讯问中的全程录音录像措施；第116条规定的严格审讯场所，即拘捕后要立即送交看守所，进行讯问；第117条第2款规定的严格传唤和拘传的时间，持续时间每次不得超过12小时，案情特别重大、复杂，需要采取拘留、逮捕措施的，传唤、拘传持续的时间也不得超过24小时，其中还要保障犯罪嫌疑人的饮食和必要的休息时间等。以上三个方面的规定，即"权利—规则—措施"形成了一套完整的严禁刑讯的科学机制，以解决长期以来禁而不止的问题。

四是强化和严格人民检察院的审查批捕程序。第86条规定，"人民检察院审查批准逮捕，可以讯问犯罪嫌疑人；有下列情形之一的，应当讯问犯罪嫌疑人：（一）对是否符合逮捕条件有疑问的；（二）犯罪嫌疑人要求向检察人员当面陈述的；（三）侦查活动可能有重大违法行为的。人民检察院审查批准逮捕，可以询问证人等诉讼参与人，听取辩护律师的意见；辩护律师提出要求的，应当听取辩护律师的意见。"

五是对拘留、逮捕后的通知问题进行了细化。1996年刑事诉讼法规定，拘留、逮捕后，除有碍侦查或者无法通知的情形以外，应当把拘留、逮捕的原因和羁押的处所，在24小时以内通知家属，其中对"有碍侦查"情形的界限比较模糊。这次修订后的刑事诉讼法，对有碍侦查进行了"双层"限制，即限定在涉嫌危害国家安全、恐怖活动两种犯罪中，并且有碍侦查的情形消失以后，应当立即通知被拘留人的家属。

第三，对诉讼中的特殊人群、弱势群体采用了人道主义的程序保护措施，体现了"尊重和保障人权"的原则。具体表现在：

一是强制措施中体现了人文关怀。其中第65条关于适用取保候审的规定："……（三）患有严重疾病、生活不能自理，怀孕或者正在哺乳自己婴儿的妇女，采取取保候审不致发生社会危险性的；（四）羁押期限届满，案件尚未办结，需要采取取保候审的。"第72条关于监视居住适用对象的规定："人民法院、人民检察院和公安机关对符合逮捕条件，有下列情形之一的犯罪嫌疑人、被告人，可以监视居住：（一）患有严重疾病、生活不能自理的；（二）怀孕或者正在哺乳自己婴儿的妇女；（三）系生活不能自理的人的唯一扶养人；（四）因为案件的特殊情况或者办理案件的需要，采取监视居住措施更为适宜的；（五）羁押期限届满，案件尚未办结，需要采取监视居住措施的。对符合取保候审条件，但犯罪嫌疑人、被告人不能提出保证人，也不交纳保证金的，可以监视居住。"取保候审、监视居住措施，特别关注患病、生活不能自理、甚至系生活不能自理的人的唯一扶养人，怀孕或在哺乳自己婴儿的妇女等，都充分体现了坚持以人为本以及法律的人文精神和人文关怀。

二是把法律援助的范围进一步扩大到可能被判处无期徒刑、死刑的案件。第34条规定："犯罪嫌疑人、被告人因经济困难或者其他原因没有委托辩护人的，本人及其近亲属可以向法律援助机构提出申请。对符合法律援助条件的，法律援助机构应当指派律师为其提供辩护。犯罪嫌疑人、被告人是盲、聋、哑人，或者是尚未完全丧失辨认或者控制自己行为能力的精神病人，没有委托辩护人的，人民法院、人民检察院和公安机关应当通知法律援助机构指派律师为其提供辩护。犯罪嫌疑人、被告人可能被判处无期徒刑、死刑，没有委托辩护人的，人民法院、人民检察院和公安机关应当通知法律援助机构指派律师为其提供辩护。"这一规定充分体现了诉讼中的人道主义和人权保障原则，彰显了我国刑事诉讼中的人文关怀精神。

三是在审判程序中，明确第二审应当开庭审理的案件范围，对死刑复核程序作出具体规定。为保证案件的公正处理，在二审程序中，新修订的刑事诉讼法明确了开庭的案件范围，第二审人民法院对于下列案件，应当组成合议庭，开庭审理：被告人、自诉人及其法定代理人对第一审认定的事实、证据提出异议，可能影响定罪量刑的上诉案件；被告人被判处死刑的上诉案件；人民检察院抗诉的案件；其他应当开庭审理的案件。同时规定，第二审人民法院决定不开庭审理的，应当讯问被告人，听取其他当事人、辩护人、诉讼代理人的意见。对死刑复核程序作出了具体规定：最高人民法院复核死刑案件，应当作出核准或者不核准死刑的裁定。对于不核准死刑的，最高人民法院可以发回重新审判或者予以改判。同时，辩护律师提出要求的，应当听取辩护律师的意见。在复核死刑案件过程中，最高人民检察院可以向最高人民法院提出意见。最高人民法院应当将死刑复核结果通报最高人民检察院。

四是根据刑事诉讼活动的实际情况和近年来各地积极探索的好的经验，针对未成年人刑事案件的特点等特定案件和一些特殊情况，对办案方针、原则、诉讼环节的特别程序作出规定，在新修订的刑事诉讼法中第五篇专门设立特别程序，其中未成年人刑事案件诉讼程序、依法不负刑事责任的精神病人的强制医疗程序以及当事人和解的公诉案件诉讼程序中体现的人文关怀最为集中。在未成年人刑事案件诉讼程序中所规定的实行教育、感化、挽救的方针，坚持教育为主、惩罚为辅的工作原则，以及程序设计中的分管分押、指定辩护、犯罪原因调查、讯问时代理人到场、附条件不起诉、不公开审理、为有利于未成年犯更好地回归社会以及对他们声誉的一些保护，专门设置了犯罪记录封存制度等。这些无不体现诉讼人道、人本、人伦、人性的法律观和道德观。

五是在执行程序中确立社区矫正制度，对执行程序中的人文、人伦精神的贯彻，在我国是一个创新。社区矫正作为与监禁矫正相对应的非监禁矫正方式，体现了刑罚执行社会化、一体化的理念，适应了经济社会发展水平，有利于实现法律效果、政治效果与社会效果的高度统一。新修订的刑事诉讼法对社区矫正执行等作了补充和完善。第 258 条规定，"对被判处管制、宣告缓刑、假释或者暂予监外执行的罪犯，依法实行社区矫正，由社区矫正机构负责执行。"这一规定不仅是我国刑罚执行机制的一项重大改革，更是我国执行程序中创设的一种非监禁方法的执行程序。从监狱大墙内走向大墙外，依靠人民群众自治的方法执行刑罚，这种执行机制的创新，不言自明，它是人权保障原则和人道主义在诉讼中的体现。它的出现把我国刑罚执行程序引领至人本主义的理性高度。

第四，在刑事诉讼中，强化了检察机关的监督职能，为尊重和保障保障人权原则的落实奠定了基础。此次刑事诉讼法的修订，主要强调了对暂予监外执行以及减刑、假释的监督。对暂予监外执行的监督而言，以往只有在有关机关作出决定之后，才将暂予监外执行的决定抄送检察机关，这是一种事后的监督方式。此次刑事诉讼法修改加强了监督的力度，要求监狱、看守所提出暂予监外执行的意见的，应当同时抄送人民检察院。人民检察院可以向批准或者决定机关提出书面意见。这就将人民检察院的监督由事后监督扩展到了事中监督。与检察机关对暂予监外执行的监督相同，新修订的刑事诉讼法要求检察机关对减刑、假释进行事中监督，执行机关提起减刑、假释的，应当将建议书副本抄送人民检察院，人民检察院可以向人民法院提出书面意见。

三、尊重和保障人权原则在刑事诉讼法中地位的完善建议

1996 年刑事诉讼法第 1 条关于立法宗旨和根据的规定是："为了保证刑法的正确实施，惩罚犯罪，保护人民，保障国家安全和社会公共安全，维护社会主义社会秩序，根据宪法，制定本法。"认真解读本条规定可以明确看出其立法宗旨就是以惩罚犯罪为主线，完全忽略了刑事诉讼法本应具有的人权保障的重要功能。本条所规定的"保护人民"与"保障人权"的内涵完全是大相径庭的，"人民"一词一般是指人民大众，不包括犯罪嫌疑人、被告人和罪犯；而"人权"中的"人"，是指包括犯罪嫌疑人、被告人和罪犯在内的任何人。而且"惩罚犯罪，保护人民"的表述实际上是指通过惩罚犯罪来保护人民的人身、财产和生命等合法权利不受犯罪分子侵害，反映出来的仍然是打击、遏制犯罪的立法目的。因此，笔者建议将此立法宗旨中的"惩罚犯罪，保护人民"修改为"惩罚犯罪，保障人权"。只有这样修改，才能对整部刑事诉讼法有关人权保障的内容起到提升和统摄的作用。①

---

① 陈光中主编：《中华人民共和国刑事诉讼法修改条文释义与点评》，人民法院出版社 2012 年版，第 4 页。

强化人权意识　推动新刑诉法贯彻执行

匡茂华*　谢振中**

2012 年 5 月，周永康同志、曹建明检察长在不同场合强调指出，贯彻落实新刑诉法，要始终坚持、牢固树立正确执法理念，进一步强化人权意识、程序意识、证据意识、时效意识和监督意识。尊重和保障人权是刑事诉讼的基本任务和价值取向。注重证据、遵守程序、提高效率、强化监督是人权保障的基本要求和重要方式。树立正确执法理念，推动新刑诉法贯彻执行，必须把强化"人权意识"作为首要任务来落实。

一、"尊重和保障人权"载入新刑诉法是法治进步的标杆

人权，是指在一定的社会历史条件下，人按其本质和尊严应当享有的基本权利，简单地讲，就是人作为"人"所拥有的权利。人权需要道德和法律的保护，不仅仅因为人权容易受到公权的侵害，更在于人权本身就是衡量一个社会的文明、法治程度的标尺。长期以来，囿于意识形态和传统思维，我们对"人权"这一概念认识模糊。但随着改革开放的不断深入，我们逐渐意识到，"人权"绝不是西方国家的专利，"尊重和保障人权"是社会主义的本质要求，社会主义制度更能够彰显和实现人权。1991 年，国务院新闻办发表第一份中国的人权状况白皮书，首次以政府文件的形式正面肯定了"人权"在中国社会主义政治发展中的地位。依法治国方略和以人为本的科学发展观提出后，"人权"相继载入党的报告、党的章程以及经济和社会发展纲要，成为依法治国、建设法治国家的重要方面。2004 年，第十届全国人民代表大会第二次会议通过中华人民共和国宪法修正案，作出"国家尊重和保障人权"的庄严宣示，奠定了"人权"的根本法基础。2009 年和 2012 年，国务院新闻办先后发布两个以人权为主题的行动计划，系统规划、全面地推进我国的人权事业。在

---

* 湖北省人民检察院法律政策研究室主任。
** 湖北省人民检察院法律政策研究室干部。

立足国情的基础上，我国还签署或加入了《公民权利和政治权利国际公约》、《经济、社会及文化权利国际公约》等国际条约，逐步认同和接受了国际通行的人权标准。这些探索，记录了我国人权事业所取得的巨大成就，展现了我们党与时俱进的理论品质和依法治国的坚定决心。

"法治是良法之治"。人权是评判良法的标准。刑事诉讼与公民人身权利、财产权利休戚相关，刑诉法素有"法治试金石"、"宪法测振仪"之称。从本质上讲，良好的刑诉法就是一部规制公权、保障人权的法。在人权入"法"的进程中，我们历经了三次跨越："文革"后，党和人民对"砸烂公检法"的法治荒漠进行了深刻反思，1980 年正式实施的刑诉法第一次将辩护权以及犯罪嫌疑人、被告人的诉讼权利写进法律，这是人权入法的第一跃。不过，受限于时代，这部法律条文较少，具有强烈的职权主义色彩，人权保护力度远远不够。1996 年，我国修订了刑诉法，这是人权入法的第二跃，最大变革是实现"纠问式"向"诉辩对抗制"的转变，法院审判更为客观公正，成为我国刑事司法制度史上的里程碑。但该法在实施过程中，仍暴露出诸多问题，如刑讯逼供、律师辩护权难以实现等。此次刑诉法修改，是人权入法的第三跃。在以人为本的科学发展深入人心，"依法治国"、"尊重和保障人权"相继入宪的背景下，新刑诉法应时而动，将"尊重和保障人权"作为基本任务写入总则，并贯彻到具体制度中，成为此次修改的最大亮点。从 1980 年刑诉法实施到 1996 年、2012 年两次修改，期间刚好是两个十六年，两个十六年的实践探索和理论研究，最终推动实现了人权入"法"，反映了我国立法界、司法界、学术界对人权概念、刑事诉讼任务等重大问题的认识不断深化，体现了中国特色社会主义司法制度惩治犯罪与保障人权相统一的优越性，顺应了司法文明和司法现代化的大趋势，成为我国民主法治进步的标杆。

二、强化人权意识是贯彻落实新刑诉法的必然要求

1. 强化人权意识是对新刑诉法价值取向的准确解读。执法理念、意识是执法者感知法律条文和执法活动等客观事物后形成的思想观念。正确的意识集中反映了执法者对法的精神、法的价值的准确把握。刑事诉讼是一个充满矛盾、辩证统一的过程，刑诉法是对各种对立统一的价值取向的衡平与摆布，其中，惩治犯罪和保障人权是最主要的矛盾。此次刑诉法修改，明确将"尊重和保障人权"作为刑事诉讼的基本任务，通过完善证据制度，修改侦查、审判、执行程序，强化检察机关法律监督等，实现惩治犯罪与保障人权的统一。在刑事诉讼活动中，强化人权意识，符合新刑诉法的修改动因和价值取向，是贯彻落实新刑诉法的思想基础。

2. 强化人权意识是正确执行新刑诉法的必然要求。实践决定意识，意识反作用于实践。执法理念、意识一旦形成，便支配执法实践，指导执法制度设计和执法实际运作，决定执法效果。可以说，有什么样的执法信念、思想和观念，就会表现为什么样的执法实践，就会产生什么样的执法效果。正确意识的指引作用，尤其体现在法律较为原则而执法者有较大裁量空间时。新刑诉法明确了"尊重和保障人权"的基本要求，但仍有抽象、原则之处，如在完善律师会见权的同时，仍规定了批准会见的几种情形；等等。因此，执法活动要体现新刑诉法所蕴涵的权力制约、司法民主、诉讼文明等法治思想，执法者必须强化人权意识，唯有如此，才能防止误读误用、偏差走样。

3. 强化人权意识是适应当前执法形势的必然要求。在刑事诉讼中，进一步增强人权意识，虽是老生常谈，但也历久弥新。它的科学性和必要性，不仅仅反映为对新刑诉法的正确理解，更体现为对执法形势的科学判断。一方面，新刑诉法赋予了检察机关更多的权力和责任，对执法办案提出了更高、更严、更规范的要求。另一方面，民主公开的修法形式和立体多元的舆论宣传，加深了公众对人权保障、程序正义等价值观念的理解认同，进一步引起国际社会对国内民主法制建设的关注。在权利与权力相互关联、虚拟与现实社会相互作用、国际与国内事务相互影响的背景下，迫切需要执法者进一步增强人权意识，摈弃"重打击轻保护"、"重实体轻程序"等陈旧思维，满足人民群众对司法文明、规范的要求，赢得国际竞争的话语权、主动权，彰显中国特色社会主义刑事司法制度的优越性。

三、准确把握惩治犯罪与保障人权的关系

准确把握惩治犯罪与保障人权的关系是强化人权意识的关键。惩治犯罪与保障人权，是刑事诉讼两个并行不悖的重要目标。刑诉法修改后，部分执法者对其中关于人权保障的制度安排表示"担忧"，担心法律过于严苛会导致犯罪打击不力、甚至轻纵犯罪。我们认为，矛盾是普遍存在且不以人的意志为转移的，惩治犯罪与保障人权之间确实存在对立之处，但这种对立只是问题的表象，透过表象深究原因，实则是惩治犯罪的现实需要与执法者还原事实、查明真相能力之间的矛盾（行受贿等犯罪的发案规律和运作机理也加剧了此矛盾）。把握了这一点，就能够清醒地认识到，惩罚犯罪不应当也不可能通过弱化人权保障来实现，弱化、限制人权，不仅会导致冤错案件，冲击法制秩序，产生负面影响，还会反衬出执法者的"无能"。反过来，强化人权意识，可以倒逼执法者切实提高准确打击犯罪的能力，实现刑事诉讼惩罚犯罪的本源功能。

实现惩治犯罪与保障人权统一，必须准确把握刑事诉讼领域的人权保障范围和重点。刑事诉讼领域的人权保障包括：刑事被追诉人，即犯罪嫌疑人、被告人及犯罪的合法权利；被害人及其他诉讼参与人的合法权利；广大人民群众的合法利益。被害人、社会公众的合法权益可以通过惩罚犯罪来补救或恢复。在坚持依法严肃惩治犯罪的同时，我们更应当关注刑事追诉人的基本权利，防止将"保护被害人、社会公众利益"作为侵犯犯罪嫌疑人、被告人权利的借口，避免打击犯罪与保障人权的机械对立。同时，坚持理性、平和、文明、规范执法，尊重和保障被追诉人权利，传递刑事司法的人文关怀，培育公众理性思维，促使其平和地看待刑事诉讼活动，为落实新刑诉法、乃至实施依法治国战略营造良好的社会氛围。

四、强化人权意识推动新刑诉法落实

1. 树立正确的人权理念。人权价值既是普世价值，也带有浓厚的意识形态和政治话语色彩。尊重和保障人权，必须坚持以正确的理念为指导，着力形成符合中国国情、富有中国气派的人权体系，态度鲜明、理直气壮地抵制和驳斥西方错误思潮。一要坚持社会主义法治理念。以依法治国、执法为民、公平正义、服务大局、党的领导为主要内容的社会主义法治理念，既是依法治国方略的重要指导思想，也政法机关执行法律、践行法治的行动指南。增强人权意识，必须坚持社会主义法治理念，坚持政法工作、人权事业的社会主义方向，昭示中国特色社会主义法治道路和司法制度的优越性。二要坚持"理性平和规范文明"的执法观。着力培育"理性"思维。辩证地看待惩治犯罪与保护人权、严格执法与规范办案的关系，既注意准确及时地惩罚犯罪，维护人民群众利益、维护社会和谐稳定，又注意保障犯罪嫌疑人、被告人和其他诉讼参与人的合法权利，防止把惩治犯罪与保障人权、严格执法与规范办案对立起来，从一个极端走到另一个极端。着力强化"人本"意识。树立以人为本、敬畏生命、尊重权利的执法观念，摒弃重打击轻保护、重实体轻规范、重有罪推定轻无罪辩解等错误倾向，在审查逮捕、审查起诉、出庭公诉等环节切实尊重和保障人权，提高执法的正当性和公信度。

2. 坚持将保障人权作为法律监督的基本任务。检察机关作为国家法律监督机关，承担着保障国家宪法和法律统一正确实施、维护社会主义法制统一尊严权威的重要职责，决定了检察机关在保障人权方面具有重要作用。结合新刑诉法规定，这种作用主要体现在两个方面：一方面，在审查逮捕、审查起诉、出庭公诉等环节切实尊重和保障人权；另一方面，监督纠正其他政法机关侵犯人权的诉讼行为，履行对国家工作人员利用职务之便侵犯公民政治、民主、人身权案件的侦查职能。因此，在刑事诉讼监督中，检察机关要树立全面"监督"的理念。不仅要在诉讼活动中模范尊重和保障人权，还要将人权保障作为法律监督的基本任务；不仅要监督"有案不立"、"以罚代刑"、"重罪轻判"等行为，还要纠正"违法立案"、"违法扣冻押"、"违法适用强制措施"、"体罚虐待"等侵犯被追诉人、罪犯人权的行为。

3. 坚持强化自身监督。"知易行难"。树立正确的执法理念，宣讲教育是必需的，但更重要的是通过理念的制度化、规范化，推动正确理念的形成，防止理念与实践"两张皮"。要完善考评机制。将保障人权、规范执法作为业务考评的最主要标准，凡出现执法不规范情况的，取消当年度评优争先资格；凡出现侵犯人权事件的，直接追究检察长的责任；对于办案规范和办案规模"两强化"的检察院，给予一定的政策倾斜。要严格按照法律的本意制定司法解释。对于一些抽象用语，如"重大贪污贿赂案件"、"可能危害社会"等，要从严把握，避免司法解释规定偏离刑诉法的初衷。在制定相关司法解释或执法规范时，注意加强与相关部门的协调，确保司法解释、部门规章等规范性文件之间不冲突、不矛盾，防止司法解释碎片化或架空基本法律的情况。要进一步从严要求。如新刑诉法在立法上明确了同步录音录像制度，但范围比现行规定窄，要求也相对较低。从规范执法行为、尊重保障人权以及排除非法证据、保证职务犯罪侦查工作顺利进行等角度考虑，应当坚持现行的高标准，继续按照"全程、全部、全面"的要求实行讯问同步录音录像工作。

4. 推动队伍素质、检务保障、技术支持同步提高。执法办案是一种智力劳动，执法人员素质是关键，科技进步是标志，后勤保障是基础。人才兴检、科技强检、提高保障水平是强化人权意识的前提基础。

论刑事附带民事诉讼程序完善

——以有效、平等地保护民事权利为视角

张步洪[*]

2012 年刑事诉讼法在原有法律基础上对刑事附带民事诉讼制度作了充实和修改，从不同的角度强化了刑事犯罪被害人主张权利的制度保障。但是，从根本上实现对刑事犯罪被害人民事权利的有效、公平保护，还需要一系列的具体制度相配套。本文从刑事附带民事诉讼的优势与问题出发，提出进一步完善刑事附带民事诉讼制度的思路。

一、附带民事诉讼的优势与问题分析

司法实践中，犯罪人是否承担了因其犯罪行为导致的侵权责任，是一个重要的量刑情节，刑事责任与民事责任之间存在一定的替代关系。但是，在理论上，刑事、民事、行政三种法律责任相互独立。责任人依法应当向权利人承担民事责任不能被他接受国家惩戒所抵消。一个犯罪行为，往往同时又是一个侵权行为，行为人应当对这一个行为同时承担刑事责任与民事责任。这正是刑事附带民事诉讼制度存在的理论前提。

因犯罪行为引起的侵权责任纠纷，在法律上构成了一个独立、完整的诉，被害方主张民事权利完全可以单独提起诉讼。但是，刑事诉讼与民事诉讼均由同一行为而引起，两个诉具有高度相关性；刑事案件侦查阶段有关涉案信息处于高度保密状态，刑事被害方主张民事权利需要侦查机关获取的证据材料相佐证；合并审理有利于司法机关从刑事、民事两方面全方位衡量案件，节约司法成本，减少当事人讼累，方便诉讼参与人参加诉讼，以及时解决纠纷。虽然在附带民事诉讼中，仍然要坚持"谁主张，谁举证"的证据规则，但事实上，证明被告人有犯罪事实的责任由公诉机关承担，而犯罪事实即侵权事实，这无形中也减轻了刑事犯罪受害方对于侵权事实的举证责任，刑事附带民事诉讼原

---

[*] 最高人民检察院司改办处长，全国检察业务专家，法学博士。

告通常可以把主要精力放在证明自己因被告人的犯罪行为所遭受的损失上。

这样一套看上去完全是为了维护刑事犯罪被害人权利的制度安排，在过去的实践中并没有为权利人提供公平、有效的权利救济。主要表现为：

其一，民事诉讼中的保全措施在刑事附带民事诉讼中缺乏可操作性，为犯罪人及其亲属隐匿转移财产、逃避责任留下了可乘之机。1996年刑事诉讼法第77条第3款规定："人民法院在必要的时候，可以查封或者扣押被告人的财产。"实践中，法院只有等到刑事案件进行到审判阶段才会实质性地办理附带民事诉讼案件。

其二，刑事诉讼法授权检察机关针对损害国家和社会公益的犯罪行为提起附带民事诉讼。长期以来，理论上对于提起刑事附带民事公诉的范围、赔偿标准等也缺乏深入系统的研究。实践中，检察机关并没有把提起刑事附带民事公诉作为一项工作内容来抓。

其三，司法机关为追查犯罪而查封、扣押、冻结的涉案款物（包括赃款、赃物），依法应当予以返还有关权利人。在被害方为两个以上、犯罪人所有财产不足以承担赔偿责任的案件中，是否完全返还、向谁返还，缺乏相应的约束，被害方常常无法得到公平的受偿。

其四，刑事附带民事判决执行难的问题一直存在，直接影响了刑事被害方民事权利的实现。有些刑事被害人因此陷入困境，而一些犯罪人却通过隐匿转移财产为自己将来的生活作好了安排。破解附带民事判决执行难，寄望于缩小赔偿范围不符合公平原则，而鼓励被害方单独提起民事诉讼又是一种不负责任的态度。

2012年刑事诉讼法针对上述问题作出了部分回应。针对刑事附带民事诉讼制度作了以下修改：增加规定，被害人死亡或者丧失行为能力的，被害人的法定代理人、近亲属有权提起附带民事诉讼；明确了法院必要时可依职权或依申请采取保全措施，在原有的查封、扣押措施的基础上，增加了冻结措施；明确附带民事诉讼原告人或者人民检察院可以申请人民法院采取保全措施；明确人民法院审理附带民事诉讼案件，可以进行调解，或者根据物质损失情况作出判决、裁定。这些修改具有一定的现实针对性，但其中的有些内容仍显得过于粗陋，有必要进一步细化。

二、细化附带民事诉讼财产保全程序的思路

为保障法院生效裁判得以执行，民事诉讼法第九章专门规定了财产保全制度，明确法院对于可能因当事人一方的行为或者其他原因，使判决不能执行或者难以执行的案件，可依申请或者依职权裁定采取财产保全措施，包括查封、

扣押、冻结等方法。1996 年刑事诉讼法规定："人民法院在必要的时候，可以查封或者扣押被告人的财产。"2012 年刑事诉讼法明确提出了附带民事诉讼中的保全措施，其中第 100 条规定："人民法院在必要的时候，可以采取保全措施，查封、扣押或者冻结被告人的财产。附带民事诉讼原告人或者人民检察院可以申请人民法院采取保全措施。人民法院采取保全措施，适用民事诉讼法的有关规定。"在民事诉讼法与刑事诉讼法中，对于保全措施的启动程序有着不同的表述。民事诉讼法将依申请作为首选，而 2012 年刑事诉讼法将依职权采取措施作为首选。这也表明，法律要求法院在附带民事诉讼中采取比普通民事诉讼中以更加积极、主动的态度维护被害方的利益。问题是，有些犯罪人的财产本身就具有刑事证据属性，例如国家公职人员拥有巨额财产即可定巨额财产来源不明罪，出于逃避责任的考虑，一旦东窗事发，犯罪人及其亲属为避免人财两空，往往有转移隐匿财产的冲动。而法院依职权作出财产保全裁定，一般要等到刑事案件进行到审判环节，那时，犯罪人亲属转移隐匿的行为已经完毕，裁定采取财产保全措施已经没有太大的意义。为了保障 2012 年刑事诉讼法规定的附带民事诉讼财产保全制度得以落实，建议作以下细化处理：

其一，明确规定转移隐匿犯罪嫌疑人合法财产的法律责任。实践中，有些犯罪人亲属也常通过转移、隐匿犯罪人合法财产来帮助其逃避民法上的义务，或者将履行民事赔偿责任作为换取从轻发落的筹码。[①] 刑法规定了帮助犯罪人隐匿罪证的法律责任，刑事诉讼法要求司法机关在诉讼中对证人等履行相应的告诫义务。但是，对于隐匿犯罪嫌疑人合法财产的法律责任，在附带民事诉讼开始后至多是承担妨害民事诉讼的法律责任，在附带民事诉讼开始前，尚没有相应的法律责任。

其二，明确刑事犯罪受害方申请保全的时间。从实践中暴露中的问题看，采取财产保全措施，关键在于及时。由刑事案件本身的特点所决定，多数被害方并不能在第一时间知悉刑事案件的最新进展，而嫌疑人及其亲属反而先于被害方知悉刑事诉讼的进展情况。如果将申请财产保全的时间限制在侦查行将结束以及后面的诉讼环节，不利于保护被害方的利益。为此，建议明确刑事案件被害方在报案的同时可以向公安机关提交启动时间待定的财产保全申请，待公安机关破获案件后提交法院裁定采取保全措施。

---

① 根据 2000 年《最高人民法院关于刑事附带民事诉讼范围问题的规定》，被告人已经赔偿被害人物质损失的，人民法院可以作为量刑情节予以考虑。犯罪分子非法占有、处置被害人财产而使其遭受物质损失的，人民法院应当依法予以追缴或者责令退赔。被追缴、退赔的情况，人民法院可以作为量刑情节予以考虑。

其三，实行财产保全裁定权与执行权适度分离。根据法律规定，刑事被害方只能向法院申请财产保全，法院对被害人的保全申请进行审查后，作出是否采取保全措施的裁定。刑事诉讼中，如果等案件到了法院审判环节再采取保全措施，往往是已经错失了最佳时机。如果法院在侦查环节裁定采取保全措施，假如法院自行执行保全裁定，又可能与刑事案件侦查活动发生冲突。建议实行保全措施裁定权与执行权适度分离。如果案件正处于侦查、起诉阶段，法院作出财产保全裁定后，通知侦查机关采取措施，也可以自行采取措施。法院自行采取保全措施的，可以要求侦查机关协助执行。

三、推动刑事附带民事公诉制度从文本走向现实

法律平等原则要求司法程序为公益和私益提供平等的法律保护。1979 年刑事诉讼法规定了检察机关提起刑事附带民事公诉的制度。该法第 53 条第 2 款规定："如果是国家财产、集体财产遭受损失的，人民检察院在提起公诉的时候，可以提起附带民事诉讼。"它是维护公益的一种制度安排，也是刑事附带民事诉讼的特殊形式。1996 年、2012 年两次修改刑事诉讼法，有关检察机关提起刑事附带民事公诉的规定都没有变化。但是长期以来，检察机关提起刑事附带民事公诉的案件不多。究其原因，主要有两方面：一是刑事司法机关以追究犯罪为主要工作目标，对于刑事犯罪引起的民事侵权责任问题关注不够。在刑事犯罪侵害国家和社会公益的案件中，是否提起附带民事公诉，完全由检察机关甚至个别检察人员个人决定，缺乏相应的约束督促机制。二是刑事附带民事公诉的范围不够明确。除直接侵犯国家和集体财产权益、破坏公共设施等给国家和社会造成财产损失的犯罪需要提起刑事附带民事公诉之外，其他刑事犯罪哪些需要提起刑事附带民事公诉，理论上需要进一步研究。例如，渎职犯罪造成的公益损害往往特别巨大，即使要求渎职犯罪行为人承担其中一小部分，他们往往也无力负担。

为了使刑事附带民事公诉制度真正落到实处，使它从文本中的法律成为真正意义上的社会规范，建议在起诉范围和责任承担方式的基础上，结合民事诉讼法修订情况，从以下几个方面改革完善刑事附带民事公诉制度：

其一，由法定行政机关、有关社团与检察机关共同拥有刑事附带民事公诉权。民事诉讼法修正案草案二审稿规定："对污染环境、侵害众多消费者合法权益等损害社会公共利益的行为，法律规定的机关和有关社会团体可以向人民法院提起诉讼。"如果民事公益诉讼制度据此确立，法定机关和有关社团将获得民事公诉原告资格。刑事附带民事公诉是民事公益诉讼的一种特殊形式。因此，这样的法律授权可以理解为包括刑事附带民事公益诉讼原告资格。由法定

机关、有关社团和检察机关共同拥有起诉权，有利于克服检察机关都拥有起诉权而不作为的弊病，但也要防止相互推诿扯皮。

其二，实行双公诉人制度。刑事案件公诉人往往擅长运用刑事法而不擅长民事法。这也是附带民事公诉起诉率不高的一个重要原因。同时，检察机关并没有把履行附带民事公诉职责情况作为考核评价公诉工作的一项基本指标。为此，建议明确规定：依法应当提起刑事附带民事公诉的案件，检察机关除依法派员支持刑事公诉之外，由提起附带民事公益诉讼的执法机关、社会团体或检察机关另行派员支持附带民事公益诉讼。

其三，以保障公民行使检举、控告、建议权敦促有关主体行使附带民事公诉起诉权。检察机关提起刑事附带民事公诉，是一种法律上的义务。按照公权力不可放弃的原理，是否应当提起附带民事公诉，检察机关没有裁量权。作为一种公权力，检察机关履行起诉职责的情况应接受社会监督。从这个角度说，刑事诉讼法规定检察机关"可以"提起诉讼是不恰当的。建议将来制定刑事诉讼法有关的司法解释时规定：对于应当提起刑事附带民事公诉的案件，公民可以通过检举、控告等方式建议法定机关、检察机关或者有关社团提起公益诉讼。

四、保障刑事被害方享有公平受偿权

2012 年刑事诉讼法第 139 条规定："在侦查活动中发现的可用以证明犯罪嫌疑人有罪或者无罪的各种财物、文件，应当查封、扣押；与案件无关的财物、文件，不得查封、扣押。"这就是刑事诉讼中对财物的强制措施，由侦查机关依职权自行决定。尽管它旨在查清犯罪事实，掌握犯罪证据，但是，其中的赃款、赃物、犯罪工具等，具有财产属性。这就是实践中所说的"追赃"、"退赃"。刑事诉讼法第 234 条第 3 款、第 4 款规定："人民法院作出的判决，应当对查封、扣押、冻结的财物及其孳息作出处理。人民法院作出的判决生效以后，有关机关应当根据判决对查封、扣押、冻结的财物及其孳息进行处理。对查封、扣押、冻结的赃款赃物及其孳息，除依法返还被害人的以外，一律上缴国库。"从功能来看，将涉案财物返还所有权人或管理人，可以直接修复被侵害的民事关系。从性质来看，返还涉案财物是司法机关的法定义务。与提起民事诉讼相比，追赃、返还措施更加便捷、高效，受害一方无须参与繁杂的诉讼过程即可受偿，无须司法机关就刑事责任问题作出让步。

从理论上讲，民事责任只有在显而易见的情况下，才可以不经过专门的司法判决而适用追赃和返还。实践中，追赃、退赃措施主要用于直接侵犯个体或国家财产权的犯罪案件，在盗窃、诈骗、抢劫、贪污等侵财案件中使用频率较高。而且，虽然法律要求在法院判决生效之后将有关财物及其孳息返还被害方，考虑到保管成本等因素，侦查机关某些案件的侦查环节就开始将涉案财物退还给被害方并制作笔录存卷。同时，侵财犯罪的特点是：犯罪人凭借侵犯一个人的财产权，或凭借一次犯罪，一般无法满足个人私欲。诸如盗窃、抢劫、诈骗等犯罪，相当多的是多次作案，受害者为多人。在犯罪对象为特定物的情况下，司法机关有义务向所有权人或者管理人返还特定物。在犯罪对象为种类物、受害者在两个以上的案件中，司法机关向谁返还、是否全部返还，均缺乏相应的规则约束，缺少当事人的有效参与，主要依靠司法机关自行决定，具有一定的随意性，被害方获得返还的权利缺乏足够的保障。

首先，应当明确在受害者众多的侵财犯罪中，尤其是在犯罪人的财产不足以承担全部民事责任的情况下，犯罪行为的不同受害方享有公平受偿的权利。最高人民法院、最高人民检察院联合出台的《关于办理诈骗刑事案件具体应用法律若干问题的解释》（法释〔2011〕7号）第9条规定："案发后查封、扣押、冻结在案的诈骗财物及其孳息，权属明确的，应当发还被害人；权属不明确的，可按被骗款物占查封、扣押、冻结在案的财物及其孳息总额的比例发还被害人，但已获退赔的应予扣除。"这一规定应当适用于所有被害人为两个以上的涉财犯罪案件。同时，同一犯罪人同时成立侵财犯罪与侵犯人身权利犯罪的案件，个人财产不足以承担民事侵权责任的，应当按照什么顺序受偿，也需要进行深入研究后予以明确。

其次，为保障刑事犯罪被害方享有公平受偿权，刑事诉讼中应适当增加一些刑事被害人参与诉讼的内容。刑事诉讼中，司法的强势常常会淹没刑事犯罪被害方的合法权利和诉求。侦查环节，为保障侦查活动顺利进行，有关案件事实处于高度保密状态，被害方无从知悉侦查机关查封、扣押、冻结了嫌疑人、被告人的哪些财产。甚至在开庭审理阶段，被害方也得不到开庭审理的通知，因而无从知悉司法机关是否依法公平地处理了涉案财物。为确保各受害方公平地获得受偿，司法机关应当于犯罪人基本犯罪事实查清后，及时向被害方通报查封、扣押、冻结有关财物的情况。法庭审理阶段，应当通知刑事被害方，以便被害方通过庭审了解司法机关查封、扣押、冻结涉案财产的情况。

五、完善刑事附带民事判决执行相关制度

刑事附带民事判决执行难，是长期困扰司法机关的一个突出问题。与刑事和解通过换取刑事从轻处理不同，附带民事判决判令被告人承担民事侵权责任不以减轻被告人刑事责任为条件，被告人及其亲属缺乏履行义务的积极性。从司法实践来看，附带民事判决执行难，与先前保全措施不完善有关，同时也与

犯罪人没有履行能力有关。附带民事判决常常因为被告人没有可供执行的财产而成为一纸空文。为了应对附带民事判决执行难，最高人民法院的司法解释对于刑事附带民事赔偿的范围作了严格限制。尽管如此，仍有相当多的刑事附带民事判决无法执行。有人提出进一步缩小刑事附带民事赔偿的范围。我们认为，司法裁判不仅具有确定权利、义务、责任的功能，而且具有宣示作用。判决被告履行什么样的义务，承担什么责任，是指依法应当履行、承担的义务，是一种法律上的清算，不应当考虑义务人的履行能力因素。但在刑事附带民事公诉判决的执行上，又必须考虑当事人的支付能力。建议从两方面完善刑事附带民事判决执行相关制度：

其一，明确因犯罪发生的侵权之债优先受偿。因犯罪行为而产生的侵权责任，出于行为人的恶意。从这个角度说，刑事附带民事赔偿不仅具有救济性，而且应具有一定的惩罚性。建议将来修订侵权责任法时明确规定，刑事犯罪产生的债权比善意债务的债权人优先受偿。同时，由于犯罪行为给社会、给他人造成的损害巨大，不少犯罪人受到追究后处于资不抵债的状态。对于个人资不抵债的情况，世界上不少国家通过实行个人破产制度，免除破产人的善意债务，同时限制其某些权利和行为，但是不免除其因恶意侵权而引起的债务。个人破产是世界上多数国家普遍实行的制度，它虽然不能直接解决刑事附带民事判决执行难问题，但是，如果确立个人破产制度，犯罪人善意债务可以得到免除，这有利于犯罪人在未来承担附带民事赔偿责任。

其二，适应刑事附带民事判决特点规定较长的执行期限。一些犯罪人因被判刑而失去了人身自由，当时没有财产承担民事责任，可能导致附带民事判决短期内难以得到执行或者履行。为迅速结案，最高人民法院《关于刑事附带民事诉讼范围问题的规定》提出，"人民法院审理附带民事诉讼案件，依法判决后，查明被告人确实没有财产可供执行的，应当裁定中止或者终结执行。"这样的做法常常无法做到案结事了，也不利于维护司法裁判的严肃性。有些犯罪人刑满释放后重新积累起自己的财富，被害方却无法再向他们索赔。为充分保护被害方的利益，可以考虑就刑事附带民事判决的执行作特别规定，像对待追诉时效一样，规定一个比较长的执行时效。被告人确实没有可供执行的财产的，法院应当中止执行而不是终结执行。在未来相当长的一个期限内，被告人刑满释放后重新积累起自己的财产的，被害方仍然有权重启附带民事判决执行程序，要求被告人履行判决确定的侵权赔偿责任。

从刑诉法修改看对查办职务犯罪工作的影响及策应

包　频[*]

当前，基层人民检察院最主要的任务就是贯彻落实新修改的刑事诉讼法（以下简称新刑诉法）。新刑诉法给检察工作既带来了空前的机遇也带来了前所未有的挑战，还带来了空前的影响，这种影响既显现在当前，也会持续一段时期。

一、新刑诉法实施对查办职务犯罪工作的影响

新刑诉法的修改完善，给查办职务犯罪工作带来了影响，主要体现在对律师及其犯罪嫌疑人的权利保护方面。从积极意义上说，它推动了中国民主法制建设的进程，是新的历史时期法制建设史上立法与司法成功经验的积累和总结，创新与发展。从消极意义上说，由于新刑诉法全文较大范围的修改，已经突破1996年刑诉法的诸多规定，远远超出了检察机关以往查办职务犯罪的工作习惯和心理常态。主要是新刑诉法对辩护制度进行的修改，新的人权保障权利扩充力影响较大，与大背景下的人们广泛崇尚、信仰和遵守法律的意识有一定的距离，与部分执法者职业修养，自我担当的勇气不足形成一种反差，与当前职务犯罪成因、特点、条件不能有完好的照应关系，已经在工作中显现出一种两难的境遇。相形之下，律师法修改至今，律师权利在一定范围的扩张，检察机关侦查权利在一定范围的缩小和受限，查办职务犯罪侦查工作的质量提高，但效率有所降低。其不利影响表现在六个方面：一是对查办职务犯罪初查阶段的影响；二是对查办职务犯罪立案阶段的影响；三是对查办职务犯罪公诉阶段的影响；四是对查办职务犯罪嫌疑人被羁押期间的影响；五是对查办职务犯罪律师阅卷的影响；六是对查办职务犯罪逮捕条件的影响。

---

[*]　河北省唐山市开平区人民检察院检察长。

1. 新刑诉法对查办职务犯罪初查阶段的影响

检察机关查办职务犯罪案件，都必然首先进入初查环节。所谓初查，就是指人民检察院在接到举报或控告、或交办或自首的案件线索后，依法进行的立案前调查活动并按照管理范围，责成专人进行的审查工作。也称为立案前排查。主要通过审查举报内容、调查被举报人相关信息来完成，然后决定是否立案。初查阶段所查的内容包括对象的确定性，案件性质和内容的针对性，初查活动的秘密性。在新刑诉实施后保证这"三性"难度明显增加。

首先是初查对象的确定性。职务犯罪案件一般都是根据被举报的人，查找被举报的问题。过去，初查对象的确定往往是通过检察机关充分地行使侦查权利来保证办案人完成初查工作，是直接关系能否立案的重要保证。而伴随新刑诉的修改、宣传、学习，有些"特定人员"在检察机关还没有把他们作为犯罪嫌疑人时就已经意识到自己的行为可能触犯法律被追究刑事责任，便开始研究并运用新刑诉法中的有利条款来保护自己，在被确定为犯罪嫌疑人时心理准备增强，从旧法向新法转变的意识和速度比执法办案人员要更为迅速、更为直接。往往在"秋风乍起时"就会寻求律师"辩护权"为自己规避追责掩盖罪行，为自己逃避打击赢得主动权。侦查人员很少能够赢得初查的准确性。其次是案件性质和内容的针对性。案件性质和内容的针对性取决于举报内容情况的准确性，而很多举报一般不是第一证人或直接证人，有的是"道听途说"、"一知半解"，检察机关却无法甄别真假和轻重，必须通过分析排查筛定，即使进行评估也可能会出现"查虚避实"这样的问题，待办案人员发现时，犯罪嫌疑人早已把自己的犯罪事实掩盖或逆转。再次是初查活动的秘密性。随着信息社会的迅猛发展，人与人联系快捷和广泛密集化，"秘密"往往不胫而走。例如，在办理一起渎职侵权案件时，办案人员制定了"先查外、后查内"的初查方案，以最大限度地保证初查内容不被泄露，防止犯罪嫌疑人逃避和干扰初查。但是，在第一次接触犯罪嫌疑人时，嫌疑人对检察机关调查了解的情况非常清楚，为自己无罪提供了证明材料。于是，院领导紧急召开会议，查明原因，考虑是否办案人员有失密的问题。几经调查得知，在域外被调查取证的一名证人，竟然是该犯罪嫌疑人的表叔，这不仅使得案件秘密被泄露，还使得办案进程受阻。

2. 新刑诉法对查办职务犯罪立案阶段的影响

新刑诉法第33条规定：犯罪嫌疑人自被侦查机关第一次讯问或者采取强制措施之日起，有权委托辩护人；在侦查期间，只能委托律师作为辩护人。立案后律师在犯罪嫌疑人第一次讯问和采取强制措施之日起就可以会见，而这种会见是不能被限定范围限定在一定条件下的会见，这样犯罪嫌疑人就可通过律师了解到初查的情况和立案的事实情况。由此，律师提供的帮助会在犯罪嫌疑人心理上形成对抗意识。当前，表现比较突出的有两点：立案前后始终坚守"零口供"，"供——翻——供"反复，这种心理耐力既干扰办案人员的判断力，也耗损办案时间，可一直持续到起诉阶段。

3. 新刑诉法对查办职务犯罪公诉阶段的影响

辩护制度是刑事诉讼法程序中保障犯罪嫌疑人、被告人依法行使辩护权的重要制度。修改的重点是完善了辩护人在刑事诉讼中的法律地位和作用。而辩护律师能够在法庭上使用自主取证的规定，即成为其积极收集到更多有利于犯罪嫌疑人、被告人的证据的动力。有的证据是侦查人员无法取到的，有的是在侦查人员还没有作为主要证据来考虑的，或者是还没有来得及固定的证据。律师当庭提交检察机关还没有掌握的证据，必然引起法庭上法官的注意或采信或审理中断，这无疑就造成了公诉证据的被动性。有的犯罪嫌疑人对办案人员当庭采取人身攻击，语言"刺激"激怒诱使办案人员失去控制，以造成负面影响。还有的在起诉阶段，犯罪嫌疑人当庭要赖，装病"合理"拒绝出庭；故弄伎俩，说办案人员丢失×××书证等问题；这些种种"法庭现象"，造成办案人员尴尬难堪。有时也会引起不明真相的旁听人员的质疑，办案人员也难以当庭为"自己证明"原委。

证据制度是刑事诉讼的基本制度，对于保证案件质量，正确定罪量刑具有关键作用。为从制度上进一步遏制刑讯逼供和其他非法收集证据的行为，维护司法公正和刑事诉讼参与人的合法权利，新刑诉法"不得强迫任何人证实自己有罪"的规定，是法庭上公诉人员执法习惯不好调整和转变的观念，而律师无论是过去还是今后，无论是主观上还是客观上，始终围绕嫌疑人无罪或最轻进行辩护的，否则就违背了律师的职业要求。这样控辩双方的证据就出现以客观性、全面性对避害性、伪辩性。2012年6月，我院办理了一起医院医管人员受贿案。犯罪嫌疑人在5年前犯同一类罪，具有较强的反侦查和自我保护能力，采取行贿不亲自送钱的办法，给处方医生贿赂。在所有证据都指向同一犯罪嫌疑人时，犯罪嫌疑人仍坚守"零口供"拒不承认自己指使人送款，也不交代送款人是谁，由于发案前便精心设计，采取单线联系的方法，故处方医生也不认识送款人是谁，加之受贿罪"取证难"的境遇，一度使案件陷入僵局，而这种情形在办案过程中并不鲜见。

4. 新刑诉法在查办职务犯罪嫌疑人被羁押期间的影响

新刑诉法第37条规定：辩护律师可以同在押的犯罪嫌疑人、被告人会见和通信。其他辩护人经人民法院、人民检察院许可，也可以同在押的犯罪嫌疑人、被告人会见和通信。从积极意义上说，律师可以单独会见嫌疑人，这一规定进一步明确了律师在刑事诉讼中的法律地位，有利于更好地发挥律师的作用，但不可当然地排除对律师职业道德的大考。一是律师的辩护权利是以法律的形式和法律的程序授予的，即特殊权利。所行使的辩护权代表法律的尊严，辩护权一旦被"市场商业化"运作，就会背离宪法的精神实质。相形之下，检察工作纪律规定：不能一人询（讯）问、会见犯罪嫌疑人。这种从设计层面不对等的条件，可以使检察办案人员由工作的前主动陷于后被动。二是新刑诉法亦有法律设置的缝隙存在。"辩护律师持律师执业证书、律师事务所证明和委托书或者法律援助公函要求会见在押的犯罪嫌疑人、被告人的，看守所应当及时安排会见，最迟不得超过四十八小时。"这一规定没有设定检察机关对律师身份的真实性的核实程序，新刑诉法规定了检察机关办理自侦案件管辖权，而律师没有辩护管辖的限制，在无须检察院或法院的批准的情况下，律师直接到看守所会见犯罪嫌疑人，看守所既不了解案件，又无法核实律师身份的真实性，遇重特大案件时有较大被欺诈的风险。

5. 新刑诉法对查办职务犯罪律师阅卷的影响

新刑诉法第38条规定：辩护律师自人民检察院对案件审查起诉之日起，可以查阅、摘抄、复制本案的案卷材料。其他辩护人经人民法院、人民检察院许可，也可以查阅、摘抄、复制上述材料。阅卷权的提起使职务犯罪案件公诉工作的难度增加，反过来有影响职务犯罪案件侦查。律师法也规定为受委托的案件自审查起诉之日起，有权查阅、摘抄和复制到案件有关的诉讼文书及案卷材料。从有选择性的诉讼文件、技术性鉴定材料到案件有关的诉讼文书及所有案卷材料，都表明了律师在案件审查起诉后阅卷权的扩张。证据是整个案件诉讼的核心，犯罪事实是用证据证明的事实，原有办案人员采集的第一次证据信息应当是客观性较强的证据信息。第一次证据信息被律师的介入冲击之后，其言词证据最容易和可能被冲击瓦解。因为，言词证据可以重新收集，律师重新收集的言词证据信息，是伴随专攻"软肋"的侧攻和防守性的证据，足以导致案件事实发生实质性变化，这使查办职务犯罪案件一开始就为侦查、起诉、审判等各个阶段增加了难度。

6. 新刑诉法对查办职务犯罪逮捕条件的影响

新刑诉法第79条规定逮捕适用条件的五种情形：（一）可能实施新的犯罪的；（二）有危害国家安全、公共安全或者社会秩序的现实危险的；（三）可能毁灭、伪造证据，干扰证人作证或者串供的；（四）可能对被害人、举报人、控告人实施打击报覆的；（五）企图自杀或者逃跑的。在具体工作中，一般认为具备其中条件之一的，就认为是有社会危害性，应当予以逮捕。但"可能实施新的犯罪"又为查办职务犯罪案件不易把握，主要是职务犯罪案件往往不会有实施新的犯罪的可能，但较之一般刑事犯罪更有掩盖罪行、串供、毁灭证据的可能性，有用逮捕这一强制措施保证侦查、诉判的必要性。新刑诉法第95条规定："犯罪嫌疑人、被告人及其法定代理人、近亲属或者辩护人有权申请变更强制措施。人民法院、人民检察院和公安机关收到申请后，应当在三日以内作出决定；不同意变更强制措施的，应当告知申请人，并说明不同意的理由。"这是立法机关在坚持贯彻宽严相济的刑事政策，惩罚犯罪和保障人权并重，既注意及时、准确地惩罚犯罪，维护公民、社会和国家利益，又注意对刑事诉讼参与人包括犯罪嫌疑人、被告人合法权利的维护。此条款在今后办理职务犯罪案件中，会当然地成为犯罪嫌疑人及其家属一方给检察机关提出的主要诉求，也是诉讼争议的主要矛盾。如果在犯罪嫌疑人一方提出后，即由捕变更为其他措施，那么后续的侦查无法顺利进行，还可能会在共同犯罪中串供、订立攻守同盟；如果不同意变更犯罪嫌疑人，一方就会以不执行法律规定为由上访、闹访、缠访，这会对检察机关的公正性带来负面影响。

二、新刑诉法实施后职务犯罪侦查工作的策应点

新刑诉法规定一系列尊重和保障人权的规定在多章中有所体现，既是宪法原则，也是社会主义制度的本质要求。检察工作实践中必须统筹处理好惩罚犯罪与保障人权的关系。既要有利于保证准确及时地查明犯罪事实、正确应用法律、惩罚犯罪分子，又要保障无罪的人不受刑事追究。检察机关办案人员必须有充分的思想准备，悉心理解把握适用上的问题，优先策应问题的重点，使其彰显现代先进的执法理念和执法思想、执法原则。

1. 加强新法学习，领会精神实质，做到主动融合

新刑诉法的颁布实施，对全体检察人员来说都是一项全新的学习任务，必须把加强新法学习，领会精神实质当作一项重大任务来抓，把提高办案能力摆到重要位置，要建立党组中心组和检委会集体学习计划，检察人员个人自学、集中培训、调查研究，大力营造学习氛围，推动新法学习的制度化和规范化。

在新刑诉法的学习过程中，全体检察人员要紧紧围绕党和国家工作大局，以求实的精神，开拓创新的勇气，锲而不舍地探索新经验、新模式、新成果，形成理论与实践的主动融合。要建立学习奖励资金，加强与周边地区学习交流检务合作，主动邀请专家学者辅导，为办案人员排忧解惑。

2. 转变执法理念，克服对峙心理，做到主动接轨

在长期的职务犯罪侦查过程中，"国家本位"和"权力本位"的观念较多反映为对律师介入侦查的抵抗和排斥，尤其是在律师介入复杂、疑难职务犯罪案件侦查的情况下，这种抵制和排斥更为强烈。新刑诉法规定：律师凭"三

证"（律师执业证、律师事务所证明和委托书或者法律援助函）就获得了"三权"（会见权、调查取证权、阅卷权），这要求职务犯罪侦查人员必须抛弃"国家本位"和"权利本位"的旧观念，转变执法理念，克服以"传统对峙新观"的心理，实践上主动与新法接轨。

检察机关在履行职务犯罪侦查职权过程中，应当树立权利制约观念，自觉接受犯罪嫌疑人及其辩护律师对侦查权行使的监督和制约。充分认识权利对抗的本意是国家上善之意，民本大义。基于职务犯罪侦查特点、实践中必将出现新情况、新问题，同时也会发现新办法、新途径。对此，检察机关办案人员必须把过去工作习惯和常态心理置换出来，以"一变应多变"。

3. 发现新规律，探索新模式，做到主动为赢

"凡事预则立，不预则废"，职务犯罪侦查一体化机制，是检察机关查办职务犯罪侦查工作成功经验的总结，也是同职务犯罪作斗争的有效手段，是排除办案干扰和阻力的有效方法。有效运用职务犯罪侦查一体化机制，在查办职务犯罪工作中要做到三个主动：一是基层院要主动争取上级检察机关的组织指挥与协调，做到在战略上部署周密和靠前指挥。二是在侦查阶段要集中最优势兵力和技术设备打歼灭战，做到在战术上出奇兵、出奇招。三是要敢于和乐于与律师交朋友，主动在具体案件中共同学习法律，提高执法能力水平，做到"庭上是对手，庭下是朋友"。

4. 深入一线，躬身实践，做到主动示范

以往办案是领导批办、干警办案、集体把关的工作模式。现在正是新旧刑诉法交替时期，检察长、主管检察长应当深入一线、躬身实践、主动示范。一是现在全员思想认识不够统一，理论和实践还不好把握，做法经验不足。基于此领导工作的重心要下移，要在新刑诉实施之始，尤其在初查案件时，领导就应个位前移，引导办案人员探索初查的方式方法，提高初查工作的策应能力、技术能力、证据能力。二是切实转变重侦查轻初查的思想，注意摒弃"口供优先"、依靠"言词"证据立诉判的传统习惯。三是在侦查重点上应更加重视首次讯问，讯问是成功突破案件的关键，侦查人员要减少对口供的习惯依赖，不断提高收集、固定全面证据的能力和水平。

新刑诉法的实施要遇到很多不曾预见和估计到的具体问题，基层院要勇于实践、大胆探索，认真总结新经验，做好经典案例的收集整理，并注重开展工作交流，积极主动消除新刑诉法的实施给查办职务犯罪工作带来的不利影响，为新刑诉法顺利法过渡实施创造更加积极有利的条件。

二、证据制度的完善及新要求

论公诉证明标准的修正及其内涵

贺恒扬*

公诉证明标准是关乎公诉工作全局的重大问题。修订后的刑事诉讼法将"确实、充分"的证明标准细化为三个方面：定罪量刑的事实都有证据证明；据以定案的证据均经法定程序查证属实；综合全案证据，对所认定事实已排除合理怀疑。准确地理解和把握这一证明标准，对公诉证明活动乃至整个公诉工作格局都将产生长久、深远的影响。在修订后的刑事诉讼法即将实施之际，有必要对公诉证明标准问题进行整体的审视和思考。

一、公诉证明标准的修正

公诉证明标准是一个争议不断的论题，争议的焦点主要有两个：一是提起公诉的证明标准是否应等同于法院定罪标准；二是公诉证明标准究竟是客观标准还是主观认知标准。笔者个人认为，公诉证明标准的核心是有罪认定，基本诉求是有罪判决，因此，必须与法院定罪标准保持一致。在坚持证明标准一致性的前提下，为便于在司法实践中操作，有必要引入主观认知标准，对现有的证明标准进行修正，确立证据"确实、充分，确信、无疑"的公诉证明标准。① 其中，"确实、充分"是针对证据本身而言，是对证据的客观性要求；"确信、无疑"是对司法人员主观认知活动的规范性要求。确定这一证明标准的主要依据有以下四点：

（一）符合主客观相一致的原则

公诉证明过程是一个主观不断认识客观、反映客观的过程。"确实、充

---

* 河南省人民检察院副检察长，首批全国检察业务专家，河南省法学会诉讼法学研究会会长。

① 之所以未将事实清楚作为证明标准的内容，是因为在刑事诉讼中无证据即无事实，事实清楚实际上是证据"确实、充分，确信、无疑"的同义语或者证明状态。为防止不以证据为基础的盖然性、揣测性判断，真正落实证据裁判原则，不宜将事实清楚作为证明标准的内容。

分"是证据的客观状态，但如果不通过司法主体的认知和判断，这种客观状态并不能自动转化为认定案件事实的证明结论。而主观虽然能够认识和反映客观，但并不一定总能准确、真实地反映客观。只有遵循认识规律，才能准确地表达和反映客观，否则，就会背离和扭曲客观。仅仅将公诉证明标准确定为证据"确实、充分"，等于忽视了证明活动的主观性，忽略了主观认识规律，使司法主体的心证过程处于放任自流的无规制状态。也就是理论上所讲的"超自由心证"状态。为确保主观能够准确地反映客观，对公诉证明标准既要作出证据"确实、充分"的客观性规定，又要充分尊重认识规律，做到心证时的"确信、无疑"，从而确保主客观相统一。

（二）有利于实现"法律真实"与"客观真实"的有机统一

过于强调"客观真实"容易导致为发现真相而不择手段，常常以牺牲合法性和侵犯当事人权益为代价；而仅仅满足于"法律真实"，又不利于最大限度地发现事实真相，往往以牺牲客观性和放纵犯罪为代价。但毋庸置疑的是，无论是"客观真实"还是"法律真实"都是证明活动的结果。因此，解决问题的关键不仅在于价值冲突的调和，更在于从操作层面设置一个科学的证明标准和证明规则，使两者取长补短、尽量趋同。在证据"确实、充分，确信、无疑"这一证明标准中，"确实、充分"强调的是客观真实，是一个应然性要求，是我们努力实现的最佳状态，以此为目标，有利于证明主体穷尽合法手段，尽可能地发现真相；而"确信、无疑"强调的是"法律真实"，是一种实然状态，在已有证据的基础上，允许按照经验和逻辑规则进行合理推断，从而排除证据矛盾，弥合因时空变化、信息耗散产生的事实裂隙，达到"真诚确信，没有合理怀疑"的程度，在"法律真实"的基础上最大限度地实现"客观真实"，进而实现两者的有机统一。

（三）符合思维和认知规律

人类的认知过程一般包括以下三个阶段：一是认识，即通过感官获取信息；二是分析，即对获取的信息进行加工整理；三是判断，即根据加工整理过的信息进行推理形成结论。这是一个从客观到主观，再由主观反映客观、表达客观的过程。证明活动作为人的认知活动同样要遵循这一规律。证明活动从认识证据、获取证据信息开始，这是一个从客观证据材料到形成主观印象的过程。在获取全部案件证据信息后，大脑开始按照思维规律进行整理、对比和分析，进而通过推理得出结论，这是一个主观反映客观、表达客观的过程。因此，要得出正确的证明结论，首先在客观上要有"确实、充分"的证据，作为思维活动的原始素材；再经过分析、推理得出结论，看能否达到"确信、无疑"的状态。在客观上证据"确实、充分"的案件，我们内心也应当是

"真诚确信，没有合理怀疑"的。如果不能确信、仍有合理疑点，则不能认为证据确实、充分。

（四）吸收了两大法系的诉讼文明成果

"确信、无疑"中的"确信"来源于大陆法系的"内心确信"，"无疑"来源于英美法系的"排除合理怀疑"。在大陆法系国家，证明标准是通过自由心证形成的"内心确信"。① "内心确信"是一种正向思维方式，优点是有利于从整体上认识和把握证据，不足是缺乏反向思维的推敲和验证。在英美法系国家，证明标准是"排除合理怀疑"。这是一种反向思维方式，优点是有利于发现无罪理由，不足是不利于从整体上把握案件。尽管两大法系对证明标准的表述有差异，但却彼此依存、相互补充。"确信、无疑"的标准，吸收了两者的合理之处，综合运用正反两种思维，在对事实和证据进行全面审查判断的基础上，又经过排他性的处理。因而，所得出的结论应当是合法、唯一、真实的。

二、证据"确实、充分，确信、无疑"的整体含义

（一）如何理解证据"确实"

"确实"主要是对单个证据的要求，只有"确实"的证据才能作为定案根据。新刑事诉讼法规定的"每一个定案的证据均已经法定程序查证属实"，讲的就是证据"确实"的问题。正确理解证据"确实"关键在于把握以下三点：

1. 真实性。"确实"的证据必须真实。首先，证据来源必须可靠，来源不清的证据不具有证据资格，不能作为定案根据；其次，证据内容必须真实，必须符合情理，符合事物发生、发展和变化的一般规律。

2. 合法性。"确实"的证据必须合法。合法性既是保障人权的需要，也是确保证据真实的必然要求。很多法律条款不仅是行为规范也是技术规范，具有科学性，比如《关于办理死刑案件审查判断证据若干问题的规定》列举的不能作为定案根据的 9 种鉴定意见和 5 种辨认结果，其本身就是技术性规范，如果违反，不仅不合法，真实性也无法保证。

3. 可采性。"确实"的证据必须可采。这里的可采性与英美法的证据可采性有所不同。所谓"可采性"也就是我们常说的采纳和采信。采纳，即证据是否纳入诉讼程序，主要是对证据资格的认定；采信，即证据是否可信，主要是对证明力的判断。《关于办理死刑案件审查判断证据若干问题的规定》第32

---

① 如法国现行《刑事诉讼法》第261条规定："对证据调查的结果，由法官根据他在审理过程中建立起来的内心确信而决定。"

条规定："对证据的证明力，应当结合案件的具体情况，从各证据与待证事实的关联程度、各证据之间的联系等方面进行审查判断。证据之间具有内在联系，共同指向同一待证事实，且能合理排除矛盾的，才能作为定案的根据。"这说明，有证据资格的证据还必须经过关联性审查，判断其证明力，否则不能作为定案的根据。

（二）如何理解证据"充分"

证据"充分"不仅是量的要求，更是一个证明程度的要求。认定证据"充分"必须同时符合以下"三性"：

1. 一致性。证据体系的目标必须具有指向上的一致性，依据的直接证据之间不能矛盾，直接证据与间接证据之间证明方向不能相反，证据与案件事实之间不能冲突，定案证据与案件发生、发展的过程和结果必须一致。

2. 唯一性。证明结论必须是唯一的、排除其他可能性的。只有对待证事实的证明不存在其他可能性时，才能认为现有证据"足以"证明待证事实，才能认定证据达到了"充分"的程度。

3. 经验和逻辑规则的符合性。证据"充分"是证明结果与证明过程的统一，证据"充分"不仅要求证明结果具有唯一性和排他性，还要求根据证据认定案件事实的过程，符合经验和逻辑规则。首先，根据证据认定案件事实必须符合常识。对事实的判断大多属于常识判断，必须遵循经验法则。司法人员首先要按照社会一般人的眼光审视证据，看有没有违背常理之处，再用专业知识进行判定。否则，看似逻辑严密的证明过程，往往得出荒谬的结论。其次，运用推定认定事实必须符合逻辑。根据法律规定和一般认知可推定证明的事实，或者根据现有事实和证据，必然能够得出另一个事实存在的，就不需要直接用证据证明。但推定必须符合逻辑，否则就会得出错误的结论。

（三）如何理解"确信、无疑"

"确信"与"无疑"是同一判断的表里关系，是一个标准的两个方面，两者紧密相连、有机统一。达到"确信"程度的案件，不应存在合理怀疑，换言之，如果存在合理怀疑则不能形成内心确信。理解"确信、无疑"关键在于把握以下五点：

1. "确信"的前提是全面掌握案件证据。建立内心确信首先应当进行正向求证，进行正向求证必须全面掌握案件证据，包括不同种类的证据、相同种类的各份证据以及针对同一待证事项在不同时期、不同条件下形成的证据。如果大量证据信息没有进入司法人员的视野，进行正向求证的前提条件就不充分，得出的结论也就不可靠，随之进行的反向推敲也就没有了意义。

2. "确信"的关键是进行印证性分析。案件事实的形成，是证据互相印证的结果。在现代刑事诉讼中，"心证"不是一个单纯判断和信赖某一证据，进而形成内心确信的过程。建立内心确信的过程，本质上是一个把握证据之间印证关系的过程，必须有不同角度且证明方向一致的证据互相印证，待证事实才能转化为定案事实，我们的内心确信也才能形成。

3. "确信"的结论要经得起反证检验。公诉证明不同于数学证明，即便经过印证性分析，也未必能够直接从正面得到绝对肯定、准确的结论。甚至在很多时候，通过正向求解难以得出结论。比如，在缺乏直接证据的情况下，通过间接证据定案，就要运用排除和反证。为确保证明结论的准确，正面求证的结论必须经得起反证的推敲和检验。这也正是内心确信和排除合理怀疑的结合点。

4. "无疑"中的"疑"要合理。排除合理怀疑重在强调怀疑的合理性。"排除合理怀疑"，并非要求排除一切可能的怀疑，所谓合理怀疑是指一个普通的理性人凭借日常生活经验，对犯罪嫌疑人、被告人的犯罪事实明智而审慎地怀疑。这种怀疑必须能够说出理由、摆出道理、经得起论证，而不是无故质疑、吹毛求疵的猜疑。认定"合理怀疑"应同时符合以下四个条件：第一，必须是针对指控罪行的怀疑；第二，必须是基于经验、符合情理、有理由的怀疑①；第三，必须是对全案证据综合比较之后形成的怀疑；第四，怀疑的内容一旦成立或无法排除，必须能够否定或动摇证明结论。

5. "无疑"中的"无"要符合反证规则。"无疑"包括两种情形：一是客观上不存在合理怀疑；二是提出的合理怀疑能够有效排除。第二种情形中的"无"指的就是对合理怀疑的"排除"，其哲学基础是辩证法的"否定之否定"律，具体方法是逻辑学中的反证法，属于间接证明。反证法有一个基本公式：否定→得出矛盾→再否定（否定之否定）。合理怀疑是对证明结论的否定，综合全案证据对合理怀疑进行排除，是对合理怀疑的否定，从而再次肯定了原证明结论。即：提出合理怀疑→否定合理怀疑→肯定原证明结论。当然，也可能是相反的结果：提出合理怀疑→无法排除合理怀疑→否定原证明结论。

从最后的证明状态看，"排除合理怀疑"必须是综合全案证据使司法人员排除了任何可以解释的合理怀疑，在内心形成贴近必然的高度确信。

---

① 合理怀疑并不要求必须有证据基础，能够依据逻辑和经验规则指出证据矛盾和疑点即可。

公诉案件举证责任对策研究

曾　天* 白　岩**

2012 年 3 月 14 日，十一届全国人大五次会议通过的《关于修改〈中华人民共和国刑事诉讼法〉的决定》对我国刑事诉讼制度作出了重大修改、调整，其中，主要亮点之一就是对于证据制度的修改、完善。新刑事诉讼法首次以国家立法的形式明确了检察机关在刑事公诉案件中的举证责任，这对于检察机关准确把握在刑事诉讼中的定位，履行诉讼职责具有重要的意义，笔者拟对公诉案件举证责任的相关问题进行研究。

一、刑事诉讼举证责任的内涵

所谓刑事诉讼举证责任，是指刑事诉讼中对自己的控诉主张提供证据并予以证明的责任。当案情最终真伪不明时，负有举证责任的一方须承担不利的法律后果。

按照古罗马法中"谁主张，谁举证"的举证规则，刑事诉讼中的举证责任通常是由控诉方承担。但是，在不同的诉讼制度下，举证责任的承担又有所不同。在控诉主义诉讼制度下，国家未设立执行控诉职能的专门机关，诉讼由私人提起，举证责任由控诉一方承担，被告人只有在反驳控诉，提出自己的主张时才负举证责任；在纠问式诉讼制度下，审判官集控诉、审判职权于一身，在诉讼中实行残酷的刑讯逼供。在这种诉讼制度下，不仅控告方负有举证责任，被告方更负有举证责任，被告人需用自己的筋骨和肌肉来证明自己的清白；在现代刑事诉讼制度下，举证责任的承担又因英美法系和大陆法系的划分而有所不同。英美法系国家奉行的是当事人主义，证明责任包括提供证据的责任和说服责任。提供证据的责任又称推进诉讼的责任，是指在诉讼中当事人提供证据，说服法官将案件递交陪审团的责任，或者提出某项证据使一问题成为

---

　* 国家检察官学院吉林分院院长，全国检察业务专家，全国优秀公诉人。

　** 国家检察官学院吉林分院副教授。

争议点的责任，这是一种诉讼双方都应当承担的证明责任。说服责任，是指由提出诉讼主张的一方当事人提供证据说服陪审团或法官裁判己方主张为真的责任。大陆法系国家则将证明责任区分为主观证明责任和客观证明责任。主观证明责任，是指当事人负有以自己之举证活动证明系争事实从而推动诉讼继续进行下去的责任。客观证明责任，是指在审判中当待证事实至审理最后时仍然无法确定或未经证明时的法律效果问题，即系争事实真伪不明时的不利后果由谁承担的责任。

新中国成立以来，受前苏联举证责任理论的影响，我国在相当长的一段时间一直以"提供证据的责任"来定义举证责任。[①] 1979 年刑诉法没有对举证责任作出明确规定，导致了诉讼理论研究和司法实践中对举证责任的认识不一致，有的学者甚至认为人民法院也应当是举证责任的主体，违背了诉讼的基本原理，影响了诉讼的顺利进行。1996 年刑诉法在举证责任的分配上迈出了可喜的一步，尽管其在立法上没有明确刑事诉讼举证责任的分配，但在第 12 条规定了"未经人民法院依法判决，对任何人都不得确定有罪"的原则，根据这一原则，证明被告人犯有指控罪行的责任只能由控方承担。2012 年刑诉法（以下简称新刑诉法）在立法上对举证责任作出了明确规定，体现了无罪推定的精神和"谁主张，谁举证"的诉讼原则。新刑诉法第 49 条规定，"公诉案件中被告人有罪的举证责任由人民检察院承担，自诉案件中被告人有罪的举证责任由自诉人承担"，将诉讼的一般规则纳入到立法的范畴。

笔者认为，基于我国的司法实践中对举证责任长期概念不清的问题，应当对我国刑事诉讼中的举证责任的含义作出界定，举证责任应包含两方面内容：

一是举证责任是一种法律规定的义务责任。即负有举证责任的诉讼主体提出证据证明所主张的控诉的责任，也称为提证责任。

二是在举证责任不履行或未能充分履行，达不到法律规定的证明要求时，负有举证责任的诉讼主体要承担其提出的证据或主张不被认定，不能依其主张裁判的不利后果，也称为后果责任。

在理解举证责任的含义时，我们要注意将举证责任与举证权利加以区分。在刑事诉讼中，控辩双方都会充分举证，向法庭提出证据证明自己的诉讼主张。尤其是被告人及其辩护人，为了反驳控方的指控，更是会积极进行举证。但是，被告人及其辩护人的举证行为与控方举证的行为性质是不同的，不应理解为是对举证责任的承担，而是诉讼权利的行使。新刑事诉讼法第 11 条中明

[①] 陈光中主编：《中华人民共和国刑事诉讼法修改条文释义与点评》，人民法院出版社 2012 年版，第 53 页。

确规定"被告人有权获得辩护";第 14 条更进一步规定"人民法院、人民检察院和公安机关应当保障犯罪嫌疑人、被告人和其他诉讼参与人依法享有的辩护权和其他诉讼权利"。被告人及其辩护人在法庭上的举证行为正是其充分行使辩护权的重要体现。权利与责任是不同的,即使被告人及其辩护人没有提出新的证据进行举证,也并不导致不利结果的承担,只有承担举证责任的控方充分举证,达到了刑事诉讼的证明标准才能得到人民法院的认可,对被告人予以刑罚处罚。

举证责任也不同于证明责任。在我国法学界,对刑事诉讼中的举证责任与证明责任的概念、内涵长期以来存在很大的争议,众多学者都从不同角度对此问题进行了论述。笔者认为,这两个概念是既相互联系又相互区别的。证明责任是侦查机关、检察机关和审判机关在刑事诉讼中收集、审查判断证据,运用证据证明案件事实的责任。它不同于举证责任仅限于审判阶段,而是在整个刑事诉讼之中,是司法机关职责的体现,既是公安司法机关的职权,又是其义务和责任,只适用于公安司法机关而不适用于当事人。检察机关所指派的公诉人在庭审阶段的举证责任主要是以三角形的刑事诉讼结构为基础进行界定的,其与检察机关的证明责任有相同之处,但却并不完全相同,而公安机关和人民法院在庭审中都是不负举证责任的。

二、公诉案件中,检察机关承担举证责任的范畴

刑事起诉按照行使追诉权的主体不同,划分为公诉和自诉两种形式。公诉就是依法享有刑事起诉权的国家专门机关,代表国家和公众向法院起诉,要求审判机关追究被告人的刑事责任。按照刑诉法的规定,人民检察院是我国行使国家公诉权的专门机关。新刑诉法明确规定"公诉案件中被告人有罪的举证责任由人民检察院承担",意味着在刑事公诉案件中,检察机关是举证的主体,受检察机关委派参加刑事诉讼的公诉人,应当在庭审中承担举证责任,通过一系列的诉讼活动完成举证责任。

在传统的刑事诉讼中,检察机关在公诉案件中的举证责任主要是实体责任,通过一系列的举证活动,证明所主张的被告人有罪和应当予以刑罚处罚。随着刑诉法的修改,在保留原有举证内容的同时,又赋予了举证责任以新的内容。具体来说,按照新刑诉法的规定,检察机关在公诉案件中的举证责任包含以下内容:

(一) 实体举证责任

在审判阶段,公诉人承担举证责任,应向法庭提出证据,并证明起诉书中对被告人指控的犯罪事实。按照刑诉法的规定,检察机关公诉人的举证活动主

要包括：公诉人在法庭审理阶段宣读起诉书、发表公诉词，讯问被告人，向法庭出示物证，询问被害人，证人和鉴定人，宣读未到庭的证言笔录、鉴定人的鉴定意见、勘验笔录和其他作为证据的文书，接受质证，并就定罪、量刑的有关事实、证据进行调查、辩论。

1. 提出定罪证据，证明对被告人有罪的指控。这是传统意义上的检察机关举证责任。即公诉人应围绕所指控的罪名，从犯罪构成的四个方面分别提出证据，证明被告人符合犯罪构成的相关要件要求，应当构成相关罪名，以达到指控被告人的的目的。

2. 提出量刑证据，证明对被告人量刑建议主张。随着量刑程序规范化的改革，检察机关在法庭上不仅要对如何认定被告人的行为性质即如何定罪予以证明，还要提出证据证明应当如何对被告人进行量刑。量刑规范化这一司法改革的成果在刑诉法修改过程中得到了立法的认可，新刑诉法第 193 条规定："法庭审理过程中，对与定罪、量刑有关的事实、证据都应当进行调查、辩论。"这就意味着，公诉人在法庭上提出的证据不仅包括定罪证据，也应包括量刑证据，即公诉人应就有关被告人量刑的主张提出证据进行举证，以支持检察机关的量刑建议主张。

（二）程序举证责任

程序举证责任即检察机关对其在法庭上所提出证据的合法性予以证明，不能充分举证就要承担该证据不被法庭认可、予以排除的不利结果的责任。关于程序举证责任，在以往的刑事诉讼立法中没有规定。2010 年 6 月 "两高三部"《关于办理刑事案件排除非法证据若干问题的规定》中首次提出了检察机关公诉人对于审判前供述和证人证言取得合法性的举证责任。新刑诉法对检察机关的程序举证责任进一步作出了明确。其第 57 条第 1 款规定 "在对证据收集的合法性进行法庭调查的过程中，人民检察院应当对证据收集的合法性加以证明"；第 58 条规定 "对于经过法庭审理，确认或者不能排除存在本法第五十四条规定的以非法方法收集证据情形的，对有关证据应当予以排除"。上述法律规定表明，检察机关在刑事诉讼中应当对其在刑事诉讼中提出证据的合法性承担程序举证责任，同样包括提出证据的责任和承担不利后果的结果责任两方面的责任。

三、检察机关承担举证责任的对策分析

通过上述的介绍我们可以看到，随着刑诉法的修订和司法体制改革进程的推进，检察机关在刑事诉讼中的举证责任在不断加重，与之相适应，就要求我们检察机关的公诉工作要相应作出调整，以更加充分地履行举证义务、承担举

证责任。笔者认为，主要应从以下几个方面加强公诉工作：

（一）审查起诉阶段，公诉人应严格按照刑事诉讼原则、规则对证据进行审查

新刑诉法最大的亮点就是将"尊重和保障人权"的内容写入总则之中，同时又确立了"不得强制自证其罪原则"和"非法证据排除规则"、"直接言词规则"等刑事诉讼规则。这一系列刑事诉讼原则、规则的确立，与举证责任理论均有着密切的联系，要求我们在办理公诉案件时必须深刻理解、认真把握相关原则、规则的精神实质，将其内化于心、外践于行，具体体现于公诉工作之中。

尊重和保障人权体现在公诉工作之中，要求我们在承担举证责任时，应当充分保障被告人及其他诉讼参与人充分行使法定的诉讼权利，尤其是对被告人辩护权这一主要诉讼权利的尊重和保护尤为重要。虽然在诉讼结构中，我们检察机关公诉人与被告人是相对立的，但是检察机关同时又是国家的法律监督机关，肩负着法律监督的重任，因此不能为了举证而忽视甚至剥夺被告人的辩护权，公诉人应当充分听取被告人及其辩护人的庭审证据和意见，这也是检察机关客观义务的重要体现。

新刑诉法第50条中明确规定"不得强迫任何人证实自己有罪"，确立了刑事诉讼立法上的"不得强迫自证其罪"原则；第54条第1款规定"采用刑讯逼供等非法方法收集的犯罪嫌疑人、被告人供述和采用暴力、威胁等非法方法收集的证人证言、被害人陈述，应当予以排除。收集物证、书证不符合法定程序，可能严重影响司法公正的，应当予以补正或者作出合理解释；不能补正或者作出合理解释的，对该证据应当予以排除"，确立了刑事诉讼立法上的非法证据排除规则。不得强迫自证其罪原则和非法证据排除规则都是主要针对刑事诉讼过程中出现的刑讯逼供等非法方法收集证据的情况而设立的，法律明确要求对于非法取得的言词证据予以排除。① 因此，检察机关的公诉机关在审查证据时，一定要注意是否有强迫自证其罪、非法取证的情况。长期以来公检法三机关的互相配合、互相制约体现在举证上是配合多于制约，检察机关对于公安机关等侦查机关或侦查部门所收集的证据基本上照单全收，人民法院对检察机关提供的庭审证据也都会予以认定。但是，随着不得强迫自证其罪原则和非法证据排除规则的确立，要求检察机关在审查起诉过程中对非法取得的证据予以调查，言词证据确属非法方式取得的，坚决予以排除，非法取得的实物证据经过查证达到了严重影响司法公正的，也应予以排除，以建立法律规定的证据

---

① 童建明主编：《新刑事诉讼法理解与适用》，中国检察出版社2012年版，第81页。

体系。

（二）审查起诉阶段，公诉人应当加强与侦查机关和侦查部门的沟通

检察机关承担公诉案件举证责任范围的扩大，要求检察机关公诉人应当加强与侦查机关的沟通。虽然检察机关承担举证责任不包括收集证据的责任，但是，公诉人在法庭上举证是以侦查机关或侦查部门的收集证据活动为前提的。侦查机关或侦查部门的工作重点往往是以破案为目标，破案即认为达到了工作要求，对于证据取得的程序合法性等关注不足，导致了在实践中经常会出现诸如笔录上只有侦查人员一人签名，笔录上没有注明讯问、询问的起止时间，没有告知相应的诉讼权利等违反法定程序取证所形成的瑕疵证据。对于这样的瑕疵证据虽然还没有达到刑诉法所规定的作为非法证据必须排除的标准，但是这样的证据如果拿到法庭上，一定会遭到被告人及其辩护人的质疑，也必然会影响公诉人的举证效果。因此，公诉人应当在审查起诉环节对有关瑕疵证据与侦查机关和侦查部门充分沟通，对能够补强的及时补强，不能够补强的请侦查机关或部门及时作出说明。公诉人在法庭上提出量刑建议，也需要举证，这是量刑程序规范化改革中的举证变化，刑诉法修改中也作出了明确规定。因此，公诉人对于法庭上应当提出哪些量刑证据以支持举证，也应当与侦查机关或侦查部门进行沟通，真正实现侦查与公诉的对接，共同完成好刑诉法赋予公安机关和检察机关的职责。

公诉机关在庭审上的举证责任还包括对证据合法性的举证，新刑诉法第57条规定"在对证据收集的合法性进行法庭调查的过程中，人民检察院应当对证据收集的合法性加以证明"，同时为了保证公诉人对证据合法性能充分举证，新刑诉法第57条第2款对侦查人员出庭作证作出了规定，即"现有证据材料不能证明证据收集的合法性的，人民检察院可以提请人民法院通知有关侦查人员或者其他人员出庭说明情况；人民法院可以通知有关侦查人员或者其他人员出庭说明情况。有关侦查人员或者其他人员也可以要求出庭说明情况。经人民法院通知，有关人员应当出庭"。侦查人员出庭作证在《关于办理刑事案件排除非法证据若干问题的规定》中已经有所体现，两年来的司法实践也有实际的案例。从出庭的效果来看，侦查人员出庭就证据的相关问题进行说明，接受控辩双方的质证，，其庭审证言的证明力要比一纸情况说明或办案说明等书面材料大得多，庭审效果也远远好于宣读书面证言的效果，更能够体现司法公正和司法公信力。但是，实践中也暴露出了一些问题，主要是侦查人员庭审经验不足，面对被告人、尤其是辩护律师的质询时有时会出现不知如何应对的情况，有时甚至会被辩护律师诱导，从控方证人不知不觉地成为了辩方证人。因此，公诉人在审查起诉中应当作出预测，对可能会出现要求侦查人员出庭的

— 143 —

情况的，在出庭前与侦查机关或部门充分沟通，对可能出庭的侦查人员进行庭前辅导，帮助他们了解庭审的环节、讯问的角度，掌握对敏感问题的讯问技巧，保证侦查人员出庭效果。

（三）庭审前，公诉人应做好庭前会议准备，积极与审判人员合作和进行信息交流

根据新刑诉法第172条的规定，人民检察院向人民法院提起公诉，应将案卷材料、证据移送人民法院。这意味着新刑诉法改变了1996年刑诉法起诉一本主义的起诉模式，肯定了开庭前审判人员对案卷材料和相关证据的在庭审前的全面了解。同时，为了保证审判的顺利进行，新刑诉法还增设了庭前准备程序。即按照新刑诉法第182条的规定，在开庭以前，审判人员可以召集公诉人、当事人和辩护人、诉讼代理人，对回避、出庭证人名单、非法证据排除等与审判相关的问题，了解情况，听取意见。公诉人应高度重视庭前准备程序，在审判人员召开庭前准备会议时，应积极与审判人员合作，及时将案卷材料、案件证据和出庭证人名单等提供给法庭，征求审判人员对案件认定、证据材料是否完备的意见，对于需要补充完善的证据及相关材料及时补充、完善。同时，公诉人也应通过审判人员了解当事人、辩护人、诉讼代理人的意见，了解辩方对案件及证据材料的意见、辩方拟出庭证人的名单、辩方对控方证据是否提出非法排除的意见、是否提出回避申请等相关信息，在开庭前即掌握法庭上争论的焦点，并及时对辩方在开庭前对证据合法性的质疑作出回应和准备，以提高诉讼效率，保证案件实体审理的顺利进行。

（四）庭审阶段，公诉人举证应注意对刑事证明标准的把握

刑事举证责任与刑事证明标准是紧密相连的两个概念，举证责任是否完成，是否达到法律规定的要求，其衡量的标准就是证明标准，人民检察院履行举证责任必须达到法律规定的证明标准，才有可能说服法院作出被告人有罪的判决，即实现其控诉的最终目的。新刑诉法对刑事证明标准也予以了完善，主要是在原有标准基础上细化了对确实、充分的理解。新刑诉法第53条规定："证据确实、充分，应当符合以下条件：（一）定罪量刑的事实都有证据证明；（二）据以定案的证据均经法定程序查证属实；（三）综合全案证据，对所认定事实已排除合理怀疑。"刑事证明标准的细化，对于我们在实践中把握案件，在庭审上充分举证具有重要的指导意义。公诉人在举证时，对于需要承担举证责任的定罪、量刑和程序性事实几个方面进行证明，既要保证提供给法庭的证据的客观性、真实性，又要保证证据的数量达到充分的程度，能够互相印证，形成完备的刑事证据体系。公诉人在举证时也应当注意对证据的排列、运用，使证据的证明效果达到最大化。

需要注意的是，新刑诉法要求公诉人在履行举证责任时，不仅要对定罪量刑等实体性事实的证明达到确实、充分的程度，而且对证据合法性的证明也要达到确实、充分的程度。这是因为，在刑事诉讼中，证明被告人有罪的责任的控诉方，证明标准需要达到"确实、充分"的程度。控诉方对证据合法性的证明结果对被告人可能产生非常不利的影响，甚至导致法院对被告人作出有罪判决。如果用来指控犯罪的某一证据的合法性达不到证据确实、充分的证明标准，则会影响到全案证据是否达到证据确实、充分的证明要求。① 因此，只有所有用来指控犯罪的证据的合法性之证明达到了证据确实、充分的程度，全案证据对被告人有罪之证明才可能达到证据确实、充分之程度。强调控诉方对证据合法性证明标准与定罪标准的一致，体现了立法者强化程序正义、遏制非法取证的价值追求。当然，公诉人并不需要对所有在法庭提出了证据的合法性均予以证明，按照新刑诉法第56条和第57条的规定，只有在诉讼当事人及其辩护人或代理人以及法院主张或认为某证据系非法取得，对该证据的合法性启动调查程序时，公诉人才有义务对证据的合法性证明到确实、充分的程度。否则，法庭一般会默认公诉人提交的证据是合法取得的证据。

（五）公诉人庭审举证中，应注意维护自身的证明体系，以保证实现公诉目的

公诉人在法庭上举证时，会向法庭提出一套完备的证据体系，这是公诉人对其所掌握证据进行梳理、运用的结果，也是检察机关承担举证责任的必然要求。通常情况下，作为诉讼相对方的被告人及其辩护人不具有完整的证据体系，这是其在刑事诉讼中的地位及其自身的取证能力所决定的。因此，被告人及其辩护人在庭审中往往会把辩护的重点放在对公诉人证明体系的质疑和打破上，如对公诉人庭审提出证据的合法性予以质疑，以期通过否定控方证据来达到辩护目的。在以往的刑事诉讼中，这个证据体系一般是不易被打破的，公诉人在法庭上提出的证据也能够得到法庭的认可。但是，随着新刑诉法对非法证据排除规则的确立，公诉人在法庭上举证的风险增加了，按照新刑诉法的规定，被告人及其辩护人有权申请人民法院对以非法方法收集的证据依法予以排除，法庭审理中，审判人员认为可能存在以非法方法收集证据情形的，应当依职权对证据收集的合法性进行法庭调查。这意味着检察机关公诉人维护其举证证明体系的难度也相应加大了。为应对公诉出庭工作出现的新情况，维护庭审举证体系的完整性，公诉人应及时调整工作思路和工作方法：

① 陈光中主编：《中华人民共和国刑事诉讼法修改条文释义与点评》，人民法院出版社2012年版，第83页。

首先，应更加关注实物证据在诉讼中的证明作用。如果证据体系主要以言词证据为主，会由于对非法证据的排除遭到破坏，而导致提起公诉的诉讼主张不被支持。实物证据则具有相对的稳定性，不易在庭审中予以排除。新刑诉法对实物证据的排除采取的是不同于言词证据排除的裁量排除原则，只有当收集物证、书证等实物证据不符合法定程序，可能严重影响司法公正，不能补正或者作出合理解释的情况下，才涉及对该证据的排除。实物证据由于其本身的客观性，对言词证据具有重要的印证作用，因此，即使出现了个别言词证据取得程序有悖于法律程序而被作为非法证据排除的情况，有实物证据作为支撑的证据体系也会依然保持完整，并不会由于个别证据的排除而导致公诉主张不被认定的不利后果。

其次，对于庭审中出现的言词证据受到质疑的情况，公诉人应及时反应，坚持个别排除的主张。当法庭上辩护一方对某个言词证据的合法性提出质疑，要求法庭排除时，公诉人应及时反应，积极举证，证明该言词证据取得的合法性。如果出现举证不利的情况，公诉人应当坚持个别排除的主张，即仅排除被告人及其辩护人提出排除的个别言词证据。言词证据由于其可重复取得的特点，在诉讼中会出现同一言词证据出现多份的情况。以犯罪嫌疑人、被告人口供为例，从侦查到审判的不同诉讼阶段，对同一个人可以取得多份笔录，且多份笔录的内容会出现不一致的情况，有的是有罪供述，有的是无罪辩解。一旦被告人、辩护人对其口供的合法性提出质疑，要求法庭排除，并不是排除全部口供，而只是对可能非法取得的口供予以排除。因此，即使在法庭上出现了对非法言词证据的排除情况，公诉人也要注意区分以非法方法取得的口供和没有采取非法方法取得的口供，坚持仅排除非法口供，而保留按照合法程序取得的口供，即坚持排除的个别化原则，不致出现一旦排除就全盘否定的情况，以保证举证体系的完整性。

刑事诉讼中电子证据的审查与判断

孙长国*

新刑事诉讼法将电子数据增设为一种新的证据种类，赋予了电子数据的法定证据身份，不仅适应了现代信息技术的迅猛发展，而且更适应了刑事诉讼中出现的新情况和实践的需要，丰富和完善了法定证据的种类，解决了以往司法实践中对电子数据运用的两难境地。为此，有必要对电子证据审查与判断的相关问题进行深入的探讨。

一、电子证据的概念及特点

关于电子证据的概念。新刑诉法没有对"电子数据"的内涵予以明确的界定。学界一般认为，"电子数据作为一种超越传统证据形式的新型证据，是指以电子数据形式存在并可以用于证明案件事实的材料。"① 关于电子数据与其他证据种类之类的关系，一般持以下观点：（1）电子数据是一类独立的证据种类。（2）电子数据可以被视为其他七类证据的电子数据化。"同七种传统证据形式相比，应该说电子证据来源于七种证据，是将各种传统证据部分地剥离出来而泛称的一种新证据形式。"②

关于电子证据的特点。与传统证据相比，电子证据具有以下三个其他证据种类所不具有的特点：

一是高科技性。电子证据从制作、存储到读取等一系列过程都需要以相应的电子操作技术和高科技设备为基础和前提，在操作不当的情况下极容易造成电子证据的损毁或者灭失，从而给证据工作带来极大的困难。我们在审查判断电子证据的时候同样离不开科学技术，并且伴随着技术的不断发展，电子证据的应用空间也越来越广泛。电子证据的这一特点使其很容易区别于其他几类

---

* 黑龙江省哈尔滨市道里区人民检察院检察长。

① 张军、胡云腾：《〈中华人民共和国刑事诉讼法〉适用解答》，人民法院出版社2012年版，第190页。

② 何家弘、刘品新：《证据法学》（第四版），法律出版社2011年版，第185页。

证据。

二是隐蔽性。传统的七大类证据往往表现为一定的物质实体，容易被感知和发现，而电子证据则往往表现为信息符号，必须借助一定的工具或程序才能被展现出来，不易被发现，这一点也是由其高科技性所决定的。

三是易受破坏性。首先，电子证据本身容易被损坏，而且很多时候一旦遭到损坏便不易逆转。在证据保存过程中，办案人员的失误、供电或者网络系统的错误、病毒感染等都可能导致电子证据的毁灭，这就要求办案人员在运用电子证据的过程中要慎之又慎；其次，电子证据存储于电子媒介中，本身极容易被删除、截取、复制和修改，而且不容易留痕迹。因此，电子证据在案件审查过程中极容易受到破坏。

二、电子证据在实践中的运用情况

从 20 世纪 90 年代我国首例采用电子邮件的案件开始，电子证据在实践中才开始逐渐崭露头角，直到今天被列为法定八大证据之一，在证据中的地位可以说是越来越重，而且仍处在不断地发展之中。

实践中，常用的电子证据主要包括电子邮件、电报电文、网络聊天记录、网络博客微博、手机短信、电子图片、电子签名等。

经统计，我院侦查监督部门自 2011 年 10 月 1 日至 2012 年 6 月 1 日，共受理公安机关报捕案件 633 件，涉及电子证据运用的案件就有近 100 件，电子证据应用的比例由去年同期的 12% 增长到 15.5%，提高了 3.5 个百分点，其中涉及非法经营、非法获取公民个人信息、非法生产、销售专用间谍器材、妨害信用卡管理等犯罪，电子证据的运用率达到 80% 以上，在某些传统型犯罪中，如诈骗、强奸等案件，电子证据对整个案件的定性还起到了关键性作用。

目前，电子证据的运用在实践中存在一些障碍：

首先，犯罪的高智能化与司法工作者专业技术不够之间存在矛盾，呈现出道高一尺、魔高一丈的现象。特别是一些年龄稍大些的办案人员，对现代信息技术掌握得比较少，在遇到有电子证据的案件时就显得比较被动。电子证据范围广泛，包括破解密码、数据恢复、网络取证等内容，对司法人员的专业技术水平要求也就更高，而司法机关恰恰缺乏这方面的技术人才，在无成熟技术和标准化技术的情况下，难免会对电子证据的审查造成困难。

其次，是审查判断上的障碍。第一，由于电子证据的易受破坏性，办案人员在操作过程中稍有不慎就有可能导致电子证据的毁损甚至灭失，而且在侦查机关提取电子证据没有统一规范的情况下，证据的真实性往往受到挑战。第二，在案件存在大量证据的情况下，要发现和提取与案件相关的电子证据信息也需要技术作为支撑，这就涉及证据的关联性问题。第三，电子证据的收集是一个复杂的过程，涉及技术问题，在收集过程中很可能存有不规范的方式，严重的程序不合法会导致证据无效，如何确认证据合法有效也是实践中面临的一大困境。

在现有技术水平下，对证明力的审查成为电子证据最大的发展"瓶颈"，实践中遇到的 80% 的难题均源于不能准确把握电子证据的证明力。

三、从证据"三性"审查判断电子证据

我们在办理案件的过程中要准确判断和运用电子证据，有很多需要注意的事项，提高专业技术是一方面，但是核心的法律问题还在于对电子证据真实性、合法性和关联性这"三性"的审查，无论多复杂的案件，抓住了这三面就是抓住了核心。

（一）对电子证据真实性的审查

首先，电子证据真实性审查是基础。我院侦查监督科 2011 年 10 月份受理犯罪嫌疑人张某涉嫌诈骗罪一案，其中一份关键证据是公安机关移动的犯罪嫌疑人与被害人之间的 QQ 聊天记录，证实张某虚构事实隐瞒真相实施诈骗，但是该聊天记录是以纸质形式提供的，被害人电脑中的原始记录已经灭失。后查明，公安机关提供的聊天记录系被害人自己根据记忆自行整理打印的。这种情况下的电子证据无异于被害人一方的言词证据，最终本案因没有其他有利证据佐证，我院作出了事实不清、证据不足不予批捕的决定。本案中，正是由于电子证据的真实性受到质疑，达不到排除合理怀疑的证明标准，因而案件的结论只能是事实不清，需补充侦查。

证据的真实性是决定其证明力有无及大小的关键因素，与物证、书证和视听资料等证据类似，对电子证据也必须进行确认，确定其真实性。如同从犯罪现场提取物证和书证一样，电子证据也需要借助一定的设备、使用一定的程序将其从存储介质中提取出来。因此，对电子证据的确证，需要载明电子证据形成的时间、地点、对象、制作人、制作过程及设备情况等，在审查过程中要重点听取电子证据制作者、提取者、见证人的证言，同时，结合被告人供述和被害人陈述等证据，综合判断电子证据的真伪。基于易受破坏性的特点，电子证据极易被裁剪、添加或者篡改，依照惯例，在审查电子证据时要特别关注其全面性和可靠性，审查是否有选择性收集或者篡改的可能，否则将会影响电子证据的真实性。

其次，对电子证据的全面性的审查和可靠性的审查是确保电子证据真实性的重要保证。侦查人员在获取证据时往往侧重于有罪和罪重证据的收集，而忽

视无罪或者罪轻的证据，一味地注重打击犯罪，可能导致收集的电子证据存在选择性和片面性。同时，由于目前从硬盘收集电子证据的许多程序经常存在程序性缺陷，导致实践中可能只复制一部分数据，电子证据部分丢失的情况时有发生。因此，对电子证据的审查要注重其全面性，尽可能地还原案件的全部事实，既要看到罪重的一面，也要看到罪轻的一面，这也是尊重和保障人权的体现。对其可靠性的审查则要重点关注是否存在逻辑上的矛盾、与其他证据证明的问题是否一致、是否有被修改、篡改的可能等方面。由于电子证据具有很高的科学技术含量，很难通过常规审查手段审查其内容是否可靠，因此，如果不能确认电子证据的真伪，导致对案件事实的认定不能排除合理怀疑时，就应对电子证据进行鉴定，用更为专业的手段来确定其是否具有证据效力。实践中，也可以委托专业人员利用专业技术发现和恢复被裁剪、篡改、伪造的内容，确保证据的真实性。

（二）对电子证据合法性的审查

取证应当合法，非法收集的证据应当排除，这是现代法治国家证据法的一项基本原则，新刑事诉讼法又进一步确立了非法证据排除规则。司法实践中，如果证据获取的程序严重不合法，那么即便是有利于查明案件事实的证据，仍然要予以排除，这是程序正义的必然要求，电子证据的收集和运用同样要遵循这一规则。电子证据合法性主要体现为取证主体合法、程序和方法合法、证据来源合法，对违反法定程序且严重程度足以影响其真实性的电子证据一律应予以排除。

1. 取证主体合法。即电子证据应当由法定人员依法收集，目前我国电子证据的取证主体主要包括：侦查、检察、审判等司法人员，辩护律师，以及自诉案件的自诉人。同时取证人、制作人、持有人、见证人须签名或盖章，这也是审查电子证据合法性的一个方面。

2. 程序和方法合法。即电子证据应当依照法定程序和方法收集。例如侦查人员不开具搜查证即搜查嫌疑人的电脑，所取得的证据即是未依照法定程序取得的，因而不具有合法性，在这一点上电子证据与其他几大类证据没有区别。再如，通过黑客技术进入相关人员的电脑所获取的信息，通过窃录技术获取的电子证据等，同样不具有合法性。

例如，我院受理的犯罪嫌疑人刘某涉嫌强奸一案，刘某供述被害人系自愿，不存在强迫行为，与被害人的陈述相矛盾，本案定性的一个关键证据是犯罪嫌疑人与被害人事后的一段关于案件情况的通话录音。该录音系被害人一方提供，要作为电子证据使用必须经过鉴定部门的鉴定，确认声音来源。但由于犯罪嫌疑人拒不配合鉴定工作，不提供原始声音比照，导致鉴定无法完成。公安机关在没有鉴定的情况下，将录音作为证据提供给检察机关，最终因获取程序不合法我院未采纳该证据。

3. 证据来源合法。一是审查电子证据是否为原始数据以及该证据形成的过程；二是看提供电子证据的主体是否符合法律规定。我们在审查一份电子证据的时候，首先要看该证据是否具有原始性，是否有为证明案件问题而后补证据的可能，所有虚假的可能性都应该在审查判断证据的过程中予以排除。其次还要审查提供电子证据的主体，如同审查鉴定结论时要审查其鉴定主体是否具有资质一样，审查电子证据也要查看提供证据的主体是否符合法律规定，如果不符合，则为有瑕疵的证据或者非法的证据。

在电子证据的审查判断过程中，办案人员要始终坚持一条合法性主线，即这个证据是什么人收集的、收集的程序和方法是否正确、来源于什么地方、是否有不明出身的情况存在，只有这样才能对电子证据是否合法有一个较为清晰的判断。实践中，对于非法电子证据是否一律予以排除，要综合全案进行判断。例如，对案情有关键证明作用的非法或者有瑕疵的电子证据，如果瑕疵证据能够与在案其他证据相互印证，足以排除合理性怀疑，根据新刑事诉讼法的规定，对这类电子证据宜采取补正措施或者作出合理解释，否则应予以排除。但是，如果取得的电子证据严重违反法定程序，严重影响司法公正，或者与其他证据不能相互印证，或者电子证据自身之间相互矛盾，在这种情况下，非法或者瑕疵电子证据应予以排除，这是非法证据排除规则的必然要求，其最终目的是实现程序正义与实体正义的最佳结合。

（三）对电子证据关联性的审查

电子证据的内容应当与案件事实存在关联性，否则就无助于证明案件事实。实践中，存储介质中可能存有大量的电子信息，但是仅有部分信息与案件事实相关。例如，犯罪嫌疑人通过网络聊天工具与他人讲述犯罪过程，那么相应的电子证据就存在于网络聊天记录中，但是聊天记录中可能存在大量与案件无关的信息，在这种情况下，可以截取与案件有关的部分作为证据使用，此即证据关联性的要求。

判断电子证据与案件事实是否具有关联性，可以从三方面来进行：一是电子证据能否证明案件的某方面事实；二是该事实是否为案件的实质问题；三是该电子证据对于案件争议的问题是否具有实质性的证明意义。如果三方面回答都是肯定的，那么该电子证据即与案件事实具有关联性。

四、电子证据的综合审查原则

实践中，还存在一种情况，在严格审查证据"三性"的情况下，针对某个电子证据仍有可能会得出不同的结论，其原因是由于电子证据的高科技性以及计算机系统的内在复杂性，很容易产生混淆甚至误读，并且存在各种伪造、变造的可能性。

因此，在一个由各个环节组成的犯罪中，应当结合案件的背景情况和全过程对电子证据进行解释，不仅需要通过鉴定的手段确定其真实性，而且需要重视结合案件其他证据，对电子证据进行综合评估，而不仅仅是一个孤立的审查与判断。《关于办理死刑案件审查判断证据若干问题的规定》第29条明确规定：对电子证据有疑问的，应当进行鉴定。对电子证据，应当结合案件其他证据，审查其真实性和关联性。此即为电子证据的综合审查原则。

综上，要准确把握电子证据的证明力，必须牢牢把握证据的真实性、合法性和关联性，从这三方面入手，再综合全案证据进行严格审查判断，才能真正把握电子证据的证明效力，充分发挥电子证据的作用。

新刑事诉讼法非法证据排除规则析评

——排除的是事实、证据抑或非法行为

任海新* 蔡艺生**

一、问题的提出

非法证据排除规则，是对以违反法律禁止性规定或者侵犯他人合法权益的方法取得的证据予以排除的统称，即，司法机关不得采纳非法证据，将其作为定案的证据，法律另有规定的除外。如今，非法证据排除规则蓬勃发展，形成了一定的体系，在大陆法系和英美法系都有着举足轻重的地位。我国也一直有相应的非法证据排除的法律，2010 年 5 月 30 日"两高三部"更是联合发布了《关于办理死刑案件审查判断证据若干问题的规定》和《关于办理刑事案件排除非法证据若干问题的规定》。从 1979 年以来，我国刑事诉讼法都有规定严禁以刑讯逼供和用威胁、利诱、欺骗等非法方法获取证据。2012 年新刑事诉讼法更是较为详细地规定了非法证据排除的内容、程序，也规定了非法证据排除的后果。使得非法证据排除形成了一个相对切实可行的机制。学者们普遍认为，"非法证据排除就是从根本上切断刑讯逼供、滥用职权的动力来源。"这些规定对于有力遏制刑讯逼供，排除非法证据，有效防止冤案错案的发生，提高案件侦办质量，促进司法公正具有十分重要的现实意义。但是，这一系列的非法证据排除的实然存在是否就自然厘清了其自身的逻辑起点、合乎其逻辑轨迹？也有学者提出，目前，非法证据排除规则仍难以产生实效，其仅仅具有宣示性意义与价值。因为，首先，当事人及其辩护人、诉讼代理人难以提供相关线索或者材料。其次，对"非法证据"的"补正"或"合理解释"含义较为模糊，在实践中容易"放水"。例如，《关于办理刑事案件排除非法证据若

* 重庆市人民检察院第二分院法律政策研究室主任，全国检察理论研究人才，中国政法大学兼职研究员，高级检察官，法律硕士。

** 西南政法大学讲师，情态证据研究室主任，诉讼法博士生，主要从事侦查学和证据法研究。

干问题的规定》第 7 条第 3 款规定，公诉人提交加盖公章的说明材料就可以作为证明取证合法性的证据。

笔者认为，新刑事诉讼法所构建的非法证据排除机制，忽视了司法规律和社会现实。应该厘清非法证据排除规则的本质目的和内在逻辑关系，找寻其现实的关键要素和契合点。否则，我国的非法证据排除规则将会产生目的性的偏差和正当性的缺失，难以进行理性化重构。最终，规则将仅仅只是"书本上的法律"而非"行动上的法律"。现代司法模式下，非法证据排除规则的逻辑起点是什么，其逻辑轨迹又是如何展开，如何合乎整体的社会语境和实践起点，现有的排除规则为何会面临理论或实践的尴尬，怎样的实然设计才能契合非法证据排除的逻辑进路？这些都是本文要着重探讨的问题。

二、非法证据排除规则的现实困境

在传统的证据规则中，是以"利用所有可用的证据来确保诉讼得到最准确的解决这一需要要比排除所能促进的某些目标更为重要"为政策基础的，而且在当时的调查水平下"调查证据的非法性成本太高且太过耗时"，所以往往并不以"排除证据"为救济手段。而今，排除证据成了非法证据排除规则的热门选择，为各国学界理所当然地信奉和追捧。普遍认为，非法证据排除规则能获得如下实效：促进结果的准确性；防止将来的违反；维护司法尊严；对非法行为导致的错误的救济。[1] 但是，任何规则都应该契合社会语境并符合自身规律，才会获得真正的实效。尤其是相对于西方对法院和司法的高度依赖甚至是敬畏，我们应该有理性而多元的认识，洞悉我国的本土经验与理性。其现实困境具体如下：

（一）实体正义与程序正义冲突的困境

非法证据排除规则的政策基础之一是能够确保案件结果的准确性，即实现实体正义与程序正义的良好结合，而事实并非如此。实体正义是指通过刑事诉讼过程而实现的结果上的实体公正和结果正义。具体包括三个方面的内容：犯罪的人受到刑罚；无罪的人不被定罪；罪刑相适应。程序正义被视为"看得见的正义"，即"正义不仅应得到实现，而且要以人们看得见的方式加以实现"，实质上就是指裁判过程（相对于裁判结果而言）的公平，法律程序（相对于实体结论而言）的正义。人类当然渴望实体与程序都能够实现正义，但是，二者却往往存在冲突，需要抉择与调和。于是，在调和的过程中形成了各

---

① ［美］麦考密克：《麦考密克论证据》（第五版），汤维建译，中国政法大学出版社 2004 年版。

自的侧重，如英美法律重程序轻实体，而大陆法系则重实体轻程序。而非法证据排除规则正是这一矛盾冲突的集中体现：因为非法的证据往往是客观的证据，那么究竟是以其"客观"而忽视"非法"，或者以其"非法"而忽视"客观"？在排除规则下，非法证据需要予以排除。但是，在案件数量不断增加、侦查水平有待进一步提高的我国，对于非法证据的简单排除往往代表了对实体正义的重大冲击，而这种价值选择显然是不符合我国司法乃至人民的普遍预期的。

而且，如果排除规则过于严苛，人们可能会放弃司法正义而转向"街头正义"、"暴力救济"。如果一个证据规则的结果是鼓励执法机构参与非正式的并且在很大程度上是脱离法律的行动，而不是鼓励他们遵守法律的规定，从而使得提起公诉变为可能，那么这些规则可以说是实现了所有可能的结果中最坏的一个。当然，证据排除的长期效果将促使社会严肃地看待这些法律要求的，最终会成为各方的一个价值体系，成为一种遵守的习惯，而不需要因为考虑到后果才遵守。但是，社会能否为此而承受如此巨大的后果，人民能否容许，特别是在我国司法资源不足的情况下不得而知。

（二）必然性缺失的困境

根据非法证据排除规则的理论模型，其法律效力的真正发挥需要仰赖两个前提条件：一是案件进入了审判阶段。二是"非法证据"维持其"原始样态"。亦即，"非法证据"能够"大无畏"地进入到审判阶段，而后被法官排除，从而警示非法获取证据的侦查人员，截断其非法行为的内心驱动。理想化的理论模型只能在"书本上"顽固地要求现实的妥协，而真正的司法实践并不会依循非法证据排除规则的简单逻辑推断。

1. 非法证据排除规则的启动不具有必然性

并非所有的案件都会进入到审判阶段，有的案件可能在侦查阶段就被撤销，或者在审查起诉阶段就被不起诉等。于是，非法证据就无法接受审判的评价，无法对之进行排除并形成对非法取证者的威慑。而在这之前，被非法取证的犯罪嫌疑人、知情人等的权利则业已遭到侵犯而无法救济。

2. 侦查惩戒和证据排除的紧迫性迥异

在案件最终进入审判阶段时，侦查早已终结。而且，在司法实践中，这个问题很少被提起。况且，还存在大量可以"回旋"的可能，如补正、解释或证据转化等。于是，破案压力往往大于许久之后才可能遇到的证据排除压力。因为，看上去关注警察个体违法行为的非法证据排除规则，并没有考虑到警察是在警察机构对自己工作的期待、自身接受的机构培训（不论是正式的还是非正式的）以及对惩罚违法行为的机构纪律的恐惧中完成工作的。这些机构的奖惩措施对他而言要比将他违法所得的证据排除的威胁要重要得多。① 而且，侦查惩戒针对的是具体的行为人，具有现实性和持续性。而证据排除后果的最大承受者则是被害人或社会，并非侦查人员本人。

3. 非法证据存在"漂白"可能

证据从发现到在法庭上使用往往会发生某些"转化"，而正是这些"转化"将非法证据的转变为了合法证据。例如，对于非法秘密搜查获得的证据通过公开合法搜查的方式予以"重新"提取。或者在非法刑讯逼供获得口供后，再行全程录音录像合法提取口供。于是，证据最终呈现到法庭上的是已经"漂白"了的，则非法证据排除规则的必然性大打折扣。

综上，试图通过非法证据排除规则来震慑未来的非法取证行为是不够的。同时，由于非法证据规则本身在立法、执法和司法上的不清晰，也妨碍了人们的遵守。

（三）司法尊严的困境

人们普遍认为，如果政府不遵守法律，那么就会威胁到政府本身的存续。如果政府的手不干净，那么就应该剥夺它接近法院的权利。为了增强人们对司法的信心，防止司法程序被玷污，获得被统治者的尊重，并使政府履行统治功能提高，司法应该谨守诚实信用原则，如此才能证明自身的正当性并为社会树立楷模，引导社会的文明与进步。

但是，排除非法证据是否就代表了司法的诚信，就能维护司法的尊严？答案是否定的。当积案日益增多、大量案件无法侦破，人们能否继续赞赏司法机关的"尊严"？而且，面对某些新型犯罪和严重的犯罪后果，传统的尊严观念应该有怎样的新解？当司法为了尊严将非法证据排除最终让犯罪嫌疑人逍遥法外，而让人们对司法失去信心，则尊严是否还能维持？尤为重要的是，当人们都感受到了犯罪事实的存在，而法律却简单地以证据不合法为托词而否定犯罪的存在时，我国的整个司法体系都会遭受根本性的质疑。

当然，笔者并非鼓吹非法取证，而只是强调不能一味地以一种"直观性"或"直觉性"的概念来掩盖非法证据排除规则应有的实证考量。我们不应陷入归非法证据排除的一种偏执的狂热或想入非非当中，而忽略司法尊严在我国应有的含义，忽略依据我国现实对非法证据排除规则进行理性化的重构。否则，学术的顽固将会阻碍司法探究真正的争点、规律，并真正地解决问题，甚至将其引入歧途。

---

① ［美］约翰·卡普兰、陈虎：《非法证据排除规则的限度》，载《刑事法评论》2008 年第 22 卷，第 13 页。

（四）法律救济的困境

法律救济的目的是尽可能使被错误对待的人接近于他先前的状态。非法证据排除规则将使这样的一个人回复其先前的状态，在那种状态下他无须担心针对他的错误行为所得出的成果被用来作不利于他的使用。"获得有效救济所拥有的利益，并不包括这样一种利益，即他们被回复到无须担心政府会在刑事诉讼中将所发现的证据用以对他们不利的状态。"① 排除性救济的原理通常只要求否定控方可能从它的不适当行为中获得任何好处，这种预防性的目的并不要求将控方置于任何比他若未犯有先前的非法行为时更差的境地，没有任何理由去剥夺任何控方能够证明的在侦查人员避免了进行不法行为时就应享有的好处。

1. 证据排除是一种过度救济

救济必须是适度的，如果过度救济则是违反法律本意的。而非法证据排除规则并不是要排除犯罪嫌疑人的刑事责任，如果排除的实际效果如此也绝不是该规则的本意，更不能成为该规则的常态。当非法证据排除规则将侦查人员非法获取的证据排除时，就将让犯罪嫌疑人从他人的不当行为中获得了过度的利益，而侦查人员则为其不当行为付出了过度的代价，甚至社会也因为侦查人员的不当行为而付出了过度的代价（有人将之称为："警察犯错、人民埋单"——警察非法取证，而人民却要承担犯罪嫌疑人逍遥法外的代价。）这显然是不合理的。对非法证据的简单排除形成了对犯罪嫌疑人权利的过度保护，以至于实际上侵犯了被害人及社会大众的权利，造成了权利的"逆向侵害"。在对犯罪嫌疑人权利保障的制度设计中，仍然要平衡各方的权利。否则，犯罪嫌疑人由于其犯罪嫌疑而受到了比普通人更多的权利保障，甚至形成实际上的"特权"，这显然是为社会所难以容忍的。

2. 证据排除是一种单一救济

排除非法证据并不必然能够实现权利的妥善救济。权利救济应该针对非法行为本身和非法行为人，并且迅速有效地进行。但是，非法证据排除规定的救济却是针对证据本身和非行为人本身，并且是在未来的审判阶段进行，而且救济表现就是单一的证据排除。救济手段的单一化，不能体现救济的针对性和层级性。例如，暴力取证所取得的证据虽然被排除了，被暴力取证的证人的权利可能并没有受到相应的救济。证据排除后，案件败诉，承担非法取证行为后果的是被害人和社会大众，而真正的非法取证行为人则可能并没有承担什么严重

---

① ［美］麦考密克：《麦考密克论证据》（第五版），汤维建译，中国政法大学出版社2004年版。

的后果。而且，救济时间的延后，也使得诸多非法行为难以查明，更使得非法行为可能重复或继续，使犯罪嫌疑人的痛苦延长。

（五）司法实践与理论发展的困境

笔者坚信，任何时代的理性总结至多只能是有效的权威而非最终的权威。如果因为当下对合法证据的界定，而将其他所有证据归为非法，并予以坚决地抛弃，则显然是一种对司法和历史的不负责任。可能导致侦查机关不敢探索新的证据获取方式，也可能阻碍证据法学的进一步发展。尤其是在与传统社会截然迥异的网络时代，电子数据等证据的大量出现，使得证据实践与理论都随时面临更新的可能。如果一味地强调用 20 世纪的经验理性来拒绝当下实践的探索和理性的发展，甚至偏执地强调该经验理性的"经典再现"，则显然是不合理的。非法证据排除规则可能导致将证据实践和理论僵化地固定在某一时刻，成为司法发展与完善的障碍。

当然，有些学者可能会说，我国的非法证据排除与西方不同。表现在：一是没有"毒树之果"规则；二是非法证据可以补正和合理解释；三是即使证据排除了，法律仍不禁止该证据的再次提取。但是，这样的非法证据排除规则一则不能实现权利保障，二则不能实现权力制约，还有何价值可言？

三、非法证据排除规则的理性解构

人类历史并不总是依循纯粹的逻辑进路而发展，相反，许多看似理性的规则在肇始之初可能是由于自身逻辑之外的因素而产生并发展了，只是后来该规则为自身找到了合理的逻辑支撑。例如，反对自证其罪的特权就被认为仅仅只是对没有恰当提出指控的情况下滥用宣誓程序①的做法的一种过激反应，② 而不是出于对被告的关怀，更多是人们认为命令被告宣誓而后被告又作出对其罪行的否认会极大地影响陪审团。因此，规则遭遇现实困境时，不应拘泥于思维或法律的惯性，而应该反思其逻辑起点与轨迹，还原其本来面目，进而才能找寻理性的出路。

（一）非法证据排除规则的逻辑起点

控辩审的诉讼构造具有众所周知的正当性与合理性。为了保障控辩双方平等对抗，现代司法毫无例外地强调对辩方的权利保障，而约束控方的权力。因

---

① 宣誓程序指的是 13 世纪以前英国教会法院要求被告作出于调查中会披露全部案件事实的宣誓之后，接受法官询问。15 世纪英国星座法院和宗教事务高级委员会法院采用此种程序实现政治目的。

② ［美］威格摩尔：《证据》（第 8 册），麦克诺顿出版社 1961 年版，第 292 页。

此，从某种意义上而言，现代诉讼制度的逻辑起点应为"权利"，即制度的设计都是围绕着当事人的权利而进行，如辩护权、申请回避权、知情权和阅卷权等。"权利"是整个法学研究对象中最简单、最普遍、最常见的东西，是通过对客体具体分析所达到的最简单的规定；在这最常见的东西中，包含着对象及其在整个发展过程中一切矛盾的胚芽，因而从它出发，经过一系列中介，能够逐步从抽象上升为具体；同时也是对象的历史的起点。非法证据排除规则的逻辑轨迹是通过对非法证据的排除来排除非法取证行为，以实现权利保障。

（二）非法证据排除规则的逻辑轨迹

非法证据排除规则的逻辑起点是毫无疑问的。学界普遍认为，非法证据排除目的在于通过证据排除来切断非法行为的动力来源，以此保障合法权利。但是，其实然效果是侧重对"事实"①或者"证据"的排除，而非对非法行为的惩戒，出现了目的性和正当性的偏差。笔者认为，非法证据排除的逻辑轨迹应然如下：

1. 侵害权利的是行为，而非事实，更非证据

非法证据排除规则保障的是当事人的合法权利。侵犯此类权利的是非法取证行为，如无证搜查、暴力取证或刑讯逼供等。"事实"则是司法所欲认知的对象，"证据"是司法行为的结果。其一，"事实"和"证据"并无也不可能侵犯当事人的上述权利；其二，此二者系于其他性质更为重要的争点之中，即案件的实体正义，此争点不能简单地等同于其他争点甚至为其服务；其三，简单地排除"事实"或"证据"都不能遏制非法取证行为，唯有针对行为本身有针对性地进行规则设计，才能真正解决非法证据排除规则的现实困境。

2. 非法取证行为的否定性后果应该指向行为人

"罪责自负"是刑法的一个基本原则，指的是：谁犯了罪，就应当由谁承担刑事责任；刑罚只及于犯罪者本人，而不能连累无辜。罪责自负的基本要求是：犯罪的主体只能是实施了犯罪行为的人，对于没有实施犯罪行为的人不能对其定罪；刑罚的对象只能是犯罪者本人，对于仅与犯罪者有亲属、朋友、邻里等关系而没有参与犯罪的人，不能追究其刑事责任。同样，在其他领域也有类似的公理性认识："每个人都是自己利益的最大守护者，每个人都应当为自己的行为负责。"因此，非法证据排除规则应该重点针对非法取证行为人。这不仅是普适性的认识，更是刑事法律的基本原则。而且，任何诉讼制度或规则等都必须由人去执行，如果约束对象产生了偏差，则显然会导致规则实效的缺

---

① 在此，"事实"指的是非法取证行为所得证据所能证明的案件事实，如刑讯逼供所获得的口供证明了犯罪嫌疑人行凶的事实。

失和正义实现的缺席。

3. 非法取证行为的惩戒应当具有层级性

对于非法取证行为本身有其性质之别、轻重之分。因此，应该实事求是地进行评断进而采取相应的惩罚措施。既有的非法证据排除规则以"排除"证据为其唯一选择，这不仅使得惩罚没有层级性也没有时效性，使得教育、引导与威慑作用大为减弱。同时，也难以使被侵害人得到应有的救济。例如，暴力取证后，证据虽然被排除了，被告人因此被无罪释放。而被暴力取证的证人却没有得到任何的救济。这在逻辑上是显然错误的。笔者认为，应该针对不同的非法取证行为采取停止侵害、赔礼道歉、纪律处分、行政处罚或刑罚处罚等救济措施，形成相应的惩罚体系，并着重对被侵害人进行适度的救济。

四、非法证据排除规则的理性重构

基于以上分析，非法证据排除规则应该着眼于对非法取证行为的排除，着重与对非法取证行为人的约束。非法取证行为一般不构成犯罪，但是，存在一些例外情况。如刑讯逼供致人死亡或重伤、暴力取证。这些构成犯罪的非法取证行为都有刑法和刑事诉讼法的明确规定。在此，笔者不再重复。但是，对于尚未达到犯罪标准的非法取证行为则应该如何处理，这是笔者在此探讨的重点。具体如下：

（一）非法取证行为的界定

对于什么叫"非法"，目前还没有一个准确的定义，按《牛津法律大辞典》的解释，非法是"指与法律相抵触、没有确切含义和后果的笼统概念。它可能指确实违反法律或是指被禁止的、应受惩罚的或犯罪的行为。或者也可能仅仅指违反法律义务，或与公众政策相悖且无法强制执行的行为"。[①] 顾名思义，非法取证行为指的是违反程序法或实体法而进行的取证行为。例如，没有搜查令而进行的搜查，或者违反辨认规则而进行的侦查辨认等。根据非法取证行为的具体情况，可以区分罪与非罪。对于构成犯罪的非法取证行为，则应当启动刑事司法程序进行侦查、起诉和审判。

我国新刑事诉讼法第54条规定："采用刑讯逼供等非法方法收集的犯罪嫌疑人、被告人供述和采用暴力、威胁等非法方法收集的证人证言、被害人陈述，应当予以排除。收集物证、书证不符合法定程序，可能严重影响司法公正的，应当予以补正或者作出合理解释；不能补正或者作出合理解释的，对该证

---

① ［英］戴维·M. 沃克：《牛津法律大辞典》，李双元等译，法律出版社2003年版，第545页。

据应当予以排除。"即非法取证行为是指采取刑讯逼供等非法方法收集犯罪嫌疑人、被告人供述的行为，采用暴力、威胁等非法方法收集证人证言、被害人陈述的行为和不依法定程序收集物证、书证的行为。对此，新刑事诉讼法仍未能详细列举非法取证行为的确切内涵与外延，这为非法证据排除规则的执行留下了相当的自由裁量空间，有赖于个案当中的具体裁断。

（二）非法取证行为的惩戒体系

惩戒体系是指为了以有利于发挥惩戒的功能、实现惩戒的目的为指导原则，通过惩戒的规定而形成的、由一定惩戒种类按其轻重程度而组成的序列。目前，我国的惩戒体系除了刑罚以外，还有民事责任、行政处罚、行政处分和纪律处分。而新刑事诉讼法当中，给予非法取证行为的惩戒是排除非法证据以及由此可能导致的败诉后果。除此之外，既没有对被侵害人的相对性的补偿等救济，也没有对相关非法取证行为人的其他惩罚措施。笔者认为，对于非法取证行为，应该实事求是，依法追究相关人员的民事、行政或刑事责任，并对被侵害人予以适度的救济。当然，对于具体情形下，应该处以什么惩罚，则应该遵循社会的普遍容许度进行设定，并形成一定的规范性。

（三）非法取证行为的惩戒程序

对于非法取证行为，由于侦查人员具有相应的权力及知识方面的优势，使得发现难、取证难、处罚难。新刑事诉讼法将非法证据排除的责任进行了区分。一是侦查和审查起诉阶段的非法证据排除由检察机关予以审查和执行；二是审判阶段的非法证据排除由法院进行。而在证明非法证据排除的证明责任上，被告人、辩护人或诉讼代理人仅需要提供相应线索或材料，人民检察院承担证明证据合法的举证责任。在现实国情下，此程序规定基本合理。但是，基于公检法机关相互配合的职能设计和公检法机关人员心理认同的普遍存在，笔者认为，非法取证行为的惩戒程序应该具有其特殊性。

首先，对于此类案件应该由法院或检察院管辖，并且应该由该案件承办人之外的检察人员或法官负责审查与裁断（长远上看，此类案件应当由当地的律师协会负责裁断）。对于轻微的非法取证行为，可以由侦查机关自我处理，并由检察机关监督。其次，相关的控告、报案或举报渠道应该畅通，应予以书面记录和答复。再次，在举证责任倒置的同时，为了避免个别当事人的无理纠缠，可以针对具体案件案情分配证明责任。然后，证明标准应该参照各惩戒体系本来的证明标准及原则。最后，对于处理结果或建议，非法取证行为人或所在的机关在通过正当渠道申诉无效后应该坚决执行，拒不执行的可以追究单位领导人的责任。

（四）对于非法取证行为所得证据的处理

新刑事诉讼法规定，非法的口供、证人证言、书证和物证等都在排除之列。笔者认为，在构筑了以上非法证据排除惩戒体系后，除非情节特别恶劣，否则不应该轻易排除"证据"。相反，对于非法取证行为所得的证据应该进行调查核实，如果该证据符合证据的客观性就可以采纳，如果是虚假证据则应予以排除。而对于非法取证行为人，则不管其所获取证据的真实性如何，都应予以坚决的处罚。

五、余论

关于非法证据排除规则，人们似乎走进了一个误区，混淆了争点和逻辑轨迹。笔者通过对非法证据排除规则逻辑起点及逻辑轨迹的厘清，还原了非法证据排除规则应有的模式，并初步探讨了非法证据排除规则的惩戒体系及程序。或许，非法证据排除规则应该称为"非法取证行为排除规则"更为合适。当然，对于非法取证行为惩戒的具体细节，限于篇幅笔者尚未展开，留待各位实务界及理论界的同仁深入探求。

浅谈新刑诉法"非法证据排除规则"

孔　源* 范璐璐**

现行刑诉法虽有"严禁刑讯逼供和以威胁、引诱、欺骗以及其他非法方法收集证据"的规定，但实践中因没有明确非法收集的证据不具备法律效力，也没有明确司法工作人员通过非法手段收集证据的法律责任，故出现了个别司法人员受破案压力或利益驱动，铤而走险，采用非法手段获取证据，造成冤错案件的情况。为此，2010 年 6 月 13 日，最高人民法院、最高人民检察院、公安部、国家安全部、司法部（以下简称"两高三部"）联合发布了《关于办理刑事案件非法证据若干问题的规定》和《关于办理死刑案件审查判断证据若干问题的规定》（以下分别简称《证据规定》和《死刑证据规定》），通过司法解释的形式对"非法证据排除规则"作了比较明确的规定。

2012 年 3 月 14 日，第十一届全国人民代表大会第五次会议审议通过了修正后的《中华人民共和国刑事诉讼法》，此次刑诉法修改吸收了上述证据规定中的有关条文，首次以立法形式明确规定非法证据排除的证据类型、程序、证明责任和证明标准等，并明确了侦查人员非法取证的法律责任。非法证据排除规则的确立将有效规范国家公权力的运行，对保障人权、提高侦查机关办案水平将发挥积极的作用。

一、"非法证据排除规则"的理解

（一）"非法证据排除规则"确立前学界的争议焦点

1. 非法证据的范围。2010 年证据规定未出台前，"两高"的司法解释认为非法证据主要是指非法言词证据，而非法实物证据不属于非法证据。但法学界则一致认为，不能根据证据的种类来界定非法证据，他们认为通过违法手段获得的实物证据也可能是非法证据。从证据规定以及新刑诉法的出台情况来

---

* 江苏省句容市人民检察院预防科科长。
** 江苏省句容市人民检察院反渎局科员。

看，学术界的观点最终为立法者所采纳。

2. 非法证据是否都应排除，是否应当赋予司法人员一定的自由裁量权。大部分学者认为，非法证据排除规则不应排除全部非法证据，对于一些通过轻微违法行为获得的证据不适用非法证据排除规则。比如，侦查人员在讯问被告人时可能存在笔误，或者会因疏忽造成其他错误，如果将这些存在瑕疵的口供笔录一律排除，可能导致很多案件的证据体系无法达到有罪判决的标准，最终可能放纵罪犯。从新刑诉法第 54 条以及"两高三部"《死刑证据规定》有关规定来看，均将非法证据作了两种分类即强制排除和可补正（或作出合理解释）排除两种，即给予侦查机关解释说明的权利，同时也赋予法院一定的自由裁量权。

3. 证明责任的分配问题。该问题是实务界和学术界争论最大的问题。检法机关大都认为，非法证据排除规则的证明责任分配应遵循"谁主张，谁举证"的原则，如果被告方申请法院排除非法证据，被告方必须提交证据证明存在非法取证行为，即证明责任在被告方。相反，律师界和法学界认为，排除非法证据过程中证明责任的分配应当借鉴行政诉讼中的分配方式即"证明责任倒置"。对此，《证据规定》第 6 条规定："被告人及其辩护人提出被告人审判前供述是非法取得的，法庭应当要求其提供涉嫌非法取证的人员、时间、地点、方式、内容等相关线索或者证据。"新刑诉法第 56 条第 2 款规定："当事人及其辩护人、诉讼代理人有权申请人民法院对以非法方法收集的证据依法予以排除。申请排除以非法方法收集的证据的，应当提供相关线索或者材料。"从规定上看，二者均强调被告人及其辩护人承担初步的举证责任，法官只有对侦查行为的合法性产生疑问时，才能要求公诉人和侦查人员承担证明责任。另外，从涵盖的证据类型上看，新刑诉法规定范围要宽，不仅包括被告人供述和辩解，也包括其他言词证据和物证、书证等。

4. 加盖单位公章的说明材料是否具有法律效力。部分学者认为，侦查机关作为单位不能出庭作证，其不具有证明主体资格。对此，《证据规定》第 7 条第 3 款规定："公诉人提交加盖公章的说明材料，未经有关讯问人员签名或者盖章的，不能作为证明取证合法性的证据。"但新刑诉法第 171 条只规定可以要求侦查机关对证据收集的合法性作出说明。结合实际，笔者认为，侦查机关在制作查获经过、抓获经过、自首情况说明等材料时仍应坚持侦查人员签名或盖章的做法。

（二）"非法证据排除规则"的内涵

所谓非法证据即凡是内含非法因素，包括获取手段、获取主体、证据内容、证据形式和其他程序违法的证据。非法证据排除与非法证据不同，在法律明文规定的例外情况下，或者在未违背法律明定的强制性规定或禁止性规定的情况下，部分证据不因具有一定非法性而丧失其可采性。非法证据排除规则，是指经由非法程序或手段取得的证据，包括以刑讯逼供手段取得的口供和非法搜查扣押取得的实物证据等，不得被法庭采纳为定案根据的规则。随着国家法治建设和刑事司法制度改革的进展，一个证据能否在法庭上提出并被采纳，面临越来越多的要求和限制，法律对证据转化为定案根据的条件和资格的要求越发严格。这些要求主要包括以下两个方面：

1. 证明力问题。即证据是否真实、可靠，是否与案件事实有关联。一个证据若是虚假的、不可信的或与其他证据存在矛盾的，则不具有证明力；如果一个证据的真实性、可靠性没有问题，但它与案件关联不大，不能证明案件的任何犯罪构成要件事实，则该证据不具有相关性，也不具有证明力。我国司法工作人员过去主要围绕证据的真实性和关联性问题进行审查判断，关注的大都是证据的证明力问题。

2. 证据能力问题。即证据转化为定案根据所必须满足的法定条件和资格，这与证据本身的真实性、关联性没有关系。比如，侦查人员通过刑讯逼供获得的口供有部分是真实、可靠的，但由于其取证手段违法，则导致口供丧失了转化为定案根据的资格。非法证据排除规则其主旨正是对证据的证据能力进行规范。

（三）"非法证据排除规则"的外延

1. 非法言词证据的范围。从《证据规定》第 1 条以及新修订的刑诉法第 54 条来看，我国非法言词证据范围较广，包括采用刑讯逼供等非法方法收集的犯罪嫌疑人、被告人供述和采用暴力、威胁等非法方法收集的证人证言、被害人陈述。

2. 非法实物证据。根据《证据规定》第 14 条以及新刑诉法第 54 条，非法实物证据主要包括物证、书证等证据类型。比如，新刑诉法第 151 条第 1 款规定："为了查明案情，在必要的时候，经公安机关负责人决定，可以由有关人员隐匿其身份实施侦查。但是，不得诱使他人犯罪，不得采用可能危害公共安全或者发生重大人身危险的方法。"据此，侦查机关以布陷阱或引诱的方式取得证据，被引诱者本身并没有犯罪意图，只因禁不起侦查人员的引诱而实施了犯罪，这种侦查陷阱行为所获取的实物证据应予以排除。但对于特定类型案件采用"控制下交付"等技术侦查措施获得的证据，刑诉法则作了明确的认可。新刑诉法第 151 条第 2 款规定："对涉及给付毒品等违禁品或者财物的犯罪活动，公安机关根据侦查犯罪的需要，可以依照规定实施控制下交付。"另外，新刑诉法吸收了国家安全法、人民警察法的规定，增加了严格规范技术侦查措施的规定，据此，依法采取技术侦查措施取得的实物证据也是合法有效的。

二、确立"非法证据排除规则"的意义

（一）能有效制止非法取证行为，增强国家机关公信力

根据非法证据排除规则，公诉机关以及侦查机关承担证明有关证据合法性的主要责任，且明确了侦查人员以及其他有关人员有出庭作证的义务。不仅如此，新刑诉法第55条还规定："人民检察院接到报案、控告、举报或者发现侦查人员以非法方法收集证据的，应当进行调查核实。对于确有以非法方法收集证据情形的，应当提出纠正意见；构成犯罪的，依法追究刑事责任。"地位的转变，责任的加重，势必促使侦查人员依法严格进行调查取证，同时也要求公诉机关和审判机关认真履行自身职责。

（二）能促进观念转变以及侦查技术水平的提高，有效保障人权

非法证据排除规则是否确立，实际上是价值权衡的问题。允许将非法取得的证据作为定案证据，从一定意义上来讲对查明案件的真实情况、实现国家刑罚权有利，但这样做是以破坏国家法律所确立的秩序和侵犯公民基本权利、损害法的公平、自由价值为代价。该规则的确立是我国迈向法治的一大步，它体现了党和国家、广大人民群众法治观念的形成与转变，彰显国家不断完善立法保障人权的决心。司法工作人员只有及时转变观念，从只重惩罚犯罪向惩罚与保障并重的观念转变，从偏重证明力的证据观向强调可采性的证据观转变，不断提高刑事侦查技术，才能适应现时的需要，才能有效防止和减少冤假错案的发生。

（三）是维护法制统一，实行依法治国，建设社会主义法制国家的要求

我国宪法明确规定：公民的人身自由和人格尊严不受侵犯，公民的住宅不受侵犯，禁止非法搜查或非法侵入公民的住宅。我国现行刑事诉讼法又规定，严禁刑讯逼供和以威胁、引诱、欺骗以及其他非法的方法收集证据。这是法律对非法取证行为的明令禁止。如果在实践中仍然允许非法取得的证据作为定案的依据，那么就会使宪法和法律的规定成了一纸空文，这必将严重地损害国家法治的统一和尊严。另外，我国已经于1988年加入了联合国《禁止酷刑及其他残忍、不人道或有辱人格的待遇或处罚公约》，该《公约》第15条规定："每一缔约国应确保在任何诉讼程序中不得援引任何已经确定系以酷刑取得的口供为证据，但这类口供可用作被控施用酷刑者刑讯逼供的证据。"我国虽然早已批准了这一国际公约，但一直未规定相应的非法证据排除规则，这也成为西方国家抨击我国人权保障不力的借口。而我国新刑事法律确立了非法证据排

除规则，则是对西方国家批评我国人权保障的最强有力的回击。同时，加强对公民人权的保障，还是建设社会主义法治国家的任务之一。因此，确立非法证据排除规则，对实行依法治国具有重要的实践意义。

三、"非法证据排除规则"的具体运用

新刑诉法在现行刑诉法第一篇第五章"证据"部分专门增加 5 条，作为 54—58 条，比较简明地对"非法证据排除规则"作了规定，在实践中，新刑诉法实施后，在没有出台配套的司法解释前，我们还应结合"两个证据规定"准确理解和适用该规则。

（一）非法言词证据的排除

非法言词证据的排除可分为实体违法和程序违法两个方面。对于实体违法的言词证据，新刑诉法第 54 条明确规定应当予以排除，但对于程序性违法的言词证据没有作详细规定，对此类证据我们应结合"两个证据规定"进行理解。

实体违法的言词证据，主要是严重妨碍公民权利与司法公正的手段获得的证据实体违法的情形，主要包括以下几个方面：一是用刑讯逼供手段获得的言词证据；二是用威胁的方法获得的言词证据，主要是以对被讯问人、询问人本人及其亲属实施人身或财产限制或剥夺来逼取的证据；三是用引诱的方法获得的言词证据，主要是以物质利益或毫无根据的许诺从宽处理甚至释放来引诱获得的证据；四是用欺骗的方法获得的证据，即以采用不存在的事实或无法实现的情况骗取得来的言词证据；五是用其他非法的方法获得的言词证据，如未经依法批准采用技侦手段获取的言词证据等。

程序违法可分为严重违反法律程序和轻微技术性违法或手续性违法两类。对于严重违反法律程序的行为，应当予以排除。如《死刑证据规定》第 13 条规定，违反询问证人应当个别进行规定所取得的证言不能作为定案的根据；第 20 条规定，讯问笔录没有经被告人核对确认并签名（盖章）、捺指印的不能作为定案的根据。对于存在轻微的技术性违法或者手续性违法获得的言词证据，予以补正或者作出合理解释后，可以不被排除。如根据《死刑证据规定》第 14 条、第 21 条，询问笔录没有填写询问人、记录人姓名或询问起止时间、地点，以及询问证人地点不符合规定等都属于此类证据；首次讯问笔录没有记录告知被讯问人诉讼权利内容的也属于此类证据。

（二）非法取得的实物证据的排除

对于非法取得的实物证据，新刑诉法规定："收集物证、书证不符合法定程序，可能严重影响司法公正的，应当予以补正或者作出合理解释；不能补正

或者作出合理解释的，对该证据应当予以排除。"《证据规定》第 14 条也作了类似规定。可见，对于非法获得的物证和书证是有限制排除的。原则上，对于违反搜查、扣押等程序取得的物证、书证，如司法工作人员主观上并非出自故意或重大过失，客观上造成的危害后果不严重，在予以补正或者作出合理解释后可以不排除。对于搜查、扣押的程序、时间、方式等与法律规定有出入，可以由侦查人员对侦查行为进行合理解释或对于取得书证、物证进行补正后采用。但如果执法人员主观上出于故意，客观上严重侵犯了公民的合法权益，由此获得的实物证据，应予以排除。

四、"非法证据排除规则"的应对建议

"非法证据排除规则"是我国完善证据立法和刑事诉讼制度的客观需要，是惩罚犯罪与保障人权并重的时代要求，它的确立和应用将对侦查工作带来巨大的挑战，也将对侦查人员的素质提出更高的要求，为此，我们在积极转变办案观念、进一步规范侦查行为的同时，还应着力做好以下几个方面的工作：

（一）要及时建立非法证据排除的预警机制

被告人及其辩护人提出被告人审判前供述是非法取得时，应提供涉嫌非法取证的人员、时间、地点、方式、内容等相关线索或者材料。从执法实际情况看，被告人最可能在取证方式和内容上做文章，因此，在不断改进工作方法、规范取证行为的前提下，我们还应进行换位思考、超前预测，在侦查讯问阶段事先做好应对措施，以便经得起法庭的质证。侦查工作中要特别注意从以下几个方面来收集固定证明自身取证合法的证据：一要注意固定犯罪嫌疑人书写或表达侦查人员没有对其非法取证的证据。二要注意收集、固定能够证明犯罪嫌疑人身体状况的证据材料，如看守所入所体检表、医院检查证明等证据。三要注意固定提审、还押犯罪嫌疑人的记录证据。《提讯证》应注意填写完整，包括办案人员及提审时间等。四要注意固定审讯时的同步录音录像资料。对于可能判无期徒刑、死刑的案件或者其他重大犯罪案件，新刑诉法规定必须录音或者录像。在侦查实践中，对于拒不配合侦查以及翻供可能性较大的人员，每次讯问时也应尽可能地制作同步录音录像资料。五要注意固定辩护人在会见犯罪嫌疑人后没有提出侦查人员非法取证的证据，确保证明犯罪嫌疑人没有向律师提出遭受非法取证的证据到位。

（二）要规范制作同步录音录像资料，减少翻供和质疑的情况

要规范制作和积极应用同步录音录像，把它作为固定讯问结果、解决争执、排除异议、防止翻供的重要手段。要注意把握审讯策略，不能超越法律和规定的界限，绝对不能赤裸裸地进行指供、诱供，更不能刑讯逼供，暴力威胁

取证，确保审讯的合法性。同时，应不断提高制作同步录音录像资料的技术水平，保证记录过程的完整性，对重要言词证据应当多次用同步录音录像予以固定，并善于运用其他证据（诸如亲笔供词等）固定重要言词证据。

（三）强化培训，提高侦查人员出庭作证的应对能力

实践中，只要取证工作做到位，大多案件是不需要侦查人员出庭说明情况的，但既然新刑诉法已经明确必要情况下侦查人员应当出庭作证，对证据来源的合法性进行说明，那么我们就应该积极主动地去应对出庭作证带来的挑战。一方面，争取把每个案件需要的证据都固定到位，做到确实充分、规范合法，尽量避免侦查人员出庭的不利情况发生；另一方面，在需要出庭作证的时候，要以积极态度面对，不卑不亢，有理有节，用简明扼要的语言对取证过程和取证内容作客观真实的反映。另外，应加强对侦查干警出庭作证能力的培训力度，将侦查人员出庭作证作为一个专门的内容，纳入业务培训课程，重点抓好侦查人员出庭作证的心理承受能力、应变能力、表达能力和抗辩能力等方面的培训，提高侦查人员庭审中应对复杂局面的技巧和水平，同时，加强与公诉部门及其他单位的学习交流，借鉴公诉人出庭辩论、质证的技巧和方法，大力提高侦查人员出庭作证的水平。

自侦案件适用非法
证据排除规则的难题与出路

陈　焰* 林宁烨**

一、概述

非法证据排除规则，是证据规则中的"帝王条款"。它作为一类限权或控权规则，反映程序理性，深刻体现一国刑事司法的法治水平，被称为"警察的手铐"。2012 年我国修订后的刑事诉讼法（以下简称新刑诉法）将其列为增订亮点之一，巩固和完善了《关于办理刑事案件排除非法证据若干问题的规定》（以下简称《非法证据排除规定》）立法经验，进一步探索构建有中国特色的非法证据排除规则，对检察机关自侦案件审查起诉工作具有重要的指导和启示意义。

新刑诉法明确规定非法证据排除的证明标准、检察机关的调查权、审查程序等问题，内容丰富，值得充分肯定和欢迎，对理论研究和司法实践具有突破性意义。结合此前原刑诉法第 43 条（新刑诉法第 50 条）"审判人员、检察人员、侦查人员必须依照法定程序，收集能够证实犯罪嫌疑人、被告人有罪或者无罪、犯罪情节轻重的各种证据。严禁刑讯逼供和以威胁、引诱、欺骗以及其他非法的方法收集证据"的规定以及《最高人民法院关于执行〈中华人民共和国刑事诉讼法〉若干问题的解释》（以下简称《刑诉法司法解释》）第 61 条与《人民检察院刑事诉讼规则》（以下简称《刑事诉讼规则》）第 265 条之规定，在形式上设置了我国非法证据排除的一整套程序机制，标志着我国非法证据排除规则初步建立。

然而，"徒法不足以自行"，非法证据排除制度的实践运行仍存在刑讯逼供定义难、公诉方证明难、讯问同步录音录像运用难、侦查部门情况说明定性

---

　* 福州市人民检察院公诉二处处长。

　** 福州市人民检察院公诉二处助理检察员。

难等诸多问题与困惑，对检察机关公诉部门尤其是自侦案件的审查起诉工作提出了新的挑战与要求，亟须完善与明确。因为，在中国乃至世界范围内，非法证据排除规则始终体现着追求正当程序的正义价值与打击犯罪的功利价值之间的激烈博弈。而检察机关自侦案件，证据时常呈现物证少，书证、言词证据地位突出，被告人供述串供、翻供率高等特点，并且较公安机关率先试行讯问全程同步录音录像、侦查人员出庭作证等制度。非法证据排除问题，时常成为庭审集中争论的焦点之一，无疑备受反映与重视。所以，本文仅限于检察机关自侦案件审查起诉视觉内，研究分析我国非法证据排除规则。

二、非法取证定义难

"刑讯逼供"一词，虽耳熟能详，但我国相关法律法规一直对其语焉不详。新刑诉法首次将犯罪嫌疑人、被告人供述非法取证的外延限定为因刑讯逼供获得的，而不包括联合国《禁止酷刑和其他残忍、不人道或有辱人格的待遇或处罚公约》（以下简称为《反酷刑公约》）中"酷刑"概念的"精神痛苦"情形。同时，我国刑法第247条规定有刑讯逼供罪，前后"刑讯逼供"概念是否具有区别联系，二者认定主体机构部门是否一致，目前尚无明文规定。并且，承担查处刑讯逼供罪的反渎职侵权部门，与负责非法证据排除、调查的公诉部门之间工作并无实际联络机制，这容易导致各司法机关乃至各部门之间对非法取证认定不一，无所适从。

（一）联合国及域外"酷刑"的定义

"刑讯逼供"来源于《反酷刑公约》中对"酷刑"的定义。该《公约》第1条第1款规定："'酷刑'是指为了向某人或第三者取得情报或供状，为了他或第三者所作或涉嫌的行为对他加以处罚，或为了恐吓或威胁他或第三者，或为了基于任何一种歧视的任何理由，蓄意使某人在肉体或精神上遭受剧烈疼痛或痛苦的任何行为，而这种疼痛或痛苦是由公职人员或以官方身份行使职权的其他人所造成或在其唆使、同意或默许下造成的。"该定义兼具权威性和可操作性，既能为人们普遍接受和援引，也能覆盖我国司法实践中常见的各类刑讯逼供行为。我国已于1986年签署、1988年批准加入该公约。根据《刑诉法司法解释》第317条规定："中华人民共和国缔结或者参加的国际条约中有关于刑事诉讼程序具体规定的，适用该国际条约规定。但是，我国声明保留的条款除外。"该公约是我国的正式法律渊源，以此定义"刑讯逼供"，并无不妥。

然而，几乎每个国家都没有在法律条文中详细列举刑讯逼供的种类情形，立法一般只是抽象规定为刑讯逼供或者酷刑，具体行为仍然需要司法实践经验逐一认定积累。美国所谓的"非法证据",指"以侵犯宪法权利的方法获得并用以指控该人的任何证据"。《日本刑事诉讼法》第 319 条第 1 款规定:"出于强制、拷问或者胁迫的自白,在经过不适当的长期扣留或者拘禁后的自白,以及其他可以怀疑为并非出于自由意志的自白,都不得作为证据。"

德国非法证据排除制度,叫作证据使用禁止制度,可分为"自主性证据使用禁止"和"非自主性证据使用禁止"。前者指法院不是依据法律中的证据取得禁令而作出排除证据的裁定,而是从宪法有关保障公民基本权利条款中推导出证据使用禁止。后者通常被称为"依照刑事诉讼的证据排除",只要是违反法律得到的证据必须强制排除。《德国刑事诉讼法典》第 136a 条规定:"禁止使用虐待、疲劳战术、伤害身体、服用药物、折磨、欺诈或者催眠等方法讯问被指控人,也不能使用有损于被指控人记忆力、理解力的措施讯问,即使被指控人同意这样做,所得到的陈述也不能作为证据使用。"德国联邦宪法法院和欧洲人权法院的判例曾明确指出,虐待行为究竟是否达到酷刑程度,取决于每个被害人不同身体和精神状况的考察,考虑因素包括被害人的性别、年龄、健康状况、虐待行为持续时间以及所造成的肉体和精神上的影响。

(二)我国"刑讯逼供"的含义

《最高人民检察院关于渎职侵权犯罪案件立案标准的规定》对刑法第 247 条规定的刑讯逼供罪立案情形列举有:1. 以殴打、捆绑、违法使用械具等恶劣手段逼取口供的;2. 以较长时间冻、饿、晒、烤等手段逼取口供,严重损害犯罪嫌疑人、被告人身体健康的;3. 刑讯逼供造成犯罪嫌疑人、被告人轻伤、重伤、死亡的;4. 刑讯逼供,情节严重,导致犯罪嫌疑人、被告人自杀、自残造成重伤、死亡,或者精神失常的;5. 刑讯逼供,造成错案的等多种情形。笔者认为,在与之配套的规范性法律文件出台之前,为保证法律适用统一性,可以且应当理解为实体法与程序法中的"刑讯逼供"具有同一内涵,在程序上应适时予以接轨。区别在于,适用程序法的结果直接导致非法证据的排除,而实体法则追究相关侦查讯问人员的刑事或行政责任,引发刑事案件立案、侦查等一系列追诉程序。

但是,我国刑讯逼供罪仅针对肉刑及变相肉刑的非法取证行为,并未包含《反酷刑公约》中所述的"精神痛苦"情形,外延过于狭窄。纵观历史,最初的刑讯都几乎无一例外地以肉刑方式进行,但随着以人体为对象的刑讯逐渐被法律所禁止,刑讯的方式逐渐发展为对人的神经系统、自主意识乃至心理的折磨和摧残等。例如,对犯罪嫌疑人、被告人强光刺激、不让喝水、不让上厕所、关押于恐怖或不适合人居的场所,甚至药物注射、催眠使其精神崩溃等手段,均应当构成刑讯逼供。"刑讯逼供"概念亟待继续加以强调、界定。

三、公诉方证明难

如何证明讯问过程合法性，是公诉人在非法证据排除程序中承担的重要举证责任之一。《非法证据排除规定》第 11 条规定："对被告人审判前供述的合法性，公诉人不提供证据加以证明，或者已提供的证据不够确实、充分的，该供述不能作为定案的根据。"新刑诉法第 58 条规定："对于经过法庭审理，确认或者不能排除存在本法第五十四条规定的以非法方法收集证据情形的，对有关证据应当予以排除。"这意味着，讯问过程合法性的证明标准与实体定罪标准不无区别，均为"确实、充分"或"排除合理怀疑"。笔者认为，此证明标准过高，实践中是否能够实现及如何实现都值得考量，可适当降低控诉方证明标准，只要"公诉人所提供的证据证明力明显大于辩方"即优势证明标准即可采信被告人供述，具体理由如下：

（一）发现、调查非法取证难

非法证据产生与调查存在"时间差"，公诉人难以举证证明讯问过程合法性。非法证据一般产生于侦查阶段，而非法证据排除程序的启动或调查相对集中于审查起诉或法庭庭审阶段。此时，"屈打成招"所致的伤情难以即时检查、固定或鉴定，讯问环境也多已时过境迁。我国侦查活动封闭性的特点始终未真正打破，即便有"公诉提前介入侦查引导取证"机制，也往往存在于个别重特大案件，并具有较大的随机性。侦查机关或部门对到案经过、讯问过程等情况说明"轻描淡写"，侦查监督活动无奈流于形式，公诉部门与审判机关对侦查活动无从知晓。面对辩方异议，仅凭公诉人之力举证证明侦查讯问过程合法性，难免"力不从心"。

（二）证明合法取证手段有限

在"案卷笔录中心主义"诉讼流程中，公诉人举证证明侦查行为合法性手段有限。我国侦查机关或部门在卷宗形成过程中处于绝对控制地位，[①] 通过案卷笔录深刻影响法庭审判，成为整个刑事诉讼的中心，[②] 侦查活动违法情况自然难以显现于卷宗内。案件审查起诉及审判长期以书面卷宗审查为最主要方式，对卷宗依附性很强，证人及侦查人员基本不出庭，庭审对证据审查以形式审查为主。法庭审判在一定程度上变成对侦查结论的审查和确认过程。公诉人

---

① 李长城：《大陆法系刑事卷宗制度对我国的启示》，载《中国刑事法杂志》2010 年第 10 期，第 70 页。

② 陈瑞华：《案卷笔录中心主义——对中国刑事审判方式的重新考察》，载《法学研究》2006 年第 4 期，第 63 页。

通过查阅卷宗，提讯犯罪嫌疑人等方式，无法全面重现讯问过程，难以充分核查卷宗信息，举证证明讯问过程合法性手段有限。

（三）程序事实证明标准略低

非法证据属于程序事实，证明标准应当略低于实体定罪事实。美国证据法则和证据理论将证明标准划分为九个层次，包括：（1）绝对确定，由于认识论的限制，这一标准被认为无法达到；（2）排除合理怀疑，既是刑事诉讼定罪裁判的标准，也是诉讼证明的最高标准；（3）清楚和有说服力，某些司法区对死刑案件拒绝保释的证明要求；（4）优势证据，肯定刑事辩护以及作出民事诉讼判决的要求；以及"可能的原因"、"有理由的相信"等九个层次标准。① 实体事实与程序事实的证明标准通常有所区别，程序事实证明低于实体事实。严格证明标准适用于实体事实证明，而自由证明标准则适用于程序事实证明。非法证据排除程序中的证明对象不是被告人的犯罪事实，而是侦查部门取证行为是否合法，究其实质是证明证据材料是否具有证据资格的问题，属于程序事实的证明，可略低于定罪裁判证明标准。

美国是非法证据排除规则最为成熟且最为发达的国家。对于自白是否自愿作出问题，控方至少要以优势证据证明。也就是说，只要控方举证达到优势证明，即可认定自白具有任意性。因为排除合理怀疑仅在定罪的情况下适用，对于其他事实的证明自然不必要求达到该项标准，但设定过低的证明标准又不符合非法证据所具有的重要意义，故而优势证据当为最佳选择。② 在德国，大多数同意采用定罪标准，"一旦存在排除证据的合理怀疑，证据就应当被排除，法院通常通过对比来判断刑事诉讼程序的规律，排除那些可能通过违法活动所取得的证据。"③ 但是，联邦上诉法院判决指出，法院"假定刑事诉讼过程是符合规则的，要求只有发生违法行为在可能性上占优势时才排除证据"。④ 在

---

① （5）可能的原因：适用于签发令状、无证逮捕、搜查、扣押、提起大陪审团起诉书和检察官起诉书、撤销缓刑和假释、以及公民扭送等情况；（6）有理由的相信：可以"拦截和搜身"；（7）有理由的怀疑：足以将被告人宣布无罪；（8）怀疑：可以开始侦查；（9）无线索：不足以采取任何法律行为。参见《美国联邦刑事诉讼规则和证据规则》，卞建林译，中国政法大学出版社1998年版，第22页。

② 胡洋：《论非法证据排除中的证明责任与证明标准》，中国政法大学出版社2009年版，第78页。

③ 岳礼玲：《德国刑事证据制度中的若干问题》，载《诉讼法学新探》，中国法制出版社2010年版，第383页。

④ ［德］托马斯·魏根特：《德国刑事诉讼程序》，岳礼玲、温小洁译，中国政法大学出版社2003年版，第202页。

英国，根据《警察与刑事证据法》第76条第2款规定，控诉方负责证明被告人供述系以合法手段取得，要达到排除合理怀疑的程度。

诉讼标准，应当是具有现实性、可操作性的法律标准，兼顾诉讼成本、诉讼效率、诉讼性质等综合因素。参照各国做法，"优势证据"标准较为符合中国独特的法治环境与司法传统。具体来说，在控辩双方所举证据以及法庭调查核实的基础上，如果法庭能够确信证明发生非法取证的证据较之证明合法取证的证据，其优势更大时，即发生非法取证的实际可能性较大，就应排除该项证据；否则，应当采纳该项证据。目前，新刑诉法与《非法证据排除规定》综合列举的讯问过程合法性证明方法主要有：1.向法庭提供讯问笔录；2.提供原始的讯问过程同步录音录像或其他证据；3.提交经有关讯问人员签名或盖章并加盖公章的说明材料；4.提请法庭通知讯问时其他在场人员或者其他证人出庭说明情况等，尚不足以穷尽变化莫测的庭审实践状况，探索多样性的讯问过程合法性证明方法势在必行。

四、讯问同步录音录像运用难

自2005年11月1日起，最高人民检察院先后颁布一系列规定，"三步走"战略部署率先对全国职务犯罪侦查逐步实现讯问全程同步录音录像。在多年实践过程中，各级司法机关对全程同步录音录像资料的证据属性和法律定位始终争论不休。一些办案人员对同步录音录像作用存在两个认识误区：一是同步录音录像万能论，认为同步录音录像是辅助性证据材料，对防止被告人翻供有一劳永逸的作用；二是同步录音录像无用论，认为已有被告人讯问笔录和法庭当庭供述，无须审查出示同步录音录像资料，也不会直接采信同步录音录像记录的被告人供述。[①] 笔者认为，讯问同步录音录像具有双重证据属性，不可"一刀切"简单将其单独列入某一证据种类。

（一）用于证明讯问程序合法性

在证明讯问程序和手段合法性上，同步录音录像客观真实地记录讯问活动过程和场景，重现"笔录是怎样形成"的，应属于证明讯问过程的视听资料证据种类。视听资料，指以图像和声音形式证明案件真实情况的证据。同步录音录像以图像和声音形式，直观形象地记录犯罪嫌疑人及侦查人员当时的场景、气氛、语调、神态等，充分再现讯问过程的每个细节，有力地弥补了书面讯问笔录的不足。在英国，警察把讯问录音制度作为免受错误指控的一种保护

---

① 张磊、钟鸣：《职务犯罪案件讯问全程同步录音录像运作现状分析》，载《中国检察官》2012年第2期，第69页。

机制。他们对该制度的态度经历了急剧的、根本性的变化，由最初的"这东西有用吗"转变为"我们怎样使它发挥作用"，表现出浓厚的兴趣和乐观的支持，认为警察是主要受益者。①

审查判断录音录像资料的合法性，通常可考察录音录像资料的音质、画质是否明晰，过程是否完整、连贯，并厘清同步录音录像"全程"的含义。实践中，有的侦查人员在突破犯罪嫌疑人心理防线获取口供后才录音录像；有的只固定有罪供述，对无罪辩解则不予录音录像；还有的以单次录音录像代替讯问全过程录音录像。② 最高人民检察院颁布的《人民检察院讯问职务犯罪嫌疑人实行全程同步录音录像的规定（试行）》、《人民检察院讯问职务犯罪嫌疑人实行全程同步录音录像技术规范》和《人民检察院讯问职务犯罪犯罪嫌疑人实行全程同步录音录像系统建设规范（试行）》等一系列规定，明确要求"对每一次讯问犯罪嫌疑人均应进行全过程、不间断的录音录像"，也就是从立案至侦查终结，每一次讯问过程都必须毫无遗漏地进行同步录音录像，否则容易使辩方对其合法性产生质疑。

（二）用于证明案件事实

在证明案件事实上，同步录音录像是固定保全犯罪嫌疑人、被告人供述和辩解的方法之一，重现"案件是怎么发生的"，应属于被告人供述和辩解证据种类。其与传统讯问笔录、亲笔供词相比，只是载体不同，证明内容完全一致。并且，同步录音录像完全保留了讯问当时语音环境，更具有同步性和完整性，观看同步录音录像比阅读笔录更能全面清晰地了解被告人供述，较书面笔录更具有证明力，可以有效抑制被告人的任意翻供、串供。《刑事诉讼规则》第 144 条规定："讯问犯罪嫌疑人，可以同时采用录音、录像的记录方式。"《公安机关办理刑事案件程序规定》第 184 条规定，讯问犯罪嫌疑人，在文字记录的同时，可以根据需要录音、录像。香港廉政公署自 1992 年起，逐步形成了一套完整、规范的录音录像操作方法。讯问过程一般不作讯问笔录，以制作的录像资料作为向法庭提供的证据。只有被告人拒绝使用录像形式时，方可制作文字笔录。澳大利亚 1991 年《联邦犯罪侦查法》要求，所有联邦执法机关进行的审讯活动，除无法实施的情形外，必须进行录音，否则，所获得的陈述不得作为证据使用。警方将录音资料复制件送至专门机构，将录音资料转换

---

① 瓮怡洁：《英国的讯问同步录音录像制度及对我国的启示》，载《现代法学》第 32 卷第 3 期，第 105 页。

② 张磊、钟鸣：《职务犯罪案件讯问全程同步录音录像运作现状分析》，载《中国检察官》2012 年第 2 期，第 70 页。

成文字资料，并将文字资料连同录音资料向地方法院一并呈上。转换的文字笔录不过是附件而已，作为法定证据的，是经过当事人确认的录音资料。

讨论同步录音录像与笔录之间的关系，就不得不提及"同步录音录像与笔录内容不一致"的问题。我国台湾地区"刑事诉讼法"第 100 条规定："讯问被告，应全程连续录音，必要时应全程连续录像。但有急迫情况且经记明笔录者，不在此限。笔录内所载之被告陈述与录音或录像之内容不符者，除有前项但书情形外，其不符之部分，不得作为证据。"所谓"内容不符"，一般包括：1. 被告讯问笔录与录音皆有所载，但所载内容不相符合；2. 虽有讯问笔录，但未全程连续录音或根本未录音，或在录音带上毫无记载；3. 已全程连续录音，但录音效果不清晰，以致无从判断二者内容是否相符，甚或笔录所载与录音内容完全相符，唯录音系事后造假等，亦应视为"内容不符"的情形。[①] 即同步录像资料的证明力高于讯问笔录，一旦被告人提出讯问笔录记载不实的抗辩，法院应先调取同步录像资料，勘验审核以判断笔录内容是否与同步录像记载的相符合。若不符，法官则排除与同步录像资料内容不符的部分笔录证明力，办案人员可吸收借鉴用以采信被告人供述。

五、侦查部门情况说明定性难

《非法证据排除规定》第 7 条第 3 款规定："公诉人提交加盖公章的说明材料，未经有关讯问人员签名或者盖章的，不能作为证明取证合法性的证据。"此规定极具中国特色，似乎说明凡经讯问人员签名盖章并加盖公章的说明材料，原则上都能作为定案的根据，也就是人民法院只要形式审查说明材料即可认定取证程序合法。这强烈暗示了对侦查人员的"绝对信任"，是一种明显的妥协[②]，已受到理论学界的关注与警惕，被称为我国非法证据排除规则中"证明方法在设计上的有效性与合理性瑕疵"。[③] 笔者认为，侦查部门出具的情况说明确有证据越位之嫌，新刑诉法对其未予规制值得商榷。

（一）情况说明的"法治隐忧"

情况说明，是在刑事诉讼中，侦查机关以单位名义或以单位和侦查人员双重名义出具，向提起指控的检察机关提供的，对案件中出现的事实或证据问题

---

① 马雪艳：《同步录音录像制度研究》，西南政法大学 2009 年硕士学位论文，第 87 页。

② 陈瑞华：《非法证据排除规则的理论解读》，载《证据科学》2010 年第 5 期，第 564 页。

③ 陈卫东：《中国刑事证据法的新发展——评两个证据规定》，载《法学家》2010 年第 5 期，第 56 页。

进行解释的书面说明材料,一般涉及案件事实问题和证据问题。事实问题,包括案件来源、抓获经过、自首立功情节等。证据问题,主要是对讯问过程的合法性和补充侦查情况等进行说明。有关情况说明的规定,此前鲜见于我国规范性法律文件。《非法证据排除规定》首次明确规定其形式要件,必须经有关讯问人员签名或盖章并加盖公章,且只要符合该形式要件就可证明讯问过程的合法性。如此规定,其弊端是显而易见的:

1. 违背我国"证据必须经过查证属实,才能作为定案的根据"的证据采信原则。实践中,情况说明一般寥寥数语遗漏细节,过于简练,无其他任何证据"佐证",经当庭宣读后即可基本采用①,无从查证其是否属实,变相剥夺了辩方质证的基本权利,无异于侦查部门及其人员"自证清白"。这样,已滥用多年的情况说明非但没有受到遏制,反而变成用以弥补侦查部门制作证据材料粗糙的"万能文书",功效胜过任何证据种类,被讽刺为"证据白条"。② 司法、执法机关应当是守法的楷模,法治文明的基石才能得以稳固,仅凭一纸情况说明就可能使非法证据披上合法化的"外衣",弊大于利,为司法公正埋下隐患。

2. 有悖于大陆法系"直接言词原则"和英美法系"传闻证据规则"。直接言词原则,旨在要求法官对证据的审查必须具有"亲历性",即任何证据都必须经过法庭上的直接质证和认证,才能使审判者对证据的证明力形成内心确信,认定案件事实作出判决。传闻证据规则被誉为"英美证据法系的核心和灵魂",要求采信证人证言应当符合如下三个条件:(1)证人对所要证明的事实掌握有第一手资料;(2)证人必须在法庭上宣誓;(3)证言通过充分有效的交叉询问暴露缺陷以证明真实性。③ 情况说明相当于侦查部门自行认证讯问程序合法性,既无法即时回应辩方质疑,也难以使法官形成内心确信,更不易使公众信服。

(二)情况说明的证据种类

情况说明应属何种证据种类?笔者认为,情况说明应归类于证人证言。因为,证人以自身感官感知案情为前提来提供证言。情况说明必须由讯问人员署名,正是讯问人员作为证人以自身感官感知讯问过程来提供证言。侦查部门加盖公章并未改变证人证言的性质,可视为单位对证人身份资格的证明,实质上是单位在讯问人员的证人证言上加盖公章。只加盖单位公章的情况说明之所以

---

① 王丹:《"情况说明"的证据越位——对〈非法证据排除规定〉第七条第三款的检讨》,载《人大研究》2011年第6期,第38页。

② 刘品新:《证据"白条"当杜绝》,载《检察日报》2005年5月11日。

③ 齐树洁:《美国证据法专论》,厦门大学出版社2011年版,第189页。

不能作为证明取证程序合法性的证据，是因为单位或部门作为组织不能像自然人那样具备感知、记忆、复述的功能，加之，证人如果作伪证，可以承担伪证罪的法律责任，而对单位或部门则难以追究其刑事责任。①

英国有"警察是法庭的公仆"，德国有"警察是检察官的助手"法谚。新刑诉法第 57 条第 2 款规定："现有证据材料不能证明证据收集的合法性的，人民检察院可以提请人民法院通知有关侦查人员或者其他人员出庭说明情况；人民法院可以通知有关侦查人员或者其他人员出庭说明情况。有关侦查人员或者其他人员也可以要求出庭说明情况。经人民法院通知，有关人员应当出庭。"初步构建了侦查人员出庭说明情况的程序规则，为侦查人员出庭作证提供了一定的制度空间和法律依据。但新刑诉法将其表述为"出庭说明情况"而非"出庭作证"，似乎彰显了侦查人员区别于普通证人的法庭地位。其实不然，在美国，警察以证人身份出庭证明取证行为合法性非常普遍。

例如，美国波士顿于 1982 年修订《波士顿警察局规则与程序规则 320》，主要涉及警察出庭作证的义务和责任、出庭前的准备工作、出庭过程中的职责、作证的规范、作证后的证据处理等。该规则规定，在没有得到地区助理检察官的帮助和同意，任何警察都不得试图直接参与诉讼。所有警察在法庭要求出庭时，都应当出庭；如果警察置法院通知于不顾，可能启动针对该名警察不出庭作证的听证程序，对其以藐视法庭罪或一定数额罚款处理。当一个禁止证据采纳的动议在法庭上被允许时，该案件出庭警察应履行严格的层层报告程序，及时纠正并积极防范可能的错误。② 该制度孕育于对抗式诉讼模式，来源于警检共同的控方关系基础，在一定程度上弥补了警检分立的缺陷，增强了控方证据的证明力。我国可将其作为学习借鉴的蓝本，规定侦查人员应履行普通证人的所有义务，情况说明经由侦查人员出庭宣读并经控辩双方质证后方可采信，否则，不得作为认定讯问过程合法的依据，以规范我国侦查人员出庭作证程序，保证控诉的有效性以及控辩双方公平质证。

六、结语

美国大法官本杰明·卡迪佐曾说："一方面，我们的社会希望犯罪应被抑

---

① 寇松娜、龙腾云：《"办案情况说明"证据能力探讨》，载《福建警察学院学报》2009 年第 3 期，第 90 页。

② 何家弘、杨建国：《论警察出庭作证的程序保障——以〈波士顿警察局规则与程序规则 320〉为蓝本》，载《犯罪研究》2010 年第 4 期，第 4 页。

制；另一方面，我们的社会不希望警察傲慢地轻视法律。"①非法证据排除规则以遏制公权力滥用，保障公民人权和实现程序正义为根本目的。它的颁布实施，在我国法治发展史上具有划时代的意义。该规则的构建与逐步完善，既是现代司法文明的重要标志，也是现代诉讼制度发展的必然选择。本文立足于自侦案件公诉实践困惑，以解决审查起诉及庭审现实难题为出发点，依托于有中国特色的社会主义法治体系，吸收借鉴世界各国及地区先进制度的价值精髓与程序内核，认为设计增设相关配套措施是该规则"行之有效"的关键。

在提高公诉方举证能力上，应相应降低讯问过程合法性证明标准，采"优势证据"标准更加合理恰当，并探索提取报备看守所体检报告制度，对犯罪嫌疑人被看守所收押之前的体检报告逐一排查，及时发现查处犯罪嫌疑人因刑讯逼供造成的身体伤害，同时备用于非法证据排除庭审调查程序。在运用同步录音录像上，应打破对同步录音录像证据属性的误区，彻底贯彻实现自侦案件全程同步录音录像，同时尝试对重要证人尤其是贿赂案件中行贿人证言的询问同步录音录像，以便有效固定证据，保障公民合法权益。

在进一步规制侦查行为上，应在制定侦查人员出庭实施细则的基础上，建立责任人惩戒制度和被害人救济赔偿制度。非法证据的直接排除是程序性制裁措施，只有制度化的侦查过程才是减少甚至杜绝非法证据产生的根源，辅之非法取证相关责任人承担一定的党纪、政纪处分，乃至民事经济赔偿责任和刑事责任，才能减少因排除非法证据而对案件事实认定造成的冲击，使非法证据排除规则适用随之顺畅，发挥应有的作用。"尽管发现案件事实真相并对犯罪人施加法定的惩罚是刑事诉讼的重要目的，但这绝不意味着刑事诉讼允许以不择手段、不问是非、不计代价的方法来发现事实。"② 此外，还须进一步明确"刑讯逼供"概念的内涵与外延，建立庭审争议口供的评估、预警、报告机制。

总之，非法证据排除规则的构建与完善"牵一发而动全身"，势必引发立法、司法、执法各部门、各环节的探讨与改革。唯有明确详细的操作性程序规则和有效的惩戒救济手段，方可使该规则不致流于形式，沦为口号式的宣言。非法证据排除规则的完善任重而道远，不可一蹴而就。

---

① 黄维智：《非法证据排除规则价值论纲》，载《中国刑事法杂志》2004 年第 6 期，第 70 页。

② 董华、范跃如：《论刑事非法证据排除规则及其在我国的创立》，载《证据学论坛》（第四卷），中国检察出版社 2002 年版，第 275 页。

"非法言词证据"证明问题探究

韩 哲[*]

《全国人民代表大会关于修改〈中华人民共和国刑事诉讼法〉的决定》
（以下简称《决定》）已于 2012 年 3 月 14 日由十一届全国人大五次会议审议
通过，《决定》对审查和排除非法证据的程序、证明责任及讯问人员出庭等问
题均进行了具体的规定。根据该《决定》，非法证据不能作为人民法院定案的
依据，也不能作为人民检察批准逮捕、提起公诉的根据。但是，非法证据作为
一种事实，本身也需要证明，并且应当在相应的刑事程序中予以证明。目前，
司法人员对该规定的理解难免发生分歧，在司法实践中也会遇上不少的难题，
因此，有必要从理论上对此予以解读。本文拟对非法证据证明问题进行探讨，
涉及非法证据证明对象的性质、究竟是严格证明还是自由证明、证明责任、证
明标准以及证明的程序等问题予以探讨，以期对证据法理论和司法实践都有所
裨益。本文主要针对非法言词证据的证明问题展开讨论。

一、非法言词证据作为证明对象的性质

证明对象的确定在刑事诉讼中具有重要的作用和意义："第一，明确了当
事人收集证据的范围；第二，限定了举证的范围；第三，限定了裁判者认识的
'视域'；第四，直接约束了裁判者有权作出裁判的对象。"[①] 具体而言，刑事
诉讼的证明对象主要包括"公诉事实为基础的，通过诉因而具体化的犯罪事
实——符合犯罪构成客观要件的主要事实，作为违法性和有责性基础的心理事
实，可以作为刑罚加重、减轻或者免除事由的具体事实，以及涉及被告人诉讼
利益的程序性事实"[②]，同时，还包括与证据能力和证明力密切相关的证据法
事实。因此，从刑事证明对象的范围来看，主要分为三类：一类是包括与被告

---

[*] 北京市石景山区人民检察院法律政策研究室主任，法学博士、博士后。

[①] 吴宏耀、魏晓娜：《诉讼证明原理》，法律出版社 2002 年版，第 74—75 页。

[②] 陈浩然：《证据学原理》，华东理工大学出版社 2002 年版，第 382 页。

人定罪、量刑密切相关的实体法事实；另一类是与被告人诉讼权利密切相关的程序法事实，最后一类是与证据本身相关的证据法事实。

非法证据中的"非法"意味着三种不同的法律后果：其一，绝对排除。即采用刑讯逼供、暴力、威胁方法取得的非法言词证据依法必须排除，即使它是真实的、可靠的，也不能作为定案根据，没有任何的自由裁量余地。其二，自由裁量的排除。即物证、书证的取得违反法定程序、影响公正审判的，可以被排除。其三，可补正的救济。即一些技术性的违法，可以责令侦查人员去补正被采用。因此，非法证据在是否排除的意义上称之为"非法"，而在诉讼证明的意义上应该对"证据合法性"加以证明，因此，非法证据证明对象应当是"证据合法性"。

证据合法性作为证明对象在性质上究竟属于何种事实，即究竟属于实体法事实、程序法事实还是证据法事实？笔者认为，根据证明对象的证明目的，证据的合法性属于证据法事实，即证据合法可以被采纳，证据非法则被排除，因此，它是与证据是否被采纳、被采信进而是否作为定案的根据密切相关的问题，证据的合法与非法虽然在最终的意义上影响着被告人的实体权利，但从证明的直接的目的来看，解决的只是证据能力或资格问题。具体而言，根据《决定》，非法言词证据的证明目的是合法还是非法，合法与非法的结果决定着被证明的言词证据是否作为定案的根据或者批准逮捕、提起公诉的根据，因此，"合法还是非法"引起的结果是证据法意义上的结果。

关于证据法事实是否作为证明对象，我国理论界存在争议。通说认为证据法事实不属于证明对象的范围。① 否定的理由有三：第一，证明对象和证明手段之间是目的和手段的关系，不能将目的和手段混同；第二，证据需要查证属实，但并非所有需要查明的事实都能成为证明对象，查证属实只是证据作为证明手段的资格条件，而不是其作为证明对象的充分条件；第三，将证据事实排除在证明对象以外，有助于证据法学理论解释证据与证明对象各自的特殊规则。但是，近年来，国内更多学者持相反意见，他们认为证据法事实应当成为证明对象。② 笔者认为，刑事诉讼证明作为一种法律活动，特定的事实问题是否属于证明对象的范围，不在于理论上的纷争，而取决于法律的具体规定。根

---

① 参见陈一云主编：《证据学》，中国人民大学出版社 2000 年版，第 149 页以下；江伟主编：《证据法学》，法律出版社 1999 年版；卞建林主编：《证据法学》，中国政法大学出版社 2002 年版；何家弘主编：《新编证据法学》，法律出版社 2000 年版，第 285 页以下；樊崇义主编：《证据学》，法律出版社 2001 年版，第 188 页以下。

② 卞建林主编：《刑事证明理论》，中国人民公安大学出版社 2004 年版，第 143 页。

据《刑事诉讼法修正案》，证据法事实作为证明对象，已经成为不争的事实。

二、采用严格证明还是自由证明

言词证据合法性作为证明对象，应当采用严格证明还是自由证明？刑事诉讼中证明的要求大致可以分为"严格证明"和"自由证明"。所谓严格证明，是指用具有证据能力并经过正式证据调查程序的证据作出的证明；所谓自由证明，是指不考虑证据是否具有说明能力或者没有经过正式的证据调查程序作出的证明。由此可知，与自由证明相比，严格证明有两个显著的特点：一是证据手段必须合法，证据必须具有证据能力；二是证明过程必须经过正式的法庭调查程序。相反，则为自由证明。在刑事诉讼活动中，我们必须兼顾考虑证明质量和诉讼成本的双重要求，必须兼顾公正与效益的双重法律价值，因此，不能对任何证明对象都要求进行严格证明，否则，刑事诉讼的成本就会大大增加，诉讼的效率、效益价值难以保障。

相比而言，严格证明的证据资料限制更多，这种限制显然对被告人更为有利，而且在正式的庭审调查中，被告人的诉讼权利更有保障。因此，不管是从实体利益的角度出发，还是从程序权利的实现角度考虑，严格证明对被告人都是有利的。对于需要严格证明的事实，其范围的确定必须遵循以下原则[①]：其一，不妨碍实体的查明，即在决定被告人负刑事责任前提是否存在以及责任界限的重要场合，均应采用严格证明。其二，不违背程序公正，即当被告人的实体权益面临遭受不利的危险时，出于程序公正的基本要求，应通过正式的法庭调查程序赋予被告人为自身利益进行辩驳的机会和权利。因此，在对被告人不利的事实进行证明的场合，以严格证明为宜。其三，效率原则，即对不影响查明重要的实体法事实和不妨碍被告人重要诉讼权利实现的领域，实行自由证明，有利于效率价值的实现。

一般而言，非法言词证据作为证据法事实，关涉到言词证据本身的证据能力，即证据能否被采用的资格问题，其与被告人的实体法权益密不可分，一旦被认定会使被告人在实体上遭受严重的不利影响，面临被追究、定罪的现实危险。考虑刑事诉讼中程序正义的要求，应该赋予被告人以辩驳和提供有利事实的机会，因此，应当采用严格证明的证明形式。另外，对于证据法事实，在庭审过程中还难以判断哪些证据法事实是有利于被告人的，哪些是不利于被告人的，对于同一证据法事实基于不同的证明目的，就会产生不同的证明效果，而这种效果也很难说是否有利于被告人。所以，我们不能将证据法事实强行划分

---

① 吴宏耀、魏晓娜：《诉讼证明原理》，法律出版社 2002 年版，第 68 页。

为有利于被告，或者不利于被告，从而采用不同的证明方式。因此，对非法言词证据采取严格证明的方式基本上是妥当的。

但是，问题在于严格证明与自由证明毕竟只是一种理论上的划分，并无明确的立法依据。大体而言，有关犯罪构成要件的事实必须予以严格证明，而那些"对裁判上只具有诉讼上重要性的事实"，自由证明就足够了。① 然而，司法实践中不得不考虑，是否所有的言词证据的合法性是否均需要严格证明，证明力较小或者很小的言词证据的合法性是否必须采用严格证明②? 笔者认为，言词证据要按照证明力大小不同的层次由法官自由裁量，如果一律采用严格证明，势必严重影响刑事诉讼程序的正常进行。具体来说，被告人的供述必须采用严格证明，被害人的陈述也必须采用严格证明，对于犯罪嫌疑人定罪量刑具有重要影响的证人证言需要严格证明，而对被告人定罪、量刑不大或者对于有利于被告人的证人证言，则无须采用严格证明。至于证人证言对于被告人实体权利影响的大小和程度，只能留给法官进行自由裁量。

三、非法言词证据的证明责任及证明标准

非法与合法只是一个事物的两个方面，因此，非法言词证据具有两面性：一方面，言词证据的"非法"是相对于提出非法性一方而言的，一般而言，口供的非法性是由被告人或嫌疑人提出的主张；另一方面，言词证据的"合法"是相对于举证方而言的，其必须证明言词证据的"合法"。为了能够厘清非法言词证据的证明责任，我们必须对证明责任的含义予以澄清。

所谓证明责任，是指证明主体为了使自己的诉讼主张得到法官裁判的确认，所承担的提供和运用证据支持自己主张以避免对于己方不利诉讼后果的责任。具体而言，证明责任有如下特点：（1）证明责任总是和一定的诉讼主张相联系；（2）证明责任是提供证据责任和说服责任的统一；（3）证明责任总是和一定的不利诉讼后果相联系。③ 我国传统的证据法理论，一般将证明责任理解为举证责任，即罗马法时代的"原告应负举证义务"和"举证义务存于主张之人，不存于否定之人"，实质上就是我们现代人理解的所谓"谁主张，谁举证"。但这种理解不能解决举证完成以后，当法官仍感觉真伪不明时如何

----

① ［德］克劳思·罗科信：《刑事诉讼法》，吴丽琪译，法律出版社 2003 年版，第 208 页。

② 关于证明力对证据能力的关系和影响，参见孙远：《刑事证据能力导论》，人民法院出版社 2007 年版，第 15—21 页。

③ 卞建林主编：《刑事证明理论》，中国人民公安大学出版社 2004 年版，第 176 页。

进行合法裁判的问题。

现代西方法治国家证据法理论通常将证明责任区分为主观证明责任与客观证明责任。主观证明责任，指的是当事人为了避免败诉，通过自己的证明活动对争议事实进行证明的活动，即我们通常理解的当事人提出证据和说明证据的义务。客观证明责任，是指如果诉讼中法院对法律规定的要件事实最后（言词辩论终结时）仍真伪不明时①，将其不利益（败诉）归于一方当事人承担的法律后果。② 客观证明责任的功能在于，当诉讼结束事实仍处于真伪不明状态时，为法官提供将不利益的诉讼后果判决给某一方当事人承担的法律依据，客观证明责任的核心是证明责任的分配问题。

1. 主观证明责任

新刑事诉讼法第 56 条规定："当事人及其辩护人、诉讼代理人有权申请人民法院对以非法方法收集的证据依法予以排除。"根据该规定，被告人及其辩护人提出口供非法的主张，如果有证据的需要提供证据，没有证据的只需证据的线索即可。另外，提出言词证据非法的一方似乎只需提出主张，而无须举证甚至无须提供证据线索，然后由举证方举证并证明取证的合法性。

笔者认为，上述理解仅仅是字面上的理解，缺乏相应的理论支持。该规定表面看犯罪嫌疑人具有主观的证明责任，而实际上，根据我国审前羁押的实际状况，被告人及其辩护人很难举出刑讯逼供或者口供非法取得的证据，因此，法律上不能让其承担刑讯逼供或者口供违法取得的举证责任。但是，被告人及其辩护人虽然没有举证责任，但是其应当具有提供证据线索的义务并具有针对法官的说服义务，让法官产生口供非法取得或者刑讯逼供的怀疑，因此，上述规定可以理解为主观的证明责任，即对被告人或者辩护人对口供非法性的主张具有提出义务和说服义务。该规定表面看来只是提供言词证据非法取得的主张，没有举证责任，但是从实践操作层面来看，提出言词证据非法取得的一方，恰恰负有主观证明责任，即提供初步证据的责任和说服法官对言词证据合法性怀疑的责任，这种理解是符合我国刑事司法实践实际情况的。从证明标准上看，提出言词证据"非法"的一方，通过自己的举证、提供线索和说服行

---

① 不管是从理论层面还是从实践层面上，证明的结果总是存在三种情形：真、假、真伪不明。真伪不明的存在是法官自由心证的一种主观心理状态，它与犯罪事实是否真实系被告人所为并没有任何关系。不管犯罪事实是否系被告人所为，都可能导致法官难以形成内心确信。对于前两种结果，法官可以直接适用法律作出裁判。然而，在事实真伪不明的状态下，法官应当如何作出合法的裁判呢？这就是客观证明责任需要解决的问题。

② 吴宏耀、魏晓娜：《诉讼证明原理》，法律出版社 2002 年版，第 311—313 页。

为，使法官对言词证据产生"非法"的怀疑即可。

2. 客观证明责任

客观证明责任的核心是证明责任的分配问题。证明责任的分配，是指证明被告人有罪、无罪或者其他与犯罪有关的特定事项的责任如何在控辩双方进行配置的问题。关于刑事证明责任的分配，英美法系国家和大陆法系国家都采取了相同的分配原则——无罪推定原则，即证明被告人有罪的责任始终由控诉方承担，刑事被告人不承担证明自己有罪或者无罪的义务。"无罪推定是刑事证明责任分配的主要标准，但不是证明责任分配的唯一标准，世界各国刑事法律中关于被告人承担证明责任的例外规定，说明我们在刑事诉讼中分配证明责任时除无罪推定这一基本准则以外，还考虑其他分配要素。"① 其中，学者们普遍认为政策、公平（包括证据距离）、盖然性（包括经验规则）是必须予以考虑的因素。

新刑事诉讼法第49条规定："公诉案件中被告人有罪的举证责任由人民检察院承担。"第56条规定："法庭审理过程中，审判人员认为可能存在本法第五十四条规定的以非法方法收集证据情形的，应当对证据收集的合法性进行法庭调查。"第57条规定："在对证据收集的合法性进行法庭调查的过程中，人民检察院应当对证据收集的合法性加以证明。现有证据材料不能证明证据收集的合法性的，人民检察院可以提请人民法院通知有关侦查人员或者其他人员出庭说明情况……"根据上述规定，当法官对言词证据的非法性产生怀疑时，公诉方对被告人口供的"合法性"负有提出证据义务和说服的义务，对未到庭的证人的证言、被害人书面陈述的举证方对其"合法性"具有提出证据证明和说服的责任。根据现代证明责任原理，举证方不仅负有主观上的证明责任，而且还具有客观上的证明责任。当他们的主观上的证明责任没有令法官达到内心确信或者排除合理怀疑的程度，则必须承担不利的法律后果，即上述言词证据非法必须予以排除，不得作为定案的根据。从证明标准上看，举证方应当确实、充分并达到排除合理怀疑或者内心确信的程度，否则，要承担非法证据排除的不利法律后果。

四、非法言词证据排除的程序

非法言词证据的证明和审查必须在一定的程序中完成，程序对于非法言词证据排除的实现具有决定性的意义。大致来看，非法言词证据排除的程序主要包括非法言词证据的提起程序、非法言词证据的审查程序、非法言词证据的举

---

① 卞建林主编：《刑事证明理论》，中国人民公安大学出版社2004年版，第185页。

证、质证、庭外调查程序以及非法言词证据的裁判、救济程序。鉴于新刑事诉讼法没有对非法言词证据的排除程序作出明确规定，本部分内容主要根据"两高三部"《关于办理刑事案件排除非法证据若干问题的规定》（以下简称《非法证据排除规定》）进行解读。

1. 提起程序

根据《非法证据排除规定》的相关内容，非法言词证据的提出主要集中在法庭审理阶段，即起诉书副本送达后至开庭审判前的阶段，或者法庭庭审过程开始以后至法庭辩论结束前。当然，在其他诉讼阶段，《非法证据排除规定》虽然没有明确规定可以提出言词证据非法，但根据诉讼的基本原理，也应当认为被告人与辩护人可以在其他诉讼阶段提出言词证据的非法性。

（1）审查逮捕、审查起诉阶段提出

《非法证据排除规定》第3条规定："人民检察院在审查批准逮捕、审查起诉中，对于非法言词证据应当依法予以排除，不能作为批准逮捕、提起公诉的根据。"本条仅规定了人民检察院具有排除非法言词证据的权力和职责，并未对非法言词证据的提起作出明确的规定，但是，这并不意味着犯罪嫌疑人和被告人不能在此诉讼阶段提出言词证据非法的主张。这是因为，人民检察院在审查逮捕、审查起诉中，既可能是主动发现言词证据非法，也可能是通过犯罪嫌疑人的提出而发现言词证据非法，因此，根据诉讼法的基本原理应当在审查逮捕和审查起诉阶段赋予犯罪嫌疑人或者为其提供法律帮助的人、辩护人提出言词证据非法的权利，然后，再由人民检察院对言词证据的合法性进行审查。

（2）在开庭审判前或庭审开始至法庭辩论前提出

《非法排除证据规定》第4条规定："起诉书副本送达后开庭审判前，被告人提出其审判前供述是非法取得的，应当向人民法院提交书面意见。被告人书写确有困难的，可以口头告诉，由人民法院工作人员或者其辩护人作出笔录，并由被告人签名或者捺指印。"第5条规定："被告人及其辩护人在开庭审理前或者庭审中，提出被告人审判前供述是非法取得的，法庭在公诉人宣读起诉书之后，应当先行当庭调查。法庭辩论结束前，被告人及其辩护人提出被告人审判前供述是非法取得的，法庭也应当进行调查。"根据上述内容，明确规定了非法言词证据提出的期间为开庭审判前或者庭审开始之法庭辩护前。

（3）在二审庭审中提出

二审法院是否受理被告人或者辩护人的非法言词证据的主张，《非法证据排除规定》并没有明确的规定，该规定第12条只是规定了非法言词证据没有采信的救济程序。我们认为应当赋予被告人或者辩护人在二审中首次提起言词证据非法的权利。理由主要如下：第一，目前《非法证据排除规定》刚刚实施，被告人或者辩护人能否在一审中及时提出尚需在司法实践中检验。如果直接剥夺被告人或者辩护人在二审中提起非法言词证据，不利于查清犯罪事实的真相，一定程度上影响二审审查和纠错功能。第二，非法言词证据在造成刑事错案中为祸尤烈，如果通过严格限制提起的程序，可能有利于提高诉讼效率、节约司法成本，但不利于司法的公正，有损刑事司法的权威。同时，刑事司法实践中刑讯逼供或者非法言词证据发生概率仍然较高，在此现实背景下严格提起程序不符合刑事司法的实际状况，一定程度上影响非法证据规则适用的效果。

2. 非法言词证据的审查程序

根据《非法证据排除规定》的相关规定，人民法院在收到被告人认为言词证据非法的书面意见后，应当将该复印件在开庭前交人民检察院。在庭审中如果被告人或辩护人提出庭审前的供述系非法取得的，人民法院应当进行当庭调查。在审查逮捕。审查起诉阶段，人民检察院也应当对口供取得的非法性予以审查。

3. 非法言词证据的举证、质证与庭外调查程序

根据《非法证据排除规定》第7条之规定，经审查，法庭对被告人审判前供述取得的合法性有疑问的，公诉人应当向法庭提供讯问笔录、原始的讯问过程录音录像或者其他证据，提请法庭通知讯问时其他在场人员或者其他证人出庭作证，仍不能排除刑讯逼供嫌疑的，提请法庭通知讯问人员出庭作证，对该供述取得的合法性予以证明。公诉人当庭不能举证的，可以根据刑事诉讼法第165条的规定，建议法庭延期审理。除此之外，《非法证据排除规定》明确规定了控辩双方可以就被告人审判前供述取得的合法性问题进行质证、辩论，法庭对于控辩双方提供的证据有疑问的，可以对证据进行调查核实。必要时，可以通知检察人员、辩护人到场。

4. 非法言词证据的裁判和救济程序

（1）非法言词证据的裁判程序

非法言词证据根据提起的时间不同，可以分为两类：一类是庭审前提出的；另一类是庭审中提出的。根据上述分类，分以下情形进行裁判：

第一，对于庭审前被告人辩护人提出的非法言词证据主张，如果公诉人或者举证方不能提供证据证明或者已提供的证据不够确实、充分的，不应当在法庭上宣读、质证。

第二，对于庭审前被告人辩护人提出的非法言词证据主张，如果具有下列情形之一的，可以当庭宣读、质证，并且结合被告人的当庭供述以及其他证据综合判定是否作为定案的根据。这些情形包括：被告人及其辩护人未提供非法

取证的相关线索或者证据的；被告人及其辩护人已提供非法取证的相关线索或者证据，法庭对被告人审判前供述取得的合法性没有疑问的；公诉人提供的证据确实、充分，能够排除被告人审判前供述属非法取得的。

第三，对于庭审中提出非法言词证据主张的，如果公诉人或者举证方不能提供证据证明或者已提供的证据不够确实、充分的，则不能作为定案的根据。

（2）非法言词证据裁判的救济程序

《非法证据排除规定》第 12 条规定了非法言词证据裁判的救济程序，根据该条的规定，对于被告人及其辩护人提出的被告人审判前供述是非法取得的意见，第一审人民法院没有审查，并以被告人审判前供述作为定案根据的，第二审人民法院应当对被告人审判前供述取得的合法性进行审查。

公诉人进行非法证据排除工作的实务思考

吴燕武[*]

非法证据排除规则，一般是指国家司法工作人员使用非法手段或通过非法程序获得的证据，不得在刑事诉讼中作为不利于被告的证据的一系列刑事诉讼规则。2012 年 3 月 14 日，全国人大通过新刑诉法的修改方案，在刑诉法中确立了非法证据排除规则。其中，不得强迫任何人自证其罪原则、不得以刑讯逼供等非法手段获取犯罪嫌疑人、被告人供述以及讯问过程录音录像的规定，是严禁刑讯逼供的重要工作机制。在实践工作中如何贯彻非法证据排除规则，有效预防刑讯逼供的发生，是现阶段每个公诉人不得不思考的重要问题。公诉人应当充分认识非法证据排除规则的重要意义，调整工作理念、思路，在审查起诉阶段和法庭审理阶段充分发挥指控犯罪和法律监督两个职能，有效贯彻执行新刑诉法的相关规定，严禁刑讯逼供的发生。

一、非法证据排除规则对严禁刑讯逼供的重要意义

非法证据排除规则的确立，具有重大的历史意义和现实意义，主要包括以下三方面：

（一）标志着民主与法治的进程与进步。近十年来所发生的赵作海案、佘祥林案、杜培武案等错案，其中很重要的原因就是通过刑讯逼供获取了虚假的有罪供述。非法证据排除规则的确立，对进一步规范和约束司法权力、保障犯罪嫌疑人的权利、避免冤假错案具有重要的意义。刑事诉讼法素来有"小宪法"之称，从非法证据排除规则对公权和私权之间的调整可以看出，国家提高了司法权力运行的规范化要求，进一步保障了公民的权利，符合了法律规范权力的"法治"精神的要求，也体现了我国政治民主的进步。

（二）顺应了国际社会对人权保障的制度设计。美国在 20 世纪初就产生了非法证据排除规则，并通过 1966 年的米兰达规则将非法证据排除规则也适

＊ 天津市人民检察院第一分院公诉处主诉检察官。

用到了非法取得的言词证据。1984 年，联合国大会所通过的《禁止酷刑和其他残忍、不人道或有辱人格的待遇或处罚公约》也明确规定，禁止以刑讯逼供获取的口供作为定案的证据。从世界范围看，通过非法证据排除规则等制度禁止刑讯逼供，已成为一种司法文明的必然趋势。确立非法证据排除规则，能更进一步适应国际社会的刑事诉讼规则，为追捕和惩治外逃犯等国际司法协助工作提供良好的法律环境。

（三）具有实体正义和程序正义的双重价值。非法证据排除规则既是基本人权的保护罩，也是冤假错案案的过滤器。实体正义与程序正义都是刑事诉讼的两大重要价值，二者是对立统一的关系。一般情况下，程序正义保障实体正义的实现，但是在个案中二者也可能存在冲突，追求程序正义可能使个别犯罪人逃脱法律的制裁，比如，刑讯逼供获取的是真实的有罪供述，排除这一有罪证据可能使犯罪人因证据不足而无罪释放。在这种情况下，牺牲个案的实体正义成为追求程序正义不可避免的代价。因为诉讼规律告诉我们：正义只有通过程序才能实现，只有程序正义才能够约束司法权的行使，避免执法人员行使权力的恣意和专断。非法证据排除规则通过确立证明能力的决定作用，保障了证据证明力的客观公正性，最终实现实体正义。

总之，非法证据排除规则的确立和实施，是我国刑事诉讼制度的重大进步，为严禁刑讯逼供提供了制度保障，具有重大的历史意义和现实意义。

二、公诉人在审查起诉工作中如何对刑讯逼供进行调查

非法证据排除规则主要是为了解决刑讯逼供这一刑事司法领域的毒瘤。根据新刑诉法的规定，在审查起诉阶段，公诉人应对刑讯逼供问题具有三项法定权力：程序启动权、调查核实权、处理建议权。审查起诉阶段，公诉人应当明确自己的法定义务和法定权力，及时发现刑讯逼供的线索，有效调查核实相关情况，并依法作出处理。

（一）公诉人具有刑讯逼供的"程序启动权"。公诉人应注重从三个方面获取刑讯逼供的线索，确定是否启动刑讯逼供调查程序。首先，善于从形式上和内容上审查口供，确定口供形成的合法性。形式上应注重把握：讯问笔录形成的时间、地点、时间长短、强制措施情况及被羁押后进行讯问的时间间隔、多次讯问的时间间隔、讯问时间与提押证记载是否相符、讯问人员的主体资格、笔录的制作和修改、犯罪嫌疑人和讯问人员的签章情况；从内容上把握供述形成是否自然、符合逻辑，是一次性形成还是"挤牙膏式"，是否存在诱供、逼供等言语，比照证人证言、物证、书证的取证时间与有罪供述的先后顺序，区分"先供后证"和"先证后供"两种不同情况。其次，讯问活动的重

点是通过讯问活动确定是否存在刑讯逼供、供述内容是否属实。在审查起诉阶段，讯问活动的一项重要内容就是核实侦查阶段供述的真实性，一方面通过告知犯罪嫌疑人有委托辩护人、申请回避、对侦查人员违法侵权行为可以提出控告、如实供述可以得到从宽处理等法定权利，使犯罪嫌疑人明确知道自己的诉讼权利；另一方面通过讯问犯罪嫌疑人是否受到刑讯逼供、供述内容是否属实等问题，确定侦查人员是否存在刑讯逼供等违法取证行为。最后，依法听取辩护人关于刑讯逼供的意见，对辩护人提供的相关线索及证据材料予以记录、审查。新刑诉法规定，听取辩护人意见是公诉人的一项法定义务，对辩护人的口头意见应当予以记录在案，书面意见应当归档保存。公诉人对辩护人提出的刑讯逼供的意见不能置之不理，不经调查即作出否定答复。

（二）公诉人具有刑讯逼供的"调查核实权"。新刑诉法明确规定，人民检察院接到报案、控告、举报或者发现侦查人员以非法方法收集证据的，应当进行调查核实。该规定一方面重申了公诉人应当对证据的证据能力进行审查的义务；另一方面也赋予了公诉人对非法取证行为的调查核实权。公诉人在启动刑讯逼供调查程序后，应当发挥检察机关的自侦权的功能，主动、积极调查取证，主要工作如下：首先，对讯问时在场的相关人员及侦查人员进行询问，了解犯罪嫌疑人的到案过程和供述的形成过程，制作相应的询问笔录或者由侦查人员以个人身份出具情况说明。其次，向侦查机关调取讯问过程的录音录像，向看守所调取犯罪嫌疑人入所的体检记录及羁押期间的就诊记录，调取犯罪嫌疑人同监室被羁押人和看守所医务室人员的证言，通过审查相关证据，确定犯罪嫌疑人是否受到刑讯逼供。最后，根据犯罪嫌疑人的伤情决定进行伤情鉴定，确定采用暴力行为进行刑讯逼供的结果。对于采用电击、药物、光、热、冷、饿、疲劳等手段进行刑讯逼供的强度和危害结果，可以由专家出具证言或者鉴定意见，结合相关司法解释确定刑讯逼供的手段和情节。

有人提出，为了增加非法证据排除程序的公开性、透明度，应通过设置"听证程序"，由公诉机关组织听侦查人员与辩护人、辩护人一方"当面锣对面鼓"地进行对质、举证、辩论，将非法证据排除的庭审调查程序提前进行，提高庭审效率。但是，笔者认为，非法证据排除规则的本质是一种证据审查制度，司法人员通过对进入诉讼程序的证据材料予以审查，如果发现以非法手段取得证据的，则认为该证据丧失证明能力不能成为定案的证据，将该证据材料予以排除。因此，听证程序本身仅仅是帮助公诉人审查证据的一种手段，这种手段仅仅有助于双方争议焦点的确立，形式上的公开和透明会使工作流于形式，无助于公诉人侦查工作的开展。

（三）公诉人具有刑讯逼供的"处理建议权"。公诉人经过调查取证，可能形成几种不同认识：1. 根据证据可以认定讯问过程符合程序法的相关规定，不存在刑讯逼供等非法取证行为；2. 根据证据可以认定侦查人员违反程序法的相关规定进行讯问，存在以威胁、引诱、欺骗以及轻微暴力等非法方法进行讯问的行为；3. 根据证据可以认定侦查人员采用暴力等非法手段刑讯逼供，造成被害人轻伤以上结果或者情节恶劣的情况，包括采用电刑、药物、光、热、冷、饿、疲劳等手段进行获取口供，情节严重的。第 1 种情况处理简单，现有证据能证实犯罪嫌疑人有罪供述的证明能力，依法可以作为定案的根据；第 2 种情况，根据新刑诉法的规定属于"以威胁、引诱、欺骗以及其他非法方法收集证据"；第 3 种情况，根据新刑诉法的规定属于刑讯逼供的手段收集证据。后两种情况均属于依法应当绝对排除的情形。如果依法排除非法取得的有罪供述影响定罪量刑的，公诉人应依职权分别处理：首先，在排除有罪供述对犯罪嫌疑人作出从轻处理之前，公诉人应竭尽全力采取补救措施，一方面通过补充侦查完善证据体系；另一方面可以依法对犯罪嫌疑人进行讯问，告知其如实供述能依法从轻处理的规定，努力取得犯罪嫌疑人自愿、真实的供述，如果取得其有罪供述，那么因为该供述的取得符合法律规定且排除了侦查阶段刑讯逼供的不利影响，可以作为定案的根据。其次，如果排除该供述导致部分犯罪事实、情节无法认定以致对犯罪嫌疑人从轻处理，公诉人应依职权层报检察长批准。再次，如果排除该供述需要对犯罪嫌疑人作出"证据不足的不起诉决定"，且经过二次退回补充侦查仍然无法达到证据标准，那么公诉人应依职权层报检察长，通过检委会作出不起诉决定。最后，根据非法取证行为的严重程度对相关责任人作出不同处理：对第 2 种情况，层报检察长向侦查机关作出纠正违法通知书；对第 3 种情况，相关侦查人员的行为涉嫌刑讯逼供罪或故意伤害、故意杀人罪的，应当将相关线索移送具有管辖权的反渎职侵权部门予以立案调查。

另外，需要注意的是，如果初次供述属于采用刑讯逼供等非法手段获取的，此后在合法的讯问程序下作出若干份相同或相似的再次供述，这种再次供述一般称为"重复供述"，对"重复供述"应当根据情况决定是否属于排除范围。司法实践中，犯罪嫌疑人再次供述可能会受到之前非法讯问的影响，其能够预见到翻供可能招致相同的侦查人员更为严重的刑讯逼供等不利结果，因恐惧而再次作出符合侦查人员期望结果的虚假供述。但是如果不加区分地排除重复供述，意味着放弃了发现刑讯逼供后重新取证的可能，影响打击犯罪诉讼功能的实现，再者我国诉讼程序具体区分侦查、审查起诉和审判三个阶段，侦查阶段还分刑侦和预审两个阶段，不同阶段均由不同的人员予以讯问，初次供述采用刑讯逼供的效果跨阶段影响力有限，不能对"重复供述"不加区别地予以排除。笔者认为，同一阶段，由相同侦查人员所取得的有罪供述可以排除，但不同阶段所作的"重复供述"可以采信。

三、公诉人在庭审活动中如何应对刑讯逼供的庭审调查

根据新刑诉法的规定，公诉人不仅对指控的犯罪事实负有证明责任，并且对证据收集的合法性负有证明责任。公诉人在法庭上不主动启动非法证据排除的调查程序，但是一旦审判人员决定启动该程序，那么公诉人必须对证据收集的合法性予以证明，如果不能证明，则要承担相关证据被依法排除，不作为证据使用的不利后果。如果被告一方提出刑讯逼供导致有罪供述被依法排除，公诉人应依法慎重处理。

（一）公诉人应对刑讯逼供的庭审调查具有被动性。根据新刑诉法的规定，非法证据调查程序的启动由审判人员决定。审判人员既可以自主决定启动非法证据的调查程序，也可以同意当事人及其辩护人、诉讼代理人的申请启动程序。但是，申请排除应提供相应线索或者材料，如果没有提供，法院应直接驳回申请。这里的提供相应线索或者材料不是要求申请方提供线索或者材料，不是要求申请方承担刑讯逼供的证明义务，提供相应的证据，而是要求提供涉嫌非法取证的人员、时间、地点、方式、内容等信息。这一规定有助于防止申请人滥用调查程序拖延诉讼，也有助于调查的方向的确定，更有效地保障当事人的权益。

（二）公诉人应当证明口供的合法性。新刑诉法规定，在对证据收集的合法性进行法庭调查的过程中，公诉人应当对证据收集的合法性加以证明，如果经过法庭调查，法庭认为当事人一方提供的证据足以证实存在刑讯逼供，或者认为公诉方不能通过证据证实不存在刑讯逼供，那么法庭可以作出决定将相关供述予以排除，不作为定案的根据。庭审过程中，如果法院决定启动刑讯逼供调查程序，那么公诉人应根据两种情况分别作出处理：第一，如果庭审前公诉人没有发现刑讯逼供的线索，对供述的合法性没有怀疑，也未进行任何调查核实，那么公诉人应向法庭提出延期审理申请，根据庭审中发现的刑讯逼供的线索或者证据材料，依法展开调查工作，补充相关证据以证明口供的合法性。第二，如果庭审前公诉人已经对刑讯逼供问题进行了充分的调查，调取的相关证据足以证实不存在刑讯逼供，口供的取得合法，那么公诉人应向法庭出示相关证据，接受申请方的质证，并进行辩论，证实口供系合法取得。如有必要，可以提请法院通知有关侦查人员或者其他人员出庭说明情况，接受法庭的交叉询问。第三，经过法庭调查，排除了刑讯逼供事实的存在，公诉人应在辩论阶段发表公诉意见，以被告人认罪悔罪态度差，不仅没有如实供述而且为逃脱罪责

诬陷侦查人员，建议法庭依法从重处理；如果查实相关人员伪造证据、指使他人作伪证、捏造侦查人员实施刑讯逼供的犯罪事实，可以将相关线索交由公安机关予以立案。

（三）公诉人应对口供被依法排除的措施。如果庭审调查过程中，当事人一方提供的证据足以证实刑讯逼供行为的存在，法庭对相关口供予以排除，公诉人可以根据证据情况作不同处理：第一，如果排除相关口供不影响定罪量刑，则不要过分纠缠于口供的合法性问题，通过其他证据证实指控的犯罪事实；第二，如果排除相关口供影响定罪量刑，公诉人可以要求延期审理，补充侦查或者补充提供证据，通过其他证据证实指控的犯罪事实；第三，如果排除相关口供且有新的证据证明不应当追究被告人刑事责任的，应当要求休庭，报检察长或检委会决定撤回起诉。

四、完善非法证据排除规则，预防和打击刑讯逼供

2010年7月"两高三部"颁布的《关于办理刑事案件排除非法证据若干问题的规定》和《关于办理死刑案件审查判断证据若干问题的规定》，对非法证据排除问题已经有明确的表述。新刑诉法以基本法的形式再次确立了非法证据排除规则，使我们预防和打击刑讯逼供有了更完备的法律制度。但是，现有的法律规定尚存在一些不足，笔者在此提出三点意见：

（一）新刑诉法对"刑讯逼供"的规定不够详细。新刑诉法规定了"严禁刑讯逼供和以威胁、引诱、欺骗以及其他非法方法收集证据"、"采用刑讯逼供等非法方法收集的犯罪嫌疑人、被告人供述……应当予以排除"，但对刑讯逼供的手段行为没有更详细的规定，除了一般理解的"肉体折磨"，刑讯逼供是否应该包括"精神折磨"？《最高人民检察院关于渎职侵权犯罪案件立案标准的规定》中规定，"刑讯逼供罪是指司法工作人员对犯罪嫌疑人、被告人使用肉刑或者变相肉刑逼取口供的行为。"还规定了刑讯逼供的具体手段，包括"以殴打、捆绑、违法使用械具等恶劣手段逼取口供的，或者是以较长时间冻、饿、晒、烤等手段逼取口供，严重损害犯罪嫌疑人、被告人身体健康的行为"。可见，该规定将刑讯逼供行为定义为肉体折磨。但是，精神健康同样是公民健康的重要组成部分，采用精神折磨的方法进行刑讯逼供同样会造成犯罪嫌疑人、被告人的极大痛苦，严重损害其精神健康。笔者建议，相关部门应制定司法解释，对刑讯逼供的概念及具体手段有明确的规定，将精神折磨也列入刑讯逼供的范畴。

（二）全程录音录像的规定缺乏相应的配套措施，实践中难以充分发挥预防刑讯逼供的功能。全程录音录像能记录讯问活动的整体过程，对侦查人员的

讯问活动实行有效监督，预防刑讯逼供行为的产生。但是并不是说有了录音录像，就不会发生刑讯逼供。因为规避该规定的方式多种多样，比如先把人打服了再录音录像。另外，抓获犯罪嫌疑人到送往看守所羁押期间是刑讯逼供的高发期，但这一阶段不具备全程录音录像的条件。该阶段针对犯罪嫌疑人的讯问或者询问活动都得不到有效监督，新刑诉法对全程录音录像的使用并没有详细的规定。笔者建议通过法律或司法解释明确规定：第一，将所有讯问活动都限制在看守所的审讯室，所有审讯室外制作的讯问笔录都不能作为证据使用；如果无法一步到位，也应在刑侦队建立自动记录的录音录像的审讯室，规定犯罪嫌疑人被送往看守所之前的所有审讯活动必须在该审讯室进行。第二，审讯室的录音录像工作由看守所统一管理，安装自动摄录装置，只要犯罪嫌疑人进入审讯室即开始记录，退出审讯室即自动关闭记录。第三，建立审讯时律师在场的制度，可以在审讯室外专门设置监督审讯室，律师在监督室观看同步录音录像，这样既可以保证律师的监督权，也能避免律师对审讯活动的干扰，保证审讯效果。当然，提前介入的案件，检察人员也可以通过监督审讯室，同步监督审讯活动。

（三）健全刑诉法关于侦查措施和手段的规定，提高侦查能力，保障侦查措施的顺利实施，从根本上解决办案效率和规范执法之间的现实冲突。一方面，由于目前我国仍处于刑事犯罪高发时期，侦查人员整体侦查水平不高，侦查人员面临的办案压力较大，特别是受"口供为王"的传统思维的不利影响，侦查人员在无法顺利取得"有罪供述"的情况下往往不惜动用刑讯逼供来开展侦查工作。另一方面，法律制度不断完善，加强了对犯罪嫌疑人权益的保障，对侦查权力逐步进行约束，这必定降低诉讼效率，增加办案成本和破案压力。笔者认为，侦查人员除了要及时更新执法理念，更应该通过提高侦查能力的方式来解决"办案效率"和"规范执法"之间的矛盾。从法律制度的建构角度看，我们应该落实新刑诉法关于技术侦查和秘密侦查手段的规定，同时完善关于侦查技术、手段和措施的具体法律规定；司法实务中，我们应落实科技强警（检）战略，使用多种科技手段来提高侦查人员的侦查能力。例如，引进测谎技术辅助审讯工作，使审讯更具科学性，提高讯问效率。尽管测谎技术还不成熟，但作为一种辅助手段，测谎技术能帮助侦查人员甄别口供的真实性，在不侵犯犯罪嫌疑人权益的基础上有效提高侦查人员的讯问能力。

"排除合理怀疑"的理解与适用

邓发强* 宋 飞**

2012 年 3 月 14 日，第十一届全国人民代表大会第五次会议通过了《关于修改〈中华人民共和国刑事诉讼法〉的决定》，其中对"证据确实、充分"的条件进行了明确规定：（一）定罪量刑的事实都有证据证明；（二）据以定案的证据均经法定程序查证属实；（三）综合全案证据，对所认定事实已排除合理怀疑。这是首次将英美法系"排除合理怀疑"的刑事证明标准引入我国刑事诉讼法。"排除合理怀疑"的引入，对我国刑事司法理念、办案思维模式产生了重大影响，这意味着我国司法人员必须转变传统思想观念和思维方式去适应新要求、新标准。

一、"排除合理怀疑"的基本内涵以及定位

（一）"排除合理怀疑"的基本内涵

由于"排除合理怀疑"的含义在英美法系理论界和实务界都没能形成统一的解释，[①] 在此也无法对"排除合理怀疑"给出一个明确的定义，但理论界和实务界对"排除合理怀疑"所包含的要素大体上达成了一致认识：

---

* 重庆市人民检察院第二分院副检察长，中国政法大学兼职研究员。

** 重庆市人民检察院第二分院助理检察员，法学硕士。

① 一是将排除合理怀疑解释为一种道德上的确信，即将经验领域（认知）可以达到的最高的确定性称之为"道德上的确信"，并等同于"排除合理怀疑"的概念。二是将排除合理怀疑解释为很高的可能性，即排除合理怀疑并不需要达到确信，但必须达到很高的可能性。三是将合理怀疑解释为"难以决定"，即合理怀疑是使一个人难以决定的怀疑而非能够作出决定的怀疑。四是用量化的比例对排除合理怀疑标准进行解释，即排除合理怀疑的标准就是证明责任达到了 91% 以上接近 100%。五是将排除合理怀疑解释为"坚定地相信"，如果陪审员坚定地相信被告人有罪，就应当作出有罪判决；如果认为存在现实无罪的可能性，就应当作出无罪判决。参见杨宇冠、孙军：《"排除合理怀疑"与我国刑事诉讼证明标准的完善》，载《证据科学》2011 年第 6 期，第 645—655 页。

第一，"排除合理怀疑"以保护被告人合法权益为价值目标。实行"排除合理怀疑"标准，一方面在于查明案件事实，维护司法的公平正义；另一方面在于防止滥用追诉权，保障被告人合法权利。任何刑事司法制度都会面临错判无辜与错放有罪之人的风险。坚持排除合理怀疑标准就意味着宁可放纵部分犯罪分子，也不可冤枉一个无辜者。比起让犯罪分子逍遥法外，让无辜者蒙冤的性质更加恶劣。① 刑事诉讼法是"被告人的权利大宪章"，其在完成打击犯罪的同时更要注重保障被告人、犯罪嫌疑人的合法权益。新修订的刑事诉讼法将"排除合理怀疑"作为"证据确实、充分"刑事证明标准的条件之一，就是避免无辜者被判刑，其价值取向就是最大限度地保障被告人的合法权益。

第二，"排除合理怀疑"中的"合理怀疑"是有理有据的怀疑。首先，怀疑应当合理。合理怀疑不是主观臆断、不符一般经验常识、带有偏见地随意怀疑。因此，排除合理怀疑标准要求裁判者公正、独立，确保司法独立性。我国刑诉法明确规定，人民法院依照法律规定独立行使审判权，人民检察院依照法律规定独立行使检察权，不受行政机关、社会团体和个人的干涉。实践中，受新闻媒体、党政机关或上级机关干扰的现象屡见不鲜。如果司法机关受干扰较大，势必影响其对"怀疑"合理性的认识。其次，怀疑应当有据。所谓怀疑，应当是一种有根据、有理由的怀疑，而不是无故质疑。否则，对于任何案件事实和证据，都可能发生妄想、悬念、臆测等主观想象或幻想式的怀疑。因此，"合理怀疑必须以事实为根据……必须要有证据证明"。② 虽然"排除合理怀疑"是司法人员根据自己的主观认知与常识进行裁判，但其对于犯罪事实的所有怀疑以及怀疑的排除都必须以法庭出示的证据为依据，否则不能称之为"合理怀疑"。

第三，"排除合理怀疑"标准要求裁判者有理性与良知。司法实践中，法官根据控辩双方举证、质证、辩论等，形成对案件的主观认知和内心确信，最终作出有罪或无罪的判决。这就要求法官具有理性和良知，不偏袒地、不带感情色彩地理解、评价事实与证据。在英美法系，"排除合理怀疑"经常被解释为"一种道德上的确定性"、"在日常生活中足以使人在决定重要事务时产生

---

① 参见杨宇冠、孙军：《"排除合理怀疑"与我国刑事诉讼证明标准的完善》，载《证据科学》2011 年第 6 期，第 645—655 页。

② 樊崇义：《客观真实管见——论刑事诉讼证明标准》，载《中国法学》2000 年第 1 期，第 114—120 页。

犹豫的不确定性"、"一种对被告人有罪的内心的坚定相信"等表述①，其与"良知"总是密不可分的，在一定程度上可以说符合"良知"是排除合理怀疑标准的核心。无论对"排除合理怀疑"的含义如何解释，实际上都要求裁判者公正、诚实的道德和以证据为基础进行裁决，其所产生之怀疑应当是"正当怀疑"，是"一种实在的、诚实的、为良心所驱使的怀疑"。②

（二）"排除合理怀疑"在我国刑事诉讼法中的定位

对于引进"排除合理怀疑"证明标准在我国学界早已开始探讨，大体上形成了三种观点③：一是取代说，其主张用"排除合理怀疑"取代我国现有的"证据确实、充分"的证明标准。二是补充说，其主张将"排除合理怀疑"与"证据确实、充分"并列，共同作为一种新的证明标准的表述方式。三是解释说，其主张坚持我国现有的"证据确实、充分"的证明标准表述方式，但在对"证据确实、充分"的具体含义进行阐释时，引入"排除合理怀疑"的合理因素，要求在实践中理解和把握"证据确实、充分"时，必须达到"排除合理怀疑"的程度。

从修订后的刑事诉讼法来看，此次修订采纳了解释说的观点，依旧坚持了"证据确实、充分"的证明标准，只是在进一步阐述"证据确实、充分"的条件时，将"排除合理怀疑"作为"证据确实、充分"的条件之一。"排除合理怀疑"是在"定罪量刑的事实都有证据证明"、"据以定案的证据均经法定程序查证属实"两个条件的基础上，综合全案证据排除合理怀疑得出唯一结论。这便要求司法人员在理解和把握"证据确实、充分"时，必须达到"排除合理怀疑"的程度。

二、"排除合理怀疑"对我国刑事诉讼的影响

虽然我国仍旧坚持了"证据确实、充分"的证明标准，但"排除合理怀疑"因素的引入对我国刑事证明标准、刑事证明过程以及办案思维方式产生了重要影响。

第一，刑事证明标准从抽象、模糊转变为具体、明确。1979 年刑事诉讼

---

① 参见余剑：《"排除合理怀疑"证明标准在我国刑事审判中的运用——合理定位及实践意义探讨》，载《东方法学》2008 年第 5 期，第 157—160 页。

② 转引自杨宇冠、孙军：《"排除合理怀疑"与我国刑事诉讼证明标准的完善》，载《证据科学》2011 年第 6 期，第 645—655 页。

③ 参见余剑：《"排除合理怀疑"证明标准在我国刑事审判中的运用——合理定位及实践意义探讨》，载《东方法学》2008 年第 5 期，第 157—160 页。

法首次明确了"证据确实、充分"的证明标准。1996年刑事诉讼法第129条、第137条、第141条、第162条明确规定侦查终结、审查起诉和作出有罪判决都必须达到"犯罪事实清楚,证据确实、充分"的要求,这一证明标准一直影响着我国的司法活动。实践中,法院的每一次刑事判决都不免有"犯罪事实清楚,证据确实、充分"的表述,却频频出现诸如佘祥林、聂树斌以及赵作海等冤假错案。在很大程度上也反映了我国"证据确实、充分"刑事证明标准的抽象、模糊,对"证据确实、充分"的理解和把握没有统一标准。因此,在实务界,司法工作者不断总结和提炼"证据确实、充分"的证明标准的内涵。2010年5月,最高人民法院、最高人民检察院、公安部、国家安全部、司法部联合颁布的《关于办理死刑案件审查判断证据若干问题的规定》首次对"确实、充分"的含义进行了明确规定。其中第5条第1款规定,"证据确实、充分是指:(一)定罪量刑的事实都有证据证明;(二)每一个定案的证据均已经法定程序查证属实;(三)证据与证据之间、证据与案件事实之间不存在矛盾或者矛盾得以合理排除;(四)共同犯罪案件中,被告人的地位、作用均已查清;(五)根据证据认定案件事实的过程符合逻辑和经验规则,由证据得出的结论为唯一结论。"这一规定对我国司法实务有着重要的指导意义。此次刑诉法修订吸纳了理论界和实务界多年来的成果,明确规定了"证据确实、充分"的条件,引入了"排除合理怀疑"因素,使我国刑事证明标准从抽象、模糊走向了具体、明确。

第二,刑事证明过程从客观证明转变为主客观相统一。我国"证据确实、充分"标准主要在于强调证明标准的客观要求,即对证据本身质与量的规定,对于司法人员如何判断达到证明标准却没有明确规定,属于一种客观的证明标准。司法实践中,法官根据双方举证、质证、辩论等,最终形成对案件的主观认知和内心确信从而作出判决。法官对有罪达到内心确信的过程,实际上就是通过证据不断排除内心怀疑的过程。然而,排除怀疑应达到何种程度却没有形成统一认识。从英美法系国家对"合理怀疑"的理解来看,主要有"道德上的确信"、"难以决定"以及"坚定地相信"等表述[1],基本上是一种主观上的认识和判断,属于一种主观证明标准。此次证明标准的修改要求在综合"定罪量刑的事实都有证据证明"、"据以定案的证据均经法定程序查证属实"两个客观标准的基础上,然后进行"排除合理怀疑"主观标准的判断,可以说我国刑事证明标准实现了一次主客观的统一。

---

[1] 参见陈永生:《排除合理怀疑及其在西方面临的挑战》,载《中国法学》2003年第2期,第150—160页。

第三，办案思维方式从正向演绎法转变为双向推理法。实践中，司法人员总是根据一般事物的客观规律和经验规则，对已查明的事实和证据进行推理、判断，从而得出被告人罪与非罪的结论。这种从一般到个别的思维方法，称之为演绎法。演绎法是一种正向思维，体现在刑事司法中就是通过收集犯罪分子或被告人有罪的证据，从而达到指控犯罪的目的。这种正向思维，容易忽视被告人、犯罪嫌疑人无罪或者罪轻方面的证据，从而忽略一些事实和证据存在的疑点和漏洞。"排除合理怀疑"却是一种逆向思维的排除法，即在已经形成证据链条的基础上，寻找破绽，进一步排除案件事实和证据中可能存在影响定罪量刑的疑点和漏洞，从而得出唯一的结论。"证据确实、充分"证明标准的三个条件中，"定罪量刑的事实都有证据证明"和"据以定案的证据均经法定程序查证属实"是正向推理思维的体现，而"综合全案证据，对所认定事实已排除合理怀疑"却是逆向思维的体现，这也就要求在司法实践中要运用正向演绎和逆向排除两种思维方式的双向推理法。

三、"排除合理怀疑"在司法实务中的运用

法律的生命在于实施。如何贯彻落实修订后的刑事诉讼法"证据确实、充分"的证明标准，特别是如何排除合理怀疑得出唯一结论是摆在司法工作者面前的难题。除了需要提高司法工作者的法律职业素质和职业道德素质等内在因素，积极探寻"排除合理怀疑"的制度保障和适用新证据标准的工作方式显得更为紧迫。

（一）为"排除合理怀疑"提供制度保障

实现"排除合理怀疑"需要一系列配套司法制度作支撑，诸如无罪推定原则、非法证据排除规则、保障被告人辩护权利制度和证人出庭作证制度等司法制度。如果这些制度得不到很好落实，那"排除合理怀疑"便成了空中楼阁，失去了应有的价值和作用。

一是必须坚持无罪推定原则。所谓无罪推定原则，是指任何人在未经公正审判并依法证实其有罪之前，应当被推定无罪。我国刑事诉讼法第12条已经明确作了规定："未经人民法院依法判决，对任何人都不得确定有罪。"如果无罪推定原则得到不贯彻，那就可能先入为主，提前对犯罪嫌疑人或被告人定了罪、判了刑，再来讨论"合理怀疑"就失去了意义。贯彻无罪推定原则，是"尊重和保障人权"的重要体现，也是贯彻"排除合理怀疑"的前提条件。根据"排除合理怀疑"的标准来判定，控方承担证明被告人有罪的责任，以消除裁判者对指控事实的"合理怀疑"；辩护方有权反驳指控、进行辩解或辩护，以增加裁判方对指控事实的"合理怀疑"。这就意味着只有排除案件中的

所有合理怀疑，被告人才得被认定有罪；当不能排除所有合理怀疑时，应认定被告人无罪。无罪推定原则实际上为"排除合理怀疑"提供了思想和灵魂，"排除合理怀疑"体现了无罪推定原则的内容和形式。

二是严格执行非法证据排除规则。"排除合理怀疑"必然要求排除非法证据，也就是说收集的所有证据要求具有合法性，才能真正地排除合理怀疑。修订后的刑事诉讼法第50条明确规定："严禁刑讯逼供和以威胁、引诱、欺骗以及其他非法方法收集证据，不得强迫任何人证实自己有罪。"无论是禁止非法取证还是禁止强迫自证其罪，都是要求严格执行排除非法证据规制。另外，第54条对非法证据排除规则也作了明确规定："采用刑讯逼供等非法方法收集的犯罪嫌疑人、被告人供述和采用暴力、威胁等非法方法收集的证人证言、被害人陈述，应当予以排除。收集物证、书证不符合法定程序，可能严重影响司法公正的，应当予以补正或者作出合理解释；不能补正或者作出合理解释的，对该证据应当予以排除。在侦查、审查起诉、审判时发现有应当排除的证据的，应当依法予以排除，不得作为起诉意见、起诉决定和判决的依据。"虽然我国的非法证据排除规则与国外相比还存在一些差距，但如果能将现有规定落实到实处，已经能够为"排除合理怀疑"提供强有力的保障。

三是要求充分保障辩护方的辩护权利。真理越辩越明，要做到排除一切合理怀疑，就应充分保障辩护方的辩护权利。为了更好地保障犯罪嫌疑人或被告人的诉讼权利，此次修订将犯罪嫌疑人委托辩护人的权利提前到了侦查阶段。从实践中来看，关于犯罪嫌疑人、被告人的诉讼权利的告知基本不成问题。保障辩护方的辩护权利应注重从以下两方面强化：一要保障辩护人的会见权、阅卷权。我国刑事诉讼法对辩护律师会见权、阅卷权已经作出了相关规定，修订后的刑事诉讼法第37条、第38条进一步明确了辩护律师的会见权、阅卷权。然而，实际执行中仍然还存在很多问题，特别是侦查机关、公诉机关担心串供、翻供以及增加了工作量，辩护律师会见权、阅卷权得不到很好保障，客观上不利于对犯罪事实疑点和漏洞的排除。二要充分听取辩护人的意见。修订后的刑事诉讼法第86条、第159条、第170条、第182条、第240条等明确规定审查批准逮捕、侦查终结、审查起诉以及审判环节应充分听取辩护人的意见。由于辩护人与指控方在不同的立场和角度，对案件的事实和证据的认识和看法可能存在差异，充分听取辩护人的意见，有利于查清案件事实，排除案件中存在的疑点和漏洞，最终实现"证据确实、充分"的要求。

四是要求贯彻落实证人出庭作证制度。证人出庭主要是基于证人证言、鉴定意见或多或少地附带了一些主观色彩，通过在法庭上进行正面对质，有利于发现与排除证言中可能存在的怀疑，尤其是控方证人的出庭。修订后的刑事诉讼法第 187 条、第 188 条对证人出庭制度作了明确规定，公诉人、当事人或者辩护人、诉讼代理人对证人证言、鉴定意见有异议，且该证人证言、鉴定意见对案件定罪量刑有重大影响，人民法院认为证人有必要出庭作证的，证人、鉴定人应当出庭作证。对于证人拒不出庭的，人民法院可以强制其到庭，但是被告人的配偶、父母、子女除外。经人民法院通知，鉴定人拒不出庭作证的，鉴定意见不得作为定案的根据。这既是正当法律程序的当然要求，也是被告人的重要权利。修订后的刑事诉讼法对证人保护的范围、负有保护义务的机关、保护措施和证人出庭作证的补贴等问题也作了具体规定，增强了证人出庭的保障。关键问题还是在于执行，当遇到重大争议的证据问题，如果证人不能出庭作证，案件的一些疑点也很难消除，"排除合理怀疑"也就很难实现。

（二）递进式地排除合理怀疑

探讨"排除合理怀疑"的最终落脚点还在于如何运用具有新要素的"证据确实、充分"刑事证明标准。笔者认为，要做到打击犯罪与保障人权并重，既不放纵犯罪又不冤枉好人，排出合理怀疑不只是审判环节的工作，应从侦查环节、审查起诉环节到审判环节递进式地排除合理怀疑。从修订后的刑事证明标准来看，要准确运用"证据确实、充分"需要做到以下几点：

第一，收集、审查证据要客观全面。"证据确实、充分"的第一个条件是定罪量刑的事实都有证据证明，这是证据确实、充分的前提条件。如果证据收集不全面不客观，就会导致证据链条不完整，证据矛盾不能协调，证据漏洞和证据矛盾往往就成为辩护方揪住不放的辫子，指控犯罪的目的就很难实现。一是收集证据要客观全面。侦查环节既要注重收集各种证明犯罪嫌疑人、被告人有罪、罪重的证据，又要注重收集各种证明犯罪嫌疑人、被告人无罪、罪轻的证据；既要注重收集各种法定量刑情节，又要注重查明各种酌定量刑情节。二是审查证据要客观全面。在审查起诉环节，既要注重审查定罪证据，也要注重审查量刑证据；既要注重审查法定量刑情节，也要注重审查酌定量刑情节；既要注重审查从重量刑情节，也要注重审查从宽处罚量刑情节。如果这两项基础工作做不好，如何能够做到排除合理怀疑，更无法达到"证据确实、充分"的证明标准。

第二，所有证据具有合法性且经过法庭质证。"证据确实、充分"的第二个条件是据以定案的证据均经法定程序查证属实，这是证据确实、充分的必要条件。一是所有证据必须经过法庭质证。未经质证的证据，不能作为认定案件事实的依据。修订后的刑事诉讼法第 193 条规定："法庭审理过程中，对与定罪量刑有关的事实、证据都应当进行调查、辩论。"二是排除非法证据。侦查机关、公诉机关、审判机关都有排除非法证据的义务，对于采用刑讯逼供等非法方法收集的犯罪嫌疑人、被告人供述和采用暴力、威胁等非法方法收集的证人证言、被害人陈述，应当予以排除。收集物证、书证不符合法定程序，可能严重影响司法公正的，应当予以补正或者作出合理解释；不能补正或者作出合理解释的，对该证据应当予以排除。在侦查环节、审查起诉环节发现应当排出的非法证据，不能等到审判环节再来排除。

第三，运用逆向推导法，得出唯一结论。"证据确实、充分"的第三个条件是综合全案证据，对所认定事实已排除合理怀疑，这是证据确实、充分的检验条件。实践中，司法人员总是根据一般事物的客观规律和经验规则，对已查明的事实和证据进行推理、判断，这种演绎推理法属于正向思维。司法人员通过收集犯罪嫌疑人、被告人有罪的证据，从而达到指控犯罪的目的，往往容易忽视无罪方面的证据。从控辩对立的诉讼架构上来看，控方负有证明被告人有罪的责任，其有责任收集被告人有罪的证据，否则犯罪指控将无法实现；辩护方为了维护其合法权利，有权利对控方指控的犯罪和提供的证据提出质疑。这样一来，控方也会从逆向角度思考，积极寻求排除一切合理怀疑，构筑起更加坚固的证据体系。"排除合理怀疑"是一种逆向思维排除法，即在已经形成证据链条的基础上，寻找疑点和漏洞，排除一切可能的合理怀疑，从而得出唯一的结论。

可见，我国的"排除合理怀疑"不是孤立的证明标准，"证据确实、充分"的证明过程实际上就是一个排除合理怀疑的过程。为了避免"排除合理怀疑"判断标准过于空洞，缺乏可操作性，司法实践应坚持运用正向演绎推理法与逆向思维排除法，在"定罪量刑的事实都有证据证明"、"据以定案的证据均经法定程序查证属实"的基础上，综合全案证据，进一步排除可能存在的合理怀疑，最终实现"证据确实、充分"的证明标准。

刑事诉讼证据制度的完善
对出庭公诉工作的影响及其应对

何　萍[*]　王玉柱[**]

2012 年 3 月 14 日，十一届全国人大第五次会议审议通过了《关于修改〈中华人民共和国刑事诉讼法〉的决定》，修改后的刑事诉讼法对刑事诉讼活动的相关制度进行了创设和完善。证据制度作为贯穿刑事诉讼活动始终的一项重要制度，对于公正审判，正确定罪量刑具有关键作用。[①] 本次刑事诉讼法的修改对证据制度进行了较大的修改和补充，创设的非法证据排除规则体系和补充完善的证人、鉴定人、侦查人员出庭制度，强化了庭审质证的对抗色彩，对公诉人的出庭公诉工作提出了新的挑战。

一、刑诉法的修改进一步完善了刑事诉讼证据制度

证据是诉讼的基石，证据制度是否科学、完备及其在司法实践中功能的发挥状况，直接反映着一国诉讼文明和进步的程度，故世界各国无不重视证据立法。[②] 修改后的刑事诉讼法对证据的收集、举证、质证、采信、排除等问题作出了较为详细的规定。

（一）确立了非法证据排除规则体系

修改后的刑事诉讼法第 54 条规定："采用刑讯逼供等非法方法收集的犯罪嫌疑人、被告人供述和采用暴力、威胁等非法方法收集的证人证言、被害人陈述，应当予以排除。收集物证、书证不符合法定程序，可能严重影响司法公

---

[*]　北京市怀柔区人民检察院公诉一处处长。
[**]　北京市怀柔区人民检察院公诉一处干警。
[①]　卞建林：《论我国刑事证据制度的立法完善》，载《甘肃政法学院学报》2011 年第 6 期，第 9 页。
[②]　沈德咏：《中国刑事证据制度改革与发展需要处理好的几个关系》，载《中国法学》2011 年第 3 期，第 5 页。

正的，应当予以补正或者作出合理解释；不能补正或者作出合理解释的，对该证据应当予以排除。在侦查、审查起诉、审判时发现有应当排除的证据的，应当依法予以排除，不得作为起诉意见、起诉决定和判决的依据。"上述法律条文，确立了刑事诉讼证据制度中最为重要的规则体系，即非法证据排除规则体系。该体系包含了非法言词证据绝对排除和非法实物证据酌定排除的证据排除规则，明确了公检法三机关在诉讼环节上的非法证据排除义务。第53条、第55条—58条、第171条第1款，则从刑事案件的证明标准、非法证据的排除程序等方面，将检察机关公诉部门推到了非法证据排除规则体系在刑事诉讼活动应用中的最前沿，就证据收集合法性的审查与证明责任，以及不能证明情况下的法律后果作出了系统规定，为非法证据排除规则的运用构建了详细的程序设计。

（二）补充完善了证人、鉴定人、侦查人员的出庭制度

证人证言是刑事诉讼的重要证据，对于查明案件事实真相和正确定罪量刑关系重大。现行法律对证人作证义务的规定过于笼统，司法实践中证人出庭率低，导致庭审中的质证、辩论形同虚设，庭审改革流于形式。本次刑诉法修改从证人、鉴定人、侦查人员出庭的条件、拒不出庭的法律后果和证人的保护与补贴保障等方面作出了具体细化的规定，强化了证人出庭作证的义务，完善了对证人的保护措施，对于推动庭审过程中言词证据的审查判定工作具有积极的意义。

二、刑事诉讼证据制度的完善对出庭公诉工作的影响

博登海默曾说过，"理性乃是人用智识理解和应对现实的（有限）能力。有理性的人能够辨识一般性原则并能够把握事物内部、人与事物之间以及人与人之间的某种基本关系。"[1] 在证据的审查判断过程中，"以事实为根据，以法律为准绳"是公诉人在审查案中所应遵循的根本理性原则，这一原则要求公诉人审查案件的基础就是证据。非法证据规则体系的确立和证人、鉴定人、侦查人员出庭制度的完善，给以证据审查为基础的出庭公诉工作带来了极大的影响。

（一）非法证据排除规则体系的确立，强化了庭前证据审查和庭审举证质证的工作力度

1. 庭前证据审查凸显了证据合法性的重要性。证据的合法性、真实性、

---

① ［美］博登海默：《法理学——法哲学及其方法》，邓正来译，中国政法大学出版社1999年版，第454页。

客观性是证据审查的三要素。非法证据规则体系的确立，使证据收集活动的合法性对证据的审查判断作用日益凸显。作为公诉人庭审举证质证的基础，庭前的证据审查工作对证据的合法性审查就显得非常必要而且尤为重要。庭前的证据审查工作既是对侦查机关调查取证活动的诉讼监督和对其所收集的证据合法性进行审查判断的方式，又是公诉人组织整理庭审指控犯罪的证据体系的基础性工作，在庭前证据审查过程中贯彻非法证据排除规则，有利于严把案件证据的入口关，为庭审举证质证工作的顺利推进打牢基础。

2. 细化的证明标准强化了公诉人的举证责任。刑事证明标准，是指在刑事诉讼中，承担证明责任的人提供证据对案件事实加以证明所要达到的程度。它是决定具体案件事实是否能够认定的准则，指引诉讼各方实施正确的诉讼行为。细化的证明标准要求定罪量刑的事实都有证据证明、据以定案的证据均经法定程序查证属实、综合全案证据对所认定事实已排除合理怀疑。上述细化的证明标准加大了公诉人的举证责任，修改后的刑事诉讼法第 49 条明确规定公诉案件中被告人有罪的举证责任由人民检察院承担，在经过非法证据排除规则梳理之后的在案证据，如果不能达到证明标准的要求，则公诉人将面临举证不利的法律后果。

3. 庭审活动中的非法证据排除义务，严格了公诉人质证的说理性。修改后的刑事诉讼法第 54 条第 2 款规定了公诉人审查起诉时的非法证据排除义务，第 57 条规定了法庭调查过程中公诉人证明证据收集合法性的举证义务，第 58 条则规定了不能证明证据合法性的证据排除后果。上述法律条文的规定，直接影响了公诉人在法庭质证过程中的说理角度，在证据合法性无法证明即被排除的情况下，公诉人必须紧密围绕证据的合法性要素应对辩护人的质证理由。

（二）证人、鉴定人、侦查人员出庭制度的完善，改变了庭审证据审查的模式，强化了庭审的对抗色彩

1. 证人、鉴定人、侦查人员出庭接受质证，改变了证人证言的质证方式。传统的言词证据质证方式，以宣读证人证言的方式进行，控辩双方无法对证人证言进行深入质证，无法在与证人的问答过程中，对涉案情节进行详细而有针对性的质证。修改后的刑事诉讼法规定了证人、鉴定人、侦查人员出庭的条件以及拒不出庭的法律后果，使言词证据能够立体化地呈现在控辩审三方面前，通过直观的陈述和质证，能够为排除合理怀疑找到内心确认的参照标准。而这种言词证据质证方式的转变，无疑为公诉人在庭审中对证人证言等言词证据进行举证和质证工作带来了彻底的改变。

2. 证人、鉴定人、侦查人员出庭接受质证，对公诉人交叉询问和应对翻证的能力提出了新的要求。面对证人、鉴定人、侦查人员直接出庭陈述自己所

要证明的情况，公诉人的交叉询问能力在引导证人、侦查人员系统陈述证明事项，引导鉴定人详细阐述鉴定意见确定过程，引导侦查人员证明证据收集的合法性等方面以及在发现辩方证人证言的漏洞和瑕疵等方面具有重要的作用，是公诉人掌握庭审主动权的一项攻防转换能力。而证人、鉴定人、侦查人员出庭陈述其所要证明的情况时，基于种种原因可能会出现证人翻证的情况，由于直接陈述的不稳定性，需要公诉人提前做好应对证人翻证的准备。

3. 证人、鉴定人、侦查人员出庭接受质证，强化了当事人主义模式下控辩双方的庭审对抗色彩。刑事诉讼模式所要解决的是"控诉、辩护、审判三方在刑事诉讼中的地位及其相互间的关系"问题。[①] 目前，我国实行的是一种既偏重于职权主义又具有对抗制因素的"混合型"诉讼模式，而证人、鉴定人、侦查人员出庭接受质证，使得现有诉讼模式更加凸显当事人主义模式下的庭审对抗色彩。修改后的刑事诉讼法第 187 条规定："公诉人、当事人或者辩护人、诉讼代理人对证人证言有异议，且该证人证言对案件定罪量刑有重大影响，人民法院认为证人有必要出庭作证的，证人应当出庭作证。人民警察就其执行职务时目击的犯罪情况作为证人出庭作证，适用前款规定。公诉人、当事人或者辩护人、诉讼代理人对鉴定意见有异议，人民法院认为鉴定人有必要出庭的，鉴定人应当出庭作证。经人民法院通知，鉴定人拒不出庭作证的，鉴定意见不得作为定案的根据。"第 192 条规定："法庭审理过程中，当事人和辩护人、诉讼代理人有权申请通知新的证人到庭，调取新的物证，申请重新鉴定或者勘验。公诉人、当事人和辩护人、诉讼代理人可以申请法庭通知有专门知识的人出庭，就鉴定人作出的鉴定意见提出意见。法庭对于上述申请，应当作出是否同意的决定。第 2 款规定的有专门知识的人出庭，适用鉴定人的有关规定。"由此可见，庭审不再是公诉人与辩护人的对决，而是公诉人和控方证人与辩护人和辩方证人之间就案件事实的对决。在激烈的庭审质证对抗过程中，公诉人掌握质证的主动权就显得尤为重要。

三、新刑事诉讼法时代公诉人的庭审应对策略

新刑事诉讼法时代，刑事诉讼模式更加强化控辩双方的庭审对抗色彩。通过对刑事证据制度的补充和完善，使证据作为诉讼基石的作用日益显现，将庭审对抗的重心从法庭辩论转向庭审质证。公诉人提交的控诉证据能否被法庭采信，所构建的有罪证据体系能否符合刑事案件的证明标准，将直接影响庭审后果的走向。因此，新刑事诉讼法时代公诉人应强化对庭审质证活动的控庭

---

① 陈光中、徐静村：《刑事诉讼法学》，中国政法大学出版社 2002 年版，第 38 页。

能力。

（一）围绕证明标准强化公诉人的举证责任，以证据审查为基础支持庭审举证质证工作

1. 以非法证据排除规则的运用为手段，严格审查案件证据的证据资格。刑事案件的证据审查工作，以证据"三性"审查为主。修改后的刑事诉讼法确立的非法证据排除规则体系，将证据的合法性审查至于证据"三性"审查之首，所要解决的是对于侦查机关收集、整理、固定、提交的案件证据材料是否具备刑事证据资格的初始判断工作。通过将非法方法取得的证据直接予以排除，从源头上防止不具备证据资格能力的证据材料进入庭审质证环节。为此，公诉人为避免庭审质证的被动，必须从源头上积极开展非法证据的审查排除工作，对证据材料的合法性需要进一步予以说明补充的情况，及时要求侦查机关予以补充完善。通过对证据的"三性"，尤其是对证据的合法性进行认真细致的审查，确保进入庭审质证环节的证据具备证据资格和证明力，为构建控诉证据体系奠定基础。

2. 以案件证明标准为标尺，组织案件证据体系。公诉人向法庭出示证明被告人有罪的证据，意在还原案件事实，使法官采信公诉人的指控主张，确定据以定罪的案件达到刑事案件的证明标准。因此，公诉人在出庭公诉前必须以案件证明标准为标尺，构建控诉证据的体系，使庭审出示的证据能够形成完整的证据链条，排除合理怀疑，达到成功指控的公诉目的。根据庭审环节的变化，公诉人在举证质证过程中，从案件事实、被告人的量刑情节两个方面，对在案证据进行分组梳理，组建证据体系。同时对针对辩护人可能提出的质疑问题，组建辅助证据体系，证明证据的合法性。通过有罪的指控证据体系和说明证据合法性的辅助证据体系的构建，使据以定罪的证据达到案件的证明标准。

（二）围绕当事人主义的庭审对抗模式，强化对言词证据的庭审质证能力

1. 以灵活的交叉询问方式，积极引导证人证言阐述证明事项。证人、鉴定人、侦查人员出庭接受质证，改变了传统证人证言书面质证的方式，使庭审的不确定性和对抗性更加突出。根据证人、鉴定人、侦查人员的心理素质、语言表达能力、所要证明事项的不同，以及其与控辩双方的诉讼关系，公诉人在庭审举证和质证过程中，需要采取灵活的交叉询问方式引导证人真实阐述其所能证明的事项。在举证过程中，对于控方提出出庭作证的证人、鉴定人和侦查人员，在出庭前做好沟通工作，消除其顾虑，尽力做好证人的保护工作。在示证过程中，对辩护人对控方证人的诱导询问及时予以制止，主动引导证人、鉴定人和侦查人员按照预定示证方向阐述证明事项。对于辩方提请的出庭的证人，在庭前做好证人资格的审查核定工作，在庭审质证中紧密围绕其所要证明

的案情情况进行详细询问，对发现的漏洞和矛盾之处，及时予以指正，使法官不因辩方提供的证人证言而对案件事实产生合理怀疑。

2. 充分利用证人证言的优势，构建控方的庭审质证体系。庭审环节直接对证人当庭作出的证言进行质证，无疑增加了庭审控辩双方对抗的色彩。正如美国刑法学家华尔兹所言，对抗制似乎是人类迄今所发明出来的促使真相大白的最好方法。证人出庭作证阐述证言的示证方式，能够使参与庭审的人员直观、全面、深入地了解证人所能够证明案件事实和情节的证明程度，尤其鉴定人的出庭，能够使庭审人员全面了解、知晓鉴定意见最终得出的整个科学论证过程，而不只是停留在对鉴定机构和鉴定人资质的肤浅质证，特别是专家证人的出庭作证，使专业的术语和鉴定方法不再晦涩难懂。因此，公诉人在庭审举证和质证过程中，必须对己方所出示的证人证言进行分类，利用证人陈述和对证人所要证明事项的深入分析，使控方所出示的言词证据与实物证据能够形成完整的证据链条，确保所构建的证据体系符合刑事案件的证明标准，以达到排除法官合理怀疑、采信公诉人的指控证据、认定被告人的犯罪事实的公诉目的。

"确实、充分"标准与公诉证据体系要求

林世雄*　常新征**

2012 年 3 月 14 日，第十一届全国人民代表大会第五次会议审议通过了《关于修改〈中华人民共和国刑事诉讼法〉的决定》，从"尊重和保障人权"、完善证据制度、强制措施、辩护制度、侦查程序、审判程序、执行程序以及增设特别程序等方面，第二次修正了我国刑事诉讼法（以下简称修改后的刑事诉讼法）。其中，首次增加了认定"证据确实、充分"的条件的规定，进一步明确了刑事案件的证明标准，为司法机关准确适用这一标准提供了法律依据。然而，司法实践扎根在我国刑事诉讼的不同环节，由于诉讼活动的目的存在差异，因而证据标准也有较大差别，大致随着诉讼进程的推进，对证据标准的要求趋于严格。[1] 检察机关作为唯一代表国家行使追诉犯罪权的公诉机关，基于修改后的刑事诉讼法对"证据确实、充分"的细化标准，如何正确确定、理解公诉证明标准直至证据体系要求，业已成为理论界和实践部门共同关心的课题。

一、解读"证据确实、充分"条件的立法内涵

修改后的刑事诉讼法第 53 条第 2 款规定："证据确实、充分，应当符合以下条件：（一）定罪量刑的事实都有证据证明；（二）据以定案的证据均经法定程序查证属实；（三）综合全案证据，对所认定事实已排除合理怀疑。"同时，第 160 条、第 172 条和第 195 条等均规定了"证据确实、充分"的情形。这些法律条文都必须适用第 53 条第 2 款规定的条件，[2] 依法对证据确实、充分予以认定，具体条件是：

---

　* 广西壮族自治区人民检察院法律政策研究室主任。

　** 广西壮族自治区人民检察院法律政策研究室干部。

　① 姜伟、钱舫、徐鹤喃等：《公诉制度教程》，中国检察出版社 2007 年版，第 198 页。

　② 全国人大常委会法制工作委员会刑法室：《中华人民共和国刑事诉讼法解读》（最新版），中国法制出版社 2012 年版，第 118 页。

（一）"定罪量刑的事实都有证据证明"。即作为认定犯罪嫌疑人、被告人犯罪，犯何种罪，决定是否对其判处刑罚，判处何种刑罚依据的事实，包括构成某种犯罪的各项要件和影响量刑的各种情节，都必须有办案机关经法定程序收集的证据证明。这是认定"证据确实、充分"的基础。

（二）"据以定案的证据均经法定程序查证属实"。即经过侦查机关、人民检察院、人民法院按照法律规定的程序，包括修改后的刑事诉讼法增加的非法证据排除程序的查证，作为定案根据的证据都必须被认定属实。这一条件侧重认定证据"确实"的方面。

（三）"综合全案证据，对所认定事实已排除合理怀疑"。即办案人员在每一证据均查证属实的基础上，经过对证据的综合审查，运用法律知识、逻辑和经验进行推理、判断，对认定的案件事实达到排除合理怀疑的程度。"排除合理怀疑"是指对于认定的事实，已没有符合常理的、有根据的怀疑，实际上达到确信的程度。"证据确实、充分"具有较强的客观性，但司法实践中，这一标准能否达到，还是要通过侦查人员、检察人员、审判人员的主观判断，以达到主、客观相统一。只有对案件已经不存在合理的怀疑，形成内心确信，才能认定案件"证据确实、充分"。"排除合理怀疑"这一提法，并非修改了我国刑事诉讼的证明标准，而是从主观角度进一步明确了"证据确实、充分"的含义，便于办案人员把握。

二、构建"确实、充分"的公诉证明标准

"证明标准是法律规定的运用证据证明待证事实所要达到的程度的要求"。[①] 公诉工作全程贯穿审查证据、判断证据和运用证据，以证明犯罪事实和情节，将犯罪诉至审判机关请求定罪处罚。公诉证明标准即检察机关在提起公诉时，现有证据应当达到的证明程度。世界上许多国家在确立本国的公诉证据标准时，都注重诉讼规律的客观要求，在尺度上要求宽严适度，努力寻求控制犯罪与人权保障之间的最佳平衡。我国学界多年来对于公诉证明标准的研究存在一元论和多元论的争论。一元论认为，检察机关提起公诉的证明标准和法院定罪的标准应当是一致的，即"事实清楚，证据确实、充分"。多元论认为，公诉证明标准应当低于法院定罪的证明标准，因为检察机关和检察官无论从诉讼职能、证据的来源、认识的规律、诉讼的递进性等角度都应当与法院最

---

① 卞建林主编：《证据法学》，中国政法大学出版社 2002 年版，第 256 页。

终定罪的证明标准加以区别。① 随着修改后的刑事诉讼法对"证据确实、充分"的标准细化，有必要清晰界定公诉证明标准，确保公诉权在国家意志、刑罚惩治和程序正义之间的精准行使。

（一）我国公诉证明标准应坚持的原则

提起公诉是刑事诉讼中相当重要的一个阶段，不仅关系到国家的法律能否得到统一正确的实施，而且直接关系到每个公民的基本人权能否得到政府的尊重与保障。公诉证明标准不科学或不统一，就会在司法实践中造成证明活动的混乱与证明结果的偏差，削弱公诉的权威和自信，容易激发舆论的不满。因此，确立我国公诉证明标准应体现以下原则：

1. 罪刑法定原则。罪刑法定是各国刑法最基本的法治原则，已成为现代刑法的基石与标志。这一原则严禁罪刑擅断，主张严格限制司法机关的刑事追诉权和刑罚权，保障和维护公民的合法权益。② 公诉证明过程贯彻罪刑法定原则，一是要严格依照法律的规定认定犯罪嫌疑人的行为是否构成犯罪。对法律明确规定为犯罪、应当追究刑事责任的行为，必须严格适用公诉证明标准，经审查后决定依法提起公诉或者不起诉。二是要正确认识犯罪社会危害性与刑事违法性、应受惩罚性的关系。不仅要把握犯罪行为社会危害性的公诉证明标准，更重要的是在审查起诉过程中必须坚持刑事违法性及应受惩罚性的证明标准，准确定罪量刑。三是依法准确认定犯罪的性质和罪名。必须严格法律规定，通过公诉证明标准和证据体系准确定性，确保案件罪与非罪、此罪与彼罪、轻罪与重罪的依法认定。

2. 无罪推定原则。刑事诉讼法第 12 条规定："未经人民法院依法判决，对任何人都不得确定有罪"。由此可以推导出一系列诉讼规则：一是只有法院依照法定的程序才能确定一个人有罪；二是证明犯罪的责任由检察机关承担，被告人不承担证明自己的义务；三是证明有罪的证据必须达到充分的程度，即足以使法院确信犯罪嫌疑人有罪而排除合理怀疑的程度。公诉证明过程适用无罪推定原则，第一是要切实转变观念，牢固树立无罪推定意识，不能片面重视有罪证据而忽视无罪证据；第二是要强化证据意识，依法排除非法证据，根据确实、充分的证据指控犯罪、证明犯罪；第三是要坚持疑罪从无，强化法庭意识，准确适用公诉证明标准和把握起诉条件。对经过补充侦查仍然认为证据不

---

① 吕涛、胡常龙等：《检察视域下的证据问题研究》，中国检察出版社 2009 年版，第 8 页。

② 姜伟、钱舫、徐鹤喃等：《公诉制度教程》，中国检察出版社 2007 年版，第 80 页。

足、不符合起诉条例的案件，应当本着疑罪从无的原则依法不起诉。① 对犯罪事实清楚、证据确实充分的案件，公诉人必须在法庭上充分履行举证责任，通过出示证据证明被告人犯罪事实和量刑情节，说服法官依法进行判决。对人民法院以证据不足判决无罪的案件，要就证据情况进行实事求是的分析，确属证据不足时，不应贸然提出抗诉。

3. 客观公正原则。客观公正原则包括两层含义：一是认识的客观性，要求实事求是地认识案情，以事实为根据；二是立场的公正性，强调秉公办案，不徇私情，既包括适用实体法的公正性，也包括适用程序法的公正性。公诉证明过程贯彻客观公正原则，首先要增强法制意识，既必须依据刑法重视实体公正，努力寻求客观真实，正确适用法律，也必须遵守刑事诉讼法，注意程序的公正，依法采信证据认定案情，还必须尊重诉讼当事人的合法权利，充分听取意见；其次要坚持全面的观点，防止先入为主和主观片面性，应站在客观的立场上，全面审查案件中的证据材料，既要注意有利于指控的材料，也要注意不利于指控的材料，忠于案件事实真相，善于去伪存真，确保作为适用法律的基础的案件事实必须是由确实、充分的证据证明的事实；最后要坚持实事求是的原则，客观地根据案件的事实依法作出决定。对犯罪事实清楚、证据确实充分的案件，检察机关要依法提起公诉；经证据证明没有犯罪事实的犯罪嫌疑人，应当及时作出不起诉的决定；对定罪量刑证据不足的案件，也应当根据客观公正、实事求是的原则，及时作出不起诉的决定。

4. 罪刑相适应原则。具体内容包括：（1）有罪当罚，无罪不罚；（2）重罪重罚，无罪不罚；（3）一罪一罚，数罪并罚；（4）同罪同罚，罪罚适应；（5）刑罚的性质与犯罪的性质相适应。公诉证明过程贯彻罪刑相适应原则，一是要准确认定犯罪事实、犯罪性质和罪名、犯罪情节和对于社会的危害程度，避免出现该起诉不起诉、不该起诉而起诉、该抗诉不抗诉、不该抗诉而抗诉等情况；二是要防止重视定罪、忽视量刑的片面倾向，在提起公诉时必须本着实事求是的原则，提出对被告人适用法定刑幅度和从重、从轻、减轻处罚的意见；三是要认识到罪刑相适应所具有的相对性，在审查判决、裁定是否量刑

---

① 修改后的刑事诉讼法第 171 条第 4 款规定："对于二次补充侦查的案件，人民检察院仍然认为证据不足，不符合起诉条件的，应当作出不起诉的决定。"明确了经过二次补充侦查后仍存疑的公诉案件，人民检察院必须作出不起诉决定，修改了原先补充侦查次数不明和任选性处理的规定。而作为救济机制，《人民检察院刑事诉讼规则》第 287 条规定，根据刑事诉讼法作存疑不起诉决定的案件，在发现新的证据，符合起诉条件时，可以提起公诉。建议最高人民检察院在修改《人民检察院刑事诉讼规则》时对其进行相应的修改完善，以增强公诉部门办案人员的内心确信，减轻其对诉讼风险的顾虑。

不当时，必须审查适用的量刑幅度是否正确、被告人具有的法定量刑情节是否在量刑时得到充分反映，是否有不具备减轻处罚情节而超出法定刑幅度量刑的情况，对被告人酌情从重、从轻处罚的理由是否合理，从而发现人民法院在量刑方面的裁量是否有明显违背法律规定的情况。

（二）细化"确实、充分"的公诉证明标准

根据上述原则，完善我国公诉证明标准，应当从证据属性进一步细化：

1. 客观性标准。证据的客观性要求证据必须是客观存在的事实。一个案件要得出令人信服的结论必须是"铁证如山"，也就是要求诉讼中的每个证据都是客观的。证据客观性是认定"证据确实"的基础，一般需要进行不同证据间的比对分析。在客观性的基础上，证据的主观性要得到合理的约束。主观性没有得到合理约束时，不能认定"证据确实"，比如被告人改变供述、证人改变证言后要有其他证据予以反驳印证，才能达到被告人口供的主观性约束，否则就无法确定被告人口供的客观性。

2. 关联性标准。首先证据的关联性要求证据与证据之间协调一致，相互印证，没有矛盾。比如言词证据既得到鉴定意见和勘验、检查、辨认、侦查实验等笔录的印证，又得到书证、物证的印证，同时其还与鉴定意见和勘验、检查、辨认、侦查实验等笔录相吻合，各类证据之间相互印证，形成完整证据链。其次是要求据以定案的证据与被证明的案件事实之间具有关联性，这种关联是客观的，是不以办案人员的个人意志为转移的。因此，公诉人当庭出示证据时，应当说明拟证明的案件事实，以表明该证据的关联性。

3. 合法性标准。现代诉讼就是通过严格的程序保障诉讼的公正。公诉证据运用必须符合法定的程序，用严格的程序保障证据被真实地发现、鉴别。例如刑事诉讼法规定讯问时"侦查人员不得少于二人"；询问未成年人时"其监护人必须在场"等。法律作这样的程序规定主要是基于司法公正角度考虑，否则无法实现程序正义价值。

4. 稳定性标准。司法证明的目的是追求客观真实，证据的稳定性要求保持法律事实的相对稳定。可是，任何事物都是不断发展变化的，刑事诉讼也是一个动态的过程，刑事诉讼中的证据也是处于一种动态变化的过程中，而不是处于静止状态。一方面证据的本身有可能变化；另一方面即使证据本身并没有变化，但是证据之外的其他情况发生了变化进而影响到证据本身的效力。这是刑事诉讼中的正常现象。因此，要以动态的眼光来看待刑事证据，在此基础上对证据的动态性进行合理控制使证据具有相对的稳定性。

5. 排疑性标准。一般情况下证据并不能以真或假来评判，也就是既不能完全肯定证据为真，也不能完全肯定证据为假。证据的真实与虚假性表现为真假之间的"度",即证据的可信度。证据的疑点是得到合理排除,而不是绝对排除,也就是说证据的真实程度比证据的虚假程度要大。刑事诉讼活动要求对案件事实的认识必须符合法律所规定或认可的事实,即法律意义上的真实,是在具体案件中达到法律标准的真实。从主观上说,排疑性标准要求根据现有证据能够使办理案件的检察官形成相应的内心确信,有合理的理由应依法提起公诉。

6. 充分性标准。证据的充分性是采信证据的标准之一。如果说"证据确实"是就案件证据的单个属性而言,注重证据个体的质量,"证据充分"则可以理解为就证据整体证明案件事实而言,注重证据整体的作用和数量,即证据的证明力或价值足以证明案件中的待证事实。判断证据是否充分,可从以下四方面进行:一是审查所收集的证据是否能够互相印证、互相支持、互相说明;二是审查证据之间、证据与犯罪事实之间、证据与情理之间,是否存在不能解释的矛盾;三是审查证据对各个事实及各种情节的证明是否存在疏漏,是否环环相扣,有无断裂和遗漏;四是审查对全案事实的认定结论是否唯一,是否排除了被告人的辩解或其他合理怀疑。

三、"确实、充分"的公诉证据体系要求

根据修改后的刑事诉讼法的规定,提起公诉的案件,除了犯罪事实已经查清,还必须符合"证据确实、充分"的条件。具体而言,提起公诉的案件,证据体系应当符合下列要求:

(一)形成证据体系的所有证据都应当经过检察人员审查判断,认为具有客观真实性、关联性、合法性

在刑事诉讼中,作为证据采纳标准之一的关联性必须是对案件事实具有实质性证明意义的关联性,即证据必须在逻辑上与待证事实之间具有证明关系。被纳入证据体系的,应当是检察人员采信的证据。如果某个证据不具有客观真实性、关联性,就应当依法予以排除,不纳入证据体系中。合法性是证据的社会属性,是国家基于一定的价值考量而赋予证据的属性。虽然证据的基本功能是证明案件事实,但是在制定证据规则的时候,我们不能仅仅考虑证明案件事实的需要,还要考虑司法公正和保障人权的需要。① 因此,对于证据不合法的情况,还必须根据非法证据排除规则确定是否采用。从广义上讲,非法证据包括四种:(1)主体不合法的证据,即不具备法律规定的取证主体资格的人收集提取的证据,如鉴定人不具备法定的资格和条件、鉴定人不具有相关专业技

---

① 何家弘、杨迎泽:《检察证据实用教程》,中国检察出版社 2008 年版,第 221 页。

术或者职称的。（2）形式不合法的证据，即不具备或不符合法定形式的证据，如收集调取的物证、书证不合法，在勘验、检查笔录，提取笔录，扣押物品清单上没有侦查人员、物品持有人、见证人签名或者物品特征、数量、质量、名称等注明不详的。（3）程序不合法的证据，即违反法律规定的程序取得的证据，如询问证人没有个别进行而取得的证言；询问聋哑人或者不通晓当地通用语言、文字的少数民族人员、外国人，应当提供翻译而未提供的。（4）方法、手段不合法的证据，即使用法律禁止手段获得的证据，如以暴力、威胁等非法手段取得的证人证言；以刑讯逼供等非法手段取得的被告人供述等。[1] 在进行非法证据排除时应该考虑以下因素：违法的严重程度、侵权的严重程度、非法取证人员的主观过错情况、非法证据的证明价值、犯罪案件的性质、社会公共利益的需要、对司法公正和法治环境的影响等。原则上，凡是非法取得的言词证据，应当一律予以排除；非法取得的物证，如果能够证明案件的真实情况，除特殊情况外，可以采信作为定案的依据。具体来说，一般按以下情况区别对待：（1）不同种类的证据要区别对待。例如，《最高人民检察院关于适用〈关于办理死刑案件审查判断证据若干问题的规定〉和〈关于办理刑事案件排除非法证据若干问题的规定〉的指导意见》规定，"对以刑讯逼供等非法手段取得的犯罪嫌疑人供述和采用暴力、威胁等非法手段取得的证人证言、被害人陈述，应当依法排除；对于使用其他非法手段获取的犯罪嫌疑人供述、证人证言、被害人陈述，根据其违法危害程度与刑讯逼供和暴力、威胁手段是否相当，决定是否依法排除。对物证、书证以及勘验、检查笔录、搜查笔录、视听资料、电子证据等，既要审查其是否客观、真实反映案件事实，也要加强对证据的收集、制作程序和证据形式的审查。发现物证、书证和视听资料、电子证据等来源及收集、制作过程不明，或者勘验、检查笔录、搜查笔录的形式不符合规定或者记载内容有矛盾的，应当要求侦查机关（部门）补正，无法补正的应当作出说明或者合理解释，无法作出合理说明或者解释的，不能作为证据使用。"（2）不同程度的违法行为要区别对待。例如，严重侵犯人权的非法证据必须排除，轻微违反程序规定的非法证据不必排除。（3）不同性质案件的非法证据要区别对待。例如，一般刑事案件中的非法证据必须予以排除，而严重刑事案件中起关键性作用的非法证据，经调查核实能与其他证据相互印证、侦查人员予以补正或者作出合理解释的，可不必排除。

---

① 张军、熊选国、南英：《刑事证据规则理解与适用》法律出版社 2010 年版，第290—291 页。

（二）形成证据体系的所有证据都应当是有罪证据

绝大多数案件中，既有证明被告人有罪的证据材料，也有证明被告人无罪的证据材料；既有证明被告人罪重的证据材料，也有证明被告人罪轻的证据材料。就提起公诉的案件而言，证据体系中所包含的每一个证据都不能是证明被告人无罪的。检察人员在审查证据时，应当全面审查有罪证据和无罪证据，只有无罪证据都能排除，才能建立提起公诉的完整、规范的证据体系。因此，《最高人民检察院关于适用〈关于办理死刑案件审查判断证据若干问题的规定〉和〈关于办理刑事案件排除非法证据若干问题的规定〉的指导意见》第15条规定，"审查证人证言、被害人陈述，应当注意对询问程序、方式、内容以及询问笔录形式的审查，发现不符合规定的，应当要求侦查机关（部门）补正或者说明。注意审查证人、被害人能否辨别是非、正确表达，必要时进行询问、了解，同时审查证人、被害人作证是否个别进行；对证人、被害人在法律规定以外的地点接受询问的，应当审查其原因，必要时对该证言或者陈述进行复核。对证人证言、被害人陈述的内容是否真实，应当结合其他证据综合判断。对于犯罪嫌疑人及其辩护人或者证人、被害人提出侦查机关（部门）采用暴力、威胁等非法手段取证的，应当告知其要如实提供相关证据或者线索，并认真核查。"

（三）需要证明的案件事实和量刑情节都有相应的证据予以证明

凡是与定罪量刑有关的事实要素，都应努力收集证据予以证明。由于认识的局限性，在刑事案件中往往不能查清案件事实的所有细节，但就提起公诉的要求而言，属于犯罪构成要件、影响罪与非罪认定等事实主张范围内的要素都应当有相应的证据予以证明。既要证明犯罪的时间、地点、手段、过程，又要证明其犯罪的动机、目的、社会危害性，为正确定罪量刑提供确实、充分的证据。同时，必须严格区分定罪证据与量刑证据，确保每一犯罪事实和量刑情节都有相应查证属实的证据一一证实。

（四）证明每一个事实的证据都不是唯一的，都有足够的证据互相印证

审查起诉的特点之一就是对证据的全面审查。不仅要审查人证，还要审查物证；不仅要审查证据的真实可靠性，还要审查证据的关联性及合法性；不仅要逐一审查，还要相互对比、综合分析；对于复杂、疑难的案件，证据不确实、充分及证据之间有矛盾的，还应当进一步调查核实、补充侦查。这样，各个证据之间才能够相互协调一致、相互补充、环环相扣，矛盾才能够合理排除。

（五）根据证据体系所能得出的结论具有唯一性

即证据体系所能证明的案件事实，可以确认是犯罪嫌疑人、被告人实施的

犯罪，可以排除对犯罪嫌疑人、被告人未实施犯罪或者不构成犯罪的合理怀疑。所谓合理怀疑，是指符合情理的怀疑或者有证据的怀疑。当然，对可能判处死刑的严重犯罪案件，应当排除一切怀疑，即被告人实施犯罪是确定无疑的。

而实现上述公诉证据体系构建，还必须依赖于相关审查起诉机制的配置与完善，如主诉检察官制度、检察委员会议事和监督机制以及检察官职业素养与道德建设等。

唯此，公诉证据才可能达到与审判要求同样严格的证明标准。

强化证据意识　提升案件审查质量

——审判程序的修改与公诉工作的挑战

廖荣辉[*]

新刑诉法对我国刑事诉讼证据制度作了较大的修改，包括调整证据的概念和分类、明确举证责任、细化证明标准、建立非法证据排除规则等。与此同时，新刑诉法通过完善审判程序，赋予法庭对案件证据调查和认定的最终决定权，确定了法庭审查判断证据的中心地位。检察机关办案人员须认真落实新刑诉法证据制度的各项规定，改进案件审查方式，提升案件审查质量，才能保证顺利完成公诉任务。

一、正确理解刑事诉讼证据概念，全面客观审查案件证据材料

新刑诉法第48条对证据概念进行了修改，把1996年刑诉法规定的证据是"证明案件真实情况的一切事实"修改为"可以用于证明案件事实的材料"。上述修改使刑事案件证据的概念更加科学合理，同时，对案件审查中的证据运用提出了更高的要求。

（一）增加"可以用于"的表述，降低了对证据材料在事实判断中的价值要求，增加了对证据材料合法性价值判断的空间。刑事案件的证据应当具备客观真实性、关联性和合法性。所谓降低对证据材料在事实判断中的价值要求，是指只要证据材料对证明案件事实有认识上的价值，即具备一定的真实性和关联性，就属于案件证据之列，至于其证明价值有多大，法律并没有作明确规定。如证明案件部分事实的部分情况、证明其他证据的真实性等，都可以成为案件证据。在这个意义上，需要将案件证据和定案依据加以区分，对诉讼中需要审查判断的证据材料作广义理解。"即只要认为与案件事实有关的材料，都可以作为证据。"或者说案件证据"既有证明案件真实情况的材料，也有不能证明案件事实的材料，只要是侦查机关和有关人员收集的可以证明案件事实的

---

[*] 广州市人民检察院副检察长。

有关材料，都可称为'证据'"。① 所谓增加了对证据材料价值判断的空间，是指"可以用于"的表述在确定哪些证据材料能够成为诉讼证据的同时，同时也明确了哪些证据材料不能成为诉讼证据。其内涵不仅仅局限于事实判断，还应当包含特定的价值判断。如根据非法证据排除规则，非法证据即使能够成为事实判断的依据，因违背了法律与道德的底线，也不可以用于案件事实的证明。这一规定为证据的合法性审查预留了进一步立法的空间。新刑诉法的证据概念扩大了案件证据的来源，强化了案件证据的合法性要求，有利于查明案件事实，顺利处理案件。但是这一表述在也存在一定的缺陷：在将"可以用于"证明案件事实的材料均应当纳入案件证据范围的同时，难以同时兼顾诉讼认识与诉讼效率的协调，无法明确区分判断证据证明价值的主客观因素。因此，公诉人在审查案件时，应克服法律概念的缺陷，强化对案件证据的取舍，尤其是要严格掌握提起公诉时，向法院移送的证据的要求。一是限制冗余证据的使用。对同一事实可能有不同证据材料均可以证明，在足以认定案件事实的前提下，应对冗余证据加以限制。如新刑诉法规定电子数据为法定证据形式，实务中电子数据具有海量存储特性，对证据的审查、判断均构成巨大挑战，因此，对电子数据"一方面要保障进入诉讼的证据的全面性、完整性；另一方面也要兼顾诉讼效率，明确案件争议点，并根据电子证据的证明价值和与案件相关程度进行取舍"。② 二是坚持证据取舍的客观性标准。依据证据概念确定移送案件证据材料时，应立足客观基础确定证据取舍，即根据证据材料之间的逻辑关系与通常人的经验认识水平，可以认定证据材料确实能证明案件事实，而不是办案人员凭主观直觉甚至偏见认为可以证明案件事实。

（二）明确证据证明对象是"案件事实"，而非"案件真实情况"，扩大了案件审查的查证范围。新刑诉法把证据界定为证明"案件事实"而"非案件真实情况"的材料，排除了对证据证明力的预判，符合诉讼实际，但同时也要求办案人员审查证据时，必须以更加全面客观的态度关注案件所有情况。刑事诉讼中，诉讼认识是以案件事实为特定对象的认识活动，根据不同标准，案件事实可以作不同的划分。如根据案件事实对案件处理的重要程度，可以将其划分为主要事实、间接事实和辅助事实；根据案件事实是否需要证据证实，可以将案件事实分为需要证实的事实、不需要证实的事实和禁止举证的事实；根据案件事实对控辩双方的作用，可以分为指控事实与辩护方主张的事实。目

---

① 章建明主编：《新刑事诉讼法理解与适用》，中国检察出版社2012年版，第71页。
② 樊崇义、戴莹：《电子证据及其在刑事诉讼中的运用》，载《检察日报》2012年5月18日。

前，我国通论认为案件事实包括实体法事实、程序法事实和证据事实。根据新刑诉法要求，对上述各类案件事实，除无须证据证明和禁止举证的事实以外，都需要有相关的证据材料予以证实。办案人员在审查工作中，要确立实体与程序并重、指控事实与辩护事实并重的观念，不能只审查实体法事实或指控事实，而忽视程序法事实或辩护事实。

（三）证据是"材料"而非"事实"，丰富了证据的表现形式，提升了证据真实性审查要求。证据必须具有一定的表现形式，这种表现形式就是证据材料。把证据规定为材料而非事实，包含了两层意思：一是材料的特性各不相同，可以根据材料的特性及表现形式划分证据种类。为此，新刑诉法对证据种类进行了调整与增补。如把物证与书证从同一类证据分列为两类，同时在勘验、检查笔录类增加"侦查实验等笔录"，并把"电子数据"规定为新的证据种类。二是证据材料不等于定案证据，办案人员根据证据材料所反映的内容构建案件事实，获得对案件事实的认识，是个别证据审查判断与全案证据综合审查判断相结合的过程，而不是将各种证据材料简单堆砌。在这一过程中，所有证据材料都需要经过真假性审查，不存在预先判断。对这一点，从新刑诉法关于鉴定结论的修改可以充分体现出来。新刑诉法第48条把"鉴定结论"改为"鉴定意见"，并在第187条规定对鉴定意见有异议，人民法院认为鉴定人有必要出庭时，鉴定人应当出庭作证，鉴定人拒不出庭作证的，鉴定意见不得作为定案的根据。同时在第192条规定法庭审理时控辩双方可以申请法庭通知有专门知识的人出庭，就鉴定意见提出意见。上述规定表明鉴定人对案件专门性问题的意见并非天然正确，必须通过具体的程序，由控辩双方辩论、质证确定其真实性。因此，办案人员在证据审查时，必须强化对证据真实性的审查，即使是通常视为科学证据的鉴定意见，也必须达到内心确信。从目前案件审查方式来看，检察机关办案人员的证据审查仍停留在书面审查方式上，随着言词证据在证据体系中的作用相对降低，而物证、电子数据、鉴定意见等证据形式在诉讼证明中的地位和作用不断提升，需要改变目前以书面审查为主的审查模式，加大案件证据审查中的科技含量，才能适应将来法庭审判的需要。

二、正确理解公诉案件的举证责任，提升公诉案件证据质量

新刑诉法第49条规定，公诉案件中被告人有罪的举证责任由人民检察院承担。这一规定包含两层含义：一是公诉案件中，检察机关负举证责任，被告人不承担举证的义务；二是检察机关不能履行举证责任时，应当承担不利的诉讼后果。对这一规定，应从以下方面理解：

（一）新刑诉法的规定是公诉案件举证责任在法律上明确化，并没有改变

公诉案件举证责任的分配。我国 1996 年刑诉法没有明确举证责任的分配，理论和实践中都是认为控诉方承担举证责任，但是在承认这一基本原则的同时，在两个问题上存在明显分歧：一是法院是否为举证责任主体；二是公诉案件证明被告人有罪是否存在举证责任倒置。关于法院是否为举证责任主体的问题，由于我国 1996 年刑诉法第 43 条规定，审判人员、检察人员、侦查人员必须依照法定程序，收集能够证实犯罪嫌疑人、被告人有罪或者无罪、犯罪情节轻重的各种证据。因此，理论界有学者认为法院也是举证责任的主体。但无论是在诉讼理论上还是在实践中，人民法院不同于控辩双方，而且处于超然和居中裁判的中立地位，并没有自己独立的诉讼主张，举证责任也就无从谈起。[1] 关于举证责任倒置的问题，理论上和实务中一直有人认为公诉案件中证明被告人有罪存在举证责任倒置的情形，并往往以巨额财产来源不明等罪名为佐证。这种观点同样也是对公诉案件举证责任的误解。就理论渊源而言，举证责任倒置的概念源自民事诉讼理论，基本含义是指本应由一方当事人承担的举证责任被免除，而由另一方当事人对本来的证明对象从相反的方向承担举证责任。也就是说，"倒置"并非一方的责任被另一方承担，而是指一方责任被免除，另一方承担与对方当事人被免除的责任相反而又不同的另一个证明责任。[2] 以此推导，公诉机关指控被告人构成巨额财产来源不明罪，必须根据刑法规定的四个构成要件逐一举证。如果是举证责任倒置，显然公诉机关的举证责任应当被免除，而因由被告人从相反的方向举证，但是事实并非如此。也有观点认为被告人说明巨额财产的来源就是一种举证责任倒置，这样的观点混淆了举证责任与辩护权的区别。因为按照举证责任分担，如果承担责任的一方不履行举证责任，将承担不利的诉讼结果。但是刑事诉讼中，犯罪嫌疑人、被告人提供证据的行为与诉讼结果不发生必然联系，如果通过举证致使案件被宣判无罪，只是表明辩护成功，如果拒绝举证说明来源，公诉人仍然要就指控犯罪的构成要件予以证明。对辩护方提供证据行为的性质，一些对新刑诉法条文释义的相关著作也予以了明确说明，如"应当注意的是，这种提供证据的活动，是犯罪嫌疑人、被告人及其辩护人享有的诉讼权利，同时也是辩护人的职责，其目的主要是为反驳控方的指控，而不是为证明自己无罪"。[3] 新刑诉法明确公诉案

---

① 章建明主编：《新刑事诉讼法理解与适用》，中国检察出版社 2012 年版，第 71 页。

② 李江海：《刑事证明责任倒置辨析》，载《云南行政学院学报》2005 年第 6 期。

③ 臧铁伟主编：《中华人民共和国刑事诉讼法解读》，中国法制出版社 2012 年版，第 107 页；郎胜主编：《中华人民共和国刑事诉讼法修改与适用》，新华出版社 2012 年版，第 115 页。

件中检察机关承担被告人有罪的举证责任后，厘清了在这一问题上存在的分歧。为顺利完成举证责任，检察机关应进一步加强检察机关的举证能力。如强化检察引导侦查工作，检察机关内部应完善侦查监督与公诉部门的协作配合机制，围绕法庭审理中的举证要求，确定审前程序中证据收集方向和重点，共同做好检察引导侦查工作。又如根据新刑诉法规定，发挥侦查人员出庭作证的积极作用，对侦查取证行为中存在的带有普遍性的问题，有针对性地通过侦查人员出庭，使其熟悉法庭审判中的证据要求，提高证据收集水平和能力，以此保证公诉人完成举证责任。

（二）公诉机关不仅承担证明被告人有罪的举证责任，也承担查证被告人无罪、罪轻的证明责任。新刑诉法规定检察机关就被告人"有罪"承担举证责任，依据的是诉讼证明理论中"谁主张，谁举证"的责任分配原则，以及刑事诉讼无罪推定原则在证据制度上的要求。单纯从责任分配理论来说，公诉机关的举证责任应围绕被告人有罪而确定，但是，检察机关在办理公诉案件时，办案人员不能以该规定为依据，推导出公诉机关没有义务查明被告人无罪、罪轻的情况。因为公诉机关在诉讼中的举证责任除了受诉讼证明原理和无罪推定原则规制外，还要遵循检察官的客观义务。客观义务"不但是刑事诉讼发现实体真实目的的一贯表现，也是平衡'国家'与被告实力差距的补偿措施"。[①] 由于被告人在诉讼中处于被追诉的地位，人身自由常常受到限制，且没有强制收集证据的权利，因此其收集有利于证明自身无罪、罪轻证据的能力远逊于国家机关。为客观公正处理案件，检察机关在诉讼中不以追诉犯罪为唯一目的，在发现存在或者可能存在被告人无罪、罪轻的事实和证据时，应当根据其客观义务认真查明，对有利于被告人的辩护证据不应隐瞒。此外，我国检察机关的法律监督地位进一步明确要求公诉人不能片面追求指控成功率，而应当如实查明案件真相，正确适用刑法，保障无罪的人不受刑事追诉。当前，检察机关要切实承担查证犯罪嫌疑人、被告人无罪、罪轻的证明责任，应当在审查工作中应改变目前以侦查卷为基础的单向证据审查方式，建立以公诉人为裁决者的审前证据审查模式，尤其是要建立和完善办案人员与辩护方公开沟通交流的常态机制。办案人员在案件审查过程中，除讯问犯罪嫌疑人外，通过听取辩护人、法定代理人的意见，发现和收集有利于被告人的证据。首先，向辩护人收集的有关犯罪嫌疑人不在犯罪现场、未达到刑事责任年龄，属于依法不负刑事责任的精神病人的证据，告知辩护人根据新刑诉法第 40 条规定，在辩护人掌握上述证据时应当及时告知检察机关。其次，了解有利于被告人的证据

---

① 林钰雄：《刑事诉讼法》，中国人民大学出版社 2005 年版，第 107 页。

线索，对于犯罪嫌疑人及其辩护人认为在侦查期间公安机关收集的证明犯罪嫌疑人、被告人无罪或者罪轻的证据材料未提交的，向检察机关申请调取的，应根据新刑诉法第39条规定及时向公安机关调取相应的证据。最后，运用补充侦查等诉讼机制，查证有利于被告人的证据线索，收集有利于被告人的证据材料，以保证客观公正地处理案件。

三、树立证据合法性观念，妥善运用排除非法证据

我国刑诉法规定，审判人员、检察人员、侦查人员必须依照法定程序，收集能够证实犯罪嫌疑人、被告人有罪或者无罪、犯罪情节轻重的各种证据。实践中刑讯逼供等非法取证行为屡禁不止。1996年刑诉法修改时，这一问题没能从立法上得以解决。1996年刑诉法实施后，司法机关就有关实施细则对非法证据排除作了相关规定。2010年，"两高三部"联合颁发《关于办理刑事案件排除非法证据若干问题的规定》与《关于办理死刑案件审查判断证据若干问题的规定》。此次修法，在立法上正式确立了我国刑事诉讼非法证据排除规则。主要有以下几个方面：一是规定"不得强迫任何人证实自己有罪"；二是规定非法证据的种类及排除条件；三是规定非法证据排除的程序。检察机关办案人员案件审查起诉过程中，应注意从以下几个方面落实新刑诉法非法证据排除规则。

（一）树立追诉犯罪与程序合法并重的观念，主动及时排除非法证据。在英美国家的刑事诉讼中，非法证据排除限于法庭审理过程，而且只有当事人向法官提出动议后，法官才启动非法证据调查并决定是否排除。这种规定对当事人而言是一项诉讼权利，如果当事人不行使这项权利，法官不主动排除。我国新刑诉法规定的非法证据排除有两种方式：一种是依职权主动排除，即办案人员在侦查、审查起诉、审判时发现有应当排除的非法证据时，应当依法予以排除，不得作为起诉意见、起诉决定和判决的依据；另一种是依申请排除，即法庭审理过程中，因当事人及其辩护人、诉讼代理人申请，由法院对以非法方法收集的证据依法予以排除。刑诉法规定主动排除方式，既是强化公安司法机关在排除非法证据中的责任，也为防止非法证据导致冤假错案或影响司法公正提供了一个纠错机制。要发挥这种纠错机制的作用，检察机关在审查起诉时，应当把证据合法性审查作为案件审查的一个必经环节和重要内容，建立证据合法性审查机制，主动决定是否需要排除，防止非法证据流入审判。

（二）明确非法证据排除规定的效力，建立非法证据排除的权衡机制。刑事诉讼中，非法证据排除规定的效力有两种立法形式：一种是如果违背法律规定的合法取证程序，用非法手段获取案件证据，将不能认定被告人有罪，即非

法证据导致全案被排除；另一种是非法证据被排除后，其他证据仍然有效，如果其他证据能够证实被告人有罪，则认定有罪，其他证据不能认定被告人有罪，则认定无罪，即证据排除。我国新刑诉法采用的是证据排除而非案件排除的立法模式，"案件中非法收集的一种证据被排除，并不意味着犯罪嫌疑人与该犯罪行为就无关了，犯罪事实就不能认定了。"①由于我国新刑诉法只规定非法证据的排除效力只及于非法证据本身，并不影响其他证据的使用和案件事实的认定，因此，检察机关可以根据法律规定，建立起非法证据排除中的价值权衡机制。具体来说，在审查起诉过程中，发现证据合法性存疑时，公诉人应根据该证据在全案证据中的地位和作用，判断该证据对被告人定罪量刑是否具有决定性作用。如果该证据被排除后不影响案件定罪量刑，且公诉人认为该证据存在非法取证的可能，从诉讼效率角度考虑，公诉人可无须调查确证为非法证据时将改证据直接排除；如果该证据对案件的定罪量刑起决定性作用，缺失该项证据可能直接导致被告人被认定无罪，公诉人在审查起诉时，应当对该证据的合法性进行认真调查，确属非法证据时，应当主动排除。在法庭审理过程中，如果法庭启动非法证据调查，公诉人仍应对该证据在全案中的作用和地位进行权衡，如果最终以非法证据原因排除，公诉人经判断，认为其他证据足以认定被告人有罪，则可以放弃对该证据的合法性证明，在其他证据基础上继续指控犯罪；如果该证据被排除后，将无法认定被告人有罪，公诉人应履行证明证据合法性的责任，只有在该证据确属非法的情况下，公诉人才应当撤回公诉，或者由法院判决无罪。

（三）明确非法取证责任追究主体，正确适用非法证据责任追究的证明标准。新刑诉法第55条规定："人民检察院接到报案、控告、举报或者发现侦查人员以非法方法收集证据的，应当进行调查核实。对于确有以非法方法收集证据情形的，应当提出纠正意见；构成犯罪的，依法追究刑事责任。"该条规定明确了对非法取证行为的责任追究制度，有利于制约刑事诉讼中的非法取证行为。检察机关在落实该项制度时，应进一步明确以下方面的内容：一是非法取证行为责任追究的主体。该条规定对非法取证人员追责的主体是人民检察院，追责的方式是提出纠正意见或者追究刑事责任。但检察机关内部应由哪一个部门履行追责，仍需检察机关加以明确。我们认为对公诉部门而言应分两种情况：一种是依不同诉讼阶段确定。案件尚处于移送审查起诉前的诉讼阶段，对这类案件的调查核实公诉机关不应当介入；案件处于审查起诉或退查期间，公诉部门应当介入，至少要参与调查核实，因为这已构成审查的内容。另一种

---

① 黄太云：《刑事诉讼法修改释义》，载《人民检察》2012年4月（下）。

是依追责性质确定。对提出纠正意见类的追责，即虽有非法取证行为，但性质尚未构成犯罪时，公诉机关以诉讼阶段为标准确定是否为追责主体；对追究刑事责任的追责，应由检察机关自侦部门追责，但案件处于公诉阶段的，公诉部门参与调查。二是法院裁定的证明价值。司法实务中，法院生效裁判所确认的并且未经审批监督程序重新审理的事实属于免证事实。但是，在追究非法取证行为人刑事责任时，对法院排除非法证据的裁定的证明价值应区别对待。新刑诉法第 58 条规定："对于经过法庭审理，确认或者不能排除存在本法第五十四条规定的以非法方法收集证据情形的，对有关证据应当予以排除。"按照这一规定，法庭对证据合法性调查后，有两种调查结果：一种是可以确认收集证据的方法非法，另一种是不能排除存在非法收集证据的情形。无论哪种结果，都应当对所调查的证据予以排除。因此，排除非法证据的最低证明标准是可能存在非法取证情形的程度，最高证明程度是确认存在非法取证。检察机关在决定是否追究非法取证行为人刑事责任时，对于法庭确认存在非法取证的裁定，可以直接作为追究非法取证行为人刑事责任的依据，对于法庭不能排除存在非法取证行为的裁定，检察机关不能仅以此为依据追究行为人的刑事责任。

审前阶段非法及瑕疵证据处理机制研究

金雅蓉*　　薛莉萍**

一、非法及瑕疵证据的处理原则

（一）分别处理原则

由于非法证据中非法言词证据及非法实物证据其非法所造成的影响程度也不同，因此对于非法及瑕疵证据处理时，应当遵循不同的原则。第一，非法言词证据绝对排除原则。言词证据本身具有易变性的特点，其内容受调取手段影响极大，尤其在受到刑讯、威胁、引诱的情况下，犯罪嫌疑人或被告人完全有可能作出虚假的供述，使用这样的证据作为定案根据很容易造成冤假错案，因此禁止非法言词证据的采用，使办案人员不能享受非法取证行为带来的利益，进而可以从源头上对刑讯逼供等违法取证行为进行遏制。第二，非法实物证据相对排除原则。

我国对于非法取得的物证实行裁量排除。当前，中国的司法环境无法承受将非法实物证据一律排除带来的冲击。因此，对于非法实物证据是否采纳，在掌握尺度上有必要放的宽一点，赋予司法官员一定的裁量权，允许其根据个案的具体情形，结合取证行为的违法程度、非法取证行为所侵犯权利的性质和程度、非法取证行为人的主观状态、案件的性质和取证手段的后果等因素进行权衡裁断，以便切实保障人权、维护司法权威，并促进案件实体真实的发现。③第三，瑕疵证据裁量排除原则。在中国目前不够完善的法制客观条件、质量不高的法制主观条件，高犯罪率带来的高案件量，而司法资源又相对不足，加之各种不合理的考核指标，在如此的高压下办案，瑕疵的产生似乎更加难以避免，所以通过补正与合理解释，使其克服证据瑕疵，使其具备证据能力，符合中国现实国情。一般瑕疵证据是由于证据收集过程中的一般的违法行为，并没

　＊　上海市黄浦区人民检察院副检察长。
　＊＊　上海市黄浦区人民检察院助理检察员。
　③　张军主编：《刑事证据规则理解与适用》，法律出版社 2010 年版，第 345 页。

有对证据特性造成根本影响，取证人员主观上并不存在恶意，也没有严重危害后果的发生，不影响证据的核心要素，可以通过事后补正加以恢复，且补正是否符合事实可以通过证据的其他方面得以印证，因而适用补正规则不至于影响司法公正，有利于实体正义的实现。

（二）主动处理原则

新《刑事诉讼法》对于证据的证据能力问题作了相应的规定，过去那种所有符合法定证据形式证据都可以进入庭审并最终作为定案根据的日子也就一去不复返，因此检察机关一是要适应新的证据要求，及时改变证据观念，强化举证责任意识，深刻认识到这些规定带来的庭审证据制度的变革，摆脱旧的证据观念，对举证责任的分担有一个正确的认识；二是要在审前阶段积极主动地发现非法及瑕疵证据，及时作出处理，保证证据不要带伤带病地进入庭审阶段，对于瑕疵证据要依照法律对其进行及时的补正或其他处理，保证庭审的质量，对于非法证据要切实履行法律监督职能，不仅对于非法证据进行即时排除，保障犯罪嫌疑人的权利，还要对于非法证据的相关责任人员进行及时的问责，真正实现非法证据排除规则中的预防价值。

（三）防治结合原则

不合法证据的形成本身就是对社会的一种伤害，瑕疵证据的产生会造成有限的司法资源的浪费，而非法证据的产生对个人和社会的所造成的损害更是巨大而又不可逆的，被动地处理非法及瑕疵证据毕竟只是一种事后补救性措施，建立一种针对性的事前预防机制则显得更加重要。对于瑕疵证据来说，由于证据的取得是非常讲究时效性，相关证据尤其是言词证据很容易发生变化，这就会给事后再补充收集证据带来困难，给瑕疵证据的事后补救工作带来困难，因此最好的情况是在第一次取证的时候就按照法定的要求由法定的主体按照法定的程序取证，以法定的形式进行固定。对于非法证据来说，侵权行为已经发生，对于当事人的侵害尤其是对于生命健康的侵害是不可逆的，虽然事后可以通过对于非法证据的排除来部分地实现救济，通过对于相关责任人的追究来替代性惩罚，但是非法取证给当事人、给司法公信力造成的伤害是不可逆转的。我国建立非法证据排除规则一个目的是为了保证事实的正确认定，而另一个更重要的目的是希望通过非法证据排除规则来很好地遏制违法非法行为，从而保障人权，因此在非法证据层面，建立一个预防机制刚好契合非法证据规则的本意，可以更好地发挥检察机关的监督职能，从源头上对非法证据进行遏制。

二、检察机关审前阶段非法及瑕疵证据的被动处理机制

（一）检察机关审前阶段非法证据的被动处理机制

1. 非法证据的发现机制

新《刑事诉讼法》第 55 条明确规定了检察院在审前阶段排除非法证据的义务，这不仅是公诉权向前的延伸，更是检察机关行使法律监督权的体现。在审前阶段对非法证据即进行排除，使其不流入法庭审理阶段，对非法证据的影响起到一种很好的隔断作用，防止法官先入为主，同时这也是诉讼效率的价值追求，也可以更好地实现保障人权的诉讼目的。目前对于检察机关发现非法证据途径，笔者认为主要有以下几种方式：

第一种方式是审查侦查卷宗。检察人员有主动发现和不使用非法证据的义务，审查侦查卷宗是检察机关在审前阶段最主要的发现非法证据的途径之一。检察机关要增强对于证据合法性的审查和甄别意识，审查证据的取得是否符合法律、法规和司法解释的要求；审查侦查机关移送的讯问、询问笔录是否齐全，有没有存在不连续或缺漏的情况；对于讯问被羁押的犯罪嫌疑人的，通过核查提讯时间、讯问人与讯问笔录的对应关系，综合判断是否可能存在非法取证的情况；对于在押犯罪嫌疑人在看守所以外的场所接受讯问的，应当要求侦查部门对这种不常规的情况给予相应的说明，看其理由是否合理。检察机关通过阅卷，对主要类型的非法证据进行重点排查，对相关证据的合法性存疑的，应当以疑点为线索，进行进一步的调查和核实，可以要求侦查机关对于证据的合法性提供相关的证据予以证明，或者调取讯问的原始录音录像、调取犯罪嫌疑人的身体健康检查记录，结合全案的其他证据来综合审查，判断是否存在非法证据，这是检察机关发现非法证据的最主要途径之一。

第二种方式是犯罪嫌疑人、被害人等诉讼参与人的申请。

（1）申请时机及主体

非法取得的主体应当包括犯罪嫌疑人、被害人、证人等诉讼参与人。其中犯罪嫌疑人可以对所有非法证据提出排除申请，包括对自己非法取证而得到的非法言词和实物证据，也包括对证人、被害人等诉讼参与人非法取证行为所取得的非法证据，这项权利是基于其辩护权的延生。《两个证据规定》也规定了对于暴力、威胁、欺骗获取的证人证言、被害人陈述的排除，故而证人和被害人作为诉讼参与人，可以对针对自己的非法取证行为提出控告，从而间接启动排除程序，也可以对侦查机关通过对自己非法取证所取得的非法证据直接提出排除申请，这对于遏制对犯罪嫌疑人近亲属非法取证有重要意义，近亲属可以提出排除请求从而使自己的违心证言不会对犯罪嫌疑人产生不利影响。

（2）权利告知程序

检察机关在审查逮捕、审查起诉过程中第一次讯问犯罪嫌疑人时，应当讯问其供述是否真实，并记入笔录，这实质上是检察机关对非法证据的一种排查机制，并且通过犯罪嫌疑人对之前供述的确认来证明之前口供的合法性。检察机关在审查逮捕、审查起诉过程中第一次讯问犯罪嫌疑人时，应当在告知其享有刑事诉讼法上规定的相关诉讼权利义务的同时，再告知其还拥有申请排除非法证据的权利，并且做适当的解释，如什么是非法证据、申请排除将会带来什么效果等等，以利于其正确行使这项权利，同时告知其如果需要申请应当提供相关证据或线索，以便于检察机关进行查证。

第三种方式是受理控告申诉部门、监所检察部门移送的线索。控申部门是检察机关的"窗口"，在日常线索受理中发现非法证据应及时移送到相关部门处理。监所检察部门在日常检察中对非法证据的发现也承担着非常重要的职责，其应及时将在押人员的身体健康检查情况、思想变化情况记录备案，一方面可以及时发现非法取证情况，另一方面在对证据合法性出现争议的时候，可以提供证据。

第四种方式是律师提供的意见。新《刑事诉讼法》将律师介入时间提前至侦查阶段，故而对检察机关来说，如果审查批捕阶段犯罪嫌疑人有聘请律师，则应当在案件审查批捕之日起的合理期限内向律师发出《听取排除非法证据意见通知书》，如果是审查起诉阶段，则检察机关应当在受理移送审查起诉的合理期限内发出。如果律师认为需要发表意见的，那么应当安排两名以上检察人员（其中可以有一名是书记员）一同听取律师发表对于证据合法性的律师意见，如果律师在发表意见的同时还提供了相关的证明材料或者获取证明材料的途径，检察机关也应当一并予以接收。[1] 对于听取的律师意见以及接收相关的证据材料等，检察机关应当对相关情况进行调查和核实，并且将相关情况以及最终的调查结论在审查批捕或审查起诉报告中予以专门说明。

对于发现非法证据的途径，笔者认为不应当仅限于上面几种。目前上海市检察机关尝试建立羁押必要性审查、重大案件备案审查等机制来进一步拓宽发现非法证据的渠道，加强对刑事诉讼监督（特别是侦查监督），提高公诉案件质量，以确保实现惩罚犯罪和保障人权并重、实体公正和程序公正并重，切实维护司法公正。

---

① 谢佑平等：《搭建公诉环节排除非法证据五大机制》，《检察日报》2012 年 1 月 2 日第 3 版。

2. 非法证据的处理方式

在法庭审理阶段，排除非法证据的程序主要通过单独的程序性裁判程序来处理，由法官中立裁判，控辩对证据合法性进行质证和辩论，而在审前阶段，也有学者提出建议通过听证程序来排除非法证据，笔者认为，根据刑事诉讼法规定，正常情况下审查批捕期限仅有 7 天，而要在 7 天内组织听证程序，包括申请、审查、受理、通知相关人员参与、组织听证、作出裁判、后续救济等全部程序，压缩在 7 天内时间上比较紧，而审查起诉期限虽然相对长一点，但是目前的司法资源严重不足，而当前司法环境的一些客观情况使得听证作为排除非法证据的主要途径成本可能会超出目前的司法环境承受能力，经过笔者对上海市各检察机关非法证据排除方式的研究发现，目前上海市各检察机关对于非法证据的排除，主要是以检察机关自主审查式排除为主，必要时可以组织侦查人员和犯罪嫌疑人及其辩护人进行听审。

检察机关审查批捕、审查起诉时发现可能存在非法证据的，应当进行相应的调查，可以要求侦查机关提供全部的讯问笔录，审查其是否连贯，前后是否存在矛盾或者其他不合理的地方；如果讯问过程有录音录像的，也要求侦查机关提供录音录像的原始母带以供审查，如果其中存在不连贯或者其他存疑的地方，可以要求侦查机关提供相应的解释和说明，在必要的情况下也可以会同技术部门一同对讯问过程的录音录像进行审查；对于可能刑讯逼供的情形，应当调取犯罪嫌疑人出入看守所的健康检查情况查看，如果发现犯罪嫌疑人身上有伤势的，应当对伤势进行调查，以确定伤势形成的时间、形成的原因、伤势的严重程度，必要时可以进行鉴定，同时可以通过询问相关人员来对事实进行调查，同时调取监所检察部门的相关记录和材料，以此进行综合审查判断。而对于存在争议比较大的双方各执一词的案件，必要时可以组织听审程序，让犯罪嫌疑人及其辩护人同侦查人员就证据合法性问题进行质证和辩论，充分听取相关意见。

相关部门承办人调查核实之后，应当提出是否认定为非法证据及是否排除的意见。如果该证据被排除不影响案件罪与非罪认定的，承办人应当在审查逮捕案件意见书或审查起诉意见书中载明，根据案件审批权限的规定经主任检察官、部门负责人乃至检察长审批，并将该证据直接排除。如果该非法证据被排除可能影响案件罪与非罪认定时，核查后提出意见，走三级审批程序，报分管检察长审批，同时原侦查人员应当回避，由侦查机关另行指派侦查人员重新调查取证，检察机关在必要的情况下也可以自行进行取证工作。如果在法定期限内采取补救措施，收集到的证据依然无法进行定罪，则应当依法作出不批准逮捕或不起诉的决定，并在审查报告中对非法证据排除情况进行说明。

检察机关在排除非法证据的同时，由于缺乏具体追究相关责任人的途径，这样容易激发侦查人员的侥幸心理，不能从根本上达到遏制非法取证的目的，因此应当建立相应的问责制度。对于非法证据的排除是保护当事人的合法权利，而对于相关责任人的追究，则是为了保证类似的非法取证行为减少乃至不再发生。对于非法取证的侦查人员，如果其违法程度比较轻的，则检察机关可以直接向侦查人员提出纠正意见，也可以向侦查机关的负责人提出。如果侦查人员的违法取证行为程度比较严重，但又没有达到起刑点的时候，则应当按照相应的组织机构流程审批后，向侦查机关发出《纠正违法通知书》，并跟踪监督纠正情况。如果违法取证行为情节严重，涉嫌构成犯罪的，应当移送本院侦查部门审查，并报告检察长，或者报经检察长批准进行处查后，移交侦查部门立案侦查。我们希望追究相关责任人的途径，破除发侦查人员的侥幸心理，达到从源头上遏制非法取证的目的。

（二）检察机关审前阶段瑕疵证据的被动处理机制

1. 瑕疵证据的发现机制

非法证据的发现机制可以由检察院主动发现和当事人提出等多种方式，而瑕疵证据的发现机制更多的由检察院主动发现，因为瑕疵证据本身可以作为被告人在法庭上为自己进行无罪、罪轻的一个很好的辩点，所以虽然我们鼓励犯罪嫌疑人在审前阶段向检察机关提出有关证据存在瑕疵的建议，但我们不能将它作为一条主要的发现途径，对于瑕疵证据的发现途径，还应当以检察机关的主动审查发现为主，即检察机关在审查批捕和审查起诉过程中，对侦查部门提供的案卷材料和相关证据，按照《两个证据规定》的相关要求，从主体、形式、程序、手段等方面对证据的合法性进行全面审查，及时排查瑕疵证据，并引导侦查部门进行相应的处理，针对较为严重的情况发纠正违法通知书，检察机关在必要时也可以自行补正。

2. 瑕疵证据的处理方式

（1）重新制作

在对于瑕疵证据，最好的处理方式便是重新制作，如对于证人证言收集过程中有瑕疵的，重新依法收集固定显然可以有效弥补证据瑕疵，如果在审查案件中对所有非法证据都能够重新制作当然是最理想的，但是这样无疑会消耗有限的司法资源，况且有些证据无法重新制作，如某故意伤害案，犯罪嫌疑人临时取用邻居家菜刀伤害，菜刀过早发还邻居，需再鉴定时，已无法找到。因此重新制作是最高标准，但同时也要灵活运用其他方式，治愈证据的瑕疵。

（2）补正

当证据缺乏证据能力的时候，通过一定的手段（如补充签名、重新描述证据的特征等）使之具有完备的证据能力，这种手段是用来弥补收集方式或证据形式的缺陷或瑕疵，并且，补正并未提供任何新的证据，只是将原来存在瑕疵的证据予以"补充改正"，使证据在形式上完全符合法律的规定。

（3）合理解释

在实践中可能出现证人基于各种原因不愿意在侦查机关或工作地点等法定地点接受询问的情形，那么求公安承办人员予作出合理解释即可弥补证据上的缺陷。亦或是笔录上缺少签名，而相关侦查人员调离岗位、远赴外地出差，或者物品持有人、见证人无法查找等，针对此类情形，也需要作出相应的合理解释。

（4）当事人同意

在实务中，当事人同意也是一种比较常用的补正方式，对于部分情形，如没有告知证人应当如实提供证言而形成的笔录，这种情况下，再补充告知证人相关义务，如果证人对此前的证人证言进行确认，也即弥补了证据上的瑕疵。当然，关于当事人同意这一种补救方法学术界也存在争议，主要是因为在第二次才告知当事人权利，如果承认第一次笔录的效力，那么当事人会认为既然已经说过一次了，再变卦也不好，所以干脆就承认了第一次的说法，故此，笔者建议，在选择当事人同意这种治愈方式的时候，还要告知当事人，如果认为第一次的笔录内容不真实的，可以提出排除申请，这样就解决了上述争议中存在的问题。

（5）补强

瑕疵证据是由于不合法对证据本身的可信性造成了一定的影响，补强本身不是对瑕疵证据的法定补救方式，但是补强可以有效地使瑕疵证据恢复证据能力，例如在有些案件特别是盗窃、诈骗等侵财性案件中，被收缴的赃物或调取的证据（如手机、相机等物品）的照片，只能反映该物品的品牌而无法反映其型号及串号等，无法确实认定为是被盗物品，造成这种情况的原因有时是有些物品的型号、串号等确难查明，而大多数是因为在人赃俱获等情况下，由于犯罪嫌疑人被当场抓获或从其住处搜查到相关赃物，侦查人员认为案件事实已非常明了，证据已非常充分，因而不太注重原物的照片采集等工作。所以对这种情形，对于单凭照片本身不能全面反映原物特征的照片，但是如果要求公安机关对证据予以补充之后，证据之间能够相互联系，形成一个完整的证据链，进而对瑕疵证据本身的可信性进行了弥补，使其真实可信，这样一来瑕疵证据也就可以作为证据使用，以实现对案件的充分证明。

三、检察机关审前阶段非法证据及瑕疵证据预防机制的构想

（一）提升证据审查判断能力

1. 明确检察监督的重点

检察机关作为法律监督的专门机关，理论上对于公安机关的所有侦查行为都有权进行监督。但是，具体到我国刑事立法上，对公安机关的很多侦查行为监督的规定处于一种空白地带。在我国当前刑事案件高发以及立案、刑事强制措施监督有限的情况下，从立法上明确检察机关的监督重点并制定相应的配套措施是必需的。

在现有体制下，赋予检察机关对涉及公民人身自由等基本权利的强制措施有事前审查的权力，缩小和限制公安机关的决定权，通过检察机关颁发相应令状对公安机关侦查权进行事前监督。如针对拘留措施来说，根据新《刑事诉讼法》的规定，公安机关有权自行决定采取拘留措施或延长刑事拘留期限，而无需报检察机关批准。实践中，公安机关无视适用拘留条件的限制，采取"先把人抓了再说"的侦查思路；而在延长拘留期限方面，将一般情况特殊化，将拘留期限用到最后的期限。公安机关在拘留措施上的自主随意性，严重侵犯了犯罪嫌疑人的人身权利，应当赋予检察机关对拘留的决定权，在紧急情况下先行拘留的，要事后及时到检察机关备案。将涉及公民人身自由、财产利益的搜查、扣押措施纳入检察监督范围内。其次，将留置盘问纳入刑事强制措施中。《中华人民共和国人民警察法》第9条第3款的规定默示了留置盘问措施的刑事强制性，[①]承认留置盘问为刑事强制措施纳入检察机关监督范围，并依法对其作出折抵刑期的规定，从而实现对留置盘问的制约。

此外，笔者根据上海市检察院整理的各区院分院关于两个证据规定反馈情况统计分析，上海目前存在的问题主要是瑕疵证据的问题，如关于书证，各区院反应的最集中的问题是"书证复印件中一般均不标注与原件是否核实无误，经常出现既无提供者的签名，又无制作人关于制作过程及原件存放于何处的说明，或虽有说明，却无侦查人员签名的情况"，关于言词证据，反应的比较集中的是"一人取证"，等等，主要是以瑕疵证据为主，因此我们可以把审查的重点放在排查瑕疵证据上，可以通过制定《公诉案件侦查活动监督表》，在表格中明确列举常见的瑕疵证据及非法证据情形，如"对犯罪嫌疑人是否刑讯

---

① 经继续盘问，公安机关认为对被盘问人需要依法采取拘留或者其他强制措施的，应当在前款规定的期间作出决定；在前款规定的期间不能作出上述决定的，应当立即释放被盘问人。

逼供"、"是否超期拘传"、"是否以非法手段采集证据"、"是否存在侦查人员应当回避而未回避"等，要求承办人逐一严格审查，并落实监督措施和反馈情况，通过表格的填写，一方面可及时发现案件中的非法证据和瑕疵证据，并根据具体情况对案件证据进行排除或补强，做到认定案件事实准确，保证了案件质量。另一方面，通过这样对侦查活动环节的逐一审查，及时发现侦查监督的案源，从而确保对违法、违规的侦查活动及时发现、及时解决。

2. 建立证据风险预测防范机制

一要建立起对言词和实物证据的专门审查、保管制度，转变口供中心主义的思想，高度重视实物证据、鉴定意见等在认定案件事实中发挥的重要作用，对于能够提取、应当提取而未提取的重要物证及时引导相关部门依法按照相应的规范要求进行提取，对于应当进行司法鉴定而未鉴定的重要物证及时要求相关部门进行鉴定，以强化证据的证明力，对于应当组织、有条件组织辨认而为组织辨认的，应当及时要求相关部门依法按照相应的规范要求组织辨认，以防止相关证据的证明力降低或丧失。同时要重视对于实物证据流动的各个环节的监控以及保管工作，可以建立专门的物证库，由专业人员进行相应的规范化的保管，谨防证据因保管不当而发生性质上的变化甚至毁损灭失。二是加强对相关人员的培训，一方面提高检察机关适应新《刑事诉讼法》要求的能力，能够及时地发现和排除非法证据，对证据合法性存疑的引导侦查机关做好相应证明证据合法性的取证工作，确为非法证据的，在非法证据被排除以后做好相应的补救工作，引导侦查机关在现有证据基础上进行补充侦查或取证，尽量做到打击犯罪与保障人权并重；另一方面提高证据审查水平，严格地审查证据，及时发现证据中存在的瑕疵，严格按照《两个证据规定》的要求对瑕疵证据进行补正或相应处理，最大程度地保证证据的证据能力和证明力，以更好地应对庭审的需要。

（二）建立侦查取证行为的监督制约机制

在我国刑事立法和司法实践中，除一些重大的、特殊的刑事案件，检察机关主要采用材料的书面审查以及对犯罪嫌疑人形式化的讯问这一被动的、事后的监督方式，不但不能发现真正的违法侦查行为，还会使检察机关对侦查权的监督制约沦为一项流水程序。为了对侦查权进行监督，确保侦查活动依法进行，对于没有隶属关系但有牵连关系的主体间的权力制衡方式来说，应在事前或事中，同步、及时的进行。如前所述侦查权包括侦查程序的处分权，即决定启动和终结侦查程序的权力。2010 年 10 月 1 日开始试行的《最高人民检察院、公安部关于刑事立案监督有关问题的规定（试行）》主要贡献体现在：一是建立了公安机关与人民检察院刑事案件信息通报制度；二是明确了检察机关立案、撤案权进行监督条件和程序。然而，这项规定同样存在缺乏执行支撑的弊端：以通知的方式对公安机关进行监督，没有事后的制裁措施。在案件数量高居不下、侦查力量不足的压力下，如何使两机关之间案件信息通报制度不流于形式，是该制度定能否发挥作用的难点。所以，通过总结司法实践，逐步确定检察机关对侦查程序启动和终结的决定权。对于一般案件，公安机关可以采取类似美国的登记程序，通过初步的调查工作，由检察机关决定是否正式立案；对于侦查终结环节，公安机关负责向检察机关提供调查材料，由检察机关决定撤销案件、不起诉或是移送审查起诉的决定。

除了对立案、撤案进行监督，对于刑事案件的侦查过程，检察机关也可以适当地进行提前介入监督，以便更好地引导侦查取证工作，规范侦查取证行为。侦监部门可以建立的案件网络信息管理系统，对案件的介入侦查、审查逮捕、审查起诉、审判等诉讼情况实现资源共享。提前介入在引导侦查方向时完全按照起诉、审判的标准进行，介入一般是由主诉检察官负责，以便充分发挥主诉检察官办案经验足、综合素质高的优势，更好地适应新《刑事诉讼法》提出的高标准严要求，提高案件质量，避免或减少瑕疵证据的出现，并且很好地填补在批准逮捕后至移送审查起诉前的监督真空期，因为这个期间侦监部门在收到执行回执后监督已告终止，而公诉部门对侦查活动的监督要始于受理审查起诉，而这段时期又是进行补充取证的重要时期，如果错过，很多关键性的证据可能因为时过境迁而无法收集，错失了固定、补强的机会，所以选派有经验的公诉人员在这个阶段介入侦查，能够及时查阅案卷，了解案情，第一时间抓住案件的疑点、难点和突破点，把握目前存在的证据问题及瑕疵，指导公安机关下一步的侦查取证工作。

（三）完善执法对接机制

一是在检察机关内部构构建公诉、侦监和监所检察之间的对接机制，以便更好地对非法证据进行及时发现和排查。注意从审查批捕和其他侦查监督信息中掌握对公诉审查判断证据有直接关联的信息，注意通过监所检察部门掌握被羁押犯罪嫌疑人的相关信息和侦查部门的审讯信息，并且充分发挥监所检察部门的功能，做好被关押的犯罪嫌疑人的身体状况、思想变化等情况的记录工作，做好相关证据合法性的证据收集工作，以应对后来庭审当中被告人可能提出证据系非法取得的主张，同时通过这些跟踪记录也及时发现可能存在的非法取证情况，尽早会同检察机关其他部门作出应对。二是完善批捕和审查起诉部门的信息共享机制。对于批捕或决定逮捕过程中认为需要对相关的证据需要进行进一步收集，或者对于相关证据认为应当进行补正、完善的，在对侦查部门提出相关意见的同时，也抄送公诉部门，以便公诉部门对相关情况有所了解，在后续的诉讼阶段也可以及时对于侦查部门的补充侦查活动进行有效监督。三是检察机关内部各职能部门应当加强合作，完善情况通报，通力合作，提高非法证据的发现能力和处理能力，对于存在的违法犯罪行为及时追究，真正实现对于非法取证等违法行为从源头上进行遏制。

三、强制措施制度的修改及执行

新刑事诉讼法关于强制
措施制度的修改及执行

刘慧玲*

2005 年以来，全国检察机关年均批捕犯罪嫌疑人 90 余万人，捕后无罪判决率约占 0.01%，审查逮捕案件质量总体较高，其中，对罪行较轻的被告人捕后判处三年有期徒刑以下刑罚的占 70% 左右。羁押候审的比率虽然逐年下降，但仍高达 80%。轻刑案件审前羁押率过高成为司法实践中的一个突出问题。新刑诉法关于强制措施的修改，将对检察机关准确适用逮捕措施、提高逮捕案件质量、减少不必要的审前羁押、保护犯罪嫌疑人和被告人的合法权益产生重要而深远的影响。

一、现行审前羁押立法规定及司法实践中的主要问题

（一）羁押候审成为普遍适用原则

现行刑诉法规定逮捕后的侦查羁押期限不得超过两个月。在刑事诉讼中，羁押虽然不是法定的五种强制措施之一，但因逮捕后必然引起羁押，其实际上成为普遍适用又最为严厉的强制措施。而按照 1966 年 12 月 16 日联合国大会通过的《公民权利和政治权利国际公约》第 9 条第 3 项规定，等候审判的人受到监禁不应作为一般原则。

（二）审查逮捕方式非司法化

我国现行刑诉法没有规定批准逮捕时应当听取犯罪嫌疑人及其代理人、辩护人的意见，检察机关审查逮捕基本上是书面审查，缺乏辩护权与侦查权的必要的诉讼制衡。

（三）逮捕必要性原则适用不足

在司法实践中，检察机关对逮捕条件的审查把关非常严格，但偏重于"有证据证明有犯罪事实，可能判处徒刑以上刑罚"的判断，而对于"逮捕必

---

* 最高人民检察院侦查监督厅副厅级检察员。

要性"、"采取其他强制措施足以防止发生社会危险性"的条件审查不严，导致一些可以采取其他强制措施的犯罪嫌疑人被逮捕羁押。

（四）捕后持续羁押状态难以解除

现行刑诉法规定了三种法定延长侦查羁押期限的情形。实践中，检察机关审查报请延押案件的程序较之逮捕更为简单，绝大多数的案件有报则批，使这一相当于"第二次逮捕"的审查环节形同虚设。此外，刑诉法还确立了一些特别的规则，使公安机关、检察机关有较自由地延长羁押期限的余地。例如，按照现行刑诉法第 128 条第 1 款的规定，发现犯罪嫌疑人另有重要罪行的，公安机关可以不经检察机关批准，而自行决定"自发现之日起重新计算羁押期限"。对发现新的重要罪行，只要原来检察机关批准逮捕的罪名能够达到起诉的标准，检察机关、法院对发现的"新的重要罪行"在公诉阶段和审判阶段是否仍然存在缺乏必要的监督制约。因此，在现阶段的司法实践中，犯罪嫌疑人一旦被批准逮捕，一般会被持续羁押下去，很难被采取取保候审、监视居住等非羁押性措施，直到撤销案件、不起诉或者法院作出发生法律效力的判决、裁定或者终止审理。

（五）审前羁押救济难以落实

现行刑诉法对审前羁押制度法律救济途径的规定包括发现不当逮捕、超过法定羁押期限后的主动审查和经犯罪嫌疑人、被告人申请解除的被动审查。但是在司法实践中，由于法律规定的不完善以及实践中的现实考虑，有权决定机关可能对变更、解除羁押的申请不予理睬或者延迟答复，除非特殊情况，也绝少主动变更强制措施，致使对羁押的救济难以落实。

（六）其他非羁押性强制措施不尽完善

监视居住在司法实践中的流弊较多，易演变成为变相的羁押。取保候审的法律规定本身范围不明确，期限不明确，对于被取保人、保证人违反取保候审规定的惩处制度不严格，对执行机关如何监督保证人履行义务也没有相关的规定。实践中，犯罪嫌疑人弃保逃跑的问题也较突出。

综上，审前羁押率高，主观上系部分执法人员存在将犯罪嫌疑人诉讼客体化的执法理念和构罪即捕的思维定式，客观上与法律对逮捕羁押措施规定不完善、监视居住、取保候审等非羁押性措施成本高、风险大、难以适用有密切关系。

二、新刑诉法修改对限制审前羁押具有深远影响

（一）尊重和保障人权入法

我国刑诉法于 1996 年作出了重大修改。随后的几年，我国先后签署了

《经济、社会及文化权利国际公约》、《公民权利和政治权利国际公约》等国际条约。2004年"国家尊重和保障人权"写入宪法。2012年"尊重和保障人权"作为刑诉法的任务入法，将保护人权和惩罚犯罪放在同等重要的位置，是国家人权事业在刑事司法中的巨大进步，其作为一项基本原则贯穿于刑事诉讼始终，对完善审前羁押措施意义重大，对检察机关执法理念、执法机制、执法方式、执法能力将产生深刻影响。

（二）完善逮捕羁押制度

1. 完善逮捕条件

新刑诉法将"有逮捕必要"的表述修改为"采取取保候审尚不足以防止发生下列社会危险性的"，应当逮捕，并细化为五种"社会危险性"的具体表现，以便于实践中准确把握。这一规定，使逮捕的社会危险性条件更加明确具体，增加了可操作性，有利于司法实践中对逮捕的审查和认定，为减少审前羁押提供了空间。

2. 对审前羁押加以司法审查

一是完善了审查逮捕程序。新刑诉法第86条规定，人民检察院审查批准逮捕，可以讯问犯罪嫌疑人；有下列情形之一的，应当讯问犯罪嫌疑人：对是否符合逮捕条件有疑问的；犯罪嫌疑人要求向检察人员当面陈述的；侦查活动可能有重大违法行为的。人民检察院审查批准逮捕，可以询问证人等诉讼参与人，听取辩护律师的意见；辩护律师提出要求的，应当听取辩护律师的意见。这一规定，淡化了检察机关审查逮捕程序内部审批的色彩，突出了审查逮捕的司法属性，有利于检察机关客观公正地行使逮捕权，有利于保障犯罪嫌疑人的合法权益，是尊重和保障人权原则在逮捕制度上的重要体现。

二是增加了捕后对继续羁押必要性的审查。新刑诉法第93条规定，犯罪嫌疑人、被告人被逮捕后，人民检察院仍应当对羁押的必要性进行审查。对不需要继续羁押的，应当建议予以释放或者变更强制措施。对继续羁押必要性审查的法律规定改变了以往将逮捕必要性和继续羁押必要性混淆，捕后办案期限不满，羁押就不终止的一劳永逸的做法，将羁押纳入了司法审查。从长远来看，更将对我国羁押制度的诉讼化改造、羁押期限裁量权的设置，甚至建立超期羁押的惩罚性机制等产生深远的影响。

3. 完善羁押司法救济程序

新刑诉法第95条规定，犯罪嫌疑人、被告人及其法定代理人、近亲属或者辩护人有权申请变更强制措施。人民法院、人民检察院和公安机关收到申请后，应当在三日以内作出决定；不同意变更强制措施的，应当告知申请人，并说明不同意的理由。第97条规定，犯罪嫌疑人、被告人及其法定代理人、近亲属或者辩护人对于人民法院、人民检察院、公安机关采取强制措施法定期限届满的，有权要求解除强制措施。此规定赋予被采取强制措施的犯罪嫌疑人、被告人及其代理人、近亲属、辩护人申请变更强制措施，以及强制措施法定期限届满要求解除强制措施的权利，并明确了有权决定机关对申请的答复期限，是对强制措施司法救济制度的初步完善。其意义更在于被羁押者受到刑事拘留、逮捕之后，使得羁押合法性问题有专门的途径得到司法审查和司法救济。

4. 明确了再审案件强制措施的决定主体。新刑诉法第 246 条增加规定，人民法院决定再审的案件，需要对被告人采取强制措施的，由人民法院依法决定。人民检察院提出抗诉的再审案件，需要对被告人采取强制措施的，由人民检察院依法决定。这一规定，明确了再审案件中对被告人采取强制措施的决定主体，弥补了现行刑诉法的疏漏；规范了强制措施在再审阶段的适用，防止检、法互相推诿；有利于被告人及时到案，保证案件审理，并有利于再审案件判决、裁定的执行。

（三）规范监视居住和取保候审等非羁押性强制措施

新刑诉法将监视居住定位于逮捕的替代措施，规定了符合逮捕条件，但具有"因为案件的特殊情况或者办理案件的需要，采取监视居住措施更为适宜的"等五种情形，以及"符合取保候审条件，但犯罪嫌疑人、被告人不能提出保证人，也不交纳保证金的"例外情形，可以监视居住。完善了监视居住的条件，限制了指定居所的监视居住，严禁在羁押场所、专门的办案场所执行监视居住，并规定人民检察院对指定居所监视居住的决定和执行是否合法实行监督。同时，区分了取保候审和监视居住的不同适用条件，明确了取保候审适用对象，扩大了适用范围，明确规定被取保候审的犯罪嫌疑人、被告人应当遵守的规定，明确保证金的确定、收取及退还。对现行非羁押制度进行这样的改造，初步解决了现行监视居住、取保候审制度存在的问题，扩大了非羁押性强制措施的适用，为其逐步替代审前羁押发挥了积极作用。

刑诉法的修改，是多方力量的博弈和平衡。既要保障人权、程序公正，又要保证打击犯罪；既要保障侦查机关依法办案，又要对侦查权力进行必要控制；既要保护被害人的权利，又要保护犯罪嫌疑人、被告人的合法权利；既要符合国际通行的人权准则，又要符合中国现实的国情和犯罪形势。所以，不能期望新刑诉法修改能解决司法实践中的一切问题。有论者指出，"犯罪控制与人权保障，是现代刑事诉讼的直接目的。在法哲学层面和司法活动中，两者既对立又统一。刑事领域的人权的保障水平是与国家犯罪控制的能力相适应的，犯罪控制的能力决定了调高人权保障的空间，人权保障的水平也间接反映了犯罪控制的能力。二者的动态平衡和理性协调是刑事诉讼的长远课题。"①

三、新刑诉法实施后强制措施的执行

"尊重和保障人权"作为刑诉法的任务入法，对审查逮捕工作提出了更高的要求。新刑诉法实施后，在强制措施执行中应当认真领会立法精神，正确适用强制措施。

（一）逮捕的社会危险性条件把握

新刑诉法实施后，检察机关仍应坚持对逮捕的事实证据条件、可能处刑条件和社会危险性条件的全面审查，特别是要重视对修改后社会危险性条件的把握，准确适用逮捕措施。

1. 正确理解逮捕社会危险性条件的修改

（1）新刑诉法第79条第1款规定了"采取取保候审尚不足以防止发生下列社会危险性的，应当予以逮捕"的五种情形，即：可能实施新的犯罪的；有危害国家安全、公共安全或者社会秩序的现实危险的；可能毁灭、伪造证据，干扰证人作证或者串供的；可能对被害人、举报人、控告人实施打击报复的；企图自杀或者逃跑的。该条款并未规定兜底项。《人民检察院审查逮捕质量标准（试行）》（以下简称《质量标准》）第6条关于"有逮捕必要"的规定中，"可能危害社会"、"可能转移、隐匿证据"、"可能有碍本案或者其他案件侦查"、"犯罪嫌疑人居无定所、流窜作案、异地作案，不具备取保候审、监视居住条件"以及作为兜底条款的"不羁押可能发生社会危险性的其他情形"未被新刑诉法吸收。立法如此规定，是为了防止在逮捕必要性上任意裁量，减少审前羁押，检察机关应当严格遵照执行，对于不具有法定社会危险性情形，或者采取取保候审足以防止发生法定社会危险性情形的犯罪嫌疑人不得批准逮捕。

（2）新刑诉法第79条第2款明确规定了三种具有社会危险性的特殊情形，应当逮捕。即：有证据证明有犯罪事实，可能判处10年有期徒刑以上刑罚的；有证据证明有犯罪事实，可能判处徒刑以上刑罚，曾经故意犯罪的；有证据证明有犯罪事实，可能判处徒刑以上刑罚，身份不明的。其中，犯罪嫌疑人涉嫌可能被判处10年以上重刑本身就表明了其社会危险性；对于曾经故意犯罪或者身份不明的犯罪嫌疑人适用逮捕措施符合强制措施保障诉讼顺利进行的制度设计初衷。对于符合以上三种情形之一的犯罪嫌疑人，不要求具备新刑

---

① 孙谦、童建明：《关于贯彻新刑诉法的几个问题》，载《检察机关贯彻新刑诉法学习纲要》，中国检察出版社2012年版，第1页。

诉法第 79 条第 1 款规定的社会危险性情形，即可径行逮捕。

（3）新刑诉法第 79 条第 3 款明确规定了一种"可以逮捕"情形，即被取保候审、监视居住的犯罪嫌疑人、被告人违反取保候审、监视居住规定，情节严重的，可以予以逮捕。这一规定解决了以往实践中对法律规定逮捕条件的认识分歧，理顺了现行刑诉法第 60 条规定的一般逮捕条件和第 56 条、第 57 条规定的特殊逮捕条件之间的关系，明确违反取保候审、监视居住情节严重的，可以直接转捕。情节严重的标准，可以参照《质量标准》第 9 条、第 10 条①的规定，同时按照新刑诉法修改后的规定予以界定。

2. 建立社会危险性的证明制度和证明标准

新刑诉法没有设置应当逮捕情形的兜底条款，从理论上讲尚不能穷尽所有与法定社会危险性相当的其他情形。对于有证据证明有犯罪事实，可能判处徒刑以上、10 年有期徒刑以下刑罚，又不具有故意犯罪或者身份不明的径行逮捕情形，把握逮捕必要性的关键在于如何判断是否具有采取取保候审不足以防止发生法定社会危险性的情形。从审查逮捕实践看，可能判处徒刑以上、10 年有期徒刑以下刑罚的案件，占逮捕总数的比例应不少于 50%，如果在理解和执行上出现偏差，可能在新刑诉法实施后造成逮捕率大幅降低，难以保证刑事诉讼的顺利进行。

---

① 第九条 犯罪嫌疑人在被取保候审期间违反刑事诉讼法第五十六条第一款的规定，侦查机关提请批准逮捕的，人民检察院应当审查原适用取保候审是否符合法定条件。符合法定条件的，应当根据其违反规定的情节决定是否批准逮捕，情节一般的，应当建议侦查机关适用刑事诉讼法第五十六条第二款规定的非逮捕措施；具有以下情形之一的，应当批准逮捕：（一）故意实施新的犯罪行为的；（二）企图自杀、逃跑，逃避侦查、审查起诉的；（三）实施毁灭、伪造、转移、隐匿证据或者串供、干扰证人作证行为，足以影响侦查、审查起诉工作正常进行的；（四）未经批准，擅自离开所居住的市、县，造成严重后果，或者两次未经批准，擅自离开所居住的市、县的；（五）经传讯不到案，造成严重后果，或者经两次传讯不到案的。第十条 犯罪嫌疑人在被监视居住期间违反刑事诉讼法第五十七条第一款的规定，侦查机关提请批准逮捕的，人民检察院应当审查原适用监视居住是否符合法定条件。符合监视居住条件的犯罪嫌疑人违反规定，具有以下情形之一的，属于刑事诉讼法第五十七条第二款规定的"情节严重"，应当批准逮捕：（一）故意实施新的犯罪行为的；（二）企图自杀、逃跑，逃避侦查、审查起诉的；（三）实施毁灭、伪造、转移、隐匿证据或者串供、干扰证人作证行为，足以影响侦查、审查起诉工作正常进行的；（四）未经批准，擅自离开住处或者指定的居所，造成严重后果，或者两次未经批准，擅自离开住处或者指定的居所的；（五）未经批准，擅自会见他人，造成严重后果，或者两次未经批准，擅自会见他人的；（六）经传讯不到案，造成严重后果，或者经两次传讯不到案的。

（1）要会同侦查机关（部门）研究建立社会危险性的证明制度。有论者指出，"必要性条件分为两个层次，首先是犯罪嫌疑人具有社会危险性，其次是采取取保候审等方法不足以防止发生这种社会危险性。二者之间是一种层进关系。因此，判断逮捕必要性的关键因素是社会危险性。"① 采取取保候审措施是否不足以防止发生法定的社会危险性情形，即是否具有逮捕必要性，需要检察机关审查判断。法律对社会危险性虽作了细化，但使用的是"可能"、"企图"、"有现实危险"等含义模糊的词汇，只有依靠相关证据证明才能防止主观臆断和执行偏差。因此，立法修改也要求侦查机关（部门）应当随案移送犯罪嫌疑人具有社会危险性的证据并承担相应的证明责任，以统一报捕和批捕双方对社会危险性的把握尺度，减少可捕可不捕的争议。如果侦查机关（部门）移送的证据或者相关证明材料不足以证明犯罪嫌疑人有社会危险性的，检察机关应当不批准逮捕。

（2）统一法定社会危险性情形证明标准。社会危险性情形作为程序法事实，在对"可能"、"企图"、"有现实危险"的证明程度上仅须达到优势证明标准即可。以下两种情况可以认为属于采取取保候审不足以防止发生法定社会危险性情形：第一，有证据证明犯罪嫌疑人已经实施或者开始策划、预备实施妨碍刑事诉讼顺利进行和继续危害社会行为的；第二，没有直接证据证明犯罪嫌疑人可能、企图实施妨碍刑事诉讼顺利进行和继续危害社会行为，但根据犯罪嫌疑人主观恶性、犯罪习性、案件性质、情节、后果、取证进展情况以及犯罪嫌疑人认罪悔罪态度等，能够证明其具有这种"企图"、"可能"和"现实危险"的。需要注意的是，在作出采取取保候审不足以防止发生社会危险性判断时，应该充分考虑到取保候审制度修改后的实际效果。在新刑诉法实施后的一定时期内，取保候审能否真正发挥非羁押措施防止发生社会危险性、保证刑事诉讼顺利进行的作用，还值得观望。

（3）统一不具有法定社会危险性情形的标准。大陆法系国家确立了审前羁押必要性原则。如在意大利，根据这一原则，对于一些法定的特殊嫌疑人，除了存在严重的防范需要以外，一般不得适用审前羁押。这些特殊嫌疑人是指正在怀孕的妇女、正在哺乳子女的母亲、健康状况特别不佳的人、超过 65 岁的老人，或者是正在接受戒瘾治疗的吸毒者或酗酒者，而中断治疗就有可能影

---

① 樊崇义、张书铭：《细化逮捕条件，完善逮捕程序》，载《检察日报》2012 年 4 月 16 日。

响治疗效果的。①《质量标准》第 6 条以列举方式规定了没有逮捕必要的情形："犯罪嫌疑人涉嫌的罪行较轻，且没有其他重大犯罪嫌疑，具有以下情形之一的，可以认为没有逮捕必要：（一）属于预备犯、中止犯，或者防卫过当、避险过当的；（二）主观恶性较小的初犯、偶犯，共同犯罪中的从犯、胁从犯，犯罪后自首、有立功表现或者积极退赃、赔偿损失、确有悔罪表现的；（三）过失犯罪的嫌疑人，犯罪后有悔罪表现，有效控制损失或者积极赔偿损失的；（四）因邻里、亲友纠纷引发的伤害等案件，犯罪嫌疑人在犯罪后向被害人赔礼道歉、赔偿损失，取得被害人谅解的；（五）犯罪嫌疑人系已满十四周岁未满十八周岁的未成年人或者在校学生，本人有悔罪表现，其家庭、学校或者所在社区以及居民委员会、村民委员会具备监护、帮教条件的；（六）犯罪嫌疑人系老年人或者残疾人，身体状况不适宜羁押的；（七）不予羁押不致危害社会或者妨碍刑事诉讼正常进行的其他无逮捕必要的情形。"

这一规定既与新刑诉法的规定不相抵牾，也与大陆法系国家法律的规定相近似，有助于检察机关把握不具有社会危险性的情形。

（二）审查逮捕阶段的讯问询问工作注意事项

新刑诉法增加了审查逮捕阶段讯问犯罪嫌疑人的规定，这是对司法改革中最高人民检察院、公安部联合下发的《关于审查逮捕阶段讯问犯罪嫌疑人的规定》改革成果的确认，增强了审查逮捕的司法属性。实践中，许多检察机关在审查逮捕阶段早已开展讯问工作，在发现刑讯逼供、防止错捕、纠正侦查违法行为等方面已经取得了明显成效，在新刑诉法实施后，更应坚持客观、公正的立场，做到兼听则明，以实现打击犯罪和保障人权的统一。

1. 在讯问询问工作中应注意严格遵照新刑诉法规定的程序、范围、地点进行。一是讯问要符合新刑诉法关于讯问犯罪嫌疑人的一般规定，在看守所进行，不得强迫犯罪嫌疑人自证其罪；二是询问要符合新刑诉法询问证人等诉讼参与人的一般规定，依法复核证据，及时发现和纠正侦查活动中的违法行为，依法排除非法证据，询问时做好证人等诉讼参与人的保护工作。

2. 讯问能力要进一步加强，以适应新刑诉法的要求。检察机关在开展讯问工作时，存在缺乏讯问经验，不敢问、不善问，引用法条不当，用语不规范、不严谨，对犯罪嫌疑人的狡辩或无由翻供缺乏应对能力等问题，反映出部分侦查监督人员对在审查逮捕阶段开展讯问工作的重要性认识不足，能力不高，在一定程度上影响了讯问的效果。对此，需要进一步提高认识，加强培训

---

① 陈瑞华：《问题与主义之间——刑事诉讼法基本问题研究》，中国人民大学出版社 2003 年版，第 176 页。

和岗位练兵，不断提升讯问、询问能力，保证立法对讯问的规定落到实处。

3. 听取犯罪嫌疑人委托律师意见工作需进一步完善。由于审查逮捕阶段的法定时限短，犯罪嫌疑人往往来不及聘请律师，或者律师来不及熟悉案情、提出意见。一些侦查监督人员还担心听取律师意见时涉及犯罪事实方面的内容不好把握，过于详细可能泄露案情，过于简单则会使当面听取意见失去意义，而且将增加承办人的工作量。对此，需要认真领会新刑诉法对审查逮捕方式以及辩护制度修改彰显出尊重和保障人权的重大意义，认识到听取辩护律师意见有助于检察机关全面了解案件情况，提高逮捕质量。要严格遵照法律规定执行，同时在实践中不断探索，逐步完善听取制度。

（三）继续羁押必要性的审查侧重

按照新刑诉法的规定，检察机关应当在逮捕后对羁押的必要性进行审查。逮捕以后，逮捕的事实证据条件、可能处刑条件、社会危险性条件都可能随着诉讼活动的进展发生变化，进而影响到继续羁押必要性的变化。定期审查，判断继续羁押必要性有无变化，减少不必要的审前羁押，防止超期羁押，是新刑诉法增加继续羁押必要性审查的意义和价值所在，也是对逮捕进行司法审查职能的延伸。

1. 捕后逮捕条件可能出现变化：一是捕后经过侦查，逮捕事实证据条件发生变化。主要包括证据发生变化不足以证实犯罪嫌疑人涉嫌犯罪，有新的证据证明犯罪嫌疑人系精神病人和依法不负刑事责任的人等。二是捕后处刑条件发生变化。主要包括法律、司法解释变化引起的不以犯罪处理、量刑减轻以及犯罪嫌疑人、被告人与被害人达成刑事和解，有可能被从宽处理等。三是捕后犯罪嫌疑人、被告人的人身危险性发生变化。主要包括：捕后犯罪嫌疑人、被告人患有严重疾病或者生活不能自理、系怀孕或者哺乳自己婴儿的妇女。四是捕后犯罪嫌疑人、被告人社会危险性发生变化。主要包括：可能判处 10 年以下有期徒刑的案件中，捕后经过侦查，案件证据已经充实、固定，犯罪嫌疑人、被告人毁灭、伪造证据、干扰证人作证或者串供的可能性有所降低（但可能判处死刑、无期徒刑、10 年有期徒刑以上刑罚的案件，其罪行本身已表明其社会危险性，即使证据已经完善、固定，也应视为有继续羁押必要）；犯罪嫌疑人、被告人有坦白、自首、立功、积极赔偿受害人等悔罪情节的，对被害人实施打击报复、妨碍刑事诉讼顺利进行的可能性有所降低；径行逮捕的条件发生了变化，如身份不明的犯罪嫌疑人讲清了自己的身份等。

针对捕后可能发生的变化，对继续羁押必要性的审查应侧重以下内容：一是捕后是否存在法律、司法解释发生变化或者事实证据发生变化，不符合逮捕条件的情况；二是捕后是否出现不适宜继续羁押的疾病、怀孕、哺乳等情形；

三是犯罪嫌疑人、被告人与被害人双方是否达成刑事和解；四是是否存在犯罪情节较轻，证明犯罪的主要证据已查证属实，变更逮捕措施已经不存在串供、毁灭证据、妨碍作证等妨碍诉讼进行的情况。

2. 继续羁押必要性标准在现阶段仍然是逮捕的社会危险性标准。由于我国刑事诉讼中逮捕羁押合一、羁押理由与逮捕理由没有区别，新刑诉法规定对继续羁押必要性审查时，并未规定较逮捕更严格的理由。目前在司法实践中难以对继续羁押必要性设定较逮捕更严格的标准。在发现捕后事实证据条件、可能处刑条件、社会危险性条件发生变化并可能引起继续羁押必要性发生变化，作出有继续羁押必要的裁量时，只须满足逮捕的五种社会危险性情形之一即可；而作出没有继续羁押必要的裁量时，则必须同时排除逮捕的五种社会危险性的情形。按照新刑诉法的规定，对继续羁押必要性审查后，检察机关仅具有释放或者变更强制措施的建议权。因此，新刑诉法对捕后对继续羁押必要性审查的规定，其宣示意义大于实质意义。

3. 虽然继续羁押必要性审查有别于批准延长侦查羁押期限，但基于继续羁押必要性审查制度设计初衷，检察机关侦查监督部门可以依托批准延长侦查羁押期限来实现对继续羁押必要性的定期审查。办理批准延长侦查羁押期限案件，是检察机关主动、定期审查的良好契机，应当同时审查是否符合逮捕条件以及捕后继续羁押必要性有无变化。发现没有继续羁押必要的，应当作出不批准延长侦查羁押期限的决定。

4. 在继续羁押必要性审查时发现逮捕时事实证据就不符合逮捕条件的案件，应当及时通过法定程序撤销逮捕决定，而不应当仅仅行使释放或者变更强制措施的建议权。

（四）加强对指定居所监视居住决定的监督

新刑诉法完善了监视居住的适用条件和监督措施。其中，对于涉嫌危害国家安全犯罪、恐怖活动犯罪、特别重大贿赂犯罪的特定犯罪嫌疑人，在住处执行可能有碍侦查的，经上一级公安或者检察机关批准，可以指定居所执行监视居住。由于指定居所监视居住对人身自由的限制较大，易转变为变相的羁押，必须设定专门的监督制约机制。新刑诉法第 73 条规定，人民检察院对指定居所监视居住的决定和执行是否合法实行监督。对于侦查终结前的指定居所监视居住决定的监督，应由人民检察院侦查监督部门负责。对于这一法定的监督职责，由于无例可循，在监督工作中更应注意探索和规范。监督的原则是既要保证特定重大案件诉讼活动的顺利进行，又要保证严格依法适用监视居住措施。

（五）要审查监视居住是否符合逮捕条件

新刑诉法规定监视居住作为逮捕的替代措施，其前提是符合逮捕条件，故对指定居所监视居住监督时，首先要审查犯罪嫌疑人是否符合逮捕条件，对于侦查机关（部门）将不符合逮捕条件的犯罪嫌疑人采取监视居住措施的，应当提出纠正的意见。

（六）要审查是否符合指定居所监视居住的法律规定

一是审查是否符合监视居住的法定情形，其中符合新刑诉法第 72 条第（三）项"系生活不能自理的人的唯一扶养人"的情形的，一般不宜指定居所监视居住；二是审查是否符合指定居所监视居住特定的三种犯罪类型；三是审查犯罪嫌疑人有无固定住处并且在住处执行可能有碍侦查。对于三类犯罪、"住处"、"居所"，应在《人民检察院刑事诉讼规则》修订时尽快界定，以避免执行中出现偏差。因为存在指定异地管辖的情形，固定住处一般是指犯罪嫌疑人在办案机关所在地的市、县区行政区划内的固定住所。

（七）要审查批准程序是否符合法律规定及侦查机关（部门）指定居所监视居住的决定有无其他违法情形

四、提高检察官公正诚实履行职责的素质

联合国大会《关于检察官作用的准则》第 12 条规定："检察官应始终一贯迅速而公平地依法行事，尊重和保护人的尊严，维护人权，从而有助于法定诉讼程序和刑事司法系统的职能顺利进行。"第 13 条规定："检察官在履行其职责时应：（1）不偏不倚地履行其职能并避免任何政治、社会、文化、性别或其他任何形式的歧视；（2）保证公众利益，按照客观标准行事，适当考虑到嫌疑犯和受害者的立场，并注意到一切有关的情况，无论是对嫌疑犯有利还是不利……"世界各国立法与有关国际公约都在为此作出努力。

中国现行逮捕羁押制度经过多年的发展，已经成为具有中国特色的一项重要法律制度，在刑事诉讼中占有重要的地位。新刑诉法实施后，检察机关应严格遵循尊重和保障人权的刑事诉讼原则，改变构罪即捕的传统思维定式，贯彻理性平和文明规范的执法理念，不断加强检察官的客观与公正义务。

"指定居所监视居住"的法律适用研究

尹　吉[*]

　　"尊重和保障人权"是我国宪法确立的一项重要原则，将其写入新刑事诉讼法，是我国法制建设的重大进步。但是，各界对新刑事诉讼法增加"指定居所监视居住"却议论较多。新刑事诉讼法第73条第1款规定："监视居住应当在犯罪嫌疑人、被告人的住处执行；无固定住处的，可以在指定的居所执行。对于涉嫌危害国家安全犯罪、恐怖活动犯罪、特别重大贿赂犯罪，在住处执行可能有碍侦查的，经上一级人民检察院或者公安机关批准，也可以在指定的居所执行。但是，不得在羁押场所、专门的办案场所执行。"刑事诉讼法修正案通过前后，一些学者等人士甚至对此进行了公开批评，担心犯罪嫌疑人、被告人的人权难以保障。2011年10月28日《成都商报》报道："卞建林教授认为指定居所监视居住是有危害的，一是立法的不科学，与立法理念相冲突、矛盾；二是这种规定会影响到其他强制措施的存在。"2012年3月10日《京华时报》报道"陈光中教授称刑诉法修改进中有退"。2012年3月12日《财新网》法制新闻部主任秦旭东在该网提出，"人们普遍担心的是，本次修法可能把过去不规范甚至非法的情况合法化，这是一个立法上很严重的问题。"[①]2012年3月12日全国大人代表王明雯在微博中写道："强烈建议取消监视居住中关于'指定居所'的规定。理由是因其没有类似于规范看守所侦查活动的规定，可能给刑讯逼供提供场所与条件，非常危险。完全可能导致关于禁止刑讯逼供及非法证据排除所作的一切努力化为乌有！"王敏远则表示："关于第73条存在的问题，他本人也有诸多疑虑，但是立法工作难以满足理想的法制观念，某些时候规范一个行为亦需有所代价。"[②]薛火根[③]于2012年3月27

---

　　[*]　江苏省人民检察院案件监督管理处处长，二级高级检察官。

　　[①]　《刑诉法大修有进有退?》，载财新网2012年3月12日。

　　[②]　载财新网2012年3月12日。王敏远为中国法学会刑事诉讼法学研究会副会长、中国社会科学院研究员。

　　[③]　江苏省律师协会刑事业务委员会副主任、东南大学法学院教授。

日发表在《江苏法制报》上的"期待进一步的解释和规范"一文认为"刑诉法第 73 条有关监视居住的规定更引起了很大争议。立法意图本意可能是想通过指定居所监视居住来代替实质性羁押，但司法实践中执行得不好，将会变成变相羁押的法律根据"。

从近期学界和公检法司学习贯彻新刑事诉讼法研讨情况来看，基于法学理论与司法实践，指控、辩护和中立的不同角度，对指定居所监视居住中的许多问题理解不一。正确理解该法条已成为维护刑事司法公正领域中的重大热点问题。

一、关于立法的背景

刑事诉讼立法是以实现刑事司法公正为目的，平衡国家司法权与犯罪嫌疑人、被告人及其他诉讼参与人人权的产物。刑事强制措施是保障诉讼活动正常进行的重要方法，就指定居所监视居住而言，单纯强调侦查需要，忽视尊重和保障人权，或者脱离现实国情和刑事侦查的基本需求，单纯强调保障人权，都是片面的。只有全面了解立法背景，以刑事诉讼的基本价值、任务和基本原则为依据，才能正确把握指定居所的监视居住。

笔者去年曾参加"刑事诉讼法修改座谈会"，从全国人大法工委、中政委司改办、最高人民法院、最高人民检察院、公安部、司法部和国家安全部及部分专家在该座谈会的讨论和"中国刑事诉讼法研究会 2011 年会"的研讨情况看，完善监视居住强制措施，增加指定居所监视居住，是最高人民检察院提出的修法建议。该建议的出发点是：第一，减少拘留、逮捕，将监视居住定位于减少羁押的替代措施；正如王兆国副委员长在"《刑事诉讼法修正案（草案）》的说明"中指出"适当定位监视居住措施，明确规定适用条件。监视居住同取保候审类似，都是限制犯罪嫌疑人、被告人人身自由的强制措施，但限制自由的程度不同。现行刑事诉讼法对这两种强制措施规定了相同的适用条件。考虑到监视居住的特点和实际执行情况，将监视居住定位于减少羁押的替代措施，并规定与取保候审不同的适用条件比较妥当"。第二，针对一些特殊案件中符合立案条件而不符合逮捕条件，采取取保候审或者普通监视居住可能有碍侦查的犯罪嫌疑人，需要借鉴《行政监察法》第 20 条关于"两指"的规定，即"责令有违反行政纪律嫌疑的人员在指定的时间、地点就调查事项涉及的问题作出解释和说明……"第三，为了正确适用指定居所监视居住，防止权力滥用，需要设计一系列的控制措施，如在指定居所的地点上，排除了羁押场所、专门的办案场所；在适用的范围上，限定于特殊的案件；在审批程序上，一律由上一级人民检察院或者公安机关批准；在权力控制上，强化了检察机关的监督。

二、关于指定的"居所"

综合法学词典和普通词典的解释，"居所"是指短时间居住的场所或者自然人临时居住的地方。研讨中有人认为指定的"居所"主要是指宾馆或者招待所，但是，侦查人员普遍反映指定宾馆或者招待所作为"居所"进行监视居住，首先要解决好安全问题，指定"居所"的安全标准需要达到或者超过《公安机关适用继续盘问规定》（公安部令第 75 号，2004 年 7 月 12 日）第 27 条的规定，即留置"候问室的建设必须达到以下标准：（一）房屋牢固、安全、通风、透光，单间使用面积不得少于六平方米，层高不低于二点五五米；（二）室内应当配备固定的坐具，并保持清洁、卫生；（三）室内不得有可能被直接用以行凶、自杀、自伤的物品；（四）看管被盘问人的值班室与候问室相通，并采用栏杆分隔，以便于观察室内情况。对有违法犯罪嫌疑的人员继续盘问十二小时以上的，应当为其提供必要的卧具。候问室应当标明名称，并在明显位置公布有关继续盘问的规定、被盘问人依法享有的权利和候问室管理规定"。但是，检察机关或者公安机关如果对宾馆或者招待所的一些房间进行安全改造，则又变成了"专门的办案场所"。

研讨中也有人认为，纪检监察机关用于"双规"、"两指"的场所，可以作为检察机关和公安机关指定的"居所"，因为它不属于刑事诉讼意义上"专门的办案场所"，同时，其安全设施条件也较好。笔者认为该观点较为牵强。据悉，最高人民检察院和公安部正在抓紧研究该问题，有望出台文件予以明确。

笔者认为，新刑事诉讼法第 73 条中的指定"居所"是指检察机关或者公安机关指定排除犯罪嫌疑人原"住处"、"羁押场所和专门的办案场所"以外的，犯罪嫌疑人可以临时居住并且可以接受讯问的处所。"羁押场所"是指看守所；"专门的办案场所"包括检察机关和公安机关专门设置"办案点"、以及公安机关依法设置的留置候问室。根据立法精神，笔者认为，还应当排除检察机关和公安机关其他的各类办公场所如"培训中心"、"预防基地"等，否则该办公场所必然转化为"专门的办案场所"。新刑事诉讼法在"第六章强制措施"中对于地点的表述有"场所"（第 72 条、第 73 条）、"住处"（第 73 条）、"居所"（第 73 条）、"处所"（第 75 条）等，过于交叉和繁杂，不利于刑事司法的适用。

此外，询问污点证人也不得在该指定的"居所"进行，侦查人员询问污点证人依法只能在"现场进行，也可以到证人所在单位、住处或者证人提出的地点进行，在必要的时候，可以通知证人到人民检察院或者公安机关提供证言"。

三、关于适用的罪名

根据新刑事诉讼法第 73 条的规定，指定居所监视居住仅仅适用于"涉嫌危害国家安全犯罪、恐怖活动犯罪、特别重大贿赂犯罪"，不得任意扩大。多数人对于"涉嫌危害国家安全犯罪"的范围并无分歧，即刑法分则第一章危害国家安全犯罪（第 102—113 条）中的 12 项罪名（背叛国家罪，分裂国家罪，煽动分裂国家罪，武装叛乱、暴乱罪，颠覆国家政权罪，煽动颠覆国家政权罪，资助危害国家安全犯罪活动罪，投敌叛变罪，叛逃罪，间谍罪，为境外窃取、刺探、收买、非法提供国家秘密、情报罪，资敌罪），但是，对于"恐怖活动犯罪、特别重大贿赂犯罪"的范围理解不一。

研讨中有人认为"恐怖活动犯罪"主要是指我国刑法分则中带有"恐怖"字样的罪名，即"组织、领导、参加恐怖组织罪（第 120 条）"、"资助恐怖活动罪（第 120 条之一）"、"编造、故意传播虚假恐怖信息罪（第 291 条之一）"。笔者认为，"恐怖活动犯罪"是指具有恐怖属性的各类犯罪的行为，而不是仅指特定的带有"恐怖"字样的罪名。恐怖活动犯罪是指为达到一定目的特别是政治目的，制造社会恐慌，采取暴力、破坏、恐吓或者其他手段，造成或者意图造成众多的人员伤亡、重大财产损失、公共设施损坏、社会秩序混乱等严重社会危害的行为。煽动、资助或者以其他方式协助实施上述活动的，也属于恐怖活动犯罪。应当根据联合国安全理事会第 1456〔2003〕号决议《关于打击恐怖主义的宣言》（2003 年 1 月 20 日）、《上海合作组织成员国关于地区反恐怖机构的协定》（2001 年 6 月 15 日）和《刑法修正案（三）》①等一系列国际、国内的法律文件精神正确理解；同时，也要将"恐怖活动犯罪"与其他不具有恐怖属性的重大刑事犯罪有所区别。根据全国人大常委会法制工作委员会副主任胡康生于 2001 年 12 月 24 日在第九届全国人民代表大会常务委员会第二十五次会议上对"刑法修正案（三）草案的说明"，"恐怖活动犯罪"当然包括"涉嫌危害国家安全犯罪"，但是，新刑事诉讼法第 73 条规定

---

① 2001 年 12 月 29 日第九届全国人民代表大会常务委员会第二十五次会议通过《中华人民共和国刑法修正案（三）》。全国人大常委会法制工作委员会副主任胡康生在该修正案草案的说明中指出：当前，恐怖主义对和平与安全的威胁受到各国的普遍重视。我国刑法对惩治恐怖活动犯罪已有一些规定，针对最近出现的恐怖活动的一些新情况，如何适用刑法需要进一步明确，刑法的有关条款也需进一步完善。

以将"涉嫌危害国家安全犯罪"与"恐怖活动犯罪"并列，因此，该"恐怖活动犯罪"是指符合恐怖活动目的的，除"涉嫌危害国家安全犯罪"、"贪污贿赂犯罪"以外的一系列犯罪。

研讨中有人认为"特别重大贿赂犯罪"不仅涉及刑法分则第八章贪污贿赂罪中的第385—393条共7项罪名（即：（个人）受贿罪、单位受贿罪、利用影响力受贿罪、（对个人）行贿罪、对单位行贿罪、介绍贿赂罪和单位行贿罪），还涉及刑法分则第三章破坏社会主义经济秩序罪中的第163—164条共3项罪名（即：非国家工作人员受贿罪，对非国家工作人员行贿罪和对外国公职人员、国际公共组织官员行贿罪）。笔者认为，从最高人民检察院提出修法建议的缘由来看，破坏社会主义经济秩序罪中的商业贿赂犯罪并不在其列。

研讨中有人认为"特别重大"应当理解为刑法第八章规定需要判处重刑的贿赂犯罪。笔者认为，"特别重大"对应于"重大"和"一般"。从个罪的刑罚结构上来看，一般需要具有区分三档以上的量刑幅度，如以刑法第386条规定的（个人）受贿罪为例，"特别重大"是指法定最低刑为10年以上有期徒刑或者无期徒刑、死刑；"重大"是指法定刑为5年以上不满10年有期徒刑；"一般"是指法定最高刑为5年以下有期徒刑或者拘役。对单位行贿罪和介绍贿赂罪的法定最高刑为3年有期徒刑，单位受贿罪的法定最高刑为5年有期徒刑，该三项犯罪显然不存在"特别重大"。据此，"特别重大贿赂犯罪"仅包括应当判处10年以上有期徒刑或者无期徒刑、死刑的（个人）受贿罪、（对个人）行贿罪、利用影响力受贿罪、单位行贿罪。

四、关于"符合逮捕条件"的前置条件

根据修改前的刑事诉讼法，监视居住与取保候审的定位比较类似，适用的条件也相同，限制自由的程度有一定区别，而新刑事诉讼法把"符合逮捕条件"作为指定居所监视居住和普通监视居住的前置条件，定位于减少拘留、逮捕的替代措施。

新刑事诉讼法第72条规定："人民法院、人民检察院和公安机关对符合逮捕条件，有下列情形之一的犯罪嫌疑人、被告人，可以监视居住：……"据此，指定居所监视居住当然要符合逮捕的条件，即符合新刑事诉讼法第79条的规定"对有证据证明有犯罪事实，可能判处徒刑以上刑罚的犯罪嫌疑人、被告人，采取取保候审尚不足以防止发生下列社会危险性的，应当予以逮捕：（一）可能实施新的犯罪的；（二）有危害国家安全、公共安全或者社会秩序的现实危险的；（三）可能毁灭、伪造证据，干扰证人作证或者串供的；（四）可能对被害人、举报人、控告人实施打击报复的；（五）企图自杀或者

逃跑的。对有证据证明有犯罪事实，可能判处十年有期徒刑以上刑罚的，或者有证据证明有犯罪事实，可能判处徒刑以上刑罚，曾经故意犯罪或者身份不明的，应当予以逮捕"。

由于指定居所监视居住只适用于"涉嫌危害国家安全犯罪、恐怖活动犯罪、特别重大贿赂犯罪"，所以当然符合逮捕条件中的"可能判处徒刑以上刑罚"和"采取取保候审尚不足以防止发生下列社会危险性"两项条件，而是否符合"有证据证明有犯罪事实"的条件就成为问题的关键。根据相关的司法解释"有证据证明有犯罪事实"是指同时具备下列情形：（一）有证据证明发生了犯罪事实；（二）有证据证明该犯罪事实是犯罪嫌疑人实施的；（三）证明犯罪嫌疑人实施犯罪行为的证据已有查证属实的。

在长期的刑事司法实践中，之所以采取监视居住就是因为达不到逮捕的证据条件。侦查人员需要掌握新刑事诉讼法的立法精神，更新侦查理念、改革侦查机制，防止将逮捕证据不足的犯罪嫌疑人作为指定居所监视居住、普通监视居住的适用对象。

此外，对于"涉嫌危害国家安全犯罪、恐怖活动犯罪、特别重大贿赂犯罪"的犯罪嫌疑人，虽然有患有严重疾病、生活不能自理；怀孕或者正在哺乳自己婴儿的妇女；系生活不能自理的人的唯一扶养人；羁押期限届满，案件尚未办结，需要采取监视居住措施等情形的，只要在其住处执行监视居住不妨碍侦查的，应当依法采取普通监视居住，而不得指定居所监视居住。

五、关于决定和执行的主体

现行刑事诉讼法第 51 条规定："人民法院、人民检察院和公安机关对于有下列情形之一的犯罪嫌疑人、被告人，可以取保候审或者监视居住：（一）可能判处管制、拘役或者独立适用附加刑的；（二）可能判处有期徒刑以上刑罚，采取取保候审、监视居住不致发生社会危险性的。取保候审、监视居住由公安机关执行。"新刑事诉讼法增设的"指定居所监视居住"，决定其的主体只能是检察机关或者公安机关，从而排除了人民法院。

新刑事诉讼法 73 条规定："监视居住应当在犯罪嫌疑人、被告人的住处执行；无固定住处的，可以在指定的居所执行。对于涉嫌危害国家安全犯罪、恐怖活动犯罪、特别重大贿赂犯罪，在住处执行可能有碍侦查的……"所以，"指定居所监视居住"只能适用于刑事诉讼法第二篇"立案"、"侦查"和"提起公诉"阶段中的补充侦查，不能适用于审判阶段。对于在"提起公诉"环节不需要补充侦查的，不应采用"指定居所监视居住"。同时，立案侦查三类特定犯罪案件的人民检察院和公安机关无权决定"指定居所监视居住"，必须经上一级人民检察院或者公安机关审查批准。

"指定居所监视居住"只能由公安机关执行，检察机关不能作为执行主体，检察机关的司法警察也不能接受公安机关的委托成为该执行的主体，如果检察机关自我执行，就难以实现监督制约。

六、关于强制性程度

新刑事诉讼法第74条规定："指定居所监视居住的期限应当折抵刑期。被判处管制的，监视居住一日折抵刑期一日；被判处拘役、有期徒刑的，监视居住二日折抵刑期一日。"第75条规定："被监视居所的犯罪嫌疑人、被告人应当遵守以下规定：（一）未经执行机关批准不得离开执行监视居住的处所；（二）未经执行机关批准不得会见他人或者通信；（三）在传讯的时候及时到案；（四）不得以任何形式干扰证人作证；（五）不得毁灭、伪造证据或者串供；（六）将护照等出入境证件、身份证件、驾驶证件交执行机关保存。被监视居住的犯罪嫌疑人、被告人违反前款规定，情节严重的，可以予以逮捕；需要予以逮捕的，可以对犯罪嫌疑人、被告人先行拘留。"据此，多数人认为，根据新刑事诉讼法指定居所监视居住对于限制犯罪嫌疑人人身权利的强度应当高于普通的监视居住，低于拘留逮捕。但是，其强制性程度究竟如何掌握，众说纷纭。

研讨中有人认为，犯罪嫌疑人事实上处于完全的羁押状态，不具有离开居所的权利。也有人认为应当赋予犯罪嫌疑人一定程度的人身自由，如经批准每月可以回家一天至两天并且同步采用电子监控或者人工监控。还有人认为经批准每周可以同近亲属在指定的居所或者检察机关、公安机关的办公场所见面并且同步采用电子监控或者人工监控，但是其与案件有关联的除外。笔者认为，犯罪嫌疑人被指定居所监视居住时，处于半羁押状态，后两者的观点较为符合立法精神。

"指定居所监视居住"是否属于刑事诉讼意义上的"在押"，涉及在侦查阶段犯罪嫌疑人、辩护人和侦查机关一系列的权利与义务。

一是犯罪嫌疑人委托辩护人。若不"在押"，犯罪嫌疑人一般自行委托辩护人；若"在押"，应当根据新刑事诉讼法第33条的规定，人民检察院和公安机关对犯罪嫌疑人要求委托辩护人的，具有"应当及时转达其要求"的法定义务。无论是否"在押"，犯罪嫌疑人因经济困难或者其他原因没有委托辩护人的，本人及其近亲属可以向法律援助机构提出申请。对符合法律援助条件的，法律援助机构应当指派律师为其提供辩护。犯罪嫌疑人是盲、聋、哑人，或者是尚未完全丧失辨认或者控制自己行为能力的精神病人，没有委托辩护人的，人民检察院和公安机关应当在犯罪嫌疑人自被第一次讯问或者采取指定居所监视居住之日起及时通知法律援助机构指派律师为其提供辩护。犯罪嫌疑人可能被判处无期徒刑、死刑，没有委托辩护人的，人民检察院和公安机关应当在侦查阶段通知法律援助机构指派律师为其提供辩护。

二是辩护律师会见犯罪嫌疑人。若不"在押"，辩护律师可以随时与犯罪嫌疑人见面；若"在押"，应当根据新刑事诉讼法第33条的规定"及时安排会见，至迟不得超过四十八小时"。对于"危害国家安全犯罪、恐怖活动犯罪、特别重大贿赂犯罪案件"，若不"在押"，辩护律师可以随时与犯罪嫌疑人见面；若"在押"，应当根据新刑事诉讼法第37条规定，辩护律师会见犯罪嫌疑人"应当经侦查机关许可"。

三是诉讼环节的期限计算。若"在押"，侦查期限不得超过两个月，案情复杂、期限届满不能终结的案件，可以经上一级人民检察院批准延长一个月；发现犯罪嫌疑人另有重要罪行的，自发现之日起重新计算侦查期限等；若不"在押"，则不受其限制。

四是诉讼期间的计算方法。根据新刑事诉讼法103条的规定，若不"在押"，期间的最后一日为节假日的，以节假日后的第一日为期满日期；若"在押"，应当至期满之日为止，不得因节假日而延长。此外，犯罪嫌疑人是否"在押"还涉及"立即释放"还是"应当立即释放"抑或"及时解除"等问题。

五是人民代表被指定居所监视居住的处理程序。《全国人民代表大会和地方各级人民代表大会代表法》第32条规定："县级以上的各级人民代表大会代表，非经本级人民代表大会主席团许可，在本级人民代表大会闭会期间，非经本级人民代表大会常务委员会许可，不受逮捕或者刑事审判。如果因为是现行犯被拘留，执行拘留的机关应当立即向该级人民代表大会主席团或者人民代表大会常务委员会报告。对县级以上的各级人民代表大会代表，如果采取法律规定的其他限制人身自由的措施，应当经该级人民代表大会主席团或者人民代表大会常务委员会许可。……乡、民族乡、镇的人民代表大会代表，如果被逮捕、受刑事审判、或者被采取法律规定的其他限制人身自由的措施，执行机关应当立即报告乡、民族乡、镇的人民代表大会。"显然，对县级以上人民代表大会代表指定居所监视居住，属于该条中"采取法律规定的其他限制人身自由的措施"，除现行犯外，应当经过同级人民代表大会主席团或者人民代表大会常务委员会的许可。

笔者认为，将"尊重和保障人权"写入刑事诉讼法是一重大亮点，更是重要的指导思想，应当贯彻于刑事诉讼全过程和法律解释之中，在立法解释、司法解释尚未出台之前，应当按照有利于保障犯罪嫌疑人、被告人和其他诉讼参与人诉讼权利的方向去理解，有效保障犯罪嫌疑人在侦查阶段能够及时聘请辩护律师，辩护律师能够及时会见犯罪嫌疑人，尽可能地缩短指定居所监视居住的时间，防止侦查权膨胀。人民代表若被指定居所监视居住，则失去了人身自由，已不能依法行使代表的职权，履行代表的义务和发挥代表作用，应当参照采取拘捕措施履行相关的许可或者报告的法定手续。

七、关于执行配套规定和优化内部管理

为了保障正确运用指定居所监视居住的强制措施，人民检察院和公安机关一方面要正确执行新刑事诉讼法设定的诸多配套性规定；另一方面，又要牢固树立尊重和保障人权的理念，优化内部管理，加强内部制约，主要包括：

（一）严格审批制度，强化权力控制。此权力若不严加控制，极易导致变相羁押。下一级人民检察院或者公安机关应当严格依法向上级报批指定居所监视居住措施，防止先斩后奏；上一级人民检察院或者公安机关要严格标准，审慎批准，具体来说要根据刑事诉讼的目的进行妥当性审查，根据案件的具体情况进行必要性审查，根据具体的法定条件和程序进行规范性审查。笔者建议每次批准不超过 15 天，适用密集性的时间节点控制。上一级人民检察院或者公安机关审查报批的指定居所监视居住，不宜由其对口的侦查部门负责，而应当由检察机关的侦查监督部门或者公安机关的法制部门负责。

（二）依法及时通知家属和解除监视居住。根据新刑事诉讼法的规定，除无法通知的以外，检察机关或者公安机关应当在执行监视居住后 24 小时以内，及时通知被监视居住人的家属。不需要指定居所监视居住的情形发生时，应当及时将其调整为取保候审或者普通的监视居住。监视居住最长不得超过 6 个月，在监视居住期间，检察机关或者公安机关不得中断对案件的侦查；对于发现不应当追究刑事责任或者监视居住期限届满的，应当及时解除监视居住，并且及时通知被监视居住人和有关单位。

（三）严格依法讯问，防止禁刑讯逼供。刑讯逼供植根于封建社会权力本位的思想，在内部追求破案率或者成案率的侦查工作绩效考评机制，外部公众压力、侦查人员自身急功近利和业务素质不高等多重因素的共同作用下，刑讯逼供屡禁不止，重大冤案时有发生，严重侵犯了犯罪嫌疑人、被告人的人权。从以往的侦查实践来看，刑讯逼供主要发生在看守所之外的"办案点"或者其他场所。

侦查人员在指定的"居所"讯问犯罪嫌疑人时，发生刑讯逼供的风险比以往更大。因此，为有效杜绝刑讯逼供，侦查人员在讯问时，应当依法对讯问

活动进行全程录音或者录像，切实保证犯罪嫌疑人的饮食和必要的休息时间。讯问聋、哑的犯罪嫌疑人，依法应当有通晓聋、哑手势的人参加，并且将这种情况记入笔录。在讯问未成年犯罪嫌疑人的时候，应当依法通知未成年犯罪嫌疑人的法定代理人到场。无法通知、法定代理人不能到场或者法定代理人是共犯的，也可以通知未成年犯罪嫌疑人的其他成年亲属，所在学校、单位、居住地基层组织或者未成年人保护组织的代表到场，并将有关情况记录在案。人民检察院和公安机关的负责人应当经常巡视指定的"居所"，内设的监管部门应当派员进行重点监管。

（四）保障辩护权。辩护权是保障犯罪嫌疑人、被告人合法权利的主要内容，是与侦查权、起诉权相对应的权利；保障辩护权就是"尊重和保障人权"，实现惩罚犯罪与保障人权的有机统一才能维护刑事司法公正。一些重大冤案之所以发生，都与辩护权保障不足有密切关联。在指定居所监视居住过程中，检察机关或者公安机关应当依法及时告知犯罪嫌疑人有权委托辩护人，并且保障辩护律师及时依法会见犯罪嫌疑人。辩护律师会见犯罪嫌疑人、被告人时不被监听。检察机关和公安机关应当向辩护律师告知犯罪嫌疑人涉嫌的罪名和案件有关情况，并且认真听取辩护律师提出的申诉、控告、申请变更强制措施和其他各项意见。

在指定居所监视居住过程中辩护律师涉嫌犯罪的，依法应当由办理辩护律师所承办案件的侦查机关以外的侦查机关办理，并且及时通知其所在的律师事务所或者所属的律师协会。

（五）依法执行和强化监督。监视居住只能由公安机关执行，其他机关不得执行，公安机关的职工、辅警和保安也不得执行。一方面，检察机关要依法加强对公安机关进行执行监督，公安机关对人民检察院提出的违法情况的纠正意见，应当认真研究，及时处理，并将处理结果告知人民检察院；同时，检察机关也要加强对自身的监督，把法律监督与内部监督放在同等重要的位置。另一方面，公安机关在执行中发现检察机关有刑讯逼供等情形的，也应当依法制约。

八、完善相关的立法

（一）完善国家赔偿法。根据国家赔偿法第17条的规定，违反刑事诉讼法的规定对公民采取拘留措施的，或者依照刑事诉讼法规定的条件和程序对公民采取拘留措施，但是拘留时间超过刑事诉讼法规定的时限，其后决定撤销案件、不起诉或者判决宣告无罪终止追究刑事责任的；对公民采取逮捕措施后，决定撤销案件、不起诉或者判决宣告无罪终止追究刑事责任的，受害人有取得赔偿的权利。笔者认为，根据新刑事诉讼法的规定，指定居所监视居住是折抵刑期的强制措施，犯罪嫌疑人处于半羁押状态。检察机关或者公安机关违反刑事诉讼法的规定对公民采取指定居所监视居住的，或者依法采取指定居所监视居住后决定撤销案件、不起诉或者判决宣告无罪终止追究刑事责任的，应当将其纳入国家刑事赔偿范围。由于指定居所监视居住是由上一级检察机关或者公安机关批准，下一级和上一级检察机关或者公安机关应当共同承担赔偿责任。

此外，在新刑事诉讼法实施后，国家赔偿法修改之前，建议全国人大常委会依据立法法第 42 条"法律解释权属于全国人民代表大会常务委员会。法律有以下情况之一的，由全国人民代表大会常务委员会解释：（一）法律的规定需要进一步明确具体含义的；（二）法律制定后出现新的情况，需要明确适用法律依据的"规定，作出立法解释。

（二）完善刑法。从刑法规制功能的角度来看，刑期的计算主要应当由刑法来作出规定。因此，建议把新刑事诉讼法第 74 条规定的"指定居所监视居住的期限应当折抵刑期。被判处管制的，监视居住一日折抵刑期一日；被判处拘役、有期徒刑的，监视居住二日折抵刑期一日"纳入刑法总则。

根据刑法第 41 条规定，对于管制的刑期，判决执行以前先行羁押的，羁押一日折抵刑期二日；第 44 条、第 47 条规定，对于拘役和有期徒刑的刑期，判决执行以前先行羁押的，羁押一日折抵刑期一日。总之，管制、拘役和有期徒刑的刑期均以整日来计算。如果指定居所监视居住的天数为单数，其最后一日只能折抵拘役或者有期徒刑的刑期 0.5 日，无法以日来计算刑期；反之，如果指定居所监视居住的天数为单数，其最后一日只能折抵管制的刑期 0.5 日，无法以日来计算管制的刑期。笔者认为，若以指定居所监视居住为由，将刑期的计算由日改为 0.5 日，没有显著必要，可以通过立法解释或者司法解释明确规定剩余的 0.5 日不再执行。

论检察机关如何正确执行逮捕羁押制度

戴　萍* 赵　靖**

羁押是指对被依法拘留、逮捕的犯罪嫌疑人、被告人放在看守所或其他规定的场所，限制其人身自由的一种方法。在西方各国，羁押是一种独立的强制措施，尽管刑事诉讼理念有所不同、羁押权的运作方式不一，但在羁押权的权力配置上大都强调各种权力之间的制约。从大体上来看，各国在对羁押权权力进行配置时，表现为司法制衡与侦押分离这一权力制约模式。而在我国，刑事强制措施包括拘传、取保候审、监视居住、拘留和逮捕，羁押并不是独立的强制措施。但是，我国拘留和逮捕本身具有羁押的性质，并且羁押作为拘留、逮捕的后续状态，一般将随着案件的处理进程持续下去。这样一来，羁押虽不是我国法律规定的强制措施的一种，却带有强制措施的性质。从司法实践来看，我国羁押制度的执行存在普遍羁押、长期羁押、超期羁押等诸多问题。我们研究发现，羁押制度在当前检察环节的执行中存在的最突出问题应当是普遍羁押的问题。根据最高人民检察院工作报告的统计，最近 8 年全国平均每年有超过84% 的刑事案件在适用逮捕羁押措施。由此，完善羁押制度、解决高羁押率等问题已成为摆在实务界、学术界面前一项紧迫的课题。尽管相关部门采取了诸多措施力图解决为人诟病的高羁押率问题，然而问题依旧，但当前我们却面临一个契机，2012 年 3 月修改后的新刑事诉讼法将"尊重和保障人权"作为一项基本原则，使得羁押问题的解决曙光大现。"尊重和保障人权"作为一项基本原则载入我国新刑事诉讼法，不仅为我们审视旧有的羁押制度提供了全新视野，也为我们思索和完善现行羁押制度创设了广阔空间。虽然我国的拘留和逮捕本身均具有羁押的性质，但与逮捕相比拘留的期限要短很多，且延长的理由和次数也少，司法实践中存在的羁押问题更多的是由于逮捕羁押所产生的，因此本文研究的羁押仅限定为逮捕羁押。

---

* 重庆市北碚区人民检察院检察长，西南政法大学教授，全国检察业务专家。
** 重庆市北碚区人民检察院研究室主任，全国检察理论研究人才，法学硕士。

一、检察机关执行逮捕羁押制度的现状及存在的问题

（一）逮捕适用率较高，存在"普遍羁押"的问题

1. 全国的情况

从全国检察机关适用逮捕措施的情况来看，逮捕适用率（以下简称"逮捕率"）较高，存在"普遍羁押"的现象。根据我国刑事诉讼法第 60 条的规定，对于犯罪嫌疑人有逮捕必要的才能予以逮捕，这表明了我国关于羁押的规定基本上符合国际刑事司法准则中的"羁押必要性原则"。联合国《公民权利和政治权利国际公约》第 9 条第 3 款规定，审前犯罪嫌疑人或被告人被羁押不应是一般的原则，此时的羁押应是一种例外。但在我国司法实践中，羁押性强制措施的适用却成为一般的原则，而取保候审等其他非羁押性强制措施的适用反倒成为例外。本课题组研究表明，逮捕作为我国 5 种强制措施的一种被广泛适用。据最高人民检察院工作报告中关于近 8 年来逮捕的数字统计，逮捕率平均在 84% 以上。由于逮捕的 3 个并列条件（犯罪事实、判处徒刑和逮捕必要性）在实践中被简化为构罪即捕这种极不科学的做法，取保候审和监视居住等非羁押强制措施基本上被搁置；更由于逮捕的必然后果是羁押，因而高逮捕率导致高羁押率。此外，研究还表明无论是经济发达的东部沿海地区，还是经济相对落后的中西部地区，逮捕羁押率都普遍较高，都存在着"普遍羁押"的现象。

全国检察机关 2003—2010 年逮捕羁押率统计表

诉讼情况 年度	起诉（人）	逮捕		
		人数（人）	逮捕羁押率（%）	平均逮捕率（%）
2003—2007	4692655	4232616	90.20	
2008	1143897	952583	83.28	84.05
2009	1134380	941091	82.96	
2010	1148409	916209	79.78	

数据来源：《最高人民检察院工作报告》（2003—2010 年）。

2. 四个直辖市和广东省的情况

根据本课题组调研的情况，无论是四个直辖市，还是广东省，逮捕强制措施的适用均很普遍，都存在着"普遍羁押"的问题。特别是广东省每年逮捕的人数均超过了起诉的人数，逮捕率均超过了 100%，基本上是有罪必捕。从世界范围来看，这是极其罕见的。

北京市检察机关 2003—2010 年逮捕羁押率统计表

诉讼情况 年度	起诉（人）	逮　捕		
		人数（人）	逮捕率（%）	平均逮捕率（%）
2003—2007	123389	105350	85.38	
2008	26793	21251	79.32	80.73
2009	27383	22272	81.34	
2010	26485	20894	78.89	

数据来源：《北京市人民检察院工作报告》（2003—2010 年）。

上海市检察机关 2003—2010 年逮捕羁押率统计表

诉讼情况 年度	起诉（人）	逮　捕		
		人数（人）	逮捕率（%）	平均逮捕率（%）
2003—2007	115165	103092	89.51	
2008	32625	27623	84.67	83.87
2009	31213	25922	83.05	
2010	28452	22260	78.24	

数据来源：《上海市人民检察院工作报告》（2003—2010 年）。

天津市检察机关 2003—2010 年逮捕羁押率统计表

诉讼情况 年度	起诉（人）	逮　捕		
		人数（人）	逮捕率（%）	平均逮捕率（%）
2003—2007	60176	47374	78.73	
2008	10033	7961	79.35	74.84
2009	14423	10268	71.19	
2010	14151	9918	70.09	

数据来源：《天津市人民检察院工作报告》（2003—2010 年）。

重庆市检察机关 2003—2010 年逮捕羁押率统计表

诉讼情况 年度	起诉（人）	逮捕		
		人数（人）	逮捕率（%）	平均逮捕率（%）
2003—2007	102769	83645	81.39	
2008	26841	18615	69.35	74.21
2009	28839	21723	75.33	
2010	32539	23023	70.76	

数据来源：《重庆市人民检察院工作报告》（2003—2010 年）。

广东省检察机关 2003—2010 年逮捕羁押率统计表

诉讼情况 年度	起诉（人）	逮捕		
		人数（人）	逮捕率（%）	平均逮捕率（%）
2003—2007	477089	502764	105.38	
2008	105922	108826	102.74	102.7
2009	113641	115931	102.02	
2010	109359	110086	100.66	

数据来源：《广东省人民检察院工作报告》（2003—2010 年）。

（二）捕后救济途径缺失

在整个逮捕的制度设计中，犯罪嫌疑人是处在被动地位的，不仅是在逮捕的适用过程中，还是逮捕后的羁押过程中，犯罪嫌疑人的辩解和请求都是被漠视的，对被逮捕的犯罪嫌疑人救济手段的缺失是我国逮捕制度的重大缺点。由逮捕变更为取保候审或监视居住的情形，大多是因为达到了法定的最长羁押期限，犯罪嫌疑人的申请基本上是不被批准的，针对羁押合法性的司法救济机制在中国基本上是不存在的。司法救济的缺失，导致犯罪嫌疑人无法对逮捕的合法性提出法律上的挑战，也无法真正地"为权利而斗争"。在这一方面，刑事诉讼法并没有为犯罪嫌疑人提供诉权，检察院、法院也无从对羁押的合法性问题保持持续不断的关注、审查。如果一个嫌疑人在受到逮捕时，羁押理由确实是不存在的，或者随着诉讼进程的发展，原来作为逮捕根据的羁押理由已经不复存在了，那么，这种羁押行为将继续存在，而得不到及时的纠正，这必然造成羁押措施在适用上背离羁押本来的目的，并违背羁押的比例性和必要性原则。另一方面，刑事诉讼法尽管确立了取保候审、监视居住等旨在替代羁押的强制措施，但由于被羁押者不能从司法机构获得司法救济的机会，这种申请变更强制措施的行为，通常会遭到拒绝，于是，取保候审、监视居住所具有的"替代羁押"的诉讼功能，必然在实践中流于形式，羁押率的居高不下将是不可避免的现实。

（三）法律监督缺位

我国刑事诉讼法规定，逮捕犯罪嫌疑人必须经人民检察院批准或决定或人民法院决定，由公安机关执行。由检察机关行使批捕权，是我国刑事诉讼法中公检法三机关相互配合、相互监督制约原则的要求与体现，也是对公安机关侦查活动进行法律监督的重要手段。然而，检察机关在司法实践中有时会过多地考虑与公安机关的配合，而轻视或者忽视对侦查活动的监督。具体到审查逮捕工作中，就是对于公安机关提请逮捕的一些不符合逮捕条件或可捕可不捕的案件，考虑到与公安机关在工作上的配合关系，常常作出批准逮捕的决定。

（四）超期羁押现象仍然存在

司法实践中，超期羁押现象主要表现为：侦查机关为办案需要，延长羁押期限存在随意性，报批延长羁押期限提前时间不按规定执行，对不批捕的不立即释放，对疑难、复杂、证据不足的案件久侦不诉、久审不判。近年来，随着法治的进步，超期羁押明显减少，甚至有的地区多年没有出现超期羁押现象，但是实践中，存在一些不具备刑事诉讼法第 124 条第 2 款、第 126 条、第 127 条规定条件的延长羁押期限的情况；存在已掌握犯罪嫌疑人两个以上罪名，但先立一个罪名，然后按照第 128 条延长羁押期限的情况；存在对不批捕的犯罪嫌疑人不予释放，或者对不批捕决定提出复议、复核时继续羁押犯罪嫌疑人的情况；存在因证据不足既排除不了犯罪也认定不了犯罪，形成久捕不诉、久审不判，导致对犯罪嫌疑人、被告人超期羁押的情况。当前，检察机关存在的问题主要表现在两个方面：一是个别检察机关自身存在超期羁押现象；二是检察机关对于公安等侦查机关存在的超期羁押现象没有有效地进行法律监督。[①]

二、建立逮捕羁押制度在检察环节正确执行的保障机制构想

（一）执法观念的转变

"尊重和保障人权"作为一项基本原则已载入我国新修改后的刑事诉讼法，这不仅为我们审视旧有的羁押制度提供了全新视野，也为我们改革和完善现行羁押制度创设了广阔的空间。笔者认为，能否正确执行羁押制度，首先要解决执法观念问题。有什么样的执法观念，就有什么样的执法行为，也就产生

---

① 陈瑞华：《超期羁押问题的法律分析》，载《诉讼法学、司法制度》2000 年第 12 期。

了什么样的执法效果。① 为此，正确执行羁押制度，必须摒弃"重打击、轻保护"、"重实体、轻程序"、"重公权、轻私权"等陈旧的执法观念，树立社会主义执法理念，主要是树立以人为本的人权保障观念。这种以人为本的人权保护观念，体现在执行羁押制度的具体工作中，就是要尊重司法规律、按照客观性义务要求，在追诉犯罪时，要坚持"无罪推定"和"慎用羁押"的原则，把羁押当作刑事诉讼中不得已而为之的例外手段；既注意对于具有羁押必要性的证据进行收集和审查，又注意对于不具有羁押必要性的证据进行收集和审查，客观、公正地决定羁押的批准与否；要站在客观公正的立场，维护诉讼各方当事人的合法权益，保障人权，维护国家法律统一正确实施，实现现代刑事诉讼活动的两大价值——惩罚犯罪和保护人权。② 同时，又要树立追求公正和保持效率并重的观念。积极探索提高诉讼效率的途径，保证迅速、及时、高效地履行羁押职能，以最小的司法成本——少用甚至不用羁押措施，而用其他强制措施，获得最大的司法效益——有效地预防妨碍诉讼进程的行为发生，保障诉讼的顺利进行。

（二）逮捕必要性条件的完善

1. 确定逮捕必要性的考量因素

现行刑事诉讼法律关于逮捕必要性的规定在打击犯罪、保护人权中起到重大作用，但也存在规定的证明标准不统一、不细化，机制建设不完善等弊端。应该从以下几个方面建立和完善逮捕必要性证明及审查机制：

统一逮捕必要性的具体标准。最高人民检察院 2011 年下发了《人民检察院审查逮捕质量标准》，对逮捕必要性的标准作出了规定，但其效力仅局限于检察机关，且部分规定还不够完善，有必要通过上升到法律的层面对逮捕必要性的具体标准进行完善和统一。第十一届全国人民代表大会第五次会议于 2012 年 3 月 14 日修改通过的《中华人民共和国刑事诉讼法》（以下简称新刑诉法）无疑关注到了这一问题，新刑诉法的第 79 条对逮捕必要性的证明标准作出了六点具体规定，概括为两个方面：一是证明犯罪嫌疑人、被告人的社会危险性的，"（一）可能实施新的犯罪的；（二）有危害国家安全、公共安全或者社会秩序的现实危险的；（三）可能毁灭、伪造证据，干扰证人作证或者串供的；（四）可能对被害人、举报人、控告人实施打击报复的；（五）企图自杀或者逃跑的"。二是证明犯罪嫌疑人、被告人的社会危害性的，"对有证据证明有犯罪事实，可能判处十年有期徒刑以上刑罚的，或者有证据证明有犯罪

---

① 樊崇义：《刑事诉讼法学》，中国政法大学出版社 1999 年版，第 171 页。
② 陈卫东：《羁押制度与人权保障》，中国检察出版社 2004 年版，第 207 页。

事实，可能判处徒刑以上刑罚，曾经故意犯罪或者身份不明的"。虽然新刑诉法对逮捕必要性作出了以上两方面的具体规定，但还存在一些不足，如证明犯罪的社会危害性方面，规定过于简单，没有具体从犯罪嫌疑人的犯罪性质、犯罪情节、主观恶性等方面进行考虑，未就组织犯罪、黑社会性质组织犯罪、暴力犯罪和严重危害社会治安和社会秩序的多发性犯罪等进行规定，也没有对如犯罪嫌疑人（被告人）不羁押可能发生社会危险性的其他情形留下空间。笔者建议对此进行完善，由最高人民检察院通过司法解释的方式对逮捕必要性的证明标准进行进一步完善和统一。

笔者认为，确定犯罪嫌疑人、被告人有无逮捕必要，可以综合考虑以下八个方面的因素：

（1）犯罪性质因素。犯罪嫌疑人、被告人所涉嫌犯罪的性质、罪行的轻重，在一定程度上反应出犯罪嫌疑人社会危害性的大小，是衡量有无逮捕必要的主要依据：犯罪嫌疑人、被告人是故意犯罪还是过失犯罪；是否是有组织犯罪、黑社会性质组织犯罪、暴力犯罪和多发性犯罪等严重危害社会治安和社会秩序的犯罪等。对犯罪性质恶劣、罪行严重的，如犯故意杀人、抢劫、强奸、贩卖毒品等罪的，应当逮捕；对过失犯罪或罪行较轻的，如一般的交通肇事、故意伤害（轻伤）等罪的，应当不捕。因亲友、邻里、同事之间的纠纷引发的故意伤害等情节一般的刑事犯罪或者侵害家庭成员、亲戚权益，情节一般的刑事犯罪，也应当不捕。

（2）犯罪情节因素。犯罪情节是判断有无逮捕必要的重要依据，主要包括：犯罪手段是否残忍；是否是多次作案、结伙作案、持械作案；是否具有犯罪预备、犯罪中止、犯罪未遂、自首、立功、防卫过当、避险过当等法定从轻、减轻或者免除处罚情节的等。例如，犯罪嫌疑人、被告人的自首，即使是因慑于法律的威力而"洗手不干"，也反映了犯罪嫌疑人的人身危险性的减小或消除。[①] 再如防卫过当与正当防卫，均属于防卫行为的范畴之内，防卫过当的最初必定是进行防卫，它也是在存在正在进行的不法侵害的前提下，针对不法侵害人，为制止不法侵害，保护合法权益而实施的。且防卫过当一般表现为过失犯罪。因此，防卫过当与正当防卫也反映了犯罪嫌疑人、被告人社会危害性和人身危险性的减小。

（3）主观恶性因素。主观恶性是衡量其社会危害性的重要尺度，主要包括：犯罪动机是否恶劣；是否是累犯、惯犯、是否有前科；是否属于主观恶性较小的初犯、偶犯、从犯、胁从犯；是否是过失犯罪；平时的一贯表现如何

---

① 马克昌：《刑罚通论》，武汉大学出版社 2002 年版，第 387 页。

等。例如，胁从犯是被胁迫参加犯罪的犯罪分子，是为了避免遭受现实的危害或不利才不得不参加犯罪，在这种情况下，虽然他仍有自由意志，参加犯罪仍然是他自行选择的结果，但也反映出他的主观恶性和人身危险性不大，因此其社会危险性比较小。再如，在过失犯罪中，行为人主观上并不希望危害社会的结果发生，没有反社会的动机和目的，主观恶性很小，其社会危险性也较小。

（4）认罪态度因素。认罪态度是判断其是否有"再次危害社会的可能性"的重要参考依据，主要包括：犯罪后是否确有认罪、悔罪表现，是否向被害人赔礼道歉、赔偿损失、取得被害人谅解；是否积极退赃；犯罪后过失犯罪的，犯罪后是否积极并有效控制损失或者积极赔偿损失；是否有隐匿罪证、对他人扬言报复的言行等。

（5）主体状况因素。主要包括：对于实施犯罪的未成年人、在校学生、盲聋哑人、老年人、严重疾病患者等特殊主体，要充分考虑逮捕对其产生的不利影响。

（6）社会管理与帮教条件因素。主要包括：犯罪嫌疑人、被告人是否属于流窜作案、有无固定住址，是否具备取保候审、监视居住条件；犯罪嫌疑人、被告人是否系未成年人或者在校学生；其家庭、学校或者所在社区、单位是否具备监护、管理与帮教条件等。

（7）对诉讼的影响因素。主要包括：案件基本证据是否已经收集固定；是否有实施打击报复、逃跑、自杀以及毁灭、伪造、转移、隐匿证据，干扰证人作证、串供翻供等妨害诉讼正常进行的可能等。

（8）遵守取保候审、监视居住规定因素。是否严重违反取保候审、监视居住的规定，足以影响侦查、审查起诉工作正常进行；是否未经批准，擅自离开规定的地点；是否经传讯而不能到案等。

2. 确定"无逮捕必要"的排除因素

对于逮捕必要性的确定，除了明确其考量因素外，还应确定"无逮捕必要"的排除因素。由于此处所言的排除是指绝对排除，即具备下述情形的犯罪嫌疑人、被告人，即具有逮捕必要，因此，确立"无逮捕必要"的排除因素，应当十分慎重，尽可能地对范围予以限制。课题组认为，对于以下几种情况，应排除"无逮捕必要"的适用：

（1）累犯。对累犯从重处罚，主要是基于特殊预防的考虑。惯犯以及有其他前科的犯罪嫌疑人与累犯一样，其社会危险性较大。

（2）所涉罪名的排除。主要包括：危害国家安全犯罪、黑社会性质组织犯罪、恐怖犯罪、毒品犯罪、爆炸、投放危险物质等严重危害公共安全的重大犯罪；故意杀人、故意伤害致人重伤或死亡、抢劫、强奸、绑架等属于重点打击范围的严重危害社会治安的刑事犯罪。

（3）在监外执行、缓期执行、假释期间实施故意犯罪的。

（4）违反取保候审、监视居住规定，逃避或妨害诉讼，情节严重及再次故意犯罪的。被采取取保候审、监视居住的犯罪嫌疑人违反取保候审、监视居住规定，情节严重，已说明取保候审、监视居住不足以防止其发生社会危险性，说明其社会危险性较大。

（5）有证据证明已经实施、正在实施或者准备实施自杀、逃跑、继续实施犯罪行为、毁灭、伪造证据、干扰证人作证或者串供、打击报复行为的。

3. 推行逮捕必要性证明制度

对于逮捕必要性的判断，应当依据特定的事实予以证明，不能仅凭主观猜测和无法求证的感觉。因此，推行逮捕必要性证明制度就显得尤为重要。所谓逮捕必要性证明制度，是指按照相关法律、司法解释关于逮捕必要性的规定，侦查机关提请适用逮捕措施、人民检察院审查决定适用逮捕措施，除必须有证明犯罪嫌疑人涉嫌犯罪的必要证据之外，还应当有能够证明犯罪嫌疑人有逮捕必要性的证据的制度。我国一些检察机关已对该制度进行了一定的探索与实践，并收到了良好的效果。

（1）逮捕必要性证据的范围。

对于前文所述的"确定逮捕必要性的考量因素"，侦查机关应当提供证据证明；而对于具备确定逮捕必要性的排除因素的案件，侦查机关也应提供证据。具体来说，侦查机关在提请逮捕时提供证明犯罪嫌疑人有逮捕必要性的相关证据，主要是指能够证明犯罪嫌疑人具有以下情形的证据材料：一是证明犯罪嫌疑人受过行政和刑事处罚记录的材料。如刑事判决书、相对不起诉决定书、治安处罚决定书等。二是证明犯罪嫌疑人有其他恶习的材料。例如，证明犯罪嫌疑人有吸毒、盗窃等恶习的证据材料，或者有与涉嫌罪行性质相关的其他违法行为的证据材料。三是证明犯罪嫌疑人有妨碍诉讼行为的材料。主要包括：证明犯罪嫌疑人作案后实施或者将要实施毁灭、伪造、转移、隐匿证据的证据材料；证明犯罪嫌疑人作案后转移赃款赃物的证据材料；证明犯罪嫌疑人干扰证人作证，或者打击、报复被害人及其亲属行为的证据材料；证明犯罪嫌疑人曾经逃跑或者逃跑后被抓获等逃避侦查行为的证据材料。四是证明犯罪嫌疑人具有继续实施犯罪行为可能的证据材料。五是证明犯罪嫌疑人不具备取保候审、监视居住条件的证据材料。六是证明对犯罪嫌疑人不采取逮捕措施可能发生社会危险性的其他情形的证据材料。

（2）明确逮捕必要性证明责任。

明确侦查机关和审查机关各自对逮捕必要性的证明责任。侦查机关在提请逮捕时必须提供证明犯罪嫌疑人具有逮捕必要性的证明材料,分析阐述采取取保候审、监视居住仍不足以防止社会危险性,应当适用逮捕措施的理由。检察机关应当认真全面地审查侦查机关收集的证明逮捕必要性的证据材料,根据所掌握的全部证据资料来对逮捕必要性进行论证。检察机关审查后认为侦查机关报送的证据不能证明逮捕必要性的或对逮捕必要性证明不充分的,可以作出证据不足的不捕决定。所以证据不足不捕,既包括证明犯罪事实的证据不足,也包括证明逮捕必要性的证据不足。同时,检察机关办案人员不仅局限于审查案卷中的现有证据,而可以站在客观公正的立场,全面收集并仔细考量有关犯罪嫌疑人主观恶性等影响宽严相济刑事政策适用的证据,以期全面体现案件事实,在宏观上权衡其具体适用,确保不枉不纵。①

(三) 审查批准逮捕机制的完善

我国批准逮捕羁押的审查,仅仅依据公安机关提供的书面证据材料进行审查,而公安机关一般不会收集提供没有逮捕必要性的证据,同时检察机关也无法发现侵犯犯罪嫌疑人人身权利的情形,虽然实践上要求必须提讯犯罪嫌疑人,但提讯的目的是对犯罪事实的审核,不是对逮捕的必要性的审核,现行法律也没有规定犯罪嫌疑人委托的律师拥有向检察院提供无逮捕必要性证据材料的权利,严重违反了程序参与的原则,影响检察机关全面、客观、公正地审查批捕。笔者认为,应当对逮捕审查制度进行改革,使其司法审查的属性更加明显。

1. 贯彻程序参与的原则

充分听取犯罪嫌疑人及其律师的意见,提高了犯罪嫌疑人对逮捕羁押的接受程度,同时在社会上能够树立司法机关公正执法、尊重人权的良好形象。增强律师在审查逮捕中的作用,根据修改后的律师法第 33 条的规定:"犯罪嫌疑人被侦查机关第一次讯问或者采取强制措施之日起,受委托的律师凭律师执业证书、律师事务所证明和委托书或者法律援助公函,有权会见犯罪嫌疑人、被告人并了解有关案件情况。"这也就意味着,在侦查阶段,律师对是否应当采取逮捕措施并没有发言权。权利及其保障的缺失很难使律师为犯罪嫌疑人提供有实质意义的法律帮助,加上前文所述的律师为犯罪嫌疑人、被告人办理取保候审的申请以及针对超期羁押、采取强制措施不当的现象,律师所提出的异议和意见很难得到重视和采纳。而事实证明,如果律师能够参与到审查批捕程序中,对于提高审查逮捕案件质量、保证案件得到公平公正处理等方面确实能

---

① 鲁大同:《宽严相济司法政策下新型审查逮捕机制的构架》,载《法制与社会》2007 年第 9 期,第 452 页。

起到良好的促进作用。因此，在审查逮捕阶段，律师参与诉讼，了解案情和嫌疑人有关情况，为其提供法律帮助，向审查逮捕机关提出不符合逮捕条件的意见和理由，有助于律师与侦查权主体形成一种以权利制约权力的平等的刑事诉讼价值观，从而使检察机关对于逮捕的决定更加透明、客观与公正。新刑诉法也无疑关注到了这一问题，新刑诉法第86条规定："人民检察院审查批准逮捕，可以讯问犯罪嫌疑人；有下列情形之一的，应当讯问犯罪嫌疑人：（一）对是否符合逮捕条件有疑问的；（二）犯罪嫌疑人要求向检察人员当面陈述的；（三）侦查活动可能有重大违法行为的。人民检察院审查批准逮捕，可以询问证人等诉讼参与人，听取辩护律师的意见；辩护律师提出要求的，应当听取辩护律师的意见。"我们相信新刑诉法的上述规定，无疑将增强律师在审查逮捕中的作用。检察机关应当自觉地将程序参与的原则贯彻好和执行好。

2. 建立公开听证制度

对重大疑难、重大社会影响的审查逮捕案件，犯罪嫌疑人不认罪或者提出不应当羁押的案件，应当在注意保密的前提下，由检察机关组织召集侦查人员、辩护人和犯罪嫌疑人，必要时邀请被害人参加，召开听证会议，充分听取各方面对犯罪嫌疑人是否适用逮捕强制措施（主要是对有无逮捕必要性的阐述）的意见。这不仅有利于正确适用逮捕措施，提高案件质量，而且为检察机关接受社会监督、增强审查逮捕工作的透明度提供了一条有效途径，也体现了直接和言辞辩论的司法原则。

（四）建立捕后羁押必要性审查制度

虽然在捕前尽可能地考虑逮捕必要性来达到降低逮捕率是完善审查逮捕工作机制、解决高逮捕率问题的最佳选择，但不可回避的是现实阻力也很大。当前立案率、逮捕率、起诉率、有罪判决率是许多政法机关的硬性考核指标。转型期的社会矛盾凸显，社会治安形势严峻，尽管中央要求"理性、平和、文明、规范"执法，但是各级政法机关仍然更多地强调其对刑事犯罪保持高压态势、维护社会稳定的责任。因此，建立一种捕后救济机制来降低羁押率，不仅不会和考核指标冲突，也不会让一线执法人员承担打击不力的批评。

捕后羁押复审制度是指由原批准逮捕机关，在执行逮捕后，根据有关人员的申请或者依职权对捕后在押人员羁押必要性的情况进行审查，作出是否继续羁押的决定。申请可以由被羁押人自己提出，也可以由其近亲属、所在单位、律师或者其他委托人提出。复审机关是原批准逮捕的机关。但是，案件已经进入审判阶段的，复审机关只能是已经受理案件的法院。复审的内容包括原逮捕决定是否正确、有没有继续羁押的必要性。复审应当没有时间限制，就是说整个羁押期间都可以进行复审。复审机关根据审查情况作出决定：认为原逮捕决定错误或者被逮捕的犯罪嫌疑人没有继续羁押必要的，撤销逮捕，通知正在办理案件的机关释放犯罪嫌疑人或者改变强制措施；认为有继续羁押必要的，维持逮捕决定。

作出改革和创新必然会涉及利益关系和运行成本，触碰的利益越少，阻力越小，成本越低，代价越小。在检察机关的职权配置中，监所检察部门均在看守所设有驻所检察室，其职责范围就是监督看守所的监管秩序和保障在押人员的合法权利。考虑到可利用现成工作机制介入这项创新制度的实施，因其无须增加太多司法成本，在纯属本职工作的管理机制内运行，当然会减少一些困难。因此，建议检察机关派驻看守所人员根据捕后在押人员羁押必要性的情况，可以向原批准逮捕的机关提出变更强制措施检察建议，也是启动复审的一个根据。复审机关在审查中，也可以委托检察院驻看守所检察人员对在押人员进行羁押必要性评估，评估结果作为审查的重要依据。所谓羁押必要性评估，是指驻看守所检察人员对已经被逮捕在押的犯罪嫌疑人、被告人在诉讼期间是否存在继续羁押的必要性进行量化分析的工作制度，即综合犯罪嫌疑人、被告人逮捕时依据的条件的变化、羁押期间的具体表现、诉讼期间证据保全情况等因素，评判有无继续羁押的必要性。这样可以进一步缩短犯罪嫌疑人的羁押时间、减少超期羁押。

新刑诉法也关注到了这一问题，其第93条规定："犯罪嫌疑人、被告人被逮捕后，人民检察院仍应当对羁押的必要性进行审查。对不需要继续羁押的，应当建议予以释放或者变更强制措施。有关机关应当在十日以内将处理情况通知人民检察院。"新刑诉法虽然确立了检察机关捕后羁押必要性审查制度，但只赋予检察机关建议权，对于有关机关不采纳检察机关提出的合理建议并未赋予检察机关其他应对权利。课题组建议对此进行完善，由最高人民检察院会同公安部制定相关司法解释对捕后羁押必要性审查制度进行进一步完善。

（五）建立超期羁押的程序性制裁机制

我们建议规定超期羁押一经发现核实，就必须撤销羁押或变更为非羁押措施。除此之外，还应当建立超期羁押的程序性制裁机制。具体而言，可考虑设立以下程序性制裁措施：作出无罪处理、排除在超期羁押期间获取的口供以及从轻处罚。

1. 作出无罪处理

对于严重超期羁押，羁押期限超过被追诉人可能判处的刑期的，必须作出无罪处理。这是许多国家的通行做法。美国联邦最高法院在1970年的戴西诉佛罗里达案中明确指出，如果宪法第六条修正案规定的被告迅速审判权受到了损害，就应撤销原判决，终止诉讼。① 在昭和 47 年（1972 年）的"高田案件"中，日本最高法院维持了一审名古屋地方法院的裁定，指出如果被告人受宪法保护的迅速审判权受到了损害，就应当做出免诉的裁定。②

2. 排除在超期羁押期间获取的口供

对于严重超期羁押，但羁押期限尚未超过可能判处的刑期的，应当排除在超期羁押期间获取的被追诉人口供，并在量刑时予以从轻处罚。在美国、英国等许多国家，通过长期拘禁被追诉人而获取的口供都被认为是非法口供，应当予以排除。③

3. 予以从轻处罚

对于超期羁押，但情节并不严重的，在量刑时应当予以从轻处罚。西方许多国家都有类似的规定或做法。在德国，联邦法院在判例中经常采用这一做法。瑞士法律也规定，犯罪后经过相当长时间，而且在该期间中，犯罪人保持良好行为者是减轻刑罚的法定事由。欧洲人权法院也赞成对于严重拖延的案件，通过给予被追诉人以宽大处理来对侦控机关进行制裁。④

---

① Dicky v. Florida, 398 U. S. 30（1970）.

② 日本昭和 47 年 12 月 20 日大法庭判决刑集第 26 卷第 10 号，第 631 页。

③ 陈瑞华：《未决羁押制度的实证研究》，北京大学出版社 2004 年版，第 60 页。

④ 陈瑞华：《未决羁押制度的实证研究》，北京大学出版社 2004 年版，第 60 页。

审查逮捕程序改革的路径考量

林雪标*　周孙章**

逮捕是由法律指定的执法机构依照正当的法律程序，针对可能判处一定刑罚的犯罪嫌疑人、被告人采取的有时限羁押、剥夺其人身自由的最严厉的强制措施。① 在逮捕机制运行中，检察机关作为法定审查逮捕机关的审慎判断极为重要，却更是不离审查逮捕程序的理性设置，以防错捕或不当批捕而对公民人身权利造成了肆意亵渎和侵犯。毋庸讳言，当前审查逮捕程序存在行政化、追诉化、救济虚无化、"一劳永逸"等诸多问题，甚至一定程度上与正当程序背离，影响审查逮捕的质量。综观世界两大法系，针对羁押性强制措施适用的审查程序普遍呈"诉讼"形态。在中国特色司法制度设置的前提下，我国检察机关审查逮捕程序有其自身特殊性，但作为刑事诉讼中的重要程序，作为应然的司法审查程序，理应进行诉讼化改造，以实现"诉讼形态的回归"。② 近年来，针对审查逮捕制度，最高人民检察院进行了一系列的改革，为审查逮捕程序的诉讼化创造了条件。2012 年 3 月修改通过的刑事诉讼法更是将此前相当部分的改革内容以基本法律的形式予以确认③，肯定了审查逮捕程序诉讼化改革成为刑事诉讼发展的应然趋势，这要求检察机关在审查逮捕工作中予以积极应对。

一、刑事诉讼法修改前审查逮捕程序存在的若干问题

诉讼化视野下考量审查逮捕程序改革的具体路径，必须首先厘清相关概念

---

　*　福建省人民检察院法律政策研究室副主任，法学博士，厦门大学法学院兼职副教授。

　**　福建省永安市人民检察院法律政策研究室副主任。

　①　孙谦：《逮捕论》，法律出版社 2001 年版，第 150 页。

　②　顾华：《我国检察机关审查逮捕程序的诉讼化问题研究》，载《公民与法》2011 年第 10 期，第 33 页。

　③　如细化讯问机制、律师介入侦查、实行羁押必要性审查等，具有较为明显的诉讼化特征。

界限，继而对照剖析制度缺陷，以期提出较为准确的、具有针对性的改革措施，推动试点改革沿着既定方向顺利有序地进行。

（一）程序诉讼化的机理探析

1. 刑事程序诉讼化。主要是依照诉讼的特有规律实现对程序的设计，表现为控辩双方充分平等地参与以及裁判者的中立性，以区别于行政化的决定模式。诉讼化的内容包括两大方面：第一，诉讼的形态或结构。理想的诉讼形态是法官作为中立的第三方裁断纠纷，保证控辩双方平等的参与及对抗；第二，诉讼的方式或实质，即通过诉权启动裁判权的方式，强调诉权对裁判权的制约，同时强化裁判权对诉权的救济和保障，保证控辩双方以公开、理性的方式参与诉讼，尽可能发挥其对裁判权的影响。① 诉讼形态与诉讼方式一动一静，相互依存，其在刑事程序中的具体配置取决于具体国情和法制设计。在我国当前宪法和法律构架下，由于审前程序中缺乏中立法官的参与，难以具备典型的诉讼形态，故转而加强和改进检察官作为法律监督者的中立性，淡化追诉职能，通过强调辩护律师的参与，保障被追诉人诉讼权的实现。

2. 审查逮捕程序的诉讼化。对照刑事程序的诉讼化，审查逮捕程序的诉讼化至少应当具备以下几方面的特征。诉讼形态方面：第一，建立控、辩、裁三方共同参与的机制；第二，检察官应当淡化追诉立场，恪守客观义务，保持裁判者的独立性与中立性；第三，警察、犯罪嫌疑人及其律师应有充分的参与机会。诉讼方式方面：第一，审查逮捕程序宜通过直接言词方式如讯问、听证等进行；第二，犯罪嫌疑人不服逮捕决定，应有相应的救济途径。公安机关立案侦查的案件，公安机关提请检察机关批捕时，检察机关作为外部机关而存在，其作为裁判者的独立性和中立性得到了较好的保障；但是，对于检察机关自侦案件，如果由同一检察机关内部的不同部门之间进行相互制约，由于它们同在检察长和检察委员会的领导之下，裁判者的独立性和中立性难以得到保障，将批捕权上提一级，无疑有助于加强裁判者的独立性和中立性，从而保证逮捕适用的公正性。②

（二）诉讼化视野的问题剖析

1. 审查逮捕程序行政化。审查逮捕程序应当呈现"三方组合"的形态，作为提请逮捕的侦查机关和犯罪嫌疑人相对立，检察官居中裁判，解决羁押问题。然而，实务中的审查逮捕往往采取书面审批方式，检察机关以间接审理、

---

① 闵春雷：《刑事诉讼法修正案（草案）完善的基本方向》。

② 万春、熊秋红、刘广三等：《检察机关审查逮捕质量与诉讼化改革》，载《人民检察》2011 年第 13 期，第 44 页。

书面审理方式作出裁判，甚至未听取犯罪嫌疑人及其辩护人意见，审查逮捕程序由原本体现程序正义的诉讼程序异化为行政治罪程序。间接审理和书面审理走到极端，可以变成裁判者单方面实施的书面审查程序，控辩双方连出庭参与裁判活动的机会也会失去。这样，诉讼意义也就丧失殆尽，以至于异化为一种行政活动了。① 虽然，各地检察机关陆续采取改良措施，尽可能提审讯问犯罪嫌疑人听取供述与辩解，却并未形成常态。

2. 审查逮捕程序追诉化。审查逮捕是对犯罪嫌疑人是否符合逮捕条件而进行裁判的活动，其解决的主要是程序问题，即犯罪嫌疑人是否符合羁押条件问题。而实务中，审查逮捕程序往往呈现为"两方组合"，检察机关依据公安机关呈报的主要证明有罪、重罪材料作出决定，难免滑入"有罪即捕"的尴尬境地。虽然，各地检察机关陆续探索开展了逮捕必要性（羁押必要性）审查机制，却始终未能扭转重追诉、轻监督的旧有观念，且必要性审查的尺度标准也实际上难以准确把控。此外，公安机关不服审查逮捕部门所作的不捕决定，具有复议复核权，以制约审查逮捕权的行使；犯罪嫌疑人不服逮捕决定却并没有相应的司法救济权，也在很大程度上体现了程序设置上的追诉化倾向。

3. 审查逮捕程序"一劳永逸"化。羁押（逮捕）的主要目的在于程序保障而非实体惩处，在刑事诉讼中，将羁押作为一种例外，鼓励司法机关优先适用羁押替代性措施，已经基本成为共识。通常认为，未决羁押（逮捕）应当至少具备两个理由：第一，为提供程序上的保障的必要，如保障诉讼程序进展、审判和刑罚执行等；第二，防止发生新的危害社会行为所必需。然而，羁押所具备的条件并非一成不变的，而是随着诉讼进展不断变化，司法机关在审查羁押必要性时，应当持续进行，发现理由消失即结束羁押。综观我国审查逮捕程序，并未规定逮捕复查复审程序，从批准逮捕时起至审判终结，未再对犯罪嫌疑人、被告人是否仍符合羁押条件进行复查复审，审查逮捕呈现"一劳永逸"的状态。

4. 审查逮捕程序救济虚无化。"有权利则必有救济"，个人权利和自由遭受国家机构的侵害时，必须给予个人获得法律救济的机会。而从我国审查逮捕程序设置来看，犯罪嫌疑人不服批准逮捕决定，基本上未设救济渠道。且刑事诉讼法修改前，对于逮捕条件的设置过于原则、模糊，难以准确掌握，受追诉化、诉讼便利等因素影响，也易造成批捕权的不当行使，继而实际侵害公民权利。虽然，各地检察机关为此付诸了一系列的探索，新的国家赔偿法将检察机

---

① 陈瑞华：《问题与主义之间——刑事诉讼基本问题研究》，中国人民大学出版社2003年版，第22页。

关列为错捕赔偿责任单位，最高人民检察院更是要求全面推行人民监督员制度，对刑事赔偿问题启动人民监督员程序。这类规定固然是一种进步，但逮捕救济多因不当批捕而非错捕，且刑事赔偿程序较为烦琐、人民监督员程序亦与司法程序救济相去甚远，关于逮捕程序的救济实际上仍处于失位状态。

二、刑事诉讼法修改对于审查逮捕程序诉讼化的具体推进

针对审查逮捕程序中存在的系列问题，本次的刑事诉讼法修正进行了适时回应。鉴于当前宪政体系下，审前程序难以具备典型的诉讼形态，修正案突出加强检察官作为法律监督者的中立性；而更为直接的则是强调诉讼方式的调整，发挥诉权的制约作用。通观修改后的刑事诉讼法，围绕夯实刑事程序诉讼化，以及诉讼职能和诉讼结构的调整，作出了一些新的规定。

（一）诉讼形态理性重构

修改后的刑事诉讼法从当前国情出发，"增加讯问犯罪嫌疑人程序"和"听取辩护律师的意见"，并以此为基点，力图重构审查逮捕程序诉讼形态。

1. 诉讼主体参与。修改后的刑事诉讼法第86条规定："人民检察院审查批准逮捕，可以讯问犯罪嫌疑人；有下列情形之一的，应当讯问犯罪嫌疑人：（一）对是否符合逮捕条件有疑问的；（二）犯罪嫌疑人要求向检察人员当面陈述的；（三）侦查活动可能有重大违法行为的。人民检察院审查批准逮捕，可以询问证人等诉讼参与人，听取辩护律师的意见；辩护律师提出要求的，应当听取辩护律师的意见。"可见，修改后的刑事诉讼法，审查逮捕程序已经从传统的间接审理、书面审理转为一般意义的直接审查、对话审理，也必将逐渐破除浓厚的行政色彩；诉讼主体的广泛参与也为检察机关广泛听取意见，恪守客观义务，继而作出审慎判断奠定了坚实的基础，实际上也将有助于遏制追诉化势头，保持检察机关作为裁判者的独立性和中立性。

2. 三方组合趋势。建立"控、辩、裁"三方共同参与的机制，是审查逮捕程序诉讼化的基本特征。修改后的刑事诉讼法一项重大的改革就是强化辩护职能，将辩护律师介入诉讼的时间提前，其第33条规定："犯罪嫌疑人自被侦查机关第一次讯问或者采取强制措施之日起，有权委托辩护人；在侦查期间，只能委托律师作为辩护人。"第36条规定："辩护律师在侦查期间可以为犯罪嫌疑人提供法律帮助；代理申诉、控告；申请变更强制措施；向侦查机关了解犯罪嫌疑人涉嫌的罪名和案件有关情况，提出意见。"诉讼的规律和哲理要求，控诉职能、辩护职能、审判职能的共同平等参与，相互制衡和制约，相

互监督，良性运转，才能实现公开、公平和正义。① 诚然，修改后的刑事诉讼法尚未进一步到位，对于律师介入侦查作出一定限制，也未就讯问时律师到场以及如何实现"控辩平等"权利等问题作出具体规定。辩护律师介入侦查，无疑将从立法角度为审查逮捕程序中实际构建"控、辩、裁"三方组合创造有利条件。

（二）诉讼方式的有效夯实

修改后的刑事诉讼法主要通过明确逮捕条件规范批捕行为、实行羁押必要性审查以及增设权利救济方式，力图夯实诉讼方式，凸显审查逮捕程序的诉讼实质。

1. 诉权制约前提：细化逮捕条件。修改后刑事诉讼法着力解决此前司法实践中对逮捕条件理解不一致和不易操作等问题，将"发生社会危险性，而有逮捕必要"的原则规定进一步细化，在原有逮捕规定基础上，第79条进一步增加规定："采取取保候审尚不足以防止发生下列社会危险性的，应当予以逮捕：（一）可能实施新的犯罪的；（二）有危害国家安全、公共安全或者社会秩序的现实危险的；（三）可能毁灭、伪造证据，干扰证人作证或者串供的；（四）可能对被害人、举报人、控告人实施打击报复的；（五）企图自杀或者逃跑的。对有证据证明有犯罪事实，可能判处十年有期徒刑以上刑罚的，或者有证据证明有犯罪事实，可能判处徒刑以上刑罚，曾经故意犯罪或者身份不明的，应当予以逮捕。被取保候审、监视居住的犯罪嫌疑人、被告人违反取保候审、监视居住规定，情节严重的，可以予以逮捕。"细化逮捕条件，是强化诉权制约功能、防止逮捕权力滥用的基本前提。从中亦可以看出，立法者对于逮捕措施保持了审慎态度，详细列举逮捕的诸种情形，意在寻找打击犯罪与保障人权之间的平衡支点，实际上将逮捕作为一种例外，而倡导适用羁押替代性措施（如取保候审），避免了审查逮捕追诉化的指责。

2. 诉权制约方式：羁押持续审查。诉讼是不断发展变化的过程，羁押条件亦非静止不变，对于羁押条件的审查应当持续进行，以防陷入"一劳永逸"化的尴尬境地，造成对于公民基本权利的实际侵犯，从而招致社会各界的质疑与批判。对此，修改后的刑事诉讼法作出了具体回应，第93条规定："犯罪嫌疑人、被告人被逮捕后，人民检察院仍应当对羁押的必要性进行审查。对不需要继续羁押的，应当建议予以释放或者变更强制措施。"当然，也有学者指出，关于羁押必要性审查的规定，完全是一种行政化的审查方式，在实践中缺

_____

① 樊崇义：《刑事诉讼法修正案（草案）的哲理之思》，载《人民检察》2010年第5期，第37页。

乏操作性，难以奏效。试想，逮捕本是由检察院批准的，这样一种自我审查的方式如何能达到"防止超期羁押和不必要关押"的目的？① 笔者认为，羁押必要性审查作为诉权制约的具体方式，对于破除审查逮捕程序的"一劳永逸"化，无疑具有积极意义，而学界质疑之声，则为实务中妥善贯彻执行该项机制提供借鉴参考。

3. 诉权制约实现：权利司法救济。修改后的刑事诉讼法新增了权利救济的相应渠道，破解了此前权利救济"虚无化"问题，意图实现对诉权的有效制约。其第 95 条规定："犯罪嫌疑人、被告人及其法定代理人、近亲属或者辩护人有权申请变更强制措施。人民法院、人民检察院和公安机关收到申请后，应当在三日以内作出决定；不同意变更强制措施的，应当告知申请人，并说明不同意的理由。"同时，第 115 条规定，当事人和辩护人、诉讼代理人、利害关系人对于司法机关及其工作人员侵犯犯罪嫌疑人、被告人合法权益的，其有权向该机关申诉或者控告。虽然仍未明确对于不当批捕的权利救济，却是立足国情的实际选择。在"控、辩、裁"三方组合中，在此前赋予控方救济权基础上，修改后的刑事诉讼法继而赋予辩方一定的司法救济权，无疑是一种进步，也对检察机关的审查逮捕工作提出了新的要求。

三、审查逮捕程序的诉讼化改革的具体路径

审查逮捕程序的诉讼化改革是刑事诉讼发展的必然趋势，诉讼化的显著特征应是具有控辩审三方主体参与，特别要切实保障犯罪嫌疑人及其辩护人的有效参与，决定逮捕过程须遵循正当程序的要求，检察机关在侦查机关及犯罪嫌疑人之间保持中立地位。刑事诉讼法修改，无疑实现了审查逮捕程序诉讼化改革的重大突破，却需要实实在在转化为实践成果。

（一）审查逮捕程序诉讼化形态的重新梳理

1. 转变执法理念：恪守检察官客观义务。检察官客观义务，指检察官为了实现司法公正，在刑事诉讼中不应站在当事人的立场、而应站在客观的立场上进行活动，努力发现并尊重案件事实真相。检察官客观（公正）义务是世界不同法系国家和地区普遍接受、国际准则确认的一项重要法律制度，也是检察官的重要行为准则。虽然修改后的刑事诉讼法实际上肯定了检察官的客观义务，且在诉讼化视野下，要求检察官坚持居中独立、公正裁判。但诉讼与监督一体的二元设置，滋生了检察机关长期以来固守的追诉立场，亟待在具体审查逮捕实务中切实转变理念。检察官客观（公正义务）的基本内涵有三项：坚

---

① 闵春雷：《刑事诉讼法修正案（草案）完善的基本方向》。

持客观立场，忠实于事实真相，实现司法公正。① 在审查逮捕程序中，就是要求检察机关淡化追加漏捕职能，坚守客观立场，通过广泛听取诉讼主体意见，还原法律事实，从而公正审慎地作出是否符合逮捕条件的判断。

2. 力求三方平衡："控、辩、裁"三方组合。审查逮捕程序正当性的基本标准是构建控、辩、审三方的诉讼构造。历经多年来的司法体制和检察机制改革，以及修改后刑事诉讼法以立法形式巩固了诉讼法改革成果，当前我国审查批准逮捕程序以及检察机关自侦案件的审查决定逮捕程序都具备基本的诉讼构造，检察机关审查逮捕部门实际上是在充当着裁判者的角色。然而，继续强调追加漏捕职能，则将一定程度上破坏审查逮捕程序的诉讼构造，使三方组合反成检察机关和犯罪嫌疑人两方组合。要维系审查逮捕程序的诉讼构造，就应当取消鼓励追加漏捕的考核指标。② 此外，如何保障犯罪嫌疑人、辩护律师以及证人等诉讼主体的广泛参与，从而保障检察机关作出客观判断也值得反思。实际上，全国多地检察机关在审查逮捕程序中探索开展的每案提审讯问犯罪嫌疑人、对于不服逮捕的试行听证制度等，都不失为可供借鉴的正当性进路。

（二）审查逮捕程序诉讼化方式的实践路径

1. 夯实前提：准确把握逮捕条件。修改后的刑事诉讼法较好地解决了此前司法实践中对逮捕条件理解不一致和不易操作等问题，作出了细化规定，势必将对审查逮捕工作产生重要影响。不难看出，立法者仅将逮捕措施视为一种例外，实践中应当努力摆脱诉讼便利观念，从人权保障处罚，准确把握对于可能判处 10 年以上有期徒刑的重罪人员、对于列举的人身危险性较大可能危及诉讼程序进行的人员适用逮捕措施，尽可能适用取保候审等替代性措施。同时，针对取保候审执行中可能存在的脱管、失管等问题，进一步出台细化措施。

2. 规范方式：细化羁押必要性机制。羁押必要性审查无疑是符合诉讼发展规律的制度设置，却面临着实践操作的困境。实际上，我们也难以否认学界提出的自我审查方式如何实现"防止超期羁押和不必要关押"的诟病，因此进行实务的适当改造抑或理性执行乃是大势所趋。笔者认为，有两种进路可供选择：一是分阶段审查。鉴于当前侦查监督部门与公诉部门分离，可由公诉部门在审查起诉阶段对羁押必要性（合理性）进行审查，实际上全国多地检察机关已经开展了该项探索。二是明确提请主体。可试点探索实行二元主体，即

---

① 朱孝清：《检察官客观公正义务及其在中国的发展完善》，载《中国法学》2009 年第 2 期，第 162 页。

② 李昌林：《审查逮捕程序改革的进路》，载《现代法学》2011 年第 1 期，第 120 页。

犯罪嫌疑人、被告人及其辩护人对羁押的合理性及必要性有异议的，也可向人民检察院提出意见，由人民检察院启动审查程序。在具体操作程序中，犯罪嫌疑人及辩护律师提起羁押必要性审查后，检察官可通过听证等方式予以审查，并保障当事人权利救济的机会，以切实减少无必要的羁押。

（三）立足修改后的刑事诉讼法的再思考

修改后的刑事诉讼法对于审查逮捕程序进行了大量诉讼化改造。将修改前具有明显行政化审批色彩的审查逮捕具体程序"公安机关提请→审查逮捕部门承办人（书面）审查并提出意见→审查逮捕部门负责人审核→检察长或检察委员会决定"相应转化为"公安机关提请→审查逮捕部门承办人直接、对话审查并提出意见→审查逮捕部门负责人审核→检察长或检察委员会决定"。区别不仅在于如何进行审查逮捕，而在于扭转了行政化审批色彩转为诉讼化架构。在关键的承办人审查环节，检察官应当恪守公正义务，通过讯问犯罪嫌疑人、听取辩护律师意见、组织证人等诉讼参与人广泛、全面地收集有罪证据与无罪证据、罪轻证据与罪重证据，继而作出客观公正的判断；此后，检察机关还应进行持续性羁押审查，在诉讼程序进展中对继续羁押的合理性和适当性作出判断，从而决定是否更改羁押措施；修改后的刑事诉讼法还就羁押司法救济作出相应规定，以此督促检察机关全面准确履行侦查监督职能。然而，正如上文所述，修改后的刑事诉讼法将诉讼化改革的相当部分成果转化为具体立法，对检察机关长期以来的探索改革成果进行了充分肯定，但仍然需要在实务中进行巩固、夯实，以期通过立法、理论、实务的全面互动，助推司法体制和检察机制改革顺利、有序进行。

论羁押必要性审查在审查起诉环节的贯彻

肖中华* 刘 荣**

一、我国现行羁押制度及其价值取向的一般分析

（一）羁押与拘留、逮捕等相关范畴的关系

在我国现行刑事诉讼法规定中，设置强制措施的目的就是为了防止犯罪嫌疑人、被告人继续实施犯罪、危害社会、逃避或妨碍案件办理进程，从而保证刑事诉讼活动的顺利进行。而在五种法定强制措施中，与羁押有关的强制措施主要是指拘留和逮捕两种。而在我国目前的司法实践中，羁押并不是一种法定的强制措施。因此，强制措施在学理上可以分为羁押性强制措施和非羁押性强制措施两大类。羁押性强制措施一般是指拘留和逮捕两种强制措施。自《英国 1976 年保释法》实施以后，羁押候审的比例即大幅度下降，1990 年降至 10%，其后虽然有一定程度的回升，但最高年份 2000 年也只有 14%①。在德国的前西德各州，2000 年全年只有 36000 人受到审前羁押，大约占刑事法院判决人数的 4%，如果不考虑违警罪，被审前羁押的犯罪嫌疑人比例约是 6%。② 联合国大会于 1988 年 12 月 9 日核准的《保护所有遭受任何形式拘留或监禁的人的原则》中，规定了被拘留人在法院确定有罪之前被视为无罪的权利，除为拘留目的、或为防止阻碍调查和执法过程、或为维持拘留处所得安全和良好秩序而确有必要外，应禁止对此类人施加拘留、逮捕；规定了司法当局就拘留合法性与必要性进行审查判定的职权；规定了被拘留人在审判前获释

---

* 中国人民大学刑事法律科学研究中心教授，博士生导师，北京市朝阳区人民检察院副检察长（挂职）。

** 法学硕士，北京市朝阳区人民检察院公诉一处副处长。

① ［英］麦高伟、威尔逊主编：《英国刑事司法程序》，姚永吉等译，法律出版社 2003 年版，第 110—111 页。

② ［德］魏根特：《德国刑事诉讼程序》，岳礼玲、温小洁译，中国政法大学出版社 2004 年版，第 95 页。

的权利以及司法当局应对拘留的必要性进行复审的内容。① 联合国大会1990年12月4日批准的《非拘禁措施最低限度标准规则》第6条规定："在适当考虑对指控犯罪的调查以及对社会和被害人的保护的同时，审前羁押应当作为刑事程序中的最后手段加以使用。"②《公民权利和政治权利国际公约》第9条规定："被逮捕或拘禁的人享有尽快接受审判极易在审判前获释的权利，等候审判的人受监禁不应作为一般规则。"③ 由此可以看出，在西方法学理论中，"拘留"、"逮捕"都是指剥夺某一自然人的人身自由的行为，其意思中并不包括"拘留"、"逮捕"行为之后所造成的自然人被羁押的事实状态，而作为被关押的这一事实状态则通常是与"拘留"和"逮捕"两种行为手段相对分离的。拘留、逮捕只是强制犯罪嫌疑人、被告人到案的一种诉讼手段，而羁押则是在特定条件下暂时剥夺犯罪嫌疑人、被告人人身自由的一种诉讼保障手段。

（二）现行羁押制度所产生的危害

当前，我国现行刑事诉讼法在强制措施的立法、司法环节上是以对犯罪嫌疑人、被告人进行羁押候审为普遍现象的，也正是由于这种过度依赖羁押性强制措施的刑事诉讼观念，由于无罪推定原则在强制措施适用方面以及对犯罪嫌疑人、被告人进行羁押的相关制度之间存在明显的逻辑偏差，加之我国现行刑事诉讼法中有关非羁押性强制措施所存在的不足与问题，从而使得现行羁押制度产生了许多不良的后果：（1）超期羁押和变相超期羁押现象屡见不鲜、屡禁不止，削弱了刑事诉讼法的规制功能，对法治的严肃性造成侵害，从而引发新的社会不安定因素。（2）侦查、起诉环节对犯罪嫌疑人的"一押到底"，影响了人民法院在确立对被告人刑罚时的刑种选择和刑期确定，造成人民法院只能押多长判多长，从而导致罪刑相适应原则无法得到实现和保证。（3）对是否继续羁押缺少必要且切实可行的审查和救济途径，使得司法实践中为了变更强制措施而托关系、走后门等不正之风盛行。（4）轻罪案件被告人长时间在看守所被羁押，法院判决之后刑期经折抵所剩无几，而在看守所候审期间无法得到很好的犯罪矫正工作。（5）为了所谓的社会安全风险防控，看守所人满为患，造成巨额的羁押成本，直接增加了执法和司法的成本，在押犯罪嫌疑

① 杨宇冠、杨晓春编著：《联合国刑事司法准则》，中国人民公安大学出版社2003年版，第243—244页。

② 龙宗智主编：《徘徊于传统与现代之间——中国刑事诉讼法再修改研究》，法律出版社2005年版，第156页。

③ 杨宇冠：《人权法——〈公民权利和政治权利国际公约〉研究》，中国人民公安大学出版社2003年版，第196—200页。

人、被告人的基本权利保障存在困难。（6）以羁押犯罪嫌疑人、被告人为普遍现象的现行体制，使得许多原本无罪的人在审判前被强行羁押，大大增加了错误羁押的可能性，使公民的人身自由受到威胁，也增加了国家对错拘、错捕的赔偿责任。（7）大量的犯罪嫌疑人、被告人在押候审，极易导致生活恶习、犯罪手段等方面的交叉感染，从而为今后有效控制犯罪、稳定社会造成不利影响。

鉴于此，在刑事诉讼中，对犯罪嫌疑人、被告人是否羁押应当将其必要性权衡作为一个重要的考量因素。目前刑事司法实践中，羁押所主要存在的问题多数与缺乏应有的羁押必要性审查机制有关，而羁押必要性审查机制的构建是解决刑事司法实践中羁押主要存在问题的现实路径，由此构建犯罪嫌疑人、被告人羁押必要性审查制度的呼声日益高涨。

二、新刑诉法对羁押必要性审查的规定及所面临的形势

（一）新刑诉法中羁押必要性审查的解读

2012 年 3 月修订后的刑事诉讼法通过并颁布，并将于 2013 年 1 月 1 日起施行。新刑诉法将"尊重和保障人权"作为我国刑事诉讼法的任务之一，在完善取保候审、监视居住这两种非羁押性强制措施相关规定使二者更具可操作性和实效性的基础上，于第 93 条规定："犯罪嫌疑人、被告人被逮捕后，人民检察院仍应当对羁押的必要性进行审查。对不需要继续羁押的，应当建议予以释放或者变更强制措施。有关机关应当在十日以内将处理情况通知人民检察院。"如果说此法律条文为"羁押必要性审查"的原则性要求，那么对于羁押必要性的审查就包含对犯罪嫌疑人在侦查机关予以羁押的情况是否符合刑事诉讼法律法规规定的问题，也包含犯罪嫌疑人、被告人在被羁押后是否继续有必要予以羁押的问题。

对于新刑诉法第 93 条，笔者认为应当从以下几方面展开理解：

1. 羁押必要性审查的分类。新刑诉法规定检察机关依法享有羁押必要性审查的职权，羁押必要性审查包含逮捕前羁押必要性审查与逮捕后羁押必要性审查两种，逮捕后羁押必要性审查还可再分为侦查监督部门的逮捕后羁押必要性审查、审查起诉部门的逮捕后羁押必要性审查和提起公诉后法庭庭审前的羁押必要性审查三种。

2. 羁押必要性审查的内容。这里面既包含对于已经被羁押的犯罪嫌疑人可否不再羁押的问题，也包含对于现处在非羁押状态的犯罪嫌疑人、被告人是否应当羁押的问题。

3. 羁押必要性审查所涉及的诉讼阶段。根据刑事案件是否侦查终结进行

划分，分为在侦查阶段对被拘留的犯罪嫌疑人提请逮捕时继续羁押必要性的审查，在侦查阶段对被逮捕的犯罪嫌疑人继续羁押必要性的审查，在审查起诉环节对被逮捕的犯罪嫌疑人继续羁押必要性的审查，在案件提起公诉后法院开庭审理前对被逮捕的被告人继续羁押必要性的审查。

4. 不需要继续羁押决定的权力性质。根据案件所处诉讼阶段的不同，分为在侦查阶段人民检察院侦查监督部门建议公安机关对被拘留、逮捕的犯罪嫌疑人予以释放或者变更强制措施，侦查监督部门在此环节的权力属于建议权，最终执行权在公安机关；在审查起诉环节公诉部门决定变更强制措施，公诉部门在此环节的权力属于最终的决定权；在案件提起公诉后法院开庭审理前人民检察院公诉部门建议法院对被逮捕的被告人予以释放或者变更强制措施，公诉部门在此环节的权力属于建议权，最终决定权在人民法院。

（二）当前审查起诉部门应对新规定所需要解决的问题

新刑诉法第93条明确赋予了检察机关羁押必要性审查的职权，由此职权引申出羁押必要性审查制度、机制、流程相关问题的构建与完善。可以说，首要的就是将刑诉法修正案所涉及的内容在制度上进行细化。在制度细化方面需要解决审查的启动方式、审查的范围、审查的方式问题、审查结果的救济问题、审查的时限问题，等等。其次，在羁押必要性审查机制运行阶段，由于刑事案件在审查起诉环节所要求的证据程度以及对是否有碍刑事诉讼活动顺利进行等因素的考量较之其他诉讼阶段都有所差异，因此在审查起诉环节羁押必要性审查就应当有特殊的体现。在对是否继续羁押的必要性进行审查的同时，同样应当关注那些原本应当被羁押却不继续羁押的情形，使得检察机关对于羁押问题的刑事诉讼监督的范围更加充实。对于审查起诉环节羁押必要性审查机制的运行，离不开科学、合理的考核奖惩机制的保障。为确保这一项工作的良性运转，科学、合理的考核奖惩机制既要保障充分调动办案人员的积极性，又要防止职权衍生出的腐败问题，在完善审查起诉部门考核的同时要注意与侦查监督部门等关联部门相应考核奖惩机制的协调性设计，有效地解决当前存在的问题。作为一项体现宽严相济刑事政策的具体职权表现形式，在审查起诉环节行使羁押必要性审查，不可回避地将要面对如何在行使职权的同时进一步体现工作的政治效果、法律效果、社会效果的问题。从完善社会管理的角度，从社会风险防控的角度，审查起诉环节羁押必要性审查将与国家的刑事政策和社会管理政策存在千丝万缕的联系，如何使得刑事政策和社会管理政策在这一职权的行使过程中得到良性发展将是重点探讨的课题。当然，在注重自身制度、机制、流程构建与完善的同时，我们的视角还应关注到有关羁押必要性审查相关配套措施的完善方面，从而避免所设计出的制度、流程归于孤立，为更好地发挥羁押必要性审查职权奠定基础。

三、审查起诉环节贯彻羁押必要性审查的具体构想

（一）审查起诉环节羁押必要性审查的实施原则

1. 羁押必要性审查全面与重点相结合原则

在审查起诉环节，对于犯罪嫌疑人、被告人进行羁押必要性审查必须坚持全面原则，全面原则要求审查起诉部门对于每一件审查起诉案件中犯罪嫌疑人在侦查阶段的羁押情况进行审查，从中发现非法羁押、违法羁押、超期羁押、羁押理由不适当等刑事诉讼监督内容，从而通过检察建议、纠正违法、移送诉讼监督线索等形式规范侦查机关的侦查活动。在坚持全面审查的同时，对于犯罪嫌疑人、被告人是否继续被羁押的问题，审查起诉部门还应当坚持重点案件审查原则。即对于案件范围、案件事由符合规定的案件进行继续羁押必要性审查。

2. 案件必要性法定原则

所谓案件必要性法定，就是指在审查起诉环节，任何针对犯罪嫌疑人、被告人是否继续被羁押的审查都必须建立在法定的案件范围、案情事由的基础之上，这些案件范围、案情事由是综合考虑犯罪嫌疑人、被告人所涉嫌犯罪的社会危害性与人身危险性等因素的结果，审查起诉部门在办理案件过程中必须严格依据上述标准来开展羁押必要性审查工作，而不得在任何环节上采取与法定情况不一致的行为。可以说，案件必要性法定原则所禁止的是审查的模糊性和任意性，所维护的则是审查的明确性和可预测性。

3. 羁押适用比例原则

对于犯罪嫌疑人、被告人适用剥夺其人身自由的强制措施，使其在一定时期内被羁押，而这种持续状态的羁押必须要与犯罪嫌疑人、被告人所涉嫌犯罪行为的刑事违法性、社会危害性、应受惩罚性的大小相适应。对于审查起诉环节的羁押必要性审查而言，首先羁押适用比例性原则要求对犯罪嫌疑人、被告人的羁押不得背离羁押性强制措施设立的法定目的，并以达到法定目的为限度。而这种法定目的就是为了保障刑事诉讼活动的顺利进行，就是为了防止新的危害社会、危害他人的违法犯罪行为的发生。

4. 继续羁押决定例外原则

审查起诉环节对于犯罪嫌疑人、被告人的羁押只能作为保证犯罪嫌疑人、被告人及时接受法院审判的程序性预防措施之一，而不是犯罪嫌疑人、被告人候审的唯一或必然状态，更不是对犯罪嫌疑人、被告人的一种"预期刑罚惩罚"。决定例外原则同样是无罪推定原则在羁押适用上的体现。继续羁押适用

比例性原则必须被限定在绝对必要的范围之内，在适用强制措施的选择过程中应当尽可能选择那些非羁押性的强制措施，除非不得已尽量不适用羁押性强制措施。

5. 是否继续羁押持续性审查原则

即对于审查起诉环节是否继续羁押的审查不仅仅局限于犯罪嫌疑人、被告人提出变更强制措施申请的当时，而是应当持续贯穿于审查起诉的整个过程之中。审查起诉部门的案件承办人员应当对涉案犯罪嫌疑人、被告人的羁押理由和必要性予以持续的关注，当对于犯罪嫌疑人、被告人继续羁押的理由和必要性已经消除或者不在具备时，就应当依办案规定提起解除对于犯罪嫌疑人、被告人的羁押决定，从而变更其他非羁押性强制措施。

（二）审查起诉环节羁押必要性审查工作机制的构建

1. 审查起诉环节羁押必要性审查的对象范围

审查起诉环节羁押必要性审查的对象主要是指案件范围与案件事由方面，且必须要求适用对象的限定。笔者认为，在审查起诉环节羁押必要性审查机制的审查对象分为两个方面：一是侦查阶段犯罪嫌疑人羁押情况的刑事诉讼监督，二是对审查起诉环节轻罪案件的犯罪嫌疑人、被告人是否继续羁押进行必要性审查。第二个方面具体分为五个维度进行界定：第一要求案件在范围上是属于危害国家安全犯罪、暴力犯罪、涉黑涉恶犯罪、寻衅滋事、聚众斗殴、雇凶犯罪、携带凶器犯罪以外的案件；第二要求犯罪嫌疑人、被告人具备相关法定、酌情从轻减轻的量刑情节，主要是指：犯罪时未成年、犯罪情节轻微、犯罪主观恶性较小、初次作案、偶发作案、自首、立功、认罪悔罪态度较好、积极赔偿、取得被害人谅解等情节；第三要求对于累犯、惯犯、犯罪集团的首犯、前科劣迹严重的犯罪嫌疑人、被告人不适用羁押必要性审查；第四要求具备及时到案的保证条件，具备不从事扰乱诉讼活动顺利进行的保证条件，排除自伤、自残、自杀等方法逃避诉讼活动可能，对其改变为非羁押性强制措施不致于危害社会、危害他人的犯罪嫌疑人、被告人；第五要求不至于引发个体或群体上访等突发、敏感事件。

2. 审查起诉环节羁押性审查的工作流程

依据审查起诉环节羁押必要性审查的内容的不同，审查起诉环节进行此项活动的工作流程可以分为以下三个方向：

（1）对于侦查阶段犯罪嫌疑人羁押情况进行刑事诉讼监督的内容，此部分属于典型的事后审查、事后监督项目。审查起诉部门在受理移送审查起诉的案件后，对于所有受理案件中犯罪嫌疑人的羁押情况进行审查，对于侦查阶段中拘留期限延长 30 日、侦查羁押期限的延长情况，以及侦查阶段犯罪嫌疑人是否具备采用非羁押性强制措施的情形与条件进行审查，重点审查侦查机关在延长羁押期限过程中的理由是否充分与正确。案件承办人在经过审查后，如果发现侦查机关在侦查阶段存在非法羁押、违法羁押、不适当羁押的情形，应当将这部分审查意见写入案件审查报告中，并结合侦查机关在侦查阶段的具体情节向办案机关有针对性地制发检察建议书、纠正违法通知书，一定情况下可以对具体案件侦查人员进行约谈。

（2）对于已被羁押的犯罪嫌疑人、被告人是否继续羁押的审查，此部分属于事中审查、同步监督的内容，包含起诉前继续羁押犯罪嫌疑人的审查和起诉后继续羁押犯罪嫌疑人的审查。审查起诉部门在受理移送审查起诉的案件后，在对于案件事实与证据进行审查的同时，对于案件中已被羁押的犯罪嫌疑人是否有必要继续羁押予以同步关注。审查起诉部门关于此类问题的审查可以是由犯罪嫌疑人的家属或者辩护人提出申请，也可以由案件承办人自行提起。案件承办人对羁押的犯罪嫌疑人进行"继续羁押必要性"审查，对于犯罪嫌疑人是否具备审查对象范围中确定的内容，对于犯罪嫌疑人适用非羁押性强制措施进行可行性与风险性评估，在综合犯罪嫌疑人惯常表现、被害人意见、侦查监督部门意见、案件原侦查机关意见的基础上，提出是否继续适用羁押的意见，层报处室负责人、主管检察长审核批准，特定案件可以提请检察委员会研究决定。在审查起诉办案期限内，由犯罪嫌疑人的家属或者辩护人提出申请的情形，人民检察院应当在受理申请后7个工作日内予以答复，普通审查起诉期限内只受理一次羁押必要性审查。案件退回公安机关补充侦查的，每次补充侦查结束移送审查起诉部门后，犯罪嫌疑人的家属或者辩护人在获得新的证据材料或保证诉讼证明材料的情况下，可以向审查起诉部门提请一次羁押必要性审查，人民检察院应当在受理申请后7个工作日内予以答复。在案件审查结案并起诉至人民法院后，在人民法院开庭审理之前，如果案件承办人发现被告人具备适用非羁押性强制措施的情形时，经提请审批后，检察机关可以向人民法院制发提请对被告人适用非羁押性强制措施建议书，人民法院在审查后认定情况属实，可对被告人采取非羁押性强制措施候审。

（3）对于未羁押犯罪嫌疑人是否有必要羁押的审查，此部分属于实时审查、事中监督的内容。审查起诉部门在受理移送审查起诉的案件后，在对案件事实与证据进行审查的同时，发现犯罪嫌疑人存在或者可能存在有碍诉讼活动顺利进行的情形时，对于案件中被采用非羁押性强制措施的犯罪嫌疑人是否有必要进行羁押并进行审查，案件承办人在制作案件审查报告的同时对犯罪嫌疑人适用非羁押性强制措施的可行性与风险性进行评估，经提请审批后，审查起诉部门可以向侦查监督部门提请逮捕犯罪嫌疑人，并将犯罪嫌疑人予以羁押候审。

3. 审查起诉环节羁押性审查的救济、监督与制约机制

在审查起诉部门作出维持对犯罪嫌疑人予以羁押的决定后，犯罪嫌疑人及其家属、辩护人可以向上一级检察机关的控告申诉部门提起申诉，上一级检察机关的控告申诉部门应当在受理后的 5 个工作日内予以答复。在审查起诉部门作出对犯罪嫌疑人适用非羁押性强制措施后，审查起诉部门应当将决定通报侦查监督部门、案件原侦查部门、人民监督员，如果上述机关和个人对于犯罪嫌疑人适用非羁押性强制措施存在异议，审查起诉部门有义务予以解释与答复。与此同时，检察机关内部监察室、案件管理部门定期对于羁押必要性审查工作进行定期抽查，在发现案件承办人存在违规情节时，视案件承办人违规情节的严重程度向有关部门提请对案件承办人进行责任追究。

（三）审查起诉环节羁押必要性审查实施的配套机制

在审查起诉环节开展羁押必要性审查机制过程中，应注意将羁押必要性审查机制与审查起诉环节已有的工作机制相结合，注重办案方式方法，整合司法资源，使羁押必要性审查工作取得最大的效益。具体而言，以下问题应当予以重视：

1. 在审查起诉部门开展羁押必要性审查的过程中，应当进一步完善审查起诉环节化解社会矛盾的做法，通过卓有成效的刑事和解工作的开展，突出审查起诉环节羁押必要性审查工作社会效果的体现。办案中坚持将羁押必要性审查作为息诉罢访、促进社会和谐的有效举措，将审查起诉工作与化解社会矛盾有效结合起来，不断提高审查起诉环节化解社会矛盾的能力。

2. 在审查起诉部门开展羁押必要性审查的过程中，应当进一步做好向犯罪嫌疑人家属、被害人及单位、人民群众释法说理的工作，使其明晰羁押必要性审查的意义与目的，并从根本上改变对于羁押性强制措施的认识，从而促进羁押必要性审查工作的有效开展。

3. 在审查起诉部门开展羁押必要性审查的过程中，要在保证案件质量的前提下高效办理案件。羁押必要性审查机制贯彻快速办理的工作方针，在依法予以变更非羁押性强制措施后，在对案件事实及证据进行全面审查的基础上，案件应当尽快起诉至人民法院，不能因为对犯罪嫌疑人采取的是非羁押强制措施而拖延诉讼。

4. 在审查起诉部门开展羁押必要性审查的过程中，在检察一体化视野下制定符合刑事诉讼客观规律的业务考核体系。在侦查监督部门、审查起诉部门的业务考核项目内容中，对于逮捕率、捕后被判有期徒刑以下刑罚、捕后变更非羁押性强制措施等内容予以科学的体现，对于存在应当羁押没有羁押或者应当变更强制措施而予以羁押的情形应在评分项目中作为减分项予以设置。

检察机关羁押必要性审查工作要求

赵永红*

根据 2012 年修订后的刑事诉讼法第 93 条规定，检察机关羁押必要性审查活动始于启动羁押的逮捕程序，结于有罪判决生效时。在这一过程中，检察机关对羁押必要性的审查集中表现为"是否需要羁押或继续羁押"的认识和判断，需要在被追诉人的合法权益与刑事诉讼过程和结果的预期判断之间，进行综合性权衡并作出实时选择。观察其他国家较为成熟的羁押审查程序后，结合我国刑事司法实际分析，不难发现，其中蕴含的共性原则和规律性做法可以供我们在权衡和选择过程中参考和适用。

一、对未决羁押对象推定为无罪

"凡受刑事控告者，在未经获得辩护上所需的一切保证的公开审判而依法证实有罪以前，有权被视为无罪。"① 无罪推定作为刑事司法领域国际公认的法律标准之一，是"正当法律程序"概念中必然包含的重要内容。无罪推定原则的具体要求，直接决定着未决羁押必要性审查所依据的标准和尺度。主要体现在：

首先，应充分保障被追诉人独立公正的诉讼地位，确保其有效行使以辩护权为核心的各项诉讼权利，保证其在直至裁判生效为止的整个诉讼过程中享有无罪的待遇。

其次，对未决羁押对象宣告有罪之前，至少应当满足法律程序上的如下要求：（1）提供证据证明被追诉人有罪的责任由侦查机关或检察机关承担，并且不得采用非法方法收集证据；（2）侦查机关或检察机关履行证明责任必须达到案件事实清楚、证据确实充分或者不存在合理怀疑的程度，否则应作出有利于被追诉人的处理；（3）被追诉人没有证明自己无罪的义务，其辩护权利

* 北京市人民检察院第一分院政治部教育训练处副处长、检察员、法学博士。
① 《世界人权宣言》第 11 条第 1 款规定。

的行使与否或质量如何，不能成为对其不利的依据；（4）只能由法院对被追诉人作出法律意义上的定罪裁判，其他任何机关无权行使这一权力；（5）法院在判定被追诉人有罪之前，必须经过公开公正的审理和宣判；（6）未决羁押对象在侦查、起诉和审判活动中，基于行使辩护职能而享有一切诉讼权利，如获知指控罪状的权利，保持沉默的权利，获得律师帮助的权利，最后陈述的权利，上诉的权利等。①

对羁押决定和羁押过程中出现违背无罪推定原则的上述要求的情形，检察机关应当从无罪推定旨在保障人权的基本理念出发，作出有利于犯罪嫌疑人或被告人的决定。

二、羁押必要性审查的公正性要求

诉讼公正原则作为在法律上适合于一切案件审理的一条基本原则，要求必须保持刑事诉讼中各项程序性活动的合法性与合理性，尤其是要保证司法者在司法活动中的合法性和公正性。在这一点上，对检察机关进行的羁押必要性审查活动而言，至少要做到：

第一，确保检察机关在羁押必要性审查中的中立性和客观性。主要包括：

一是要保证参加羁押必要性审查活动的检察官与所处理的案件不能有任何直接或间接的利益关系，否则就应回避。对此，孟德斯鸠早就指出："即使在控告重罪的场合，也应允许罪犯依据法律选择法官；或者至少允许他要求许多法官回避。"②

二是要保持检察官在进行羁押必要性审查活动时的公开性和透明性。检察官公开对羁押必要性进行审查处理，既是司法活动的一般要求，又是通过程序公开实现诉讼公正的表现。羁押必要性审查活动的公开进行，实际上也是在刑事诉讼中控辩双方获得公正的机会发表意见的过程，使被追诉方在充分了解审查决定过程的基础上获得对决定结果的信任和遵守，而不是被专横地或莫名其妙地被要求承担诉讼程序法上的强制性义务。

第二，必须对羁押必要性审查活动中的利益双方给予平等的诉讼法上的保护。这一要求主要通过贯彻程序参与原则、直接和言词原则来实现。

不论是大陆法系国家还是英美法系国家，都很重视程序所涉及其利益的人

---

① 陈光中、[加] 丹尼尔·普瑞方廷主编：《联合国刑事司法准则与中国刑事法制》，法律出版社 1998 年版，第 102 页。

② [法] 孟德斯鸠：《论法的精神》（上册），张雁深译，商务印书馆 1961 年版，第 157 页。

的程序参与权，除法律明确规定的特殊情况之外，在刑事诉讼中对公民进行强制性处分时，必须保障其程序参与权。直接和言词原则是大陆法系的一个概念，一般而言，英美法系中的传闻证据法则与之对应。就羁押必要性审查而言，可以采取书面审查式或者言词审理式。通常情况下，书面审查式效率较高，但在涉及对公民的权利或自由进行严厉限制或剥夺的程序性问题的处理上，言词审理式更有利于保护程序性利益方的权利。例如，在英、美等国家，法官在就是否对犯罪嫌疑人、被告人进行羁押、签发人身保护令等程序性问题进行裁判时，必须举行听审、听取控、辩双方的意见，或者甚至要求未被羁押的被告人在法庭确定的期间出席对请求事项的询问等。在德国，法律明确规定，法官作出裁判时，无论是对实体问题的审判还是对程序性问题的审查，原则上都应当采用言词形式，只不过对程序性问题进行言词审查时程序相对简单罢了。① 法国、日本、意大利等大陆法系国家，对刑事诉讼中直接涉及公民的基本权利和自由的程序性问题尤其是是否采取强制性侦查行为的处理，也都作了采行言词方式的原则性规定。

有鉴于此，我们可根据案件不同情形采取两种方式开展羁押必要性审查工作。一是间接性的书面审查式。对检察机关依职权主动启动的羁押必要性审查程序，可采取书面审查方式。这种方式主要表现为检察机关对羁押过程的实时监控和处理。二是直接性的言词审理式。对因诉讼主体提出的相关申请或申诉而启动的羁押必要性审查，检察机关应当通知相关利益方同时参与，听取意见，并在此基础上作出决定。

三、羁押必要性审查的合法性要求

诉讼合法原则要求司法处理决定的形成和作出必须具备合法有效的法律依据。或者说，在诉讼中，司法裁判者的认识和判断最终都必须以合法有效的法律依据为唯一的准绳。诉讼合法原则对羁押必要性审查的具体要求是，羁押决定的形成和继续必须符合刑事诉讼法的规定，羁押必要性结果必须是司法官员

---

① 例如，《德国刑事诉讼法典》第33条规定："……（二）法院在审判之外作出裁判时应当先了解检察院的书面或口头意见。（三）在作第二款所指裁判时，在对其他的参加人不利地使用事实或者举证结果之前，如果就这些事实、举证结果还未对他听取过意见的，法院应当先听取他的意见。"第33条a还规定："法院在裁定中如果对参加人不利地使用了对此还未听取过意见的事实、举证结果，并且参加人对裁定既无权抗告又无其他法律救济可求时，只要这种不利情形还存在，法院就应当依职权或者依申请补充听取意见和依申请进行裁判。"参见《德国刑事诉讼法典》，李昌珂译，中国政法大学出版社1995年版，第8—9页。

在充分理解作为羁押问题赖以形成的事实基础上，根据刑事诉讼法规定作出的理性判断。否则，该处理结果要受到现行法律的否定性评价。为此，羁押必要性审查工作应该做到：

第一，羁押必要性审查决定必须依照刑事诉讼法作出。这一要求有两层含义：

一是羁押必要性审查决定的自身形成过程必须具有合法性。这反映在：羁押必要性审查决定主体必须是符合刑事诉讼法规定的主体，审查对象必须是依据刑事诉讼法需要进行决定的羁押程序性问题，审查过程必须符合刑事诉讼法规定的步骤和程式，处理结果的表述方式也必须符合刑事诉讼法规定的称谓或形式。

二是羁押必要性审查的结果必须以刑事诉讼法为准绳。羁押必要性审查结果是刑事诉讼法适用的结果，在这一意义上，刑事诉讼法就好比是羁押必要性审查结果赖以作出的"实体依据"。在此有必要提及的是，此时刑事诉讼法对于程序性问题之"实体依据"的作用，与刑法作为实体性问题之实体法依据的作用是有区别的。因为刑法作为实体法依据，要严格遵循罪刑法定原则，实行的是严格的解释方法；而刑事诉讼法则不同，它实行扩张解释原则，即在"理智、情理，尤其是维护正义之最高利益要求"时，"可以扩张至其具体的狭义术语表述之外；在发生疑问的情况下……应当朝着最有利于受追诉方的方向扩张适用这些法律，也就是说，应当朝着更能保护受追诉人权利的方向扩张解释这些法律"。① 也正是缘于此，检察机关对羁押等程序性问题进行判断和处理时，除直接依照刑事诉讼法的条文字句外，还可在刑事诉讼法未作具体规定的事项上依据刑事诉讼法的基本精神来考察羁押措施的必要性和合理性，并据此作出决定。这也正是"比例性原则"② 的要义所在。

第二，羁押必要性审查必须具有刑事诉讼法规定的相应的事实基础。有一个认识误区是应该避免的，即基于对羁押必要性审查只是程序性处理的认识，不应得出羁押必要性决定不对刑事诉讼中的事实问题进行审查判断的结论。实际上，诉讼意义上的任何处理都是建立在一定事实基础上的一种法律判断，羁押必要性决定也不例外。与刑事实体法上的事实相比，羁押必要性审查的事实

---

① ［法］卡斯东·斯特法尼等：《法国刑事诉讼法精义》（上），罗结珍译，中国政法大学出版社 1999 年版，第 12 页。

② 德国刑事诉讼中确立了"比例性原则"。根据这一原则，刑事追究措施特别是侵犯基本权利的措施，在其种类、轻重上，必须与所追究的行为相适应。法官在讯问时必须考虑这一原则，使得羁押的适用期限与涉嫌犯罪的严重程度以及可能科处的刑罚相适应。

基础具有以下特征：一是该事实是刑事诉讼法上关于羁押程序的事实；二是对该事实的认知标准不同于刑事实体法上的事实。羁押必要性的事实需要依靠相应的证据来支撑，但一般而言，它不强调绝对排他性，甚至认可一定程度上的"合理性"或较大的"可能性"，同时带有相对较强的主观性。例如，在美国，警察向治安法官提供的证据只须达到足以证明存在"可能的理由"（probable cause），法官即可签发令状，准许警察进行搜查、扣押或者逮捕等行为。

第三，羁押必要性审查还必须依赖于刑事诉讼法保障下的司法理性。司法理性既是司法处理结果最终得以产生的依托和前提，又是保证司法处理结果理性的需要。检察机关在进行羁押必要性审查工作中，除了强调检察官自身的自觉性外，还需要一系列的制度和原则来予以支持和监督，如回避制度、中立、超然原则、分级审查制度等。

四、羁押必要性审查的持续性要求

检察机关羁押必要性审查工作实质上是在被追诉人的合法权益与刑事诉讼过程和结果的预期判断之间，就"是否需要对犯罪嫌疑人、被告人羁押或继续羁押"进行的综合性权衡和实时选择。因此，在对犯罪嫌疑人、被告人羁押的问题上，羁押过程中的重要事项，如羁押的必要性、羁押申请期限的延长、羁押期限的延长、对羁押人的权利进行限制等，检察机关均有权进行审查和监督，并且这一监督覆盖刑事诉讼全过程。

对羁押进行刑事诉讼全程式的监督审查，在大陆法系国家尤为突出。例如，除普遍规定司法官员对羁押决定的事先审查程序外，法院还有权对包括羁押在内的有关程序性问题进行职权复查、上诉复查、审判复查和申诉复查等，进行事后救济式的审查和裁判。主要表现为：1. 职权复查。对少数严厉限制或剥夺犯罪嫌疑人的权利和自由的行为，法院有权依侦查机关申请或依职权主动进行审查。① 如《德国刑事诉讼法典》第115条规定，逮捕被指控人后，应当不迟延地向管辖案件的法官解交。根据该法第117条规定，法院可依职权对羁押进行主动复查的形式有两种：一是在待审羁押执行3个月后，如果被羁押

---

① 在大陆法系国家，理论上认为，由于逮捕、羁押等诉讼强制性措施是经过法院或法官批准后才实施的，法院有义务保证其正确性，因此，许多国家规定，对这类严重侵犯被追诉人人身自由和权利的诉讼措施，不仅控、辩双方可以申请法院进行复查，法院也有义务主动进行审查，甚至对其进行定期复查。这一点在英美法系国家则不然。因为在英美法系国家，司法权的启动实行严格的不告不理原则，只有经过一方当事人申请，法院才进行审查，因而法官不会主动对强制性诉讼措施的使用进行审查。

人没有辩护人且未在该期间内申请复查或提起抗告，法院应当依职权进行复查；二是在待审羁押超过 6 个月时，如果法院认为有必要或者检察院要求继续羁押，管辖案件的法院应当通过检察院将案卷移送至州高级法院进行审查。

2. 上诉复查。应检察机关或利害关系人的申请，法院对包括已经过法官审查的侦查行为或未经过法官审查的侦查行为在内的行为进行事后审查。如《法国刑事诉讼法典》第一卷第三编第十二节"对预审法官裁定的上诉"对检察机关和当事人可以向上诉法院刑事审查庭提起上诉的侦查行为作出的规定。据此，被羁押者对预审法官所作的裁定不服的，可以向上诉法院审查起诉庭提出上诉，但是只能针对法定的事项。上诉法院一旦接受上诉，应依法举行开庭审理活动，经过上诉审查，作出有关支持或撤销预审法官裁定的裁决。再如《德国刑事诉讼法典》第 304 条、第 117 条检察院或利害关系人可通过抗告、申请对羁押进行复查等途径要求法院对侦查行为的合法性进行审查的规定。

3. 审判复查。法院在审判阶段对检察机关的指控进行实体审查时，对包括羁押在内的程序性问题的合法性进行的一种附带审查，主要表现为将侦查机关采用非法手段获取的证据予以排除。4. 申诉复查。在法院应检察机关或有关人员的申请对侦查、审判过程中的重要的程序性问题进行审查后，检察机关或诉讼参与人，特别是被追诉人对该审查决定仍不服，进一步向上级法院提出申诉，由上级法院甚至最高法院对该决定进行再次审查的一种复查形式。例如，在法国，检察官、预审法官或当事人在认为侦控机关的行为违反了法律的规定时，首先可以申请上诉法院刑事审查庭进行审查，如果对刑事审查庭作出的决定不服，还可以向最高法院提出申诉。① 在德国，检察机关或利害关系人对法院作出的裁定、处分不服的，有权向法院提起抗告，对抗告法院作出的裁定不服的，还可向上级法院提起再抗告。② 在日本，检察机关或利害关系人对抗告或准抗告法院作出的裁定或命令不服时，还可以违反宪法或判例为由进一步向

---

① 在法国，"所有具有司法裁判性质的决定，无论是由预审法庭作出，还是由审判法庭作出……原则上都允许向最高法院提出上诉"。见［法］卡斯东·斯特法尼等：《法国刑事诉讼法精义》（下），罗结珍译，中国政法大学出版社 1999 年版，第 841 页。

② 有必要指出的是，根据《德国刑事诉讼法典》第 310 条规定，再抗告的范围有严格限制，即只针对地方法院及联邦高等法院就拘捕及暂时的收容观察所作的裁定。参见［德］克劳思·罗科信：《刑事诉讼法》，吴丽琪译，法律出版社 2003 年版，第 538—539 页。

最高法院提起特别抗告。①

另外，值得一提的是，德国在 20 世纪 20 年代建立了申请司法复审制度。根据这一制度，被羁押者在诉讼中有权随时申请法院撤销羁押命令，或申请延期执行羁押命令。而且法院可依职权主动发起复审程序，以对羁押进行持续不断的审查。

通过上述比较考察并结合我国检察工作实际分析后，不难发现，检察机关作为审查监督羁押必要性的专门机关，在开展羁押必要性审查工作时可以从以下两方面入手：第一，主动审查与申诉审查相结合。无论诉讼处于何阶段，被羁押人都可随时向检察机关提出申诉。对被羁押人及其近亲属或辩护人提出的申诉，应当即时进行复查并及时给予回复。与此同时，检察机关还应当在进一步整合侦查监督、审查起诉、出庭公诉等职能的基础上，依职权定期启动羁押必要性审查程序，确保羁押措施合法、得当。第二，同级审查与同级复查、上级复查相结合。对检察机关作出的羁押必要性审查决定不服的，羁押方可以向作出该决定的检察机关申请复查一次。如对复查决定仍不服，可以向作出该决定的检察院的上一级检察院申请复查。该复查结果为最终决定。

五、羁押必要性审查的及时性要求

检察机关的羁押必要性审查工作在保持合法有效的前提下，还必须做到迅速、简化，避免浪费和重复。这一要求主要体现在以下四个方面：

第一，羁押必要性审查工作迅速高效开展，不得无故迟延或拖延。正如贝卡里亚所言，任何公民"在被宣判为罪犯之前，监禁只不过是对一个公民的简单看守；这种看守实质上是惩罚性的，所以持续的时间应该尽量短暂，对犯人也尽量不要苛刻"。② 对此，联合国《公民权利和政治权利国际公约》第 9 条第 3 款规定："任何因刑事指控被逮捕或拘禁的人，应被迅速带见审判官或其他经法律授权行使司法权的官员，并应有权在合理的时间内受审或在审判前释放……"第 14 条第 3 款（丙）项规定："受审时间不被无故拖延。"《欧洲保护人权和基本自由公约》第 5 条第 3 款规定："……被逮捕或拘留的任何

---

① 这些可以提起特别抗告的裁定或决定有：抗告审法院作出的裁定；对代替抗告的异议声明所作的裁定；对准抗告的裁定；高等法院、地方法院、家庭法院和简易法院的裁定中，不得提出通常抗告、即时抗告和代替抗告的异议声明的裁定，但有关诉讼指挥的裁定除外；不属于准抗告对象的命令。

② ［意］贝卡里亚：《论犯罪与刑罚》，黄风译，中国大百科全书出版社 1993 年版，第 56 页。

人，应立即送交法官或其他经法律授权行使司法权的官员，并应有权在合理的时间内受审或在审判前释放⋯⋯"第5条第4款规定："由于逮捕或拘留而被剥夺自由的任何人应有权运用司法程序，法官应按照司法程序立即对他的拘留的合法性作出决定。"这一要求在两大法系国家均得到较为严格的遵守。例如，德国实行"法官先行签发羁押命令"制度，司法警察执行逮捕后，必须毫不迟延地将被捕者提交给有管辖权的法官，这种提交行为最迟不得超过逮捕后的第二天结束之时。对于被提交的犯罪嫌疑人有关的诉讼权利，给予其辩解的机会。如果发现羁押的理由仍然存在的，法官会继续维持羁押命令；如果发现羁押的理由不存在或无正当理由的则会立即撤销羁押命令，将嫌疑人释放。在美国，根据《联邦刑事诉讼规则》第5条规定，不管是"持根据控告签发的逮捕令执行逮捕的官员，或者未持逮捕令执行逮捕的其他人员，应当无不必要延误地将被捕人解送至最近的联邦治安法官处。如果犯罪嫌疑人在被捕后6小时内还没有被送到法官处，其供述的自愿性就将受到怀疑。在联邦治安法官因正当理由不在的情况下，解送至美国法典第十八编第3041条所授权的州和地方司法官员处"，① 由治安法官审查是否存在逮捕的合法理由以及是否有必要对被捕人进行羁押，如果审查后发现逮捕不具备正当理由的，应当将被捕人立即释放。

第二，对先前已经作出的合法的羁押决定，在其有效期限内保持有效，而不因刑事诉讼阶段的变化须另行作出。例如，检察机关对被追诉人作出的羁押决定，在法定的羁押期限内一直有效，即使案件已经进入审判阶段也不例外，除非因法定原因被依法撤销或自然失效。

第三，在追求羁押必要性审查程序合法之时，要尽可能地保持审查程序的有效性，通过最大限度地治愈程序性瑕疵而避免程序的反复和迂回，以节约诉讼成本。例如，基于羁押申请行为欠缺法律上必备之程式时，为避免浪费已经进行过的有效的程序，可根据此原则，要求对欠缺之程式进行补正，以恢复该诉讼行为的有效性。对侦查人员或检察官提请羁押时在诉讼文书中遗漏相关记载的情形要求补正后继续认可其申请之效力、对诉讼文书记载错误不致影响到羁押决定时认可其更正行为的效力等，均属此例。有必要指出的是，羁押必要性审查及时进行，是以不违反诉讼根本利益或整体利益为前提的，如果损害了诉讼当事人的合法权益或违背了诉讼的目的，此项节省则是不足可取的。

第四，除非因法定原因，应当尽量避免因羁押必要性决定的作出而导致刑

① 《美国联邦刑事诉讼规则和证据规则》，卞建林译，中国政法大学出版社1996年版，第32页。

事诉讼中重大程序的回复，造成诉讼资源的再次投入。

第五，应考虑刑事诉讼中的紧急迫切情况之需要，为避免坐失良机而反增诉讼上的烦累，对原本需要进行事先进行羁押必要性决定的问题实行事后审查处理。例如，在通常情况下，侦查人员必须获得检察机关批准后，方可对犯罪嫌疑人实施逮捕，但在紧急情况下，也可实行无证逮捕，但必须在逮捕后立即通知检察机关，以审查该逮捕及捕后羁押之必要性。

六、羁押必要性审查结果的法定性要求

羁押涉及对被追诉人的人身自由进行较长时间的剥夺，是刑事诉讼中最为严厉的强制性诉讼手段。对羁押必要性进行审查后，其处理结果必须具有与羁押决定同等的法定性。

为确保羁押的必要性，英美法系国家将羁押必要性的审查结果与其保释程序直接相连。根据英国《1976 年保释法》第 5 条规定，治安法官经过审查，既可以作出羁押的决定，也可以作出释放的决定，还可以作出保释的决定。如果治安法官拒绝犯罪嫌疑人的保释申请，对于没有律师辩护的犯罪嫌疑人，治安法院应当告知其可以向高等法院法官申请保释；如果治安法院决定将案件交付刑事法院审判，应当告知犯罪嫌疑人还可以向刑事法院申请保释。在刑事法院进行审查后，如果仍然拒绝的，犯罪嫌疑人还可以向高等法院法官申请保释或申请以调卷令程序撤销刑事法院拒绝保释的裁定。在治安法院拒绝其保释申请时，犯罪嫌疑人也可以不经刑事法院的审查直接向高等法院法官申请保释。另外，按照英国现行法律的规定，在侦查程序中，如果犯罪嫌疑人认为警察和治安法官对自己采取的羁押措施非法时，有权向高等法院申请人身保护令。[①]高等法院接受申请以后，将举行由控、辩双方同时参加的法庭审判，在经过辩论的基础上对羁押是否合法作出裁决。

在美国，根据《美国法典》第 3145 条第 1 款和第 3 款规定，无论是警察机关还是法官决定保释，对拒绝保释的裁定，犯罪嫌疑人都有权向上诉法院提起上诉。如果是否保释的裁定是由治安法官作出的，或者不是由对本案有初审权的法院或联邦上诉法院作出的，被释放人可以向对本案有初审权的法院申请撤销释放令或变更释放条件。对于该项申请，受诉法院应当立即作出裁定；申

---

① 人身保护令（Habeas Corpus）是一种法官要求政府说明拘禁某一公民的理由，从而对其拘禁行为是否合法进行审查和判断的一种命令。人身保护令制度最早产生于英国。现在，人身保护令已成为刑事诉讼中被非法剥夺个人自由的犯罪嫌疑人、被告人以及罪犯的一项重要救济手段。

请被驳回的，可以再次提出上诉；犯罪嫌疑人或者被告人也可以保释金过高为由提出上诉。① 另外，作为独立战争前就作为普通法的一项重要制度移植到美洲殖民地的人身保护令制度，在独立战争胜利后，被作为保护公民自由的一项重要制度得以保留，并经常在司法实践中被援引为进行人身保护的法律依据。根据这一制度，任何受到羁押的人如果能证明这一羁押违反宪法，都可以向法院申请发布人身保护令，一旦申请人获得了这一令状，就应被立即释放。②

由上可见，羁押必要性审查结果的法定性要求主要表现为：第一，对羁押进行必要性审查后，应当依法作出相应的处理决定；第二，对不具备羁押必要性的，应当依法予以释放或者采取羁押之外的其他强制性措施；第三，羁押必要性审查处理决定具有司法性，必须依法执行。正缘于此，我国检察机关在对羁押必要性进行审查后，对于不需要继续羁押的，应当建议予以释放或者变更为其他强制性措施，有关机关应当在法定期间内将处理结果通知检察机关。

---

① 参见孙长永：《侦查程序与人权》，中国方正出版社 2000 年版，第 258—259 页。

② 传统上，人身保护令只用于申请法院对政府部门的非法拘禁进行审查。但自 20 世纪初，人身保护令的适用范围在美国通过一系列判例逐渐扩大，表现为只要被监禁者声称他们在宪法上的权利遭到了破坏，而州法院又未能给他们以有效的手段以寻求实现这种权利，或者虽然州法院已经提供了正确的诉讼程序而犯罪嫌疑人、被告已经用尽了那些程序却没有获得应有的救济，或者即使州法院的救济途径尚未完全用尽，犯罪嫌疑人、被告人都可以通过人身保护令申请诉诸联邦法院。参见［美］彼得·G. 伦斯特洛姆编：《美国法律词典》，贺卫方等译，中国政法大学出版社 1998 年版，第 291—292 页；［美］爱伦·豪切斯泰勒·斯黛丽等：《美国刑事法院诉讼程序》，陈卫东、徐美君译，中国人民大学出版社 2002 年版，第 599—629 页。

羁押必要性审查制度探究

刘 松* 刘中发**

2012 年 3 月 14 日第十一届全国人大五次会议通过了修改《中华人民共和国刑事诉讼法》的决定。此次刑事诉讼法修改的亮点之一，是增加了羁押必要性审查制度的立法供给，完善了 1996 年刑事诉讼法关于羁押审查制度的相关规定。本文以羁押必要性审查制度的新规定为依据，结合司法实践，探寻羁押必要性审查制度新规定的贯彻问题，以期为实践及理论的进一步发展提供参考。

一、现行羁押审查制度在施行中出现的问题

现行羁押审查制度自确立以来，在实践中出现了不少问题，如"羁押审查机构不中立"、"羁押场所受控于侦查机关"、"羁押率过高"、"羁押期限过长"、"超期羁押"等。这些问题跨越了立法论和司法论两个层面，其中仅有部分问题和羁押必要性审查制度直接相关联，或者说是羁押审查制度在贯彻中出现的问题或引发的问题。概而言之，现行羁押审查制度中出现的问题主要体现在以下几个方面：

（一）缺乏制度执行动力，羁押必要性审查流于形式

学界往往将实践中的羁押问题主要归因于制度缺失，并进一步通过比较法研究论证我国刑事诉讼法对羁押制度设计的种种不足。事实上，尽管 1996 年刑事诉讼法规定的羁押审查制度有不完善之处，但缺乏对已有制度的执行动力才是问题的关键所在。从技术上讲，某项制度在立法中确立之后，司法实践中通常会制定各种"规定"、"规则"和"细则"来确保贯彻实施，立法层面制度简洁不等于不完善，更不能直接导出司法的层面制度不完善。① 例如 1996

---

* 北京市海淀区人民检察院侦查监督一处助理检察员，法学硕士。

** 北京市海淀区人民检察院政策研究室主任，全国检察理论研究人才，法学博士。

① 苏力教授曾结合孙志刚案件和收容遣送制度的废除对学界盲目的"制度情结"进行过深入的分析和系统的批评，制度建设固然是重要的，但往往并非首要的。相关论述可参见苏力：《面对中国的法学》，载苏力：《道路通向城市——转型中国的法治》，法律出版社 2004 年版，第 289—308 页。

年刑事诉讼法第52条规定了"被羁押的犯罪嫌疑人、被告人及其法定代理人、近亲属有权申请取保候审"。该规定已经相当明确地在立法层面为捕后羁押审查提供了制度依据，但实践中的各种"规定"、"规则"和"细则"却往往对此视而不见，几乎从未对如何保障被羁押的犯罪嫌疑人、被告人及其法定代理人、近亲属如何行使取保候审申请权进行细化规定，导致实践中很难操作。因此，缺乏执行动力成为包括羁押审查制度在内的当下中国诸多制度安排出现问题的首要根源。

导致现行羁押审查制度执行动力缺乏的诸多因素可以在话语层面分开，但在实践的运作中往往交互起作用，这些因素主要包括以下几点：

司法资源制约：随着社会经济生活的高速发展，人口流动性的不断增加，当前中国的犯罪率和刑事案件的复杂程度前所未有，这种现实状况和现有司法资源之间存在着突出的矛盾。矛盾之一是司法人员的数量问题。例如，作为羁押替代措施的取保候审在执行中因基层警力不足往往被虚置，《公安机关办理刑事案件程序规定》第87条规定取保候审由犯罪嫌疑人居住地派出所执行，但由于辖区派出所民警数量少，并且承担的任务复杂多样，很难对辖区内被取保候审人员进行监督管理，因此取保候审等非羁押性强制措施缺乏被选用的引力，执行羁押必要性审查制度成为实践意义不大的形式性工作。矛盾之二是侦查财政问题。受国家财政支出的总体制约，目前我国刑事诉讼中高科技侦查手段的研发和应用与发达国家均有较大差距，即便是有高科技的侦查手段，也很难在绝大多数普通刑事案件中使用，即便个案财政允许，往往也需要长时间的"排队等待"。因此，口供依赖问题成为中国刑事司法实践中证据结构的顽疾，而依赖口供在很大程度上意味着要依赖羁押强制措施。① 执行羁押审查制度再度受制于实践基础，也就难免沦为走过场。

考核奖惩诱导：对实践场域中司法人员行为倾向的分析，必须摒弃"社

---

① 关于羁押对获取犯罪嫌疑人、被告人有罪供述的意义，有关侦讯著作有过专门论述："环境和场所是审讯必不可少的要素，恰当地选择、布置和安排，可以给审讯人员施计用谋创造有利条件。""熟悉的环境，就是人的心理场。审讯地点距心理场越远，压力就越大；地点越生疏，压力就越大，反之压力就小。"引文详见彭长顺：《百案奇谋——贪污贿赂犯罪侦查谋略》，中国检察出版社2002年版，第16—17页。"理性思维的环境仍然要让犯罪嫌疑人感觉到法律的威慑力和环境中的压力因素，从而才能在压力感之下，关心侦查人员传递的信息，并作出利弊选择。"引文详见赵桂芬：《供述心理与讯问对策解密》，中国人民公安大学出版社2009年版，第234页。

会刻板印象",特别是在社会思想日益多元的情境之下。① 就和羁押审查密切相关的司法实践人员而言,对其行为诱导最大的因素往往是各种考核奖惩制度,有学者甚至将其称为左右司法人员的"微型刑事诉讼法",其重要性可见一斑。②

其他因素渗入:除了至关重要的司法资源制约和考核奖惩制度诱导之外,司法人员执行羁押审查制度的动力还受制于其他一系列因素,例如有论述分析的公安机关以羁押"等保证金"、法院以羁押"等罚金"等,③ 这些具有法律社会学意义上的"中国国情"和"客观存在"对羁押审查制度的贯彻执行常常会带来较大的影响,远非实证数据和比较法研究所能涵摄。

(二)证据裁判元素匮乏,羁押必要性论证的修辞倾向严重

较之于对实体犯罪事实的证据裁判,司法人员对羁押必要性的证据裁判严重缺失,导致实践中羁押必要性论证的修辞化倾向严重。缺乏证据裁判精神无疑是当下司法实践中羁押必要性审查存在的另一重大缺陷。区别于严格的法律论证,修辞论证的特征在于,从一个固定的价值基点出发——在此就是"为有效预防社会危险性的发生"以及"保障侦查和诉讼活动的顺利进行"——虚化证据,进行颇具蛊惑性但逻辑上存在错位的正当话语组合,作用于话语场域,从而产生既定的预期效果。④ 究其原因,这种证据裁判元素匮乏而修辞倾向严重的现象,又主要源于以下两个方面的因素。

首先,证据裁判严重缺失和羁押必要性论证的智识特征本身有关。司法过程中的论证由两部分基本论证合成,基本论证之一是对法律的解释,此谓法律论证,旨在探寻法律的真意并和裁判事实相对应;基本论证之二是对事实的论证,通过将诸多证据材料融入逻辑的形式之中以确立需要处理的法律事实。羁押必要性论证同样由这两部分基本论证构成,但在这两部分基本论证中,又均

---

① "社会刻板印象"是心理学术语,意指人们依据有限的经验对某一个群体产生的刻板印象,尤其当有限的经验本身并非来源于实践(而是影视、文学作品等)时,社会刻板印象将会带来比较严重的认识偏差。参见孟昭兰主编:《普通心理学》,北京大学出版社1994年版,第574—575页。

② 正是这些细密的内部考核奖惩机制,"成为左右公安检察人员的'微型刑事诉讼法',它们互为作用形成了案件办理的常规逻辑。"参见但伟:《试析羁押必要性审查与看守所检察》,载《人民检察》2010年第24期,第22—25页。

③ 刘忠:《制度的缺失与权力的异化——对超期羁押现象的一种现场描述》,载陈瑞华主编:《未决羁押制度的实证研究》,北京大学出版社2004年版,第67—100页。

④ [荷] 伊芙琳·T. 菲特丽丝:《法律论证原理——司法裁决之证立理论概览》,张其山等译,商务印书馆2005年版,第13—16页。

和传统论题的论证有较大的差别。就法律论证而言，故意杀人罪、盗窃罪等刑事实体法的论证由于有通说的犯罪构成作为指导，通常而言相对明确和简洁，在性质上几近于佩雷尔曼所谓的"推证"（Demonstration）。① 但羁押必要性的论证，长期针对的是"社会危险性"这一相当抽象的表述（因此原刑事诉讼法第 60 条的抽象规定就显露出作为原因力的弊端），"社会危险性"的内涵和外延究竟如何界定，存在智识上的本质困难，难以达成共识，且因事关重大极易引起争议。就事实论证而言，案件实体事实的论证是一种复原性论证，用各种历史痕迹性质的证据材料力图去复原客观事实，从而形成相对确定的法律事实。但羁押必要性论证中的事实论证呈现明显不同的特征，一方面待证事实存在着明显会因犯罪嫌疑人个人特征而难以划定的边界，另一方面即便划定了证明对象的边界，各个分散的证明对象之间如何解决内部冲突以及如何和一种区别于历史事实的、辩证唯物主义认识论所称的现实可能性事实相互勾连，本身就是一个复杂的智识议题。② 例如，在证明已经发生的一起故意伤害案中，通过犯罪嫌疑人供述、证人证言、被害人陈述、伤情鉴定结论、监控录像资料等可以在最大限度上还原案件的客观事实，其针对的直接证明对象是事件。但对于该涉嫌故意伤害罪的犯罪嫌疑人是否有羁押必要性的论证就要棘手得多，其涉及对犯罪嫌疑人综合信息的判断，要收集的证据材料包括其是否为累犯、是否曾有违反取保候审规定的劣迹、人格上是否有严重暴力倾向和一贯的反社会倾向、其社会关系的基本结构、双方矛盾的尖锐性等。然后，合理解决内部相互冲突的因素，根据上述材料对犯罪嫌疑人的社会危险性作出综合判断。羁押必要性的论证说到底是一种结合事情判断"人"的知识，和犯罪构成事实之

---

① 佩雷尔曼的"推证"可以理解为逻辑推演："在某个逻辑演算之内，一个证明在于按照确定的推论规则从既定的公理推倒出某个公式。这样一个证明的正确与否，不取决于任何一个听众的认同。"引文详见［德］罗伯特·阿列克西：《法律论证理论——作为法律证立理论的理性论辩理论》，苏国滢译，中国法制出版社 2002 年版，第 199 页。

② 也因此，以"事后诸葛亮"的方式指责对某个被采取羁押措施的犯罪嫌疑人、被告人采取羁押措施不当，就显得不那么符合逻辑，而多少有点"马后炮"的讽刺。因为无法证伪就无法证立，犯罪嫌疑人被羁押后判处轻刑，并不意味着如果当初未对犯罪嫌疑人羁押，犯罪嫌疑人不会在取保候审期间发生社会危险性。并且这种思路在根本上是以法院判决为终极真理的标准来评判检察机关采取的羁押措施的，在理论上预先排除了法院因为种种主客观原因而可能出现的判决不公正的情形。正如德沃金在讨论法律思维时举的例子："一些哲学家相信，如果查尔斯死了，而他的一生中没有碰到过什么危险，那么对于他是否是勇敢的这一问题是没有正确答案的。这并不是因为勇敢一词的模糊，而是真实的概念不允许我们没有相关问题的证据而说一个人是勇敢或是不勇敢。"转引自张文显主编：《法理学》（第二版），高等教育出版社 2004 年版，第 478 页。

判断"事"的知识有别。羁押必要性论证这两方面呈现出的特征所带来的智识困境，无论对于学术界还是司法实务界都相对陌生，处理起来远远不如处理传统论证议题那般得心应手。因此，当这种智识上的困难汇合前述分析的制度执行无动力因素之后，羁押必要性就难免缺乏证据裁判元素。

其次，羁押必要性论证所需的证据难以获得。目前，公安机关提请审查逮捕意见书中，往往只列明简要的犯罪事实作为提请审查逮捕的理由。随案移送的侦查卷宗中，尽管偶尔零星可见和羁押必要性相关的证据材料（例如到案经过中记载的犯罪嫌疑人是否有抗拒抓捕的情况、双方是否达成和解协议的情况、前科劣迹材料等），但基本上是附随性移送，缺乏明确的证据指向，在卷宗的内部材料分装上也未独立成为一个单元。收集有利于犯罪嫌疑人不被批捕的证据对于公安机关而言，不仅在成本产出模式上是不经济的，而且根本就是不明智的。"由于只能接触到侦查机关提供的不利于被追诉方的材料和证据，因而司法实践中即使检察人员希望从严掌握逮捕的适用，往往也因获取的信息不全面而很难确定哪些是没有逮捕必要的。"①

（三）制度内部的力学机制紊乱，严重影响羁押必要性审查的贯彻落实

制度作为引导司法实践的重要资源动力，如果制度内部的力学机制紊乱，也将会带来严重的问题。当前，羁押必要性审查出现的诸多问题和制度内部的力学机制紊乱有很大关系。以下从三个方面举例说明这种紊乱的内部力学机制对羁押必要性论证的影响。

首先，替代性制度的操作性不强导致引力不足，从而使羁押必要性审查在一定程度上失去了实际意义。审前强制措施的基本目标是实现社会防卫和保障诉讼，羁押性强制措施是实现该目标的重要途径，但由于其容易带来目标和手段的失衡这一价值问题，并引发高昂的社会预防成本，各国均在羁押性强制措施之外规定了非羁押性强制措施，并且按照国际规约及国外法治发达国家的实践，非羁押性强制措施属于首要考虑和多数适用的审前强制措施。中国刑事诉讼法中规定的非羁押性强制措施主要包括取保候审和监视居住。但两者在实践中均存在种种严重不足，导致替代性不强，逮捕成为审前首选的强制措施。以取保候审为例，当下中国人口的高流动性和严格的户籍制度造成的人户分离现象严重。《公安机关办理刑事案件程序规定》第87条规定取保候审由犯罪嫌疑人居住地派出所执行，但由于辖区派出所民警数量少，并且承担的任务复杂多样，很难对辖区内被取保候审人员进行监督管理。同时尽管该《规定》第

---

① 陈永生：《未决羁押制度的困境与出路》，载陈瑞华主编：《未决羁押制度的实证研究》，北京大学出版社2004年版，第42—63页。

91 条规定执行取保候审的派出所应当责令被取保候审的犯罪嫌疑人、被告人定期报告有关情况并制作笔录，但从实践中脱保后检察机关对负责执行取保候审的派出所进行核实的情况来看，这一规定基本上未得到严格执行。并且负责执行取保候审的派出所也很少能及时发现犯罪嫌疑人、被告人违反取保候审的规定并及时根据该《规定》第 90 条及时将相关情况告知决定机关。因此，实践中取保候审很难取得预期的效果，因此也就倾向于较少适用。

其次，羁押必要性审查在案件进入审查起诉阶段后，无法引起办案人员的关注，一方面羁押期限的长短完全依附于办案期限，另一方面，司法机关的注意力几乎全部集中于实体犯罪证据的审查上，以使证据达到起诉条件并获得有罪判决。为应对实践中可能出现的复杂情况，在捕后羁押必要性审查制度未有效施行的情况下，刑事诉讼法同时规定了若干期限延长和期限重新计算的制度，导致羁押问题更加复杂化。实践中，由于案件量和司法资源的突出矛盾，承办人难免会"滥用"期限延长制度，例如将本无须补充侦查的案件两次退回公安机关补充侦查，在此期间，由于捕后羁押必要性审查制度未能有效贯彻施行（因刑事和解或重大疾病不适宜羁押除外），办案人员自然会避开变更强制措施所引发的社会防卫和妨碍诉讼风险。另外，从自身工作便利的角度来看，被告人被变更强制措施之后的对其进行传唤取证远远不如根据自身时间安排的便利前往看守所随时提讯来得方便。同时，被告人被取保候审之后，有可能在律师的帮助下提高辩解能力，从而给法庭辩论带来麻烦。这些理由看似上不了台面，但往往正是许许多多的这种理由决定了实践的逻辑。①

最后，制度的强力不足。这是一个立法学上的理论问题，立法表述的具体化程度有科学和不科学之分，但无所谓本质上的对错，具体到何种程度需要充分考虑并预判制度施行中可能存在的阻力。结合客观现状，应当在立法中对可能被规避、被架空的制度明确期限和程序，妥善设计权力（权利）的制约和平衡架构。1996 年刑事诉讼法第 52 条规定的犯罪嫌疑人、被告人及其法定代理人、近亲属的取保候审申请权即是一例，此次修改后的刑事诉讼法第 95 条在立法技术上趋向具体化，规定了期限要素和理由说明义务，无疑将给该制度注入实践活力。这仅仅是一个例子，实践中由于未能对实践进行有效预判而具体化不够的制度设计尚有很多，相关制度内部力学机制紊乱的后果无疑会严重影响羁押必要性审查在实践中的贯彻落实。

---

① "实践活动的原则不是一些能意识到的、不变的规则，而是一些实践图式，这些图式是自身模糊的，并常因情境逻辑及其规定的几乎总是不够全面的视点而异。"参见［法］皮埃尔·布迪厄：《实践感》，蒋梓骅译，译林出版社 2009 年版，第 17 页。

二、羁押必要性审查制度新规定及其贯彻

新修改的刑事诉讼法对 1996 年刑事诉讼法关于羁押审查制度的修改集中体现在该法第一编第六章"强制措施"部分，主要表现为：第一，严把关口，合理降低逮捕率。新刑事诉讼法细化了逮捕的"社会危险性"外延，明确规定了检察机关审查批捕时对犯罪嫌疑人的讯问工作，对检察机关加强逮捕必要性审查工作提出了明确要求。第二，及时跟踪，防止"一押到底"。新刑事诉讼法明确规定了检察机关对捕后羁押必要性进行审查的义务并完善了被羁押的犯罪嫌疑人、被告人及其法定代理人、近亲属、辩护人的变更强制措施申请程序，为捕后继续羁押必要性审查指明了方向。第三，完善体系，强化羁押替代措施的功能。新刑事诉讼法通过对取保候审、监视居住等非羁押性强制措施的完善规定，确保一度失灵的羁押替代措施重新被激活并切实发挥羁押替代功能。此外，新刑事诉讼法其他部分如第五编第一章"特别程序"部分等也有涉及。如第 269 条第 1 款规定："对于未成年犯罪嫌疑人、被告人应当严格限制适用逮捕措施。人民检察院审查批准逮捕和人民法院决定逮捕，应当讯问未成年犯罪嫌疑人、被告人。"

尽管此次刑事诉讼法修改进一步完善了现行羁押审查制度，但实践中的诸多问题远非几个法律条文就能解决，但毫无疑问，应当以此次刑事诉讼法修改为契机，着力在羁押必要性审查制度的细化上下工夫，通过制度的细化形成有中国特色的羁押必要性审查制度体系，推动司法实践的不断进步。

（一）进一步完善逮捕必要性审查制度和工作机制

逮捕是引致实践中种种羁押问题的"关口"，因此完善逮捕必要性审查的制度设计对整个羁押必要性审查制度的设计意义至关重大。现有的审查逮捕环节的逮捕必要性审查构成了逮捕前的羁押必要性审查，但目前这一审查机制尚存在诸多需要完善的地方。完善逮捕必要性审查制度可以从以下几方面入手：首先，通过司法机关联合发文的方式，要求公安机关对提请审查批捕的案件，在提请批准逮捕书上简要说明犯罪嫌疑人的逮捕必要性，并在报送实体犯罪方面证据材料的同时报送逮捕必要性方面的证据材料，否则检察机关不予收案。其次，审查批捕部门在审查羁押必要性材料时，对犯罪嫌疑人是否具有逮捕必要性存在疑问的，可以要求公安机关及时补充调取证据，并应当依照刑事诉讼法的规定及时讯问犯罪嫌疑人。对犯罪嫌疑人家属、所聘请的律师及犯罪嫌疑人所在单位和基层组织送交的旨在证明犯罪嫌疑人无逮捕必要性的证据材料应当全面审查核实。对未成年犯罪嫌疑人的逮捕必要性审查，必要时可聘请专业的社工进行心理分析和人格评估，相应材料应当作为判断是否具有逮捕必要性

的参考。再次，审查批捕部门案件承办人在审查逮捕意见书中应结合证据具体分析犯罪嫌疑人的逮捕必要性。又次，对于无逮捕必要不予批准逮捕的案件，应当向公安机关说明对犯罪嫌疑人无逮捕必要的理由。对于批准逮捕的案件，应当根据案情，综合预测捕后羁押必要性可能消失的因素（例如证据收集已经完成，双方矛盾得到有效化解，身体状况恶化等）并制作专门文书备案，同时抄备本院监所检察部门和公诉部门，以便于及时跟踪犯罪嫌疑人的羁押必要性变化。科学拓展轻刑快审案件的范围，通过建议快审减少犯罪嫌疑人捕后羁押期限，体现羁押的比例性原则。最后，审查批捕部门应当结合刑事诉讼法修改对社会危险性条件的细化规定以及《人民检察院审查逮捕质量标准》等专门性的司法解释和文件，结合本地区实际，总结司法实践经验，对逮捕必要性论证过程中的各项指标进行细化安排（例如规定犯罪嫌疑人有曾经在取保候审期间再犯新罪的劣迹则应当逮捕），安排要体现原则性和灵活性的统一，作为逮捕必要性审查判断时的标准指引。

（二）构建体系化的捕后未决期间的继续羁押必要性审查制度

除"批捕率高"这一问题外，实践中"羁押期限过长"和"超期羁押"现象均发生在捕后未决期间。此次刑事诉讼法修改新增加的第 93 条以及完善形成的第 95 条，均针对捕后未决期间的羁押必要性审查。构建捕后未决期间羁押必要性审查制度，可以实行羁押必要性定期主动复审和依申请不定期复审相结合的复审发动制度。在复审主体的安排上要体现检察权的优化配置。

捕后侦查阶段的定期主动复审。关于负责审查的主体，在 2012 年 6 月 16 日至 17 日由中国检察学会举办的"第三届刑事诉讼监督论坛"上，集中出现了三种建议：第一种是按照不同的诉讼阶段，由侦查监督部门和公诉部门分别主导，监所部门配合提供相应材料；第二种是统一由侦查监督部门主导，其他部门配合；第三种是由监所部门主导，侦查监督、公诉等部门配合。笔者认为第一种建议比较可行，捕后侦查阶段可建立由侦查监督部门主导、监所检察部门配合的复审模式，监所部门对捕后被羁押的犯罪嫌疑人填写监所部门羁押必要性评估表作为复审的重要证据材料转交本院侦查监督部门。① 侦查监督部门结合此前的相关备案材料以及公安机关侦查进展情况等，综合评估犯罪嫌疑人

---

① 立法前的先期试点曾经采取过由监所检察部门主导的模式："这个工作机制在全国二十个基层检察院经过近一年的试点，普遍反映这个工作机制简便易行，对履行监所检察职能，及时发现羁押中存在的问题，提出检察监督建议提供切实可行的操作方案，使法律赋予驻所检察部门的监督职能得到了发挥，有效地降低了羁押率。"但伟：《试析羁押必要性审查与看守所检察》，载《人民检察》2010 年第 24 期，第 22—25 页。

的继续羁押必要性并形成继续羁押必要性意见书报主管检察长审批，重大疑难复杂案件的羁押必要性复审，必要时可由检委会决定。在期限的安排上，定期审查可于捕后两个月届满前的10日前发动，检察机关应当于10日内作出复审决定并将决定送达公安机关，对于不需要继续羁押的，应当向公安机关建议变更强制措施，公安机关不予变更的应当在5日内说明继续羁押的理由，检察机关认为继续羁押理由不成立的，应当在5日内通知公安机关变更强制措施，公安机关应当立即变更强制措施。公安机关对检察机关变更强制措施通知有异议的，可以于5日内向上级检察机关申请复核，上级检察机关应当在5日内作出决定。对于附条件逮捕案件，应当在两个月侦查期限届满前审查公安机关证据补侦情况时，一并对逮捕必要性进行审查。此外，对于定期主动审查的范围（也适用于下文捕后移送审查起诉至法院判决生效阶段的定期主动审查），应当结合刑事诉讼法的规定及司法实践制定排除标准，例如对于可能判处10年以上有期徒刑、无期徒刑或者死刑的犯罪嫌疑人的继续羁押必要性不予复审，等等。

捕后移送审查起诉至法院判决生效阶段的定期主动复审。当前，学界对案件移送起诉后羁押期限完全附着于办案期限的司法实践颇有诟病，特别是刑事诉讼法为应对复杂的实践需要规定了诸多期限延长和期限重新计算的条款导致羁押期限过长。从目前的司法实践来看，废除或更改这些期限延长或期限重新计算条款并不可取。不妨在严格管控期限延长和期限重新计算标准的同时，规定在移送审查起诉至法院判决生效前，每一次决定期限延长或期限重新计算必须同时重新审查被告人的羁押必要性。且和侦查羁押期限不同，应当赋予被告人更加充分的救济权，被告人有权在每一次被决定期限延长或期限重新计算时获知继续被羁押的理由，被告人对继续羁押的理由有异议的，可以依据事实阐明理由向检察机关或人民法院（视诉讼阶段而定）提出复议，复议理由不被接受的，应当允许被告人向上一级检察机关（或上一级人民法院）复核，复议、复核的办案期限可以参照侦查羁押期间公安机关对检察机关变更强制措施通知不服的复议、复核办案期限。

捕后依申请发动的羁押必要性复审。1996年刑事诉讼法第52条规定的变更强制措施申请权因种种原因在实践中未能得到有效保障。此次刑事诉讼法修改第95条进一步完善了规定。未来的有关司法解释可以进一步规范该制度，一方面，防止犯罪嫌疑人、被告人无谓的反复申请带来司法资源的浪费并和现有司法资源产生尖锐矛盾；另一方面，要确保犯罪嫌疑人、被告人对继续羁押必要性申请审查落到实处。对此，以下几点可供有关机关在制定司法解释时参考：一是犯罪嫌疑人、被告人及相关法定人员申请继续羁押必要性审查不受次数限制，首次提出继续羁押必要性审查申请，需要提出无继续羁押必要性的理由。此后每次提出继续羁押必要性审查申请，必须提出新的理由和事实根据并提供相应的证据材料或证据材料线索，在案件移送审查起诉后，提交的理由可以包括羁押比例原则。二是案件进入审查起诉阶段后，被告人及相关法定人员提出继续羁押必要性审查申请后被告人被决定继续羁押的，被告人及相关法定人员有权申请复议、复核，复议、复核的办理程序可以参照该阶段主动审查时被告人提出复议、复核的办理程序。

（三）动力保障：司法机关奖惩考核机制和全社会防控体制的管理创新

工作机制创新的技术问题本身，从来都不是问题的真正难点，真正的难点在于司法机关是否有动力去推动工作机制的创新，特别是真正将工作机制创新的制度成果落实为具体行动——而非仅仅作为"应景"。因此，本部分着重研究对羁押必要性审查制度的实施有着至关重要影响的动力条件，也是一种环境条件，包括司法机关内部考核奖惩机制这一内部环境，也包括整个社会外部环境。

首先是要着力修改完善刑事诉讼各环节相关主体的奖惩考核机制，对因考虑不够周全、预判不够充分、设计不够完善而可能产生负面作用的考核奖惩制度进行深入研判调整。对此，公、检、法机关可以尝试在不同层面建立考核联席会议制度，将本系统的考核方案提交联席会议讨论，拟采取的考核变革项目要及时提交联席会议讨论。另外，公、检、法内部各部门之间也可建立相应的考核联席会议制度，例如公安派出所和预审、法制部门之间，法制部门和侦查监督部门、监所检察部门、公诉部门之间，等等。一方面，通过考核联席会议交流学习各自的管理经验；另一方面，就自身考核奖惩方案所可能给他方带来的不利影响进行商讨和预判，防止对考核各行其是同时又为了避免摩擦而采取牺牲犯罪嫌疑人、被告人正当权益的"灰色"实践路径。另外，公、检、法系统内部的考核，可以在综合权衡全部考核奖惩指标的基础上，增加对羁押必要性审查工作的考核，并且赋予适当高的分值，确保考核奖惩机制为新的羁押必要性审查制度的贯彻落实提供良好的内部环境。

其次是要在社会环境的营造上下工夫。刑事司法作为社会实践的子系统，应当注重子系统的外部环境对子系统运转的影响。刑事政策和社会政策存在着千丝万缕的密切联系，对羁押必要性审查制度的科学建构，要放宽视野，注重从社会管理创新的角度去理解和把握。[①] 随着单位制的解体和全国范围内人口流动的加强，国家对社会的管控能力遇到前所未有的瓶颈。审前羁押措施的基

---

① 刘松：《羁押必要性审查制度需细化》，载《法制日报》2012 年 1 月 21 日第 7 版。

本功能是社会防卫和保障诉讼，要真正使羁押必要性审查的改革效果落到实处，减少不必要的羁押，需要全社会形成合力，用社会母系统的能量化解司法子系统的困境，使未被羁押的犯罪嫌疑人、被告人能够在候审期间消除社会危险性并保障诉讼。对此，以下几点思路可以作为参考：一是司法机关决定对犯罪嫌疑人、被告人实施取保候审、监视居住的同时，切实执行新修改的刑事诉讼法的相关规定，例如暂扣犯罪嫌疑人、被告人的出入境证件、身份证件、驾驶证件等。同时，对职权范围外的事项，可以请有权主体依法处置，例如限制不动产交易等。同时要在全社会建立统一的人口数据库，对犯罪嫌疑人、被告人在取保候审期间的行动实施有效管控，以限制被取保候审的犯罪嫌疑人、被告人的流动能力。二是为应对基层派出所在执行取保候审时的警力不足状况，可以参考 2012 年 1 月 10 日"两高两部"制定的《社区矫正办法》中的相关规定，借助社区等基层组织对被取保候审的犯罪嫌疑人、被告人实施监督。在依照《公安机关办理刑事案件程序规定》责令被取保候审的犯罪嫌疑人、被告人定期向居住地的派出所报到的同时，要求犯罪嫌疑人、被告人定期向社区等基层组织提交活动情况和思想状况汇报。三是要借助媒体的力量宣传取保候审等非羁押强制措施的法律意义，一方面使被取保候审的犯罪嫌疑人、被告人的社会关系网中的其他成员能够准确理解取保候审的意义，对被取保候审的犯罪嫌疑人、被告人加强约束力；另一方面也有助于通过长期的社会宣传，对潜在被害人的"合理性论证结构"进行观念革新，缓解被害人因不服对犯罪嫌疑人、被告人采取取保候审措施而给司法机关带来的闹访、上访压力。

羁押必要性审查制度：
应然选择、基本定位与主要构造

项　谷[*]　姜　伟^{**}

　　新刑事诉讼法第 93 条规定："犯罪嫌疑人、被告人被逮捕后，人民检察院仍应当对羁押的必要性进行审查。对不需要继续羁押的，应当建议予以释放或者变更强制措施。有关机关应当在十日以内将处理情况通知人民检察院。"此规定明确赋予检察机关在捕后对羁押必要性继续审查的监督职责，"保证人民检察院正确行使批准逮捕权，防止错误逮捕"，[①] 防止错押、超押；保障犯罪嫌疑人、被告人的基本权利；强化检察机关的法律监督职责。[②] 然而，实践和理论上还有一些争议问题和程序细节需要廓清，本文将从羁押必要性审查制度的应然选择出发，探讨制度的基本定位和主要构造。

一、羁押必要性审查制度的应然选择

　　新刑事诉讼法第 93 条确立了检察机关的一项诉讼监督职责，同时也给我国的审前羁押制度带来了重大改变，羁押必要性审查制度对未来我国的审前羁押制度体系的发展作出了如下应然选择。

（一）羁押期限与办案期限：独立或依附

　　法治国家对人的强制措施体系普遍包括两个主要部分：一是作为抓捕、截停、带到手段的强制措施。它是刑事诉讼程序中对人身自由限制的第一个步骤，适用于现行犯、有重大嫌疑分子以及危及刑事程序的非常紧急情况，持续时间直到犯罪嫌疑人被带到羁押法官时为止。二是抓捕、带到之后的取保候审

---

　　* 上海市人民检察院第一分院研究室主任，检察员，上海市检察业务专家。
　　** 上海市人民检察院第一分院研究室助理检察员。
　　① 参见王兆国：《关于〈中华人民共和国刑事诉讼法修正案草案〉的说明》。
　　② 参见樊崇义：《监督意识：司法民主的要求　程序法治的保障》，载《检察日报》
2012 年 6 月 21 日。

与审前羁押。审前羁押又称未决羁押,是指专门机关对涉嫌犯罪者在法庭确定其有罪前暂时剥夺其人身自由的强制措施。① 持续时间较长,对犯罪嫌疑人权利影响较大。抓捕、带到措施通常以"逮捕"(arrest)来描述和界定,而带到之后的监禁状态为羁押(detention)。

我国"逮捕"和"羁押"的措施也是分离的,根本不需要像某些学者所称,建立"逮捕"与"羁押"相分离的制度。② 不同之处在于我国的拘留已经演变成短期羁押措施,逮捕成为优先适用,取保候审和监视居住成为例外,主要原因在于我国的逮捕制度与办案期限未明显分离,审前羁押依附于办案期限,除了拘留以外,刑事诉讼法没有将羁押期限与侦查、起诉、审判的办案期限区分开,司法机关的办案期限实际就是犯罪嫌疑人的羁押期限。③ 办案期限的延长、变更或者重新起算与羁押期限延长、变更、重新起算高度重合。司法机关在决定办案期限的变更、延长时更多地考虑自身办案履职需要,以及保障诉讼程序的需要,较少地反映犯罪嫌疑人的权益。因此,羁押的适用和延长成为一般情况,延长办案期限即羁押期限的比例较高,以某批捕量占全国 1/10 的省为例,2010 年批准延长羁押的比例为 99.54%。④ 新刑事诉讼法第 93 条将羁押必要性的审查与办案期限的审查予以明确地分离,明确审前羁押应然的独立地位。

(二)审前羁押与取保候审:例外或常态

我国审前羁押比例 2007 年至 2009 年平均为 77.2%,⑤ 而基层法院由于轻微犯罪案件比例高,审前羁押比例略低,以某基层检察院的统计为例,2006 年至 2010 年羁押率只有 49.4%。⑥ 但是,在批准逮捕的案件中轻刑率较高,2002 年至 2008 年逮捕起诉的案件中被法院宣告无罪、免除刑罚、宣告缓刑、判处拘役、管制和单处附加刑的平均比例是 34.45%,3 年以下轻刑或免除刑

---

① 万春:《减少审前羁押的若干思考》,载《河南社会科学》2011 年第 3 期。

② 参见易延友:《刑事强制措施体系及其完善》,载《法学研究》2012 年第 3 期。

③ 参见江涌:《未决羁押制度研究》,复旦大学 2009 年博士学位论文。

④ 参见孙寒梅:《试论羁押必要性审查制度——关于贯彻新刑事诉讼法第 94 条的探讨》,载中国检察学研究会第三届刑事诉讼监督论坛论文集。

⑤ 万春:《减少审前羁押的若干思考》,载《河南社会科学》2011 年第 3 期。

⑥ 研究者一般认为我国的审前羁押比例偏高,而且均采取批准逮捕率这一数据作为佐证,把降低批准逮捕率与降低羁押比例挂钩,这种看法并不是很妥当,在认识上并未将逮捕和审前羁押区分开来。潘博:《审查逮捕实务问题探析及构想——以 H 县检察院为样本展开》,载《中国检察官》2012 年第 2 期。

罚的平均比例为 56%。① 一些西方国家，如英国犯罪嫌疑人羁押率一直在 10% 左右，大部分犯罪嫌疑人都获得取保候审的机会。② 从审前羁押比例和轻刑比例两组数据比较可知，降低审前羁押比例的空间还很大，一些被逮捕的犯罪嫌疑人可以考虑在审前变更强制措施。

自由受审原则，或称"审前释放"，即犯罪嫌疑人一般情况下应当不受监禁等候审判，是一些法治国家刑事程序的基本原则之一，刑事诉讼法设计取保候审、监视居住、电子监控等替代措施保证犯罪嫌疑人审前释放的权利得到落实。联合国《公民权利和政治权力国际公约》第 9 条第 3 款规定，等候审判的人受监禁不应作为一般原则，但可规定释放时应保证在司法程序的任何其他阶段出席审判，并在必要时报到听候执行判决。联合国《保护所有遭受任何形式羁押或监禁的人的原则》第 39 条也规定，除了在法律规定的特殊案件中，经司法机关根据司法利益决定羁押外，被追诉者有权在等待审判的过程中被释放。审前释放的理由在于犯罪嫌疑人在审前被羁押对其行使辩护权，调查案件事实，争取缓刑判决，回归社会都非常不利。③ 建立逮捕后的羁押必要性审查机制，减少"一捕到底"的情况，是确立自由受审原则和犯罪嫌疑人审前释放基本权利的前提，明确了审前强制措施的适用中羁押为例外、取保为常态的应然状态。

（三）诉讼保障和人权保障：偏重或并重

逮捕作为一种刑事诉讼强制措施，其直接目的是保障侦查和诉讼的顺利进行；而审查逮捕则是对适用逮捕的制约和把关程序，其直接目的既是为了保障诉讼又是为了维护人权。因此，开展审查逮捕工作，必须着眼于保障诉讼又着眼于保障人权，二者不可偏废。④ 然而，实践中对于逮捕措施保障诉讼的功能有不正确的认识：（1）将羁押作为办案手段。即"以捕代侦"，使犯罪嫌疑人陷于孤立，不能获得外界资讯和帮助，以获取犯罪嫌疑人的供述，还有一些办案人员延长办案期限或者退回补充侦查，以避免超期办案，导致一些轻微犯罪的犯罪嫌疑人审前羁押时间超过其可能判处的刑罚。（2）将羁押作为治安手段。通过羁押犯罪嫌疑人安抚被害人，在影响较大的案件中还要照顾公众的情

---

① 李昌林：《审查逮捕程序改革的进路——以提高逮捕案件质量为核心》，载《现代法学》2011 年第 1 期。

② 参见［英］麦高伟、威尔逊主编：《英国刑事司法程序》，姚永吉译，法律出版社 2003 年版，第 110—111 页。

③ 参见［美］伟恩·R. 拉费弗等：《刑事诉讼法（上册）》，卞建林、沙丽金等译，中国政法大学出版社 2003 年版，第 717 页。

④ 万春：《减少审前羁押的若干思考》，载《河南社会科学》2011 年第 3 期。

绪和安全感。（3）将羁押作为刑罚预支。涉嫌重罪在各国司法实践中都倾向于被单独作为一种逮捕必要性，加之审前羁押折抵刑期的规定，实际上使羁押变成预支性的刑罚。

审前羁押的主要目的应当是程序性的，而不是实体性的，审前羁押与其他强制措施不能具有惩罚性功能，更不能演变成变相的预期刑罚，也不能服务于侦查方便、办案需要等功利性原因。① 修改后的刑事诉讼法第 79 条规定了适用逮捕条件的五种情形，其中第（三）、（四）、（五）项内容涉及犯罪嫌疑人妨碍诉讼程序的行为，即可能毁灭、伪造证据，干扰证人作证或者串供的；可能对被害人、举报人、控告人实施打击报复的；企图自杀或者逃跑的。因此，羁押的诉讼保障功能只限于防止两种情况发生：一是犯罪嫌疑人逃亡或者有逃亡可能；二是使调查案件真相的工作难以进行，② 其他考虑不应当成为羁押的依据。羁押必要性审查制度的建立重新明确了审前羁押保障诉讼和保障人权兼顾的应然的价值选择。

（四）诉讼化模式和审批模式：取舍或兼容

缺乏诉讼性是我国逮捕程序的重大缺陷，表现为侦查机关提请批准逮捕只需要向检察机关移送文书、案卷材料和证据，检察机关只作书面审查即作出决定；犯罪嫌疑人缺乏参与和表达意见的渠道；律师在侦查阶段不具有辩护人地位，也不能在逮捕前向检察机关提出意见。③ 审前羁押在西方国家毫无例外需要经过司法机构的审查和授权，大体上都采取以下典型模式：警察、检察官实施逮捕后，必须在尽可能短的时间内将犯罪嫌疑人提交给法官；后者经过听证或者讯问，听取被告人、辩护人、警察、检察官等的意见，就羁押的理由和必要性进行审查，然后就是否羁押以及羁押期限作出明确的裁决。④

理论界长期存在一种观点要取消检察机关审查批准逮捕的职权，成立预审法院裁判羁押，在当事人平等、法官居中裁判的诉讼构造下决定羁押。在西方的传统中，只有法院是真正的司法机关，对侦查活动进行司法审查，这种观点对我国法院、检察院的宪法定位未准确认识，与我国刑事诉讼法的基本原则和司法传统不相容，羁押必要性审查的司法化改造应当是审查程序上的，而非审

---

① 参见向泽选：《修改后刑诉法的实施与逮捕审查》，载《人民检察》2012 年第 12 期。

② 参见《德国刑事诉讼法》第 112 条。

③ 万春：《减少审前羁押的若干思考》，载《河南社会科学》2011 年第 3 期。

④ 参见陈瑞华：《比较刑事诉讼法》，中国人民大学出版社 2010 年版，第 290 页。

查主体上的司法化，① 在羁押的审批上可以发挥行政审批机制的效率优势，保障犯罪嫌疑人的权利。新刑事诉讼法的其他重要内容也为诉讼化改造、淡化行政审批色彩提供了配套机制。如明确了律师在侦查阶段辩护律师的地位，赋予侦查阶段为犯罪嫌疑人申请变更强制措施的权利；检察机关在特定情况下应当讯问犯罪嫌疑人，包括对是否符合逮捕条件有疑问的；犯罪嫌疑人要求向检察人员当面陈述的；侦查活动可能有重大违法行为的，并且还要在审查逮捕时听取辩护律师的意见。

二、羁押必要性审查制度的基本定位

根据法律条文的内在要求和检察机关的法律监督职责，构建羁押必要性审查制度必须明确三个基本定位。

（一）法律性质为诉讼监督机制

依据新修刑事诉讼法第 93 条、第 95 条规定，羁押必要性审查机制的职权主体是检察机关。但是第 94 条规定，人民法院和公安机关如果发现对犯罪嫌疑人、被告人采取强制措施不当的，应当及时变更。即法院和公安机关发现被羁押的犯罪嫌疑人、被告人已无羁押必要，继续羁押不当的，应当有权变更为取保候审、监视居住。学界对如何处理检察机关羁押必要性审查权和法院、公安机关对强制措施的变更权的关系存在争议。有观点认为，检察机关批准逮捕和变更强制措施的监督权应当得到强化和尊重。如法院在一审、二审期间发现被告人不需要继续羁押情形的，应当通报检察机关监所部门，建议进行必要性审查。② 又如要加强对逮捕后公安机关释放或者取保候审的监督，维持审前羁押执行的刚性。③ 再如有关机关不接受检察机关羁押必要性审查的建议，必要时检察机关可以撤销原逮捕决定，通知办案机关执行。④

从法律定性来看，检察机关的羁押必要性审查权是其诉讼监督的职能之一，而且是建议性质的。公安机关、法院根据分工负责原则，在各自负责的诉讼环节对羁押必要性进行审查，并作出变更的决定是其法定职权。相对而言，检察机关的羁押必要性审查第二位的监督机制，不能直接决定释放或者变更，

---

① 参见易延友：《刑事强制措施体系及其完善》，载《法学研究》2012 年第 3 期。
② 参见《人民检察院刑事诉讼规则（征求意见稿）》第 595 条。
③ 参见丁胜：《浅议加强逮捕执行监督工作》，载《法制与社会》2010 年第 30 期。
④ 参见刘晴：《逮捕羁押复查机制的程序设计》，载《检察日报》2012 年 6 月 15 日。

体现诉讼职能和监督职能的分离。①《人民检察院刑事诉讼规则》第 104 条也规定，撤销原逮捕决定适用于"已作出的批准逮捕决定发现确有错误的"，是针对检察机关批准逮捕时自身存在的错误。因此，撤销原逮捕决定不应适用于原来批准逮捕正确，但是在羁押中失去羁押必要性，有关机关不接受检察机关建议的情况。羁押必要性审查的结论不应突破刑事诉讼法第 93 条建议性质的定性，代替其他诉讼环节的主管机关对羁押的变更作决定，或者要求其执行检察机关的建议意见，也没必要先建议检察机关审查，再根据检察机关建议作出决定，或者变更侵害小的强制措施还要经检察机关同意。只要在作出变更后通知原批准逮捕的检察院即可。1996 年刑事诉讼法第 73 条、新刑事诉讼法第 94 条均规定逮捕后公安机关释放或者变更强制措施的，应当通知原批准的检察院。该条文已经明确公安机关、法院有权将侵害性强的逮捕变更为侵害性低的取保候审、监视居住。如果公安机关存在"以保代结"、放纵犯罪的情况应当采取其他立案监督手段。

（二）适用范围及于所有羁押案件

有观点认为，羁押必要性只能适用于特定案件范围，以免浪费司法资源，考虑到社会危害性因素，应当主要适用于：主观恶性较小、犯罪情节轻微、初犯、偶犯、过失犯罪、数额不大的侵财犯罪、未成年人、老年人犯罪等。② 新修刑事诉讼法第 93 条中并未限定案件范围，应当及于所有适用逮捕的刑事案件。羁押是诉讼保障措施而非对犯罪嫌疑人的惩罚措施，羁押必要性审查既是检察机关的权力又是职责，不能放弃对严重犯罪案件强制措施适用的监督和保障犯罪嫌疑人人权的职责。实践中，超期羁押、久押不决，未决羁押超过数年的案件往往是涉嫌故意杀人等严重犯罪的案件，甚至对非法取证、造成冤案有助推作用。③ 将涉嫌严重犯罪并被长期羁押的犯罪嫌疑人纳入羁押必要性审查有利于落实无罪推定原则，有利于强化侦查监督，若排除在外，此类案件将继续成为监督薄弱环节。

---

① 参见陈卫东：《新刑诉法从九方面规范强化法律监督》，载《检察日报》2012 年 4 月 1 日。

② 参见姚红秋、韩新华：《审查起诉环节继续羁押必要性审查机制的构建》，载《中国检察官》2010 年第 6 期。

③ 赵作海涉嫌故意杀人案中，赵作海于 1999 年 5 月 9 日被刑拘，至 2002 年 12 月 5 日一审判决，审前羁押超过 3 年；王业文涉嫌故意杀人案中，王业文从被刑事拘留到高院裁定撤销原判，发回重审羁押超过 4 年，重审中检察院以事实和证据发生变化撤诉，犯罪嫌疑人仍然被羁押，至取保候审时共达 5 年时间，参见《58 岁农民被关押 5 年 缺乏证据陷入程序怪圈》，载《法律与生活》2010 年第 20 期。

（三）审查程序的相对诉讼化模式

羁押必要性审查机制的诉讼化改造并没必要照搬西方国家的中立法官司法审查的模式。西方国家一般由法院的司法审查监督刑事诉讼的全过程，由法院决定和监督羁押适用是必然选择。而我国是公检法机关分工负责、互相配合、互相制约的刑事司法工作体制，只有检察机关是衔接刑事诉讼前后各道环节的专门监督机关，坚持检察机关批准逮捕适用，并监督羁押的实施是必要且合理的。1992年5月俄罗斯对其审前羁押制度进行了司法化改革，但是羁押和延长羁押期限的行为仍然由调查机关、侦查员、检察机关依职权作出，犯罪嫌疑人、辩护人等当事人对羁押和延长羁押的决定不服的，可以向羁押地法院提出申诉。① 在德国，虽然侦查法官依法对检察机关拟采取的，包括羁押在内的影响较大的侦查活动进行审批，但是它是检察院的辅助机构，同样也是基于检察院的意见作出决定，性质为国家机关之间的行政互助行为而不是司法审判。②

为了保持羁押必要性审查的相对中立，在检察机关的内部分工上，可以交由监所检察部门负责。如果由侦查监督、公诉等部门分阶段负责审查，办案人员很难将精力持续集中在已批捕、已起诉的案件，羁押必要性审查难免继续成为办案期限审查的附属部分。由监所部门审查可以保障羁押必要性的审查超脱于侦查、指控犯罪的需要，避免羁押成为办案工具，而且监所检察部门距离被羁押的人更近，对其羁押表现更加了解，能够及时调查羁押时间、羁押适应性等因素。

在审查方式上，一般采取书面审查方式以保证审查的效率，应当讯问犯罪嫌疑人，听取辩护人意见，必要时还可以听取被害人的意见。特定案件可以采取听证式审查程序，如事实、证据发生重大变化导致犯罪嫌疑人嫌疑程度明显降低的；可能判处10年以上有期徒刑的犯罪嫌疑人出现不适宜继续羁押的事由的，以保证审查程序的公正和审查结果的公信力。监所检察部门经过审查发现犯罪嫌疑人可能需要释放或者变更的，应当报检察长审批，犯罪嫌疑人涉嫌10年以上徒刑犯罪需要释放或者变更的，可以提请检察委员会审议。

三、羁押必要性审查制度的主要构造

为了全面实现羁押必要性审查制度的目标，其主要构造应当包括：内在结

---

① 参见《俄罗斯联邦刑事诉讼法典》，苏方道等译，第220.1条和第220.2条，中国政法大学出版社1999年版。

② 参见［德］克劳思·罗科信：《刑事诉讼法》，吴丽琪译，法律出版社2003年版，第82页。

构和外部配置。内在结构除审查程序外，还包含羁押必要性的判断标准体系和必要的外部监督形式，而外部配置则是指保障诉讼的羁押替代措施。

（一）羁押理由排除绝对必要条件

一般认为，羁押必要性与审查批准逮捕时的逮捕必要性相同，仍然是重点审查逮捕时的适用条件是否发生变化，即是否有再次犯罪和妨碍诉讼的危险性，如果不继续羁押不会发生新的犯罪危险，不会影响诉讼的正常进行，就应当释放或者变更强制措施。① 犯罪嫌疑人不具备羁押适合性的事由出现时，可以变更强制措施。如刑事诉讼法第72条规定：患有严重疾病、生活不能自理的；怀孕或者正在哺乳自己婴儿的妇女；系生活不能自理的人的唯一扶养人等情形。但是，这些事由并非排除羁押必要性的绝对条件，因为刑事诉讼法第72条对此类情况适用监视居住是授权性的规定。看守所条例就规定，患有严重疾病的不予收押，但"罪大恶极不羁押对社会有危险性的除外"。

有争议的是，刑事诉讼法第79条规定的不必进行逮捕必要性审查就直接应予以逮捕的三种情形之一的"有证据证明有犯罪事实，可能判处十年以上有期徒刑的"，是否也构成一项绝对的羁押必要性理由。在合众国诉塞勒农（United States v. Salerno）案中，美国联邦最高法院指出预防性的羁押应当满足两个条件：限定于严重犯罪；即使严重犯罪也要有基于个案精心评估的危险性程序。如果州法明确将涉嫌某种特定罪行作为可保释的例外，就是违反联邦宪法的。② 绝对的羁押必要性理由如同将某一类案件排除出羁押必要性审查范围一样，都有可能导致此项监督职能出现机制性的监督盲点，使涉嫌重罪的羁押普遍成为刑罚预支。

（二）符合比例原则的判断标准

羁押必要性标准的设定要排除绝对必须羁押或者绝对不必要羁押的条件，建立针对个案特点的必要性评估体系，以此防止部分案件中羁押的作用被异化，形成诉讼监督的盲点。美国法上基于个案特点的危险性评估程序，在德国法上体现为遵循比例原则的判断，《欧洲人权条约》第5条第3项第2段、第3段也要求羁押与案件的重要性及应科之刑罚或者保安处分成比例，"必须平衡犯罪的严重性、嫌疑的程度、保护证据或信息的措施可能带来的价值与对所

---

① 童建明：《正确理解与适用新刑事诉讼法提升检察工作能力的几个问题》，载《中国刑事法杂志》2012年第4期．

② 参见［美］伟恩·R.拉费弗等：《刑事诉讼法（上册）》，卞建林、沙丽金等译，中国政法大学出版社2003年版，第729页。

涉及的人所带来的破坏或危害等因素"。① 据此，在衡量犯罪嫌疑人羁押必要性时应该考虑以下因素：

1. 涉嫌犯罪的严重性。即是否涉嫌暴力犯罪、危害公共安全犯罪。一些国家的刑事诉讼法明确将危害较大的杀人、纵火、投毒、故意伤害、绑架、强奸等严重暴力和危害公共安全犯罪列为具有羁押必要性的罪行。如为了保护公共安全，美国24个州宪法将涉嫌死刑犯罪作为取保候审的排除因素。

2. 再次犯罪的可能性。即是否属于累犯、假释期间再犯、惯犯。如盗窃、诈骗的常习犯，特定的性犯罪等，这些犯罪嫌疑人再犯的可能性比一般犯罪要高，有必要继续羁押。

3. 嫌疑的程度。即现有事实、证据材料对犯罪嫌疑人犯罪行为的证明程度。当犯罪嫌疑人涉嫌可能判处10年以上有期徒刑的重罪时，具有很高的逃亡或者妨碍作证的可能性，犯罪嫌疑人的嫌疑程度是决定其是否应当继续羁押的重要因素。如果现有事实、证据发生重大变化，犯罪嫌疑人的嫌疑程度大大降低，则应考虑变更为指定居所监视居住等侵害小的措施。

4. 逃亡和妨碍作证的可能性。不能单纯从犯罪嫌疑人涉嫌重罪，就认为其具有较高的逃亡、毁灭、伪造证据的可能性，而是要考虑犯罪嫌疑人的认罪态度、羁押期间的表现等因素。

5. 羁押的适合性。即犯罪嫌疑人是否适合于在羁押场所生活，是否有严重疾病、丧失自理能力、怀孕、哺乳、有需要扶养的家庭成员等。

6. 已经羁押的时间。犯罪嫌疑人已经羁押的时间超过了涉嫌犯罪可能判处的刑期是一项绝对排除羁押必要性的因素，实际上此时已不是羁押必要性的问题而是羁押合法性范畴的问题。1994年9月10日在里约热内卢全体大会上通过的《世界刑法学协会第十五届代表大会关于刑事诉讼中的人权问题的决议》第5条规定，如果审前羁押的持续时间超过按照掌握的案件情况法院可能判决的刑期，此项审前羁押应视为不合法。在这种情形下，即使犯罪嫌疑人有明显的再犯可能性，或者有可能对证人、举报人实施打击报复，也不能因为动机或者犯罪可能性将其继续羁押，而是要考虑采取其他的预防性措施。为了防止羁押时间超过涉嫌犯罪可能判处的刑期，建议规定审前羁押超过一年时间的，不论是否有当事人申请，或者特定事由出现，检察机关都必须主动启动羁押必要性审查。

（三）引入必要的外部监督形式

为了加强犯罪嫌疑人的羁押必要性评估的客观、中立，20世纪60年代美

① 陈瑞华：《比较刑事诉讼法》，中国人民大学出版社2010年版，第302页。

国的保释改革运动中，民间发起了一项曼哈顿保释工程，即由民间组织的志愿者会见被羁押者获取有关工作、社会关系、住所等信息资料，对其释放的风险进行评估，提供给司法机关参考。① 在我国的羁押必要性审查机制中也可以引入一定的外部监督形式，通过中立的社会组织对犯罪嫌疑人的羁押必要性提供评估意见，以增强审查结论的客观和公信力。目前在未成年人犯罪案件中，可以依托新刑事诉讼法规定的社会调查制度，由社区、学校、教育工作者同时对其羁押的必要性进行评估。

在检察机关受理的职务犯罪案件中，由于侦查、审查决定逮捕、审查起诉全部由检察机关负责，且职务犯罪没有具体的被害人，羁押必要性审查机制的独立性、公正性和司法化程度难以充分保证。因此，需要在职务犯罪案件中引入人民监督员制度，在一定程度上平衡诉讼结构失衡现象。根据最高人民检察院《关于实行人民监督员制度的规定》，检察机关办理直接受理立案侦查案件中有拟撤销案件、拟不起诉等"七种情形"需要启动人民监督员监督程序，其中"超期羁押或者检察机关延长羁押期限决定不正确的"等"五种情形"均是针对检察机关的侦查活动、强制措施的。职务犯罪案件中犯罪嫌疑人、被告人及其近亲属、法定代理人、辩护人申请变更强制措施时，检察院可以提请上一级检察院启动人民监督员监督程序，由人民监督员听取办案部门对羁押时间和执行的意见，并将人民监督员监督决议与检察机关的决定一同告知当事人，以说明检察机关决定的理由，但是应当注意对人民监督员的身份保密。

（四）完善羁押的替代措施

降低羁押适用比例和羁押时间，但不能降低对诉讼的保障程度。羁押必要性审查制度可以减少成千上万不必要的羁押，但是只要有一件取保后再次犯罪或者侵害证人的"错误"出现，就会成为新闻热点，影响该项制度的继续发展。因此，逮捕的替代措施必须随之完善。

可以区分两类案件进行必要的制度完善：一是低风险犯罪嫌疑人，即犯罪嫌疑人涉嫌的罪行是可能判处拘役、3 年以下有期徒刑的轻罪案件；犯罪嫌疑人涉嫌的是经济犯罪、过失犯罪，只要剥夺其再犯机会就不具有社会危险性的案件等。二是高风险犯罪嫌疑人，即可能判处 3 年以上有期徒刑，甚至 10 年以上有期徒刑的重罪案件；犯罪嫌疑人有较高社会危险性的案件。第一类犯罪嫌疑人依据刑法可能被适用缓刑，犯罪嫌疑人逃跑或者干扰作证的可能性较低。因此，只要案件事实基本查清，证明犯罪的主要证据已经收集，一般可以

---

① 参见 Ellen Hochstedler Steury，Nancy Frank：《美国刑事法院诉讼程序》，陈卫东等译，中国人民大学出版社 2002 年版，第 319 页。

变更为取保候审。如果犯罪嫌疑人为外来人员，可以要求其定期向基层派出所、社区检察室报到。已无固定工作、固定住所的，可以效仿无锡市检察院2008年以来建立的"涉嫌犯罪外来人员管护教育基地制度"模式，在符合条件的社区、企业和福利机构中择优选择管护教育基地对其进行必要安置，并将其取保候审期间的表现作为认罪态度的因素，纳入是否适用缓刑的考虑范围。高风险犯罪嫌疑人需要变更强制措施的，一般应变更为监视居住，符合刑事诉讼法规定时还可以适用指定居所监视居住。

指定居所监视居住的理解、适用与完善[*]

何延鹏[**]

我国的监视居住制度可以追溯到新民主主义革命时期，设立的目的是为了缓解那个特殊年代羁押场所匮乏的问题。当时的中华苏维埃共和国中央人民政府就创设了监视居住措施。[①] 1963 年的《中华人民共和国刑事诉讼法草案（初稿）》中也有监视居住的若干规定。1979 年的刑事诉讼法继承了前几稿的精神，但相关法条过于笼统。1996 年修改的刑事诉讼法增加了被监视居住人的义务、期限及违反义务的法律后果等内容，但并未改变监视居住与取保候审同质化的问题。2012 年 3 月 14 日，十一届全国人大五次会议审议通过了《关于修改〈中华人民共和国刑事诉讼法〉的决定》。从内容上来看，本次修改涉及了监视居住的条件、场所、方式、检察机关监督等多项内容。其中，新刑事诉讼法第 73 条规定了对于特别重大贿赂犯罪适用指定居所监视居住的内容。

一、监视居住的含义与特征

我国现行法律法规没有对监视居住下过定义。通说认为，监视居住是指公安机关、国家安全机关、人民检察院、人民法院责令犯罪嫌疑人、被告人在一定期限内未经批准不得离开住处或指定的居所，并对其行为加以监视的强制方法。[②] 有的学者主张在定义中加入"为防止犯罪嫌疑人、被告人逃避或妨碍侦查、起诉、审判的顺利进行"等目的性内容，有的学者强调对犯罪嫌疑人、被告人的行为不仅应采取监视的方法，而且应该有控制的措施[③]。综观各种定

---

* 本文系我处承担的最高人民检察院 2012 年检察应用理论研究重点课题《对特别重大贿赂犯罪嫌疑人适用指定居所监视居住研究》的阶段性研究成果。

** 江苏省人民检察院反贪局侦查处副科级侦查员。

① 张建良：《刑事强制措施要论》，中国人民公安大学出版社 2005 年版，第 194 页。
② 邱俊芳、薛竑：《刑事诉讼法精要与依据指引》，人民出版社 2005 年版，第 235 页。
③ 樊崇义：《刑事诉讼法学》，法律出版社 2004 年版，第 181—183 页。

义，总体意思是一致的。① 监视居住是法定的一种强制措施，所以它首先具有强制措施的共同特征，即法定性、临时性、适用对象的特定性等。② 其次，监视居住是一种限制人身自由的非羁押性强制措施。最后，监视居住的强制方法主要采取限制活动区域并加以监视和控制。

二、对该类案件适用指定居所监视居住的现实意义

张明楷教授认为，贪污贿赂罪是指国家工作人员利用职务之便，贪污、挪用公共财物，收受贿赂，不履行法定义务，侵犯职务行为的廉洁性、不可收买性的行为。③ 特别重大贿赂案件的受贿方通常是具有一定级别的国家工作人员，行贿方通常又是采用极为隐秘的手段来达到其目的。由于此类犯罪行为大多是"一对一"进行，没有具体的侵害对象，案件的具体情况只有当事人了解，物证非常少，指控犯罪主要依靠犯罪嫌疑人、被告人供述和证人证言。④ 所以此类案件的侦查具有区别于普通职务犯罪案件侦查，具有特殊性。在侦查初期，由于办案机关掌握的证据尚不足以达到拘留或者逮捕的标准，所以不能对犯罪嫌疑人，尤其是行贿人进行羁押。另外，即便办案机关在 2013 年后可以将拘传时间用足 24 小时，但因为此类案件的犯罪嫌疑人、被告人一般具有较高的知识，其反侦查的能力较强，要想突破其心理防线获取口供难度较大。⑤ 侦查实践表明，绝大多数的职务犯罪嫌疑人只有在与外界隔绝一段时间之后，才会交代犯罪事实。⑥

反观纪检监察机关在查处贪污受贿等严重违纪案件的手段，可以发现"两规"是有效的隔离审查措施。"两规"最早见于《中华人民共和国行政监察条例》⑦，其中第 21 条规定监察机关在检查、调查中有权责令有关人员在规定的时间、地点就监察事项涉及的问题作出解释和说明。在 1993 年中纪委、监察部合署办公后，"两规"的使用范围有了变化。《中国共产党纪律检查机

---

① 曾友祥、李春雷：《刑事诉讼法》，中国民主法制出版社 2004 年版，第 137—139 页。

② 陈光中：《刑事诉讼法》，北京大学出版社 2002 年版，第 189 页。

③ 张明楷：《刑法学》，法律出版社 2003 年版，第 907 页。

④ 窦秀英：《贿赂犯罪中"宽严相济"刑事政策应用规则刍议》，载《人民检察》2007 年第 10 期，第 47—48 页。

⑤ 朱孝清：《职务犯罪侦查措施研究》，载《中国法学》2006 年第 1 期，第 128—143 页。

⑥ 陈国庆：《论检察机关刑事诉讼职能的完善》，载《法学家》2007 年第 4 期，第 5—9 页。

⑦ 该条例于 1990 年 12 月 9 日由国务院颁布，已于 1997 年 5 月 9 日废止。

关案件检查工作条例》① 第 28 条第 3 款规定，调查组有权要求有关人员在规定的时间、地点就案件所涉及的问题作出说明。2005 年，中共中央办公厅印发了《中央纪委关于完善查办案件协调机制进一步改进和规范"两规"措施的意见》（中办发〔2005〕28 号），该意见规定，"两规"的最长期限可达 6个月。虽然我国《行政监察法》及党内的若干规定均明确不得对"两规"人员实行拘禁或者变相拘禁②，但这些内容在实践中并没有起到根本的制约作用。"以公安部副部长李纪周为例，据说他哀叹两年'双规'期间不能跟家属会见而且也不能有其他人身自由。"③ 以特别重大贿赂犯罪为代表的职务犯罪是我国今后一段时期内要重点打击的犯罪行为，但由于现有法律框架内的强制措施无法满足侦查需要，所以很多案件在侦查初期只能依赖于不属于刑事侦查范围内且又较少受程序合法性制约的"两规"措施。从这个角度来考虑，完善指定居所监视居住制度，把对犯罪嫌疑人、被告人的人身自由限制措施纳入法律规制的范畴内，将既有利于职务犯罪侦查工作的开展，又有利于保障犯罪嫌疑人、被告人的法律权利。

三、对该类案件适用指定居所监视居住的价值与功能

据以判断或评价一项刑事诉讼程序本身是否具有善的品质的道德标准，是刑事诉讼的内在价值。④ 要判断对特别重大贿赂犯罪嫌疑人适用指定居所监视居住制度具有的内在价值，就要看其本身是否具有善的品质，具体而言，就是指是否具有正义与公正的优秀品质。首先，监视居住是我国刑事诉讼法规定的强制措施之一。虽然在刑事诉讼法学界，部分学者坚持将监视居住制度完全取消，⑤ 但从刑事诉讼法的历次修正来看，立法者均将监视居住制度予以保留并

---

① 该条例由中共中央纪律检查委员会于 1994 年 3 月 25 日印发，1994 年 5 月 1 日施行。

② 如现行的《中华人民共和国行政监察法》第 20 条第 3 款规定，不得对"两规"人员实行拘禁或者变相拘禁。《中央纪委关于完善查办案件协调机制进一步改进和规范"两规"措施的意见》（中办发〔2005〕28 号）规定对被"两规"人员，要保障其合法权利，妥善安排生活，尊重民族习俗，做好医疗服务，适当安排健身活动。在不影响办案的情况下，可允许被"两规"人员通电话、通信、与家属会面。

③ 陈兴良：《法治的界面》，法律出版社 2003 年版，第 282 页。

④ 樊崇义：《刑事诉讼法学》，中国政法大学出版社 1996 年版，第 31 页。

⑤ 参见徐静村、潘金贵：《我国刑事强制措施制度改革的基本构想》，载《甘肃社会科学》2006 年第 2 期；黎民诚等：《对完善我国刑事强制措施的思考》，载《河北青年管理干部学院学报》2009 年第 2 期。

发展。这是因为我国的刑事强制措施体系具有层次分明、紧密衔接的特点，监视居住在其中起到了承上启下的重要作用。对特别重大贿赂犯罪嫌疑人适用指定居所监视居住也具有了法律上的正义属性，具有其不可替代的地位与作用。其次，强制措施的适用，要与犯罪的严重性、嫌疑程度以及案情的紧急性和必要性相适应。① 虽然指定居所监视居住要比在犯罪嫌疑人家中执行监视居住严格，但相对于羁押于看守所来讲，无疑具有更加良好的生活条件。从这点来看，对特别重大贿赂犯罪嫌疑人采取了与其犯罪危险性相适应的限制人身自由的强制措施，体现了强制措施的适度性，具有公正的属性。

对特别重大贿赂犯罪嫌疑人适用指定居所监视居住具有以下几个方面的具体功能：首先，可以保障诉讼活动的顺利进行。在特别重大贿赂案件的侦查初期，很多证据达不到拘留或逮捕的标准，但适用取保候审会因串供、毁灭证据等问题严重阻碍刑事诉讼活动的顺利开展。对该类案件适用指定居所监视居住，通过将犯罪嫌疑人、被告人限制在固定的地点，并对日常活动进行监视、控制，进而防止其逃避诉讼，阻止其毁灭罪证、干扰证人作证、伪造证据或串供，有利于侦查机关迅速查清事实真相。其次，具有震慑犯罪，降低诉讼总成本的功能。惩治违法犯罪活动是需要付出一定成本与代价的。从个案来看，指定居所监视居住确实需要相当大的人力、物力投入，但该类案件具有涉案金额巨大，涉案人员位高权重的特点。通过查办该类案件可以震慑潜在的犯罪分子，从而减少受贿案件的发生。从这个角度来看，此种强制措施具有降低诉讼总成本的功能。因为"如果减少犯罪的重要性超过每个犯罪的成本的增加，增加预期惩罚就会减少执法和刑罚的总成本"。②

四、对相关概念的理解

（一）对特别重大贿赂犯罪的理解

1. 罪名的应用范围

有学者认为，"特别重大贿赂犯罪"除了涉及刑法分则第八章中的 7 项罪名外，还应该包括刑法分则第三章中的第 163 条、第 164 条，即非国家工作人员受贿罪，对非国家工作人员行贿罪，对外国公职人员、国际公共组织官员行贿罪。但如果从本次刑事诉讼法修改过程来看，指定居所监视居住是最高人民检察院提出的修改建议，所以从建议初衷来讲，破坏社会主义经济秩序罪中的

---

① 宋英辉：《刑事诉讼原理》，法律出版社 2007 年版，第 120 页。

② ［美］大卫·D. 弗里德曼：《经济学语境下的法律规则》，杨欣欣译，法律出版社 2004 年版，第 273 页。

"特别重大贿赂犯罪"应该不在其列。指定居所监视居住的适用范围应当理解为"特别重大"的受贿罪、单位受贿罪、利用影响力受贿罪、行贿罪、对单位行贿罪、介绍贿赂罪、单位行贿罪。

2. 对"特别重大"标准的理解

"特别重大贿赂犯罪"的构成要素应当是多方面的，应该从犯罪数额、行政级别、犯罪情节、社会影响性等诸多方面来考量。虽然现代的职务犯罪侦查理念十分强调由证到供的重要性，但不可否认言词证据仍是查办贿赂类犯罪的重要证据，获取此类证据需要一定的时间保障。同时，考虑到指定居所监视居住在深挖窝案、串案中的作用，笔者认为在新的司法解释中，可将具有以下情形之一认定为"特别重大贿赂犯罪"：（1）从数额上看，基层院、省辖市院立案时涉嫌贿赂犯罪数额在 50 万元以上，或省级院立案时涉嫌数额在 80 万元以上的；（2）具有重要社会影响性的。具体可理解为县市区党政"一把手"以及厅局级以上干部涉嫌的贿赂犯罪；（3）行贿人或受贿人多人、多次行贿受贿的，多人共同贿赂犯罪的；（4）涉及国家重大利益或使人民群众生命财产遭受重大损失的。涉及国家重大利益主要是指一些涉及国家政治、外交领域或者涉及国家重要工程项目的贿赂犯罪事件。总之，对"特别重大"标准的理解是站在保障人权与有效打击犯罪的高度来考量的，过宽或者过严的理解都无异于该项措施的落实。如 2011 年度，全国检察机关共立案侦查各类职务犯罪案件 32567 件 44506 人，其中厅局级以上国家工作人员 205 人，[①] 比例仅为 0.46%。

（二）对有碍侦查的理解

"在住处执行可能有碍侦查"是指出于侦查工作顺利开展的需要，又考虑到通信高度发达的现实状况，不便于在犯罪嫌疑人的住处执行监视居住的情况。可将具有以下情形理解为有碍侦查：1. 共同居住人有共同作案可能或者嫌疑的；2. 同案的其他犯罪嫌疑人没有到案的；3. 犯罪嫌疑人可能自杀、逃跑、串供，可能隐匿、毁灭证据、转移赃款赃物的；4. 可能引起同案犯逃避侦查的；5. 在住处执行不便于采取监视措施的。

（三）对指定居所的理解

监视居住的执行地点在理论界有多种观点。在 1996 年刑事诉讼法大修改时期召开的全国诉讼法学年会上，与会人员就认为监视居住的地点是整个监视

---

① 数据来源于 2012 年 3 月 11 日《最高人民检察院工作报告》。

居住制度的核心问题。① 《公安机关办理刑事案件程序规定》第 98 条对指定的居所给出过解释，是指"公安机关根据案件情况，在办案机关所在市、县内为犯罪嫌疑人指定的生活居所"。但经过解释的"指定的居所"的界定范围仍然不够明确。②

新刑事诉讼法第 73 条明确将羁押场所、专门的办案场所排除在指定的居所之外。这里的羁押场所应理解为公安机关的看守所、行政拘留所、留置室、监狱等场所；专门的办案场所是指检察机关、公安机关专门用于办公、办案的处所，包括检察机关的办案工作区。指定的居所，应该能在保证办案安全的情况下，满足具备正常的生活休息条件，同时便于监视与管理。解决指定居所的问题，有学者认为可由作为执行机关的公安部门在各地建立专门的适合指定监视居住的场所，供公安机关与人民检察院职务犯罪侦查部门使用，并由人民检察院在该场所派驻检察室承担监督的职能。但这种方式似乎缺乏可操作性，暂且不论公安机关是否愿意建立这种专门场合后与检察机关共享，单就这种专门修建的指定监视居住的场所是否符合新刑事诉讼法第 73 条的精神，就有待商榷。

笔者认为，可操作性较强的方法是将目前各地检察机关设置的办案工作区、培训基地进行物理隔离与适当改造，划分为办案工作区、生活服务区等不同区域，以适应不同功能的需要。生活区的改造要符合指定监视居住的条件，整体区域对外可作为预防警示教育基地使用。这种方式的特点在于充分利用了检察机关现有的硬件资源。这些基地（中心）经过改造后可以满足办案需要，投入成本远小于专门新建的指定监视居住场所。据统计，截至 2010 年年底，全国检察机关单独设立的警示教育基地有 686 个，面积达到 22.24 万平方米，若再计入由检察机关与其他部门合作共建的警示教育基地，则数量更为充足。③ 如在全国较有影响的江苏省扬州市警示教育基地，其设置了 500 平方米的警示教育展厅、1480 平方米的工作配套区。④ 该基地由扬州市检察院承建，运行三年多来较好地满足了职务犯罪侦查部门查办案件的需要。另外，如果犯罪嫌疑人所在单位有招待所、宾馆的，在这些地方指定监视居住也不失为最后的选择。

---

① 李忠诚：《1996 年全国诉讼法学年会学术观点综述（刑事诉讼部分）》，载《中国法学》1997 年第 1 期，第 124—126 页。

② 陈怀安：《论刑事强制措施的限制、适度适用与制度完善》，载《人民检察》2005 年第 8 期，第 20—22 页。

③ 郭洪平、卢志坚、刘宁：《检察机关已建成 686 个警示教育基地》，载《检察日报》2011 年 5 月 13 日第 1 版。

④ 卢志坚、刘宁：《扬州警示教育基地示范全国》，载《江苏法制报》2011 年 5 月 17 日第 1 版。

五、审批程序与监督方式的适用问题

（一）该类监视居住应适用较为严格的审批程序

对需要采取指定居所监视居住的，应当由办案人员提出意见，侦查部门负责人审核后报请本院检察长同意后，以书面形式报请上一级人民检察院的侦查部门审核后再报该院分管检察长审批。基层检察院对于监视居住累计时间超过1个月的，应报省级人民检察院批准。承办案件的检察机关侦查部门应制作相关呈批表，填写采取指定居所监视居住的相关理由、监视居住时间期限、执行主体与配合部门、安全责任人等内容，并提交立案手续、犯罪嫌疑人涉嫌重大贿赂犯罪的相关证据、指定监视居住场所的安全防范措施与应急预案，对于敏感案件同时要有应对舆论炒作的工作方案。规定如此严格的手续，就是因为在司法实践中，办案机关有意无意地都倾向于选择此类监视居住措施。如浙江省宁波市某区检察院在 2010 年度共对 36 名犯罪嫌疑人采取了监视居住，其中仅有 3 人是在自己的住处被监视居住，其余 33 人均被指定居所监视居住，后者比例高达 91.7%。① 而正确的理念则是要保证指定居所监视居住尽量少用，坚决防止滥用。

但是较为严格的审批程序不能无限扩大解释。比如新刑事诉讼法第 76 条规定，执行机关可以采用电子监控等方法对被监视居住的犯罪嫌疑人进行监督。在侦查期间，可以对被监视居住人的通信进行监控，在指定居所监视居住中，当然也适用本条款。对此处的"电子监控"、"对通信进行监控"不应当认定为技术侦查措施，进而不需要履行技术侦查的审批手续。因为该法条指的"电子监控"应该理解为在指定的居所安装摄像头等常规监控设备，"对通信进行监控"也应理解为限制被监视居住人与外界进行通信，或者采取常规手段监控其通信内容。

（二）该类监视居住应适用多部门监督的工作模式

检察机关在重大贿赂犯罪案件的指定居所监视居住中，承担了决定者与监督者的双重身份，这就特别需要强化监督环节的作用，并需要有侦查部门、侦查监督部门、监所检察部门的共同参与。可将监督方式分为对指定居所监视居住决定的监督与对指定居所监视居住执行的监督。

侦查监督部门应当负责对指定居所监视居住决定的监督，这也是侦查监督工作的应有之义。具体而言，上一级检察机关的侦查部门在收到指定居所监视居住的报请材料后，应当将呈批表、立案手续、犯罪嫌疑人涉嫌重大贿赂犯罪

---

① 李钟、刘浪：《监视居住制度评析》，载《法学杂志》2012 年第 1 期，第 14 页。

的相关证据抄送至本院的侦查监督部门。侦查监督部门应对以下内容作重点监督：1. 是否符合指定居所监视居住适用条件；2. 是否按规定程序履行了审批手续；3. 是否有其他违反刑事诉讼法规的行为。另外，对已经采取指定居所监视居住的，侦查监督部门应当每个月对采取指定居所监视居住的必要性进行审查，根据具体案情解除指定居所监视居住或者变更强制措施，对于需要继续采取指定居所监视居住的，应当按规定提前报请上一级检察机关予以延长。

监所检察部门应当负责对指定居所监视居住执行的监督。因为对强制措施执行的监督是监所检察部门的职责之一，对拘留、逮捕等强制措施的监督目前也是由监所检察部门负责，基于对各种强制措施的执行监督要由一个部门统一履行的原理，指定居所监视居住当然也应当由监所检察部门来负责。

监所检察部门应当重点纠正以下违法行为：1. 在执行指定居所监视居住开始后的 24 小时内，没有法定理由而不通知被监视居住人的家属的；2. 指定居所监视居住地点设在羁押场所、检察机关或公安机关的专门办案场所的；3. 办案机关没有及时告知被监视居住人有权委托辩护人的，或者被监视居住人要求委托辩护人，但办案机关没有及时转达相关要求的；4. 被监视居住人及其法定代理人、近亲属或辩护人申请变更强制措施的，办案机关没有及时转交的。另外，监所检察部门应当在前文所述的"警示教育基地"等具有一定规模的指定居所安排工作人员，重点对以下行为进行监督：1. 办案单位或个人是否为被监视居住人通风报信、伪造立功材料或者私自传递信件物品；2. 相关人员是否有对被监视居住人刑讯逼供、体罚、虐待或者变相体罚、虐待的行为。当然，如果被监视居住人及其法定代理人、近亲属或辩护人认为办案单位或个人存在上述违法行为进而提出控告的，应由检察机关的控告申诉部门受理。

六、需进一步完善之处

（一）应允许办案部门区分情况确定通知的内容

本次刑事诉讼法修正案（草案）曾规定："指定居所监视居住的，除无法通知或者涉嫌危害国家安全犯罪、恐怖活动犯罪，通知可能有碍侦查的情形以外，应当把监视居住的原因和执行的处所，在执行监视居住后二十四小时以内，通知被监视居住人的家属。"而最终生效的修正案一方面取消了有碍侦查可以不通知其家属的情形，另一方面回避了通知的具体内容。笔者认为这两方面的变化是有具体原因的。2011 年下半年全国人大法制工作委员会在向社会征求《刑事诉讼法修正案（草案）》的意见时，有碍侦查可以不通知家属的规定曾在社会上引起很大争论。有观点认为这样规定可能会导致秘密逮捕等不利后果，所以最终通过的刑事诉讼法修正案取消了对这个特殊情况的规定。但如果按照草案规定，无论什么情况都将监视居住的原因与执行的具体处所通知其家属，有可能会对特别重大贿赂犯罪的侦查工作产生障碍。所以我们应该在未来出台的司法解释或配套文件中明确规定，办案部门可以根据具体案件情况，有选择性地告知其家属被监视居住的理由与地点，或是仅通知家属其已经被监视居住。

（二）应允许检察机关自己执行相应的指定居所监视居住

关于监视居住的执行主体，1979 年刑事诉讼法曾规定，监视居住由当地公安派出所执行，或者由受委托的人民公社、被告人的所在单位执行。1996 年刑事诉讼法修订时修改为监视居住只能由公安机关执行，本次修订延续了只能由公安机关执行的规定。早期的监视居住执行主体多样化的特点在一定程度上导致了在 1979 年以后相当一部分监视居住不是由公安机关执行的局面。另外，根据最高人民检察院与公安部联合制定的《关于适用刑事强制措施有关问题的规定》（高检会〔2000〕2 号）第 11 条、第 12 条的规定，人民检察院只是可以协助公安机关执行监视居住，最终的执行单位仍然要为被监视居住人住处或者居住地的派出所。但这些规定显然不能满足实际需要，因为对一名犯罪嫌疑人采取监视居住措施，至少需要安排 3 个班次的警力进行监视，每个班次 2 人。在基层派出所警力严重不足的情况下，要想让公安机关抽调 6 名警力来执行检察机关的监视居住，是不具有可操作性的。因此，部分政法机关在无奈的情况下，会雇用保安、协警等不具有执法权的人员来执行监视居住。但随着犯罪嫌疑人及其亲属权利意识的增强，如果这种情况得不到改变，则被告一方完全可以利用"强制措施执行违法"的理由来抗辩监视居住期间控方的证据，使控方陷入极其被动的境地。所以，扩大指定居所监视居住的执行主体，使检察机关成为合法的执行主体应是监视居住制度下一步的改革方向。具体而言，就是可以先从指定居所监视居住进行改革，规定由决定此类监视居住的部门指定本机关具有正式执法权的公务人员来执行该监视居住。意大利的住地逮捕制度与我国的监视居住制度较为类似，它是指被防范者不得离开其住宅或者私人居住地等场所，并规定公诉人或者司法警察可以随时检查被防范者的执行情况。①

七、结语

在反腐败斗争的关键时期，以惩罚犯罪与保障人权相结合的基本理念来对

---

① 隋光伟：《羁押法论》，吉林人民出版社 2006 年版，第 434 页。

特别重大贿赂犯罪嫌疑人适用指定居所监视居住，必将对职务犯罪侦查工作带来新的发展。同时，办案机关需要从落实宽严相济的刑事政策的思路来运用好这项强制措施，杜绝滥用指定居所监视居住的可能。在下一步的立法及司法解释中，应有针对性地建立司法救济制度、注重相关权利保障，使之更好地为我国法治的完善服务。

逮捕必要性审查新探

赵天贵*　梁发银**

　　新修订刑诉法取消了 96 刑诉法关于逮捕条件中逮捕必要性的陈述，着重使用社会危险性，并且以基本法的形式通过列举方式进一步固化和细化了社会危险性的具体情形，这对于遏制在审查逮捕实践中普遍存在忽视逮捕必要性要件以及肆意解释逮捕必要性无疑意义重大，是落实宪法国家尊重和保障人权以及保障刑事法治实现的具体体现。笔者认为，虽然取消了逮捕必要性字眼的使用，但是逮捕必要性仍然是审查逮捕的三大实质要件之一，而且地位更加凸显，在今后新修订刑诉法实施过程中应当正确理解和适用该要件来保证逮捕这一最严厉强制措施的适用。同时，本文对于新刑诉法关于该要件的规定在未来的法律实施过程中可能面临的问题进行分析和思考，并提出相应的对策和建议，以期发挥逮捕这一最严厉强制措施保障刑事诉讼目的实现的价值追求和功能定位。

一、关于逮捕必要性的法律依据

　　96 刑诉法第 60 条规定："对有证据证明有犯罪事实，可能判处徒刑以上刑罚的犯罪嫌疑人、被告人，采取取保候审、监视居住等方法，尚不足以防止发生社会危险性，而有逮捕必要的，应即依法逮捕。对应当逮捕的犯罪嫌疑人、被告人，如果患有严重疾病，或者是正在怀孕、哺乳自己婴儿的妇女，可以采用取保候审或者监视居住的办法。"据此，逮捕的实质性条件包括：（1）证据要件；（2）刑罚要件；（3）必要性要件。由此可见，有逮捕必要是适用逮捕所不可缺少的实质要件。2001 年 8 月 16 日，最高人民检察院和公安部联合发布的《关于依法适用逮捕措施有关问题的规定》第 1 条第（二）项规定，具有下列情形之一的，即为"有逮捕必要"：（1）可能继续实施犯罪行

---

　　* 新疆维吾尔自治区人民检察院法律政策研究室主任。
　　** 乌鲁木齐市人民检察院侦查监督处助检员。

为，危害社会的；（2）可能毁灭、伪造证据、干扰证人作证或串供的；（3）可能自杀或者逃跑的；（4）可能实施打击报复行为的；（5）可能有碍其他案件侦查的；（6）其他可能发生社会危害性的情形。同条还规定，对有组织犯罪、黑社会性质组织犯罪、暴力犯罪和多发性犯罪等严重危害社会治安和社会秩序以及可能有碍侦查的犯罪嫌疑人，一般应予逮捕。2012年3月14日新修订刑诉法第79条规定："对有证据证明有犯罪事实，可能判处徒刑以上刑罚的犯罪嫌疑人、被告人，采取取保候审尚不足以防止发生下列社会危险性的，应当予以逮捕：（一）可能实施新的犯罪的；（二）有危害国家安全、公共安全或者社会秩序的现实危险的；（三）可能毁灭、伪造证据，干扰证人作证或者串供的；（四）可能对被害人、举报人、控告人实施打击报复的；（五）企图自杀或者逃跑的。对有证据证明有犯罪事实，可能判处10年有期徒刑以上刑罚的，或者有证据证明有犯罪事实，可能判处徒刑以上刑罚，曾经故意犯罪或者身份不明的，应当予以逮捕。被取保候审、监视居住的犯罪嫌疑人、被告人违反取保候审、监视居住规定，情节严重的，可以予以逮捕。"不难看出，虽然新修订刑诉法取消了逮捕必要性的表述，但是逮捕必要性的衡量标准社会危险性没有变化，而且列举的具体情形是以往司法实践经验的总结。

（一）新修订刑诉法关于逮捕必要性修改之变化及其意义

通过上述关于逮捕必要性法律规定的演变我们发现，新修订刑诉法对之规定有以下变化：第一，取消了逮捕必要性的表述，突出社会危险性衡量标准。第二，以基本法形式通过列举方式固化和细化了社会危险性的具体情形。第三，规定了对有证据证明有犯罪事实，可能判处10年有期徒刑以上刑罚的，或者有证据证明有犯罪事实，可能判处徒刑以上刑罚，曾经故意犯罪或者身份不明的，应当予以逮捕。第四，规定被取保候审、监视居住的犯罪嫌疑人、被告人违反取保候审、监视居住规定，情节严重的，可以予以逮捕。理顺了违反取保候审、监视居住与采取逮捕措施的关系。

针对第一种变化存在一种解读，有人认为96刑诉法关于逮捕必要性是逮捕三要件证据条件、刑罚条件以及"采取取保候审、监视居住等方法，尚不足以防止发生社会危险性"（可简称社会危险性标准）以外的第四要件，将实践中逮捕率居高不下的原因归咎于对逮捕必要性肆意解释的滥用，而此次将逮捕必要性取消就是要杜绝对这一条件的滥用，笔者认为这是对逮捕必要性的误读，当然这种解读从某种程度上来说也是具有一定的道理的，出发点是防止肆意解释逮捕必要性滥用逮捕权。笔者以为，虽然取消了逮捕必要性字眼的表述，突出使用社会危险性（也有人表示新修订刑诉法实施后用构成犯罪但无社会危险性取代构成犯罪但无逮捕必要这一表述），但是通常意义上的逮捕必要性这一实质要件依然存在，只是法条规定更加严谨、准确，不再冗繁、同意反复。更为重要的一点，此次修改重要背景之一"构罪即捕"的观念长期存在不是因为对逮捕必要性的滥用，而是长期对逮捕必要性这一实质要件的忽视。针对第二种变化，因为新修订刑诉法没有对社会危险性设置兜底条款，所以应当理解为不符合法定情形的均不应当逮捕，限制滥用社会危险性或逮捕必要性这一要件的意义凸显，对于实践中对社会危险性难以把握导致适用逮捕措施随意性得到一定程度的缓解。

（二）正确理解和把握逮捕必要性的法律内涵

如前后述，关于逮捕必要性的法律内涵早在 2001 年 8 月 30 日高检院、公安部发布并施行的《关于依法适用逮捕措施有关问题的规定》第 1 条第（二）项就 6 种情形作了较为具体的规定，应当承认这一解释对于帮助司法机关正确使用逮捕措施起到了积极的帮助和促进作用。而新修订刑诉法就是在此基础上总结了近年来司法实践的经验，借鉴了国外羁押措施运用的成熟的规定和做法，进一步完善了逮捕必要性的具体内容。

正确理解和适用逮捕必要性，通常意义上应当从两方面加以分析：一是具有法律规定的社会危险性；二是有证据证明采取取保候审不足以防止发生这种社会危险性。二者有机结合，才能完整地构成逮捕必要性的法律内涵。

第一，具有社会危险性。社会危险性是指犯罪嫌疑人给社会带来新的危害可能性，不同于社会危害性，二者内涵和外延不同。社会危害性是刑事犯罪的本质特征，是刑法对犯罪作出的否定性评价，它不仅表明危害社会的行为属性是一定质和量的统一，而且是主观危险性和客观危害性的统一。社会危险性和社会危害性相比，不具有危害后果的现实特点，只是一种可能性。社会危险性具体应当包括两方面内容，即犯罪嫌疑人罪行危险性和人身危险性，二者分别基于犯罪嫌疑人的罪行因素和人身因素可能给社会带来的危险性共同构成社会危险性的法律内涵。

其一，罪行危险性。即犯罪嫌疑人涉嫌的犯罪事实已有证据证明，且该犯罪事实本身说明该犯罪嫌疑人可能给社会带来的危险性。主要是指已经或者可能继续给国家或者公共安全带来严重危害的犯罪，或者其他犯罪性质特别恶劣、犯罪情节特别严重的重大犯罪等。该类犯罪行为因其特殊的性质或者情节，本身就说明了犯罪嫌疑人可能给社会带来新的危险性。修改后的刑诉法第 79 条第 2 款规定"对有证据证明有犯罪事实，可能判处十年有期徒刑以上刑罚的"，应当予以逮捕，就是罪行危险性的具体表现形式。此类罪行无论是犯罪性质、情节，还是犯罪嫌疑人的人身危险性及主观恶性程度上所反映出的危险程度都明显高于一般刑事犯罪，因而对其防范的措施的强制程度就高于其他一般犯罪，这也是多年来同犯罪作斗争的实践经验的总结。从某种程度上也反映了社会危害性与社会危险性的联系，当社会危害性的量累积到一定程度带来犯罪行为性质的变化，二者呈现出一种正相关比例变化，反映在逮捕条件上就是刑罚条件的程度，当现有证据证明的犯罪行为经过刑法作出否定性评价并课以较高刑罚（如新修订刑诉法规定 10 年以上有期徒刑），罪行本身不仅反映出较高的社会危险性，而且包含了采取了取保候审不足以防止这种社会危险性的发生，具有逮捕必要性。

其二，人身危险性，具体包括两个方面的内容：一是可能妨碍刑事诉讼的危险性。我国新修订刑诉法第 79 条第 1 款规定的可能毁灭、伪造证据，干扰证人作证或者串供的；企图自杀或者逃跑的情形；以及第 3 款规定的被取保候审、监视居住的犯罪嫌疑人、被告人违反取保候审、监视居住规定，情节严重的，即属于这里所说的人身危险性。二是可能再次犯罪的危险性。即根据犯罪嫌疑人犯罪性质以及是否是多次犯罪、连续犯罪、累犯等，判断犯罪嫌疑人是否存在继续犯罪、连续犯罪或者再次犯罪的可能性。新修订刑诉法第 79 条第 1 款规定的"可能实施新的犯罪的"、"有危害国家安全、公共安全或者社会秩序的现实危险的"，第 2 款规定的"有证据证明有犯罪事实，可能判处徒刑以上刑罚，曾经故意犯罪或者身份不明的"，属于这种危险性。

上述"罪行危险性"与"人身危险性"共同构成了"社会危险性"的具体内容，符合罪行危险性或者人身危险性条件的，即应当认为该犯罪嫌疑人、被告人具有社会危险性。需要说明的是，这里所说的社会危险性具有特定的法律含义，应当是指符合新修订刑诉法第 79 条规定情形的方具有社会危险性。也就是说，任何一种犯罪均具有社会危害性，但是并不是任何一种犯罪均具有社会危险性，不是所有涉嫌犯罪的犯罪嫌疑人、被告人都具有社会危险性。只有涉嫌性质特别严重、情节特别恶劣、主观恶性大、人身危险性大的犯罪嫌疑人、被告人，才能认为其具有该种社会危险性。对于此类情形，世界上有些国家在法律上作出了明确的规定，如《德国刑事诉讼法》规定，在有重要理由足以怀疑嫌疑人犯有组织或者参与恐怖集团罪、谋杀罪、故意杀人罪、种族灭绝罪、故意重伤罪、情节特别严重的纵火罪或者爆炸罪的，即使不存在逃跑、毁灭证据或者妨碍作证之虞，仍然可以命令待审羁押。美国联邦《1984 年保释改革法》规定了"推定"原则，认为犯罪嫌疑人存在特定犯罪的重大嫌疑，可以轻易地推定犯罪嫌疑人有逃跑等危险。①

---

① 孙长永：《侦查程序与人权——比较法考察》，中国方正出版社 2000 年版，第 198—199 页。

第二，采取取保候审尚不足以防止发生社会危险性。根据新修订刑诉法第79条之规定，认定犯罪嫌疑人是否有逮捕必要再考察犯罪嫌疑人具有社会危险性之后，还必须判断对该犯罪嫌疑人采取取保候审是否可以防止社会危险性的发生，而且，为了防止发生社会危险性，应当首先考虑适用取保候审或者监视居住，而不是逮捕。这里实际上是采取取保候审或监视居住与适用逮捕措施的权衡，而衡量标准取决于社会危险性的大小判断以及上述强制措施能否实现保证刑事诉讼顺利进行的目的。而社会危险性大小的判断考察需要从犯罪嫌疑人、被告人的罪行及人身危险性具体分析，综合考量犯罪嫌疑人涉嫌罪行性质、情节、主观恶性、犯罪前后的表现、悔罪态度等因素，是一个相对复杂考察判断过程，需要办案人员根据各相关事实及证据，全面分析和判断。需要说明的是，在具体司法实践中，要正确理解和把握"社会危险性"中的"可能"。这里的"可能"不是主观推测，而是要有一定的事实和证据加以证明。此外，这也是由逮捕的性质和特点所决定的，逮捕最严厉的强制措施，如同一把"双刃剑"，用之得当则能够实现保证刑事诉讼顺利进行的目的，用之不当则可能造成侵犯人权现象。因此，逮捕制度产生后，随着法治社会的进步，现代逮捕制度的建立，人们对逮捕的作用、功能的认识趋于理性，越来越符合现代法治及保障人权的要求，对逮捕的滥用也越来越警惕。禁止滥用逮捕权，最大限度地控制逮捕，尽可能少捕、慎捕，只有在不牺牲犯罪嫌疑人的人身自由刑事诉讼无法顺利进行的情况下才能使用逮捕措施，这就是逮捕必要性的核心思想，即逮捕的谦抑原则或者比例原则。[①]

二、新修订刑诉法关于逮捕必要性规定存在的问题

尽管新修订刑诉法以法律形式取消了逮捕必要性表述，凸显并细化了社会危险性的具体内容，一定程度上解决了长期以来关于逮捕必要性的规定过于笼统，改变了司法实践中忽视或滥用逮捕必要性这一逮捕审查要件，有利于降低适用逮捕率，保障犯罪嫌疑人、被告人的人权，保证刑事诉讼的正确实施。但是，不可否认新刑诉法第79条关于逮捕必要性上仍然存在适用上的缺陷和障碍，需要在今后修订《人民检察院刑事诉讼规定》时进一步明确和解决。

第一，大量"可能"字眼的使用弱化了逮捕必要性的适用。新修订刑诉法表面上对社会危险性进行了细化，规定了具体适用情形，但是由于没有对"可能"作出界定，为今后司法实践中歪曲滥用逮捕必要性滋生了土壤和空间。根据前述解读，新修订刑诉法并没有对社会危险性设定兜底条款，也就是

---

① 孙谦：《逮捕论》，法律出版社 2001 年版，第 150—151 页。

说凡是不属于法定的应当逮捕情形其余均不捕，但是现实生活的复杂性必然造成案件复杂性，很难说法定应当逮捕情形就穷尽了所有应当逮捕的情形，在"构罪即捕"、"以捕代侦"等观念没有根本扭转的今天，很难保证司法实践中执法人员不会对"可能"作扩大解释、任意解释。此外，根据日常生活经验和趋利避害的本能，任何一个犯罪嫌疑人都可能实施新修订刑诉法第79条第1款五种行为的可能，尽管可能性有大有小，因人因案而异，但是很难说一个犯罪嫌疑人绝对没有实施上述五种行为的可能。因此，正是这个貌似具体实则模糊的规定，导致了逮捕的司法实践与人权保障优先，兼顾保护社会利益的价值追求脱节问题仍然有待进一步解决。

第二，社会危险性或者逮捕必要性的证明标准仍未建立。与之带来的后果就是侦查机关很少收集逮捕必要性相关证据。司法实践中侦查人员在侦查刑事案件时，由于忽视监视居住、取保候审措施适用，因此侦查中很少收集和提供犯罪嫌疑人有逮捕必要的证据，致使检察人员在审查逮捕案件时很难判断犯罪嫌疑人是否有逮捕必要，在制作的《审查逮捕意见书》中往往也没有是否有逮捕必要性的内容或不重视逮捕必要性充分说理内容。虽然本文对逮捕必要性的理解和适用作了学理阐述，新修订刑诉法第79条也对社会危险性的具体情形作了明确的法律规定，但是相关社会危险性或者逮捕必要的证据收集到什么程度才能符合逮捕条件仍然没有明确，社会危险性或者逮捕必要性的衡量与评估仍然需要根据个案案情及证据情况进行权衡、分析、判断。

第三，新修订刑诉法没有进一步确立无逮捕必要的概念、范围，从反面限制逮捕过高适用率。虽然新修订刑诉法从正面就把握逮捕必要性或者社会危险性做了具体列举，且没有设置兜底条款，可见不符合法定应当逮捕情形的均不应当逮捕，似乎没有必要再从反面规定无逮捕必要的情形及范围。但是，在当下侦查机关普遍以报捕多少、批捕人数多少作为考核、评比指标的做法的情况下，如果不进一步明确无逮捕必要的范围及情形，不排除侦查机关就所有案件本着对社会危险性法定情形随意作出任意解释、抱着试一试的心态提请检察机关逮捕，而检察机关通过司法审查最终仍然作出无逮捕必要的决定，造成司法资源的浪费及对犯罪嫌疑人人权的侵犯。

第四，变更型强制措施的逮捕必要性审查问题没有建立。"变更型逮捕"是指违反取保候审、监视居住规定，而采取逮捕强制措施的情形。新修订刑诉法第79条第3款规定："被取保候审、监视居住的犯罪嫌疑人、被告人违反取保候审、监视居住规定，情节严重的，可以予以逮捕。"该条文规定了违法取保候审、监视居住规定的犯罪嫌疑人、被告人首先要符合情节严重，然后根据案情考虑逮捕必要性，而非凡是违法相关规定就应当逮捕，即使情节严重要仍要视案情而定，是可以逮捕而非应当逮捕。该款规定进步意义在于理顺了取保候审、监视居住与逮捕之间的关系，可是并没有明确是"情节严重"的具体情形以及"可以"逮捕的必要性审查标准。

第五，审查逮捕必要性程序性设置缺失，诉讼化改造不彻底。"裁判的权威性必须转化为公正合理的程序安排，经过正当化过程的裁判显然更容易权威化，更容易得到当事人各方的自觉遵守。"因此，美国学者贝勒斯认为，程序公正能使诉讼各方从心理上对裁判结果表示服从和确认，即使这种结果对他不利。[①] "在越来越复杂的当代社会中，以利害关系者的参加和程序保障为中心内容的程序正义观念在其固有的重要意义基础上获得了前所未有的重要性，这也是我们更加重视程序的理由。"[②] 可以说，新修订刑诉法某种程度上回应了有关学者关于对审查逮捕必要性进行诉讼化改造的建议，例如新修订刑诉法第86条第2款规定："人民检察院审查批准逮捕，可以询问证人等诉讼参与人，听取辩护律师的意见；辩护律师提出要求的，应当听取辩护律师的意见。"事实上，检察机关工作人员在审查逮捕期间也存在着与侦查机关侦查人员及犯罪嫌疑人诉讼代理人沟通或听取相关意见的司法实践，上述规定是对司法实践经验的总结和固化，古语有云"兼听则明，偏信则暗"。但是，这一诉讼化改造并不完全和彻底，没有设置侦查人员与辩护律师之间当面性就逮捕必要性发表意见，审查逮捕人员居中听取双方意见的三角对抗程序设计并没有以法律的形式规定。相应地，对于审查逮捕必要性而言，合理采纳辩论双方意见作出相对民主、客观、中立决策建议的权威性有所折扣。

三、完善新修订刑诉法关于逮捕必要性规定的相关对策与建议

从某种意义上来说，审查逮捕质量是审查逮捕工作的生命线，而随着人权保障的深入人心，逮捕必要性的审查判断逐渐成为审查逮捕质量优劣的重要衡量标准。

第一，建议在刑事诉讼规则中明确界定新修订刑诉法第79条关于社会危险性"可能"的含义及证明标准，制定和明确具有可操作性的判断标准。如前所述，这里的"可能"不是主观推测，而是要有一定的事实和证据加以证明。

第二，建立社会危险性或逮捕必要性的证明标准，强化侦查机关在收集犯

---

① 樊崇义主编：《诉讼原理》，法律出版社2003年版，第203页。

② ［日］谷口安平：《程序的正义与诉讼（增补本）》，王亚新、刘荣军译，中国政法大学出版社2002年版，第20—21页。

罪嫌疑人、被告人的逮捕必要性相关证据。我们知道，逮捕必要性的考察标准主要是对犯罪嫌疑人、被告人社会危险性的判断，而社会危险性的主要从犯罪嫌疑人、被告人罪行危险性和人身危险性分析，结合新修订刑事诉讼法第79条关于社会危险性的法定情形，积极引导侦查机关在不仅收集证明犯罪嫌疑人、被告人犯罪事实的有罪、无罪、罪轻证据，还要重视收集犯罪嫌疑人、被告人关于可能妨害刑事诉讼危险性、可能再次犯罪危险性以及采取取保候审不足以防止社会危险性发生的相关证据，以便为检察机关审查逮捕必要性正确判断提供事实和证据依据。与此同时，检察机关工作人员在制作《审查逮捕文书》时也要详细阐述分析逮捕必要性，强化说理性。

第三，进一步研究和确立无逮捕必要的概念及范围，建立不捕直诉机制。根据社会危险性的判断标准，可以从反向研究犯罪嫌疑人犯罪的性质（如考察犯罪嫌疑人犯罪动机、手段、情节、危害后果等因素）、人身危险性（如考察犯罪嫌疑人自身情况如是否为怀孕或正在哺乳自己婴儿的妇女；是否为未成年人、年迈体弱之人；是否患有严重疾病、生活不能自理；犯罪嫌疑人犯罪前、犯罪中、犯罪后的表现等因素）、主观恶性（如考察犯罪嫌疑人是否为临时起意犯罪、过失犯罪、中止犯罪、胁从犯等因素）综合判断。事实上，《人民检察院审查逮捕质量标准（试行）》第7条规定："犯罪嫌疑人涉嫌的罪行较轻，且没有其他重大犯罪嫌疑，具有以下情形之一的，可以认为没有逮捕必要：（一）属于预备犯、中止犯、或者防卫过当、避险过当的；（二）主观恶性较小的初犯、偶犯，共同犯罪中的从犯、胁从犯，犯罪后自首、有立功表现或者积极退赃、赔偿损失、确有悔罪表现的；（三）过失犯罪的犯罪嫌疑人，犯罪后有悔罪表现，有效控制损失或者积极赔偿损失的；（四）因邻里、亲友纠纷引发的伤害等案件，犯罪嫌疑人在犯罪后向被害人赔礼道歉、赔偿损失，取得被害人谅解的；（五）犯罪嫌疑人系已满十四周岁未满十八周岁的未成年人或者在校学生，本人有悔罪表现，其家庭、学校或者所在社区以及居民委员会具备监护、帮教条件的；（六）犯罪嫌疑人系老年人或者残疾人，身体状况不适宜羁押的……"从该规定可以看出，最高人民检察院在无逮捕必要方面作出过相关努力，但该项工作的具体落实需要进一步推动，能够为公安部及最高人民法院认可，三方达成共识并共同实施，这样也为建立不捕直诉机制奠定了法律基础。

第四，建议在即将修订的《人民检察院刑事诉讼规则》中进一步明确"变更型逮捕"中关于情节严重的具体情形以及变更适用逮捕强制措施的逮捕必要性标准。在此需要有三点需要明确：其一，变更型逮捕要件不能突破一般逮捕的刑罚要件。根据新修订刑诉法第65条之规定，采取取保候审的对象包括可能判处管制、拘役或者独立适用附加刑的，也包括可能判处徒刑以上刑罚，对于前者违反取保候审、监视居住法定义务显然突破了适用逮捕的刑罚要件。因此，对于可能判处管制、拘役或者独立适用附加刑的犯罪嫌疑人不应该适用逮捕。其二，虽然新修订刑诉法第84条规定删去了96刑诉法第65条关于"对需要逮捕而证据还不充足的，可以取保候审或者监视居住"的规定，但是对于侦查机关提请，检察机关作出事实不清证据不足的决定后，侦查机关仍然可以采取取保候审或者监视居住强制措施保证侦查取证，这种对象本身就不具备逮捕的证据要件，即使犯罪嫌疑人涉嫌犯罪严重也不能因为其在违法取保候审或监视居住而对其实施逮捕。再如，新修订刑诉法第96条规定："犯罪嫌疑人、被告人被羁押的案件，不能在本法规定的侦查羁押、审查起诉、一审、二审期限内办结的，对犯罪嫌疑人、被告人应当予以释放；需要继续查证、审理的，对犯罪嫌疑人、被告人可以取保候审或者监视居住。"这些对象实质上已不是被逮捕的对象，对这些人也不能因为其有违反取保候审或监视居住的行为而恢复逮捕措施。否则，与法律规定的羁押期限向抵触，与立法宗旨相悖。① 其三，高检院与公安部于2001年8月6日联合发布的《关于依法适用逮捕措施有关问题的规定》第1条第（四）项第3种情形规定，被取保候审的犯罪嫌疑人"两次未经批准，擅自离开所居住的市、县的"，第4种情形规定，"经两次传讯不到案的"，应当逮捕。第（五）项第4种情形规定，被监视居住的犯罪嫌疑人"两次未经批准，擅自离开住处或者指定的居所的"，第5种情形规定，"两次未经批准，擅自会见他人的"，第6种情形规定，"经两次传讯不到案的"，属于"情节严重"，应当予以逮捕。上述规定并没有充分考虑逮捕的必要性要件。因为根据上述情形的出现并不能简单判断犯罪嫌疑人、被告人有无逃亡之虞，有无增加调查困难之虞，有无逃避刑事诉讼程序之虞。② 因此，建议在即将修订的《人民检察院刑事诉讼规则》中明确"情节严重"情形并作科学设置，同时，根据新修订刑诉法第79条第3款之规定，上述"应当"应当改为"可以"。

第五，进一步强化审查逮捕必要性过程中的程序设置和诉讼化改造。如前所述，以法律形式设置"控辩审"三角程序，侦查人员与辩护律师作为"控辩"双方当面就逮捕必要性发表意见，各自提出事实和证据依据，审查逮捕工作人员居中听取并合理采纳辩论双方意见作出相对民主、客观、中立的决策建议。这种设计一定程度上保证了审查逮捕决定的正确性和权威性，有利于律

---

① 刘根菊、杨立新：《逮捕的实质性条件新探》，载《法学》2003年第9期。
② 《检察业务热点问题研究》，中国检察出版社2009年版，第84页。

师对审查逮捕工作的监督，也一定程度上有利于降低侦查人员对不捕决定提请复议、复核的概率。

上述对逮捕必要性的理解和把握，对新修订刑诉法关于逮捕必要性规定存在的问题及评论，以及提出相关的建议和思考，说到底是为了正确依法行使逮捕权这一最严厉的强制措施，落实刑事强制措施的根本目的——实现刑事诉讼的目的。根据我国刑事诉讼法的规定，刑事诉讼的目的是"为了保证刑法的正确实施，惩罚犯罪，保护人民，保障国家安全和社会公共安全，维护社会主义社会秩序"。应该说，我国刑事诉讼的目的中，既包含着惩罚犯罪的思想，也包含着人权保障的思想，二者互相联系，统一于我国刑事诉讼的全过程，也包括在刑事强制措施的使用中。

但是，毋庸讳言，在以往的司法实践中，惩罚犯罪与保障人权二者的地位并非均衡的。"倾向于选择最严厉的手段，或者在同一种手段的裁量幅度范围内选择上限幅度"，① 是司法人员相当普遍的共性特点。为了解决这一问题，在这次修改刑诉法过程中，强化人权保障的法治思想始终贯穿于刑事强制措施的立法完善中。通过对国家强制力的约束，对有关当事人的权利适当扩大并予以保障，形成有效的监督制约程序，防止强制措施滥用，防止司法权的滥用，使得所有刑事强制措施的运用真正体现出公平和正义。

最后，笔者以孙谦副检察长在 2011 年刑诉法年会上交流文章摘录为结语：犯罪控制与人权保障是现代刑事诉讼的直接目的，在法哲学层面和司法活动中，两者既对立又统一。一方面，要实现犯罪控制，首先要确保查明案件真相，这一过程要受到严格的规定，要按照法定的程序和规则进行，不能不择手段；另一方面，加强人权保障需要考量现实基础和诉讼情况，也不可能脱离犯罪控制而把它绝对化和简单化。刑事领域的人权保障水平是与国家犯罪控制的能力相适应的，犯罪控制的能力决定了调高人权保障的空间，人权保障的水平也间接反映了犯罪控制的能力，二者的动态平衡和理性协调是刑事诉讼的长远课题。

---

① 左卫民、周长军：《刑事诉讼的理念》，法律出版社 1999 年版，第 28 页。

审查逮捕讯问犯罪嫌疑人之思考

周　鹏[*]

2012 年 3 月 14 日第十一届全国人民代表大会第五次会议通过的关于修改刑事诉讼法的决定，在刑事诉讼法层面第一次明确了检察机关审查逮捕时讯问犯罪嫌疑人的程序规定。全国人大常委会王兆国副委员长在作关于《中华人民共和国刑事诉讼法修正案（草案）》的说明中指出："为保证人民检察院正确行使批准逮捕权，防止错误逮捕，修正案草案增加规定了人民检察院审查批准逮捕时讯问犯罪嫌疑人和听取律师意见的程序，以及在逮捕后对羁押必要性继续进行审查的程序。"本文以审查逮捕阶段讯问犯罪嫌疑人程序为研究视角，结合审查逮捕工作的规律特点，深入考量审查逮捕讯问的价值意义，反思检察机关开展审查逮捕讯问工作情况，为贯彻修改后的刑事诉讼法做好审查逮捕讯问工作建言献策，以期进一步推动审查逮捕工作的诉讼化、科学化，确保司法公正，落实"尊重和保障人权"的刑事诉讼任务。

一、审查逮捕讯问的价值考量

逮捕是一定时间内剥夺犯罪嫌疑人、被告人人身自由并解送到一定场所予以羁押的一种强制措施。逮捕不仅仅是强制嫌疑人、被告人到案的一种行为，更会直接导致嫌疑人、被告人受到较长时间的人身羁押。捕后侦查羁押期间一般是两个月，符合刑事诉讼法有关规定的条件，还可以延长侦查羁押期限，逮捕无疑是刑事诉讼中最为严厉的强制措施，对公民的基本权利的干预最为深刻。我国宪法第 37 条第 2 款规定："任何公民，非经人民检察院批准或者决定或者人民法院决定，并由公安机关执行，不受逮捕。"我国的逮捕大致相当于国外的审前羁押，相比较域外法治国家主要由治安法官或者预审法官审查决定审前羁押，我国侦查期间逮捕由检察机关审查侦查机关提请的逮捕事由，通过检察机关审查批捕进行司法授权。检察机关行使批捕权，是由其"国家的法

律监督机关"的宪法地位决定的。在刑事诉讼中，检察机关不是领导、指挥侦查机关开展侦查活动，而是依法监督侦查活动、审查把关逮捕强制措施，具有"前法官"的性质，这不同于域外检警一体化而由法官居中裁量犯罪嫌疑人审前羁押的职权设置。

无论是域外法治国家由法官决定审前羁押还是我国由检察官批准逮捕，都是由第三者出面，根据法律标准来裁量侦查机关提请的犯罪嫌疑人的羁押事由，都是司法活动，都应当遵循司法活动的基本规律。当前，检察机关办理审查逮捕案件，主要通过书面审查侦查机关提供的卷宗材料完成，承办人看卷、写出审查逮捕意见书，提出捕或者不捕的建议，由部门负责人审核或者部门集体研究讨论后，报检察长或者检委会决定。审查逮捕期间承办检察官一般也要去提审犯罪嫌疑人，主要还是把提审当作复核证据（主要是口供）、强化内心确信的手段，逮捕依据的是侦查机关提供的证据材料。侦查机关提供给检察机关的材料主要是犯罪嫌疑人构成犯罪、应当逮捕的证据和意见。由于错捕需要赔偿的压力，检察机关对是否"有证据证明有犯罪事实"的条件把关非常严格，捕后不起诉、撤案、无罪数量少①，同时我们也看到这种行政审批式的批捕方式，形成侦查机关一方意见独大，办案程序不透明，对侦查机关的监督制约不力，容易形成批准逮捕率较高、部分案件捕后质量不高②等问题。

审视我国的逮捕制度，我们发现检察机关审查批准逮捕与我国的宪政体制、检察机关的职能地位相当，从司法实际来看，检察官完全可以履行好审查逮捕职能，同时，为了更好地发挥检察机关的职能作用，严把逮捕关，还需要进一步对有关程序进行修正和完善。修改后的刑事诉讼法规定了审查逮捕讯问、听取律师意见以及捕后继续羁押必要性审查等，在完善审查逮捕程序方面又有了重要的发展。其中审查逮捕讯问工作对于听取律师意见和案件捕后审查起着重要作用，执行好审查逮捕讯问工作，对完善审查逮捕、确保逮捕质量具有重要意义。审查逮捕讯问的基本价值体现在确保司法公正和人权保障两个方面：

（一）逮捕讯问之于司法公正

审查逮捕是一项司法审查活动，本质就是保证司法公正，追求司法公正。司法公正首要的是确保程序公正。程序公正能使诉讼各方从心理上对裁判结果

---

① 据统计，近年来全国检察机关批捕后不起诉、撤案、无罪一直保持低位，调研某省批捕情况，每年批捕约 4 万人，无捕后无罪情况，捕后不诉保持在万分之十以下。

② 据统计，近年来全国检察机关每年批捕约 90 万人，捕后判处有期徒刑（拘役）缓刑、拘役、管制、单处附加刑和免予刑事处罚的约 20%。

服从和确认："裁判的权威性必须转化为公正合理的程序安排，经过正当化过程的裁判显然更容易权威化，更容易得到当事人各方的自觉遵守。"① 因此，审查逮捕应当尽量贴合司法公正的基本要求行事，即应当尽量满足司法活动的独立性、中立性、公开性、平等性和正当程序性等要素，同时还应当考虑逮捕作为侦查强制措施的要求，具有不同于起诉、审判的特点。

宪法规定，检察机关依法独立行使检察权，不受其他行政机关、社会团体和个人的干涉，检察机关、检察官在审查逮捕时具有独立地位，以事实为根据，以法律为准绳，严格依法独立进行，不受任何干扰。中立性要求审查逮捕检察官应当处于侦查机关与犯罪嫌疑人之间的中立地位，依据事实证据，按逮捕有关的法定条件进行居中审查决定，力避偏听偏信。审查逮捕尚在侦查进行之中，逮捕的证据材料不宜对社会公开，但是对于犯罪嫌疑人应当履行告知义务，使其知悉逮捕的程序及有关事由，以便充分表达意志，亦应当通过一定的形式使其家人或者委托的辩护律师知悉，以加强程序公开和当事人意愿的表达。关于平等性，在审查逮捕阶段侦查机关处于优势地位，可以通过赋予犯罪嫌疑人申辩权、委托律师为其进行辩护等诉讼权利，保障其平等地陈述意见以达到诉讼制衡，避免检察机关审查决定时唯从侦查机关的意见。

通过审查逮捕讯问，告知犯罪嫌疑人有关批准逮捕机关、诉讼程序、权利义务、涉嫌事由、法律规定以及法律后果，听取其申辩，必要时听取其委托的辩护律师的意见，犯罪嫌疑人知悉逮捕的依据和后果，并可以当面向检察机关陈述事由、表达申辩。检察机关在侦查机关与犯罪嫌疑人及其辩护律师之间，全面审查居中裁量逮捕事由是否成立，逮捕的"社会危险性"是否具备，以准确作出批准或者不批准逮捕的决定。通过讯问工作，逮捕程序对当事人公开和知悉，而检察机关的意见和决定不容易为侦查机关一方所左右。强化审查逮捕讯问对于保障司法程序公正具有重要意义：一是有利于改变审查逮捕的办案方式，变书面审查决定为犯罪嫌疑人及其辩护律师参与的全面审查，通过当事方参与过程、表达申辩，确保检察机关在审查逮捕中的中立性与客观性，兼听则明，客观公正，凸显司法工作的价值和要求。二是有利于提高审查逮捕的公信力，充分听取当事方意见，不唯从侦查机关意见，克服逮捕工作神秘性和暗箱操作的疑虑，提升工作的科学性和公信力。

（二）逮捕讯问之于人权保障

"尊重和保障人权"被写入修改后的刑诉法，对于司法工作而言，不是纸面上的宣言，必须真正落实到活的司法活动中去。侦查机关在侦查活动中掌握

---

① 樊崇义主编：《诉讼原理》，法律出版社 2003 年版，第 203 页。

强大的国家公共权力和司法资源，犯罪嫌疑人处于相对的弱势地位，审查逮捕活动要落实尊重、保障人权，主要是落实好犯罪嫌疑人的参与权、知情权、辩护权和救济权。参与权即保障其在检察机关审查逮捕中的参与地位，有权陈述有关事由、表达其愿意、申诉与控告；知情权，即犯罪嫌疑人有权知悉被审查逮捕的事由、法律依据、权利义务以及诉讼后果等；辩护权，在审查逮捕阶段犯罪嫌疑人对于逮捕事由可以为自己自行辩护，也可以委托律师作为辩护人辩护；救济权，"无救济无权利"，对审查逮捕犯罪嫌疑人的权利救济应当贯彻侦查起诉等各个过程。

通过讯问，告知犯罪嫌疑人在侦查和审查逮捕阶段的权利义务，使其知悉有关行为的法律后果，查明其犯罪事实情节、罪责大小以及社会危险性情况，听取其申辩，落实委托辩护人以及有关权利保障，保证其在审查逮捕中的参与权、知情权、辩护权、救济权。审查逮捕阶段讯问犯罪嫌疑人对于人权保障的价值在于：一是防止错捕和逮捕不当。通过上述活动可以更清晰地辨别犯罪嫌疑人的社会危害性和人身危险性，更准确地把握逮捕必要性，把准逮捕关，既能有效避免错捕的发生，又能严把逮捕质量，对不是必须逮捕、可能判处轻刑的犯罪嫌疑人作出不捕决定。二是强化侦查活动监督，维护合法权益。检察机关作为法律监督机关具有对侦查机关进行法律监督职能，通过讯问和听取工作，能够及时发现侦查违法问题提出纠正意见，使违法活动消灭在办案之初；还可以加强后续侦查工作的引导及继续羁押必要性的审查。

二、对审查逮捕讯问工作情况的反思

在修改刑诉法增加规定审查逮捕环节讯问犯罪嫌疑人之前，司法实践中审查逮捕环节讯问犯罪嫌疑人也经历了一个循序渐进的过程。1996 年刑事诉讼法第 68 条规定：人民检察院对于公安机关提请批准逮捕的案件进行审查后，应当根据情况分别作出批准逮捕或者不批准逮捕的决定。但对检察机关在审查逮捕阶段是否讯问犯罪嫌疑人未作出具体规定。1997 年《人民检察院刑事诉讼规则》第 97 条规定，审查逮捕部门办理审查逮捕案件，不另行侦查。在审查批捕中如果认为报请批准逮捕的证据存有疑问的，审查逮捕部门可以复核有关证据，讯问犯罪嫌疑人、询问证人。2003 年最高人民检察院《关于在检察工作中防止和纠正超期羁押的若干规定》第二项明确要求审查批捕时应当讯问犯罪嫌疑人，但是从该规定出台的背景来看，该规定的主旨在于防止和纠正超期羁押问题。2010 年 10 月 1 日正式实施的最高人民检察院、公安部《关于审查逮捕阶段讯问犯罪嫌疑人的规定》（以下简称《规定》）对检察机关审查逮捕阶段讯问犯罪嫌疑人工作作了进一步明确和细化，从而以司法解释的形式对审查逮捕阶段讯问犯罪嫌疑人予以了明确规定。

在 2010 年最高人民检察院和公安部出台《规定》之前，由于刑事诉讼法未作明确规定，对审查逮捕阶段是否讯问犯罪嫌疑人存在一些不同的认识。有的认为，审查逮捕讯问犯罪嫌疑人没有法律依据；有的认为讯问是侦查措施，审查逮捕不应讯问；还有的担心审查逮捕时讯问犯罪嫌疑人容易造成翻供，影响破案。[①]《规定》实施以后，讯问工作的总体效果较好，调研也发现了一些问题，有的仍然认识不够，对开展讯问工作不重视、不积极；有的审查逮捕承办人怕出现犯罪嫌疑人翻供等情况，对讯问存在畏难情绪；有的存在"超短时"讯问，走过场、流于形式等问题，没有真正发挥讯问犯罪嫌疑人的作用。

反思近年来审查逮捕讯问工作开展的情况，要进一步做好讯问工作，发挥出其在审查逮捕中保证司法公正和人权保障的效能，还要厘清以下几个问题：

（一）讯问的范围

如何选择确定审查逮捕案件讯问犯罪嫌疑人的范围，实践中仍然存在一定随意性。《规定》第 2 条规定审查逮捕阶段应当讯问犯罪嫌疑人的案件范围：一是犯罪嫌疑人是否有犯罪事实、是否有逮捕必要等关键问题有疑点的；二是案情重大疑难复杂的；三是犯罪嫌疑人系未成年人的；四是有线索或者证据表明侦查活动存在刑讯逼供、暴力取证等违法犯罪行为的；五是犯罪嫌疑人要求讯问的案件。这一规定对于明确了讯问的范围，具有重要的意义。但也要看到，《规定》确定的范围还存在一定的模糊性，比如案情重大疑难复杂，还要有赖于案件审查人的主观判断；还有某些情形如逮捕事实、逮捕必要有疑点，存在刑讯逼供的可能等，本身就需要通过讯问来查找疑点、发现线索。因此，理解上的差异，往往导致讯问工作上的不平衡，相似的情形，有的地方讯问比例高，有的则讯问得较少。

修改后的刑事诉讼法规定如下三种情形应当讯问犯罪嫌疑人，"（一）对是否符合逮捕条件有疑问的；（二）犯罪嫌疑人要求向检察人员当面陈述的；（三）侦查活动可能有重大违法行为的"。比较《规定》，修改后的刑事诉讼法从防止错捕、保证犯罪嫌疑人权益出发，对"应当讯问"的范围规定得更加宽泛，将主动权更多地赋予审查逮捕检察官。

（二）审查逮捕讯问与侦查讯问

审查逮捕的讯问一般处于侦查阶段的初期，以侦查机关的讯问内容为前提，往往依托于侦查讯问。有的审查逮捕检察官仍然存在将口供视为"证据

---

① 参见张建忠：《〈关于审查逮捕阶段讯问犯罪嫌疑人的规定〉理解与适用》，载《人民检察》2010 年第 19 期。

之王"的心理,把提审复核犯罪嫌疑人是否认罪作为唯一任务,有的直接复制侦查机关的讯问内容,有的则确认犯罪嫌疑人认罪了事,还有的提审时事无巨细、面面俱到,成了侦查人员的"二次讯问"。

审查逮捕讯问与侦查讯问有不同的内容和特点。侦查讯问主要是围绕侦查工作需要,通过讯问获取犯罪证据,查明犯罪事实,确定犯罪嫌疑人;审查逮捕阶段的讯问,一是要复核犯罪嫌疑人涉嫌犯罪的事实是否具备、有无社会危险性;二是履行检察机关侦查活动监督职能,通过讯问审查侦查机关的侦查行为是否合法,有无侵犯犯罪嫌疑人合法权益等。讯问重在听取犯罪嫌疑人对逮捕事由的意见(申辩),保障权利,使之能在第一时间获得救济。通过讯问落实好犯罪嫌疑人在审查逮捕中的知情权、参与权、辩护权和救济权,是审查逮捕讯问对于保障人权的应有之义。

(三)讯问效率

法律规定审查逮捕的办案期限只有7天,审查案件要审阅案卷、制作审查逮捕案件意见书,加之要到看守所讯问犯罪嫌疑人,进行案件汇报研究,工作量之大、时间之紧不言而喻。而基层检察机关案件多,办案人员相对少的矛盾又很突出,往往一人手中同时有几起案件。有的审查逮捕承办人认为办案时限紧张,不讯问或者不重视讯问,讯问时流于形式。在《规定》实施之前,某基层院曾在审查逮捕阶段以实行向犯罪嫌疑人送达"听取意见书"的方式来替代案件讯问,以期提高办案效率,集中精力讯问"重点"的案件,其结果是讯问的案件少之又少,基本上全是送达听取意见书,而意见书上犯罪嫌疑人签订的意见一般都是认罪、没有意见之类。实践表明,只有充分认识讯问的重要意义,真正重视讯问,才能在有限的办案时限内,做好讯问工作。在确保讯问质量、提高讯问效果的前提下,还需要要努力提高讯问的效率。实践中要注意以下几方面:一是要从审查逮捕讯问的内容、特点出发,确定讯问重点,对犯罪事实以复核为主,查明侦查供述的真伪,重点围绕逮捕的法定条件展开,特别是对于大量轻微认罪案件重点应当从社会危险性方面开展讯问。二是统一规范有关审查逮捕讯问的程序性事项、权利义务告知事项以及侦查活动监督事项,讯问前做好充分的准备工作,制作有针对性的讯问提纲。三是研究盗窃、故意伤害、交通肇事等多发性类罪案件讯问的规律和重点,也有利于提高讯问效率。

(四)听取律师意见

保障犯罪嫌疑人的权益的重要方面是落实好辩护权,包括自行辩护以及委托律师辩护。律师介入侦查与审查逮捕程序,对于保障人权的意义显而易见,做好审查逮捕讯问工作,很重要的方面是切实保障犯罪嫌疑人委托律师依法履行职责。审查逮捕阶段听取律师意见在《规定》中有所体现，但是仅是原则要求，实践中批捕阶段律师参与还不够积极，律师所提意见总体质量不高。究其原因，1996 年刑事诉讼法把侦查阶段的律师职责定位在"提供法律咨询、代理申诉、控告"法律帮助事项，对于在批捕阶段能否提出意见、意见如何处理没有明确的规定；而且律师在侦查阶段的阅卷权、通信权、会见权受到限制，对案情、材料掌握不够充分和准确，由于信息不对称，加之审查逮捕时限短，律师不容易对逮捕发表针对性强的意见。修改后的刑事诉讼法明确了侦查阶段律师辩护人的诉讼地位，则律师依法提出材料和意见，维护犯罪嫌疑人的诉讼权利和其他合法权益是其法定职责。加之刑事诉讼法对律师持"三证"会见作了明确具体的规定，会更有利于保障律师执业活动的有效展开，带动检察机关在审查逮捕时听取辩护律师的意见，以确保犯罪嫌疑人的合法权益真正落到实处。

三、执行修改后刑诉法规定，强化审查逮捕讯问效能的建议

（一）把讯问犯罪嫌疑人作为审查逮捕工作的基本程序，以讯问为原则，不讯问为例外。修改后的刑诉法规定"人民检察院审查批准逮捕，可以讯问犯罪嫌疑人"，作为授权性规定赋予了检察机关讯问的权力，而且较《规定》进一步扩大了"应当讯问"的范围。应当明确，讯问是检察机关的权力，也是义务，是履行好审查逮捕职能的法定程序。贯彻刑事诉讼法的规定和精神，在审查逮捕中应当以讯问为原则，不讯问为例外。这符合司法工作的亲历性，有利于确保司法程序公正，落实尊重和保障人权的任务要求。对于不讯问的犯罪嫌疑人应当严格规范听取其意见程序，确保其了解程序、知晓权利义务、明白法律后果，充分全面表达意见。

（二）落实听取辩护律师意见。修改后的刑诉法规定"人民检察院审查批准逮捕，可以询问证人等诉讼参与人，听取辩护律师的意见；辩护律师提出要求的，应当听取辩护律师的意见"，强化听取辩护律师意见程序，首先要切实保障犯罪嫌疑人委托律师辩护的权益。审查逮捕时应当查明犯罪嫌疑人是否委托辩护律师，没有委托的，检察官在讯问时应当依法告知其有权委托律师作为辩护人，犯罪嫌疑人提出要求委托的，应当及时向其监护人、近亲属或者其指定的人员转达其要求，鉴于审查逮捕时限较短，检察官还可以督促侦查机关落实办理委托辩护律师事宜，以维护犯罪嫌疑人合法权益。对于发现应当委托辩护人的犯罪嫌疑人（包括犯罪嫌疑人可能被判处无期徒刑、死刑，是盲、聋、哑，或者是尚未完全丧失辨认或者控制自己行为能力的精神病人，以及未成年人等），没有委托辩护人的，检察机关应当及时通知法律援助机构指定律师为

其提供辩护。检察机关作为法律监督机关，对阻碍律师履行职责的行为要承担起依法纠正的法定职责。规范审查逮捕期间会见律师听取意见的时间、地点、人员等有关事项，对有关意见应当在审查逮捕时限内认真审查，必要时通过复核证据、讯问嫌疑人、询问证人，或者向侦查机关调取证据等方式，进行核实。必要时，还可以在作出决定之时，要求侦查机关对律师反映的情况继续侦查取证并跟踪监督取证情况。对律师意见的处理结果，应当以适当的形式对律师进行反馈。

（三）实行对"社会危险性"三方听取，完善审查逮捕诉讼构造。修改后的刑事诉讼法明确细化了对犯罪嫌疑人的社会危险性情形的审查，而犯罪嫌疑人的社会危险性决定了逮捕必要性，特别是对于轻罪案件是检察机关批准逮捕与否的重点也是难点。通过讯问听取犯罪嫌疑人的申辩，辩护律师参与听取其意见，再及时听取侦查机关的意见，有利于构建侦辩参与、侦辩对抗、检察机关居中裁判的三角形诉讼结构，使审查逮捕工作符合诉讼规律，更加科学合理。当前可以采取分别听取三方意见，再审查决定的程序；下一步还可以采取辩护律师与侦查人员面对面，直接当面听取意见，以强化侦辩抗辩，查明社会危险性，全面准确地作出决定。

（四）落实侦捕诉衔接，强化犯罪嫌疑人的权利救济。审查逮捕讯问的内容是决定逮捕与否的重要考量因素，要通过与侦查机关提供的材料对比，分析犯罪事实、逮捕的社会危险性是否具备。要与侦查机关做好衔接，必要时针对讯问中发现的问题，及时要求展开侦查活动或者纠正侦查违法行为，根据侦查机关侦查取证情况，对犯罪嫌疑人继续羁押必要性进行审查。要与公诉衔接，讯问的材料应当提交公诉部门，便于公诉部门在审查起诉中对羁押必要性进行审查。为了顺应修改后的刑事诉讼法对继续羁押必要性审查工作的需要，有必要改革当前捕后引导侦查所使用的"提供法庭审判所需证据材料意见书"，将其规范为"继续侦查取证意见书"，除了对犯罪嫌疑人涉嫌罪名的犯罪构成要件及量刑情节提出侦查建议之外，还应当提出建议强化对继续羁押必要性的有关事项的侦查取证。

强制措施的适用和监督

赵丽萍[*]

一、修订后的刑事诉讼法对强制措施的修改完善

强制措施是指公安机关、人民检察院和人民法院为了保证刑事诉讼活动顺利进行，防止犯罪嫌疑人、被告人等逃避或妨碍侦查、起诉和审判，依法对其适用的暂时限制或剥夺其人身自由的各种强制方法。[①] 修订后的刑事诉讼法第六章规定了刑事诉讼强制措施的基本内容，按照对犯罪嫌疑人、被告人人身自由强制约束力的大小，从轻到重依次排列为：拘传、取保候审、监视居住、拘留、逮捕，从而构建起更为科学、更合逻辑、位阶明确的强制措施体系，其修改完善主要体现在以下几个方面：

（一）进一步完善传唤、拘传措施

现行法律传唤、拘传的时间以 12 小时为限，修订后的刑事诉讼法第 117条第 2、3 款规定："传唤、拘传持续的时间不得超过十二小时；案情特别重大、复杂，需要采取拘留、逮捕措施的，传唤、拘传持续的时间不得超过二十四小时。不得以连续传唤、拘传的形式变相拘禁犯罪嫌疑人。传唤、拘传犯罪嫌疑人，应当保证犯罪嫌疑人的饮食和必要的休息时间。"明确了将传唤、拘传的时间一般还是以 12 小时为限，但对于需要拘留、逮捕的，其持续时间以 24 小时为限，明确限制传唤、拘传延长时间的案件范围；同时增加规定在传唤、拘传期间，应当保证犯罪嫌疑人的饮食和必要的休息时间，防止对被传唤、拘传人疲劳讯问，保障其人身健康权。

（二）明确区分取保候审与监视居住的适用对象、法定义务和强制程度

修订后的刑事诉讼法第 65 条规定："人民法院、人民检察院和公安机关对有下列情形之一的犯罪嫌疑人、被告人，可以取保候审 （一）可能判处管

---

　* 陕西省咸阳市人民检察院法律政策研究室主任，检委会委员，全国检察理论研究人才。

① 陈卫东：《刑事诉讼法资料汇编》，法律出版社 2005 年版，第 146 页。

制、拘役或者独立适用附加刑的；（二）可能判处有期徒刑以上刑罚，采取取保候审不致发生社会危险性的；（三）患有严重疾病、生活不能自理，怀孕或者正在哺乳自己婴儿的妇女，采取取保候审不致发生社会危险性的；（四）羁押期限届满，案件尚未办结，需要采取取保候审的。取保候审由公安机关执行。"第72条规定："人民法院、人民检察院和公安机关对符合逮捕条件，有下列情形之一的犯罪嫌疑人、被告人，可以监视居住：（一）患有严重疾病、生活不能自理的；（二）怀孕或者正在哺乳自己婴儿的妇女；（三）系生活不能自理的人的唯一扶养人；（四）因为案件的特殊情况或者办理案件的需要，采取监视居住措施更为适宜的；（五）羁押期限届满，案件尚未办结，需要采取监视居住措施的。对符合取保候审条件，但犯罪嫌疑人、被告人不能提出保证人，也不交纳保证金的，可以监视居住。监视居住由公安机关执行。"

从适用对象可能判处的刑罚来看，取保候审适用于可能判处管制、拘役或者独立适用附加刑以及可能判处有期徒刑以上刑罚，采取取保候审不致发生社会危险性的犯罪嫌疑人、被告人；监视居住的适用前提则是符合逮捕条件，即可能判处徒刑以上刑罚、采取取保候审不足以防止发生社会危险性的犯罪嫌疑人、被告人。可见，修订后的刑事诉讼法一改现行法律对取保候审和监视居住适用对象一体规定的做法，将两种强制措施分别予以规定，监视居住的适用对象放在符合逮捕条件的档位，成为一定条件下逮捕的替代措施，体现了尽量减少羁押的刑事诉讼谦抑原则。当然在第6款中也规定了对符合取保候审条件，但犯罪嫌疑人、被告人不能提出保证人，也不交纳保证金的，可以监视居住的情形。由于被监视居住的人大都属于本应逮捕但又有特殊情况的犯罪嫌疑人、被告人，修订后的刑事诉讼法第76条专门规定："执行机关对被监视居住的犯罪嫌疑人、被告人，可以采取电子监控、不定期检查等监视方法对其遵守监视居住规定的情况进行监督；在侦查期间，可以对被监视居住的犯罪嫌疑人的通信进行监控。"这显示出取保候审和监视居住两种措施监控强制的不同。

在两者适用对象应当遵守的规定内容上也有所区别：修订后的刑事诉讼法第69条规定："被取保候审的犯罪嫌疑人、被告人应当遵守以下规定：（一）未经执行机关批准不得离开所居住的市、县；（二）住址、工作单位和联系方式发生变动的，在二十四小时以内向执行机关报告；（三）在传讯的时候及时到案；（四）不得以任何形式干扰证人作证；（五）不得毁灭、伪造证据或者串供。人民法院、人民检察院和公安机关可以根据案件情况，责令被取保候审的犯罪嫌疑人、被告人遵守以下一项或者多项规定：（一）不得进入特定的场所；（二）不得与特定的人员会见或者通信；（三）不得从事特定的活动；（四）将护照等出入境证件、驾驶证件交执行机关保存。被取保候审的犯罪嫌疑人、被告人违反前两款规定，已交纳保证金的，没收部分或者全部保证金，并且区别情形，责令犯罪嫌疑人、被告人具结悔过，重新交纳保证金、提出保证人，或者监视居住、予以逮捕。对违反取保候审规定，需要予以逮捕的，可以对犯罪嫌疑人、被告人先行拘留。"第 75 条规定："被监视居住的犯罪嫌疑人、被告人应当遵守以下规定：（一）未经执行机关批准不得离开执行监视居住的处所；（二）未经执行机关批准不得会见他人或者通信；（三）在传讯的时候及时到案；（四）不得以任何形式干扰证人作证；（五）不得毁灭、伪造证据或者串供；（六）将护照等出入境证件、身份证件、驾驶证件交执行机关保存。被监视居住的犯罪嫌疑人、被告人违反前款规定，情节严重的，可以予以逮捕；需要予以逮捕的，可以对犯罪嫌疑人、被告人先行拘留。"

修订后的刑事诉讼法为照应尊重和保障人权与侦办特别案件的需要，还特别规定了指定居所监视居住，其强制程度要高于一般监视居住，但有严格范围，在决定机关、审批程序、执行地点等方面都作了严格的限制性规定，并特别规定了人民检察院对指定居所监视居住的决定和执行实行法律监督。修订后的刑事诉讼法第 73 条规定："监视居住应当在犯罪嫌疑人、被告人的住处执行；无固定住处的，可以在指定的居所执行。对于涉嫌危害国家安全犯罪、恐怖活动犯罪、特别重大贿赂犯罪，在住处执行可能有碍侦查的，经上一级人民检察院或者公安机关批准，也可以在指定的居所执行。但是，不得在羁押场所、专门的办案场所执行。指定居所监视居住的，除无法通知的以外，应当在执行监视居住后二十四小时以内，通知被监视居住人的家属。被监视居住的犯罪嫌疑人、被告人委托辩护人，适用本法第三十三条的规定。人民检察院对指定居所监视居住的决定和执行是否合法实行监督。"第 74 条规定："指定居所监视居住的期限应当折抵刑期。被判处管制的，监视居住一日折抵刑期一日；被判处拘役、有期徒刑的，监视居住二日折抵刑期一日。"这一规定凸显出指定居所监视居住作为监视居住的一种特殊情形，其强制程度要高于一般的监视居住，低于逮捕措施的强制程度。

（三）改革完善拘留措施

修订后的刑事诉讼法对拘留措施进行了修改完善，第 83 条规定："公安机关拘留人的时候，必须出示拘留证。拘留后，应当立即将被拘留人送看守所羁押，至迟不得超过 24 小时。除无法通知或者涉嫌危害国家安全犯罪、恐怖活动犯罪通知可能有碍侦查的情形以外，应当在拘留后二十四小时以内，通知被拘留人的家属。有碍侦查的情形消失以后，应当立即通知被拘留人的家属。"这条规定明确要求，拘留后应当在二十四小时内将被拘留人送看守所羁押并通知被拘留人的家属。同时，对于有碍侦查暂不通知被拘留人的家属的情形进行了明确限制，即涉嫌危害国家安全犯罪、恐怖活动犯罪两种情形。当有碍侦查的情形消失以后，侦查机关应立即通知被拘留人家属，体现了尊重和保护人权与保障侦查犯罪需要二元价值的并重，规定更趋清晰，可操作性也更强。

修订后的刑事诉讼法兼顾检察机关查办职务犯罪的司法实践需要，适当延长了检察机关自侦案件的拘留期限，第 165 条规定："人民检察院对直接受理的案件中被拘留的人，认为需要逮捕的，应当在十四日以内作出决定。在特殊情况下，决定逮捕的时间可以延长一日至三日。对不需要逮捕的，应当立即释放；对需要继续侦查，并且符合取保候审、监视居住条件的，依法取保候审或者监视居住。"

（四）细化和完善逮捕措施

修订后的刑事诉讼法进一步细化了逮捕条件，增强了逮捕措施的可操作性，第 79 条规定："对有证据证明有犯罪事实，可能判处徒刑以上刑罚的犯罪嫌疑人、被告人，采取取保候审尚不足以防止发生下列社会危险性的，应当予以逮捕：（一）可能实施新的犯罪的；（二）有危害国家安全、公共安全或者社会秩序的现实危险的；（三）可能毁灭、伪造证据，干扰证人作证或者串供的；（四）可能对被害人、举报人、控告人实施打击报复的；（五）企图自杀或者逃跑的。对有证据证明有犯罪事实，可能判处十年有期徒刑以上刑罚的，或者有证据证明有犯罪事实，可能判处徒刑以上刑罚，曾经故意犯罪或者身份不明的，应当予以逮捕。被取保候审、监视居住的犯罪嫌疑人、被告人违反取保候审、监视居住规定，情节严重的，可以予以逮捕。"这样规定，明列了社会危险性的具体情形，使得逮捕措施更加具有可操作性。

为了确保检察机关全面客观地了解案情，准确查明犯罪事实，正确适用逮捕措施，修订后的刑事诉讼法第 86 条规定："人民检察院审查批准逮捕，可以讯问犯罪嫌疑人；有下列情形之一的，应当讯问犯罪嫌疑人：（一）对是否符合逮捕条件有疑问的；（二）犯罪嫌疑人要求向检察人员当面陈述的；（三）侦查活动可能有重大违法行为的。人民检察院审查批准逮捕，可以询问证人等诉讼参与人，听取辩护律师的意见；辩护律师提出要求的，应当听取辩护律师的意见。"这样修改便于检察机关强化侦查监督，正确适用逮捕措施，提高审查批捕案件质量。

修订后的刑事诉讼法第 91 条规定："公安机关逮捕人的时候，必须出示逮捕证。逮捕后，应当立即将被逮捕人送看守所羁押。除无法通知的以外，应当在逮捕后二十四小时以内，通知被逮捕人的家属。"这一规定将现行法律中有碍侦查不通知被逮捕人的家属的情形予以删除，除无法通知的情形以外，所有被逮捕人的家属都有权在家人被逮捕的 24 小时内获知其羁押的原因和地点等，同时逮捕后应当将被逮捕人立即送看守所羁押。

（五）增加捕后羁押必要性审查规定，完善强制措施变更规定

修订后的刑事诉讼法第 93 条规定："犯罪嫌疑人、被告人被逮捕后，人民检察院仍应当对羁押的必要性进行审查。对不需要继续羁押的，应当建议予以释放或者变更强制措施。有关机关应当在十日以内将处理情况通知人民检察院。"这是修订后的刑事诉讼法新增加的规定，体现了立法对减少和控制羁押、充分尊重和保障人权的理念。不仅如此，捕后羁押必要性审查制度的设立，还将对改变批捕后不区分情况一押到底的现状、建立科学动态的羁押审查制度、实现诉讼经济原则等具有积极进步的意义。

在强制措施的变更规定中，修订后的刑事诉讼法一方面规定对于违反取保候审、监视居住规定的犯罪嫌疑人、被告人，需要逮捕的可以采用拘留、逮捕措施，同时也规定对于羁押期限届满需要继续查证、审理以及不需要继续羁押的，可以变更为取保候审、监视居住；既规定了采取强制措施超过法定期限，决定机关自行变更强制措施，也规定了犯罪嫌疑人、被告人及其法定代理人、近亲属或者辩护人有权要求解除强制措施，并且规定人民检察院对采取强制措施法定期限届满，不予以释放、解除或者变更的申诉的受理、审查及纠正权力。这些规定一方面保障了刑事诉讼的顺利进行，另一方面完善和扩展了犯罪嫌疑人、被告人人权保障和救济途径，使刑事诉讼多元价值得以共存并实现。

二、修订后的刑事诉讼强制措施的适用

（一）刑事诉讼强制措施的适用原则

1. 尊重和保障人权原则

修订后的刑事诉讼法将我国宪法确立的一项重要原则"尊重和保障人权"正式写入这部法律中，并且贯穿于刑事诉讼的全部活动。修订后的刑事诉讼法第 2 条规定："中华人民共和国刑事诉讼法的任务，是保证准确、及时地查明犯罪事实，正确应用法律，惩罚犯罪分子，保障无罪的人不受刑事追究，教育公民自觉遵守法律，积极同犯罪行为作斗争，维护社会主义法制，尊重和保障人权，保护公民的人身权利、财产权利、民主权利和其他权利，保障社会主义建设事业的顺利进行。"刑事诉讼强制措施是保障刑事诉讼顺利进行、事关犯罪嫌疑人和被告人人权的诉讼措施，其适用也应严格遵守宪法和修订后的刑事诉讼法所确立的"尊重和保障人权"原则，重视其人格尊严、人身健康和法律未限制的人身自由以及辩护、申诉等一切法律赋予并保障的权利的实现。

2. 谦抑原则

正如前所述，修订后的刑事诉讼法建构起一套科学合理、操作简洁、位阶明确的强制措施体系，这对于司法实务工作者来说，法律的指引更加明确，准确适用不同的强制措施，实现立法意图将变得较为容易。体察修改和完善强制措施的立法意图我们不难发现其本身就体现了谦抑性原则，如明确区分取保候审和监视居住的适用对象、条件和强制程度，将监视居住定位为逮捕的替代性措施，增加规定捕后羁押必要性审查等，其立法意图在于使不同强制程度位阶的强制措施更为细致地对应不同犯罪后果、不同社会危险性的犯罪嫌疑人、被告人，减少不必要的羁押等。适用强制措施，应顺应刑事诉讼谦抑原则，在保障刑事诉讼顺利进行的必要基础上，充分重视体现尊重和保障人权，这既是修订后的刑事诉讼法的基本要求，也是强制措施本身的应有之义。

3. 正当原则

正当原则要求在刑事诉讼强制措施的批准决定、适用、期限、手段等各个方面都要求体现正当性。如修订后的刑事诉讼法将强制措施按强制程度、适用对象、手段方法、期限、决定和执行等构建起一套科学、清晰、细致、有序的强制措施体系，这对于司法实务部门的具体操作具有很强的规范和指引作用。执行强制措施的正当原则，要求我们在具体的执行操作中，既要严格依法批准决定对适当的对象适用法律规定的对应的强制措施，还要求在决定、执行以及手段方法等方面也具有正当性。修订后的刑事诉讼法赋予了强制措施决定或执行机关一定的自由裁量权，如"人民法院、人民检察院和公安机关可以根据案件情况，责令被取保候审的犯罪嫌疑人、被告人遵守以下一项或者多项规定：（一）不得进入特定的场所；（二）不得与特定的人员会见或者通信；（三）不得从事特定的活动；（四）将护照等出入境证件、驾驶证件交执行机关保存"，究竟应该选择哪几项义务，指定居所监视居住居所的选择确定等，都应本着正当原则予以确定，以实现立法的意图。

4. 经济原则

适用强制措施应兼顾经济和效率原则，使诉讼资源得以更为合理的配置，这也是这次修法中有关强制措施的完善所体现和要求的内容。如强制措施都有一定的期限，那么是全部用尽法律所赋予的期限，还是在法定期限内以满足办案需要为限来决定采用强制措施的期限；修订后的刑事诉讼法规定了捕后羁押必要性审查制度，规定对不需要羁押的可以释放或者变更强制措施，还有将监视居住定位为逮捕的替代措施。这些都体现了立法对适用强制措施的谦抑、正当、经济和效率原则，它们既相互依存，又相互支撑，对司法实践具有十分重要的规范意义，同时也是采取和适用强制措施应当遵守的原则和价值尺度，将指引刑事诉讼活动更加科学、文明、民主、理性。

（二）强制措施适用和执行的几个问题

1. 修订后的刑事诉讼法对强制措施的修改完善，对于司法实务中依法准确适用具有重要意义。笔者认为，在强制措施的适用和执行中，要坚持尊重和保障人权、谦抑、正当和经济效率原则，在此基础上以下几个问题还需要注意：

首先，要确保实现适用强制措施的"实体公正"。要严格按照法律规定的适用条件和案件范围，对不同的犯罪嫌疑人、被告人适用适当的、相对应的强制措施，在刑事诉讼的语境下，确保强制措施适用的"实体公正"，使强制程度与所实施的危害社会的行为与其自身的危险性等相适应，在强制措施的适用和执行上体现"罚当其罪"的理念。

其次，要在强制措施适用的"程序性问题"上体现公正。按照修订后的刑事诉讼法对强制措施的规定，拘传、取保候审、监视居住、拘留、逮捕这五种强制措施，除拘传可以由公检法机关根据办案需要自行决定和执行外，其他强制措施的执行都有是交由公安机关来执行；公检法机关可根据办案需要决定适用取保候审、监视居住、拘留这三种强制措施，但批准和决定逮捕的权限归人民检察院和人民法院，那么这些规定就要求强制措施的决定主体和执行主体都必须严格依法进行，这是保障"程序正当"的前提。当然，在适用和执行不同的强制措施时，法律规定了不同的执行要求，如取保候审关于保证金的交纳应当到指定银行的专门账户，而不是向执行机关直接交纳现金；对被监视居住人采取电子监控、不定期检查、通信监控等方式进行监视；拘传犯罪嫌疑人，应当保证犯罪嫌疑人的饮食和必要的休息时间等等，这些都要求在适用和执行强制措施的过程中，还应注意执行方式、手段等程序性问题的正当性。

最后，要积极履行适用和执行强制措施的法定义务。修订后的刑事诉讼法对羁押性强制措施适用后交付羁押的地点、时间进行了明确规范，对适用强制措施以后的通知义务进行了明确规定。如拘留后，应当立即将被拘留人送看守所羁押，至迟不得超过 24 小时。除无法通知或者涉嫌危害国家安全犯罪、恐怖活动犯罪通知可能有碍侦查的情形以外，应当在拘留后 24 小时以内，通知被拘留人的家属。有碍侦查的情形消失以后，应当立即通知被拘留人的家属。指定居所监视居住不得在羁押场所、专门的办案场所执行。指定居所监视居住的，除无法通知的以外，应当在执行监视居住后 24 小时以内，通知被监视居住人的家属。逮捕后，应当立即将被逮捕人送看守所羁押。除无法通知的以外，应当在逮捕后 24 小时以内，通知被逮捕人的家属。法律的这些规定，是对被采取强制措施的人的人权的尊重和保障，也是决定和执行强制措施的国家侦查机关和司法机关应当遵守的法定义务，其有利于被采取强制措施的人及其法定代理人、近亲属、辩护人履行申诉、申请变更、解除强制措施以及监督等诉讼权利，是保障国家刑事追究权正当行使的必要。

2. 指定居所监视居住的适用和执行

（1）指定居所监视居住的案件范围

修订后的刑事诉讼法第 73 条第 1 款规定："监视居住应当在犯罪嫌疑人、被告人的住处执行；无固定住处的，可以在指定的居所执行。对于涉嫌危害国家安全犯罪、恐怖活动犯罪、特别重大贿赂犯罪，在住处执行可能有碍侦查的，经上一级人民检察院或者公安机关批准，也可以在指定的居所执行。但是，不得在羁押场所、专门的办案场所执行。"据此，指定居所监视居住的案件范围应当有两类：一是根据犯罪嫌疑人、被告人是否有固定住所进行限定，对于符合修订后的刑事诉讼法第 72 条规定的监视居住条件，而又无固定住所的犯罪嫌疑人、被告人，可以采取指定居所监视居住，但其适用是极少数；二是根据案件性质和社会危害程度以及保障侦查需要进行限定，对于涉嫌危害国家安全犯罪、恐怖活动犯罪、特别重大贿赂犯罪，在住处执行可能有碍侦查的，可以采取指定居所监视居住，这是指定居所监视居住主要针对的情形。

（2）指定居所监视居住的决定和执行机关

修订后的刑事诉讼法第 72 条规定了人民法院、人民检察院和公安机关对于符合逮捕条件、具有五种情形之一的犯罪嫌疑人、被告人以及符合取保候审条件但又不能提出保证人或交纳保证金的犯罪嫌疑人、被告人，可以采取监视居住。同时又明确规定监视居住由公安机关执行。由此可以看出，监视居住的决定机关，可以是人民法院、检察机关及公安机关，但都必须交由公安机关执行。

指定居所监视居住的决定机关，需要结合其适用的案件范围具体而定：一是对于犯罪嫌疑人、被告人无固定住所，而又符合修订后的刑事诉讼法第 72 条规定的监视居住条件的，有权决定指定居所监视居住的机关应当是人民法院、人民检察院和公安机关，可适用于任一诉讼阶段，当然这是一种非常少的情形；二是对于涉嫌危害国家安全犯罪、恐怖活动犯罪、特别重大贿赂犯罪，在住处执行可能有碍侦查的，法律明确规定其决定机关是人民检察院和公安机关，仅适用于侦查阶段，是指定居所监视居住的主要情形。

（3）指定居所监视居住的地点

法律规定指定居所监视居住不得在羁押场所、专门的办案场所执行。监视居住的执行地点是被监视居住人的住处，人们的住处一般应当具备水、电、煤及相关设施，满足吃饭、睡觉、洗漱等条件，是相对放松、舒适的生活场所。

指定居所监视居住适用于无固定住所而又应当监视居住的人以及三类犯罪在住处执行监视居住有碍侦查的人，在适用和执行指定居所监视居住措施时，指定居所是对其住处的替换，或者对住处的解决，因此对于居所的确定，应当满足必要的居住、休息、生活等基本条件。法律也明确将羁押场所、专门的办案场所排除在指定居所监视居住的执行地点之外，因此在执行中应当严格遵守法律规定，确定适宜的地点作为指定的居所。

（4）指定居所监视居住期限的折抵问题。

根据法律的规定，指定居所监视居住的期限应当折抵刑期。被判处管制的，监视居住一日折抵刑期一日；被判处拘役、有期徒刑的，监视居住二日折抵刑期一日。这往往是指定居所监视居住强制措施执行完毕，在经人民法院审理对曾被指定居所监视居住人判处实际刑罚的时候应当注意的问题，其虽然不是强制措施执行本身的问题，但属于执行的后续问题，应当纳入指定居所监视居住的执行视野。

3. 捕后羁押必要性审查

（1）捕后羁押必要性审查的启动

捕后羁押必要性审查的启动主要有三种途径：一是人民检察院依职权主动对羁押必要性进行审查，可以在犯罪嫌疑人、被告人羁押期间、延长羁押期限的审查以及审查起诉环节，主动就羁押必要性进行审查；二是犯罪嫌疑人、被告人及其法定代理人、近亲属或者辩护人申请变更逮捕措施，应当启动羁押必要性审查；三是公安机关释放被逮捕的人或者变更逮捕措施的，人民检察院接到通知后应当启动羁押必要性审查，以确保强制措施的变更或撤销的正当性。

（2）捕后羁押必要性审查的承担部门

笔者认为，捕后羁押必要性审查的承担部门仍应是侦查监督部门，其他部门如监所检察部门、公诉部门可以提出羁押必要性审查的建议，侦查监督部门依建议开展羁押必要性审查，提出是否变更或者撤销逮捕措施的意见，并提交检察委员会讨论通过。

（3）捕后羁押必要性审查的内容

犯罪嫌疑人、被告人已被羁押且正在羁押期间，应当审查适用逮捕的五种情形是否能够避免。笔者认为，应以如下几个方面为主要参考标准：①犯罪嫌疑人、被告人是否发生了健康方面的变化（如是否患有严重疾病生活不能自理、怀孕）；②是否如实供述罪行、具有自首立功或者悔罪表现；③是否积极向被害人赔礼道歉并赔偿损失；④有无人身危险性（包括是否会实施新的犯罪，打击报复被害人、举报人、控告人，企图自杀或者逃跑）以及能否保证不干扰诉讼进行。在对以上几个方面进行审查后，对于符合条件的犯罪嫌疑人、被告人，可以变更或者建议变更强制措施。

三、强制措施法律监督的几个问题

"按照程序正义价值改革法律程序，这是程序提升其价值含量从而具有更大道德性的问题；而制裁那些程序性违法行为，这是刑事诉讼法得到实施、而不至于流于形式的问题。"①我国宪法第 129 条规定："中华人民共和国人民检察院是国家的法律监督机关。"刑事诉讼法第 8 条规定："人民检察院依法对刑事诉讼实行法律监督。"对强制措施的适用进行法律监督是检察机关对刑事诉讼活动实施法律监督的应有之义。

（一）强制措施法律监督的原则

1. 普遍监督原则

修订后的刑事诉讼法第 115 条规定："当事人和辩护人、诉讼代理人、利害关系人对于司法机关及其工作人员有下列行为之一的，有权向该机关申诉或者控告：（一）采取强制措施法定期限届满，不予以释放、解除或者变更的；（二）应当退还取保候审保证金不退还的；（三）对与案件无关的财物采取查封、扣押、冻结措施的；（四）应当解除查封、扣押、冻结不解除的；（五）贪污、挪用、私分、调换、违反规定使用查封、扣押、冻结的财物的。受理申诉或者控告的机关应当及时处理。对处理不服的，可以向同级人民检察院申诉；人民检察院直接受理的案件，可以向上一级人民检察院申诉。人民检察院对申诉应当及时进行审查，情况属实的，通知有关机关予以纠正。"这些规定明确人民检察院对整个刑事诉讼活动进行法律监督。《人民检察院刑事诉讼规则》（以下简称《规则》）第 381 条规定："侦查监督的内容主要包括：……（九）违反刑事诉讼法关于决定、执行、变更、撤销强制措施规定的；（十）违反羁押和办案期限规定的。"这表明检察机关对公安机关以及本院自侦部门适用强制措施的活动有权进行监督。②《规则》第三节关于审判监督的规定，表明了检察机关有权对人民法院审判过程中适用强制措施的情形进行监督。法律及司法解释规定了人民检察院对强制措施的决定、执行、变更、撤销进行法律监督，这是普遍监督原则的体现。

2. 重点监督原则

人民检察院在对强制措施的适用进行法律监督的普遍原则的基础上，根据法律的规定，还要进行重点监督。如修订后的刑事诉讼法第 115 条规定："当

---

① 陈瑞华：《问题与主义之间》，中国人民大学出版社 2003 年版，第 108 页。
② 伦朝平等：《刑事诉讼监督论》，法律出版社 2007 年版，第 226 页。

事人和辩护人、诉讼代理人、利害关系人对于司法机关及其工作人员有下列行为之一的，有权向该机关申诉或者控告：（一）采取强制措施法定期限届满，不予以释放、解除或者变更的……人民检察院对申诉应当及时进行审查，情况属实的，通知有关机关予以纠正。"修订后的刑事诉讼法第73条第4款规定："人民检察院对指定居所监视居住的决定和执行是否合法实行监督。"这些都是法律特别规定的监督事项，是检察机关必须发行的监督职能，也是重点监督原则的充分体现。

3. 有效监督原则

检察机关法律监督还应该是有效的监督。修订后的刑事诉讼法第98条规定："人民检察院在审查批准逮捕工作中，如果发现公安机关的侦查活动有违法情况，应当通知公安机关予以纠正，公安机关应当将纠正情况通知人民检察院。"此处的侦查活动即包含强制措施的决定、执行、变更和撤销。《规则》第388条规定："人民检察院提出的纠正意见不被接受的，应当向上一级人民检察院报告，并抄报上一级公安机关。上级人民检察院认为下级人民检察院意见正确的，应当通知同级公安机关督促下级公安机关纠正；上级人民检察院认为下级人民检察院纠正违法的意见错误的，应当通知下级人民检察院撤销纠正违法通知书，并通知同级公安机关。"这些规定反映了法律监督的效力保障。当然，关于法律监督的效力，理论界和实务界都有认为有待强化，笔者也持赞同观点。

（二）指定监视居住强制措施法律监督的程序设计

指定居所监视居住是修订后的刑事诉讼法所增加的一个新规定，如何开展相关的法律监督工作，就需要由检察机关制定相配套的法律监督工作细则，笔者有以下程序构想：

1. 指定居所监视居住法律监督的报备程序

由于人民检察院依照法律对指定居所监视居住实行法律监督，其监督案件的来源，应当由作出指定居所监视居住决定的机关和执行机关即公安机关向人民检察院侦查监督部门报送备案。同时对于报送备案的期限应当作出明确规定，以避免执行扯皮，笔者以为一般以10日为宜，即有关机关在作出指定居所监视居住决定或者公安机关接到执行通知的相关材料之日起10日以内，向人民检察院报送案件材料和执行情况材料备案。

检察机关指定居所监视居住的决定，应当按以下程序作出：检察机关反贪污贿赂部门，对于特别重大贿赂犯罪，在犯罪嫌疑人住处执行监视居住有碍侦查的，经主管检察长审核、检察长同意，由反贪部门制作指定居所监视居住的请示报告，报上一级检察院反贪部门审查。上一级院反贪部门收到下级院反贪部门提交的指定居所监视居住的请示报告后，应当进行审查，对于符合指定居所监视居住条件的，应当填写同意适用指定居所监视居住的审查意见，经主管检察长审核，由检察长作出同意适用指定居所监视居住的决定，并通知请示的下级检察院反贪部门交由同级公安机关执行。上一级检察院反贪部门在审查中发现案件不符合指定居所监视居住条件的，应当书面说明理由，经主管检察长审核，由检察长作出不同意指定居所监视居住的决定，并通知请示的下级检察院执行。对上级检察院的决定，下级检察院应当执行，并将执行的情况报告上级检察院反贪部门。下级院认为不同意指定居所监视居住的决定确有错误的，可以向上一级院反贪部门提出复议申请，但是不能停止对上级院决定的执行。上述报送和审查案件的时间，都应规定明确的期限，笔者以为一般以 10 日为限，以保障犯罪嫌疑人的人权以及诉讼的顺利进行。

2. 指定居所监视居住的法律监督程序

指定居所监视居住决定报备以后，人民检察院侦查监督部门应当对决定的作出和执行是否合法进行法律监督，应具体审查：犯罪嫌疑人是否符合监视居住的条件；人民法院作出的指定居所监视居住的决定，被告人是否属于无固定居所的，人民检察院反贪部门作出的指定居所监视居住的决定，是否属于特别重大贿赂犯罪且在犯罪嫌疑人住处监视居住有碍侦查的情形，公安机关作出的指定居所监视居住的决定，犯罪嫌疑人是否属于无固定居所的，或者涉嫌案件的性质是否属于危害国家安全犯罪、恐怖活动犯罪且在犯罪嫌疑人住处监视居住有碍侦查的情形；人民检察院反贪部门和公安机关所作出的指定居所监视居住的决定，是否是由侦办案件的上一级检察院反贪部门或者公安机关作出的；指定居所监视居住决定是否经法院院长、检察长或者公安局长同意作出的等。如果在审查中发现，指定居所监视居住的决定违反法定的监视居住条件、或者不属于法定情形、或者决定主体和审批程序有误，应当向决定机关提出撤销、变更指定居所监视居住决定的意见或者纠正执法不当的检察建议，有关机关接到通知后应立即执行并将执行情况通知人民检察院侦查监督部门。

对指定居所监视居住决定的执行应具体审查：指定居所监视居住的执行主体是否是公安机关；公安机关是否向犯罪嫌疑人、被告人宣读并严格执行修订后的刑事诉讼法第 75 条的规定，是否依照法律规定暂扣护照等出入境证件、身份证件、驾驶证件等；公安机关执行监视居住的地点是否属于羁押场所、专门的办案场所；在执行期间是否存在侵犯犯罪嫌疑人、被告人合法权利的行为；对于犯罪嫌疑人、被告人违反刑事诉讼法第 75 条的规定情节严重应当逮捕的，是否予以先行拘留；监视居住期限是否超过 6 个月，对于监视居住期限即将届满的，是否及时通知决定机关予以解除或者变更强制措施；等等。

3. 指定居所监视居住法律监督的效力

人民检察院要对指定居所监视居住的决定和执行是否合法实行有效的法律监督，需要赋予法律监督的手段和效力，以确保修订后的刑事诉讼法关于指定居所监视居住立法意图和价值的实现。检察机关法律监督的手段比较传统和单一，对监督对象并没有应有的约束力或强制力，基本上是靠监督对象自愿接受监督来实现监督目的和效力的，但对于监督对象拒不接受法律监督意见的，除了请求上级检察院向同级机关（监督对象的上一级领导机关）提出监督意见的手段外，并无其他更加有力的手段和做法，一定程度上影响了法律监督的权威和效力，也降低了法律监督的效果。为了确保修订后的刑事诉讼法增加规定的指定居所监视居住的依法、规范和正确适用，切实保障犯罪嫌疑人、被告人的合法权利，通过法律监督有力纠正不当的执法行为，笔者认为，在保留传统法律监督手段及救济途径的基础上，增加规定对决定机关和执行机关具体执法人员故意严重违反法律规定，决定和执行指定居所监视居住造成严重后果的，检察机关可以建议更换办案人员、发出检察建议要求纪律处分、对构成犯罪的依法追究其刑事责任等，以确保检察机关法律监督的权威和效力，有效规范侦查执法活动。

强制措施制度的修改及执行

——捕后羁押必要性研究

张季林 *

2012 年 3 月 14 日，十一届全国五次会议通过了《关于修改〈中华人民共和国刑事诉讼法〉的决定》，此次刑事诉讼法修改对强制措施部分进行了比较大的变动，这种变动即体现在修改后的条文数量上，也体现在强制措施的内容和体系的变化上面。总结起来主要体现在逮捕条件及审查逮捕程序的完善；监视居住制度的完善及适当延长了拘传时间。此次修改使争议已久的羁押必要性审查制度尘埃落定。作为此次修改的亮点之一，修改后的刑事诉讼法第 93 条明确规定了羁押必要性由检察机关负责。身为在办案一线的基层检察官从现在起就要按照新刑诉法的要求，坚持正确的执法理念，主动规范业务工作，各项执法办案工作在不违背现行法律法规的前提下，逐步同新法规定相衔接，逐步向执行新法过渡，但是如何实现各项检察业务向新法的过渡？是我们基层检察干警必须思考的问题之一。为了更好地将新刑诉法赋予检察机关的在捕后必要性继续审查的工作职能发挥的更加充分，减少在实践操作中的偏差，笔者认为应当在实践中抓好以下三项工作：

一、正确理解捕后必要性审查内在立法精神，树立与新法相衔接的正确执法理念

（一）捕后必要性审查体现了惩治犯罪与保护人权的有机统一。在以前的司法实践中，检察机关往往将逮捕作为一种侦查措施，只注意批准逮捕时的必要性审查，而且作为逮捕的三个要件中，更加注重的是案件的证据情况及可能判处刑罚的情况审查，作为三个要件之一的逮捕必要性审查，因为其在司法实践中存在不同理解，往往跟办案人员的个人素质、执法理念、社会阅历、情感取向有关，因此相同的案件不同的办案人或者不同的地区会得出不同的结论。对于犯罪嫌疑人和被告人被采取逮捕的强制措施后，检察机关往往在没有特别

---

* 黑龙江省铁力市人民检察院党组书记，检察长。

充分的理由的情况下，如错捕、超期羁押等情况发生时，均不愿意轻易变更强制措施，且认为捕后随意变更强制措施，有损司法的权威性和严肃性。新刑诉法93条的规定则意味着检察机关必须转变观念，改变以往的思维模式和工作方法，充分认识到对轻刑犯实行羁押的负作用，认识到非羁押措施不仅是保障刑事诉讼顺利进行的强制措施，更是轻刑犯罪嫌疑人、被告人享有的免受羁押的合法权益，不但要在捕前注重必要性审查，而且在捕后也要加强这方面的工作，这是社会民主进步的标志，并最终在司法实践中形成"非羁押诉讼是常态，羁押诉讼是例外"的良好态势。

（二）捕后必要性审查体现了实体公正与程序公正的有机统一。在司法实践中，实体公正与程序公正犹如一枚硬币的两面，两者互相依存，互相联系，缺一不可的关系随着检察人员的素质不断提高，程序意识已经逐步根植于检察人员的办案过程中。但是，新刑诉法93条规定"犯罪嫌疑人、被告人被逮捕后，人民检察院仍应当对羁押的必要性进行审查。对于不需要继续羁押的，应当建议予以释放或者变更强制措施。有关机关应当在10日以内将处理情况通知人民检察院"。作为一项"应当"性的规定，它不仅在捕后明确赋予了检察机关在捕后有对羁押必要性继续审查的工作职责，同时也明确规定了检察机关要对捕后羁押必要性必须进行程序性的审查，有关机关也必须在10日内将处理结果告知人民检察院。应当说捕后必要性审查是相对于过去刑诉法而新增的程序性规定。任何忽视捕后羁押必要性审查的行为，虽然做到实体上的公正，但随着人们法律意识的逐渐增强，难免遭到当事人的诟病。

（三）捕后必要性审查体现了打击犯罪与化解矛盾的有机统一。当前我国正处于社会转型期，各类社会矛盾易发多发，因民间纠纷引发的刑事案件占整个刑事案件的比例较大。如何依法正确处理这些犯罪案件，又有效化解因犯罪而加重的社会矛盾，消除当事人之间的恩怨，是新形势下加强和创新社会管理的一个重要课题。新刑诉法第93条规定的捕后必要性审查应该说给我们检察机关提供了一条化解社会矛盾，参与社会管理创新的有效途径，对此，也应在我们的执法观念中引起高度重视。检察机关的主要工作就是执法办案，对于那些捕后积极赔偿被害人经济损失或者在交纳赔偿保证金、取得被害人谅解，适用取保候审或者监视居住不致发生社会危险性，有利于社会和谐的案件，在确保案件正确依法处理的前提下，及时变更强制措施，有利于帮助当事人化解积怨，消解当事人之间的相互仇视，修复被犯罪行为破坏的社会关系，使当事人既解开"法结"，又解开"心结"，使执法办案过程变成化解矛盾、促进社会和谐的过程。

（四）捕后必要性审查体现了维护法制尊严和司法人文关怀的有机统一。

法制要有权威，要有尊严，但这并不意味着法制就是冷酷无情的。对于捕后患有严重疾病、积极赔偿被害人经济损失，有悔罪表现的，检察机关在进行羁押必要性审查时，要依据新刑诉法第93条的相关规定及时变更强制措施，要注重保持国家利益和公民自由之间的平衡，使惩罚犯罪与保障人权的目的都得到兼顾。在实际工作中，要坚持法定羁押原则，对新刑诉法第79条明确规定需要羁押的要坚决羁押，对符合新刑诉法第65条、第72条取保候审和监视居住条件的，要坚决不予羁押。同时要坚持酌定羁押原则，对一些未成年人、老年人犯罪；过失犯罪；亲戚之间、邻里之间、夫妻之间的激情犯罪等，要慎用强制措施，能不逮捕的坚决不捕，确保案件顺利推进和当事人权利得到保障。这样不仅体现了坚持以人为本、尊重人道伦理、重视人文关怀的思想和理念，而且也是我国刑事诉讼制度更加文明和进步的标志。

二、切实履行检察职能，建立完善的羁押必要性审查原则

（一）重罪、有故意犯罪前科或者身份不明的坚决羁押原则。新刑诉法第79条第2款规定："对有证据证明有犯罪事实，可能判处十年有期徒刑以上刑罚的，或者有证据证明有犯罪事实，可能判处徒刑以上刑罚，曾经故意犯罪或者身份不明的，应当予以逮捕。"据此，对可能判处10年有期徒刑以上刑罚的重刑犯、有故意犯罪的前科犯和身份不明犯绝不能手软，要坚决予以羁押。同时笔者认为，对诸如故意杀人、强奸、抢劫、绑架、放火、爆炸、投放危险物质、有组织暴力性犯罪、涉黑、危害国家安全等这些具备严重的人身危险性和社会危害性的暴力性犯罪，也要坚决羁押，以确保社会稳定。

（二）注重被害人民事赔偿取得其谅解原则。以往的刑事诉讼中，检察机关往往侧重于刑事追诉和打击犯罪，对受害人的民事赔偿往往着力不够，或者总是认为民事赔偿是审判阶段的工作，应由法院来调解，因此在工作中对受害人的附带民事赔偿告知往往流于形式，只告知权利，不实际开展工作。实行羁押必要性审查后，受害人的意见往往会成为审查的一个重要参考，因此检察机关必须要转变观念，做好受害人一方的民事赔偿工作，在弥补受害人经济损失的同时，求得其对被告人的刑事谅解，和对检察机关工作的支持。

（三）注重听取辩护人、受害人及其代理人意见的原则。新刑诉法第86条规定："人民检察院审查批准逮捕，可以询问证人等诉讼参与人，听取辩护律师意见；辩护律师提出要求的，应当听取辩护律师的意见。"据此，检察机关在进行羁押必要性审查时应注意听取辩护人意见；同时由于受害人的态度往往对是否决定羁押起关键作用，而其代理人的想法又经常能影响受害人的态度，因此也应注意一并听取。通过对几方意见的掌握，最终作出正确判断。

（四）注重社会矛盾化解原则。检察机关以往的工作重点在于审查批准逮捕、提起公诉，注重于对被告人准确实施法律打击并确保最终判决的打击效果，而对被告人、受害人之间的矛盾；一些报复社会的案件中被告人与社会、政府之间的仇视和矛盾，往往未予重视，并尽到化解的责任。实事求是地讲，我们的工作与当前形势下检察机关提出的"推进社会矛盾化解、参与社会管理创新、促进公正廉洁执法"的三项工作重点的要求相比还有一定的差距，因此必须要在今后的工作中引起重视，并力求突破和改进。总之，必须要清醒地认识到：通过刑事高压打击来确保社会的长治久安只能是一时的，而致力于通过化解社会矛盾减少社会对抗才是营造社会主义和谐社会的长久之计。

三、切实履行检察职能，建立完善的捕后羁押必要性审查程序保障制度

（一）正确把握捕后羁押必要性审查程序启动的起止时间。同任何法律程序的启动或者停止必须严格遵守法律规定一样，捕后羁押必要性审查程序的启动或者停止也必须严格遵守法律规定，根据新刑诉法第 93 条的规定："犯罪嫌疑人、被告人被逮捕后，人民检察院仍应当对羁押的必要性进行审查。"据此规定，羁押必要性审查程序应当在犯罪嫌疑人被捕之后的时间内启动，这是法律明确规定的，但是什么时间检察机关停止启动该程序呢？新刑诉法没有明确规定，只是规定"对于不需要羁押的，应当建议予以释放或者变更强制措施"，我们知道强制措施作为一种侦查措施，一般启动于立案之后，终止于法院的审理裁判之时。因此，笔者认为，实践中应当把捕后必要性审查的启动时间规定在犯罪嫌疑人、被告人被批准逮捕之后至法院判决宣布之时这段时间内。

（二）检察机关做为捕后羁押必要性审查的启动主体，应不断拓展信息获取的渠道，确保审查工作落到实处。在侦查阶段，检察机关侦查监督部门人员完成捕前审查工作后，侦查机关基本上不会再就案件情况与侦查监督部门联系，所以侦查监督部门人员往往不再接触案件。因此，由于审查逮捕工作属于刑事诉讼过程中比较靠前的诉讼环节，所以在实践中侦查监督部门很难知道案件的后续情况。在审查起诉阶段，虽然案件在检察机关，实践中，由于工作性质的要求，对犯罪嫌疑人的一些法定、酌定的不适宜羁押的情况作书面审查的较多，客观上也难以做到及时了解全部情况。但是笔者也注意到，犯罪嫌疑人、被告人被逮捕后，虽然司法机关随之展开侦查、审查起诉、审判等诉讼程序属于不同阶段，但此时犯罪嫌疑人、被告人多被羁押于看守所，作为检察机关驻所检察室应及时加强与侦查监督部门、公诉部门的联系，构建起切实有效的信息交流机制。

同时，在检察机关依职权主动获取相关信息，启动审查程序之外，还应当积极听取侦查部门的反馈；犯罪嫌疑人、被告人的辩护人、诉讼参与人提出的申请，监管部门提出的建议、社会舆论的反馈等有关可能引起审查程序启动的有关信息。总之，对于捕后羁押必要性审查获取信息的途径应当是开放的，只有这样，才能更好地掌握案件的全过程，把捕后必要性审查工作落到实处。

（三）正确认定捕后羁押必要性审查的标准。根据新刑诉法第93条的规定："对于不需要继续羁押的，应当建议予以释放或者变更强制措施。"实践中，我院侦查监督部门在新刑诉法修改之日起，便要求公安机关将有无逮捕必要性把握不准的案件提前报送，通过提前介入、引导侦查的形式，对案件及时把关，对逮捕必要性进行实体审查，提高逮捕案件的质量，避免错捕现象的出现。通过适时提前介入、引导侦查，向公安机关提出建议，更好地保障了审查逮捕案件的质量。

如公安机关在办理陆某某故意伤害一案时，将案件报送侦查监督科先行审查，犯罪嫌疑人陆某某伙同于某某纠集7人殴打蔺某某等人，于某某持刀捅刺，致一人重伤、两人轻微伤。公安机关将于某某抓获后，陆某某一直在逃，直至案发后四个月到公安机关投案自首。我院经审查后认为，于某某、陆某某的行为构成故意伤害罪，致一人重伤，两人轻微伤，法定刑在3年以上，符合逮捕的条件，但陆某某系从犯，且犯罪时未满16周岁，又具有自首情节，另一犯罪嫌疑人于某某与被害人家属已达成调解协议，被害人家属表示谅解，根据宽严相济的刑事政策，本院建议公安机关变更强制措施对陆某某采取取保候审的强制措施，案件移送至公诉科起诉，侦查监督科仍然对案件进行跟进，至法院判决陆某某有期徒刑1年零2个月，缓刑2年。

笔者认为，无论逮捕的决定机关是检察机关还是法院，执行机关均是公安机关，因此，为了更好地执行新刑诉法的相关规定，有必要在新刑诉法实施前与公安机关统一捕后羁押必要性的启动条件达成统一认识，做好新刑诉法实施的准备工作，以增强审查工作的可操作性。关于捕后羁押必要性审查的标准，笔者认为应当本着循序渐进、从严掌握的原则统一与公安机关启动捕后羁押审查程序的标准的认识，如：捕后患有严重疾病、生活不能自理、怀孕或者需要哺乳自己婴儿的妇女；捕后积极赔偿经济损失或交纳赔偿保证金，取得被害人的谅解，适用取保候审或者监视居住不致发生社会危险性，有利于社会和谐的；捕后主要事实和证据发生重大变化，无继续羁押必要的；依法办理延长羁押期限仍不能在法定期限内侦查终结，需要继续侦查的。

四、切实履行检察职能，建立完善的检察机关内部审查程序

（一）根据不同的诉讼环节，明确责任，确定不同的启动主体。捕后羁押

必要性审查程序的启动是新刑诉法赋予检察机关的新职权,在目前检察机关案多人少的情况下,单独成立相应部门不仅不现实,而且实际上也难以发挥相应作用。实践中,犯罪嫌疑人、被告人在捕后一般均经过侦查、审查起诉、审判的诉讼过程,每个诉讼过程均有可能出现犯罪嫌疑人、被告人不需要继续羁押的情形,而上述不同的诉讼环节,检察机关均有相应的部门负责。侦查监督部门负责捕后至移送起诉期间的捕后羁押必要性审查,公诉部门负责案件移送起诉后至法院审理期间的捕后羁押必要性审查,这样由原办案人员负责对捕后羁押必要性相关情形的审查是利于案件事实的客观认定而且节约了司法资源。但笔者认为,在现有职权体系中落实新刑诉法第 93 条的唯一可行方案,是监所部门全过程、不留空白地开展羁押必要性审查工作。由监所部门承担这项工作实际上是对羁押期限监督工作的具体化,并没有超出职权范围。过去监所部门对羁押期限的监督只是单纯停留在对羁押合法性的监督上,忽视了羁押必要性监督。在押人员合法权利中最大的权利应该是其人身自由权,即依法享有可以不被羁押权。因此,监所部门理应将其纳入监督范畴。

(二)细化办案流程,严格捕后羁押必要性审查。捕后羁押必要性审查工作将成为检察机关的一项常规性工作,为了更好地将此项工作落到实处,有必要就一些实务性的问题研究和制定可行的工作流程与机制,以减少此项工作的随意性。笔者认为,为了明确承办人对捕后羁押必要性审查义务,应将此项工作落实到书面卷宗材料,该书面材料应当根据可能影响该程序启动的信息来源加以全面审查,如:办案审查过程中是否发现;犯罪嫌疑人、被告人的辩护人、诉讼参与人是否提出申请;侦查、监管部门是否提出相关建议等,最后由承办人员提出是否启动捕后羁押必要性审查的书面意见连同相关材料报请相关科室负责人及检察长审批。

(三)细化审查期限。逮捕后,多长时间内进行羁押必要性审查应细化。逮捕,作为限制公民人身自由的重要强制手段,适用时应当慎之又慎,这也是新刑诉法的立法精神。那么,一旦确定逮捕后,从维护法律统一、司法权威的角度来讲,没有特殊情形不应进行变更,尤其不宜在作出决定后短期内就进行变更。鉴于侦查机关在批捕后有 2 个月的侦查羁押期限,因此规定在逮捕后 1 个月内进行羁押必要性审查比较适宜。

(四)建立羁押必要性评估制度。为更好地贯彻实施新刑诉法,应明确规定审查人对羁押必要性进行审查时,应当查明立功材料、和解协议、退赔证明内容的真实性,并对变更强制措施后对刑事诉讼的影响进行评估。通过分析捕后判处徒刑以下刑罚、缓刑案件的原因,我院发现,故意伤害、交通肇事案件在捕后侦查以及审判环节犯罪嫌疑人及其家属通过积极赔偿被害人经济损失从轻处理的案件比例较大。基于这种情况，我院建立了案件风险评估制度，对不批捕案件可能产生的后果，进行深入分析，预测风险，切实防止因处理不当出现逃跑、涉检上访等情况的发生。

如我院受理的庞某故意伤害一案，庞某与被害人苏某因买卖玩具水枪的质量发生争执后厮打起来，庞某欲驾车离开时苏某拽住车门把手被拖倒致掌骨骨折，构成轻伤。本案中被害人有明显的过错行为，且案发后，庞某通过其家属多次找被害人协商赔偿事宜，并赔礼道歉，由于苏某拒绝和解，协商一直没有结果。我院针对此案进行风险评估：庞某有可能被判处 3 年以下的有期徒刑，且其真诚认罪悔罪，表示愿意积极赔偿被害人损失，如庞某与苏某能够达成赔偿协议，则庞某有可能被判处徒刑以下刑罚或缓刑，逮捕案件质量将存在缺陷，但如在庞某与苏某未达成赔偿协议之前对庞某作出不捕处理，就有可能激化矛盾。在进行风险评估后，本院建议公安机关组织双方进行和解，在苏某仍不同意和解的情况下对庞某作出了逮捕决定。

综上，新刑诉法对强制措施的修改立足于惩罚犯罪与保障人权的结合，既加强了公检法机关对强制措施适用的控制权，也赋予了犯罪嫌疑人、被告人更多的救济权利。而检察机关的逮捕权更是一把"双刃剑"，严格遵循法律程序下的逮捕，是惩治犯罪的有效手段，具有其存在的正当性，而不受限制的适用逮捕权，则会成为践踏人权的工具。因此，要转变"构罪即捕"、"一押到底"的执法观念，加强对捕后羁押必要性的审查，严格把握捕后羁押必要性条件，提高案件质量，使羁押必要性审查的执行成为维护公民人身自由与维护社会公共秩序、保障人权与保障刑事诉讼之间顺利进行的杠杆。

四、侦查程序的修改与检察工作应对

论侦查程序的修改及适用对策

詹复亮[*]

侦查程序是刑事诉讼程序的重要组成部分，也是刑事诉讼全过程的基础和前提，直接关系到国家发现和惩罚犯罪职能的实现及质量，也直接涉及惩罚犯罪与人权保障、维护社会秩序和安宁等基本问题，特别是侦查程序中拘传、拘留、逮捕及技术侦查、查询、搜查、冻结等活动，无不与社会安全、公民自由和合法权利等息息相关。2012 年 3 月我国现行刑事诉讼法的修改，对侦查程序进行了较大幅度的调整。全面准确地理解这些新调整、新变化的内容及立法精神，对于正确贯彻执行修改后的刑事诉讼法具有重要意义。本文将结合职务犯罪侦查实际，重点就侦查程序的修改、对职务犯罪侦查工作的影响以及准确理解和适用对策措施等方面进行粗浅的探讨，以祈方家校正。

一、侦查程序的问题及修改要点分析

今年 3 月我国现行刑事诉讼法的修改，多达 110 条、涉及许多方面，[①] 其中对侦查程序修改的内容最主要体现在以下几个方面：

（一）任意侦查的确立及强化侦查措施规范运用

任意侦查着眼于人权保障，尊重犯罪嫌疑人或者被告人的意志自由，以犯罪嫌疑人或者被告人的同意或者承诺即任意性、自愿性为前提，[②] 不采取强制手段，以免对犯罪嫌疑人或者被告人的生活权益等造成强制性伤害。这是现代法治国家的通例，并且以否定犯罪嫌疑人的供述义务为主要标志，严禁以任何物理强制或者精神强制的方法对犯罪嫌疑人或者被告人进行讯问、逼取口供。但是，这也并非绝对化，不禁止侦查人员在不违反法律的前提下采取相应的方

---

* 最高人民检察院反贪污贿赂总局处长，全国检察业务专家，武汉大学法学院博士研究生，中国政法大学兼职教授。

① 参见中国网 2012 年 3 月 8 日。

② 参见官万路等：《论实施侦查程序的完善》，载郝宏奎主编：《侦查论坛》（第三卷），中国人民公安大学出版社 2004 年版，第 217 页。

法，说服犯罪嫌疑人放弃沉默权而自愿供述，并获得审判时的宽大处理。我国现行刑事诉讼法此前规定犯罪嫌疑人对侦查人员的提问，应当如实回答。这表明，明犯罪嫌疑人无权保持沉默，并且对侦查人员的提问应当如实回答，某种程度上甚至被异化为如实供述有罪的义务。随着现行刑事诉讼法的修改，任意侦查原则得以确立并被植入法律，侦查机关对侦查行为的选择将受到任意性原则的制约，由以往的随意性走向严格，这是问题的一个方面。比如在现代法治国家，讯问犯罪嫌疑人被认为属于任意侦查行为，要求贯彻自愿原则，不得强制犯罪嫌疑人回答。如果侦查机关违背犯罪嫌疑人的意思而强迫其供述，那么在这种情形下获取的犯罪嫌疑人供述就将作为非法证据而被排除。我国修改后的刑事诉讼法第50条明确规定了"不得强迫任何人证实自己有罪"，并在该法第54条规定了非法证据排除制度及程序，吸收了现代法治国家任意侦查原则相关精神和内容。另一方面，法律规定侦查机关对限制人身自由之类侦查措施的使用及进一步规范。比如，修改后的刑事诉讼法第148条规定了技术侦查、秘密侦查、控制下交付等措施，以及这些措施适用的条件、审批程序、使用期限等，这就严格规范了这些侦查措施的使用，从根本上改变了以往使用强制性侦查措施中出现的不规范甚至无序状态，显然对于保障人权等具有重要作用。①

（二）侦查措施的针对性和配套性增强

我国现行刑事诉讼法此前规定的侦查措施包括强制措施，与其他一些相关法律乃至司法实践往往都有一定的脱节。比如以职务犯罪侦查为例，由于职务犯罪主体通常是一些手中握有权力、社会关系网复杂、预谋作案等文化程度高、智能化犯罪以及反侦查水平高的国家工作人员尤其是领导干部，但法律赋予侦查机关的侦查措施和手段与职务犯罪严峻化的态势却极不相称，仅仅依靠公开调查措施而没有从法律上赋予技术侦查等措施，往往很难突破案件以及发现、揭露和证实犯罪；由于传唤、拘传时间限制在12小时，远远不能适应讯问职务犯罪嫌疑人的实际需要，迫使司法实践中违规借用纪检委的"双规"以延长控制和讯问时间；由于对取保候审与监视居住措施适用的条件不加区别，特别是监视居住措施缺乏可操作性，以致司法实践中很少适用监视居住措

---

① 参见詹复亮：《新刑事诉讼法与职务犯罪侦查适用》，中国检察出版社2012年版，第7页。

施，使这一措施被虚置，浪费立法资源并影响查办案件工作；等等。① 随着现行刑事诉讼法的修改，根据我国社会主义民主法制建设发展进步的实际以及司法实践的需求，该法第 79 条进一步细化了逮捕条件，第 86 条完善了审查逮捕程序，增强了可操作性，有利于实践中执行；第 117 条、第 165 条适当延长了拘传及拘留的时间，第 65 条和第 72 条明确区分了取保候审、监视居住的适用条件，特别是对于涉嫌特别重大贿赂等犯罪规定可以适用指定居所监视居住并明确了适用条件和范围；第 117 条、第 122 条规定了口头传唤犯罪嫌疑人、询问证人的方式和场所，第 142 条明确将查询、冻结的财产范围扩大至债券、股票、基金份额等财产，并规定有关单位和个人应予以配合；等等。可见，这些规定的修改或者增加，进一步完善了侦查程序，细化了侦查措施，增强了侦查措施的配套性、针对性和可操作性。

（三）侦查程序运行的监督制约趋于完善并合理化

我国现行刑事诉讼法此前对于侦查程序及其运行的监督制约规定往往具有片面性，科学性、合理性不够。比如，以职务犯罪侦查程序为例，既有监督制约措施规定不到位的问题，也有监督制约过度而在实践中没有得到贯彻执行的问题。这不仅影响对案件的及时查处，也影响侦查机关的执法公信力。这次刑事诉讼法的修改充分注意到了这些问题，并加以修改完善。该法第 115 条规定，当事人和辩护人、诉讼代理人、利害关系人对司法机关及其工作人员不依法释放、解除或变更强制措施，不依法退还取保候审保证金，违法采取措施查封、扣押、冻结与案件无关的财物，不依法解除查封、扣押、冻结，贪污、挪用、私分、调换查封、扣押、冻结的财物，侵害其合法权益时有权提出申诉或者控告，受理机关应当及时处理。对处理不服的，可以向同级或者其上一级提出申诉，情况属实的通知有关机关予以纠正。② 这些规定涵盖了侦查程序全过程，既有利于依法准确打击犯罪，又有利于依法保障犯罪嫌疑人或者被告人的合法权益。该法第 33 条至第 47 条规定律师介入侦查、参加辩护和代理等内容，进一步完善辩护制度，强化控辩对抗，对于维护犯罪嫌疑人、被告人的合法权益具有重要作用。其中，该法第 42 条规定了辩护人的禁止行为及其涉嫌犯罪的追究刑事责任程序，强化了辩护人的法律责任和后果，有利于促进辩护人依法履职。

① 参见詹复亮：《反贪侦查热点与战略》，人民出版社 2010 年版，第 216 页；樊崇义、王建明主编：《〈联合国反腐败公约〉与我国职务犯罪侦查研究》，中国方正出版社 2011 年版，第 198—199 页。

② 参见中国网 2012 年 3 月 8 日。

二、侦查程序修改对职务犯罪侦查工作的主要影响

刑事诉讼法是国家发现追究犯罪、惩治犯罪的程序法，也是保障人权、保护人民的基本法，对于规范职务犯罪侦查等刑事诉讼活动、保证其顺利进行具有十分重要的作用。这次刑事诉讼法的修改，从制度、措施、程序等各个层面进行了完善。对于职务犯罪侦查工作来说，笔者认为其所产生的影响最主要体现在以下几个方面：

（一）惩治犯罪与保障人权相平衡的先进理念对职务犯罪侦查工作提出了新要求

这次刑事诉讼法的修改，更加注重保障人权和惩治犯罪的有机结合，一方面明确规定"尊重和保障人权"作为刑事诉讼法的基本原则和基本任务，并从有利于保障人权、规范侦查、控制滥权、保障律师权利以及防止错案发生角度，具体落实到程序设置和法律条文中，明确了侦查人员及时告知犯罪嫌疑人诉讼权利的义务、逮捕条件限制、超期羁押防止，完善了律师会见、阅卷等辩护制度，扩大了法律援助范围，加强了审讯制约，强化了强制措施中的公民财产权保护，并严格死刑审判程序和证据条件，严把死刑案件质量关等，进一步强化对人权的司法保障，提高了保障人权的层次和水平。另一方面，根据当前社会矛盾多发、刑事犯罪形势严峻等实际，明确将技术侦查措施和秘密侦查法律化，完善了强制措施，增加电子数据作为刑事证据种类，新设重大贪污贿赂等犯罪违法所得没收程序等，大大提升了惩治犯罪和震慑预防犯罪的能力。这就从更高的层次上对职务犯罪侦查提出新要求，迫切需要加快转变侦查观念、侦查模式、侦查方式、侦查作风，统筹处理好惩治犯罪与保障人权的关系，从根本上消除"重打击、轻保护"等陈旧执法指导思想，切实防止违规讯问、违法办案等问题发生。

（二）刑事诉讼模式和证据规则的新变化对职务犯罪侦查工作提出了新挑战

这次刑事诉讼法的修改，对刑事诉讼模式、证据规则进行了重大改造和调整，增加了不得强迫任何人证实自己有罪的规定，确立了辩护律师提前介入侦查机制，借鉴排除合理怀疑这一刑事证明标准中的合理内涵、细化了"证据确实、充分"的含义，明确了非法证据排除规则和侦查人员出庭作证程序，等等。这些内容都是新增的、以往所不曾有的，促使职务犯罪侦查对抗、取证博弈进一步强化，侦查取证活动的合法性要求进一步提高，及时突破案件的难度进一步加大，侦查活动面对职务犯罪现象依然严峻而侦查能力不足、难以胜任查办案件繁重任务的矛盾，律师提前介入侦查、犯罪嫌疑人拒供翻供心理强

化的矛盾，不得强迫任何人证实自己有罪导致及时获取犯罪嫌疑人供述难度加大的矛盾，非法证据排除对案件认定处理影响的矛盾，侦查人员出庭能力不适应的矛盾等都将是长期的、复杂的、严峻的，侦查与反侦查的较量和考验，更加尖锐地摆在检察机关面前。检察机关侦查部门加快提升适应能力，学会在律师介入、讯问录音录像、侦查取证的程序法定、社会各界及网络媒体监督等新的执法环境和执法条件下查办案件，更加注重理性、平和、文明、规范执法的任务比任何时候都更为繁重、更为紧迫。

（三）适用法律水平和侦查能力面临新的更大考验

修改后的刑事诉讼法对职务犯罪侦查提出的挑战，除了上述所列之外，在侦查队伍素能要求上最主要反映在侦查观念、侦查适用水平、侦查方式、侦查作风和侦查能力等方面的不适应。一是侦查观念不适应。有的干警仍然存在重打击犯罪轻保障人权、重实体轻程序、重言词证据轻实物证据等传统的执法观念，难以适应刑事诉讼法修改新要求。二是侦查适用不适应。侦查适用是一种能力，并且是一种十分重要的能力，这方面的问题主要表现为研究法律条文、领会立法精神、科学解释法律规则、实践运用法律规定等方面的能力远不能适应。三是侦查方式不适应。一些地方在职务犯罪侦查中对犯罪嫌疑人特别是贿赂犯罪嫌疑人的口供具有一定的依赖性，将突破口供作为侦查破案的重要途径。一旦取不到口供，往往会束手无策。刑事诉讼法修改实施后，这种传统的单纯依靠人力侦查、依靠口供等办案方式和侦查模式将受到严重冲击。四是侦查作风不适应。当前，有的干警侦查方式比较粗放、简单，比如有的立案草率，把关不严；有的侦查行为不合法、不规范；有的收集证据马虎，侦查取证不全面、不深入，证据的证明力不强，甚至存在瑕疵证据，事实认定不清；等等。这显然与修改后的刑事诉讼法极其不相符。五是侦查能力不适应。修改后的刑事诉讼法对职务犯罪侦查提出了许多具体、明确的新要求，比如技术侦查措施使用、指定居所监视居住措施适用、拘传时间延长适用、电子数据收集和运用以及犯罪嫌疑人、被告人逃匿或者死亡案件违法所得没收程序的运行等，都是以往侦查工作中所未曾遇到的新生事物，这对广大侦查干警的侦查能力提出了新要求新挑战，侦查力量不足、侦查水平不高与繁重侦查任务之间的矛盾将更为突出。①

---

① 参见詹复亮：《新刑事诉讼法与职务犯罪侦查适用》，中国检察出版社2012年版，第13—15页。

三、侦查程序修改后职务犯罪侦查工作的对策措施和策略

修改后的刑事诉讼法将于 2013 年 1 月 1 日起生效实施。认真贯彻落实修改后的刑事诉讼法是一项系统工程，任务十分艰巨和繁重。要做到依法开展职务犯罪侦查工作，就应当坚持统筹兼顾、强化责任、抓住重点、细化措施、狠抓落实，在认真学习、深刻领会、正确适用上下工夫见成效，把贯彻落实修改后刑事诉讼法的工作提高到一个新水平。具体地说，笔者认为可从以下几个方面和环节入手：

（一）及时转变侦查观念，提升适应水平

先进的执法理念是执法办案的先导和指南。2011 年 5 月 25 日，周永康同志在主持召开实施修改后刑事诉讼法的座谈会上强调，要强化人权意识、程序意识、证据意识、时效意识、监督意识。[1] 这是这次刑事诉讼法修改原则和价值取向的高度概括，也是社会主义刑事司法的基本要求。[2] 依法深入开展职务犯罪侦查工作，笔者认为应当坚持法治化办案，重点是认真贯彻"五个意识"，着力做到"四个统一"：一是更加注重惩治犯罪与保障人权相统一。既注意准确及时查处、惩罚职务犯罪，又注意保障职务犯罪嫌疑人、被告人和其他诉讼参与人的合法权利。二是更加注重程序正义与实体正义相统一。既强化程序意识，坚持程序法定，坚决纠正重实体轻程序、重结果轻过程的错误观念和做法，也强化实体公正意识，切实防止以程序公正掩盖实体不公正的问题发生。三是更加注重监督制约与协作配合相统一。既要强化监督意识，自觉接受外部监督和内部制约，保证侦查权依法规范行使，也要强化时效意识，加强内外部协调配合，整合侦查资源，实行协同化侦查，提升侦查效率。四是更加注重规范执法与提高能力相统一。坚持严格规范执法，强化证据意识，按照法定程序和证据裁判的要求收集、固定证据，同时强化执法办案能力，把提高侦查水平作为保证侦查活动合法性和证据证明力的根本性措施，确保办案质量，努力使每一起职务犯罪案件都真正办成"铁案"，经得起事实的检验、历史的检验和人民的检验。

（二）加快调整侦查模式和办案方式，强化侦查能力

实行侦查模式和办案方式调整，是吸收现代战略管理原理、实行协同化侦查的重要体现，也是提升侦查工作层次和整体办案能力的重要途径。修改后的刑事诉讼法从根本上改变了控辩双方关系的传统格局，侦控方与辩护方的对抗

---

① 参见中新网 2012 年 5 月 27 日。

② 参见正义网 2012 年 7 月 21 日。

将更加直接和强硬，及时侦查取证、快速突破案件和有效指控犯罪与反侦查、反突破、反指控之间的较量将更加激烈。做到及时突破案件，使犯罪嫌疑人、被告人认罪服法，一个重要方面就是加快实行侦查模式和办案方式的转变。一是实行办案重心前移。进一步加强初查工作，提高对案件线索的分析、判断能力，树立先找证据后抓人的观念，坚持用证据说话、以证据定案，依法灵活运用初查阶段的各种措施和方法，着力提升精确打击的水平，在夯实案件的证据基础上下工夫，切实增强初查效率和实际效果。二是实行以供促证与以证促供相结合。既重视犯罪嫌疑人的口供，但又不依赖口供，灵活采用同步讯问同案犯、同步询问证人以及讯问活动与搜查、扣押、冻结同步等策略和措施，有效整合讯问室内外资源，根据讯问活动获取的信息加强对外围情况的调查取证，再根据外围取证情况促进犯罪嫌疑人如实供述，统筹处理以供促证和以证促供的关系，提升侦查讯问的水平和效果。① 三是实行科技化办案方式。坚持以侦查信息化和装备现代化为切入点，进一步强化实战运用意识，认真落实高检院推进"两化"建设各项措施，着力推动"两化"建设从基础建设的低级阶段向建用并举、更加注重实战应用的全面发展阶段转变，从注重硬件装备向注重软件系统转变，从分散建设向加强整合、促进资源共享转变，真正把检察机关职务犯罪侦查信息和现代化装备系统建成覆盖全国、动态跟踪和有效监控的管理体系，充分运用各种侦查信息化和装备现代化成果，采取有力措施促进侦查活动由人力密集型向信息密集型、技术密集型转变，② 善于科学使用各种具体的侦查信息化和装备现代化建设成果，从根本上拓宽侦查措施和侦查方法的应用途径，不断提升侦查手段现代化水平，实现职务犯罪侦查工作转型升级。

（三）建立完善侦查办案机制，提高驾驭能力

科学灵活的侦查办案机制是促进依法办案、增强办案效果和改善办案环境的重要保证。这次刑事诉讼法修改对立案侦查、配合审查起诉阶段的补证到侦查人员的出庭作证或者说明情况等各个诉讼环节，都明确规定了侦查部门所应承担的相应的义务和责任，明显拉长了职务犯罪侦查活动的战线，加重了侦查部门的任务和负担。同时，随着职务犯罪活动日益复杂化、智能化、群体化、跨区域甚至跨国境，办案工作更需要加强侦查协作配合。笔者认为，要适应侦查办案新形势要求，就必须加强侦查资源整合，实行协同化侦查，提升协同侦查能力和整体办案水平，重点把握以下几点：一是建立侦捕诉全程协作机制。针对侦查活动战线拉长的实际，要以保证办案质量和安全为重点，围绕收集巩

---

① 参见《检察日报》2008 年 2 月 19 日第 3 版。
② 参见正义网 2011 年 4 月 27 日。

固稳定证据以及成功检控的目标，加强职务犯罪侦查部门与侦查监督、公诉及法警、技术、财务装备、案件管理等检察机关内设部门之间的配合协作，提高侦控能力。二是完善侦查一体化机制。进一步加强指挥中心建设，统一规范侦查指挥机构设置和案件管辖制度，灵活运用交办、提办、督办、参办、指定异地办理等各种手段和方法，有效调度侦查力量、侦查技术装备、侦查信息，充分发挥上级院特别是省级院组织指挥和带头办案作用，形成上下协同。三是实行区域联动办案机制。针对职务犯罪群体化、跨区域、关联度高等新趋势新特点，进一步整合涉案区域办案资源，以全程摸排、查处和打击涉案领域职务犯罪链为主要目标，加强上级人民检察院特别是省级以上人民检察院对涉案区域办案工作的侦查指挥协调和办案力量有效整合，推动整体办案工作。四是建立健全司法工作与行政执法衔接机制。重点是根据修改后的刑事诉讼法，深入研究把行政机关在行政执法和查办案件过程中收集的物证、书证、视听资料、电子数据等证据材料，依法准确运用到职务犯罪侦查活动中的措施、方式和要求，整合行政执法与司法资源，提升侦查效率，形成发现、揭露、指控和证实职务犯罪合力。

（四）严格规范侦查行为，增强办案效果

实践充分表明，严格规范的侦查活动是确保侦查取证合法性、提升办案质量和效果的重要手段，也是切实保障犯罪嫌疑人合法权益的有力措施和途径。修改后的刑事诉讼法对保障犯罪嫌疑人的诉讼权利、人身权利和财产权利以及侦查取证的程序、措施和方式等都作了明确规定，提出了严格规范要求。笔者认为，依法深入开展职务犯罪侦查工作，应当坚持强化自身监督与强化侦查职能措施并重，把严格规范侦查行为的各项制度、措施和要求全面落实到侦查活动全过程，内化为广大侦查干警的自觉行为，进一步提升规范侦查水平和办案质量。一是认真落实犯罪嫌疑人的辩护权利。修改后的刑事诉讼法在许多条文中对保障犯罪嫌疑人的辩护权利都作了明确规定，与职务犯罪侦查工作紧密相连。做好新时期的职务犯罪侦查工作，应当严格按照法律规定和要求，在查办职务犯罪案件工作中该告知犯罪嫌疑人的要及时履行告知义务，该通知法律援助机构指派辩护律师的要及时通知，该让辩护律师会见犯罪嫌疑人的绝不能违法阻拦等，切实把法律规定的犯罪嫌疑人辩护权利落实好，确保侦查活动的依法规范。二是加强监督违法取证。违法取证活动具有严重的法律后果，不仅损害犯罪嫌疑人及其他诉讼参与人的合法权利，而且还会使采用违法手段和方法获取的证据被排除，最终影响案件的认定处理。因此，应当加强对违法取证活动的监督，按照修改后刑事诉讼法和高检院有关严禁刑讯逼供、暴力取证的"十个依法"、"十个严禁"等制度规范，切实防止和杜绝在职务犯罪侦查环节发生违法取证问题。三是强化对强制性侦查措施执行的监督。修改后的刑事诉讼法对强制措施、侦查措施的决定使用及具体执行等都作了明确规定，特别是对指定居所监视居住措施、技术侦查措施、讯问必须在看守所进行等规定，直接关系到犯罪嫌疑人的人身权利和诉讼权利，侦查实践中应当加强对强制性侦查措施的决定使用、具体执行等重点环节的监督，确保侦查活动严格依法进行，提升执法办案效果。四是加强对违法扣押、冻结涉案款物的管理和监督。涉案款物直接关系到犯罪嫌疑人等当事人合法权利的保障，办案中一旦处理不当就容易引发新的矛盾甚至成为当事人上访等重大涉法涉检事件的源头性因素，必须予以重视。依法深入开展职务犯罪侦查工作，应当严格按照修改后刑事诉讼法和高检院有关规定，切实加强对涉案款物查扣、保管、处理的监督，该移送法院的要及时移送，该上缴国库的要及时上缴，按照生效判决该返还的要及时返还，严禁违法冻结、扣划甚至调换、挪用、私分等行为发生。

（五）加强侦查办案科学化管理，推动工作发展

加强办案管理，一个根本目的是要把职务犯罪侦查工作引领到理性、平和、文明、规范执法的健康发展轨道上来。修改后的刑事诉讼法进一步强化了侦控方与辩护方的对抗性，使侦查取证的难度进一步加大，这将直接影响到侦查办案的规模和力度。依法深入推进职务犯罪侦查工作，就应从指导思想和管理方式上进行战略调整，提升办案工作的科学化管理水平。一是加强侦查取证管理。按照修改后的刑事诉讼法规定，辩护律师介入侦查的时间提前，会见犯罪嫌疑人的条件也大大的放宽，侦查活动将处于公开化、透明化乃至信息化状态，侦查环境将受到重大影响，犯罪嫌疑人的供述或者拒供、翻供以及证人逃避作证、翻证等现象也将大量出现。依法深入推进侦查工作，就应加强办案全程管理，特别是对犯罪嫌疑人供述变化、证人作证变化情况，要建立"证据管理机制"加强动态监控，采取有针对性的措施有效地遏制翻供、翻证活动，充分利用宽严相济刑事政策调动犯罪嫌疑人供证和证人作证的积极性，提高收集、固定和运用证据的能力。二是加强办案工作的危机管理。针对我国进入信息社会和全媒体时代，社会各界对职务犯罪侦查工作越来越关注、要求也越来越高，办案工作任何一个环节的疏忽都将会招致质疑甚至指责等实际，侦查机关应当强化危机意识和社会化评价意识，加强执法办案风险评估，按照准确评估、及时预警、有效处置等措施和要求，及时发现和有效解决侦查中出现的各种苗头性、倾向性问题，最大限度地把办案风险解决在办案一线、化解在萌芽状态。三是加强办案考评管理。针对职务犯罪仍然易发多发、办案工作的要求进一步提高等实际，检察机关认真落实中央关于加大查办案件工作力度的要求、满足人民群众强烈要求深入推进反腐败斗争的期望，就应当加强从整体层

面对办案工作的宏观管理。当前，一个被实践证明切实可行的措施和途径，就是实行省级人民检察院办案考评，科学设计考评指标，合理设定侦查业务在整体检察业务考评中的权重，实行考评结果与奖惩挂钩，强化考评机制的激励和导向作用，提升驾驭办案工作局面的能力，从根本上解决办案工作起伏波动等突出问题，增强整体办案能力，保持办案力度不减、办案势头持续强劲，充分发挥深入推进党风廉政建设和反腐败斗争的检察职能作用。

"两化"建设引领反贪侦查工作七大变革

朱小芹*　　张云霄**

最高人民检察院正式颁布的《"十二五"期间科技强检规划纲要》明确指出，要通过深入贯彻实施"科技强侦"战略，进一步实现检察工作健康、协调、可持续发展。科技强侦是检察机关落实科教兴国战略的重要举措，也是"科技强检"战略的重要组成部分。目前，各级检察机关都高度关注"科技强侦"战略，突出现代科学技术对反贪侦查工作的引领作用，努力坚持以"侦查信息化"和"装备现代化"（以下简称"两化"）为主导，积极推动和落实"两化"建设，并且已出现成效。加之2012年《中华人民共和国刑事诉讼法修正案》（以下简称新刑事诉讼法）正式通过，又为反贪侦查工作提出了更加明确和严格的法律要求。因此，有必要在充分理解新刑事诉讼法要义的基础上，深入探析"两化"建设对于反贪侦查工作所产生的重要影响和作用。笔者认为，"两化"建设将引领传统型的反贪侦查工作向现代型的反贪侦查工作转变，这主要体现在以下七大变革：

变革一：反贪侦查思维方式由直线化向发散化转变

反贪侦查思维方式是反贪侦查认识活动的表现形式，是指在反贪侦查实践中，侦查人员认识和分析案情，收集线索和证据以及查缉犯罪嫌疑人等过程中所逐渐形成的逻辑顺序和结构。[1] 反贪侦查思维方式作为一种精神运动形式，将始终贯穿于反贪侦查过程，正如贝弗里奇曾指出："我们的思想每采取特定的一次思路，下一次采取同样思路的可能性就越大。在一连串的思想中，一个个观念之间形成了联系。这种联系每利用一次就变得越加巩固，直到最后，这种联系紧紧地建立起来，以至它的联系很难被破坏。"[2]

传统型反贪侦查思维方式主要表现为以获取"口供"为中心的直线化方

---

　*　北京市人民检察院党组成员，反贪污贿赂局局长。

**　北京市朝阳区人民检察院反贪污贿赂局侦查一处助理检察员。

　①　任惠华：《侦查学原理》，法律出版社2001年版，第50页。

　②　[英] 贝弗里奇：《科学研究的艺术》，群众出版社1979年版，第69页。

式。具体而言，是指侦查人员往往将侦查讯问作为侦查突破口，进而围绕获得的"口供"开展反贪侦查工作的一种思维方式，其基本表现为"抓人→取供→指控→定罪"①。在这种反贪侦查思维指导下，讯问不仅是侦查人员获取其他证据的一种手段，而且也是最省事、最方便的一种侦查途径，其无须高精尖的科学技术知识和设备，侦查成本投入低，收效大②。但是，这样容易导致两个突出问题：一是容易出现侦查人员为了一味获取犯罪嫌疑人"口供"，而采用刑讯逼供等违法犯罪行为，因此侵犯乃至践踏人权的现象时有发生；二是如果侦查人员无法有效获取犯罪嫌疑人"口供"，将容易导致侦查僵局出现，不利于反贪侦查的有效进行。另外，新刑事诉讼法增加非法证据排除制度，明确非法证据排除规则，完善非法证据排除程序，进一步促使反贪侦查人员在思想上高度重视兼顾打击犯罪和保障人权的动态平衡统一，更加注重程序意识和实体意识的有机辩证统一，从而对以"口供"为中心的"直线化"反贪侦查思维方式产生深刻影响。

"两化"建设将促使反贪侦查思维方式由"直线化"向"发散化"转变。"两化"建设主导思想之一就是"情报导侦"③，它要求侦查人员在思维上必须树立"信息和情报"意识，通过利用先进的信息技术和装备，注意收集、分析、研究和利用各种侦查信息来展开反贪侦查工作。而信息的"广泛性"与"延伸性"就要求侦查人员思维方式必须具备"多点性"和"发散性"。因此，侦查人员在反贪办案实践中，不应拘泥于以突破犯罪嫌疑人"口供"为中心的"直线化"反贪侦查思维模式，而应注意利用"两化"建设所搭建的各种数据信息库，辅之以互联网情报信息技战法、通信情报信息技战法、社会情报信息技战法和视频监控情报技战法等新型战法④，发散思维、多点出击，通过对"信息面"的充分掌握、对比和分析，寻找和挖掘案件所蕴含的相关"信息点"，从而全面、准确、客观地获取有价值的案件证据。因此，在"两化"建设推动下，侦查人员的反贪侦查思维方式将越来越朝着"发散化"方向发展。

---

① 郭立新：《检察机关侦查实务》，中国检察出版社 2005 年版，第 29 页。

② 周欣：《侦查权配置问题研究》，中国人民公安大学出版社 2010 年版，第 204 页。

③ 情报导侦，是指侦查部门以犯罪信息和情报为基础和核心，通过侦查工作内容信息化，侦查信息应用化等途径，实现侦查工作的主动性、针对性和有效性的一种侦查理念和模式，是侦查工作的一项战略性变革。参见陈志军等：《犯罪情报信息》，中国人民公安大学出版社 2008 年版，第 262 页。

④ 杨辉解：《论公安信息化引领侦查工作十大变革》，载《湖南警察学院学报》2011年第 1 期。

变革二：反贪侦查办案模式由被动化向主动化转变

侦查模式是指侦查阶段的诉讼构造，它是基于"侦查模式是指侦查程序的标准元素及其结构、组合样式"① 或者"侦查模式是指侦查程序的构造"② 展开的论述。笔者认为，反贪侦查办案模式是指反贪侦查人员在反贪侦查办案实践中，为了达到预期侦查目标而采用的较为固定的程序。反贪侦查办案模式本质上属于一种诉讼行为模式，是从大量的长期的侦查行为中概括出来的基本框架和结构。

传统型反贪侦查办案模式往往呈现出"被动化"的特点，其具体表现在以下三个方面：一是在发现案件线索来源方面，侦查人员往往采取"等案上门"的方式，无法有效地发现案件线索及其来源，案件线索越来越匮乏；二是在具体侦查实践方面，侦查人员往往采用"由人到案"的被动化反贪侦查模式，在这种反贪侦查模式指导下，侦查人员往往由于犯罪嫌疑人无法到案，而使得侦查工作陷入僵局；三是在串并案件方面，侦查人员面对大量零散化的证据，无法及时、有效地予以整合、研判和运用，从而影响到反贪侦查串并案工作的有效推进。此外，新刑事诉讼法对辩护制度作出进一步的修改完善，尤其是明确了律师在侦查阶段可以以辩护人身份进入刑事诉讼，这从本质上反映出刑事诉讼中"天平倒向弱者"的程序对抗理念③，不仅对保障犯罪嫌疑人的合法权益具有重要意义，而且能进一步增添反贪侦查工作的"对抗性"色彩，促使反贪侦查办案模式朝着"主动化"方向发展。

"两化"建设将促使反贪侦查办案模式由"被动化"逐步向"主动化"转变。因为"两化"建设的关键在于"人"，即侦查人员，具体而言就是要充分发挥侦查人员的主观能动性，通过对侦查信息的深度利用和侦查装备的高效使用，最大限度地实现现代科技对反贪侦查工作的引领作用，最终达到反贪侦查破案的目的。这正好体现了反贪侦查权作为侦查权所固有的"主动性"这一特点。④ 在"两化"建设推动下，侦查人员可以通过利用举报线索统一管理平台，实现相关案件线索信息共享，均衡案件线索分配，解决当前一些反贪部门案件线索匮乏的难题。在侦查取证中，反贪侦查人员不再局限于"由人到

---

① 谢佑平、万毅：《刑事侦查制度原理》，中国人民公安大学出版社 2003 年版。

② 孙长友：《侦查程序与人权》，中国方正出版社 2002 年版。

③ 所谓程序的对抗性，就是要求控辩双方应获得平等对抗的机会。参见陈瑞华：《法律人的思维方式》，法律出版社 2011 年版。

④ 侦查权作为国家追诉权，具有积极的主动性，只要侦查主体对自行发现或者报案、举报、控告的犯罪嫌疑事件经过判断认为有侦查的必要，就应开始侦查追诉活动，行使侦查权。参见任惠华：《侦查学原理》，法律出版社 2001 年版，第 125 页。

案"被动化的侦查办案模式，而是积极采取"由案到案"、"由案到人"、"由人到人"和"由物到案"等相互结合的主动化侦查办案模式。侦查人员通过对人、案、物等信息加以全面收集、梳理、掌握和运用，找准信息的"契合点"，组成信息的"延伸线"，铺开信息的"联系网"，从而全面、客观、准确地收集证据，主动进行反贪侦查工作，在侦查这一活力对抗阶段赢得获取证据的主动权。在串并案件中，侦查人员可以充分利用侦查基础信息系统和情报信息系统所提供的丰富案件资源，将不同时间发生的案件信息集中到同一时间点上，将不同地域发生的案件信息集中到同一地点上，加强反贪侦查串并案件工作开展。

变革三：反贪侦查取证方向由单一化向多元化转变

反贪侦查取证方向是指在反贪侦查实践中，侦查人员为了查明案件事实，依法采取的收集案件证据的具体路径和范围选择。从刑事诉讼制度及原理来讲，职务犯罪证据是反贪侦查和审判的核心和灵魂[1]，因此，反贪侦查取证方向选择是否恰当、合理和科学，将直接影响反贪侦查工作获取证据数量的多少以及证据质量的好坏。

传统型反贪侦查取证方向主要集中在"现实物理空间"，呈现出相对"单一化"特点。具体而言，一是指侦查人员在反贪侦查取证过程中，比较注重从现实物理空间去获取书证、物证等传统型法定证据，而忽视其他新型法定证据；二是指侦查人员往往重视在现实物理空间中，比如犯罪嫌疑人住所、工作单位以及犯罪实施地等去发现、收集、固定和提取证据，而忽视在"虚拟网络空间"中相关证据的获取，从而使得侦查取证方向变得相对单一。此外，新刑事诉讼法将"电子数据"[2]作为新的法定证据类型之一，势必对反贪侦查取证方向产生深刻的影响：一是细化了反贪侦查取证过程中法定证据种类，电子数据可以直接成为案件证据，不需要再次经过转化成为其他法定证据；二是拓展了反贪侦查取证的视野和渠道，尤其是引导侦查人员更加关注从"虚拟网络空间"获取证据；三是增加了反贪侦查取证的难度和挑战，对于电子数据的现场勘查以及收集工作将越来越突出专业化特点。

---

[1] 詹复亮：《新刑事诉讼法与职务犯罪侦查适用》，中国检察出版社 2012 年版，第 264 页。

[2] 这一修改使得"视听资料、电子数据"能够涵盖所有的电子证据。因为，视听资料，是指能够通过人的视觉、听觉来感知的录音录像材料。而电子数据，是指除录音录像之外的计算机存储信息，包括磁盘、光盘、移动硬盘存储的电子邮件、电子数据交换、网上聊天、网络博客、手机短信、电子签名等电子信息。参见詹复亮：《新刑事诉讼法理解与适用》，中国检察出版社 2012 年版，第 72 页。

在"两化"建设推动下，反贪侦查取证方向将逐步改变相对"单一化"的特点，更加朝着"多元化"深入发展。因为"两化"建设突出强调了信息技术与先进设备在反贪侦查取证工作中的价值和作用，并且把取证方向的着眼点由"实体现实社会"适当延伸到"网络虚拟社会"。一方面，侦查人员在反贪侦查实践中，除了应注意在"现实物理空间"获取包括书证、物证在内的传统法定证据，还应更加注意获取犯罪嫌疑人所使用过的电脑、手机、MP3、MP4等新型电子设备，从中发现存储的网络聊天记录、电子签名、域名等电子数据；另一方面，侦查人员应充分借助"两化"建设过程中搭建的侦查信息共享平台和研发的侦查信息系统软件，将反贪侦查取证方向延伸到"网络虚拟空间"，适时开展网络搜查、网络监控和网络通缉等新型网络侦查措施，发现、提取、固定和收集与案件有关的电子数据。因此，"两化"建设有助于反贪侦查取证方向突破原来"单一化"制约，更加呈现出"多元化"发展趋势。

变革四：反贪侦查运用措施由常规化向智能化转变

反贪侦查运用措施，是指在反贪侦查实践中，侦查人员为了查明案情、收集证据以及查缉犯罪嫌疑人而依法进行的一系列专门调查活动的总称。反贪侦查运用措施的选择直接影响到反贪侦查目的的实现。[①]

传统型反贪侦查运用措施的运用主要表现为"常规化"。具体而言，侦查人员在反贪侦查办案中经常依赖强制措施的使用，再加上讯问、搜查、跟踪等一些常规化侦查措施来开展反贪侦查工作。而这些措施由于缺乏高科技含量，已难以与高智能型、高隐秘型、高技术型的职务犯罪相抗衡，尤其是对一些更加隐秘并且基本不留痕迹的贿赂犯罪不能充分发挥其作用，"由于科技之发达日新月异，如从事犯罪侦查审判之警察或者司法人员忽略自然科学，实难以有效对抗犯罪，是以利用自然科学之有关知识或者技术以从事犯罪之侦查或者审判，已成为目前之趋势"。[②] 并且，新刑事诉讼法在第二章中增加了"第八节技术侦查"，明确规定了检察机关对一些重大职务犯罪案件经过批准后，可以采取技术侦查措施，[③] 这不仅是进一步破解反贪侦查难题的重要途径，而且是惩治犯罪和保障人权平衡的迫切需要，还是进一步规范检察机关反贪部门规

---

① 马忠红：《侦查学基础理论》，中国人民公安大学出版社2006年版，第307页。
② 蔡墩铭：《刑事证据法论》，台湾五南图书出版公司1997年版，第9页。
③ 新刑事诉讼法第148条规定，人民检察院在立案后，对于重大的贪污、贿赂犯罪案件以及利用职权实施的严重侵犯公民人身权利的重大犯罪案件，根据侦查犯罪的需要，经过严格的批准手续，可以采取技术侦查措施，按照规定交有关机关执行。

范执法的理性选择。

"两化"建设将进一步促使反贪侦查运用措施运用由常规化向智能化转变。因为"两化"建设坚持以"科技强侦"为导向，突出反映"科学技术是第一生产力，也是第一侦查力"① 这一重要思想，通过加强先进的侦查软件和硬件建设，提升反贪侦查运用措施的智能化水平。在"两化"建设推动下，一方面，反贪部门应在本级检察机关领导下，积极与公安机关做好沟通交流工作，根据新刑事诉讼法关于"技术侦查"相关规定，进一步规范反贪部门使用技术侦查的长期、高效、联动机制建设，利用技术侦查获得的证据，结合"两化"建设为反贪部门提供的先进技术设备，开展反贪侦查工作。比如，利用电子监控这一技术侦查措施，配合使用轨迹跟踪软件系统，从而在电脑上自动生成犯罪嫌疑人的相关行动轨迹。另一方面，注意严格将技术侦查②与侦查技术③区分开来，对于技术侦查以其专用设备，经过严格的专门审批后，才能使用；对于一些对于侦查技术经依法严格批准后，可以大胆使用。比如，使用手机定位措施，有的地方反贪部门商请公安、安全部门协助使用，有的地方反贪部门商请中国移动或者中国联通等电信部门使用，也有的地方反贪部门自行购进设备使用，但是缺乏必要的技术支持。④ 而使用手机定位措施并不属于"技术侦查"的范畴，而应将其定位为"侦查技术"，各级检察机关反贪部门应根据各地"两化"建设的实际情况，购买包括手机定位系统在内的其他先进侦查装备，加强侦查人员技术培训力度，着力提高反贪侦查运用措施的"智能化"水平。

变革五：反贪侦查运行机制由分散化向一体化转变

反贪侦查运行机制是指反贪侦查工作系统各种要素、各个环节之间相互作用、相互影响、相互制约，从而使得侦查活动按照客观规律和既定规则不断深入开展的特定程序和方式。在侦查理论和实践中，引入"机制"一词，旨在

---

① 参见陈连福于 2011 年 11 月 22 日在全国检察机关反贪技术与信息化应用培训班上的讲话。

② 技术侦查，也称技术侦察、技侦手段或者行动技术侦查措施，包括电子侦听、电话监听、电子监控、秘密拍照或者录像、秘密获取某些物证、邮检等秘密的专门技术手段。参见朗胜、王尚新：《中华人民共和国国家安全法释义》，法律出版社 1993 年版，第 72 页。

③ 广义的侦查技术，是指凡是与侦查活动相关的知识技能和操作技巧以及相应设备，都属于侦查技术范畴；狭义的侦查技术，仅指侦查活动所采用的现代化设备及其相应技术，例如录音录像设备及其技术、计算机设备及其技术、网络设备及其技术等。参见郭立新：《检察机关侦查实务》（侦查技术·技术侦查卷），中国检察出版社 2005 年版，第 4 页。

④ 童建明：《新刑事诉讼法理解与适用》，中国检察出版社 2012 年版，第 175 页。

强调为了实现侦查破案的总体目标，提高侦查破案的效率，侦查部门各个组成部分应采用何种方式、何种过程、何种手段。①

传统型反贪侦查运行机制往往依靠"单兵作战"，呈现出"分散化"特点。具体而言，就是上下级反贪部门以及不同地区反贪部门在具体侦查办案过程中，往往囿于时间和地域的限制，无法形成案件信息共享，导致彼此之间缺乏有机联系、协调和沟通，影响反贪侦查工作向纵深方向发展。

"两化"建设将进一步推动反贪运行机制由分散化向一体化方向转变，更加强调"集团作战"。"两化"建设将进一步推动实现反贪侦查"信息共享化"和"技术共享化"，而这又将客观上要求对"反贪侦查运行机制一体化"进行建构、梳理和完善。一方面，在"两化"建设推动下，"侦查指挥机制一体化"要求进一步理顺上下级反贪部门在侦查工作中的关系，强化上级反贪部门对下级反贪部门侦查工作的领导、监督、指挥和协调。比如，对于交办案件，上级反贪部门可以利用"两化"建设中配备安装的远程指挥操作系统，适时对下级反贪部门侦办情况进行远程指挥和监督。另一方面，在"两化"建设推动下，"侦查协作机制一体化"的完善，有助于建立健全不同地区反贪部门在侦查工作中的协作配合，形成全国反贪部门侦查工作"一盘棋"的格局，从而真正实现由孤军作战、区域封闭型侦查格局向整体作战、开放型侦查格局转变，② 促使"侦查一体化"全面构建。

变革六：反贪侦查队伍管理由粗放化向精细化转变

反贪侦查队伍管理是指在反贪侦查实践中，反贪侦查部门及其领导依法依规对所属的反贪侦查人员进行领导、组织、协调、监督和教育等活动的总称。③ 被誉为"科学管理之父"的泰勒曾指出："过去，人是第一要素；将来，体制是第一要素。"④ 反贪侦查队伍管理将进一步由以"记忆"为中心的经验管理阶段朝着以"体制"为中心的科学管理阶段转变⑤，更加突出其精细化的特征。

---

① 马忠红：《侦查学基础理论》，中国人民公安大学出版社 2006 年版，第 378 页。

② 陈连福：《探析检察机关职务犯罪侦查的信息化建设》，载《河南社会科学》2011年第 4 期。

③ 罗昌平：《检察工作规律与机制研究》，中国检察出版社 2010 年版。

④ ［美］泰勒：《科学管理》，上海科技出版社 2002 年版，第 2 页。

⑤ 从国际上看，管理的发展历经了三个阶段：一是经验管理阶段，主要凭借经验管理；二是科学管理阶段，主要依靠运筹学等科学方法和计算机等科技手段进行管理；三是文化管理阶段，主要依靠文化和道德力量进行管理。

传统型反贪侦查队伍管理是一种经验型和制度性的管理方式①，往往呈现出相对"粗放化"的特点。具体而言，在传统型反贪侦查队伍管理运行下，反贪侦查人员的业务考评机制一般存在着较大的人为性和随意性，往往不能动态地、全程地、客观地反映侦查人员的业务实绩，从而也在一定程度上制约了反贪侦查人员工作主动性和积极性的发挥。

"两化"建设将进一步推动反贪侦查队伍管理由粗放化向精细化转变。首先，"两化"建设推动反贪侦查队伍专业化建设，促使反贪侦查人员积极学习和应用反贪信息化装备和技术，提升反贪信息化侦查水平；其次，"两化"建设通过搭建的反贪侦查网络办案系统，动态地、全程地、及时地反映侦查人员的办案进程，上级检察机关反贪部门可以突破时间和地域的限制对下级检察机关反贪部门及其侦查人员办案情况进行定量的分析和评判，促进反贪侦查人员依法、理性、平和和规范执法；最后，"两化"建设通过搭建的反贪侦查工作考评系统，将每位侦查人员的工作绩效进行量化考评，自动生成排名，并作为年终考核的主要依据，有助于较为客观、公正地反映每位侦查人员的工作实绩，进而促进反贪侦查队伍良性竞争的实现。

变革七：反贪侦查整体效益由低效化向高效化转变

反贪侦查整体效益是指反贪侦查过程和结果所体现出的效果和收益②，具体而言，是指在反贪侦查实践中，反贪侦查部门所投入的包括人力、物力、财力等侦查成本与侦查收益之间的比值。"成本"和"收益"原本是经济学中衡量效益的主要指标，两者之间的差额越大，效益就会越高。将其引入到反贪侦查工作中，就是要求反贪部门以尽可能小的侦查成本取得最大限度的侦查收益，毕竟我国反贪侦查资源毕竟是有限的，尤其是在现阶段反贪侦查资源并不能满足反贪侦查工作的实际需要。

传统型反贪侦查整体效益往往呈现出"低效化"特点，具体而言，传统型反贪侦查工作以追求侦破案件为最终目标，往往并不注意甚至忽略反贪侦查成本投入的多少，以致消耗了大量的人力、物力和财力等。此外，随着"自侦案件批捕权上提一级"，在文书移送、同步录音录像、两级办案人员沟通等环节必将出现更多的侦查成本支出。"迟到的正义非正义"，追求公平和效益

---

① 杨辉解：《论公安信息化引领侦查工作十大变革》，载《湖南警察学院学报》2011年第1期。

② 任惠华：《侦查学研究心得》，群众出版社、中国人民公安大学出版社2010年版，第3页。

的动态统一已是现代刑事诉讼的基本理念之一。① 新刑事诉讼法对于强制措施的规定更加突出公正和效益的关系，把公正作为改革和完善强制性措施的基础，把效率作为目标，更好地体现了现代刑事诉讼的特点，② 正如樊崇义教授所言："公正与效益不可偏废，绝对的程序公正缺乏时代感，绝对的诉讼效益则不能长久……要把握好两者之间的关系，必须坚持以下两点，即公正为基础，效益为关键。"③

"两化"建设将推动反贪侦查整体效益由低效化向高效化转变。"两化"建设的根本目标就是要通过最大限度地优化侦查资源配置来获取反贪侦查整体效益的最大化，从而实现反贪侦查工作的健康、高效和可持续发展。在"两化"建设推动下，反贪部门将更加重视反贪侦查成本投入方向和重点的转变，注重向科技要检力，将侦查工作投入的重点放在侦查信息的收集、侦查技能的提高、侦查装备的改善，并且注意巧用和慎用强制措施，最大限度提高侦查收益；与此同时，"两化"建设将促使网上办案方式开展，侦查人员可以充分利用网上传输、网上呈报、网上审批等先进的办公方式，大大节省办案的人力、物力和财力等侦查资源，尤其是能更加有效地应对"自侦案件批捕权上提一级"之后带来的侦查成本大大增加的问题，同时也有助于进一步优化侦查内部监督制约机制运行，进一步促进反贪侦查办案规模和质量的共同提升。因此，从这个角度上来讲，"两化"建设将大大降低侦查成本，增加侦查收益，促使反贪侦查整体效益逐步走向"高效化"。

---

① 例如，《日本刑事诉讼法》第 1 条规定："本法的目的"包含有"正当而又迅速地适用刑罚法令"的内容。《美国联邦刑事诉讼规则》第 2 条规定："本规则旨在为正确处理每一起刑事诉讼规则，以保证简化诉讼，公正司法，避免不必要的费用和延迟。"参见陈光中：《刑事诉讼法》，北京大学出版社、高等教育出版社 2012 年版。

② 童建明：《新刑事诉讼法理解和适用》，中国检察出版社 2012 年版，第 99 页。

③ 樊崇义主编：《诉讼原理》，法律出版社 2003 年版，第 200 页。

检察机关技术侦查权相关问题研究

程　雷*

　　2012 年 3 月 14 日十一届全国人大五次会议表决通过了《关于修改刑事诉讼法的决定》，这是继 1996 年以来我国刑事诉讼法的第二次全面修正。修正后的刑事诉讼法（以下简称"新刑事诉讼法"）与 1996 年刑事诉讼法修正时的一项重要不同就在于其对侦查程序进了较大幅度的改革与完善，① 其中最为突出的修改就是为了应对隐形犯罪等新型犯罪活动的挑战，增设了"技术侦查措施"专节。② 该节第 148—152 条比较全面地规范了秘密侦查的三大类手段，③ 包括技术侦查、隐匿身份的侦查以及控制下交付。新刑事诉讼法授权检察机关直接受理的案件侦查过程中，可以采取技术侦查措施，但不得使用其他

---

　　* 中国人民大学法学院副教授，法学博士。

　　① 1996 年刑事诉讼法修改中对侦查程序的调整主要涉及律师介入侦查程序、明确检察院自侦案件的范围、犯罪嫌疑人的称谓等，但这些修改在该次刑事诉讼法修改中所处的地位并不十分突出，参见顾昂然：《关于〈中华人民共和国刑事诉讼法修正案（草案）的说明〉》，载胡康生、李福成主编：《中华人民共和国刑事诉讼法释义》，法律出版社 1996 年版。

　　② 需要注意的是"侦查"一章第八节"技术侦查措施"的节名是一种"搭车式"的提法，即虽然本节规范了秘密侦查的三种主要手段，即技术侦查、隐匿身份侦查与控制下交付，但由于五个条文中的四个条文都是规定技术侦查问题，规范其余两类秘密侦查措施的条文主要是第 151 条，因此立法机关使用了"技术侦查措施"的节名顺带规范了内容较少的其他两类秘密侦查措施。虽然刑事诉讼法侦查章中类似的命名方法并不罕见，如"勘验、检查"一节中还规范了尸体解剖与侦查实验；"查封、扣押物证、书证"一节中还规定有查询、冻结，但从立法技术进一步完善的角度，这种"搭车式"的命名方法还可以再行斟酌。

　　③ 笔者所使用的"秘密侦查"是指侦查机关在相对人并不知悉的情况下实施或完成的各种侦查活动，相对人由于受到侦查人员的欺骗，或由于侦查人员隐瞒了侦查行为的进行，相对人对侦查活动的进行并不知情。技术侦查区别于其他侦查技术、侦查方法的本质特征在于其的秘密性，属于秘密侦查的种类之一。

两类秘密侦查手段。① 本文将着重分析新刑事诉讼法规定的检察机关技术侦查权的授权与实施中的相关问题。笔者将首先回顾检察机关技术侦查权入法的背景与过程和对此次修法的总体评价，之后将围绕着技术侦查适用的案件范围、审批程序与内容、适用对象、交付执行的程序与证据使用等影响法律实施的重点问题展开分析，在分析的过程中，笔者既讨论了立法中的不同意见以进一步明晰立法的原意，同时也对条文中亟待进一步解释之处提出了个人的解决方案。

一、立法背景及过程的简要回顾

从法律规范的层面来看，检察机关的技侦权首先是有宪法依据的，1982年宪法第40条规定："中华人民共和国公民的通信自由和通信秘密受法律保护。除因国家安全或者追查刑事犯罪的需要，由公安机关或者检察机关依照法律规定的程序对通信进行检查外，任何组织或者个人不得以任何理由侵犯公民的通信自由和通讯秘密。"宪法授权检察机关可以拥有技术侦查权，但需要法律进一步规定程序方可实施，但直至2012年刑事诉讼法修改前，所有的现行法律都没有落实宪法的规定，导致检察机关行使技侦权缺乏法律层面的依据。②

从司法实践的层面来看，1989年7月10日最高人民检察院、公安部联合下发《关于公安机关协助人民检察院对重大经济案件使用技侦手段有关问题的通知》，检察院自侦部门开始在其管辖案件范围内商请公安机关协助采用技

① 新刑事诉讼法在第151条规定隐匿身份侦查的主体时使用的表述为"公安机关"，没有明确表述"侦查人员"、"人民检察院"或"检察机关"等可以涵盖人民检察院自侦案件范畴的术语。有观点认为，1996年刑事诉讼法第131条、新刑事诉讼法第162条规定"人民检察院对直接受理的案件的侦查适用本章（即"侦查"章）的规定"可以引申出检察机关在侦查直接受理的案件中可以采取"侦查"章所规定的各种侦查行为。然而，需要注意的是，"侦查"章对各种侦查行为的界定中立法技术上均明确了主体，如果是准许自侦案件侦查使用的侦查行为，均表述为"侦查人员"或者明确表述"公安机关、人民检察院"；也就是说根据现有的这种定型的立法技术，凡是没有明确人民检察院可以使用，或者没有明确表述为"侦查人员"、"侦查机关"的侦查行为，检察机关在办理自侦案件过程中均不得使用。这一点从技侦手段主体的授权角度来看，得到了进一步的印证。

② 1993年制定的国家安全法第10条、1995年制定的人民警察法第16条分别部分地履行了宪法的诫命授权公安机关、国家安全机关在追查刑事犯罪、侦查危害国家安全的行为过程中可以采取技术侦查措施。虽然这两部法律的授权并没有完全实现宪法所要求的"依照法律规定的程序"方可采取技术侦查手段，但至少部分解决了公安机关、国家安全机关采取技术侦查措施在法律位阶方面的法律依据问题。

侦手段。早在检察机关自侦部门创设之初，许多有识之士就已经意识到技术侦查等秘密侦查权对于查办自侦案件所发挥的不可替代的重要价值，并开始了长期的呼吁、研究的努力，① 部分地区的自侦部门也开始尝试自行购置相应的技术设备、培训相关的技术人员，游离于法律与政策的边缘在自侦案件办理实践中采取部分技术侦查手段。在绝大多数自侦案件中需要采取技术侦查措施的，人民检察院都是按照上述《通知》的规定委托公安机关协助实施，但过去多年的实践表明，这种商请公安机关协助适用的工作机制实施情况并不理想，检察院与公安机关之间配合使用技侦手段的机制不够顺畅、效率低下，办案效果不理想。②

2012 年刑事诉讼法修改讨论过程中，检察系统强烈呼吁赋予人民检察院完整的技术侦查权，特别是自行实施技侦手段的实施权，但最终立法确定的方案是仅赋予检察机关技术侦查的决定权，执行权仍然由公安机关或国家安全机关行使。之所以没有赋予执行权或者说自行实施权主要是基于两个方面的原因考虑：一是技术侦查手段本身是一种严重干预公民隐私权的"双刃剑"，是以牺牲公民隐私权来换取安全的一种"必要的恶"，应当严格控制执行主体，防止隐私干预扩大化；二是检察机关自侦案件的对象均为党员干部，而对于党员干部使用技术侦查手段的巨大风险在于极易导致该手段被滥用于政治斗争、派别争斗，人们担心"技术侦查的使用将引发党内政治生活的混乱，造成人人自危、相互猜忌的局面，损害同志关系，损害民主团结和生动活泼的政治局面，而且极有可能沦为帮派分子搞政治斗争的工具"。③ 加之在立法讨论过程中，公安机关明确表态，如果继续维持现有的执行体制，公安机关将完善协助机制、尽力配合检察机关在查办自侦案件中采取技术侦查手段。最终立法机关选择的方案是仅赋予检察机关决定权，执行权仍然由公安机关或者国家安全机关行使，同时在法律实施过程中应当完善公安机关配合人民检察院执行技侦手段的工作机制，改进工作效果。

二、新刑事诉讼法规定的进步意义与局限性

新刑事诉讼法用较为详尽的条款规定了技术侦查措施的使用主体、适用范

---

① 肖扬：《反贪报告——共和国第一个反贪污贿赂工作局诞生的前前后后》，法律出版社 2009 年版，第 147—153 页。
② 王建明：《职务犯罪侦查措施研究》，中国政法大学 2007 年博士学位论文，第 98—99 页。
③ 彭真：《论新中国的政法工作》，中央文献出版社 1992 年版，第 303 页。转引自詹复亮：《职务犯罪侦查热点问题研究》，中国检察出版社 2005 年版，第 186 页。

围、执行程序、证据使用等一系列问题，提升了我国技术侦查手段合法化的程度，体现了党和国家对技侦手段这一高度敏感、重大的公权力在治理方式上由政策管理开始转向法治治理，是"政策技侦"向"法治技侦"转型的重大开端，是重大的历史性进步。同时我们也应当客观地看到，由于 60 多年来形成的传统以及我国技侦手段在新中国历史上曾经出现被严重滥用的深刻教训等因素的制约，技术侦查手段在过去的较长时期且在未来相当一段时间内始终在坚持党管技侦的原则，① 党管技侦、政策技侦仍然是主导性的规制方式，新刑事诉讼法的规定是辅助性的。这一背景能够帮助我们更好地理解为何新刑事诉讼法不少条款的规定不够具体、明确，因为所谓的"经过严格的审批手续"、"按照规定交有关机关执行"、"采取技术侦查措施的种类"等问题是在党的政策与内部文件中加以规定的，现有的社会条件与改革时机尚未完全成熟，在刑事诉讼法中明确上述具体问题的条件尚不具备。在政策与法律双重规制的现实情况下，技术侦查权的行使首先应遵守法律的规定，而新刑事诉讼法有意没有作出明确规定的问题，仍然依赖政策调整，需要遵守党内的一系列政策文件。

三、检察机关适用技侦手段的案件范围

刑事诉讼法第 148 条第 2 款与第 3 款分别规定了检察机关办理自侦案件过程中可以适用技侦手段的两种案件范围类型。其中第 2 款规定的是侦查取证为目的的技侦手段只能适用于"立案后的重大的贪污、贿赂犯罪案件以及利用职权实施的严重侵犯公民人身权利的重大犯罪案件"。具体而言，首先只能对于立案后的案件采取技术侦查手段，在立案前的初查阶段以及纪委调查环节上不能依据刑事诉讼法的规定采取技侦手段。实践中在上述两个环节上使用技侦手段不是不允许，但应当遵循党管技侦的原则，参照其他党内文件、内部规定的要求另行履行审批手续、遵照不同的程序实施。其次，"重大的贪污、贿赂犯罪案件"包括两个层面上的限定，从罪名上看仅包括贪污罪、行贿罪、受贿罪三个罪名，不能将刑法分则第八章"贪污贿赂罪"中的所有罪名都纳入其中。因为从文义解释的角度来看，本条中的"贪污、贿赂犯罪"表述中的顿号表明罪名范围与刑事诉讼法第 18 条规定的人民检察院直接受理侦查的

---

① 关于技侦手段规范的传统、观念方面的具体介绍，可参见程雷：《秘密侦查立法宏观问题研究》，载《政法论坛》2011 年第 5 期。

"贪污贿赂犯罪"的范围是不同的。① 从罪行的严重程度来看,只能适用于重大的贪污、贿赂犯罪案件。"重大"的衡量标准应参照刑法及之前高检院发布的司法解释确定,比如根据刑法分则受贿罪量刑规定,受贿金额 10 万元以上属于数额巨大的重大贿赂犯罪。最后,对本款规定还需要界定"利用职权实施的严重侵犯公民人身权利的重大犯罪案件"的范围,参照刑事诉讼法第 18条及《人民检察院刑事诉讼规则》第 8 条的解释,利用职权实施的侵犯公民人身权利的犯罪至少应当包括非法拘禁,非法搜查,刑讯逼供,暴力取证,体罚、虐待被监管人 5 个罪名。而人民检察院直接立案侦查的报复陷害、破获选举罪属侵犯公民民主权利的范围,按照刑事诉讼法的规定不适用技术侦查手段。同时在司法解释中仍应当对何为此款中规定的"重大犯罪案件"划定标准,建议适用最高人民法院年度工作报告中使用的 5 年的刑期标准界定重罪,即"重大犯罪案件"是指可能判处 5 年以上有期徒刑的案件。

本条第 3 款规定了以追逃为目的的技侦手段的适用对象,即"追捕被通缉或者批准、决定逮捕的在逃的犯罪嫌疑人、被告人"可以采取追捕所必需的技术侦查措施。细言之,此种情形下的适用对象为签发通缉令通缉的被追诉人或者被批准或者决定逮捕而在逃的被追诉人,无论案情是否重大,均可适用技术侦查手段查找相关人员的下落。

四、审批程序与内容

刑事诉讼法第 148 条规定,人民检察院根据侦查犯罪的需要,经过严格的批准手续,可以采取技术侦查措施;第 149 条进一步要求批准决定应当根据侦查犯罪的需要,确定采取技术侦查措施的种类和适用对象。但刑事诉讼法并没有明确何为"根据侦查犯罪的需要"、经过如何"严格的批准手续",使用哪些种类的技术侦查措施,对何种适用对象可以采取技侦手段。审批程序与审批内容的模糊使得立法遭到社会各界的广泛批评,在立法修改审议过程中不少代表、常委会委员以及专家也提出了相关意见建议明确相关内容。

关于上述批评、建议,有如下几个问题需要讨论:

(一)"根据侦查犯罪的需要"的表述主要是借鉴了人民警察法中的表述,该法第 16 条对于技侦手段的适用条件表述为"因侦查犯罪的需要",刑事诉

---

① 此外刑事诉讼法第 280 条规定违法所得没收程序对象时使用了与第 18 条相同的表述,刑事诉讼法全文仅在这两条中使用了"贪污贿赂犯罪"的表述。文义表述上的差异从文义解释的角度可以得知立法原意是要甄别人民检察院自侦案件范围的刑法分则第八章与技侦手段的适用案件范围。

讼法参照这种提法略作修改表述为"根据侦查犯罪的需要"。① 这一表述通过引鉴已有法律的规定显得比较稳妥，但仍然失之宽泛，这里的"根据侦查犯罪的需要"应当被解读出技侦手段适用的一项核心性规制原则，即最后手段原则，细言之，只有在其他侦查手段无法达到侦查目的时，才能考虑适用风险性极强、严重干预公民隐私权的技术侦查手段，② 这是贯彻比例原则的重要体现。

（二）"严格的批准手续"也是人民警察法、国家安全法的原文表述，但这一表述显然没有实现宪法第 40 条所要求的"依照法律规定的程序"才可采取技术侦查措施，因为连由谁批准都未明确的法律规定根本谈不上依照法定程序问题。在法律修改的前期准备阶段，立法工作机构提出的修正案（草案）讨论稿中曾经明确规定"严格的批准手续"具体是指地市以上公安机关负责人批准，人民检察院适用技侦手段的需省级人民检察院负责人批准。但这一明确而具体的批准手续在修正案提交常委会 22 次会议初次审议时被删除，立法机关最终选择了维持原有相关法律中的原则性表述。这里一个无法处理的棘手问题是实践中根据党的政策与内部文件所规定的审批程序，对于党员干部适用技侦手段的，应当首先报相应级别的党委审批后方可适用。这一做法无法写入法律，甚至无法向社会公开，因为其既不符合法律面前人人平等的原则，也与党政分离、改善与加强党的领导方面的政治体制改革方向不符。在技侦手段仍然维持党的管理为主、法律规制为辅的格局下，选择原则性的规定、模糊化处理是一种较为适当的处理方式，将"严格的批准手续"转至参照党内文件与内部规定的批准手续去规范与执行，也可以避免法律的规定与现有的政策、内部文件相抵触。

笔者认为，目前的这种处理党管技侦与法律规制技侦二者关系的策略仍然有进一步可以完善的空间。党管技侦原则与法治技侦的发展方向并不是必然存在冲突与矛盾的，为了保持党内生活的有序、活泼，防止技术手段滥用于政治斗争、党派斗争，可以在法定的技侦审批程序之前设置前置审查程序，依据干部管理权限由相应级别的党委负责人事先审批与进入法律程序后（更为准确地讲是立案后），再遵循法定的明确的审批手续审查是否可以启用技侦手段，二次审批之间并不矛盾。二者的关系非常类似于目前腐败案件查处过程中纪委与人民检察院之间的分工与配合所体现的相互关系。采纳修正案讨论稿中对目

---

① 实际上宪法第 40 条、国家安全法第 10 条都有类似的表述形式。
② 郎胜主编：《中华人民共和国刑事诉讼法修改与适用》，新华出版社 2012 年版，第 277 页。

前实践中已经通行的技术侦查手段的审批主体设置，即地市以上公安机关负责人批准的做法，并不会影响、动摇党管技侦的原则。只要在司法解释中明确"地市以上公安机关负责人批准"的规定，就足以说明了审批程序的严格性，毕竟这种审批级别是目前刑事诉讼法各项侦查行为的审批手续当中最为严格的，从而可以回应社会各界的质疑与关切。

（三）技术侦查措施的种类。刑事诉讼法第149条与第150条在规定技术侦查措施的批准决定和执行程序时分别要求批准决定应当确定采取技术侦查措施的种类；采取技术侦查措施时应当严格按照批准的措施种类采用。然而，刑事诉讼法并未明确技术侦查措施的具体种类，二者之间显然存在一定的矛盾。在立法修改的审议研究过程中，曾经有意见主张在立法中应当明确技术侦查的措施，由于技术侦查措施是一类种概念，包括各种具体的技侦手段，批准采取技术侦查措施应当明确具体是采用何种手段，而不应当是笼统批准采取技侦措施，不对具体的手段加以限制，这势必会导致公民隐私权受到不合比例的泛泛干预。从目前立法的规定来看，一方面立法者是考虑到不宜普遍授权的观点，因此才规定在决定与执行时应当明确技侦措施的具体手段种类；但另一方面立法者也考虑到以下两个方面的困难，没有在法律中明确具体的措施种类：首先明确规定技侦手段可能导致技侦手段曝光，不利于防范反侦查，影响到技侦手段的效用；其次详细列举技侦的各种手段不符合技侦手段自身发展所体现的时效性。技侦手段的具体种类是伴随着科技革命的不断深化而不断推陈出新的，许多原有的技侦手段也会因为效用、成本以及人们行为方式的转变而逐步退出历史舞台。在技侦手段不断迅猛发展的情况下，在法律中列举技侦手段的结果势必是定期应当修改法律增加授权侦查机关采取新的技侦手段，这样的法律条文永远滞后于现代科技的发展。

立法机关对于上述两方面意见的冲突最终采取了回避的态度，并未找到解决二者矛盾的有效策略，然而，技侦措施种类不明确难以掩盖侦查实践中切实存在的困惑与疑问。比如，许多全新的技术性侦查手段包括手机短信息查询、手机与电脑定位、情报信息数据库的查询与比对是否属于技侦手段？秘密拍照、秘密录像是否一定是技侦手段而只能由技侦部门采取？对这些问题的回答首先要明确技侦手段的具体种类，属于技侦手段就应当履行"严格的审批手续"和特殊的证据使用规则，反之则可以采取较为宽松的审批程序与正常的证据审查判断规则。

笔者认为，化解技侦手段保密与手段范围的明确化、法律的确定性与与时俱进之间的矛盾，出路在于区分技术侦查措施与技术侦查手段两个概念，将措施以侵犯公民权利的具体种类进行划分，手段则是在措施之下的更为具体的概念，刑事诉讼法可以明确相对宏观但不是规范性质的技术侦查措施，但不列举具体的手段种类。虽然科技发展日新月异，但作为法律评价对象的干预公民权利的技术侦查措施不外乎对人的通信、活动、物品与所处场所加以控制，因此可以从技术侦查措施干预公民权利的种类出发，将同步、秘密监控公民通信、活动、物品与场所的侦查行为划分为四大类措施。无论新型技术手段衍生出何种全新的侦查手段，只有设计对公民上述四种权利客体进行秘密、同步监控，即可视为技术侦查措施。按照这一思路，同步定位犯罪嫌疑人的手段，无论是使用手机、电脑或者其他定位设备，均属于技术侦查措施；而事后对已经存储的短信息或者各种信息数据库的查询不属于技术侦查措施，当然对于短信或者各种信息记录产生过程中的同步截取与查询，则应当划归技术侦查措施的范畴加以规范。

（四）适用对象。刑事诉讼法第149条与第150条要求批准采取技侦手段和具体执行技侦手段时应当对确定的适用对象展开，然而法律并没有明确适用对象是案件还是具体的犯罪嫌疑人、被告人。虽然立法机关工作机构在法律通过后的释义书中明确提出，"适用对象"是指人，也就是说应根据侦查犯罪的需要，具体明确对案件中的哪个人采取，而不是笼统地批准对哪个案件可以采取技术侦查措施。① 但这一释义仍然很难弥补法律规定的欠缺，对于适用对象仍然有待具有法律效力的立法或者司法解释予以明确。

目前，实践中决定采取技侦手段的对象是案件，因为在绝大多数案件中开始使用技术侦查措施的目的就是确定犯罪嫌疑人，如果将适用对象限制为具体的个人，势必会导致许多案件中由于犯罪嫌疑人不确定而无法依法适用技侦手段。以案件为对象的弊端是容易导致技侦手段普遍干预公民权利，即为了确定个别的犯罪嫌疑人，需要对若干与案件无关但在启用技侦手段之时有无法排除嫌疑之人采取技侦手段。笔者认为，确定技术侦查措施的对象应当统筹考虑侦查效率与人权保障之间的关系，将适用对象明确为人，但这里的"人"可以是与特定的通信线路、物品、场所或活动直接相关的拟制人，无须要求适用对象的身份完全明了。

五、执行主体与交付执行的衔接性规定

新刑事诉讼法仅授予检察机关技术侦查措施的决定权，决定采取技术侦查措施的，应当交有关机关执行。这里的"有关机关"原则上是指公安机关，

---

① 郎胜主编：《中华人民共和国刑事诉讼法修改与适用》，新华出版社2012年版，第279页。

在例外情况下，比如，查办的案件涉及公安机关工作人员，可以交由国家安全机关执行。早在 1989 年，最高人民检察院就与公安部联合下发通知规定，在查办经济犯罪案件中人民检察院可以决定采取技术侦查商请公安机关配合执行，然而这种协助配合执行机制在过去的实践中暴露出协作难、效率低等诸多弊端，这在很大程度影响到自侦案件的查办效果。新刑事诉讼法在维持目前的技侦实施权体制下，参酌增设技术侦查措施措施新规定的立法意图，在法律实施过程中应当重视、强化人民检察院采取技术侦查措施的交付执行机制。具体而言，人民检察院与公安机关应当明确决定权与执行权二者之间的各自边界，人民检察院作为决定机关负责审核采取技术侦查措施的适用条件、适用对象、适用范围是否符合法律的规定并制作决定书等类似法律文书交由公安机关执行；公安机关技侦部门收到决定书后仅进行形式审查，认为法律手续齐备、决定书中载有明确的适用对象、措施种类与侦查目的之后应当立即交付实施，最迟不得超过 3 日。在上述明确期限内不能交付执行时应当及时回告交付执行的人民检察院并说明理由，必要时可以要求人民检察院侦查部门补充提供有助于继续采取技侦措施的相应信息。技术侦查措施达到相应侦查目的之后，公安机关应当将收集到的相应材料归卷移送人民检察院，供其在诉讼中使用，对于与案件无关的信息，由公安机关及时销毁。

六、证据使用

长期以来的执法实践中，技侦及其他秘密侦查手段所获材料原则上不得用做证据，这一内部政策与做法带来的结果要么是"只能做不能说"，要么就是"做了也白做"。前者由于所获信息未作为证据使用，犯罪嫌疑人、被告人不知悉，无法进行质证、审核，严重限制了相对人的公正审判权；后者带来的困境是近年来不断出现不少个案中技侦材料无从转化，只有直接使用才能定案，甚至才能决定是否适用死刑。① 技侦所获材料能否适用已经成为制约部分大案要案能否依法处理的瓶颈。

为解决上述困境，新刑事诉讼法中单列一条规定了技侦手段与其他秘密侦查手段所获证据的使用，第 152 条规定："依照本节规定采取侦查措施所收集

---

① 实践中此类案件主要出现在一对一证据的贩毒案件中，比较典型的情景为指使他人贩毒的案件中，从犯供认，但主犯拒不供认，此时除了一对一相互矛盾的被告人口供外，往往仅存的证据就是电话监听等技侦或者其他特情证言，而由于主犯拒不供认，又无法通过其口供转化秘密侦查获取的证据，如果不直接使用技侦或者其他秘密侦查所获材料，案件就无法定案。

的材料在刑事诉讼中可以作为证据使用。如果使用该证据可能危及有关人员的人身安全，或者可能产生其他严重后果的，应当采取不暴露有关人员身份、技术方法等保护措施，必要的时候，可以由审判人员在庭外对证据进行核实。"

本条的规定至少包含了两层含义：第一，肯定了技术侦查所获材料的证据效力，有助于解决在个别案件中缺少技侦材料无法定案的困难，提高对极个别疑难、重大案件的打击力度。以技侦手段所获成果作为证据使用为例，证据运用过程中可以产生多种符合现行法律规定的证据形式，比如，电话监听、窃听获取的录音带，电子监视与密拍密录获得的录像带都可以作为视听资料提供给法庭；秘密拍照获取的照片可以作为书证使用；密搜密取获得的物品样本可以作为物证使用；技侦人员也可以出庭作证，以证人证言的形式描述技侦手段的使用经过以及案件当时的事实情况。需要对技侦结果的真实性进行检验时，还可以聘请鉴定人出庭作证提供鉴定结论。

在此需要强调的是，刑事诉讼法虽然规定"可以"用做证据，并不意味着所有材料都应当用做证据，这一规定仅仅是针对过去技侦材料原则上不得用做证据的政策的纠正，法律实施中仍应当坚持证据最后使用原则。① 技侦手段的最主要功用在于证据衍生功能或者说发现犯罪线索，同时考虑到技侦材料使用过程中手段泄密所引发的反侦查、危及侦查人员安全等后果，合理的证据使用策略应当是用做证据作为例外情形，即坚持最后使用原则，能不用时尽量不要使用技侦材料作为证据。

第二，证据使用过程中不必遵循通常的证据审查、判断规则与程序，应当以不危及人员安全、暴露相关人员身份与技术方法作为使用的前提。必要的时候，可以无须经过庭审质证程序，而是由法官在庭外对证据进行核实后确定其证据效力。这一规定与证据只有经过控辩双方质证才能作为定案根据的质证原则直接矛盾，② 是在充分考虑到技侦手段的保密性、有效性基础之上对质证原则作出的限缩。

具体而言，新法强调了应当注意不暴露"技术方法"等保护措施，技术侦查是依赖高科技技术存在的一类侦查手段，技术方法显然是维系技术侦查生命力的核心所在，且与证据的效力关联不大，对技术方法保密一般不影响辩方的证据质询权，因此在证据运用过程中，对"技术方法"应当注意保密。除此

---

① 陈卫东：《理性审视技术侦查立法》，载《法制日报》2011 年 9 月 11 日。
② 《关于办理死刑案件审查判断证据若干问题的规定》第 4 条确立了质证原则，该条规定："经过当庭出示、辨认、质证等法庭调查程序查证属实的证据，才能作为定罪量刑的根据。"

之外，该条提及的"等保护措施"这一兜底条款还应当涵盖哪些内容，值得进一步探讨。从实践的角度来看，技术侦查的实施过程也因涉及大量的侦查策略细节以及技术含量，应当纳入保密的范畴，① 同时技侦手段使用过程中可能涉及国家秘密、商业秘密以及个人隐私的内容，在证据使用的过程中也应当注意防止为公众知悉。

本条对秘密侦查证据使用中的保护还规定了一种庭外核实程序，即在上述各种保护措施无法化解庭审质证带来的各种风险时，"必要的时候，可以由审判人员在庭外对证据进行核实"。立法的表述暗含着原则上应当在采取各种保护措施的前提下当庭对秘密侦查所获得的证据进行质证，例外的情形下可以进行庭外核实。当然，立法并未明确何为"必要的时候"这种例外，但显而易见的是至少应当理解为"采取不暴露有关人员身份、技术方法"等措施无法确保技术方法与过程的保密、相关人员的人身安全以及防止其他危害后果的发生。

就法官在庭外对相应证据材料进行核实的方法而言，审判人员可以询问相应的特情、卧底人员以及相关办案人员，可以查阅、听取电话监听、窃听的录音、录像等原始监控记录，必要时可以对相关物证、视听资料、电子证据的真实性进行鉴定。

争议的问题在于立法中并未对法官庭外核实、调查的程序作出具体的限定，特别是法官单方核实还是允许控辩双方在场、如何保证辩方的知悉权与质询权等。在法律起草与审议的过程中，社会各界尤其是律师界对此问题提出较多的意见，认为这种庭外核实过程，如果由法官单方进行，无法保障辩方的知悉权与质询权，严重违反了公正审判原则。②

庭外调查权一直以来是我国职权主义特色庭审模式的重要标志，1996 年修改刑事诉讼法时曾经对庭外调查权的行使时间、条件与手段作出了一定的限缩与约束。③ 尽管如此，一直以来法官庭外调查权在实务界与理论界都充满了争议，特别是对于控辩双方是否在庭外调查时在场的问题，理解不一。最高人

---

① 2010 年 7 月 1 日生效的"两高三部"《关于办理死刑案件审查判断证据若干问题的规定》第 35 条首次肯定了特殊侦查手段，即秘密侦查所获证据的证据效力，同时规定在使用此类证据时"法庭依法不公开特殊侦查措施的过程及方法"。

② 在全国人大法工委 2010 年年底至 2011 年 2 月份期间提出的修改方案初稿中，本条最后曾有规定法官在庭外核实证据的，"可以通知检察官与律师在场，但需要签署保密协议"。这一规定经过之后几个月的部门协调之后，在 2011 年 8 月底公布的修正案一审稿中被删除。

③ 龙宗智：《刑事庭审制度研究》，中国政法大学出版社 2001 年版，第 388 页。

民法院在 1998 年《关于执行刑事诉讼法若干问题的解释》第 154 条、2010 年《关于办理死刑案件审查判断证据若干问题的规定》第 38 条分别规定，法庭进行庭外调查时，必要时，可以通知控辩双方到场。通过上述规定可以看出，最高人民法院对于控辩双方到场采取了一种灵活的策略，将是否需要通知控辩双方到场的裁量权交由审判人员逐案判断。从法官保持消极与中立的角度，抑或从保证控辩双方证据质询权、对质权的角度而言，庭外调查应当通知控辩双方到场，然而，这些诉讼基本原则对于秘密侦查所获证据的使用应当设置若干例外。设置例外的主要理由在于国家安全与国家利益、侦查手段的效能以及相关侦查人员的人身安危。如果没有变通的证据使用方式，严格遵循质证原则与公正审判原则运用相关证据，证据的公开既可能危及国家安全与国家利益，也可能暴露侦查手段导致相应手段失效，影响打击犯罪的能力，还有可能危及相关秘密侦查人员的人身安全。因此在理解与适用本条中的"庭外核实"方式时，应当兼顾到人权保障与犯罪惩治的双重目标，对公正审判原则、对质权作出一定程度的限缩。可以考虑的限制方式有二：一是法官单方核实证据，之后将核实结果通知控辩双方，控辩双方有异议的，可以就相关问题进行书面质询；二是控辩双方可以于法官核实证据时在场，但辩方在场人员仅限于辩护律师，且该律师需经过国家安全信赖认证。

七、小结

总体上看，技术侦查措施写入刑事诉讼法是技术侦查措施规范化道路上的一次重大进步，标志着我国技侦手段的规制开始迈向法治的轨道。当然，新刑事诉讼法只是一个良好的开端，改革是应当循序渐进的，在当前的历史发展阶段上，规范技术手段的使用主要还是依赖党中央、公安部的一系列内部政策与规定，刑事诉讼法只是起到辅助的作用。这一客观情况恰好印证了为何刑事诉讼法第 149—152 条当中充满了较多的模糊性与不确定条款。

法律的生命在于实施，即使法律的模糊与不确定能够通过立法程序的检验，却绕不过法律实施的环节。因此，对于刑事诉讼法所规定的技术侦查措施的案件适用范围、适用对象、审批主体、执行程序和证据使用问题都应当进一步具体化、明确化，在这方面立法中遇到的困境是可以找到可行的解决方案的。

略论技术侦查的法治化

单 民* 董 坤**

近年来，随着我国犯罪类型的多样化、复杂化，犯罪活动日渐呈现出高智能化、高科技化、组织性强、隐蔽程度高的发展趋势，但受制于现有法律的规定，现有的侦查措施相对单一、不足，在侦查惩治犯罪的过程中，侦查机关常常面临着发现难、取证难、认定难的窘境。为了提高打击犯罪的能力，满足实践的现实需要，新修改的刑事诉讼法（以下简称新刑诉法）在原刑事诉讼法"侦查行为"一章中设专节对"技术侦查措施"作出了明确规定。技术侦查的法定化虽然解决了技术侦查长期于法无据以及所获材料不能直接作为证据使用的难题，丰富和完善了侦查措施体系，一定程度上提高了侦查机关打击犯罪的能力，但由于受长期以来我国技术侦查神秘主义的影响，刑诉法在修改时采取的仍是一种"宜粗不宜细"的立法技术，立法规定总体上仍过于简单、粗疏，一些基本的程序规则付之阙如，授权性规范多、限制性规范少。与法治发达国家相比，我国技术侦查措施的法治化程度依然较低。这种立法现状使得技术侦查措施的使用具有很大的随意性，实践中潜伏着被滥用的巨大风险。因此，在技术侦查措施初步实现法定化后，如何保障其使用中的法治化、遏制权力恣意，仍是一项亟待研究的重大课题。对此，笔者认为应从技术侦查使用的内部程序性控制以及外部检察机关的侦查监督两个方面对技术侦查予以规范，实现技术侦查的法治化。

一、明确和细化对技术侦查的内部程序性控制

"自古以来的经验表明，所有拥有权力的人都倾向于滥用权力，而且不用

---

* 最高人民检察院检察理论研究所副所长，教授，法学博士。

** 最高人民检察院检察理论研究所助理研究员，《中国刑事法杂志》编辑，诉讼法学博士。

到极限绝不罢休。"① 到了现代法治国家，法律成为治理国家的重要手段，其建筑在政治组织社会的权力和强力之上。"政府只能拥有法律明确规定的权力，法律是对权力的一种限制……它把权力的行使加以阻止和系统化起来，并使权力有效地维护和促进文明……"② 现代法律程序的确立，正是通过法的程序性表征为国家权力创设了外在的标准，使权力的行使在法治程序的轨道上规范运转、正当行使，以限制国家权力的恣意膨胀。为此，坚持侦查法定原则，在明确了技术侦查法律化的同时，必须通过相关的司法解释进一步细化技术侦查适用的基本原则和条件、侦查的对象范围以及适用期间等程序性规范，通过侦查活动内在程序性运作规定来保证技术侦查的法治化。

（一）坚持技术侦查案件范围适用上的重罪原则和必要性原则

综观世界各国技术侦查的适用案件，都遵循了重罪原则的标准，即只能针对重大的刑事犯罪，不能泛化到所有的犯罪案件。因为对于轻微的刑事犯罪而言，其社会危害性并不极端严重，动则采用侵犯性极高的技术侦查，往往会造成侵犯利益与保护利益的不均衡对价，违背侦查措施适用的比例原则。如法国《刑事诉讼法》第 100 条规定："在重罪和轻罪案件中，如果可能判处的刑罚为二年或二年以上监禁，预审法官为了侦查的必需，可以决定截留、登记和抄录邮电通讯。"③ 美国监听法规定，对于《美国法典》第 42 编规定的犯罪，可处死刑、无期徒刑或者 1 年以上监禁刑的犯罪可监听。④《意大利刑事诉讼法典》第 266 条第 1 款（1）规定，应判处无期徒刑或者 5 年以上有期徒刑的非过失犯罪可以允许谈话或者电话的监听。⑤ 英国将秘密监视划分为直接监视和侵入监视两种，其中侵入式监视通过设置监视装置来秘密监视其中发生的任何事情，属于技术侦查措施中电子监听或其他监视形式的一种，对于侵入监视的英国适用范围英国法律规定必须是"严重犯罪"（包括腐败犯罪），具体是指符合英国《2000 年侦查权规制法》(the Regulation of Investigation Powers Act 2000）第 81 条第 3 款规定的犯罪行为，没有前科的 21 岁的犯罪嫌疑人、实施了将被判处 3 年以上监禁的犯罪行为，比如，有赃款的犯罪、暴力犯罪、聚众

① ［法］孟德斯鸠：《论法的精神》（上），许明龙译，商务印书馆 2009 年版，第 166 页。

② ［美］罗斯科·庞德：《通过法律的社会控制》，沈宗灵译，商务印书馆 1984 年版，第 24 页。

③ 《法国刑事诉讼法》，余叔通、谢朝阳译，中国政法大学出版社 1995 年版，第 51 页。

④ 孙长永：《侦查程序与人权》，中国方正出版社 2000 年版，第 133 页。

⑤ 《意大利刑事诉讼法典》，黄风译，中国政法大学出版社 1994 年版，第 89 页。

犯罪、腐败犯罪等。① 新刑诉法规定了"对于重大的贪污、贿赂犯罪案件以及利用职权实施的严重侵犯公民人身权利的重大犯罪案件",检察机关可采用技术侦查。考虑到我国的实际情况,从刑法分则的规定来看,3 年是很多轻罪的最高法定刑,是很多重罪基本法定刑与升格法定刑的分界点,以 3 年有期徒刑(实刑,排除缓刑)为界便于掌握和操作,因而建议在将来新刑诉法的司法解释中,规定这里的重大职务犯罪案件为可能判处 3 年有期徒刑以上实刑的职务犯罪案件,此时方可采用技术侦查。

就世界其他国家对技术侦查的使用来看,其常常强调技术侦查措施的使用要遵循"必要性原则"或者"最后使用原则",即只有在常规侦查措施难以奏效的情况下才可考虑使用。技术侦查除了侵犯公民的人身自由,还可能对公民的隐私权益造成侵害,而这些权利都是公民的基本权利,在执行侦查任务时应当尽量克制,避免侵害。"刑事追究措施,特别是侵犯基本权利的措施在其种类、轻重上、必须要与所追究的行为大小相适应"。② 基于此,美国在 1968 年的《综合性犯罪控制及街道安全法》中规定,在监听适用上主要有两个实质性条件,其中之一就是普通的侦查手段已经尝试过并失败了,或者即使采用也不可能成功或太危险。日本《监听法》规定监听的适用是在采取其他方法确定行为人、查明案件事实真相有显著困难的情况下才准许实施的。德国《刑事诉讼法》第 100 条 a 规定:在以其他方式不能或难以查明案情、侦查被指控的住所的条件下,才能允许命令监视、录制电讯往来。③ 法国《刑事诉讼法典》第 100 条规定,采用监听等技术侦查措施必须是"为了侦查的必需"。法国权威学者对此的解释是:"当传统的侦查技术不太有效时,即可采取这种侦查手段。"④ 日本《关于犯罪侦查中监听通讯的法律》对于监听的条件规定为:"如果不予监听犯人之间的联络电话或其他电讯,查明案件真相即显著困难的情形。"由此可见,国外对包括监听在内技术侦查措施的使用都持非常慎重的态度,通常都强调技术侦查措施的最后性,目的就是防范对个人基本权利的不必要侵害。鉴于此,在我国的犯罪侦查中,对于技术侦查措施的适用也应当是在"普通侦查措施用尽或使用无法成功、危险很大"的前提下启动,这

---

① The Regulation of Investigation Powers Act 2000, 32 (2) (3).

② [德] 约阿希姆·赫尔曼:《〈德国刑事诉讼法典〉中译本引言》,李昌珂译,中国政法大学出版社 1995 年版第 13 页。

③ 陈卫东主编:《模范刑事诉讼法典》,中国人民大学出版社 2005 年版,第 408 页。

④ [法] 卡斯东·斯特法尼、乔治·勒瓦索、贝尔纳·布洛克:《法国刑事诉讼法精义》,罗结珍译,中国政法大学出版社 1999 年版,第 583 页。

应当是新刑诉法中"……根据侦查犯罪的需要……"可采取技术侦查措施的应有之义，可在相关司法解释中予以明确化。

（二）明确技术侦查的适用对象和期限

由于当代犯罪日趋复杂，涉及的人员也较为广泛。依据相关性原则，技术侦查所针对的对象不应仅包括特定的犯罪嫌疑人，还应当适度扩展到与犯罪案件密切相关的人员。我国台湾地区的"通讯保障及监察法"对此就有明确规定：受监察人除犯罪嫌疑人外，还包括为其发送、传达、收受通讯或提供通讯器材、处所之人。对此，笔者认为，技术侦查所适用的对象不应仅仅局限于犯罪嫌疑人，也可以是与犯罪有关的其他人，即要求其与犯罪嫌疑人或者犯罪事实有关联。但需要特别注意的是，对享有保密特权的人之间的通讯或口头谈话不得采用监听等技术性侦查措施，除非能证明律师与当事人共谋实施犯罪。例如，意大利《刑事诉讼法》第 103 条第 5 款规定，禁止窃听辩护人、技术顾问及其助手谈话和通讯以及他们与受其帮助的人员（当事人）之间谈话和通讯。对于律师与当事人之间的电讯往来以及会见谈话，新修订的刑诉法和律师法都已分别作出规定，明确要求"辩护律师会见犯罪嫌疑人、被告人时不被监听"。

对于技术侦查措施的使用期限，新刑诉法规定："批准决定应当根据侦查犯罪的需要，确定采取技术侦查措施的种类和适用对象。批准决定自签发之日起三个月内有效。对于不需要继续采取技术侦查措施的，应当及时解除；对于复杂、疑难案件，期限届满仍有必要继续采取技术侦查措施的，经过批准，有效期可以延长，每次不得超过三个月。"从该规定看，采取技术侦查措施的有效期限为 3 个月，且可以延长 3 个月，并没有次数的限制。这就意味着一个人一旦涉嫌重大复杂的犯罪而被立案，其通讯可能受到长达数年的监听，个人隐私和通讯秘密将长期处于被监控的状态，对公民正常生活的影响巨大。鉴于此，应当对技术侦查措施的适用期间予以限制，在不突破新刑事诉讼法的规定下，笔者认为，技术侦查措施需要延长时应当有明确具体的理由报审批机关，且审批机关应当进行一定程序的转换，即由更高级别的审批机关去审批技术侦查措施的延长。

（三）对技术侦查的种类应进一步明确化

从新修订的刑事诉讼法来看，技术侦查一节中并未明确其种类，但从法条的规定来看，该节中至少包含了理论研究中的四种侦查措施，即"技术侦查"、"秘密侦查"、"诱惑侦查"、"控制下交付"，那么，能否认为后三种侦查措施即是技术侦查的三种类型呢？从文意解释来看，作为"技术侦查"一节中的下位概念，"秘密侦查"、"诱惑侦查"、"控制下交付"似乎应归属于技术侦查。但从立法技术而言，后三种侦查措施是可以以"挂靠"的形式存在于技术侦查章节中，本身仍与技术侦查保持平等的位阶。这一立法技术其实已经在 1996 年的刑事诉讼法中出现，如"侦查"一章中的第四节"勘验、检查"中就包含了侦查实验，但侦查实验这一侦查行为本身和勘验检查同属具体侦查行为的范畴。因此，笔者认为，技术侦查一章中"秘密侦查"、"诱惑侦查"、"控制下交付"不能视为技术侦查的三种类型。而至于单就技术侦查而言，其具体包括哪些，笔者认为，结合当前中国侦查实践中技术侦查的种类，其应主要包括通讯监听、通讯检查、邮件检查、通讯监控、行动监控等。

二、落实和强化对技术侦查外在的侦查监督能力

由于人民警察法和国家安全法的规定，加之实践的迫切需要，在新刑事诉讼法出台之前，技术侦查（察）在实践中就已经采用，在某些地区还具有普遍性。但是由于刑事诉讼法的于法无据，技术侦查在我国一直处于事前不需要外部审批的自我授权，事中也不允许见证人或其他人员在场的自我运转，以及事后更不会受到任何审查、备案的自行终结状态。"目前技侦材料完全掌握在技侦部门手中，提供给侦查部门的内容仅仅为技侦部门处理、筛选后的大致结果与相关信息。即使是这些仅仅载明结果的信息，在诉讼卷宗中都不允许有任何记载。"[1] 这就使得技侦措施从批准到实施再到结果整个过程处于封闭、保密的内部运作状态，完全排除了外部监督的可能，不仅当事人无从知晓技侦措施的使用情况，而且办案的检察官和法官也无法了解相关的信息。在缺乏监督制约的情况下，技侦手段的滥用在所难免。联合国相关文件在允许使用技术侦查措施的同时，提出明确要求："鉴于电子侦查的干扰性，通常必须对之进行严格的司法控制，并且必须从法律上订立许多保障措施以防止滥用。"[2] 为此，必须建立对技术侦查的外部监督机制。

在我国，检察机关作为国家的法律监督机关，在刑事诉讼中承担着诉讼监督职能。对于立案、侦查、审判和执行的诉讼过程都拥有诉讼监督的权力。在强化对技术侦查内部程序制控的同时，落实和强化检察机关对技术侦查的侦查监督，是从外部制约侦查权，实现技术侦查法治化的重要内容。如何落实和强化检察机关对技术侦查的外在监督，笔者认为，应当从以下三个方面来规范：

（一）对技术侦查的非法取证有调查核实权

新修订的刑事诉讼法第 152 条规定，依照技术侦查措施收集的材料在刑事

---

① 程雷：《论检察机关的技术侦查权》，载《政法论丛》2011 年第 5 期。

② 参见联合国《打击跨国有组织犯罪公约立法指南》第 385 条、《反腐败公约》第 634 条。

诉讼中可以作为证据使用。由此可以推知，技术侦查不仅是一种侦查行为，同时还是一种取证的手段，既然是取证手段，根据新修订的刑事诉讼法第55条规定，人民检察院在接到报案、控告、举报或者发现侦查人员以非法方法收集证据的，应当进行调查核实，对于确有以非法方法收集证据情形的，应当提出纠正意见；构成犯罪的，依法追究刑事责任。根据该法条，如果人民检察院自行发现或者通过利害相关人的报案、控告或者是举报发现侦查机关通过技术侦查违法取证，其享有的侦查监督权能体现在三个方面：

首先，检察机关对技术侦查活动享有调查核实权。具体来说，可以是询问有关知情人或者当事人，与办案的侦查人员谈话，查阅调取或者复制相关法律文书、案卷材料等方式。

其次，检察机关对违法的技术侦查活动有通知纠正权。具体的方式可以是对于正在发生的违法技术侦查行为，如，超期限的监听活动、发出纠正违法通知书，通知侦查机关限期立即纠正。而对于已然发生的违法行为，可以发出检察建议、检查意见，对相关责任人予以行政处罚等。

最后，检察机关对于经过调查核实发现的技术侦查活动中的渎职等犯罪行为，应当将调查的相关材料或线索移送有管辖权的侦查机关，由该侦查机关立案侦查，追究相关责任人的刑事责任。

（二）对技术侦查所获证据材料的严格审查，适用非法证据排除规则

如前所述，既然依照技术侦查所收集的材料在刑事诉讼中可以作为证据使用，那么该证据材料要想最终作为定案的依据，自然也要经过严格的审查，适用非法证据排除规则。根据新修订的刑事诉讼法第54条第2款的规定，在侦查、审查起诉、审判时发现有应当排除的证据的，应当依法予以排除，不得作为起诉意见、起诉决定和判决的依据。由于检察机关是审查起诉的主体，自然就有审查证据，排除非法证据的权力。

作为一种极端严重侵犯公民基本人权的违法技术侦查行为，除了对行为本身的纠正和对相关人员的惩戒处罚外，还需要从源头上予以遏制，而实践证明，"唯有阻断侦查人员违法侦查之动机，始能确实达成一直违法侦查之目的，而去除该违法动机之方式，就是在刑事诉讼法上采取证据排除法则"。① 检察机关作为非法证据审查、排除的主体，通过对技术侦查所获证据材料的审查判断，对合法证据加以认定，同时也肯定了技术侦查活动的价值和功效，而对非法证据的排除则是从结果制约手段的一种倒逼性惩罚，是通过对结果的否定来间接否定手段的价值，以遏制技术侦查不择手段、不问是非、不计代价的

---

① 黄朝义：《刑事诉讼法》，一品文化出版社2006年版，第491—492页。

刑事诉讼法修改与检察工作——第八届高级检察官论坛论文集

滥用，实现从结果到手段的侦查监督。当然，需要指出的是，检察机关通过适用非法证据排除规则来监督技术侦查时，并不必然对违法的取证材料一概排除，对于技术侦查取证轻微违法、危害结果不大的瑕疵证据，可以通知侦查机关补正或作出合理解释来监督技术侦查行为。这也体现了检察机关对技术侦查比例性的监督，是侦查监督规范化、合理化的表现。

（三）在重特大案件中，检察机关对技术侦查取证享有意见和建议权

在 2011 年 8 月公布的《刑事诉讼法（草案）》的一读稿中曾经规定："对于公安机关立案侦查的故意杀人等重大案件，人民检察院可以对侦查取证活动提出意见和建议。"从语义解释出发，只有参与到侦查取证过程中，才能提出相关的意见和建议，所以该条曾经被认为是检察机关介入侦查程序，丰富侦查监督途径和方式，提高侦查监督效率和质量的信号。虽然其最终被删除，但笔者注意到，其删除的原因，并非是对侦查阶段检察机关参与其中开展监督的否定，而是因为其属于具体执行中的操作性规定，不宜直接放在刑事诉讼法中，可以通过司法解释来进一步明确，因此予以删除。所以，遵循检察机关侦查监督活动适度"介入侦查"的模式，笔者认为，人民检察院在履行侦查监督职能时，对于重大、复杂案件，经与侦查机关的协商统一，可以派人参加侦查机关对案件的取证活动，对取证活动提出意见和建议。作为取证手段之一的技术侦查，在重特大、复杂案件中，其取证活动也就有检察机关介入式监督情形的发生。这种"参与而不干预、引导但不领导"的介入式侦查监督方式是检察机关对技术侦查监督的第三种情形。

三、结语

回顾历史，技术侦查制度由于长期的于法无据而始终处于神秘化的秘密使用状态，其可能滥用的担忧曾经时刻触动着法学界以及普通民众的神经。随着民众权利意识的增强以及侦查法治化、科学化理念的普及，加之公共科技知识的广泛传播，侦查实践中的技术侦查运用已经成为显在的事实，此次刑事诉讼法顺应形势将其纳入刑事司法的轨道既是对犯罪发展变化的积极应对，也是对现实侦查实践的有效回应。在这一现实背景之下，我们需要思考的已不再是需不需要技术侦查、能不能使用技术侦查措施的问题，而是如何合理、规范地使用技术侦查，实现其与犯罪作斗争效能的最大化，同时又保障其不侵害民众的合法权益，真正实现技术侦查法治化的问题。而要实现这一目标，内部的程序性控制以及外部的侦查监督必须双轨并行，唯有如此，才能内外兼修，真正发挥技术侦查的应有功效。

— 412 —

侦查程序修改与职务
犯罪侦查办案模式校正

于喜峰* 刘志惠**

新刑事诉讼法（以下简称新刑诉法）着眼控制犯罪和保护人权的平衡，对诉讼程序和制度作了很大修改，其重要意义已经引起高度关注。其中，与职务犯罪侦查办案工作密切关联的多项程序、制度的变化，迫切需要检察机关围绕强化侦查、打击犯罪和完善制度、保障人权两个方面，对现有侦查模式作出必要的校正，通过构建检察一体要求下的"一体三心"机制为核心的侦查办案模式，推进打击和保护双重职能的实现，进而促进诉讼结构进一步优化。

一、与侦查相关的程序制度变化

（一）细化律师介入侦查规定

辩护权，对于犯罪嫌疑人和被告人来讲，是诸权利中居于核心地位的一项专属性权利。为保障侦查程序中犯罪嫌疑人、被告人的辩护权，新刑诉法对律师介入侦查的规定作了细化：一是明确地位，即侦查阶段犯罪嫌疑人委托的律师是"辩护人"，办案机关应当承担告知和转达委托辩护人的义务，监护人、近亲属可以代为委托辩护人。审查批捕中检察机关听取辩护人意见是必经程序；二是提供法律援助提前到侦查阶段；三是辩护人的责任重新定位，强调实体辩护与程序辩护并重，为犯罪嫌疑人提供法律帮助，代为提出申诉、控告，申请变更强制措施，向侦查机关了解涉嫌罪名和有关情况，提出意见；四是辩护律师可直接到看守所会见在押（或监视居住）犯罪嫌疑人、被告人，不需办案机关批准、安排，但三类案件除外。会见时不被监听；五是辩护律师调查取证经"同意"可以主动收集、申请收集、许可收集，弥补了辩护人调查取证能力之不足，防止侦查人员不移送有利于嫌疑人的证据；六是辩护人在执业

---

* 吉林省人民检察院反渎局副处长。

** 长春市绿园区人民检察院反贪局干部。

中涉嫌伪证罪需要追究的，应由原侦查机关以外的其他侦查机关办理；七是对于办案机关及其工作人员阻碍其依法行使诉讼权利的行为，辩护人、诉讼代理人有权申诉、控告，检察机关应当及时审查处理纠正。①

新刑诉法确立了律师的"辩护人"地位，是立法上的重大进步。原刑诉法第96条虽然规定犯罪嫌疑人在侦查阶段可以聘请律师，但没有赋予其辩护人地位，仅能提供法律帮助。这一修正具有重要意义，是"国家尊重和保障人权"在刑事诉讼中的进一步体现，也是社会主义民主法治进步的明显标志，必将导致侦查的对抗性增强：一是嫌疑人依赖心理会强化，口供难以获取；二是辩护律师会在程序上"盯紧"办案机关；三是涉案证人证言可能出现不稳定或两面性；四是规定时限内侦查办案，会在一定程度上影响侦查部门对办案进程及结果的掌控。

（二）完善证据制度

新刑诉法证据章的具体变化是七个方面：一是证据定义重新界定，由"事实说"改为"材料说"，完善了证据种类，将物证、书证分离，将"鉴定结论"修改为"鉴定意见"，将"辨认、侦查实验等笔录"纳入证据种类，将"电子证据"增加为证据种类（第48条）；二是增加规定了举证责任如何分担，检察机关承担公诉案件被告人有罪的举证责任（第49条）；三是增加规定"不得强迫任何人证实自己有罪"；四是增加规定行政执法时收集的实物证据在刑事司法中的转换运用及商业秘密、个人隐私的保护（第52条）；五是明确规定了"证据确实、充分"的条件，证据的"量"、"质"和证明程度即"排除合理怀疑"的标准（第53条）；六是明确规定了非法言词证据和实物证据排除标准及程序，明确了办案机关主动排除非法证据的义务（第54条）；七是增加规定了对证人、鉴定人、被害人在刑事诉讼中的人身权、财产权等基本权利的保护。②

新刑诉法对证据的定义更为宽泛，对证据的种类尤其是将电子证据纳入证据类别，适应了信息技术发展带来的新形势，网络社会常用的电子邮件、聊天记录、交易记录、公示记录、博客、网页等可以借助电子设备恢复、感知和传播的数据信息，只要与犯罪相关联的即可作为证据提取和采用，行政执法包括监察（纪检）机关行政权（执法权）行使中取得的实物证据，可以作为证据

---

① 参见陈光中主编：《中华人民共和国刑事诉讼法修改条文释义与点评》，人民法院出版社2012年版。

② 参见陈光中主编：《中华人民共和国刑事诉讼法修改条文释义与点评》，人民法院出版社2012年版。

使用等，对于侦查办案来说，都是十分有利的。但同时，对于证据的获取，规定收集的主体要合法、程序要合法、方法要合法，所收集的证据在提起公诉时要达到相应的证明标准。尤其是"不得强迫自证其罪"和非法证据排除规则的确立，对职务犯罪侦查工作提出了新的挑战。不被强迫自证其罪的核心是遏制以非法方法逼取口供，而现实情况是查办贪污贿赂、渎职侵权职务犯罪，一直以来就因缺少其他直接证据而有较大的证明难度，往往靠嫌疑人口供提供的信息调查取证，案件的最终突破也往往以嫌疑人是否招供为标志。同时，新刑诉法规定了人民检察院对收集证据的合法性负有证明责任，并确立了侦查人员出庭作证制度，侦查机关证明责任和证明难度必将增加。这些都需要我们在办案理念和办案机制等方面及时进行调整。

（三）完善监视居住等强制措施

主要包括：一是将监视居住与取保候审完全剥离，提高监视居住的适用条件，使其成为介于取保候审与未决羁押之间的准羁押措施；二是增加被取保候审人应当遵守的行为规则，强化取保候审的约束力度；三是适当扩大指定居所监视居住的适用范围，满足实践中的特殊需要；四是细化逮捕条件，增强其可操作性，完善逮捕程序；五是采取拘留、逮捕强制措施后应立即送看守所羁押，遏制送看之前对其刑讯逼供；六是强化监督，规定检察机关应当对指定居所监视居住的适用进行监督，对捕后羁押必要性进行审查。① 应该说，强制措施的应用状况直接反映了一国刑事诉讼的人权保障状况。新刑诉法完善监视居住等强制措施，赋予了侦查机关更多的选择权，对于解决司法实践中羁押率偏高、羁押超期等问题具有现实意义。

对于检察机关查办职务犯罪而言，强制措施的适用一方面要注意到赋权增多，这使办案有了更多的选择；另一方面要看到，强制措施毕竟是严厉限制人身自由的手段，可能导致侵犯人权，所以必须要严格适用标准、条件和程序，根据案件的具体情况综合选择适用。对于监视居住，过去在侦办案件中，由于职务犯罪主体的特殊性，对于指定居所怎样选择，被监视居住人的人身安全如何保障，侦查办案力量如何调配，监视居住措施如何接受监督等问题，没有规定或不易把握，适用较少。近三年我省查办了1000余人的渎职侵权案件，没有一件采取监视居住措施。这需要我们积极调整现有的侦查办案方式，充分利用法律赋予的侦查手段和措施，以适应打击犯罪和保障人权的双重需要。

---

① 参见陈光中主编：《中华人民共和国刑事诉讼法修改条文释义与点评》，人民法院出版社2012年版。

（四）完善证人出庭制度

新诉法规定了证人出庭作证义务，对证人出庭的案件范围予以厘定：对案件定罪量刑有重大影响的，公诉人、当事人或者辩护人、诉讼代理人有异议的，或者人民法院认为有必要的，证人应当出庭作证。这样一来，出庭证人的数量必然有所上升，庭审中证人证言的可变性必然增大，证明犯罪的难度必然加大，虽然对于职务犯罪的侦查活动不会产生直接影响，但是，对于办案中取证工作要求会越来越高：侦查阶段律师介入同步调查取证，证人可能话说两套，必然增加对贿赂犯罪等主要靠言词证据的证明难度。同时，侦查人员出庭范围、接受质询程序都没有明确规定，这样如何在庭审中进一步证明犯罪事实，会给侦查人员造成无形的压力。

（五）特殊侦查措施法定化

为应对日趋复杂的犯罪现状和适应科技时代发展的现实需要，新刑诉法在规范侦查取证行为的同时，赋予侦查机关技术侦查权（第148条）、秘密侦查权和控制下交付执行权（第151条）。明确公安机关、检察机关有权采取技术侦查手段的案件范围，即重大的贪污贿赂犯罪和重大侵犯人权犯罪，技术侦查适用的程序要求，即特殊侦查措施的实施要在立案后，要确有侦查必要，如果有其他方法可以证实犯罪，则不能采用，要经严格的审批手续。规定了秘密侦查只能为查明案情的需要，不能用于其他目的，秘密侦查必须是在没有其他可替代办法的前提下才能实施。这对于查办职务犯罪十分有利。但不可否认的是，技术侦查等特殊侦查措施具有两面性：一方面，电话监听、电子监控、技术追踪、秘密拍照或录像、秘密获取某些物证、邮检等专门技术手段，可以有效应对职务犯罪的新特点，破解侦查取证难题，提高办案效率；但另一方面，侦查技术一旦被滥用，易侵害被侦查人和其他人员隐私权，如果缺乏必要控制，可能导致公权力无限扩大，侵犯个人私权。而新刑诉法对技术侦查适用范围规定过于原则，对"重大"的可能性有待实施技术手段后才能确认，实践中可能导致特殊侦查手段没有适用前提。同时，对于技术证据保密工作由谁管理、谁审批、谁监督都缺乏可操作性的规定。

二、侦查办案模式的转型

上述诉讼程序和制度的调整变化，作为处于刑事诉讼重要环节、监督刑事诉讼依法运行的检察机关，迫切需要在办案理念、工作模式、人员组织等方方面面作出调整，以尽快适应变化，全面履行好控制犯罪与保障人权的双重职责。

（一）我国职务犯罪侦办模式

1. 侦查及侦查模式

侦查，是由法律授权的专门机关行使的调查活动，其目的是为追诉和审判做必要准备，侦查的过程就是收集证据、查明案情、证实犯罪有无和轻重的过程。受政治形态、社会传统等多方面因素决定，侦查表现出不同方式。对这种方式进行类型化的概括，就是模式分析。模式分析的意义在于，通过对纷繁复杂现象中的典型进行分析，探悉理想典型与经验现实的关系，进而认识和揭示现实。在我国，刑事诉讼法学研究者们从不同的角度对诉讼构造进行模型分析，并提出了三角结构与线性结构的诉讼模式，即自然平衡式、行政对峙式与权能平衡式等。①

对于侦查模式，近年来，我国理论界和实务界进行的总结和探索，多从诉讼结构的角度分析。有的认为"侦查模式是指行使控诉职能和辩护职能的主体在相互关系上所表现出来的状态"，② 有的认为职务犯罪侦查模式是"检察机关启动侦查程序之后，与犯罪嫌疑人各自展开诉讼活动所依据的程序制度的总和"。③ 高检院朱孝清副检察长认为，"侦查模式是指侦查活动中司法证明的方式及供证关系"。④ 研究诉讼模式或侦查模式，离不开对诉讼结构的认识。上述研究，为解析侦查结构要素关系确立了良好视野。

诉讼结构是指法律所确立的诉讼的基本方式以及专门机关、诉讼参与人在诉讼中形成的法律关系的基本格局。有什么样的诉讼目的，就会有相应的诉讼结构设计，它"与一个国家特定时期的刑事诉讼目的有其内在的一致性，都受到当时占主导地位的关于刑事诉讼的法律价值观的深刻影响"。⑤ 法律价值观是个重要的概念，从刑事诉讼的价值分析入手研究诉讼结构以及侦查结构类

---

① 梁玉霞：《论刑事诉讼方式的正当性》，转引自杨郁娟：《侦查模式基本问题研究》，载《吉林公安高等专科学校学报》2008 年第 2 期。

② 侯德福：《论我国侦查制度的完善——以两大法系侦查模式的比较为视角》，载《法制与社会发展》2003 年第 3 期。

③ 余捷认为，从诉讼结构考察，职务犯罪侦查模式包括职务犯罪侦查中的诉讼主体，职务犯罪侦查中的诉讼权能，职务犯罪侦查中的诉讼规则，职务犯罪侦查中的监督制衡四个基本构成要素。参见余捷：《职务犯罪侦查模式论》，西南政法大学，2006 年博士学位论文。

④ 朱孝清：《我国职务犯罪体制改革研究》，中国人民公安大学出版社 2008 年版，第 22 页。

⑤ 陈光中、徐静村主编：《刑事诉讼法学》，中国政法大学出版社 1999 年版，第 49 页。

型（模式），似乎更加接近事物的本质。为此，从诉讼主体之间实质性的诉讼法律关系考察，我们认为，侦查模式是指侦查程序中诉讼主体的权利义务行使状态的外在表现形式。其基本构成要素包括四个方面：侦查权的表现形式、辩护权的表现形式、侦查义务的表现形式、辩护义务的表现形式。

2. 我国职务犯罪侦查模式

根据上述分析，可以认为，我国职务犯罪侦查模式是指：职务犯罪侦查中侦查主体和辩护主体权利义务行使和履行状态的表现形式。按照现行理论上通行的分类，侦查模式分为职权式和对抗式。我国职务犯罪侦查性质上应属于大陆法系职权主义纠问式侦查模式。这一模式的突出特点，就是在侦查程序中侦查机关权力行使具有主动性和广泛性，义务履行具有被动性和选择性；犯罪嫌疑人等诉讼参与人权利具有有限性，履行义务具有强制性。应该说，这一模式优点明显，缺陷也明显。优点就是应对现阶段高发的职务犯罪针对性强，控制、打击作用明显；缺陷就是侦查程序缺乏对抗，对嫌疑人权利保障不利。

（二）职务犯罪侦查办案模式的校正

1. 必要性分析

首先，是由职务犯罪发展的新特点所决定的。职务犯罪相对于其他刑事犯罪，有其自身鲜明的特点。一是主体特殊，文化智力水平高，社会经验丰富，行业特点突出。二是侵害对象往往是国家、集体利益，不会轻易被发现，犯罪隐蔽性强，隐藏期长。三是渎职案件往往罪错交织，犯罪成因复杂，因果关系不易确定。四是多数没有直接被害者，无法勘验检查、提取物证，主要通过证人证言、各种记录及供述等言词证据加以证实。而且，随着经济社会发展，职务犯罪又呈现出新的特点：职务犯罪不断向新的领域渗透蔓延，犯罪手段、方式日趋复杂多样，且不断翻新，"职务犯罪不仅更加隐蔽化、智能化、复杂化，而且日趋高端化、关联化、国际化甚至期权化"，与其他刑事犯罪和多种社会问题相互交织、相互发酵、相伴而生，查处难度加大，证实难的特点更加突出。传统的"两人一组、由线索查人、由供到证"的侦查办案方式已经难以应对职务犯罪的新变化。

其次，是新旧刑诉法的客观要求。现行刑诉法在1996年修改中，着重对诉讼结构进行了改造，庭审模式由原来的纠问式转变为抗辩式，法官居中审理，控辩双方平等对抗。从十几年来的实践看，侦查程序适应这一变化，在辩方权利保护、证据审查质证等方面也有了重要进步。但不可否认的是，侦查办案还远没有达到预期要求。比如，律师的会见权，讯问中的体罚虐待甚至刑讯逼供等，并未从根本上落实和杜绝，有的甚至被限制或规避。出现这些情况，并不是侦查人员愿意或希望这样去做，而是他们觉得：限制律师介入可以形成有利于自己的审讯氛围，通过逼取口供"拿下"嫌疑人是捷径，体罚虐待也没有什么成本；言词证据尽管易有瑕疵，但没有严重违法不至于被排除；或者有办案指标压着，不"撬开"嫌疑人的嘴巴，就不能尽快突破案件，有的还不能定案，那前期的工作就不好"收场"，甚至可能涉及刑事赔偿。刑诉法修改后，如果我们的侦查办案方式不能作出有效调整和校正，不但党和人民寄予厚望的反腐重任难以实现，而且，还可能导致办案中涉嫌违法而被追责。

最后，是办案存在弊端。主要表现是侦查情报信息不畅、监督制约不到位。发现犯罪是查办案件的前提。现阶段案件线索发现主要是接受控告、举报，纪委等其他部门移交，自行发现等几种渠道。从实践看，举报来源的线索越来越少，其他部门移送的也十分有限，多数是侦查部门自行发现。由于没有一个统一的侦查情报信息收集研判机构和载体，办案中存在着情报信息收集不及时、整理研判不到位、交流不畅通、评估使用不充分等问题，信息对侦查的作用未能有效发挥。

对于办案的内外部监督，目前主要是党内要求或内部制度监督。比如，报告制度、备案制度等，只有涉及较长时间限制人身自由的逮捕措施，规定了上提一级的监督制度。对此，有学者提出要对职务犯罪侦查程序进行诉讼化改造，引入司法裁决方式对强制侦查手段和限制人身自由的强制措施由程序法院进行司法审查，颁发令状执行。这一观点在理论上有其合理性。但我们认为，这一方式与我国刑事诉讼分工负责、相互配合、相互制约的基本原则不相符，与职务犯罪高发的客观形势不相应，影响办案效率，不适合我国的诉讼实际和基本国情。近年我国对职务犯罪侦查办案的内部监督，从中央到各职能部门，尤其是高检院进行了多方有益探索和实践。人民监督员制度的实施，就是有力的证明。但也不可否认，人民监督员制度监督的案件范围还不够广，仅限于检察机关不立案、不批捕、拟撤案等几类，监督的方式还只是结果性的监督，还不够具体有力。在检察机关办案中引入新的监督方式，实施办案的过程动态监控势在必行。

2. 校正原则、路径

对职务犯罪侦查办案方式的校正，应考虑两个方面的原则：一是应有利于增强检察机关的侦查能力，适应加大查处职务犯罪力度的客观要求；二是应保障犯罪嫌疑人权利，形成职务犯罪侦查由内部监督来保障权利行使的良性格局。职务犯罪侦查模式校正基本路径，可围绕侦查理念重塑、侦查机制调整、人员组织重构、考评方式转变四个方面重点来展开。

（1）侦查理念重塑

转变职务犯罪侦查办案模式，离不开先进思想和理念的引领。要在社会主义法制理念指引下，确立三种侦查理念：人权理念、程序理念和监督理念。要全面理解法律确立的人权保障原则，通过办案保障广大人民基本权利，也要注意保障涉案人员权利。犯罪嫌疑人生命权、健康权、名誉权、财产权、人格权、人身自由、意志自由、通信自由权等权利，是宪法赋予公民的基本权利，任何时候、任何情况下，即使是因为犯罪对社会造成了一定危害的嫌疑人，其基本权利也是客观存在的，不能因为"正义"的要求就以牺牲或侵犯他们的权利为代价。保障这些权利，是办好案的前提，否则，案子办得再多，都是对司法正义的侵害。程序理念要求，程序所涉及的利益相关人，在办案机关作出与其利益相关的决定时，有自由表达意见的机会。这样的"机会"是法定的，而且是必须要履行的。尽管这种"机会"不能保证诉讼参与人一定不被作出不利于自己的决定，但"程序参与者应有充分的机会陈述自己的意见、观点和主张，提出支持其主张的证据，并拥有为进行这些活动所必需的时间上及机会上的便利和程序上的保障"①，比如保障律师在侦查阶段的会见权及一定的知情权。监督理念是指相互监督和接受监督。相互监督是指侦查作为诉讼的一个阶段，要接受后续程序的监督。接受监督是指侦查过程中要有监督，并能够保障必须接受。现行的侦查办案模式中缺乏横向的接受监督，有的只是纵向的上下级之间的监督：侦查办案人员对上级部门领导负责，接受其业务上的监督，下级检察院接受上级检察院的办案监督。转变侦查办案模式，必须在原有的纵向监督基础上，设定横向的办案监督，以使"谁来监督监督者"的疑问在内部得到实现。

（2）侦查机制调整

针对传统侦查模式对现在侦查形势的不适应，重点开展对以侦查机制为核心的侦查模式的调整。根据侦查办案的基本规律，按照从线索到侦查的办案流程，主要调整侦查办案的线索发现机制和组织指挥机制，改变传统的从线索到侦查的单向性，实现二者的互动协调，在侦查中发现新的线索，拓展侦查办案工作的范围。除此之外，建立程序保障机制，按照注重程序、兼顾实体的原则，保障办案工作的顺利进行，既要发挥对办案程序的保障，又要注重对犯罪嫌疑人、证人等其他诉讼参与人的程序权利的保障。

（3）人员组织重构

科学配备和调度现有侦查办案人员，实现侦查人力资源的整合，释放更大的办案能量。总体设想是，在"一体三心"机制要求下，在侦查人才库基础上，打破省、市、县三级院现有职务犯罪侦查办案人员院级和地域限制，根据

---

① 宋英辉：《刑事诉讼原理》，法律出版社 2007 年版，第 103 页。

工作经历、经验和特长，组建若干具有某一方面专长的侦查办案组，变目前职务犯罪侦查的单兵种分散式为多兵种集团式。根据案件情况调配使用案件行动组，组织内部可大可小，一般设定三人，小组内明确组长一人，向案件侦查指挥中心负责。侦查小组性质上属行动性组织，专司侦查办案工作。长远目标是打造成类似于我国香港特别行政区廉政公署的特侦组。

（4）考评方式转变

对侦查办案工作的考核和评价方式，直接关系到侦查办案模式的转变。从一定意义上说，有什么样的考评方式，就会有什么样的办案方式。现行的职务犯罪侦查办案考评更注重对办案单位和办案结果的考评，缺乏过程性考评，考评内容不科学，考评方式简单。考评方式的转变，应遵循以下几项原则：一是要从结果评估向过程控制转变；二是要科学设定考评指标体系；三是考评对象从注重对办案单位的考评向单位考评和办案组、办案人考评并重转变；四是要强化考评的引导激励和评价作用。因为考评问题是比较复杂的系统性问题，而且与办案模式的校正直接相关，所以本文将其纳入思考范围，目的在于说明办案机制的转变受制于多方因素，需要综合考虑，同时也借此说明新型模式构造中蕴涵的检测功能的必要性。这里不再展开论述。

三、构建以"一体三心"为核心的侦查办案新机制

基于检察机关的上下级领导关系，职务犯罪侦查的"一体"是指"检察一体"和"侦查一体"，侦查办案工作一体组织、一体指挥、一体实施，在此前提下，构建三个职能中心，即按照侦查规律、环节不同，把原有的侦查指挥中心分设为三个中心：侦查信息中心、侦查指挥中心、侦查程序保障中心。通过有效的信息收集发现犯罪启动侦查，通过有力的指挥联动实施侦查，通过适时的程序保障监控侦查，打造侦查一体化要求下的侦查办案"一体三心"制。其内部机理类似于机械构造系统。侦查信息中心就是机械的点火，其功能在于自检和启动；侦查指挥是全员性参与的机械运行，通过各部件协调运作，使机械发挥最大功效，平稳安全到达指定目标；侦查程序保障是机械的运行修正和检测控制，通过及时维修保养保证良性运转。这种分析或许过于机械和理想，其中有许多可变因素，但其与机械行驶中的预判具有一致性，完全在驾驶人的控制之下。其构建思路是：完善省、市两级院的职务犯罪侦查一体化机制，变一中心单线式为三中心多线式侦查办案格局。运行方式是：信息中心提供初始材料和启动侦查的依据，据此形成立案指令；侦查指挥中心接受信息中心的立案指令后，及时启动立案和侦查活动，侦查中随时与信息中心紧密沟通、保持互动，充实完善证据，保证侦查办案效果；程序保障中心在保障办案顺利高效

运行，预批、审查程序性规定的同时，随时监测前两个中心的初查办案活动，在侦查指挥中心案件侦查终结后，通过审查卷宗进行侦查预审。并重点保障诉讼参与人在侦查中的各项权利的落实和得到遵守。

（一）设立侦查信息中心

2010 年，高检院提出要加强侦查信息工作，探索信息引导侦查机制后，理论界和实务界进行了大胆探索和实践，取得了比较一致的看法。正如高检院反贪总局局长陈连福概括的那样：侦查信息化建设是一项复杂的系统工程，应从职务犯罪侦查办案实际出发，通过数据库建设、信息共享机制建设、网上办案系统建设、情报信息系统建设等，构建上下左右互联互通的网络体系，其中重点以侦查信息平台建设作为载体。① 设立侦查信息中心，目的在于更好地实现以信息引导侦查办案。其基本职能是：收集信息，开展初查，形成立案指令。建设思路是：分级设立，整合资源。可先在省、市两级检察院率先成立，成熟后逐步推广到县区一级。信息中心上对检察长负责，实行成员制领导方式，下设办公室和若干工作组。信息工作组可与侦查行动组交叉配备人员，或在三人办案行动组中明确一人重点负责侦查信息工作。将原由控申部门举报中心受理的职务犯罪案件线索归口到侦查信息中心，负责举报、控告、移送、自行发现等所有职务犯罪信息的收集和研判分析。现阶段，侦查信息中心主要任务是建设侦查信息库，搭建信息共享平台。建立与行政执法机关的互联通道，收集案件信息。审查评估所获取的信息，开展有针对性的初查，发出立案指令，启动侦查程序。并通过不间断的信息收集和整理，综合利用各种案件信息，为案件突破、侦查决策选择方向、提供支撑。

（二）完善侦查指挥中心

打造新型"一体三心"制，应重新调整侦查指挥中心职能，把原来的情报信息交由侦查信息中心完成，指挥中心专司侦查任务，其基本定位就是侦查的执行机构，侦查的程序性审批、审查工作及办案监督交由程序保障中心。

完善侦查指挥中心，一是要整合侦查资源，分组设置侦查行动组，打破现有地域人员使用格局，统一调度使用。二是不能仅就"大案要案"实施侦查指挥，应对所有由信息中心指令的案件启动立案和侦查。三是立案的地域管辖等原有诉讼方式保持不变，同时对信息中心提供的案件信息进行检测、修正和充实，完成涉案信息的证明任务。四是根据新刑诉法的要求，履行辩护人权利告知、申请义务。五是对于强制性侦查措施、强制措施及特殊侦查措施的适

---

① 详见陈连福：《探析检察机关职务犯罪侦查的信息化建设》，载《河南社会科学》2011 年第 4 期，第 22 页。

用，向侦查程序保障中心提出申请。侦查办案整个过程接受程序保障中心的监督和制约。

（三）设立侦查程序保障中心

侦查程序保障（控制）中心，主要职能是监督前两个中心的工作运行。对强制性侦查手段和强制措施的适用、变更，当事人诉权行使规定的落实，以及侦查阶段辩方控告的处理等进行初步审核受理，按规定的程序报批；进行案件侦查终结前的侦查预审；负责侦查人员、鉴定人员等应出庭人员的组织；特殊侦查措施适用的提请；以及考评办案情况，督促检查办案安全规定落实，初步调查核实办案人员涉嫌违纪违法行为等。

设置侦查程序保障中心的意义，在于加强对办案的过程动态监控。现有的办案活动监控，在程序上只有决定逮捕上提一级监督，对于侦查过程中的讯问、其他强制措施（包括拘传、拘留、取保候审、监视居住）和侦查手段（包括搜查、查封、扣押、冻结等），都是侦查部门自行决定，缺乏应有的监控。这些措施若违规采用对嫌疑人的人格权、人身权、财产权及其他权利的侵害是巨大的。如何有效规制，一直为各界所关注。程序保障中心，一方面，要对侦查中强制措施的适用和变更、主要侦查手段如搜查、查封等要进行必要性审批。另一方面，要在侦查行动组中指定一人负责办案监督，自始至终对某一嫌疑人讯问全程进行"保护"。程序保障中心的组织方式，与信息中心相同。其人员构成，可以吸收本院分管侦查监督的副检察长或侦查监督部门人员，对于有争议的，应当吸收人民监督员或代理律师参加审查，提出意见，然后作出决定，以侦查令状形式由检察长签发执行。

当然，程序保障也包含保障侦查有效运行的功效。侦查指挥和侦查实施中的随机决定权等必须得到充分保障，程序保障不能以牺牲办案效率为代价。

侦查程序的修改与检察工作应对

——新规则下的侦查讯问理念

吴克利 *

刑诉法修改后对检察机关职务犯罪的侦查工作必将产生巨大而深远的影响，其中既有挑战，也有机遇。针对新刑诉法，检察机关自侦部门应及时调整工作思路，积极应对，准确把握，在新的司法理念的条件下，有效地完成检察机关打击职务犯罪的历史使命。

一、坚持"不得强迫任何人证实自己有罪"侦查讯问理念

修改后的刑诉法明确规定了严禁刑讯逼供和以威胁、引诱、欺骗以及其他非法的方法收集证据，不得强迫任何人证实自己有罪。修改后的刑诉法增加了"不得强迫任何人证实自己有罪"，这一诉讼规则对检察工作的职务犯罪侦查活动提出了新的挑战。

一是"不得强迫任何人证实自己有罪"的执法理念对侦查讯问人员的能力提出了更高的要求，增加了侦查人员的责任。在侦查活动的实践中，对"不得强迫任何人证实自己有罪"的理解还存在着认识上的差异。在传统的办案中施行强制手段，是获取犯罪嫌疑人口供的重要途径，侦查讯问实践中犯罪嫌疑人总是以对抗侦查讯问的行为方式出现的，如果没有强制的压力，谁愿意承认自己有罪呢？这种强制的侦查意识就是源于有罪推定的思维模式。新刑诉法明确了"不得强迫任何人证实自己有罪"。新刑诉法明确后，有人说今后没法办案了，实际上这种认识的实质，就是告诉办案人员侦查活动的难度加大了，要改变侦查模式和侦查办法，提高侦查讯问技巧，才能适应新规则的需要。由此新规则下的侦查活动的着力点，应当是以把握以人证、物证、口供为重要证据源，达到以供取证和以证获供相结合的新模式，从过去的以口供为本的传统

---

　　* 国家检察官学院首批驻院教官、全国检察业务专家、高检院讲师团成员、安徽滁州市琅琊区检察院党组成员、纪检组长。

侦查讯问模式，转向以人证、物证、口供"三合一"为本的新模式、新方法。针对犯罪嫌疑人来说，自己没有证明自己有罪或者无罪的义务，在接受讯问时可以保持沉默，有不被强制供述自己有罪或者无罪的权利。由此，侦查人员需要切实提高将客观事实转化为法律事实的能力，这种能力的提高，就是要求侦查人员迅速地提升侦查讯问的方法和技巧，提高具备在 24 小时内突破口供的能力。更为重要的是如何提升让犯罪嫌疑人自愿供述认罪的能力，这是在侦查职务犯罪案件中，依照刑诉法的规则，必须追求的最高境界。侦查讯问行为的最高境界，就是要能够满足犯罪嫌疑人明知供述对自己不利还仍然要供述的意识的转化，是今后提取职务犯罪证据的重要途径和方法。

从侦查行为的角度看，"不得强迫自证其罪"的原则，将从根本上推动追诉机关侦查方法和侦查行为的转变，即从过去单一的以突破口供为主的"由供到证"的过程，转向"由供到证"和"以证到供"的"两条腿"走路的方针。

"不得强迫任何人证实自己有罪"的规则，所指向的是犯罪嫌疑人作有罪供述的"自愿性"，在查办职务犯罪案件的过程中，因为犯罪嫌疑人大多不会主动"自愿供认"犯罪事实，由此导致了暴力行为的出现，即刑讯逼供行为的产生，其根源就在于"言词证据"证明犯罪的重要作用。贿赂犯罪案件以零口供被依法判处的比例是非常小的，侦查实践中犯罪嫌疑人的口供是成案的关键，这是客观存在的事实，无论是过去、现在还是将来，提取犯罪嫌疑人口供的重要作用是不可忽视的。既然口供是查办职务犯罪不可缺少的组成部分，而犯罪嫌疑人大多又不会主动供出自己的犯罪事实，法律又明确地规定了不可强制的行为，犯罪嫌疑人只能在自愿的基础上供述。因此侦查办案人员所面临的难题，就是如何能够使犯罪嫌疑人自愿地"自己证明自己有罪"的行为，即满足自愿供述的行为规则，这种让犯罪嫌疑人自愿供述的规则，就是侦查讯问人员必须履行的规则。而履行自愿的规则必然存在着非常大的难度，犯罪嫌疑人明知自证其罪对自己不利，为什么还要供述自己的罪行呢？这也就是许多犯罪嫌疑人在面对审讯时极力对抗而不愿意供述的原因。大量的客观事实证明，"犯罪嫌疑人总是从开始的对抗，经过讯问人员的语言交流之后，才主动自愿地供述犯罪事实的"。由此可见犯罪嫌疑人自愿供述的可能性和必然性的存在：首先，自愿供述自己的犯罪事实是由于人格的本质属性来决定的，人格的三要素其中"超我"的因素是社会的规范行为意识因素，这一意识因素表明当人违反了社会规范的行为实施了犯罪以后，便产生了意识上的"不协调"状态，表现为恐惧、悔恨、自责，由此而产生强大的心理压力，在达到一定程度的时候就要释放，国外有的人犯罪后去教堂忏悔，有的投案自首，有的主动交代，很多时候在讯问人员的帮助下，从开始的对抗到后来的主动交代，就是在这种强烈的"失衡"状态下产生的。有的人在做了一些不该做的事情以后，总是想找一个知心的人倾吐一下，来缓解自己的心理压力。这就是犯罪嫌疑人自愿供述的可能性，这就是在讯问实践中的"由供到证"的过程体现。其次，是认知条件下供述的必然性。犯罪嫌疑人的对抗是建立在"对抗条件"的基础上的，有条件对抗他们才对抗，如果失去了对抗的条件，他们就会放弃对抗，通常犯罪嫌疑人的对抗条件就是犯罪证据的隐蔽性，如果犯罪事实已经暴露，对抗就失去了意义就会选择供述。但是，这种必然性不是在任何时候和任何情景下都能够实现供述行为的，需要外力的帮助，需要讯问人员在讯问活动中有效地激活犯罪嫌疑人的困境意识，使之产生强大的心理压力才能够实现。因此，侦查讯问人员必须提高这方面的技能，才能满足嫌疑人的自愿供述。故此侦查讯问人员应当帮助犯罪嫌疑人创建犯罪事实已经暴露的困境认知，才会有犯罪嫌疑人供述行为的出现，这就是讯问实践中的"以证到供"过程。最后，是权衡利弊的行为属性。当犯罪嫌疑人认为供述比对抗对自己更有利，那么犯罪嫌疑人就会选择供述。侦查讯问人员应当帮助嫌疑人建立趋利避害的平台，才会有对抗向自愿供述的行为转化，这就是讯问实践中挖掘人的行为本性的过程。

二是如何面对没有沉默权的沉默。"不得强迫任何人证实自己有罪"的推理说，这是默认了沉默权。犯罪嫌疑人的口供，是法定证据之一，刑诉法的规定是反对采用强制手段获得口供，但不是不要口供，更不是说就有了沉默权的规定。所谓"默认"只是一种推理的理解，法律的标准是要给出"明示"的，既然没有明确规定，就不能说"默认"了沉默权。针对犯罪嫌疑人来说，在接受讯问时，本着自己没有证明自己有罪或者无罪的义务，那么就可以保持沉默。讯问实践中遇到犯罪嫌疑人沉默对抗的情况屡见不鲜，由此切实需要侦查讯问人员提高将客观事实转化为法律事实的能力，提升侦查讯问的方法和技巧。从沉默的行为来看，犯罪嫌疑人的沉默不仅是放弃了如实供述的权利，同时也放弃了为自己辩解的权利，那么在讯问的方法上，如果讯问人员能够激活嫌疑人的辩解意识，激发对方积极的自我辩解行为，沉默自然就会消失；根据审讯语言学的研究发现，沉默是语用行为的不合作状态，这种不合作状态违反了语言交流规范，必然会导致心理的不协调状态，而产生内在的心理压力，这种压力不断地发展变化，持续的时间可根据外来信息的刺激而决定的，如果这种外来的信息能够刺激其意识反应，使之压力得以释放，那么这种沉默状态就会停止。如果信息刺激不但不能缓解心理压力，反而强化了心理压力，那么这种沉默就会继续持续。因此，讯问人员提供的信息必须是能够使这种不协调的心理压力的缓解，沉默对抗的行为才会消失。根据利益关系的存在，沉默是获取利益关系的语用行为表现，如果当沉默不能满足利益的获取，沉默就失去了意义，沉默权也就随之消失。

三是传唤、拘传持续时间限制的初查意识。修改后的刑诉法第 117 条规定，传唤、拘传持续的时间不得超过 12 小时；案情特别重大、复杂，需要采取拘留、逮捕措施的，传唤、拘传持续的时间不得超过 24 小时。这一规定为自侦部门突破案件争取了宝贵时间，使拘留前办案时间的紧张得到有效缓解，但要解决突破案件难题，把突破案件的重点全部放在被延长的时间内来完成，因为许多案件的特点和疑难程度不同，讯问存在着很大的局限性和难度，因此将破案重心都寄托于延长的 12 小时，成案率将受到很大的影响。因此，扩大传唤、拘传时间以外的行为时间，保障传唤、拘传的效率和质量，关键还是要提高初查的成功率。要提高初查成功率，除了提高讯问技巧，关键是做好初查，侦查意识前置，建立以无罪推定为前提的成案意识，侧重把突破案件的工作重心放在初查阶段，以及口供认罪之前的准备工作上。通过初查后获取的相关证据和大量的犯罪信息，来获取犯罪嫌疑人在 24 小时内的供述。这种由证到供的侦查讯问方法，在大量的侦查讯问的实践中得到了肯定。这种突破案件的工作重心前置，有利于满足犯罪嫌疑人对抗条件的丧失的心理认识。虽然初查获取的材料不是完整证据，更不是完整的能够证明犯罪的证据锁链，而是犯罪行为的"证据信息"，很多的时候仅仅是部分的犯罪信息，这一证据信息能够直接告知犯罪嫌疑人"只能供述"别无选择。也就是说，此时此刻犯罪嫌疑人的对抗条件已经丧失，对抗已经失去了意义，只能选择供述。例如，滁州市琅琊区检察院在查办滁州市妇女儿童保健所叶敏的受贿案件时，做了大量的初查工作，调取了滁州市妇女儿童医院的全部支出账目，发现了该医院按月支付给叶敏的"辛苦费"20 余万元的记录，此后叶敏在被传唤后，获取自己的犯罪事实已经暴露的信息之后，只得交代自己收了医院"辛苦费"20 余万元的犯罪事实，最后形成了完整的证据锁链，更为重要的是满足了自愿供述的原则。

四是无罪推定原则与侦查意识。无罪推定是一种比较理想、科学的刑事诉讼理念，是现代刑法精神的体现和落脚点。修改后的刑诉法将这一理念隐含在了规定的法条中，对其办案方式的规范性和办案意识提出了更高的要求。

无罪推定，是指任何人在法院没有以确实、充分的证据证明其有罪以前不得推定其有罪。无罪推定原则的核心内容有两点：其一，犯罪嫌疑人、被告人作为刑事诉讼主体，在有罪判决生效前，在法律上应视其为无罪人；其二，在刑事诉讼中，只有经过法院依照法定程序审理后，才能最终确定并宣告被告人是否有罪。无罪推定，实质上是一种法律上的假定，而并非事实上的认定。从事实角度讲，犯罪嫌疑人、被告人可能无罪，也可能有罪，但在法院没有依据法律作出有罪判决前其均被假定为"无罪"。

在职务犯罪侦查实践中，始终存在着"无罪推定"与"侦查意识"的冲突。对于侦查讯问中侦查人员的"侦查意识"与无罪推定关系的处理存在着冲突。或以侦查意识否定无罪推定，认为单纯的无罪推定是严重脱离侦查工作实际的。侦查活动的重要行为是"提取"犯罪证据，而不是"收取"犯罪证据，提取的重要特征是他的主动性和攻击性，这是侦查人员必须具备的侦查意识的基本特征，没有侦查意识的侦查人员，不可能完成侦查证明犯罪的任务。而无罪推定却要求将被侦查对象看做无罪的人，侦查人员在接受案件之后，首先就确定犯罪嫌疑人无罪，那么还有必要继续侦查吗？侦查意识的主动性和攻击性就不可能存在，认为侦查活动中的无罪推定是严重脱离侦查工作实际的。

侦查意识是侦查活动的动力趋向，动力的来源是侦查假说，侦查假说是侦查人员根据初步掌握的案件情况，对犯罪性质、犯罪过程、犯罪人等犯罪事实的推测性解释。侦查假说是查明事实真相的一种从已知探求未知的科学工具和认识手段，属于认识论的范畴。无罪推定是程序法则，强调的是犯罪嫌疑人、被告人在刑事诉讼程序中的主体地位，而不是对刑事案件进行实体裁判的法律依据，是属于法律价值论的范畴。作为侦查规律体现的侦查假说与作为人权保障的无罪推定原则，既是不同司法认识层面的不同问题，又具有相互影响、相互作用的紧密联系：首先，作为刑事司法活动的重要组成部分，侦查活动离不开法律价值论的指引。坚持无罪推定原则就是坚持刑诉法确定的以事实为依据，以法律为准绳原则。在无罪推定原则指导下的侦查假说，要求侦查人员除了具备积极的敬业精神、熟练的业务水平，更要具备现代司法的公正、平等、民主的执法理念。其次，作为无罪推定是假设性命题而非事实性命题，在诉讼理论上，无罪推定是一个可以被事实推翻的假定，推翻的基础就是证据。而以侦查假说为指导的侦查活动的目的，就是为了收集确实充分的证据以证明犯罪，证据是连接侦查假说与无罪推定原则的共同基石。不仅无罪推定的原则是靠证据来支持，而且侦查假说也是要靠证据来支撑的。为此，在职务犯罪侦查活动中，既注重有罪证据的收集，不放过任何疑点来推翻无罪的假定，又注重无罪证据的收集，以证实无罪的假定是否成立。最后，是无罪推定的验证原则，侦查假说和审讯谋略最终是要靠证据来检验、校正、修改、完善的。侦查假说虽有假定推测性质，但并非凭空臆测，侦查的结果是通过调查取证加以检验，而不是以侦查假说来框定证据，强化内心有罪确信。因此，无罪推定原则是法治建设层面的人权保障机制，而不是具体犯罪侦查工作思维方法，并不排斥审讯谋略,它只是反对"强迫自证其罪"和"有罪推定,先入为主",以想象而运用审讯谋略寻求供述吻合点的行为。

二、坚持"非法证据排除"的侦查讯问理念

修改后的刑诉法明确规定了非法证据排除规则,即对采用刑讯逼供等非法方法收集的犯罪嫌疑人、被告人供述和采用暴力、威胁等非法方法收集的证人证言、被害人陈述,应当予以排除。收集物证、书证不符合法定程序,可能严重影响司法公正的,应当予以补正或者作出合理解释,不能补正或者作出合理解释的,对该证据应当予以排除。

法学理论针对合法有效的证据原则,即客观性、合法性和关联性,"三性"缺一不可。而非法证据排除规则就是针对证据的合法性制定的,突出强调证据的收集方法、收集程序要合法,否则将予以排除。在传统的"重口供、重实体、轻程序"侦查理念的支配下,自侦办案人员习惯于采取"由供到证"的办案方法(客观实践中针对"一对一"情形的突破方法),把突破案件的期望全部寄于"突破口供",导致了强要口供的情况和行为,而忽视程序法的要求,影响了证据合法性,甚至最终被认定为非法证据而不予采信,苦心经营的线索以及大量初查工作,皆因程序瑕疵被否定。因此,坚持非法证据排除的侦查理念,是侦查活动的需要,也是新规则条件下检察机关的侦查部门所面临的挑战。

首先是言词证据的排除。在非法言词证据排除范围上,规定了"采用刑讯逼供等非法手段取得的犯罪嫌疑人、被告人的供述"和"采用暴力、威胁等非法手段取得的证人证言、被害人陈述"。这里的取舍标准,是以是否"丧失意识自由的程度"和"影响证据真实性的言词证据"来决定该言词证据的取舍,这是在侦查实践中比较容易把握的,也是非常明确的非法证据的取舍范围。但新刑诉法第 54 条没有把威胁、引诱、欺骗所取得的言词证据纳入非法证据的排除范围,而是将"采用刑讯逼供等非法手段取得的……"予以排除。那么,这里的"等非法手段"是否又包含威胁、引诱、欺骗的行为呢?根据立法思想的本意,这里包含了两个方面的含义:一是"丧失意识自由的程度"和"影响证据真实性的言词证据"的部分,应当排除;二是"正当的侦查策略和技巧",不应当排除。之所以这样规定,主要是因为实践中威胁、引诱、欺骗的程度不易界定,与侦查的策略、技巧划不清界限。因此,实务中应当区别法律禁止的威胁、引诱、欺骗方法与正当的侦查策略,严格把握两者之间的界限。对于采用威胁、引诱、欺骗的方法获得的言词证据,只有在其严重侵犯公民权利、严重妨碍司法公正时,才能加以排除。如在侦查实践中以对被讯问

人、询问人本人及其亲属实施的人身、情感或财产限制、剥夺和威胁，以此来逼取口供即言词证据的应当排除；再有侦查人员以超越法律规定和权力范围的利益为条件诱饵，如不追究刑事责任、立即释放等，欺骗诱导被询问、讯问人按照自己的思路提供言词证据的也应当排除。

而侦查讯问策略所能包含的带有一定威胁、引诱、欺骗色彩的方式，所获得的言词证据则不宜加以排除。侦查讯问策略所能包含的威胁、引诱、欺骗色彩，是侦查讯问科学所包含的能够对犯罪嫌疑人产生如实供述的影响的成分。这里的威胁是侦查讯问人员运用国家的法律规定对犯罪嫌疑人造成的威胁，而不是侦查讯问人员个体的暴力行为对嫌疑人所造成的威胁。因为犯罪嫌疑人实施了犯罪行为这种威胁才会产生，如果被讯问人根本就没有实施犯罪行为，那么侦查讯问就不可能对其产生威胁，产生威胁的原因是犯罪嫌疑人犯罪事实的心理记忆与客观的法律规定以及犯罪的客观存在的确认，而产生的心理压力、恐惧和畏罪形成的威胁；侦查活动中引诱的成分是以利益为导向的，即只要犯罪嫌疑人能够如实地供述犯罪事实，就能够获得法定的从轻从宽的利益，满足了刑诉法第52条"应当如实提供证据"的规定。通常讯问人员向犯罪嫌疑人提供的信息，满足了犯罪嫌疑人"趋利避害"的心理需要，产生了供述认罪比对抗拒不认罪更能获取利益，那么犯罪嫌疑人就会选择供述。因此，这种引诱的成分是讯问科学的组成部分，而不是被排除的对象；侦查讯问中包含的欺骗色彩，是因讯问人员提供的信息使犯罪嫌疑人产生的认知错觉而造成的。如讯问人员问："今天检察机关为什么找你呀！"这句话本身的"前景含义"并没有欺骗色彩，可是嫌疑人通过讯问人员的态势和讯问环境的影响，联想到"检察机关查办的是职务犯罪，今天检察机关为什么找我而不找别人呢？因为我有受贿犯罪行为，所以检察机关才找我，更确切地说是自己的犯罪事实已经暴露了"。讯问人员继续说："我们明确地告诉你，你已经涉嫌受贿！"这里虽然检察机关没有掌握嫌疑人的犯罪事实，但是侦查讯问人员直接告知嫌疑人有受贿的嫌疑，并没有凭空捏造事实。于此这句话又更进一步强化了嫌疑人犯罪事实已经暴露的错觉心理认识，既然自己的犯罪事实已经暴露，对抗已经失去了意义，供述还能够获得从宽处理，选择了供述行为。这里的侦查人员并没有掌握犯罪事实，而嫌疑人误认为犯罪事实已经暴露，是嫌疑人的认知错觉造成的，能够使嫌疑人产生错觉的是讯问人员的"背景语言"，而不是直接的"前景"语用行为。为此这种"背景语言"的欺骗性是不可加以排除的。

其次是对于程序违法的言词证据是否排除。程序违法，如侦查人员违反规定单人取证、侦查人员传唤嫌疑人的留置时间已超出法定期限等，所获取的言词证据是否排除？刑诉法第54条对非法证据排除作了明确规定，以刑讯逼供等非法手段取得的犯罪嫌疑人、被告人供述，属于非法言词证据，应当依法予以排除。但是对违反法定程序获取的言词证据是否排除，没有明确的规定。而对收集物证、书证不符合法定程序，可能严重影响司法公正的，应当予以补正或者作出合理解释；不能补正或者作出合理解释的，对该证据应当予以排除。法条对程序违法的言词证据排除没有明示，是否是因为侦查实践中程序违法的严重程度不同，而难以统一，一概排除呢？根据立法思想的本意，既要保障被取证人基本的公民权利，又要保障证据的客观真实性。这里包含了两个方面的含义，"丧失意识自由的程度"和"影响证据真实性的言词证据"的部分，应当排除。如果在提取言词证据的过程中，虽然有违反程序的行为，但是并没有使被讯问人"丧失意识自由的程度"和"影响证据真实性的言词证据"的行为存在，那么获取的真实证据就不应当排除。比如，刑诉法规定的传唤、拘传的时间是 24 小时，那么在侦查实践中传唤的时间达到了 28 小时，已经是违法了，那么获取的言词证据是否就一定要排除呢？如果获取的言词证据既没有违背意识自由原则，又不影响该言词证据的真实性，那么还有排除的必要吗？这大概是刑诉法第 54 条没有把言词证据的程序违法明示在该法条内的原因所在吧！

由此，在侦查实践中应当把握两个标准：一是程序违法的严重程度；二是是否违背自愿性原则。程序违法的严重程度，即对于程序违法取得的言词证据，是根据取证行为对法律秩序和基本法律准则的破坏程度来衡量，可以分为严重违反法律程序的规定和违反一般手续性程序的规定。如严重违反诉讼程序、影响公民权利和证据真实性所收集的言词证据，不能作为定案的根据应当排除：严重的连续超期传唤、拘传，违背意识自由原则和言词证据的真实性；讯问笔录没有经被讯问人核对确认的；应当提供翻译而未提供的；不具备讯问主体资格提供的言词证据；不具备鉴定资格而提供的鉴定结论等。而对于存在轻微的程序性（手续缺失）违法获得的言词证据，如侦查人员违反规定单人取证，讯问、询问笔录填写不全、有误或者存在矛盾，询问地点不符合规定，没有记录告知被讯问人的诉讼权利、证人如实作证、被害人如实陈述义务等，如果没有影响到证据的真实性，那么在获得言词证在予以补正或者作出合理解释的情况下应当是可以作为证据使用的。

在侦查实践中非法证据的排除常常与嫌疑人的翻供联系在一起。针对贿赂犯罪的侦查讯问，"一对一"的情景是非常突出的，同时这种"一对一"的情景又是以言词证据为主，一个人说给了，一个人说没有拿，或者一个人说拿了，而另外一个人说没有给。因为这种言词证据的稳定性不强，容易给嫌疑人翻供创造条件，而恰在这种情景下侦查讯问人员在第一次传唤、拘传的程序违法，传唤的时间超过了 24 小时，由此第一次获取的言词证据就会予以排除。例如，嫌疑人被第一次传唤，供述了自己受贿 5 万元，第二次被讯问时翻供，因为第一次传唤的程序违法，第二次讯问又翻供，此后嫌疑人就始终否认自己受贿 5 万元的犯罪事实，此言词证据予以排除；在嫌疑人被第一次传唤，供述了自己受贿 5 万元，第二次仍然供述了自己受贿 5 万元，因为第一次传唤的程序违法，第二次讯问并没有程序违法，那么此言词证据就不应当排除。由此一笔犯罪事实，经过多次讯问，而排除的只是程序违法的一次，没有程序违法的言词证据，同时又满足其有罪供述的自愿性，因而也才具有合法性，所以该言词证据就不应当排除。

三、辩护人进入侦查阶段的侦查讯问理念

修改后的刑诉法规定了辩护人进入刑事诉讼的时间点提前到侦查阶段、辩护人会见在押犯罪嫌疑人的权利和会见时不被监听的规定，大大增强了辩护力量，同时也提升了检察机关的控诉难度，这就对检察机关反贪部门的侦查活动提出了更高的要求。

犯罪嫌疑人被侦查机关第一次讯问或者采取强制措施之日起即可会见。第一次讯问犯罪嫌疑人律师的介入会见，这不仅是形式上的资助，更是对犯罪嫌疑人心理上的资助，侦查部门过去的侦查活动优势现在已经消失。在第一次被讯问的空间里，针对犯罪嫌疑人来说是处于被控制状态，心理上产生的是无助的心理压力，处于交代自己犯罪事实的心理困境，迫切需要外力的援助，此刻律师的介入，为犯罪嫌疑人提供必要的服务和帮助，无疑是帮助犯罪嫌疑人解脱因犯罪事实而导致的心理困境。由此给侦查部门突破案件、深挖犯罪提供了难度。在侦查阶段侦查部门处于时间紧、约束多的状态下，如何能够让案子立得起、诉得出，就必须转变侦查思路，改变传统的对侦查阶段的侦查手段的依赖，不能过多地依赖侦查阶段的调查工作，而要将工作前移，强化立案前的案件初查工作，把初查工作做得扎实有效。在案件的初查中，侦查部门可以采用不限制被查对象人身、财产权利的措施，不轻易地接触被调查人，待大量的犯罪信息收集到位以后，案件的基本框架已经形成，那么进入立案侦查的环节，其外来的影响造成的难度和压力就会降低。查案的工作重点前移，做好立案侦查的全面铺垫，摆脱外来行为的干扰。

刑诉法关于律师介入的时间的提前，显示了律师介入刑事诉讼时间的提前。而修改后"讯问"之后少了"后"字，这就与侦查部门的传唤时间产生了冲突，面临在拘传过程中如何处理律师会见权的问题。犯罪嫌疑人被侦查部门拘传到案后，律师提出会见，这便与侦查部门对犯罪嫌疑人的讯问在时间上

产生了矛盾。检察机关一次拘传持续的时间最长为 24 小时，犯罪嫌疑人到案后，侦查部门要立即对其进行讯问，可是在讯问犯罪嫌疑人的过程中，律师要求会见，侦查部门不可能因为律师要会见而中止讯问，因此解决矛盾的办法只能是在侦查部门讯问结束后再行会见，况且律师的会见是没有时间限制的。

辩护人会见在押犯罪嫌疑人的权利和会见时不被监听的规定，规定得具体、明确、硬性。辩护律师在会见在押犯罪嫌疑人方面便可以说是毫无障碍了。修改后的刑诉法规定辩护律师会见犯罪嫌疑人、被告人时不被监听，而旧的刑诉法则是规定律师会见在押的犯罪嫌疑人，侦查机关根据案件情况和需要可以派员在场。侦查部门对律师会见在押犯罪嫌疑人时的谈话在场监听，会对犯罪嫌疑人形成震慑，使其不敢随便翻案，律师也不能完全按自己的方式与犯罪嫌疑人对话，按照修改后的刑诉法的规定，此种情况完全消失。从而形成辩护律师和犯罪嫌疑人能共享一个独立的封闭空间而不被监听，两人能畅所欲言，犯罪嫌疑人心理放松，表达自由，辩护律师能充分询问自己所想了解的案件内容，最大限度地帮助犯罪嫌疑人获得权益。辩护律师的到来，从心理上缓解了犯罪嫌疑人被审讯的压力，强化了在押犯罪嫌疑人的对抗心理，补强了犯罪嫌疑人的对抗意志性，维护了隐瞒犯罪事实的心理侥幸，也相应增加了犯罪嫌疑人拒供、翻供的风险，增加了检察机关自侦部门的审讯难度。为了解决突破案件口供的难题，关键还是要提高侦查讯问人员的讯问技巧，侧重把突破口供的工作重心放在犯罪嫌疑人认罪之前的准备工作上。从审讯人员的意识角度必须要有律师援助的存在意识；从审讯技巧的角度必须要把握住科学有效的讯问方法，把握嫌疑人供述认罪的基本规律，由传统的"以供到证"的讯问方法转变为"以证到供"和"以供到证"的结合，有效地运用"客观证据"和"信息证据"的讯问方略。

职务犯罪中拒不供认案件的突破技巧

张　翔*

一、职务犯罪中拒不供认案件的"口供"定位

联合国《公民权利和政治权利国际公约》规定"不被强迫作不利于他自己的证言或者强迫承认犯罪";《禁止酷刑和其他残忍、不人道或有辱人格的待遇或处罚公约》第15条规定:"每一缔约国应确保在任何诉讼程序中,不得援引任何确属酷刑逼供作出的陈述为证据,但这类陈述可引作对被控施用酷刑逼供者起诉的证据。"2012年新修订刑事诉讼法(以下简称新刑事诉讼法)采纳了上述两个公约对犯罪嫌疑人人权的保障,其第50条明确规定:"严禁刑讯逼供和以威胁、引诱、欺骗以及其他非法方法收集证据,不得强迫任何人证实自己有罪。"第54条规定:"采用刑讯逼供等非法方法收集的犯罪嫌疑人、被告人供述和采用暴力、威胁等非法方法收集的证人证言、被害人陈述,应当予以排除。"根据该两条的规定,即便犯罪嫌疑人拒不供认,侦查人员也不得采取"刑讯逼供和以威胁、引诱、欺骗以及其他非法方法"获取口供,并且"不得强迫任何人证实自己有罪"。因此,随着公民法律意识的提高和侦查讯问制度日趋法治化,犯罪嫌疑人拒不供认的职务犯罪案件,必然会不断出现并呈日趋增多的趋势。

新刑事诉讼法第53条规定:"对一切案件的判处都要重证据,重调查研究,不轻信口供。只有被告人供述,没有其他证据的,不能认定被告人有罪和处以刑罚;没有被告人供述,证据确实、充分的,可以认定被告人有罪和处以刑罚。证据确实、充分,应当符合以下条件:(一)定罪量刑的事实都有证据证明;(二)据以定案的证据均经法定程序查证属实;(三)综合全案证据,对所认定事实已排除合理怀疑。"这一规定明确地表明供述是可以采信的一种证据,但不能轻信;检察机关侦查人员对有无口供的情况应采取正确态度,而且,是否包括"口供"不是证据链条必需的;缺乏"口供"也并不能必然影

＊　天津市人民检察院第二分院反贪局侦查二处副处长。

响链条的完整性。在一个证据链条中，完整性不体现在证据数量上，而是它的逻辑严密性。口供是一种重要的证据，对其可以采信，但不能轻信，不能只靠供述定案，无口供就不定案。因此，在现代刑事司法制度下，职务犯罪中拒不供认案件的"口供"和其他证据一样，只要与其他证据相互关联、相互印证，形成完整的证据链条，并且得出的结论是唯一的，就能成为定罪的证据，不存在优先地位问题。

既然在职务犯罪中拒不供认案件的"口供"和其他证据一样，不存在优先地位问题，所以职务犯罪中拒不供认案件是能够不依赖口供被突破的、犯罪嫌疑人也能够不依赖口供而被依法追究刑事责任，这充分体现了逻辑学中的反证法与归谬法的思想。它先假定犯罪嫌疑人无罪，抛弃卷宗和口供，由检察机关利用充分的证据推翻无罪假设，也就是"先信其无，后证其有"。职务犯罪中拒不供认案件使口供不再是"证据之王"，这等于在形式上扭转了过去我国刑事诉讼实践中过分重视口供的倾向。同时，也使检察机关侦查人员更加重视对证据的收集和运用，必然会提高职务犯罪的侦查水平。正如德国学者拉德布鲁赫指出："科学证据理论的现状是：一方面从心理学上对各式各样轻信误解进行深入分析，从而降低了人证的价值；另一方面对例如指纹、血迹等勘查对象用改进的技术进行分析，相应提高了物证的证明价值。"

二、职务犯罪中拒不供认案件的突破策略

(一) 常规策略

根据新刑事诉讼法的相关要求，对职务犯罪中拒不供认案件的突破必须重视侦查谋略的使用。根据有关心理研究，一个犯罪嫌疑人在孤立无援的情况下能够坚持不供的心理极限是 72 小时，也就是 3 天时间。在以往，侦查部门采取刑事拘留前长时间的限制犯罪嫌疑人人身自由、采取"熬鹰"的办案方式，在大多数情况下都可以拿下口供。而新刑事诉讼法第 50 条明确规定："不得强迫任何人证实自己有罪"；第 54 条规定："采用刑讯逼供等非法方法收集的犯罪嫌疑人、被告人供述和采用暴力、威胁等非法方法收集的证人证言、被害人陈述，应当予以排除"；第 117 条规定："传唤、拘传持续的时间不得超过十二小时；案情特别重大、复杂，需要采取拘留、逮捕措施的，传唤、拘传持续的时间不得超过二十四小时。不得以连续传唤、拘传的形式变相拘禁犯罪嫌疑人。传唤、拘传犯罪嫌疑人，应当保证犯罪嫌疑人的饮食和必要的休息时间。"由此可见，检察机关侦查部门过去所采取的从供到证"三板斧"已经不再适用，并且所获得的口供因为"强迫犯罪嫌疑人证实自己有罪"很有可能被依法排除。因此，根据新刑事诉讼法的相关规定，对职务犯罪中拒不供认案

件的侦查，检察机关侦查部门需要抛弃老的办案套路，采用灵活多变的侦查谋略以获取定案的证据，主要应注意以下三点：

首先是高度的侦查谋略意识。《孙子兵法》道："用兵之道，以计为首，以谋取胜。"职务犯罪中拒不供认案件的犯罪嫌疑人之所以拒不供认，就是为了逃避打击，并且在预谋作案时就开始进行反侦查活动，如，订立攻守同盟、销毁、隐匿、变造书证或财务凭证、藏匿赃款赃物等；在被立案侦查以后，无论犯罪嫌疑人是否潜逃，其关系网络都将会动用各种反侦查资源在暗处作祟，设置各种侦查障碍，多方位地干扰侦查活动。面对狡诈对手和复杂的侦查情势，侦查人员必须反应敏捷，善于观察，善于思考谋划，灵活地综合运用各种侦查谋略，以计胜计。

古人云："谋生于智，成于密，败于泄。"秘密是侦查的生命。因此，在对拒不供认案件的侦查中，一方面，侦查人员一定要隐蔽侦查意图，要内敛外松，对被查对象严格保密，尤其是不能被其察觉。侦查意图若不能保密，不管水平多么高超，也会分文不值，从而陷入被动和失败。另一方面，侦查人员还要切忌不顾条件、氛围、时机等是否具备而刻板僵化地强行查账或传询证人，要做到看似无意实则全部围绕既定的侦查方案在运转。为此，侦查人员必须自觉提高遵守保密纪律、严守侦查秘密的职业素养，并加强侦查技能训练，养成在办案中自觉保守侦查秘密的习惯和能力。

其次是侦查谋略使用的综合性。就侦查谋略本身而言，每一种谋略都有自己独特的功能和作用，同时又有各自的局限性。故而，对职务犯罪中拒不供认案件的侦查，侦查人员决不能把查破案件的全部希望寄托在一两个侦查谋略的使用上，尤其是在组织突破重大疑难案件时，必须考虑多种侦查谋略的综合运用。同时，侦查人员要敢于根据法律形式逻辑进行大胆假设与推理，同时按照犯罪构成要件，细心求证现有证据中的细节合理性，从而使证据链不断完善，按照刑事诉讼法第53条的要求，即："证据确实、充分，应当符合以下条件：（一）定罪量刑的事实都有证据证明；（二）据以定案的证据均经法定程序查证属实；（三）综合全案证据，对所认定事实已排除合理怀疑"，最终突破案件。

最后是侦查谋略使用的多变性。"兵无常势，水无常形"，职务犯罪中拒不供认案件是千变万化的，具体到每一个个案的情况也可能时刻在变，侦查人员在运用侦查谋略时应当做到随机应变，不拘常规。对有账可查的案件，就要充分其利用犯罪嫌疑人实施职务犯罪时留下的账册等各种痕迹物证，有步骤地按照由证到人或由人到案的次序进行侦查。对于发现的犯罪线索，或者从其他案件或同案犯中梳理出的案件头绪，就应采取一追到底的策略，直至查清全案。

此外，侦查人员还应当具备对职务犯罪中拒不供认案件的案情及其发展情势的正确分析力和预判力，以及广博的知识体系和侦查经验的积累，包括系统的侦查学知识，丰富的日常生活知识和涉及职务犯罪各相关领域的专业知识等。正如现代犯罪侦查学的创始人奥地利学者汉斯·格罗斯所言："从某种意义上讲，侦查员的绝大部分工作只不过是和撒谎作斗争。"

（二）技术侦查策略

《联合国反腐败公约》第50条第1款规定："为有效打击腐败，各缔约国均应当在其本国法律制度基本原则许可的范围内，并根据本国法律规定的条件，在其力所能及的情况下采取必要措施，允许其主管机关在其领域内酌情使用控制下交付和在其认为适当时使用诸如电子或者其他监视形式和特工行动等其他特殊侦查手段，并允许法庭采信由这些手段产生的证据。"新刑事诉讼法通过立法赋予我国检察机关技术侦查的权力，既是《联合国反腐败公约》的要求，也是我国反腐败工作的切实需要。

新刑事诉讼法第148条规定："人民检察院在立案后，对于重大的贪污、贿赂犯罪案件以及利用职权实施的严重侵犯公民人身权利的重大犯罪案件，根据侦查犯罪的需要，经过严格的批准手续，可以采取技术侦查措施，按照规定交有关机关执行。"技术侦查是指侦查机关运用现代科学技术手段发现犯罪和证明犯罪的一种秘密的侦查活动，包括侦听、电子监控、秘密录音录像、秘密拍照等。技术侦查在发现和证明犯罪方面有着巨大的优势，其他许多国家如美国、英国、法国、德国、俄罗斯等，都普遍承认技术侦查措施的实践合理性，并通过立法明确授予侦查机关在特定情况下运用技术侦查措施的权力。赋予检察机关的技术侦查权，是解决职务犯罪侦查中突破难、提取固定证据难等问题的最佳方案，其重要性和可行性以及与常规侦查手段相比所具有的优势将被侦查实践所证实。

职务犯罪中拒不供认案件与其他普通职务犯罪案件相比较，主要表现在：一是拒不供认案件的犯罪主体一般具有较高的学历和智商、丰富的社会阅历和经验，是属于高智能型的国家公职人员。二是拒不供认案件中的犯罪行为可以凭借职务行为作为掩护或者利用职权加以掩盖，是属于高隐蔽型犯罪。上述特点决定了职务犯罪中拒不供认案件与其他普通职务犯罪案件相比，具有一般不会自行暴露、犯罪嫌疑人反侦查能力强、外界干扰大，同时往往还具有物证少、言词证据与书证地位突出、证据收集和固定难等特点。尤其是随着现代科技的发展，职务犯罪的职能化、科技化、隐蔽化、网络化程度不断提升，犯罪嫌疑人订立攻守同盟、阻止证人作证等反侦查活动日益猖獗，职务犯罪侦查面临更加严峻的挑战，突破职务犯罪中拒不供认案件凭借常规的侦查手段更是难上加难。尤其是大量依靠言词证据证明的交易性职务犯罪中的拒不供认案件，由于言词证据具有当事者自身的可控性、易变性、虚假可能性等特点，依靠常规的侦查手段收集、固定、鉴别也更加困难，而技术侦查"是在被追诉者及一般公众不知晓的情况下进行的，因而能够避免来自犯罪嫌疑人的反侦查措施，所获取的证据也通常比较真实可靠"。采用这种集秘密性、技术性以及收集证据的直接性为一体的技术侦查措施，则能够顺利有效地为职务犯罪中拒不供认案件的突破提供直接证据。

技术侦查具有不易觉察性和易渗透到犯罪过程之中的特点，对于突破职务犯罪中拒不供认案件是一种具有独特效力的犯罪侦查方法。但同时，技术侦查往往又伴随着对有关人员隐私权和通信自由权等合法权益的侵犯。这就要求检察机关在使用技术侦查权的同时，又要对技术侦查手段的使用予以规范，应当注意以下几点：

首先，要明确技术侦查措施的适用对象。根据新刑事诉讼法第148条的规定，按照比例适当原则的要求，侦查措施的严厉性应当与犯罪行为的严重程度相适应，据此，技术侦查措施只能适用于依靠常规手段难以侦破的重大的贪污、贿赂犯罪案件以及利用职权实施的严重侵犯公民人身权利的重大犯罪案件，尤其是用于前述这些职务犯罪中拒不供认案件的侦破。

其次，应当具体设定使用技术侦查措施的审批程序和使用期限。根据新刑事诉讼法第149条的规定，技术侦查措施的使用期限为3个月。在审批程序上，笔者认为，应当由立案侦查的检察院向其上一级检察院提出申请，申请要重点说明采用技术侦查措施的必要性，上一级检察院则要根据案情复杂程度以及侦破案件的实际需要，决定是否予以批准。立案侦查的检察院接到批文后，则应当商请技术侦查部门具体对涉案人员实施技术侦查。鉴于技术侦查的专业性特色，还应当在检察机关内部设立专门的技术侦查部门，配备专业技术人员和技术设备，专门负责对检察机关侦查的职务犯罪案件实施技术侦查。

最后，根据新刑事诉讼法第152条的规定："依照本节规定采取侦查措施收集的材料在刑事诉讼中可以作为证据使用。"动用技术侦查措施获得的信息，具备证据资格，只能用于案件的侦查和指控犯罪。负责实施技术侦查的人员，对于获得的与案件侦查和指控犯罪无关的信息材料必须立即销毁，且要承担保密的义务。在案件终止追诉或者被法院作无罪判决后，因技术侦查所获得的信息材料要立即封存或者销毁；对于法院作出有罪判决的案件，获得的技术信息材料则应当妥善保管。对有证据证明是违法动用技术侦查手段的，应当宣布该侦查活动无效，所获得的信息材料不能作为证据使用，应当予以排除，同时还要依法依纪追查有关人员违法办案的责任，要在技术侦查中建立起对侦查办案人员的约束机制，以维护突破职务犯罪中拒不供认案件与保障人权之间的价值平衡。

（三）突审策略

根据证据与案件主要事实的关系，可以将证据划分为直接证据和间接证据。所谓直接证据，是指能直接证明案件主要事实的证据；所谓间接证据，是指只能证实案件的某一方面或环节，须同其他证据联系起来，用推理的方法，才能证明案件主要事实的证据。运用直接证据和间接证据认定事实的方法并不相同：直接证据是直接独立地从正面"证实"的角度来证明案件事实，而间接证据则需与其他证据事实联系成一环扣一环的证据锁链，并需运用推理的方法，在排除所有其他可能性之后，才能锁定案件事实，故其是间接地从反面排除"证伪"的角度来认定案件事实。而职务犯罪中拒不供认案件，一般都缺少直接证据。所以，要仔细搜集和查证外围的间接证据，利用逻辑推理，将外围证据形成锁链，且符合新刑事诉讼法第53条的规定，从而达到证明犯罪的目的。在突审中应注意以下两点：

第一，凡是刑事案件侦破都有突破口，这个突破口对犯罪行为人来说就是案件暴露出的弱点，职务犯罪中拒不供认案件的突破口除了上述的间接证据以外，还有一种是衍生证据。衍生证据是职务犯罪行为人为掩盖罪行、逃避惩罚进行反侦查活动而派生出的证据，包括设置办案阻力、干扰证人作证、串供等。从根本上讲，衍生证据可以把职务犯罪行为人自己掩盖罪行、逃避惩罚的行为再次转化成证据，从而增强现有证据的证明力或与现有证据形成更完整的证据链。在突审中，大量使用衍生证据或间接证据用以攻击犯罪行为人"抵赖"和"拒供"，职务犯罪中拒不供认案件的突破就能迎刃而解。

第二，在突审中还可以借鉴《博弈论》中的"囚徒困境"学说。"囚徒困境"讲的是甲乙两名罪犯在犯罪后被警察抓到，分别被关在不同的屋子里审讯，警察告诉他们：如果两人都坦白，可能各判刑5年；如果两人都不坦白，可能各判刑1年；如果其中一人坦白另一人抵赖，坦白的放出去，不坦白的判刑10年。这样，甲乙二名囚徒就会不可避免地产生这样的想法：如果自己不坦白，对方坦白的话，对方就会被放出去，自己则要被判刑10年；而如果大家都坦白的话，最多各被判刑5年，这样虽然被判刑但起码公平，因为毕竟是二人共同犯罪。结果是甲乙二人都同时坦白。这其中是否会发生甲乙二名囚徒都不坦白的情况呢？看来这无法做到，因为它不符合个人利益的需要。因为共同犯罪人订立"攻守同盟"基础是个人利益的驱动，当他发现坦白的利益大于不坦白的利益时，他必然就不会再遵守事前约定，"攻守同盟"也形同一张废纸。这就是"囚徒困境"学说产生的根源。

在侦办职务犯罪中拒不供认案件时，灵活运用"囚徒困境"学说，对共同作案、窝案、串案或者是订立"攻守同盟"的共同犯罪案件，要将侦查重点放在激化和利用共同嫌疑人之间的矛盾上，以分化、瓦解共同犯罪人和他们之间订立的根本不堪一击的"攻守同盟"，使其互相猜疑、指责甚至发生"内讧"。同时，要根据各个犯罪嫌疑人在犯罪中所处的地位、作用及心理承受能力的不同，选准突破口，利用他们之间其中一个可能会对抗侦查，而另一个又可能会主动供认的矛盾，各施心理压力，使他们相互之间逐渐产生互不信任的状况，从而成功地逐个击破，再结合新刑事诉讼法第 118 条规定："侦查人员在讯问犯罪嫌疑人的时候，应当告知犯罪嫌疑人如实供述自己罪行可以从宽处理的法律规定"，必定能够收到事半功倍的效果。

总之，按照刑事诉讼法的相关要求，口供不再是"证据之王"，检察机关职务犯罪侦查部门也不能再依赖从供到证的侦查模式，对职务犯罪中拒不供认案件的突破一般分为三个阶段：第一阶段是立案前的线索分析和秘密初查。该阶段进展如何将直接影响到下一步的侦查活动，所以应当广泛收集旁证材料，包括了解可能实施职务犯罪相关的背景、职务犯罪嫌疑人的家庭成员以及收入、房产等大量外围情况，做好充分准备；第二阶段是案件突破阶段。根据前期的初查情况迅速立案，该阶段侦查人员会或与相关证人正面交锋，或实施技术侦查措施，获取大量直接证据、间接证据及衍生证据，案件是否能成案，很大程度上都取决于该阶段；第三阶段是对证据进一步补充、固定、完善阶段，最大程度上补强证据，确保案件的质量。

侦查监督视野下技术侦查措施研究

黄福涛* 高哲远**

2012 年 3 月 14 日，《中华人民刑事诉讼法修正案（草案）》（以下简称刑诉法修正案）经表决通过，并将于 2013 年 1 月 1 日正式开始实施。此次刑事诉讼法对于侦查部分进行了较大修改，特别是新增了"技术侦查措施"一节，肯定侦查过程中技术侦查措施的运用及收集到证据的证据效力。基于技术侦查的特性，如果缺乏对其有效监督，极易导致对公民合法权利的侵犯。因此，应完善对技术侦查措施的监督，保证其在合法的范围内运行。目前，对于技术侦查措施的内涵的认定，还存在争议，故只有明确其范围、主体、授权启动方式等问题，才能对其进行有效的侦查监督，从而充分发挥技术侦查的作用，使其为打击犯罪提供有力的支持。

一、技术侦查的内涵及我国法律中技术侦查规定的沿革

（一）技术侦查及其侵权危险

1. 技术侦查的概念

对于技术侦查的概念，存在两种观点。一种观点认为，技术侦查是指利用现代科学知识、方法和技术的各种侦查的总称。① 包括两个方面：一是一般意义上的技术手段运用到秘密侦查中，二是指侦查机关运用科学技术秘密调查取证以便侦破案件，② 此种观点为广义上的技术侦查。狭义上的技术侦查则仅指运用刑事侦查独有的科学技术（包括技术监听、秘密录像、网络监控等）秘密调查取证。笔者认为，刑诉法上的"技术侦查"中的"技术"应当属于非普通公民能掌握的专业刑事侦查技术，应当从狭义上理解"技术"，而不应扩

---

* 北京市朝阳区人民检察院法律政策研究室副主任。

** 北京市朝阳区人民检察院法律政策研究室干部。

① 何家弘：《证据调查》，法律出版社 1997 年版，第 306 页。

② 于春林：《论我国秘密侦查的法律规制》，河北大学 2011 年法律硕士论文，第 5 页。

大解释，否则会导致在侦查过程中使用"技术"即构成"技术侦查"，从而导致"技术侦查"与"侦查"词义的趋同化。技术侦查指在侦查过程中，使用刑事科学技术手段，秘密调取证据的案件侦查措施。

2. 技术侦查措施内涵、系属问题及技术侦查的侵权危险

本次刑诉法修正案中，第二章"侦查"中新增第八节"技术侦查措施"。从此节规定的内容来看，并没有明确列举的技术侦查措施的种类，但对"卧底侦查"和"控制下交付"进行了描述性规定。从目前公安机关技术侦查过程中实际采用的侦查措施看，除上述两种技术侦查措施外，还包括秘密录音录像、电话监听、网络监控等采用高科技实施侦查的方式。

关于技术侦查的系属问题，有学者将技术侦查等同于秘密侦查，认为秘密侦查即是技术侦查，是以高科技为装备并运用它来实施侦查行为。① 也有学者认为，技术侦查属于秘密侦查的一种。② 从比较法的角度看，各国的刑事诉讼法立法实践中，多将技术侦查作为"秘密侦查"的一种方式。如法国 2004 年 3 月 9 日公布的"使司法适应犯罪发展法令"中规定了秘密侦查，并规定了秘密侦查的手段包括：监视（包括控制下交付）、卧底侦查、通信截留和秘密录音、录像。③ 英国 2000 年制定的《侦查权限制法》（The regulation of investigatory powers Acts 2000）规定了四类秘密侦查活动：通讯截取、秘密监控、秘密人力情报来源与电子信息活动。对比刑诉法修正案规定，我国刑诉法修正案不仅在"技术侦查措施"中规定了技术侦查，同时还规定了"卧底侦查"和"控制下交付"。我国新刑诉法中，节名为"技术侦查措施"，但其内容还包括了"卧底侦查"和"控制下的交付"（诱惑侦查），其实际内涵与国外"秘密侦查"具有类似特性。对技术侦查作狭义的解释，并将其作为秘密侦查的一种类型加以研究，更有利于厘清技术侦查与秘密侦查的关系。④

技术侦查具有两个特性：秘密性和技术性。实施技术侦查的典型方式是刑事侦查人员使用普通公民难以接触到的技术方式，如监听通话、秘密录像等方式，对相对人实施跟踪、监控等。侦查活动具有对抗性的特点，所以无论是一般侦查还是秘密侦查行为都可能会对相对人产生侵权，只是秘密侦查的侵权范

---

① 马静华：《秘密侦查论略》，载《山东公安专科学校学报》2002 年第 2 期，第 72 页。

② 陈卫东：《理性审视技术侦查立法》，载《法制日报》2011 年 9 月 21 日。

③ 《法国刑事诉讼法典》，罗结珍译，中国法制出版社 2006 年版。

④ 我国新刑诉法以"技术侦查措施"为节名进行规定，对技术侦查和秘密侦查的系属问题有待商榷。现新刑诉法已公布，本文讨论"技术侦查措施"相关条文实施后的实证问题。

围更广，侵权更难得到控制。① 例如，在实施电话监听的技术侦查过程中，不但对犯罪嫌疑人的隐私权产生侵犯可能，对其他相关公民的隐私权同样可能造成侵权。技术侦查可能在犯罪未发生之前即可以实施，只要存在了怀疑正当性，即能够开展技术侦查。又因技术侦查的秘密性，被采用技术侦查的相对人可能在不知情的情况下就已被侵权。技术侦查措施从本身的特性和实施过程来看，对公民的合法权利具有很高的侵权危险，甚至可以说其实施必然带有侵权结果。基于这些特性，"被监督"应当是技术侦查的必然衍生特性，加强对技术侦查的监督，才能达到侵权后果最小化和侦查效果的最大化。

（二）刑诉法修正案实施前后关于技术侦查的法律规范

1. 刑诉法修正案出台前关于技术侦查措施的法律规范

在刑诉法修正案出台前，我国对于技术侦查的规定主要见于两项法律：一是 1993 年《中华人民共和国国家安全法》第 10 条："国家安全机关因侦察危害国家安全行为的需要，根据国家有关规定，经过严格的批准手续，可以采取技术侦察措施。"二是 1995 年《中华人民共和国警察法》第 16 条："公安机关因侦查犯罪的需要，根据国家有关规定，经过严格的批准手续，可以采取技术侦察措施。"有权解释机关还出台了一系列的关于技术侦查使用的司法解释。国家安全法和人民警察法均是全国人大常委会制定的普通法律，根据法律位阶理论——对社会重大利益的调整和保护应由全国人大制定的基本法律授权，技术侦查措施由普通法律授权的方式有违立法的基本原理。②

此外，在刑诉法修正案出台前，关于技术侦查的规定都为原则性规定。对于使用主体、批准程序、使用范围和监督方式均没有具体规定。

2. 刑诉法修正案监督规则的缺失

本次刑诉法修正案新增了技术侦查措施的规定，将之前"幕后"实施的技术侦查措施呈现至"台前"。修正案主要从"技术侦查措施"的准用性和限制性，以及技术侦查措施的批准、适用和保护进行了原则性的规定，但对于如何监督技术侦查措施的使用，以及对于过限使用技术侦查措施的法律后果，均未能加以明确规定。

---

① 李芳：《秘密侦查法制化研究》，华中师范大学 2011 年诉讼法学硕士学位论文，第2 页。

② 陈磊：《授权与控权：技术侦查措施的法治化》，来源：www. legaldaily. com. cn/Frontieroflaw/content/2012 - 04/27/content3530785. htm? node = 34808，2012 年 5 月 4 日访问。

二、境外与我国关于技术侦查法律规定的比较

（一）对技术侦查措施准用性的确立

对于在侦查过程中能否使用技术侦查措施的问题，无论是大陆法系国家还是英美法系国家，大多都承认了对于特定犯罪可以采用特定的技术侦查方式。如，上文提到的英国《侦查权限制法》许可四类秘密侦查活动；法国刑诉法反对"使用不正当手段"收集证据，但毒品、贿赂、偷猎、有组织犯罪等则允许采用特定的技术侦查措施。

大部分国家对于部分特定犯罪，均允许使用技术侦查措施，这与目前犯罪形式日益多样化，侦查难度日益增加相适应。我国此次刑诉法修改将技术侦查措施加以明确规定，同样也符合国内犯罪形势和刑诉法的发展要求。

（二）对适用技术侦查的监督制约

1. 启动程序的授权制约。基于技术侦查的侵权危险，各国对在刑事诉讼程序中启用技术侦查均较为慎重。俄罗斯刑诉法规定：侦查员经检察长同意向法院提出实施侦查行为的申请，实施侦查行为的申请应当由区法院或同级军事法院的法官在侦查地或侦查行为实施地自收到申请之时起的 24 小时内独任审议。① 法国与德国的刑诉法也要求采用技术侦查措施必须有法院法官的审批，并以书面决定的形式才能核准适用。

从技术侦查的启动授权方式看，多数国家均使用司法审查方式，只有在司法机关同意的情况下才能进行，将技术侦查的启动程序的决定权与监督权归于法官②，此种授权方式为司法授权，它将技术侦查的启动权从侦查机关中剥离出来，有利于对技术侦查启动的监督。除了司法授权外，另一种技术侦查启动授权方式是英国刑诉法中规定的"行政命令式"——由行政机关（公安）授权实施技术侦查。

我国在启动技术侦查措施中，采用类似英国"行政命令"式的启动授权方式。实践中，公安机关启动技术侦查由市级以上公安机关审批，检察机关自侦案件交由检察机关和公安机关两级审批。在新刑诉法中，第 148 条规定了"经过严格的批准手续"，没有明确批准主体，但从实践来看，其模式应对是

---

① 《俄罗斯联邦刑事诉讼法典》，黄道秀译，中国人民公安大学出版社 2006 年版，第 152 页。

② 部分技术侦查的启动程序的权限也可归于检察机关，如法国《刑事诉讼法典》第 100-7 条第 3 款规定，对司法官的电话线路进行侦听，应当通知上诉法院第一院长或者检察长；日本刑诉法规定监听应当由检察官或司法警察员签发监听令状。

类似"行政命令"式的公安机关授权审批模式。

2. 适用范围的制约。对于技术侦查的适用范围，各国对于技术侦查适用的罪名、适用对象、适用时限均有严格的限定，坚持重罪原则、相关性原则和时效性原则三大原则。

（1）对于适用技术侦查的罪名方面，适用重罪原则——技术侦查只能针对特定严重侵犯法益的恶性犯罪。如美国1986年《综合犯罪控制和街道安全条例》规定，电子监控只能针对相对来说比较严重的犯罪侦查。《德国刑事诉讼法典》第98条a第1款规定："有足够的事实依据表明：1. 在麻醉物品、雾气非法交易领域内以及伪造货币、有价证券领域内；2. 在涉及国家安全领域内；3. 在公共危险罪领域内；4. 对人身体、生命、性交自由或者人身自由；5. 职业性，经常性地；由团伙成员，以及其他方式有组织地实施重大犯罪行为的时候……允许对具备估计是行为人所具有的特定审查要件之人员，采用技术设备，将他们的个人情况数据与其他数据一起排查，以便排除无嫌疑人员，确定出对于侦查具有意义的进一步审查要件人员。"[1] 其他国家如意大利、法国等国的刑诉法均以"重罪原则"对于适用罪名的范围进行了限定。

我国新刑诉法第148条从公安机关和检察机关自侦案件两个角度分别规定了对危害国家安全犯罪、恐怖活动犯罪、重大贪污贿赂犯罪、其他严重危害社会的犯罪案件等可以适用技术侦查措施，这体现了我国使用技术侦查措施坚持重罪原则。对于"其他严重危害社会的犯罪案件"，应当理解为可能判处10年以上有期徒刑的恶性犯罪案件。

（2）对于适用技术侦查对象的限定方面，坚持相关性原则，包括人的相关性原则和物的相关性原则两项。[2]

人的相关性要求技术侦查措施只能针对被指控及其相关人员。例如，《德国刑事诉讼法典》第100条a5项规定，"命令监视、录制电讯来往时，只允许针对被只恐人，或者针对基于一定事实推断他们在为被指控人代收或者转送他所发出信息的人员，或者针对被只恐人在适用他们的电话线的人员作出命令"，对于被适用技术侦查措施人员上，坚持嫌疑指向人及其明确相关人员。

物的相关性方面要求技术侦查范围应尽量限制在与侦查目的有关的内容上。在美国的司法司法实务中成为最低限度的要求，美国《综合犯罪控制和街道安全条例》规定，在实施监控时要尽量减少对与侦查无关的通讯的监听。

---

① 《德国刑事诉讼法典》，李昌珂译，中国政法大学出版社1995年版。

② 万毅：《西方国家刑事侦查中的技术侦查措施探究》，载《上海公安高等专科学校学报》1999年第4期。

从技术侦查的针对客体上，坚持相关性原则，最大限度地降低对于公民隐私权的侵害。

我国新刑诉法第 150 条规定"严格按照批准的适用对象执行"，但没有明确的"相关性"的表述。

（3）时效的限制。对于技术侦查可适用的时效，各国刑诉法多作出了时效限定，防止侦查机关自许可实施技术侦查措施后，随意采用，使当事人的隐私权长期处于国家公权力的阴影下。如美国法律规定：命令的执行期间是获得窃听所需要的唯一时间周期，并且如果超过 30 天就会自动失效。我国新刑诉法第 149 条规定了 3 个月的有效时限。

从技术侦查措施的使用对象限制来看，外国成熟的刑诉法对重罪原则、相关性和时效性原则进行了明确规定，我国刑诉法修正案对重罪原则、实效性原则也有相应的规定，但对相关性原则没有明确的表述。

3. 技术侦查的必要性原则。

此项原则要求只有在采取一般措施无法有效取得侦查犯罪事实情况时，才能采取技术侦查手段。因技术侦查的适用本身具有对公民隐私权的侵害，故大部分国家均规定技术侦查应当是"不得以而为之"。例如，《德国刑事诉讼法典》第 100 条 c 款规定："在采用其他方式进行侦查将成果甚微或者难以取得成果的情况下，可以采用不经当事人知晓的措施。"对于必要性原则，我国新刑诉法中并没有进行规定。

（三）对技术侦查的监督模式和使用过限的追责

1. 各国对于技术侦查的监督主要分为事前监督和事后监督两种模式。事前监督主要是通过司法审查的方式，对技术侦查措施的类别、适用对象和时效等问题进行事前监督。事后监督方面，各国主要通过对技术侦查取得证据的证明效力进行相关规定，对违法采用技术侦查所取得的证据适用非法证据排除规则。例如，美国法律规定：禁止任何人在没有法院授权的情况下以电子的、机械的或者其他类型的涉及装置来达到窃听或企图窃听谈话或电话线传输的目的。[①]

2. 技术侦查因其特性，在使用过程中容易出现过限使用导致对公民权利侵犯的问题。对于使用过限的责任问题，一方面，对于过限使用技术侦查后所取得的证据，各国刑诉法多采取否定态度；另一方面，对未经许可实施或超范围、超时限实施技术侦查的主体，采用行政处罚等方式进行制裁，对于涉及违

---

① 也有部分国家认可通过非法技术侦查措施取得的实物证据，如法国刑诉法。但各国基本上对非法使用技术侦查措施取得的证据均持否定态度，适用非法证据排除规则。

反刑法的，追究实施主体的刑事责任。对于越权使用技术侦查的后果，我国新刑诉法在技术侦查措施部分并没有进行具体规定。

三、我国诉讼监督机制的实践设想

（一）加强对技术侦查措施监督的必要性

1. 我国技术侦查措施使用和监督的历史沿革及现状

我国奴隶制时期和封建时期，技术侦查措施即已在侦查中使用。如西周时期出现了专门进行秘密侦查的官员"士师"。进入封建社会后，秘密侦查的运用更为广泛，明朝的秘密侦查更是达到了顶峰。明朝的主要秘密侦查机构为锦衣卫、东厂和西厂。为监督"两厂一卫"，明朝还设立"内行厂"专门对秘密侦查机构实施的侦查行为进行监督。

新中国成立后，对于技术侦查措施的规定先由党中央批准公安部成立技术侦查局开始，后通过一系列的文件加以规定。改革开放以后，我国又逐步通过立法确立了技术侦查的准用性原则。

使用技术侦查极易导致对公民隐私权、通信自由、通信秘密权等基本人权的侵害。① 然而，我国对于技术侦查措施的使用存在监督不力的现状。新刑诉法出台之前，在立法层面也仅通过原则性的规定要求严格使用技术侦查措施，对技术侦查的监督也主要依靠公安系统的内部自身监督。

2. 新刑诉法中关于技术侦查措施监督规范的缺失

刑诉法修正案出台之前，具有关于技术侦查的规定最高法律位阶法律为国家安全法和警察法，此次将技术侦查的规定于刑事诉讼法中，提高了法律位阶，有利于进一步规范技术侦查措施的适用。在刑诉法修正案中，第148条规定了启动程序的严格审批，但没有说明审批的主体、审批的方式；第150条规定了应当严格按照批准内容实施并对所取得的材料的相关限制性规定。但对于如何监督技术侦查措施的启动、运行，缺乏明确可适用的规范。如果没有对技术侦查措施严格、有效的监督，容易造成对公民合法权利的侵权，违背刑诉法规定技术侦查以打击犯罪、保护公民权利的本意。

（二）形成以检察机关为主体的技术侦查措施监督方式

我国宪法明确规定了检察机关是"法律监督机关"，"法律监督"是其根本职责所在。检察机关的诉讼监督职能是其实现法律监督的重要手段之一，诉

---

① 李芳：《秘密侦查法制化研究》，华中师范大学 2011 年诉讼法学硕士论文，第 14 页。

讼监督包括立案监督、侦查监督、审判监督、刑罚执行监督和监管活动监督。① 刑诉法修正案将技术侦查措施规定于"侦查"之中，检察机关作为侦查监督的主体，应对充分发挥对技术侦查的监督职能。针对"技术侦查措施"这一侦查中的新规定，在我国目前以检察机关为主的法律监督体系中，形成检察机关对技术侦查的侦查监督方式具有合理性和可行性。

国外对于技术侦查措施的监督多以司法审查为主，并着重于"事前监督"——由司法机关决定启动侦查监督程序，并严格把握适用技术侦查措施的对象、范围等内容。与国外以司法审查为主导的侦查监督方式所不同，我国的侦查监督采用"事后监督"的方式，以检察机关为主体，同时辅以法院审判过程中对违法侦查行为的监督，形成我国对技术侦查的监督体系。

对于如何形成和完善我国以检察机关侦查监督为主体的对技术侦查措施的监督方式，笔者有以下几项建议：

1. 形成技术侦查措施启动程序的检察监督

新刑诉法规定了启动技术侦查需要"经过严格的批准手续"，但是没有明确规定启动程序的批准机关和监督方式。从新刑诉法实施前，实践中技术侦查的启动程序审批权均归于公安机关，而对于启动程序的监督一直处于法律规范上的空白状态。

（1）形成公安机关技术侦查启动程序检察备案制度。技术侦查在实践中均是由办案部门提出实施技术侦查的要求后由市级以上公安机关批准后实施。然而，对于技术侦查措施的启动监督上，仅有公安机关的内部监督。权力的集中必然导致监督能力的弱化，"一个发达的法律制度经常试图阻碍压制性权力结构的出现"。② 技术侦查措施启动实施主体和审批主体的分离是立法的趋势，但我国对此仍采用"行政命令"式的授权方式，这是经过长期司法实践形成的，强行剥离技术侦查措施的审批权不符合我国司法实际。

对此，形成对技术侦查启动审批权限和监督权限的分离，可以起到对于公安机关启动技术侦查措施的监督作用。在公安机关技术侦查启动时，应当将启动技术侦查后的实施范围和对象，以书面形式提交同级检察机关备案，形成对技术侦查事后监督的良好基础。

（2）检察机关自侦案件启动技术侦查的监督。对于目前检察机关自侦案件技术侦查措施的启动，除了检察机关内部严格的审批程序外，还需公安机关

---

① 朱孝清：《论诉讼监督》，载《国家检察官学院学报》2011 年第 5 期，第 4 页。
② ［美］博登海默：《法律哲学与法律方法》，邓正来译，中国政法大学出版社 1999 年版。

内部严格的审批程序。以某直辖市职务犯罪技术侦查的现行审批程序为例，首先由区县院案件承办人写出请示报告，主管的反贪局长审核，经检察长同意签发后，报市检察院侦查指挥中心办公室审核，最后报市检察院检察长批准后送市公安机关办理。市公安局再进行审批程序，首先由技术侦查部门审查，再报分管局长审核，最后报市公安局局长批准。也就是上级检察机关批准备案后，再提交上级公安机关批准。①

对于检察机关自侦案件来说，启动程序本身即经由检察机关内部和公安机关的审批。从侦查监督角度来看，程序上的严密性有利于加强监督，但不利于提高侦查效率。建议将自侦案件的技术侦查措施启动审批权和监督权归于市级以上级检察机关，而不需经由公安机关的审批。一方面，检察机关自主审批技术侦查的启动，保证检察机关侦查权的完整性；另一方面，将监督权上提至上级检察机关，充分发挥检察机关的法律监督职能。

2. 加强检察机关审理案件过程中对技术侦查措施的侦查监督

检察机关的侦查监督主要体现在审理案件过程中，对案件的技术侦查进行审查，是"事后监督"的主要方式。对非法适用技术侦查措施的监督，一是从证据效力上予以否定，二是对违法行为的责任追究。

（1）检察机关适用"非法证据排除规则"，形成对技术侦查证据合法性的监督。刑事诉讼法第152条肯定了技术侦查所得证据的法律效力。采用技术侦查措施属于"法定违法"情形——在法律所允许的有限度的侵犯公民合法权利的情况下，所取得的证据具有证据效力，这属于证据规则上的特殊规定。而在其他情形下，一般以非法侵害其他公民合法权利而取得的证据，适用"非法证据排除规则"，在刑事诉讼过程中不予承认。检察机关在办理案件过程中，对违法侦查行为所取得的非法证据予以审查并排除，是侦查监督的一个重要内容。

技术侦查证据因法律规定而具有效力，而非法采用技术侦查措施所取得的证据材料则应当适用"非法证据排除规则"。按照我国传统的证据法理论，证据必须经法定程序查证属实。根据这一观点，证据合法性涵盖了"取证主体合法"、"取证程序合法"以及"证据形式合法"三个要素，如缺失其中一项

---

① 上海市金山区反贪局：《浅谈职务犯罪技术侦查权的执行机关》，来源：http：// www. sh. pro/csyd/ftj/ftjywzl/ftjtppd2/jcydycl/t20111114_ 95365. htm，2012 年 4 月 29 日访问。

要素，即成为非法证据。① 具体到对技术侦查措施所取得的证据的检察机关审查中，如果技术侦查措施非由法定主体所采用，或者采用未经批准决定的技术侦查手段，或者超过技术侦查批准范围等违反法律规定，则属于"非法证据"，应当加以排除。

（2）加强检察机关对违法使用技术侦查措施主体的责任追究。检察机关在审查逮捕和审查起诉过程中，对于采取技术侦查措施所取得的证据材料，应加强审查证据的合法性。此外，对于采取技术侦查措施的程序合法性严格进行书面审查，特别是对采用的范围、适用对象以及使用时限等方面的审查。对于发现在技术侦查措施使用过程中存在违法行为的，应当向侦查机关发出纠正违法通知；涉及渎职行为的，检察机关反渎局也应及时介入。

3. 对被违法使用技术侦查措施的公民向检察机关控告申诉的处理

公民作为技术侦查的被使用对象，在合法权利因技术侦查措施的过限实施造成侵害时，可以向检察机关控告申诉部门提出控告。控告申诉部门应当针对公民所提出的控告及时进行核实，如确实存在违法使用技术侦查措施导致公民合法权利受到侵害的，应对实施主体追究相应的法律责任，并同时解决好对被侵害公民的国家赔偿问题。

---

① 万毅：《解读"非法证据——"兼评"〈两个证据规定〉"》，载《清华法学》2011年第2期。

职务犯罪案件技术
侦查措施的运用与规制研究

俞波涛[*]

在我国，技术侦查手段在刑事侦查实践中已经广泛运用，可是至今对于技术侦查却没有形成较为统一的概念。有的学者从技术性上进行强调，认为"技术侦查，是指利用现代科学知识、方法和技术的各种侦查手段的总称"。[①]有的学者则从秘密性上探讨，认为"技术侦查措施，是指侦查机关运用技术装备调查作案人和案件证据的一种秘密侦查措施"。[②] 从内涵上看，技术侦查具有秘密性，同时还必须满足技术性的要求，单纯具备秘密侦查的特点，但并未使用科技手段辅助的各种侦查手段不属于技术侦查，如卧底侦查、诱惑侦查等乔装类侦查手段以及单纯使用人的视力进行的监视或人力跟踪等；同样，单纯具备技术性要求，但不具备秘密性特征的侦查手段也并非实践与立法中所指称的技术侦查，比如，现场勘查设备、测谎仪、鉴定中使用的科技设备等，在侦查实务中被称为"侦查技术"、"刑事技术"。基于此，笔者认为技术侦查的概念应当表述为：技术侦查是指法定的侦查机关对法律规定的特殊案件运用技术装备调查涉案人员和案件证据的秘密侦查措施，包括电子监听、电话监听、电子监控、秘密拍照或录像、邮件检查等秘密的专门技术手段。

众所周知，检察机关享有职务犯罪案件的侦查权，但长期以来，检察机关办理职务犯罪案件并未被赋予技术侦查权，质疑和呼吁的声音不断，最高人民检察院副检察长朱孝清就曾明确表示："为了强化检察机关查处职务犯罪的侦查力度，通过新一轮的司法改革，包括监听、窃听等在内的技术侦查手段都能

---

[*] 江苏省镇江市人民检察院党组书记、检察长，法学博士，江苏省优秀青年法学家，全国检察业务专家。

① 宋英辉：《刑事程序中的技术侦查研究》，载《法学研究》2000年第3期。

② 谢佑平、万毅：《刑事侦查制度原理》，中国人民公安大学出版社2003年版，第246页。

得到明确规定，这些技术侦查措施可以适用于重大的职务犯罪案件。"① 如今，随着新刑诉法的修订颁布，检察机关正式获得了技术侦查权限。本文着眼于此，在分析赋予职务犯罪侦查以技术侦查措施的正当性基础上，进而对其运用和规制作一番深入论证。

一、职务犯罪案件运用技术侦查措施的正当性

在新刑诉法中，尽管明确了检察机关办理特定的职务犯罪案件可以采取技术侦查措施，但既然刑事基本法律已将技术侦查权予以确立，便仍有必要对此重大举措的正当性进行一番论证与阐述。

（一）技术侦查措施运用于职务犯罪侦查，具有一定的法理基础

无疑，技术侦查措施在运行过程中难免侵犯公民个人的隐私权，代表社会利益的技术侦查措施与代表个人私益的公民隐私权之间便存在着"善与善的冲突"，而只能进行价值选择。隐私的概念和理论是由美国学者布兰戴斯和沃伦提出的，他们认为，在对上述"善与善的冲突"进行价值衡量时，应作有利于具有高度公益性质一方的判断，即为了维护法律和秩序，国家侦查机关得以在一定条件下限制公民隐私权；依照法定程序进行技术侦查是正当的，在这种情况下，对公民隐私权的限制应被视为一种必要的成本或代价。② 如果能够从技术侦查的运用范围、程序的功能加以严格限制，并提高实施人员的个人素质，就能够在公民自由权利与社会安全、侦查效率、诉讼经济之间获得比较好的平衡。《公民权利和政治权利国际公约》第 19 条第 3 款规定："本条第二款所规定的权利的行使带有特殊的义务和责任，因此得受某些限制，但这些限制只应由法律规定并为下列条件所必需：（甲）尊重他人的权利或名誉；（乙）保障国家安全或公共秩序，或公共卫生或道德。"这事实上也可成为技术侦查制度确立之依据。笔者认为，当前科学把握打击犯罪与保护人权的关系，其根本的出发点和落脚点应立足于严格、规范、合理地运用技术侦查措施，确保技术侦查手段能够在打击犯罪和维护社会秩序的同时，较好地使犯罪嫌疑人的权利得到最大限度的保护，增强侦查机关的公信力。因此，技术侦查措施最终在刑诉法中被正式赋予检察机关，符合保护国家利益、公共利益与尊重保障人权的适度平衡规则。

---

① 杨涛：《监听、窃听当纳入司法审查》，载《北京青年报》2009 年 11 月 25 日第 2 版。

② 参见万毅：《西方国家刑事侦查中的技术侦查措施研究》，载《上海公安高等专科学校学报》1999 年第 4 期。

（二）技术侦查措施运用于职务犯罪侦查，是形势发展的必然要求

长时间以来，存在着"党内不准搞侦查"的观念，这种观念缘于对处理党的内部矛盾不得使用侦查手段的认识，后来被人们绝对地把这种认识不适当地扩大到检察机关查处职务犯罪之中，认为检察机关对职务犯罪主体的查处手段有别于公安机关对普通刑事案件的侦查，对党政国家工作人员职务犯罪侦破不能适用技侦手段。这种理念，使得在我国的司法实践中，技侦手段历来大多被运用在侦破重特大刑事案件及危害国家安全犯罪案件上，而较少运用于反腐败斗争中。当前，贪污贿赂犯罪等腐败行为并没有得到有效遏制，而且继续蔓延：犯罪数额越来越大，动辄上百万元、上千万元；涉及人员增多而且大多身居高官要职；危害越来越大，不仅使公私财产遭受巨额损失，而且人为阻碍经济的发展，严重损害了党和政府在人民群众中的形象，党群关系、干群关系受到了严重影响，关系到党和国家的生死存亡。这种危害，远非重特大普通刑事案件所能比拟，这场斗争的严重性不言而喻。这就要求我们积极转变思想观念，全力以赴打好这场持久复杂的反腐败斗争仗。突破常规，依法动用一切可以动用的手段，包括用足用活技术侦查手段来获取和收集证据、综合使用和展示这些证据来揭露和证实犯罪，这已成为当前反腐败斗争实践的迫切需要。

（三）技术侦查措施运用于职务犯罪侦查，是侦查实践的客观需要

我们知道，贪污贿赂犯罪等腐败行为具有很强的隐蔽性，犯罪嫌疑人通常具有较高的知识水平和较好的心理素质，其反侦查活动更加积极和活跃。反侦查活动是反腐败斗争中十分普遍的现象，它是犯罪嫌疑人的本能反应，通常表现为毁证、隐证、假证、伪证、串供、翻供及翻证、携款潜逃、转移赃款等。有侦查就必然有反侦查，这对矛盾一直贯穿于侦查活动的始终。面临新形势下职务犯罪特点和反侦查能力日益增强，检察机关的侦查手段，如果仍安于现状，墨守成规，没有新的突破和提高，是不能担当起党和人民赋予检察机关的反腐败历史使命的。"魔高一尺，道高一丈"，可以说，在日益智能化、现代化的职务犯罪面前，检察机关正确和有效运用技侦手段，是有力打击贪污贿赂等职务犯罪的"撒手锏"。从近几年我国的司法实践来看，职务犯罪侦查模式基本上还是停留在由供到证的模式上，技术侦查措施的缺失是其中一个很主要的因素。无论是从工作效率、司法资源、社会效果等多方面来看，"由供到证"的侦查模式的弊端是显而易见的。转换为"由证到供"的侦查模式，不仅是刑事侦查发展的客观规律的要求，也是我国刑事诉讼法的内在要求。而侦查模式的转变，必须建立在检察机关一定的侦查措施的配套与健全之上，如果仅仅还停留在单一的落后的侦查方法上，转变侦查模式只能是海市蜃楼。

（四）技术侦查措施运用于职务犯罪侦查，是国际上的通行做法

有关的国际公约对此作了相应的规定。2003 年 10 月 21 日在第 58 届联合国大会上通过的《联合国反腐败公约》第 50 条第 1 款就明确规定："为有效地打击腐败，各缔约国均应当在其本国法律制度基本原则许可的范围内并根据本国法律规定的条件在其力所能及的情况下采取必要措施，允许其主管机关在其领域内酌情使用控制下交付和在其认为适当时使用诸如电子或者其他监视形式和特工行动等其他特殊侦查手段，并允许法庭采信由这些手段产生的证据。"该条款中"电子或其他监视形式"即属于对技术侦查措施的规定。电子监视主要指利用现代电子技术监控或听取他人办公、住所等场所的谈话，或者对特定的人或物进行监视或秘密拍照、录像等技术侦查方法。我国已经加入该公约，作为我国反腐败主力的检察机关，按照该公约的规定，理应在职务犯罪侦查中享有采用技术侦查措施的权利，从这一意义上讲，《联合国反腐败公约》为检察机关运用技术侦查措施提供了国际法上的依据。美国在《综合犯罪控制与街道安全法》中也明确规定，对贿赂犯罪可以采用秘密监听手段。[1]德国和意大利现行刑事诉讼法典也对技术侦查手段进行了规定。如《德国刑事诉讼法典》第 100 条 c（1）款第 2 项规定："在一定的事实使得某人具有实施了第 100 条 a 所述之一犯罪行为嫌疑，采用其他方式不能或者难以查清案情，侦查被指控人居所的时候，允许使用技术手段窃听、录制非公开的言论。"此条所指的犯罪行为包括个人受贿和共同受贿。意大利现行刑事诉讼法典把谈话或通讯窃听作为收集证据的方法之一。由此可见，把贪污贿赂等职务犯罪作为重点打击对象，并允许使用技术性侦查手段是许多国家通行的做法。[2]

二、职务犯罪案件技术侦查措施的具体运用

（一）技术侦查措施的主要类型

在职务犯罪侦查实践中，可以运用的技术侦查措施主要有以下几种：一是电子侦听，也称之为麦克风侦听，具体指通过窃听设备对人与人之间的直接性的口头谈话进行侦听，比如，在办公室、家中安装窃听器进行的窃听。此类窃听手段与对电话的监听不同，后者是对电信通讯内容的截取。二是电信监控，

---

[1] 樊崇义：《刑事诉讼法实施问题与对策研究》，中国人民公安大学出版社 2001 年版，第 306 页。

[2] 参见李明：《论职务犯罪中技术侦查手段的运用与限制》，载《华中科技大学学报（社会科学版）》2009 年第 4 期。

即对通过各种通讯方式进行的联系进行监控，既包括通过电话监听以获取通话内容，也包括通过手机定位查找相对人的地点，或查询短信内容等。三是电子监控，包括进行秘密的拍照与录像，也包括使用电子设备对侦查相对人进行监视、跟踪与定位。四是邮件检查，具体就是对纸质的通信进行秘密检查，随着邮政业务的进一步开展，也应当包括对物流的包裹、快递等进行秘密检查。五是密搜密取，即对侦查相对人所处的地点或物品进行秘密的搜查以及提取物证、书证等相关证据，搜查提取结束后相对人并不知悉该搜查行为已经发生。六是网络侦查，这是对互联网这一虚拟空间展开秘密侦查的一种手段，目的在于有效应对网络虚拟社会的快速发展，与现实世界中的技术侦查相似，具体包括对邮件通讯及其他互联网文字、声音、图像通讯的截取，对储存在网络空间中的信息进行秘密调取，对上网轨迹、上网地址进行查询、定位等。

（二）技术侦查措施的适用范围

技术侦查措施适用案件范围的确定应当综合考虑其犯罪性质、涉嫌的罪名、可能判处的刑期及案件的紧急程度，不可能每一刑事案件都得使用技术侦查措施。在技术侦查的适用范围上，参照国外立法例，一般以列举方式或概括的限定条件明确规定技术侦查措施的适用范围，并对其严格限制。一般而言，案件性质的严重程度是技术侦查措施适用范围的基本标准，对此，许多国家都确立了技术侦查措施使用的"重罪原则"，即技术侦查措施只能适用于性质严重的刑事案件的侦查活动。同时，还要考虑到一些案件的特殊性，因为某些案件尽管在社会危害性上并不属于特别严重的情形，但由于这类案件的特殊性质，也可以规定对其使用技术侦查措施，例如，利用通讯技术进行的犯罪、在公开场合进行的犯罪、难以取证的犯罪等。①

就职务犯罪案件来说，根据新刑诉法第 148 条第 2 款规定，检察机关运用技术侦查措施的案件范围限定于重大的贪污、贿赂犯罪案件以及利用职权实施的严重侵犯公民人身权利的重大犯罪案件。其中，重大的贪污、贿赂犯罪案件可以认为是指涉案数额超过 10 万元以上的贪污、受贿、行贿等犯罪案件。利用职权实施的严重侵犯公民人身权利的重大犯罪案件包括有重大社会影响的或者造成严重后果的非法拘禁、非法搜查、刑讯逼供、暴力取证、虐待被监管人、报复陷害等案件。此外，追捕被通缉或者批准、决定逮捕的在逃的犯罪嫌疑人、被告人，可以采取追捕所必需的技术侦查措施，则不受上述案件范围的限制。

---

① 参见林书立：《技术侦查：立法授权与司法控制并举》，载《检察日报》2006 年 11 月 24 日第 3 版。

（三）技术侦查措施的适用对象

笔者认为，技术侦查应主要指向犯罪嫌疑人。以"严苛"出名的代表国家日本，则对技术侦查措施的适用条件作出了严格的规定，在司法运作中将适用对象限制于"正在实施犯罪或有犯罪倾向的人"。比如，日本在《关于犯罪侦查中监听通讯的法律》中，就详尽规定了对侦查对象适用监听时所必须具备的四个条件：第一，具有下列情形之一：（1）有充分的理由怀疑实施了对象犯罪，并且足以怀疑该犯罪是数人共谋实施的情况；（2）有充分理由怀疑实施了对象犯罪之后，将进一步以同样的方式实施同一或同类的对象犯罪，或者基于一连串的犯罪计划而实施对象犯罪，并且足以怀疑这些犯罪是数人共谋实施的情况；（3）有充分的理由怀疑实施对象犯罪进行必要的准备时犯了与对象犯罪密不可分的重大犯罪，而且将进一步实施对象犯罪，并存在足以怀疑这些犯罪是数人共谋实施的情况。第二，有情况足以怀疑将就对象犯罪的实施、准备或毁灭证据等事后措施进行谋划、指示或其他的相互联络以及进行其他以与实施对象犯罪有关的事项为内容的通讯。第三，根据电话号码或其他特定的通讯手段足以怀疑是嫌疑人基于与通讯营业机构的契约而使用的，或者被行为人用于实施犯罪的通讯的。第四，特定行为人采取其他方法查明案件事实真相有困难的。① 这些规定，对于我们在职务犯罪案件侦查中运用技术侦查措施具有极大的借鉴和参考意义。

当然，技术侦查在必要时也可指向嫌疑人以外的第三人。如《俄罗斯联邦刑事诉讼法典》第 186 条规定：如果有足够的理由认为，犯罪嫌疑人、刑事被告和其他人的电话和其他谈话可能含有对刑事案件有意义的内容，则在严重犯罪和特别严重犯罪案件中允许监听和录音。② 这个规定实际上将"其他人"的电话纳入了监听和录音的范围。在德国，侦查人员通常只能监听犯罪嫌疑人使用的电话线路，但是犯罪嫌疑人使用其他人的电话或是雇用其他人接受、发出信息时，也允许监听与嫌疑人相关的其他人的电话线路。如果在此类监听中发现法律不允许使用监听的犯罪或是由嫌疑人以外的人实施的犯罪，只要其与德国刑事诉讼法典规定的犯罪存在联系，那么在监听中所形成的录音带仍可成为直接的指控证据。③这些规定，也可对我们的侦查实践带来一定的启发和借鉴。

---

① 孙长永：《侦查程序与人权》，中国方正出版社 2000 年版，第 154 页。

② 《俄罗斯联邦刑事诉讼法典》，黄道秀译，中国政法大学出版社 2003 年版，第 31 页。

③ 在"麦克"案中，法官要求警察在新法律框架内构建和证明秘密侦查，但这并不是对警察主动型侦查方法的禁止。通过澄清诱惑侦查的界限，该判决可能鼓励而不是制约秘密侦查的扩张，使得颇有争议的随意道德检测方法合法化。See Mack，[1988] 2SCR903.

（四）技术侦查措施的审批程序

由于技术侦查措施涉及公民的通讯自由、隐私权等基本人权，其适用必须履行严格的审批环节。具体而言：必须由检察机关享有技术侦查权的侦查部门填写《技术侦查措施审批表》，并附必要的证明材料，向本院侦查监督部门提出申请；侦查监督部门应当针对采取技术侦查措施的理由是否合理，实施是否可行等内容，立即予以审查，不必进行专门的调查或听证，只须根据有关法律进行书面审查，并在24小时内作出是否批准的决定，必要时可以延长至48小时；侦查监督部门经审查同意侦查部门采取技术侦查措施的，必须作出书面决定，报检察长核发《技术侦查措施批准书》，具体应当包括申请人名称、案件事实、合理理由、执行机关名称、执行人员姓名、身份、当事人的姓名、地址与身份、涉嫌的罪名、技术侦查手段种类、范围、目的、地点和期限等。值得注意的是，技术侦查措施具有侵犯适用对象宪法权利的极大可能性，因而采取技术侦查措施的批准决定应当根据侦查犯罪的需要，确定采取技术侦查措施的种类和适用对象等，不能无限期地进行，而应当合理科学地限定技术侦查期限，明确批准决定自签发之日起3个月内有效，对于不需要继续采取技术侦查措施的，应当及时解除；对于复杂、疑难案件，期限届满仍有必要继续采取技术侦查措施的，经过原批准决定人或者批准机关重新批准，有效期可以延长，每次不得超过3个月。

三、职务犯罪案件技术侦查措施的必要规制

多年前，笔者曾以《秘密侦查问题研究》为题完成了博士论文，其中对于我国的秘密侦查法治化路径有所期许，认为作为法治后进型国家，我国应定位于在现代社会主义法治理念下，基于具体国情，对侦查法律和制度基础作前瞻性创设，同时在技术上部分解决侦查法律与制度的强制性对位，进而实现秘密侦查的法治化。如今，技术侦查措施正式在刑事诉讼法中予以确立，可以说在立法规定层面已不存在障碍，关键却在于技术侦查措施能否如预期的那样在司法实践中科学和规范地得到运用，同时进行必要的规制。

（一）关于技术侦查获取的证据效力问题

新刑诉法第152条强调，依照本节规定采取侦查措施所收集的材料在刑事诉讼中可以作为证据使用。但依照该规定，这些材料是"可以"而不是"应当"作为证据使用，从这个层面上看，法律对于技术侦查所获取的证据依然具有调整功能。毋庸置疑，侦查机关采取技术侦查措施的目的即在于调查犯罪人和获取案件证据，因而侦查机关只要是按法定程序采用技术侦查措施所获得的证据，就是合法证据，具有证据能力，可在法庭审理时用来指控被告人。前

提是，技术侦查措施必须属于合法规范采用，不存在程序瑕疵，否则，案件在审查逮捕、审查起诉、审判等环节，审查者有权要求侦查人员作出必要解释或说明，一旦这种解释和说明不能成立，审查者便可以运用非法证据排除规则将此证据材料予以排除。因此，应当明确侦查人员使用技术侦查等特殊侦查措施收集的物证、书证及其他证据材料，在移送审查逮捕、审查起诉和审判时，需要制作相应的说明材料，并签名和盖章。对于使用技术侦查措施获取的证据材料，如果可能危及特定人员的人身安全、涉及国家秘密或者公开后可能暴露侦查秘密或者严重损害个人隐私的，应当采取不暴露有关人员身份、技术方法等保护措施。在必要的时候，可以不在法庭上质证，由审判人员在庭外对证据进行核实。

一般地说，采取技术侦查措施所获证据只能在本案诉讼中用做证据，而不能用做其他案件的证据。但作为原则的例外，《意大利刑事诉讼法典》第270条规定："窃听所取得的材料不得在其他诉讼中使用，除非对于查明某些对其必须实行当场逮捕的犯罪来说这些材料是不可缺少的。"《德国刑事诉讼法典》第98条b第3款规定："以排查获得的个人情况数据，只能在处理分析时发现了第98条a所述犯罪行为之一所需要的情况时，才允许用在其他刑事诉讼程序中作为证据。"同法第100条b针对监视电讯措施也有类似规定。这就规定了采用技侦措施所获资料可以在特定的其他刑事诉讼程序中作为证据，这可以为我国的司法实践所吸收和借鉴。

（二）关于决定权与执行权的分权制衡问题

根据法律规定，在职务犯罪侦查过程中，检察机关决定采取技术侦查措施的，不享有自行执行的权力，需委托公安机关执行。但问题是，同样是法定的侦查机关，公安机关却能够将决定权与执行权合二为一。一定程度上说，"目前技侦权规制中遇到的最大障碍在于公安机关垄断了技侦的决定权与执行权，且权力运作过程高度保密"。[①]

或许，打破权力过于集中与神秘主义倾向的有效途径之一就在于将技术侦查措施的决定权与执行权实现恰当分离，不同的权力主体之间相互制衡。在这个方面，逮捕权的分离制衡机制可以作为参照对象。为了防止侦查机关在实施过程中侵犯公民的私人权利，从我国目前的侦查体制、司法实践和法律现状来说，在对侦查体制作较大调整之前，可以考虑技术侦查手段的审批由检察机关

[①] 参见"毒品犯罪证据研究"课题组：《查处毒品犯罪案件在证据运用方面的疑难问题和初步意见》，载崔敏：《刑事诉讼与证据运用》（第一卷），中国人民公安大学出版社2005年版，第193页。

负责。我国宪法和刑诉法将检察机关定位于法律监督机关，将技术侦查措施的批准权赋予检察机关，应该说更具可能性。据此，检察机关在办理自侦案件的过程中，有权自行决定采用技术侦查手段，而对于公安机关侦查的案件，在法院司法审查机制难以短期建立的现实国情下，赋予检察机关审批权是相对务实的改革路径。决定权、审批权与执行权分属检察机关和公安机关，将在两者之间形成有效制衡，特别是检察机关作为审批机关的地位，将促使公安机关尽职尽责地执行检察机关交办的侦查事项。公安机关侦查的案件需要采用技术侦查措施的，由检察机关审查批准，势必极大地改变了公安机关以前的垄断局面，而尽可能按照审批意见予以执行，正当性与规范性将有本质的提升；同时，应当明确，公安机关对于检察机关经审查不予批准的决定，有权提出复议甚至复核，检察机关必须依照相关程序办理。而对于检察机关自己侦查的案件需要采用技术侦查措施的，决定后便可及时交由公安机关执行，有效缓解目前实践中委托执行效率低下、延误侦查的弊端。

（三）关于检察机关法律监督职责的行使问题

技术侦查的本质是对公民隐私权的干预，而隐私权的存在根据在于个人的自由价值和个人的创造力的维护。"隐私权之所以重要是因为它保护的是公民的人格与自治。人类如果没有隐私的空间，人的尊严、自治和人格都将难以存在。这个道理很简单：试想如果你的每一个行动都处在他人监视之下，如果你的每一个想法与愿望都为人所知或者被记录，甚至被人用于他途，在这种情况下，人的尊严、自治或者人格将会被摧毁，或者至少会被严重扭曲。"① 对公民隐私权的侵犯给个人带来的最大损害在于将产生一种"抑制"效果，因为人们可能感到自己时时正处于外来的监视之下，这种"抑制"效果将在公民心中留下阴影，令其生活在抑郁之中，自由的精神将不复存在，整个社会的想象力与创造力也将随之下降。②

在进一步增强对技术侦查手段控制程度与监督机制的过程中，检察机关要充分履行法律监督职能，特别是对于检察机关自行侦查的案件，检察机关更要积极发挥主导作用，有效监督技术侦查手段的执行情况。实际上，技术侦查过程的监督主要依赖于对所获材料的知悉与审查，技术侦查材料完全掌握在负责

---

① Galligan, D. J., The Right to Silence Reconsidered, CLP 69, cited from Stewart Field and Caroline Pelser (eds): Invading the Private – State Accountability and New investigative Methods in Europe, Athenaeum Press 1998, p. 255.

② 程雷：《秘密侦查比较研究》，中国人民公安大学出版社 2008 年版，第 108—109 页。

执行的公安机关技侦部门手中，提供给检察机关侦查部门的内容往往仅仅为技侦部门处理、筛选后的大致结果与相关信息。因此，有必要强化检察机关对技术侦查运行情况的知情权，在适当时派员介入技术侦查活动，参与对相关问题的讨论，及时提出意见和建议，有效监督和纠正不规范的技术方案和方法。同时，应当要求技术侦查获取的所有材料均应移送检察机关审查或者备案，切实增强技术侦查的透明度，不断提高法律监督效果。

（四）关于技术侦查措施的权利救济问题

如前所述，技术侦查是以侵犯公民隐私权为必要成本或代价的，为减少这种成本或代价，在对技术侦查进行程序设计的同时，还应规定一系列补救措施，以对公民隐私权进行救济。

一是告知当事人。即在技术侦查措施实施完毕后，应当将采取措施的有关情况通知当事人，使其知情。技术侦查措施是在被侦查者未察觉的情况下进行的，且通常没有第三者在场见证，为了防止技术侦查措施的实施人员歪曲或篡改原意或原貌，在技术侦查措施实施结束时，受侦查者应当被告知采取措施的有关情况，以便其核对情况是否属实并为辩护做好准备。之所以如此规定：其一是因为当事人享有知情权，即有权知道其应该知道的信息资料，包括其权利被国家侵害的消息；其二是因为若采用技术侦查措施所获资料将被用做证据在法庭上指控当事人，让当事人知晓有关情况也有利于其充分行使辩护职能。如《德国刑事诉讼法典》第 101 条第 1 款规定：一旦对侦查目的、公共安全、他人人身或者生命以及派遣的侦查员的继续使用不会构成危险的时候，应当将采取的措施通知当事人。《意大利刑事诉讼法典》第 268 条也规定对窃听的执行情况应立即通知当事人的辩护人，辩护人可以得到有关材料的副本，并且要求转录磁带上的录音。

二是保密、封存或销毁不再需要的材料。美国 1968 年《综合犯罪控制和街道安全条例》规定：即便窃听的通讯内容是有事实根据的也不能随便泄露，除非是根据法院专门的授权，但那也仅是在某种程度上泄露监听的内容。同时，对有关记录材料还应进行封存。《法国刑事诉讼法典》也规定，对电讯截留和登记行动作出记录的登记册应该封存。此外，《德国刑事诉讼法典》第 100 条 b 第 6 款规定："追诉不再需要以技侦措施得来的材料时，应当在检察院监督下不迟延地将它销毁。"在这些方面，我国的新刑诉法也规定了类似的救济措施，明确侦查人员对采取技术侦查措施过程中知悉的国家秘密、商业秘密和个人隐私，应当保密；对采取技术侦查措施获取的与案件无关的材料，应当立即销毁，不得保存。采取技术侦查措施获取的证据、线索及其他有关材料，只能用于对犯罪的侦查、起诉和审判，不得用于其他用途。

三是复议和起诉。当事人对实施技术侦查不服，可以向侦查机关、检察机关提起复议。如果技术侦查的使用确属非法或采用的手段违反必要性原则的要求，复议机关应当撤销技术侦查的实施，原来的技术侦查行为自始无效。对于非法进行的技术侦查对当事人合法权利造成损害的，当事人可以对相关人员或国家机关提起诉讼，并获得相应的赔偿。具体来说：对于技术侦查实施过程中的相关人员，如侦查人员、协助人员，由于其个人原因，故意造成当事人人身权利、财产权利受到损害的，可以对相关人员提出民事赔偿请求；对于执行国家权力承受的不法侵害，当事人可以提出国家赔偿请求；同时，对于过失损害当事人合法权益的情况，也应当纳入国家赔偿的范围内。

刑事诉讼法修订对反贪
工作的影响及应对设想

李卫国* 王 军**

我国的刑事诉讼法（以下简称刑诉法）制定于 1979 年，1996 年进行过一次全面修订。时隔 16 年后，为了落实中央关于深化司法体制和工作机制改革的部署，我国再一次对刑诉法进行了全面的修订，此次修改以优化司法职权配置、惩罚犯罪与尊重保障人权并重、坚持贯彻宽严相济刑事政策、司法公正与司法效率相统一等为指导思想，对于推动我国刑事司法制度的完善和发展具有重要的意义。

此次刑诉法修改在证据制度、强制措施、辩护制度、侦查措施、审判程序、特别程序、执行制度等方面都有过重大的修订，对检察机关的各个业务部门都有不同程度的影响，对反贪侦查工作的影响有：1. 适当延长了传唤、拘传时间；2. 确立了技术侦查措施；3. 增加了不得强迫自证其罪的规定；4. 充实完善了证据制度；5. 辩护权的扩张和律师在侦查阶段的介入；6. 同步录音录像在新刑诉法中明确规定。

一、刑诉法修订实施后反贪工作将面临的挑战

刑诉法的全面修订，在保障人权、深化司法体制和工作机制改革方面向前迈进了一大步，但也对反贪侦查工作提出了更高的工作要求，笔者认为，此次修订虽然不会对反贪实务工作带来巨大的冲击，但将带来一系列挑战，主要如下：

（一）辩护权的扩张、律师会见时间明显提前且不被监听对反贪工作必将带来重大影响。1. 讯问难度增加。新刑诉法规定，不得强迫任何人证实自己有罪；犯罪嫌疑人自被侦查机关第一次讯问或者采取强制措施之日起，有权委

---

* 北京市人民检察院第一分院反贪局局长，北京市检察业务专家。

** 北京市人民检察院第一分院反贪局侦查一处处长，正处级检察员。

托律师为辩护人；除了特别重大贿赂犯罪案件必须经过侦查机关的许可外，其他职务犯罪案件受委托的律师持相关证件就可以会见犯罪嫌疑人，没有会见的次数限制，且不受监听。自我法律保护意识较强的犯罪嫌疑人可能会倾向于强硬抵抗侦查机关的讯问，执意不交代犯罪事实，等候律师会见共同对抗侦查机关。职务犯罪的嫌疑人反侦查能力较强，一旦成功构筑心理防卫机制，将严重影响侦查员实施讯问谋略。2. 翻供的可能性更加靠前。近几年由于律师在侦查阶段会见权受限制，犯罪嫌疑人翻供大多发生在审查起诉阶段以后。而刑诉法修订实施以后，犯罪嫌疑人在侦查阶段翻供的情况将大大增加。因为虽然司法理论界一再强调重证据不轻信口供，但是随着社会的发展、公民法律意识增强，当事人的反侦查能力普遍提高，即使是贪污、挪用犯罪，已经不是数年前简单的犯罪手段了，而是借用相关合同或通过第三方实施的犯罪，所以当前言词证据仍是职务犯罪案件的核心证据。律师介入侦查讯问后，由于缺乏会见次数、时间的细则规定，在不受监听的会见条件下，犯罪嫌疑人有充分的时间与机会进行"风险评估"，极有可能经利害分析后对认罪供述发生动摇，出现翻供。3. 深挖窝、串案，扩大战果的难度加大。职务犯罪窝案串案较为常见，笔者在实践中发现近几年侦查的职务犯罪案件中有 80% 的案件是通过深挖自行发现，在律师介入后，犯罪嫌疑人揭发职务犯罪线索处于失控状态，是否出现泄密，完全依赖律师是否遵守执业规范。如果律师不能自律，拓展案源的犯罪线索势必会被泄露，窝案、串案的办理难度大大提高，反贪办案数量和规模可能会下降。4. 如果出现退补，补强言词证据的困难加大。由于律师在审查起诉阶段享有阅卷权，其很有可能发现证据中尤其是言词证据的薄弱环节，如果是关键的言词证据，经过律师的"点拨"，需要补充侦查的言词证据可能会很难达到预期的效果，进而会影响案件的定性。

（二）延长传唤、拘传的时间至 24 小时将给反贪办案安全工作带来挑战。新刑诉法第 117 条在规定通常传唤、拘传持续的时间不得超过 12 小时的前提下，增加规定，"案情特别重大、复杂，需要采取拘留、逮捕措施的，传唤、拘传持续的时间不得超过二十四小时"。这一立法修订为职务犯罪侦查工作更好地应对办理特别重大、复杂案件提供了更为充分的侦查时间，但在实践适用中也面临两难：1. 犯罪嫌疑人的隐性疾病可能会在长达 24 小时的精神压力下爆发，进而引发办案安全问题。第一，在对犯罪嫌疑人传唤时如果不认真对其身体健康状况有个全面细致的了解，犯罪嫌疑人在接受讯问前途未卜的精神压力下，自己很难休息并且也不愿进食，其极有可能出现昏厥、猝死的情况。实践中曾出现被调查人在数小时谈话后因精神压力过大而昏厥的情况。刑诉法修改后，时间的延长会增加犯罪嫌疑人的精神紧张程度，隐形的疾病可能在重压下爆发，侦查人员会因采取的急救措施不当而产生办案安全事故。2.24 小时的传唤、拘传时间对反贪侦查人员的体力和耐力是一项考验，更需要预审人员提前对讯问的策略和技巧进行全面的部署和计划。

二、反贪部门在实施过程中可能遇到的问题

新刑诉法实施后，职务犯罪侦查机关除了会面临前所未有的挑战外，还会遇到一些原则性规定带来的理解、实施上的困惑：

（一）刑诉法规定的对特别重大贿赂犯罪案件会见应当经过侦查机关许可这一律师会见权的限制，在司法实践中会产生分歧。第一，对何种案件为"特别重大贿赂犯罪案件"没有具体规定，律师和侦查机关在会见权问题上会产生分歧；第二，"特别重大贿赂犯罪案件"是只包括立案或逮捕时已经认定的受贿罪名，还是包括在侦查期间又发现的涉嫌重大贿赂犯罪的线索？如果在立案和采取强制措施时犯罪嫌疑人涉嫌贪污或挪用罪名，并没有查实有涉嫌受贿的事实，但是根据有关举报线索或相关证据显示，犯罪嫌疑人有涉嫌重大受贿的犯罪嫌疑，那么这名犯罪嫌疑人的律师会见权是否要经过侦查机关许可？

（二）侦查讯问工作与律师行使会见权产生冲突问题。职务犯罪案件侦查羁押的初期阶段是突破口供、巩固证据的黄金时期，检察机关自侦部门讯问工作量较大，与此同时，受委托的律师也需要尽快地通过行使会见权为犯罪嫌疑人提供法律帮助。在自侦部门讯问工作与律师会见产生时间冲突时，如何寻求合法、合理的解决机制？为避免今后司法实践中可能出现自侦部门以连续讯问的方式变相限制律师会见权的现象，很有必要制定相关的细则规定，否则"程序公正、保障人权"的要求难以实现。

三、迎对新刑诉法挑战的对策与建议

挑战显而易见，但是挑战就是机遇，压力就是动力。检察机关必须采取积极应对的态度，并以此为契机，转变观念，采取措施，提高能力，寻求有效的解决之道。

（一）以"能"取胜，即不断加强职务犯罪侦查能力建设。当前，职务犯罪日趋复杂化，"高职位、高智商、高技术"三结合的窝案、串案现象频发，有些领域的职务犯罪甚至还呈现有组织化的态势。新刑诉法对辩护制度的修订虽然全程保障了犯罪嫌疑人的权利，但是使得反腐败斗争遇到了前所未有的挑战。如何提高职务犯罪侦查能力和水平，增强发现犯罪、揭露犯罪、证实犯罪的能力，从而高效地行使职务犯罪侦查权就显得尤为紧迫和重要。职务犯罪侦查人员必须适应变化，不能再用老观念、老方法在新形势下开展职务犯罪侦查

工作，要面对新规定、新情况、新问题，运用新思维、探索新方法、应对新挑战。要加强实战积累和理论学习，苦练内功，用奉献的精神、扎实的能力，实现职务犯罪侦查的良好效果。

（二）以"先"取胜，即强化初查工作，前移侦查重心。因为犯罪嫌疑人在被第一次讯问或者采取强制措施之日起，就可委托辩护律师，故前移侦查重心，强化初查工作，提高初查水平，是必须的选择。刑诉法赋予了检察机关初查线索的职能，在初查阶段，律师无权参与，正因如此，初查阶段成为我们顺利开展侦查工作的重要前期准备阶段，是贪污贿赂犯罪案件突破的关键。搞好初查，可以为之后的侦查工作打下坚实的基础。由于初查不能采用侦查阶段的强制措施，不能限制被查对象的人身自由，不准查封、扣押、冻结被查对象的财产，使初查工作获得的证据达到立得住、诉得出、判得了的标准具有很大的困难，因此必须：周密分析线索，严密制订初查计划，大胆风险决策，灵活运用询问、查询、勘验、鉴定等非限制性措施，全面详细搜集证据，拓宽初查视野，加强初查工作的秘密性，充分发挥初查职能，以证据推动获得供述，初查工作要做到密、细、实、快，使案件在立案时能够站得住脚。

（三）以"快"取胜，即提高职务犯罪侦查工作的效率。律师介入时间的提前对侦查工作是一大挑战，如何争取时间收集一些关键性证据，成为侦查人员同律师较量的焦点。立案后对全案迅速开展预审，固定犯罪嫌疑人的口供、相关的书证、物证、证人证言，运用扎实的证据，防止可能出现的翻供问题发生，以"快的节奏"取得案件办理的效果。通过北京市检一分院近几年对于职务犯罪侦查采用"队建制"办案模式的探索，笔者认为，队建制的办案模式是提高侦查工作效率有效的侦查方式，是"小组单兵作战"模式向"军团"模式的转变，队建制能够在立案、报捕的关键时刻集中力量同步取证，发挥侦查一体化机制的作用，在较大范围统筹优势侦查资源，讯问犯罪嫌疑人时，同步进行讯问同案犯罪嫌疑人、询问证人、搜查、扣押冻结款物等工作，争取赶在律师介入案件前取得关键证据，赢得办案主动，尽早结案，减少翻供、串供的风险。

（四）以"全"取胜，即全面、依法收集各种证据。办案人员要全面收集证明犯罪嫌疑人有罪、无罪、罪重、罪轻的各种证据，还要严格依法收集证据，不依法收集证据，律师就会在法庭上申请非法证据排除，招致司法机关被动。全面收集证据的要求包括：查清楚犯罪事实的细节，必须认真研究并及时发现堵死言词证据中的空隙、漏洞，防止翻供翻证；把讯问（询问）与全面获取证据结合起来，使供证结合，形成完整的证据锁链；深挖犯罪嫌疑人犯罪动机和走上犯罪道路的根源；让犯罪嫌疑人、证人自书供述、证词；对重大疑难案件公诉部门提前介入既要全面审查卷宗，又要听取侦查人员的意见，及时提示侦查部门补强完善证据，使每个证据在移送审查起诉时都能够基本达到庭审要求，尽量避免移送起诉后出现补充侦查的情况。另外，为了保障办案安全，侦查人员还要全面收集犯罪嫌疑人身体健康状况的信息，一方面可以从容应对预审中出现的突发情况，另一方面可以对采取何种刑事强制措施做好充分准备。

（五）以"技"取胜，即采取必要的技术手段获取和固定证据。自高检院2005年11月制定了《人民检察院讯问职务犯罪嫌疑人实行全程同步录音录像的规定（试行）》后，检察机关认真执行同步录音录像规定对办案发挥了重要作用。犯罪嫌疑人因考虑讯问时录制的资料将会证实其陈述的客观状况，所做的供述更加客观真实，而且会因顾及翻供带来的不利后果，减少翻供现象。对案件重要证人的询问过程实行同步录音录像，可以有力地固定证人证言，提高证据的证明力，特别是对于在案发地无固定住所甚至是外国籍的证人，同步录音录像资料能够有力地弥补无法当庭作证所产生的不足。所以，反贪工作需要继续坚定不移地推进讯问全程同步录音录像，对关键证人也可实行同步录音录像，以防翻证、串供情况的发生。新刑诉法第148条第2款规定了检察机关对于重大的贪污、贿赂犯罪案件，根据侦查犯罪的需要，经过严格的批准手续，可以采取技术侦查措施，并且由技侦手段获取的材料可作为证据使用。反贪部门技术侦查手段针对的是重大贪污贿赂案件主体，他们往往是国家公务人员，位高权重，社会关系广泛，反侦查能力较强，有时采用常规手段很难破案。法律赋予检察机关在特定情况下采用技术侦查措施取证的合法效力，有利于提高职务犯罪侦查的现代化、科学化取证水平，实现"由供到证"向"供证结合、证供互动"的侦查模式转变，有利于减少对犯罪嫌疑人口供的依赖，解决侦查手段不足的突出问题，有效防止超期羁押甚至可以减少拘留、逮捕等羁押措施的适用。[①] 技术侦查措施的依法运用从长远看对于检察机关加大反贪查案力度、保证办案质量起到积极有效的作用。

---

① 童建明主编：《新刑事诉讼法理解与适用》，中国检察出版社2012年版，第177页。

职务犯罪技术侦查工作机制研究

梁晓淮*　田鹤城**

2012 年 3 月 14 日第十一届全国人民代表大会第五次会议审议通过了《全国人民代表大会关于修改〈中华人民共和国刑事诉讼法〉的决定》（以下简称《决定》），对 1996 年颁布的《中华人民共和国刑事诉讼法》作了多处修改。修改后的刑诉法首次用立法的形式赋予检察机关对职务犯罪的技术侦查权。在查办职务犯罪活动中，采用技术侦查措施，可以更为准确地掌握犯罪信息、获取犯罪证据，对于及时有效地侦破职务犯罪案件具有重要意义。但是，"技术侦查手段也是一把'双刃剑'，如不能依法科学合理地使用，就有可能造成不良后果。"① 因此，必须对侦查活动中使用技术侦查措施进行严格控制和监督，以保证其合法实施。本文拟从工作机制的角度，探讨如何规范技术侦查措施在查办职务犯罪活动中的应用。

一、职务犯罪技术侦查工作中应注重处理好的三对关系

（一）处理好查办职务犯罪与保卫国家安全的关系

职务犯罪侦查的对象一般为国家工作人员，部分国家工作人员的工作会涉及国家秘密。使用侦查措施时，可能会在获取犯罪证据的同时，也使侦查人员知悉本不应知晓的国家秘密。按照《中华人民共和国保守国家秘密法》的规定，国家秘密的知悉范围有着严格限定，国家秘密的知悉范围以外的人员，因工作需要，知悉国家秘密的，应当经过机关、单位负责人批准。这在一定程度上会造成查办职务犯罪和保守国家秘密之间的冲突。国家秘密往往会影响到国家安全和利益，因此必须处理好查办职务犯罪与保卫国家安全之间的关系。侦查对象的级别、岗位不同，涉及国家秘密的级别也就不同。对于可能涉及绝密

＊ 陕西省人民检察院法律政策研究室主任，高级检察官。

＊＊ 陕西省人民检察院法律政策研究室检察官，西北工业大学博士后。

① 参见王小俊：《职务犯罪技术侦查立法应遵循四原则》，载《检察日报》2011 年 3 月 28 日第 3 版。

级和机密级国家秘密时，应当采用比审批一般技术侦查措施更为严格的程序，必要时可以考虑放弃技术侦查措施。在设计职务犯罪技术侦查工作机制时，应考虑对部分特殊岗位的国家工作人员（如国家安全部门的工作人员）禁止使用技术侦查措施或者制定特殊审批程序。

（二）处理好查办职务犯罪与维护政治稳定的关系

新中国成立初期毛泽东就说过，秘密侦查不能用于党内，不能用于解决人民内部矛盾。因此，党内不使用秘密侦查（包括技术侦查）成为政治生活的一项原则。将技侦手段用于党内，可能会引发党内政治生活的混乱，造成人人自危、相互猜忌的局面，损害同志关系，损害民主团结和生动活泼的政治局面，而且极有可能沦为帮派分子搞政治斗争的工具。① 此次刑诉法修改，赋予检察机关对职务犯罪的技术侦查权，这并不违背"党内不得搞秘密侦查"的原则。"党内不得搞秘密侦查"是指在党内政治生活中不使用秘密侦查，而技术侦查措施是在查办职务犯罪中使用，二者适用的领域并不相同。但是，由于职务犯罪侦查活动的特殊性，其侦查对象是国家工作人员，而且多为领导干部，在使用技术侦查措施时，很可能会影响到党内政治生活的秩序。实践中也出现过某县公安局政委私自命令电话监听县公安局局长、县人大主任的事件，以及公安局工作人员对县委干部考察组的工作谈话进行非法监听的事件。② 如果在职务犯罪侦查中，滥用技术侦查措施，可能会影响党内政治生活秩序，进而危害到政治稳定。因此，在设计职务犯罪技术侦查工作机制时，应当处理好查办职务犯罪与维护政治稳定之间的关系。

（三）处理好查办职务犯罪与保障公民权利的关系

在职务犯罪侦查活动中使用技术侦查措施，不可避免地会影响到公民的隐私权等人身权利，对此，修改后的刑诉法从立法技术上尽可能地平衡打击犯罪和保障人权之间的关系，在打击犯罪的同时对公民隐私权予以充分的尊重和保护。对使用技术侦查措施获得的个人隐私，要求应当保密，对获取的证据材料的用途有严格限制，规定只能用于犯罪的侦查、起诉和审判，对与案件无关的材料，必须及时销毁。因此，设计职务犯罪技术侦查工作机制时，应当从工作制度的层面落实刑诉法的相关规定，处理好查办职务犯罪与保障公民权利之间的关系。

---

① 参见彭真：《论新中国的政法工作》，中央文献出版社 1992 年版，第 303 页。转引自詹复亮：《职务犯罪侦查热点问题研究》，中国检察出版社 2005 年版，第 186 页。

② 参见程雷：《论检察机关的技术侦查权》，载《政法论丛》2011 年第 5 期。

二、职务犯罪技术侦查工作中应坚持的三项原则

(一) 党的领导原则

必须坚持党对检察工作的绝对领导。党对检察工作的领导是政治领导，一般不干预具体工作和具体案件，但技术侦查措施的特性要求此项工作必须在党的领导下，依法有序进行。在职务犯罪技术侦查工作机制中贯彻党的领导原则，要求技术侦查措施的申请必须报党委批准，使用技术侦查措施过程中遇到的重大问题必须向党委汇报，如何处理通过技术侦查措施获得的材料必须向党委请示等。

(二) 法定程序原则

如前所述，职务犯罪技术侦查措施的使用往往会影响到公民权益，甚至关系到政治稳定和国家安全，因此必须对其使用加以严格限制。除了严格限制其适用条件和范围等方面外，还必须规范其使用程序，从申请、审批、执行到监督各个环节都必须做到有章可循。在职务犯罪侦查活动中违反法定程序使用技术侦查措施，不仅要追究相关人员的责任，还应否定所获得证据的效力。

(三) 必要性原则

技术侦查措施的使用，能够更为有效地获取职务犯罪信息和证据，从而提高办案效率和质量。随着新刑诉法的实施，此种侦查手段必将得到侦查人员的偏爱，在职务犯罪侦查活动实践中，侦查人员会越来越多地依赖于技术侦查措施的使用。考虑到技术侦查措施是一把"双刃剑"，在发挥有效打击犯罪的同时又可能损害其他利益，因此，应当明确限制使用此种侦查手段。应当在运用其他侦查手段难以突破案件的情况下，再考虑使用技术侦查手段，应当把技术侦查定位为常规性侦查手段的补充，而不能把技术侦查手段普遍化、常态化。

三、职务犯罪技术侦查工作程序

(一) 申请

在申请环节首先要明确申请主体，为了规范和控制使用技术侦查措施，应当限定由有管辖权的检察院作为申请主体，而不能由其内设机构作为申请主体。技术侦查是职务犯罪侦查环节使用的措施，具体负责申请的工作部门应当是侦查部门，但只能以院名义提出申请。形式要件方面，申请应当是书面形式。提出申请的时间应当是立案以后侦查终结以前。申请书应当写明案由、立案的初步证据、使用技术侦查措施针对对象的个人情况、使用目的、时间、地点和范围，拟采用何种具体技术措施，实施技术侦查措施的侦查人员，使用技术侦查措施的必要性说明等。

（二）审批

从域外经验看，各国立法大多规定由法官对技术侦查措施进行司法审查并作出批准决定。① 从更有利于保障犯罪嫌疑人合法权益和程序公正的角度看，由法院作为技术侦查措施的审批主体似乎更为适宜。这个问题与由谁作为审查逮捕主体的问题类似，从中国司法权配置的制度设计和现阶段中国的国情来看，还应当由检察机关作为职务犯罪技术侦查措施的审批主体，这不仅是因为检察机关作为审批主体可以提高办案效率、节约司法资源，还因为检察机关作为国家法律监督机关，对侦查活动进行监督是其应有的职责。在设计具体审批权限时，既要考虑从严控制原则，也要考虑现有技术侦查资源的配置和布局现状，我们建议对职务犯罪技术侦查措施的审批权应当由省级检察机关统一行使，由需要采用技术侦查措施的检察机关，层报至省级检察机关审批，具体承办部门应为侦查监督部门。鉴于侦查活动的时效性，建议规定上一级检察院在接到下级检察院的申请后，应当在 3 日内作出是否批准（或者上报）的决定。如果批准申请，应制作书面批准决定，载明批准可以采取的方式、内容、范围、期限等。不批准决定同样应采用书面形式并说明不予批准的理由，下级检察院对于不予批准的决定可以申请复议一次。

（三）执行

修改后的刑诉法规定，检察机关采取技术侦查措施，经过严格的批准手续后，按照规定交有关机关执行。实践中一般是交由公安部门或者国家安全部门执行。将职务犯罪技术侦查措施的执行机关与侦查机关分离，可以在一定程度上防止技术侦查措施的滥用。当然，这种设计也可能考虑到目前公安和国家安全机关的技术侦查部门从人员、装备、经验等方面都有优势。如果由检察机关自行承担技术侦查，必须重新配备设备、招录和培训技术人员，此种做法相对成本较高，短期内也难以实现。但是，检察机关审批后再交由公安机关和国家安全机关作为执行主体，存在两部门协调和配合问题，可能会影响办案效率。更为重要的是，如果职务犯罪侦查的对象是公安机关或者国家安全机关工作人员时，就不宜由本部门再承担执行任务。因此，从长远看，还是应当由检察机关自身组建技术侦查部门并承担执行职务犯罪技术侦查任务。目前需要解决的是从制度层面明确，上级检察院批准实施技术侦查措施后，提出申请的检察院应当立即交由相关部门执行，接受执行任务的部门应当在 12 小时内采取技术侦查措施，并随时向交付执行的检察院报告执行情况。

---

① 参见王彬：《比较法视野下的技术侦查制度研究及其启示》，载《武汉大学学报（哲学社会科学版）》2010 年第 5 期。

（四）监督

从程序制约看，上级检察机关对下级检察机关申请的审批本事就是一种监督程序。但是在审批以后，上级检察机关对下级检察机关执行情况仍有监督义务。而检察机关作为国家法律监督机关对公安机关或者国家安全机关执行技术侦查措施的活动也有监督职责。一般应由交付执行的检察机关对负责执行的相关部门进行监督。主要监督其是否按照批准的范围、方式、期限等严格执行。如果发现执行部门有违法或者违法批准决定采取侦查措施的，检察机关应当提出纠正意见并追究相关人员的责任。

（五）救济

技术侦查措施的不当实施会造成对公民合法权利的侵犯，因此，必须设置相应的救济程序。技术侦查措施一般具有秘密性，不易被侦查对象发觉。检察机关作为国家法律监督机关如果发现存在违法采取技术侦查措施行为并对公民合法权益造成损害的，有义务告知相关权利人。权利人发现侦查机关对其采用技术侦查措施，有权提出异议。如果确认相关机关存在违法采取技术侦查措施或者不当使用通过技术侦查措施获得的材料并对公民合法权益造成损害的，权利人有权提起国家赔偿。

侦查阶段律师介入的几个问题

郑广宇[*]

新修订的刑事诉讼法（以下简称新刑事诉讼法）将犯罪嫌疑人原在审查起诉阶段有权聘请律师，修改为"犯罪嫌疑人自被侦查机关第一次讯问或者采取强制措施之日起，有权委托辩护人；在侦查期间，只能委托律师作为辩护人"。这一修订，明确了侦查阶段辩护律师的执业身份及其诉讼地位和作用，丰富了辩护律师在侦查阶段的执业权利，解决了实践中存在的一些不便于律师执业的问题。但是，综观新刑事诉讼法的相关规定，侦查阶段辩护律师的执业权利仍不同于审查起诉阶段辩护律师的执业权利，二者在不同的诉讼阶段享有的辩护权利有着明显的区别。

一、侦查阶段辩护律师执业权利的范围

新刑事诉讼法第36条规定："辩护律师在侦查期间可以为犯罪嫌疑人提供法律帮助；代理申诉、控告；申请变更强制措施；向侦查机关了解犯罪嫌疑人涉嫌的罪名和案件有关情况，提出意见。"第37条规定："辩护律师可以同在押的犯罪嫌疑人、被告人会见和通信。"根据上述规定，辩护律师在侦查阶段有5项权利：

（一）法律帮助权

此项权利现行刑事诉讼法和律师法规定为"提供法律咨询"。新刑事诉讼法仅将"咨询"改为"帮助"，其实，法律咨询也是一种法律帮助，二者本质上没有大的区别。主要区别点在于，提供法律咨询是一种被动式的帮助，而提供法律帮助则包含主动和被动两种情况。但是，所提供内容仅限于法律帮助，法律范畴以外的帮助内容不是辩护律师的法定权利。

（二）代理申诉、控告权

此项权利本次修订没有变化，与现行刑事诉讼法和律师法相一致。申诉、

---

* 河北省人民检察院党组成员，反贪局局长。

控告权，是我国宪法规定的公民的基本权利。宪法第 41 条规定："中华人民共和国公民对于任何国家机关和国家工作人员，有提出批评和建议的权利；对于任何国家机关和国家工作人员的违法失职行为，有向有关国家机关提出申诉、控告或者检举的权利，但是不得捏造或者歪曲事实进行诬告陷害。"由于犯罪嫌疑人在侦查阶段其人身自由受到一定限制，法律赋予辩护律师代理申诉、控告权，是国家在刑事诉讼中尊重和保障人权的具体体现。

（三）变更强制措施申请权

此项权利现行刑事诉讼法规定为"可以为其申请取保候审"。本次修订将其修改为"申请变更强制措施"。这里，一是将"可以申请"直接规定为"申请"，变选择性权利为必要性权利；二是将"取保候审"修改为"变更强制措施"，使申请内容更为宽泛，即既可申请取保候审，也可申请监视居住，还可申请释放。此项权利的修订，使辩护律师在侦查阶段的执业权利更加完善，也符合司法实际需要。

（四）提出意见权

此项权利是新刑事诉讼法增加的一项新权利。现行刑事诉讼法和律师法均规定为"有权向侦查机关了解犯罪嫌疑人涉嫌的罪名"。本次修订将其修改为"向侦查机关了解犯罪嫌疑人的罪名和案件有关情况，提出意见"。此规定是辩护权在侦查阶段的明确与体现。了解案件有关情况是条件，"提出意见"才是其辩护权的实质作用。因此，在今后的司法实践中，侦查机关就不能仅仅限于向辩护律师介绍涉嫌罪名了，在不影响侦查的情况下，案件的有关情况均可介绍，并应认真听取辩护律师的意见，以保证辩护律师在侦查阶段依法行使辩护权。

（五）会见通信权

此项权利是对律师法第 33 条的吸收，并增加了通信的权利。本次修订从法律上解决了"两法"不一致的问题，并丰富了该项权利的内容。因为，现行刑事诉讼法第 36 条规定，辩护律师在审查起诉阶段可以同在押的犯罪嫌疑人会见和通信，律师法也规定受委托的律师在侦查阶段有权会见犯罪嫌疑人，那么再限制通信就没有必要了。应当说，这是对辩护律师在侦查阶段执业权利的进一步完善，实践中侦查机关对此应给予应有的保障。

二、侦查阶段辩护律师会见权的行使

自 2008 年 6 月 1 日起，受委托的律师根据修订后的律师法开始介入侦查行使会见权。从几年来的司法实践看，律师会见总的情况是好的，也逐渐成常态。但由于刑事诉讼法修订滞后，加之律师会见制度不完善，在司法实践中也还存在一些问题。新刑事诉讼法不仅吸收了律师法中的有关内容，对相关问题也作了进一步的明确和规定。这对保障辩护律师的会见权有着积极的意义。但是，律师介入侦查的身份，由原来受委托的律师向辩护律师的转换，并不意味着不同诉讼阶段的执业权利也随之转移。为防止混淆辩护律师在不同诉讼阶段的执业权利，实践中应注意以下几个问题：

（一）辩护律师的委托

无论是修订前后的刑事诉讼法，还是律师法，犯罪嫌疑人在侦查阶段的辩护权，是犯罪嫌疑人本人的诉讼权利。新刑事诉讼法第 32 条规定："犯罪嫌疑人、被告人除自己行使辩护权以外，还可以委托一至二人作为辩护人。"第 33 条规定，犯罪嫌疑人"在侦查期间，只能委托律师作为辩护人"。"犯罪嫌疑人、被告人在押期间要求委托辩护人的，人民法院、人民检察院和公安机关应当及时转达其要求"。"犯罪嫌疑人、被告人在押的，也可以由其监护人、近亲属代为委托辩护人"。也就是说，犯罪嫌疑人除自己行使辩护权以外，侦查阶段在押的，有权委托监护人、近亲属代为委托辩护人。此规定是对 1998 年"六部委"《关于刑事诉讼法实施中若干问题的规定》中，"在侦查阶段犯罪嫌疑人聘请律师的，可以自己聘请，也可以由其亲属代为聘请"规定的吸收和完善。但应当明确的是，一是代为委托人应当是犯罪嫌疑人的监护人、近亲属，除此之外的其他人，关系再好也不能成为代为委托人；二是由监护人、近亲属代为委托律师的，必须是在押的犯罪嫌疑人，未在押的不能行使代为委托权；三是在押的犯罪嫌疑人由其监护人代为委托律师的，由于监护人系法定代理人，有权直接代为委托律师；四是在押的犯罪嫌疑人由其近亲属，即夫妻、父母、子女、同胞兄弟姊妹代为委托律师的，犯罪嫌疑人应有明确的代为委托对象或者代为委托对象已征得犯罪嫌疑人本人同意。因为此项权利是犯罪嫌疑人本人的诉讼权利，由本人委托还是由近亲属代为委托，其选择决定权为犯罪嫌疑人本人所拥有，而且只能委托一至二名律师。本人之外的任何人未经犯罪嫌疑人同意，都无权代行其依法享有诉讼权利。只有经犯罪嫌疑人本人要求或同意代为委托的，其近亲属才能"也可以……代为委托辩护人"。未经本人同意擅自为其代为委托的做法应属无效委托。司法实践中，侦查机关对在押的犯罪嫌疑人提出由其近亲属代为委托律师的，应让犯罪嫌疑人制作书面代为委托书或记明笔录，并及时向其代为委托人转达。转达情况应制作转达通知书或笔录，以备律师签订代为委托书和看守所安排会见时使用。

（二）辩护律师的资质审查

新刑事诉讼法第 37 条第 2 款规定，"辩护律师持律师执业证书、律师事务所证明和委托书或者法律援助公函要求会见在押的犯罪嫌疑人、被告人的，看守所应当及时安排会见，至迟不得超过四十八小时"。此项规定，吸收了律师法的内容，并增加了"至迟不得超过四十八小时"的规定，为辩护律师行使会见权提供了有力保障。司法实践中，由于聘请律师的渠道不同，委托书签订地点不同，辩护律师身份的生效基准日也不相同，侦查机关和看守所在审查辩护律师资质时，应注意以下几点：一是辩护律师是否持有律师执业证书、律师事务所证明和委托书"三证"。二是委托书是否有律师和犯罪嫌疑人双方签字。如双方尚未签订委托书，但律师持有侦查机关转达犯罪嫌疑人聘请指定律师事务所或律师通知凭证的，侦查机关应负责安排律师与在押犯罪嫌疑人会见签订聘请辩护律师的委托书；如犯罪嫌疑人在押前已与律师签订委托书，则应由看守所审查后，负责在 48 小时内安排会见。三是由近亲属代为委托律师的，应审查其近亲属是否有侦查机关代为委托转达通知凭证，没有转达通知凭证的，应属无效委托，不能安排会见。遇此情况，侦查机关应及时告知在押的犯罪嫌疑人，其同意由近亲属代为委托律师的，应及时将其意见转达其指定的近亲属。四是由监护人代为委托律师的，看守所在审查后应在 48 小时内安排会见。

（三）辩护律师的会见批准

新刑事诉讼法第 37 条第 3 款规定，"危害国家安全犯罪、恐怖活动犯罪、特别重大贿赂犯罪案件，在侦查期间辩护律师会见在押的犯罪嫌疑人，应当经侦查机关许可。上述案件，侦查机关应当事先通知看守所"。此项规定，是对现行刑事诉讼法 "涉及国家秘密的案件，犯罪嫌疑人聘请律师，应当经侦查机关批准"的具体化。其中，危害国家安全犯罪包括刑法第一章共 12 个罪名，恐怖活动犯罪包括公安部认定并公布的恐怖活动组织及恐怖活动人员名单成员实施的各类犯罪，特别重大贿赂犯罪案件指达到最高人民检察院关于特别重大贿赂犯罪标准的案件。对上述案件，侦查机关应在羁押犯罪嫌疑人的同时，将相关情况通知看守所。辩护律师在会见上述犯罪嫌疑人时，应向侦查机关提出会见申请，侦查机关在审查相关资质后，应根据案件具体情况作出许可与否的决定。未经侦查机关许可，看守所有权拒绝会见。虽属于上述三类案件，但侦查机关在律师会见前未通知看守所而安排会见的，看守所不承担相应责任。

三、侦查阶段辩护律师收集证据的特别规定

根据现行刑事诉讼法规定，律师在刑事诉讼中的调查权，为辩护律师的执业权利。也就是说，只有在侦查终结移送审查起诉之后，自辩护律师的诉讼身份确定之日起，辩护律师才具有调查权。新刑事诉讼法将原律师在侦查阶段的诉讼身份明确为辩护律师之后，其调查权也随之发生了一些变化，辩护律师具

有了一些特别调查权。但这些变化都是围绕切实保障犯罪嫌疑人合法权益、保障法律正确实施及诉讼经济修订的，不存在对抗性调查问题。为此，侦查机关应正确认识和依法保障辩护律师的相应权利。

（一）辩护律师在侦查阶段可以收集三类证据

辩护律师的调查权主要反映在现行刑事诉讼法第 30 条。新刑事诉讼法未加任何修改，只是将其列序为第 41 条。法条次序的变化，不影响辩护律师调查权所处的诉讼阶段。也就是说，该条所规定的调查权系指案件移送审查起诉之后的权利。为此，辩护律师虽然诉讼身份发生了变化，但一般意义上的调查权并未扩展到侦查阶段。但是，新刑事诉讼法新增加了第 40 条规定，即"辩护人收集的有关犯罪嫌疑人不在犯罪现场、未达到刑事责任年龄、属于依法不负刑事责任的精神病人的证据，应当及时告知公安机关、人民检察院"。这里，明显涵盖了侦查和审查起诉两个阶段，否则将公安机关规定为律师告知对象就没有意义了。因此，为切实保障不负刑事责任和不是犯罪的人不受刑事追究，辩护律师在侦查阶段可以收集"有关犯罪嫌疑人不在犯罪现场、未达到刑事责任年龄、属于依法不负刑事责任的精神病人的证据"。事实上，在司法实践中，即使辩护律师不调查，其在与犯罪嫌疑人亲属接触过程中，对方也会向辩护律师主动提供。将收集此三类证据的调查权赋予辩护律师，不会妨碍侦查，而且还有利于"保证准确、及时地查明犯罪事实，正确应用法律"。但是，除此三类证据之外的证据，法律并未授权辩护律师予以调查取证。如在侦查阶段调查此三类证据之外的证据，应属违法取证，不能提交法庭采信。

（二）辩护律师在侦查阶段会见时不能向犯罪嫌疑人核实有关证据

核实的表意是审核查实，核实的过程其实就是调查取证的过程。为此，向犯罪嫌疑人核实有关证据，属于调查取证的范畴。新刑事诉讼法第 37 条第 4 款明确规定，辩护律师"自案件移送审查起诉之日起，可以向该犯罪嫌疑人、被告人核实有关证据"。也就是说，辩护律师在侦查阶段，虽然在会见犯罪嫌疑人过程中"可以了解案件有关情况"，但不能向犯罪嫌疑人核实有关证据。其实，侦查阶段的辩护律师没有阅卷权和一般调查权，不掌握有关证据情况，也不具备核实证据的条件。只有在案件移送审查起诉之后，辩护律师才能够具备核实证据的条件和调查取证的权利。由于辩护律师的会见不被监听，会见过程和内容缺少监督，当前只能依靠律师的自觉自律。为此，检察机关对此应给予必要的关注，以保障辩护律师正确地履行执业权利。

（三）辩护律师在侦查阶段不能向被害人及其近亲属、被害人提供的证人收集证据

新刑事诉讼法第 41 条第 2 款规定，"辩护律师经人民检察院或者人民法院

许可，并且经被害人或者其近亲属、被害人提供的证人同意，可以向他们收集与本案有关的材料"。此规定是对现行刑事诉讼法第37条第2款规定的保留。此项规定的诉讼阶段，明显未包括侦查阶段，但不能说与侦查机关关系不大，其与侦查机关有着重要的关联。一是侦查机关在案件侦查终结移送起诉时，应向检察机关提供本案被害人近亲属及被害人提供的证人名单，已备检察机关审查起诉和辩护律师申请许可调查取证时参考；二是侦查机关在案件侦查过程中，如发现辩护律师向上述人员调查取证时，应向有关部门提出纠正意见，并告知检察机关，以作为审查起诉和公诉时的注意事项。

总之，侦查机关在侦查阶段，既要依法保障辩护律师的执业权利，也不能混淆辩护律师在不同诉讼阶段享有的不同执业权利，防止发生不应有的妨碍侦查、诉讼的情况，以保证辩护律师依法维护当事人的合法权益、维护法律正确实施、维护社会公平正义目标的实现。

新刑事诉讼法视野下侦查监督问题研究

阮祝军[*]

作为我国刑事诉讼流程结构中的重要阶段，刑事侦查担负着揭露犯罪、证实犯罪的重要职责，为确保这项职责的实现，我国赋予了执行侦查职能的主体强大的司法权能，因此，在这项刑事审前程序中很容易形成国家公权力和公民权利的冲突和对抗，进而也容易发生犯罪打击与人权保障的理念冲撞。因此，如何实现惩罚和保障两种价值取向的合理平衡和对立统一，是当前我国刑事诉讼审前程序改革完善理论研究的重点课题。研判改革的路径，除侦查制度本身的修正与完善外，强化侦查监督是我国审前程序改革与完善的必由之路。在侦查程序中充分行使法律监督权，对侦查权进行严格的监督和制约是严格侦查纪律、规范侦查活动、提升侦查效率、强化侦查职能的重要保障和关键条件。当前，我国刑事诉讼法的两次修正案对现行刑事侦查制度作出重大调整的同时，也对现行刑事侦查监督制度进行了重要变革，我国的刑事侦查监督借此使对象更趋明确、范围趋于扩大。但如何使我国现行的侦查监督制度更趋缜密，侦查监督机制更加完备，侦查监督效能更为显著，需要我们立足于新刑事诉讼法的视野，对业已存在的问题进行总结，对可能产生的问题进行充分预判，并努力寻找解决问题的路径和对策。也即如何使检察机关的侦查监督工作适应新刑事诉讼法有关侦查程序的规范化、法治化改造的需要，是当前我国检察机关强化法律监督工作的重中之重。

一、侦查监督的内涵及其价值评析

侦查阶段是刑事诉讼程序启动后的基础环节，是我国公诉案件的必经程序，也是国家完成刑事案件事实调查的重要阶段。对侦查程序的监督正是基于侦查程序的启动和运作，从我国立法层面上理解侦查监督，可以解读出广义和狭义两种概念。广义上的侦查监督是指在刑事诉讼中，检察机关为了防止侦查

---

[*] 上海市嘉定区人民检察院检察长。

权的扩张和滥用而对侦查机关的刑事立案活动、专门调查活动、有关的强制性措施及其适用、案件事实认定和法律适用是否正确进行的察看和督促。其实际上包容了侦查监督和制约的相关内容，既包含侦查程序合法性监督，也包含侦查实体结论的制约。而狭义上的侦查监督一般是指在刑事诉讼中，检察机关对侦查机关的侦查活动是否合法进行的察看和督促，一般仅指侦查的程序合法性监督。

侦查监督是检察机关的基本职责，也是其诉讼监督的组成部分，搞好侦查监督工作，是检察机关进行法律监督的重要途径。侦查监督权既是检察机关行使法律监督权的重要方式，同时也是实现法律监督权的重要途径。作为构造诉讼大厦的根基，侦查程序运作的质量关乎整个诉讼任务能否得以充分实现和适当完成。对侦查活动的有效监督，可纠正侦查活动中的违法行为，保护公民的人身权利，更有利于遏制司法腐败。

在我国刑事司法改革的大背景下，侦查程序的理念及模式也在不断更新，尤其是随着新刑事诉讼法的实施，侦查程序也将面临新一轮改革，基于此，侦查活动监督也将迎来新的机遇和挑战。

二、新刑事诉讼法关于侦查监督规定之解读

2012 年 3 月 14 日，全国人大会议表决通过了《刑事诉讼法修正案》，修改内容涉及 111 个条款，刑事诉讼法条文从原先的 225 条增加至 290 条，修改幅度相当大。而在全部修改条文中，侦查程序修改的条文有 18 条，新增 8 条，其他如非法证据规定及强制措施的相关条文也有数十条。可以说，侦查程序是这次修法的重点所在。考察相关条文后，我们发现，与侦查监督有关的内容主要体现在以下几个方面：

（一）保留了侦查监督的原则性条款

在新刑事诉讼法中，其第 8 条保留了"人民检察院依法对刑事诉讼实行法律监督"这一规定；将 1996 年刑事诉讼法第 76 条规定原封不动地搬入第 98 条，即"人民检察院在审查批准逮捕工作中，如果发现公安机关的侦查活动有违法情况，应当通知公安机关予以纠正，公安机关应当将纠正情况通知人民检察院"；1996 年刑事诉讼法第 137 条规定人民检察院审查案件的时候，必须查明侦查活动是否合法等内容也被纳入新刑事诉讼法第 186 条。

（二）强化了侦查监督的要求，并将有关侦查监督的抽象规定加以具体化和规范化

1. 完善对强制措施和替代性羁押措施实施的监督

新刑事诉讼法第 73 条赋予检察机关对指定居所监视居住的决定和执行行为合法与否加以监督的权利和义务；第 86 条要求检察机关通过讯问犯罪嫌

人、询问证人、听取辩护律师意见等方式对侦查活动加强监督；第93条规定检察机关对逮捕后的犯罪嫌疑人、被告人的羁押必要性加以审查的义务。主要通过以下几个方面对强制措施和羁押性替代措施加以确立和完善：首先，为了司法机关准确掌握逮捕条件，更好地进行审查批捕，细化了逮捕条件，增加了意见听取程序和逮捕后的羁押必要性审查；其次，明确了监视居住的适用条件，与取保候审加以区分，适当定位监视居住措施，规定人民检察院对指定监视居住的决定和执行进行监督；最后，综合考虑惩治犯罪和保护犯罪嫌疑人、被告人权利的需要，严格限制了采取强制措施后不通知家属的例外情形，为检察院的监督工作指明了依据。

2. 强化检察机关对侦查程序违法的监督

新刑事诉讼法新增第115条关于对侦查活动中的违法行为进行监督与救济作了相应的规定，赋予辩护人、诉讼代理人向检察机关申诉、控告的权利，检察机关应当对这些申诉、控告加以审查并处理的职责。列举了司法实践中常见的侦查程序重大违法情形，完善了当事人及其利害关系人的救济途径和手段。主要包含三个方面的内容：首先，明确了五种司法实践中常见的重大程序违法情形，分别是：（1）采取强制措施法定期限届满，不予以释放、解除或者变更的；（2）应当退还取保候审保证金不退还的；（3）对与案件无关的财物采取查封、扣押、冻结措施的；（4）应当解除查封、扣押、冻结不解除的；（5）贪污、挪用、私分、调换、违反规定使用查封、扣押、冻结的财物的。其次，明确了申诉、控告的主体范围。最后，明确了合法权益受到侵害时的救济手段。

我国之前的司法实践中，容易受到"重实体，轻程序"等传统观念影响，往往只重视案件的实体处理结果，而对程序合法性问题较为忽视，基于侦查活动监督的必要性，加之近年来，随着程序正义理念的普及以及程序法独立价值的强调，人们普遍认识到程序违法的危害性，因此，在此次修正案中，立法者对程序违法问题给予了高度重视，尤其是在涉及人权又极具隐蔽性的侦查活动监督问题上，专门新增了此条规定，针对司法实践中常见的违法取证行为设置专门的监督救济程序。

（三）细化证据收集程序的规定，强化对违法取证行为的监督

1. 细化收集证据的专门调查工作

专门调查工作，主要是指为了收集证据、查明犯罪而进行的调查工作，即讯问犯罪嫌疑人、询问证人、被害人，勘验，搜查，查封，扣押物证、书证，鉴定各种侦查行为。此次修正案主要是对以上侦查行为中的细节规定加以明确，具体包括以下内容：首先，讯问犯罪嫌疑人时，明确了讯问的场所，细化了传唤、拘传规定，增加了侦查人员告知犯罪嫌疑人如实供述可以从宽处理的

义务，建立讯问过程的录音录像制度；其次，在询问证人的规定中也增加了询问证人的地点的规定；最后，新增了"查封"的内容，并将作为查封、扣押对象的"物品"改为"财物"等细化规定。这些细化的规定促使侦查行为更加规范化，对于检察机关的监督工作更加有法可依，为监督工作订立了标准。

2. 建立非法证据排除规则

新刑事诉讼法以基本法形式确立了非法证据排除规则，明确了非法证据排除的范围；规定了检察机关对非法取证行为的监督职责，体现了对侦查取证活动加强监督的内在要求。如第 55 条规定："人民检察院接到报案、控告、举报或者发现侦查人员以非法方法收集证据的，应当进行调查核实。对于确有以非法方法收集证据情形的，应当提出纠正意见；构成犯罪的，依法追究刑事责任"；第 171 条规定："人民检察院审查案件，可以要求公安机关提供法庭审判所必需的证据材料；认为可能存在本法第五十四条规定的以非法方法收集证据情形的，可以要求其对证据收集的合法性作出说明。"这些条文明确检察机关对非法收集证据的行为进行调查核实，以及要求公安机关说明证据合法性等职责，加强了检察机关对侦查人员违法取证活动的监督，有利于保证证据的合法性。

（四）确立技术侦查措施合法地位，并明确规定检察机关对技术侦查的监督职责

我国国家安全法及人民警察法中虽然对采用技术侦查措施进行了授权，但没有明确规定技术侦查措施的适用范围、审批程序、救济途径和证据效力等内容，一方面，导致了通过技术侦查措施所获得的材料不能在刑事诉讼中直接作为证据使用，另一方面，由于技术侦查措施没有被纳入刑事诉讼法中，其合法性一直受到各方面的质疑。

新刑事诉讼法在第二编"立案、侦查和提起公诉"中以专节的形式增设了"技术侦查措施"，将技术侦查措施的授权从普通法律提升到了国家基本程序法的高度，同时对技术侦查措施的主体、适用范围、程序与期限等作了明确的规定，严格限制技术侦查措施的适用。其中，第 148 条规定了技术侦查的主体，将职务犯罪的侦查主体检察机关也纳入了技术侦查的适用主体，对于案件的适用范围也作了规定；第 149 条规定了技术侦查措施批准决定内容和适用期限；第 150 条就具体执行技术侦查措施进行了规定；第 151 条规定了秘密侦查措施和公安机关可以适用控制下交付的侦查手段；第 152 条就通过技术侦查所获得证据的证据能力以及如何使用的规定。

通过以上规定，初步建立了较为完善的技术侦查规范体系，体现了为控制犯罪而授权，为保障人权而控权，兼顾了打击犯罪和保障人权的价值需求。

三、新刑事诉讼法实施后侦查活动监督可能发生问题的预判

（一）相关规定过于原则，易产生认识误差，不易具体操作

作为部门法典，此次刑事诉讼法的修正依然显得过于原则，实践中易导致认识不一，从而增加了监督的难度。另外，在某些具体程序的设计上，并无制度的完整构建，尤其是新增的监督手段及方法，在具体操作中无法进行。具体例证如下：首先，逮捕必要性用词含糊。刑事诉讼法修正案在逮捕必要性的每一个具体项目前大都加入了"可能"二字，如"可能实施新的犯罪"、"可能毁灭、伪造证据"、"可能实施打击报复"等。在办案实践中，对此可能认识不一，容易导致适用上的不统一。其次，在审查逮捕阶段对于决定不讯问的犯罪嫌疑人，刑事诉讼法修正案规定，"犯罪嫌疑人要求向检察人员当面陈述的，应当讯问"，据此，犯罪嫌疑人可以在审查逮捕的任何阶段提出此要求。侦查监督部门在有效的审查逮捕时间内如何应对此项规定，在实践操作中存在分歧和难度。最后，新刑事诉讼法增加了检察机关对逮捕后犯罪嫌疑人、被告人羁押必要性进行审查的监督职能。但新刑事诉讼法对于羁押必要性审查的具体程序规定仍过于笼统，未设定审查具体的时间和方式，这无疑将给司法实践带来适用上的困惑。

（二）技术侦查监督制度尚未完备，检察机关工作难度加大

刑事诉讼法修正案在"侦查"一章中增设了"技术侦查措施"专节，一方面，明确对技术侦查措施予以授权，结束了技术侦查措施"秘而不宣"的立法状态，破解了技术侦查措施"证据合法性"的司法困境。另一方面，面对技术侦查措施不得不使用的"现实必要性"，以及技术侦查措施对公民隐私权和自治权构成天然威胁的"现实危险性"的两难局面，通过立法严格限制技术侦查措施的适用。较之于一般侦查手段，技术侦查措施具有隐秘性、技术性、强制性、易侵权性、特定性等特征。由于技术侦查措施的特殊性，一旦缺乏有效的监督，很有可能被滥用，极易侵犯公民的合法权利。但是，在具体制度的规定上还是显得较为粗浅，随着技术侦查手段运用的日益广泛，对技术侦查活动建立完善的监督机制已是当务之急。

就此次修改而言，"技术侦查措施"一节共有 5 个条文，对技术侦查措施的主体、适用范围、程序与期限等作了明确的规定。规定了秘密监控、乔装侦查等特殊的侦查措施，虽然构建了"技术侦查"的基本框架，但"宜粗不宜细、宜原则不宜具体"的立法倾向表现得很明显，条文规定过于原则化，对很多细节问题与配套保障措施未加以规定，缺乏可操作性，不利于技术侦查的制度构建。首先，在技术侦查何时适用没有确定的标准，无法进行监督。新刑

事诉讼法第148条只简单地规定侦查机关"根据侦查犯罪的需要"就可以经批准适用技术侦查措施。但是对"侦查需要"并未进行详尽的解释。仅根据字面意思，很难确定是指为了侦破案件，在法律规定的案件范围内侦查一开始就可以适用技术侦查措施，还是存在难以收集充分的其他证据或者一般性侦查措施无法获得相关线索、证据、不能查获犯罪嫌疑人或存在紧急情况时，作为一种补充的侦查手段予以应用，强调其绝对必要性和最后手段性。其次，对于审查批准的机关也无明确规定，检察机关目前无法实施监督。新刑事诉讼法第148条规定技术侦查措施的适用应当经过批准。本条规定了批准的依据、侦查对象、技术侦查的种类及期限，但却未明确规定批准机关是公安机关或人民检察院或人民法院。目前，在司法实践中技术侦查措施是由公安机关自己批准，自行适用的。但是现行状态下，公安机关及法院均不宜采取监督，唯有检察机关可以有权批准，但仍有待进一步加以明确。最后，并无对于技术侦查监督的专门机制，检察机关进行监督仍处于摸索状态，缺少有效的制度设计也是阻碍侦查监督效果的重要难题。

（三）证据收集程序适用排除规则，监督机制有待完善

侦查取证活动往往具有不公开性、秘密性的特点。新刑事诉讼法对侦查中证据收集程序的监督作了适当规定，确定了检察机关在侦查、审查批准逮捕以及审查起诉环节中的证据合法性审查职责。但是，就目前而言，对于侦查中证据收集程序的监督还存在以下问题：首先，非法证据排除规则构建后，在实践中能否得到有效适用，还受到诸多因素的限制，如，人权保障理念缺乏、侦查观念落后及取证能力有待提高等，对于收集证据程序的监督显得十分必要。其次，修正案中对非法证据排除规则规定相对较原则。如非法取证手段的内涵不明确，何谓"刑讯逼供等非法方法"、"暴力、威胁等非法方法"，均无明确规定，认识上还存在分歧，这将可能导致认定和打击非法取证行为时缺乏标准和同一性。又如非法物证、书证排除规则中的"不符合法定程序，可能严重影响司法公正"，如何补正、补正至何种程度，以及何谓"合理解释"，都是相当弹性的规定，很可能导致司法实践认识不一，监督难度加大。再次，检察机关作为专门的法律监督机关，同时还承担着审查起诉的职能，非法证据的实践运用，如何处理好部门内部的分工制衡，是监督机关需要处理好的问题。最后，对于证据收集的监督机制还未完全建立，在具体工作中无法积极有效地进行监督，还需要加以完善。

四、新刑事诉讼法视野下完善侦查程序监督的几点建议

在贯彻落实新刑事诉讼法的大背景下，如何立足检察职能和工作实际，建

立完善的侦查监督机制和强有力的监督措施，以促进侦查权的依法、有效、公正行使，是当前迫切需要解决的课题。基于新刑事诉讼法的规定及实施后的问题，首先，要肯定新刑事诉讼法重要的进步意义，要在其指导下进行侦查程序的监督；其次，在分析尚未完善以及可能出现的问题的基础上，对于尚未完善的问题在现行框架内进行制度设计，促使检察引导侦查机制的法制化、规范化，对于可能产生的问题，尤其是对于技术侦查及证据收集程序中的监督问题要重点关注，一定要追根溯源，建立有效的工作机制从根本上予以应对并加以解决。

（一）充分肯定新刑事诉讼法的重要意义

强化诉讼中的法律监督是中央司法改革的要求，依法对刑事诉讼活动实施法律监督，更是宪法赋予检察机关的基本职责。对侦查活动的监督向来是检察业务的重要组成部分，新刑事诉讼法进一步强化了检察机关的法律监督职能，在侦查监督方面赋予检察机关更多的职责和任务，给检察机关提出了更高的要求和挑战。因此，一方面，检察机关要进一步强化法律监督理念，依法监督、规范监督、敢于监督、善于监督，确保刑事诉讼真正实现"尊重和保障人权"的宗旨。另一方面，检察机关应正确理解新刑事诉讼法有关侦查监督的精神和内容，及时调整工作模式，丰富监督手段，进一步完善监督机制，不断发挥监督效力。

（二）积极推进检察引导侦查机制的法制化，理顺公检职能关系，实现全程监督

实践经验表面，检察机关与公安机关建立互相配合、引导侦查的关系可能是转变侦查监督方式的一种较合理的方法。它可以打破以往侦查监督只局限于静态的、事后监督的格局，而对侦查活动进行全过程的动态监督和引导，变被动为主动，一定程度上预防侦查过程中违法行为的发生。建立这种合理关系，不仅与我国刑事诉讼目的是一致的，而且也为司法实践所需要。在该机制中应着重于引导，就是通常所说的检察引导侦查，即检察机关在现行法律框架内，以法律监督权为依托，通过采取法律规定的诉讼手段，对侦查机关在证据的收集、提取、固定以及侦查取证的方向提出意见和建议，并对侦查活动进行同步法律监督的工作机制。具体可采用如下措施：（1）适时介入公安机关的具体侦查活动。对一些重大疑难复杂的个案，批捕和起诉部门，应提前介入，以便就侦查方向、取证标准、法律适用等问题进行具体指导。（2）建立联席会议制度。通过定期召开联席会议的方式，加强检察机关与侦查机关的信息沟通及工作衔接，互通情况，加强协调，解决问题。（3）进行业务培训，引导侦查人员树立庭审意识、公诉意识和证据意识。（4）做好退查案件《补充侦查提

纲》以及审查批捕案件《提供法庭证据意见书》工作，引导侦查机关补充证据时的取证方向，等等。通过以上制度完善，增强检警交流互通，并逐步确立检察机关同步监督与事后监督相结合的机制。

（三）重点行使证据收集程序中非法证据排除监督权

在证据收集程序中，检察机关应根据非法证据排除规则，对诸如讯问犯罪嫌疑人、被告人、询问证人、查封、扣押等侦查措施中收集证据进行合法性审查，建立证据收集程序的监督机制，落实非法证据排除规则。具体机制可作如下设计：

1. 权利告知。在审查逮捕和审查起诉阶段，检察机关第一次讯问犯罪嫌疑人，在现有告知诉讼参与人诉讼权利的基础上，检察人员还应明确告知当事人拥有申请排除非法的权利，并告知有关排除非法证据的法律规定及其含义，排除非法证据的运作程序、效力、权利救济等，从而方便当事人进行抉择。首先，犯罪嫌疑人或者证人在接受侦查人员讯问或者询问时，可能并不清楚自己所享有的诉讼权利，权利告知有利于保障人权，维护其合法权益。其次，检察机关书面告知权利，使犯罪嫌疑人或者证人具有申请排除非法证据的渠道，也为检察机关排除非法证据提供了途径。

2. 提出申请。有权提出排除非法证据请求的主体应当包括基本权利受到侵害的犯罪嫌疑人及其法定代理人、辩护人，被害人及其法定代理人、诉讼代理人，证人及其法定代理人。上述请求人在审查逮捕或审查起诉阶段都有权向检察院提出书面申请，包括说明非法取证的时间、地点、简要经过等情况，并可以附证据材料。应当明确启动证据合法性调查程序的初步责任。虽然在批准逮捕和审查起诉阶段，对于证据合法性的举证责任在侦查机关，但是，启动这一程序的初步责任应由申请人承担，以避免不负责任地随意启动对证据合法性的检察审查程序的情况。

3. 要求说明取证情况。侦查过程中，由于没有第三方在场，由犯罪嫌疑人证明自己受到非法取证行为的侵害是非常困难的。侦查机关应当承担对于取证行为合法性的举证责任，因此，检察机关受理请求人的申请后，应向侦查机关送达《要求说明取证情况通知书》，由侦查人员收集和出示证据，证明其收集证据的程序是合法的。这样可以促使侦查机关在审讯时依法制作录音、录像，从而证明侦查过程的合法性。在侦查机关不举证，或者已提供的证据不够确实、充分的情况下，则应当承担不能以该证据证明指控的犯罪事实的法律后果和责任。

4. 审查。承办检察官在审查逮捕、审查起诉中如果有理由怀疑某一证据是非法的，应当立即向检察长汇报，由检察长决定是否开展必要的调查、核实工作。在调查过程中，侦查机关应当提供证明被怀疑为非法证据具有合法性的证据，犯罪嫌疑人、被害人以及他们委托的人、有关机关、组织可以提供非法取证的证据，检察机关也可以自行收集取证行为违法的证据。

5. 决定。对于经过审查确定被申请的证据属于非法证据的，应由检察长决定予以排除；对于涉及重大案件中的非法证据，或者对于是否属于非法证据有严重分歧的，应提交检察委员会决定。检察机关应在审查逮捕、审查起诉的法定期限内作出是否排除非法证据的决定，作出决定 3 日内告知侦查机关、犯罪嫌疑人、被害人。

6. 权利救济。在审查起诉阶段，侦查机关不同意检察机关排除非法证据决定，或者请求人对检察机关不予排除证据的决定有异议，有权向该检察机关提出复议；对复议结论仍不服的，可向上级检察机关提请复核。在审判阶段，检察机关不同意人民法院排除非法证据的裁定，或请求人对法院不予排除的证据有疑义的，在审理期限内有权向该法院提请复议。基于非法证据基础所作的判决、裁定属于错误的判决、裁定，因此检察机关可以依法提出抗诉，通过审判监督程序使相关证据显露其"真实"，进而纠正案件判决结果。

（四）重点构建与完善技术侦查监督机制

技术侦查作为刑诉法修正案中专节列明的新增内容，对于检察机关的监督工作带来了不小的难度，但是在对技术侦查监督过程中，一定要抓住两个重点，即技术侦查的启动以及技术侦查的效果认定，对于检察机关的监督工作而言，就是要重点构建对技术侦查启动的审批程序以及对技术侦查取得证据合法性认定程序，具体设计如下：

1. 明确审批程序

技术侦查实施的授权是技术侦查启动程序中最重要的一环，作为法律监督机关，检察机关应当承担对技术侦查实施的审查批准职能。

（1）技术侦查的实施审批一般程序

a. 申请流程。由立案侦查的公安机关或检察机关根据案情需要提出申请，并附带提供适用技术侦查措施的必要性证据。b. 受理流程。检察机关根据本地区相关规定或实际情况，决定受理并审查技术侦查活动申请的部门，一般可由侦查监督部门负责或者安排其他更合适的部门负责报备审查手续。在收到侦查机关（部门）建议适用技术侦查措施的申请后，立即安排专人进行审查。c. 审查和决定。审查内容具体包括：是否属于可以适用技术侦查措施的案件；是否具备适用技术侦查措施的法定条件；提交报备审查的申请书是否具有适用对象和适用措施等具体内容；申请书是否具有适用技术侦查措施必要性的相关证据，等等。经审查，承办人认为符合法定条件拟予以批准的，应报送科室负责人审查后交由分管检察长审批。对符合适用条件的，检察机关应制作同意适用技术侦查措施决定书，并在该决定书中载明技术侦查措施适用的种类、适用对象、适用时间、地点等内容。d. 执行。在对适用技术侦查措施审批同意后，将决定书送达申请的检察机关或公安机关，再由申请的检察、公安机关交由同级公安机关统一执行技术侦查措施。公安机关执行技术侦查措施时，必须严格按照批准决定书规定的种类、对象和期限实施。

（2）例外：紧急情况下的先行侦查

一般情况下，只有在检察机关依照法定程序作出授权后，侦查机关才允许使用技术侦查手段。但是在紧急情况下也有例外，即侦查机关可以先行实施技术侦查。紧急情况作为技术侦查的一种例外情况，否则将导致技术侦查审查流于形式。对于先行采取技术侦查措施的情形，在事后应及时提请负有审批权的检察机关予以确认。检察机关经审查认为符合法定条件的，应予以确认，如果审查认为不符合法定条件的，应当予以撤销，所获得的信息材料不得作为证据使用，并依法予以销毁。

2. 建立技术侦查措施非法证据排除规则

检察机关行使监督权，一定要赋予监督效果的权威性，充分加强侦查监督的效果保障，在技术侦查监督中也同样适用，对于技术侦查最后取得证据的效力问题的认定一定要赋予检察机关，只有在此问题上有足够的决定权，检察机关的监督效果才能体现。

因此，在审查批准和法庭适用中，应建立对技术侦查措施取证的非法证据排除规则。对于依照有关规定采用技术侦查措施所收集的物证、书证及其他证据材料，经法庭查证属实，可以作为定案的根据。对于通过非法途径，如，私人采用非法窃听手段获得的相关供述、证言等，由于缺乏合法性，一般应予以排除；对于违反相关程序采取技术侦查措施所获取的证据，原则上也不能采用。

《人民检察院刑事诉讼规则》
"退回补充侦查"部分的修改建议

锦州市人民检察院课题组 *

根据我国《刑事诉讼法》第 171 条的规定，人民检察院审查案件可以要求公安机关提供法庭审判所必需的证据材料；检察机关对于刑事案件具有退回公安机关补充侦查权，同时也享有自行补充侦查的权力，必要时还可以联合补侦。如何确保退回补充侦查权的依法、规范、充分、有效行使，并结合《刑事诉讼法》的修订，提出对《人民检察院刑事诉讼规则》"退回补充侦查"部分的修改建议，是本文重点要探讨的内容。

一、退回补充侦查权的法律依据及诉讼意义

退回补充侦查权在我国《刑事诉讼法》第 171 条中有明确规定，原则性规定是人民检察院审查案件，可以要求公安机关提供法庭审判所必需的证据材料；补充侦查的方式有两种，一是可以退回公安机关补充侦查，二是可以自行侦查，退补期限为一个月，补充侦查以两次为限；对于补充侦查的案件，人民检察院仍然认为证据不足，不符合起诉条件的，可以作出不起诉的决定，即存疑不起诉。

根据《人民检察院刑事诉讼规则》第 266 条之规定，人民检察院认为犯罪事实不清、证据不足或者遗漏罪行、遗漏同案犯罪嫌疑人等情形，认为需要补充侦查的，应当提出具体的书面意见，连同案卷材料一并退回公安机关补充侦查；人民检察院也可以自行侦查，必要时可以要求公安机关提供协助。本条规定的主要含义在于明确了补充侦查的主要法定情形，强调检察机关应当书面

---

* 课题组成员：李佳军，辽宁省锦州市人民检察院副检察长，三级高级检察官；宋剑峰；辽宁省锦州市人民检察院检委会专职委员，三级高级检察官，辽宁省检察业务专家；马量，辽宁省锦州市人民检察院公诉二处处长，四级高级检察官；刘欣，辽宁省锦州市人民检察院副检察长，四级高级检察官；张丽，北镇市人民检察院检察长。

提出，尤其明确了自行补充侦查情形之外还可以与公安机关联合补充侦查。检察实务中对于联合补侦的工作方式适用较多，检察机关与公安机关联合补侦的确切含义应当包括案件侦查终结前的提前介入、事中介入和事后介入引导取证。第269条又规定，人民检察院在审查起诉中决定自行侦查的，应当在审查起诉期限内侦查完毕。此条明确规定了检察机关自行补充侦查的期限。第270条还规定，人民检察院对已经退回公安机关二次补充侦查的案件，在审查起诉中又发现新的犯罪事实，应当移送公安机关立案侦查，对已经查清的犯罪事实，应当依法提起公诉。此条规定的要求在于，经过退补后发现新的犯罪事实即应移送立案，对于共同犯罪中已经查清的犯罪嫌疑人犯罪事实而其他事实暂时无法查清的也应依法起诉，共同犯罪人在案的犯罪事实已经查清应即起诉，而有其他犯罪嫌疑人无法到案的先起诉在案犯罪嫌疑人，但其前提是符合起诉的证据标准和条件。同时，审查起诉部门对于本院侦查部门移送的案件需要补充侦查的，按照第267条规定的内容办理，基本等同于对于公安机关的退回补充侦查。

此外，在检察实务中还有类似于退回补充侦查的形式。即人民法院对提起公诉的案件进行审查后仍然认为事实不清、证据不足时，往往与检察机关、公安机关进行沟通、商榷和协调，建议检察机关、公安机关继续补充侦查或者建议撤回起诉或者检察机关主动撤回起诉，这时的"补充侦查"一般不是《刑事诉讼法》规定意义上的补充侦查，但往往又适用，尽管可以补侦，而诉讼期限应当计算在审判期限之内。而当出现法庭延期审理或者中止审理的情形时的继续补充侦查则会出现重新计算诉讼时限、重新侦查和重新立案的情况。本文不将此情形列为重点阐述内容。

行使好退回补充侦查权的诉讼意义有三点：一是要求公安机关提供法庭审判所必需的证据材料，确保案件依法交付法庭审判，当然这种证据材料既应包括有罪证据材料，也应包括无罪证据材料和罪轻罪重等证据材料。退回补充侦查的意义就在于补全补实补细补强这些证据材料，以利于检察机关依法作出正确的诉讼决定；二是确保案件质量，不论是公安机关作出侦查终结决定还是检察机关作出提起公诉决定，乃至人民法院依法作出判决，其前提就是事实清楚、证据确实充分、适用法律正确，而退回补充侦查即为检察机关充分提供平台，介入侦查活动，引导侦查行为，完善案件证据体系，以使案件的事实、证据、法律适用符合法定的标准和条件；三是依法充分实现强化法律监督、维护公平正义的主题，尽最大努力和极限追求案件的诉讼真实与客观真实的统一。一个案件从公安机关侦查、检察机关审查批捕、公安机关再次恢复侦查到侦查终结、审查起诉、提起公诉直至审判机关审理，经过了不同的诉讼环节。从诉讼角度讲，各个诉讼环节都在追求诉讼真实与案件客观真实的尽力统一，但又往往很难做到，原因就在于所谓的诉讼真实永远是案件客观真实的最大限度的复制，而且在实际诉讼活动中，公、检、法三机关的案件证据标准在客观上存在差异。因此，退回补充侦查的目的和宗旨则尽最大努力追求诉讼真实与案件客观真实的完美统一，尽力缩小公、检、法三机关的证据标准、规格和条件的差异，以利于对于每个案件的客观、公平、公正处理。

二、当前退回补充侦查实践中的问题及深度思考

我国《刑事诉讼法》和《人民检察院刑事诉讼规则》规定的退回补充侦查权实质上是一种刑事诉讼中的补救措施，基本上是检察机关独享的刑事诉讼权力。正确行使这种权力在刑事诉讼中已经显得十分重要。

在我国1979年《刑事诉讼法》中就明确规定了退回补充侦查权，而且退回补充侦查权并不是检察机关独有的诉讼权力，审判机关对于事实不清、证据不足的案件也可以依法退回检察机关补充侦查；对于退回补充侦查的次数也没有限制，补充侦查期限有时还可以重新计算，明确检察机关可以自行补侦，审判机关还可以庭前调查，当时在司法实践中，公、检两机关甚至公、检、法三机关联合补侦的情况比较普遍。但1997年《刑事诉讼法》实施后，明确了退回补充侦查权系检察机关独有的诉讼权力，审判机关不再具有退回补充侦查权，同时规定侦查机关（部门）应当提供法庭所需要的一切证据材料，并明确证据必须达到确实充分的程度，明确限定补充侦查次数只能为两次。而在刑事诉讼中，公、检、法三机关协商沟通式的补充侦查形式在某些案件上虽仍使用，但却非法定方式，而检察机关自行补侦次数和数量由于自身工作量的局限抑或从工作互信角度考虑则明显减少。显而易见，当前公诉环节的退回补充侦查工作承担了几乎全部在法院判决前查明事实、完善证据的诉讼工作任务，其重要性不言自明。

与此同时，随着《刑事诉讼法》的实施，公安机关取消了预审机构设置，出台了侦审合一的侦查工作模式，随之伴生的有些诉讼工作弊端也逐渐显现。突出表现在：案件质量因侦查机关内部监督机制的缺失而渐有下滑；证据意识、程序意识、诉讼中心意识趋于淡化；重捕前侦查轻捕后诉讼倾向有所抬头。上述现象作用于公、检两机关的工作配合上，影响程度大者莫过于退回补充侦查环节，事实不清、证据不足案件逐渐增加。而其主要原因，从诉讼角度讲，就是在退回补充侦查的工作环节出现了问题。初步调查表明，公、检机关在退回补侦这一环节的工作配合中各自均存在若干不同问题。作为公诉部门自身通常存在以下几种情况：一是审查工作粗疏或因工作能力受限，遗漏关键待

查事实和证据；二是补查事项书面表述不明确、不具体、缺乏可操作性或围绕补侦事项的重要性和必要性进行的交流阐述不足导致补侦工作难以积极有效开展；三是因工作机制缺乏刚性约束，导致对公安机关退补工作质量的监督仅为"软监督"而无"硬措施"，造成"夹生案"的出现。在公安机关方面，部分侦查人员中存在以下几种现象：一是对于退补工作在思想认识上存在抵触情绪，不能正视案件存在的问题，不愿补侦；二是存在怠惰心理或案外因素，不想补侦；三是无法把握补侦工作的实质和方法，不会补侦。

应当正视的现实是，上述在两机关部分办案人员中存在的现象和问题正逐步演变为案件质量的重大隐患，应当引起我们刑事司法工作人员对此问题在立法、司法乃至检察实务层面展开深度思考。

现行《刑事诉讼法》和《人民检察院刑事诉讼规则》对退回补充侦查权的限定更为严格，这就要求我们必须提高依法行使退回补充侦查权的标准、条件、规格、质量和效率。首先是必须准确审查案件的事实到底哪里不清、证据不充分不确实不全面不完善在哪里、相关证据材料不足缺陷缺失在哪里。其次，必须提高退回补充侦查函和退补提纲的质量。公诉环节经过对案件审查后，特别是经过讯问犯罪嫌疑人后，又经过反复阅卷审查发现应当继续补侦，应该把握住补侦的重点和关键的证据核心问题，即补侦的问题必须清楚明确；充分利用两次补侦机会，包括证据问题、事实问题和法律文书等问题务必考虑全面；同时，充分考虑到补侦的可行性和可操作性，有些补侦问题应当在与侦查机关（部门）进行协商沟通的前提下提出；在退回补充侦查的过程中应当依法贯穿引导取证，坚持补侦工作的合法性、规范性和有效性。最后，依法慎用自行补充侦查权。在两次补侦权使用完毕后，案件仍需补侦的可以依法补侦；已提起公诉的案件，审判机关协商补侦的，对案件的一些事实证据枝节性问题可适当补侦，采取以足以提供和满足法庭审判所需证据的方法为基本前提；而对于案件所涉及到的大部分事实证据问题一般都应采取依法退回补充侦查的形式，联合补侦和自行补侦也只能是其中一小部分内容。

三、完善退回补充侦查权行使在工作机制上的尝试

（一）从三个诉讼环节着手

一是适时介入刑事立案后的侦查活动，获得第一手材料，准确引导侦查取证，以防止证据材料可能因时过境迁或人为因素事后不好调取或无法固定。如刘某涉嫌私藏枪支、弹药一案，犯罪嫌疑人辩解为地处偏僻山区不知有关部门对枪支、弹药等予以收缴的通告，而案卷中恰恰没有该方面的证据，而相关法律又规定：偏远山区的村民不知道枪支应当上交，也未有人要求其上交，从而

长期持有私藏的就不是犯罪行为。为此，介入侦查的公诉人员当发现侦查部门取证存在上述缺陷后，在退回补侦过程中积极引导侦查人员取证，确保了本案的成功公诉。

二是适时介入批捕环节，把握捕后侦查方向，有效降低退回补侦难度。在实践中笔者注意到，适时适度地介入批捕环节提出公诉部门的捕后侦查意见，不仅有利于共同发挥侦查监督作用，更有利于准确指控犯罪，同时还有利于降低事后退回补充侦查难度。如孟某某故意伤害一案，针对侦查部门未收集孟某某是否有正当防卫情节的证据，介入的公诉人员提出捕后侦查时应收集有关打架起因、事先预知、谁先动手、动手过程的证据，以确认是互殴致一方伤害还是一方非法侵害、另一方自卫或防卫过当的意见。通过引导取证，所获证据排除了正当防卫和防卫过当的可能性，确认本案系对方企图挑衅、疑犯事先有准备、事中有挑逗的挑唆防卫，在公安机关再度报捕讨论时，公诉人员胸有成竹地提出了构罪应捕的建议。

三是适时介入讯问犯罪嫌疑人和询问被害人和证人，充当"预审检察官"，帮助侦查部门把握住人证补侦重点。为了弥补公安机关"侦审合一"存在的内部制约方面的缺陷，更有利地保证公诉案件质量，指出案件人证询问讯问重点，把握好补充侦查重点。如董某某敲诈勒索一案，犯罪嫌疑人以因欲与被害人发生两性关系被其要挟，经中间人调解被迫给被害人精神损失费万余元，反悔后欲要回自己的合法财产为借口，辩解不是敲诈勒索。在讯问时，针对以下三点，揭露其具有敲诈勒索性质：1. 该调解是经有关组织和部门作出的要式调解；2. 给付精神损失赔偿费用是其自愿的；3. 企图索回所给付的钱财是采取放火、杀人、毁损对方名誉等威胁手段的。并针对上述三点内容进一步引导侦查取证，从而确保案件准确认定。实践中应适时介入的案件类型主要是涉黑案件、涉众型经济犯罪案件、重大疑难复杂案件和在本辖区有重大影响的突发性恶性案件。

（二）从抓准补侦的内容和时机着手

在检察机关依法行使补充侦查权时，抓准补侦的内容和时机显得十分重要和关键。首先是注意抓准补充侦查的内容。例如，被告人苗某于 2009 年初，通过某公司刘某介绍，以某供暖有限公司的名义与某橡胶股份有限公司签订供应发热量为 5000 大卡以上燃煤的协议。其向某橡胶股份有限公司履行了两次符合协议要求的煤炭。2009 年 5 月底，被告人按约定第三次向某橡胶股份有限公司发煤时，先向刘某提供一份低位发热量为 5192 大卡的委托检验报告，在刘某给付购煤款人民币 100 万元后，将掺有 700 余吨煤矸石粉的煤炭共计 2097 余吨混合装车运往某橡胶股份有限公司。该橡胶公司在收到上述煤炭后，对被告人发来的煤炭进行化验，结论为低位发热量为 3200 大卡左右。综上，被告人苗某销售伪劣产品的销售金额为 140 余万元。在本案中，被告人按照合同约定先后两次依协议履行了合同，但第三次履行合同过程中却将掺有 700 余吨的煤矸石粉一并运送而非法获利百万元。综合分析本案，苗某有欺骗刘某的诈骗故意，也有欺骗某橡胶股份有限公司诈骗占有钱财非法获利的故意，其侵害的客体主要是他人的财产权利和财产关系，财产关系系本案的一个直接客体，按此客体性质推断，苗某的行为触犯《刑法》第 266 条构成诈骗罪。同时，苗某明知将 700 余吨煤矸石掺入煤炭不符合合同规定的标的标准，更不符合专门的技术标准要求而为之，其行为已经直接侵害和破坏了社会主义市场经济秩序和产品的生产、运输、销售等管理秩序，其行为又符合我国《刑法》第 140 条规定的生产、销售伪劣产品罪的直接客体特征。因此，苗某的行为可以说同时侵犯了直接客体，依法讲应当认定为两个罪名。但从本案的有效证据看，对于被告人行为的印证更倾斜于销售伪劣产品。一是被告人明知将 700 吨煤矸石掺入煤炭属于不合格不标准产品却为之；二是已经被发现后仍无更换合格产品和赔偿补偿之意；三是被告人事后从中获利百万元。而且以上三点具有确凿的证据支撑。相对而言，关于本案诈骗的事实，单纯侵犯他人财产的事实在证据支撑上较弱，这一直接客体由于证据的倾斜比较明显即可以被另一个直接客体所吸收。于是，公诉部门在退回补侦时提出重点的补侦内容是主观故意内容上对伪劣产品——煤矸石掺入煤炭的混合物的认知、明知和确认程度，掺假的比例、数量和所造成的后果及其严重损失，主观上销售伪劣产品的故意与客观上实施的一系列行为之间的刑法犯罪构成意义上的因果关系。公安机关接到退回补充侦查函和补充侦查提纲后，依法进行补侦，从证据角度补强了销售伪劣产品的犯罪构成证据。而后，公诉部门以被告人之行为构成销售伪劣产品罪提起公诉，法院适用我国《刑法》第 140 条之规定认定被告人犯销售伪劣产品罪，判处有期徒刑 11 年。

又如于某某故意杀人案，鉴于本案证据存在疑点，应当在发案、报案过程、杀人动机、烧车过程及是否一人作案等方面补充证据，以达到定案要求。本案是一起杀人案件，由于原始证据的发现、搜集、固定等未达到确实充分，导致有些案件事实难以准确认定。于是，我们认为必须抓准补充侦查的内容和时机。首先，直接派员指导侦查，跟踪督促与共同补查相结合，突出实效性；然后，我们会同公安机关及时从勘查笔录中查找到了物证——案发时口罩的存放状态，经组织辨认和 DNA 鉴定工作，及时查清了此口罩确为被害人当日案发所戴，本案获取了一个重要的补强性物证；此外，经跟踪补侦，我们最终又借助技侦和通信手段成功获取了于某的亲属侯某关于于某案发当晚到其家中对其讲述过作案的基本情况的证言和相关证据。法院最终以故意杀人罪判处于某无期徒刑，剥夺政治权利终身。

（三）从强化七种措施着手

笔者认为，要公正执法，就必须"用审判的标准判断证据，从辩护的角度考查证据，以正义的立场运用证据"。具体运用于完善退回补充侦查工作机制上，就必须依法强化以下七种措施：

一是以《提供法庭证据通知书》为主要方式，并实行跟踪引导和制约，从而改变文来文往的制约关系，加强了人来人往的协作关系，通过配合与协作，实现有效的监督与制约。

二是强化侦查与公诉的一体化控诉职能．通过协调促使侦查部门自觉强化诉前办案质量，从而减少案件的退补。

三是与公安机关建立重、特大案件发、破案情况通报制度。

四是建立与侦查部门联席会议制度。

五是以发出检察建议、纠正违法通知书形式纠正违法，既能够充实引导侦查取证内容，又能妥善处理监督与配合的关系。

六是共同对重大疑难案件进行分析讨论，提出侦查取证意见，从而消除监督制约中产生的隔阂，拉近引导主体与被引导主体的心理距离。

七是建立内部制约和外部制约的长效机制和错案追究制。责权统一，以人找事，以事论人。

四、《人民检察院刑事诉讼规则》"退回补充侦查"部分的修改建议

《刑事诉讼法》修改后，《人民检察院刑事诉讼规则》必然作出相应修改。为此，笔者结合《刑事诉讼法》的修订，对其中"退回补充侦查"的部分提出以下几点修改建议：

（一）原《规则》第264条建议修改为：人民检察院审查案件，可以要求公安机关提供法庭审判所必需的证据材料；认为可能存在《刑事诉讼法》第54条规定的以非法方法收集证据情形的，可以要求其对证据收集的合法性作出说明。必要时，检察机关可以要求公安机关侦查人员出庭作出说明。

（二）原《规则》第266条建议修改为：人民检察院审查案件，认为犯罪事实不清、证据不足或者遗漏罪行、遗漏同案犯罪嫌疑人等情形的，可以退回公安机关及时补充侦查；对于需要补充侦查的，在讯问犯罪嫌疑人后应当列出详细的补充侦查提纲，提出具体的书面意见，连同案卷材料一并退回公安机关补充侦查，并在补充侦查期间及时沟通和通报补充侦查情况；对于能够自行查

清的事实和证据，也可以自行侦查，必要时可以要求公安机关提供协助。

（三）原《规则》第267条：人民检察院审查起诉部门对本院侦查部门移送审查起诉的案件审查后，认为犯罪事实不清、证据不足或者遗漏罪行、遗漏同案犯罪嫌疑人等情形，认为需要补充侦查的，应当向侦查部门提出补充侦查的书面意见，连同案卷材料一并退回侦查部门补充侦查。笔者认为，此条规定仍然符合新刑事诉讼法，可以不再作修改。

（四）原《规则》第268条建议修改为：对于补充侦查的案件，公安机关应当依法补侦，并且应当在一个月以内补充侦查完毕。补充侦查以二次为限。第二次退回补充侦查的内容应当包括第一次补侦工作未完成的内容和重新需要补充侦查的案件事实证据问题。补充侦查完毕移送人民检察院后，人民检察院重新计算审查起诉期限。

（五）原《规则》第269条：人民检察院在审查起诉中决定自行侦查的，应当在审查起诉期限内侦查完毕。此条内容仍然符合新刑事诉讼法，可以不再作修改。

（六）原《规则》第270条修改为：对于二次补充侦查的案件，人民检察院仍然认为证据不足，不符合起诉条件的，应当作出不起诉决定。人民检察院对已经退回公安机关二次补充侦查的案件，在审查起诉中又发现新的犯罪事实，应当移送公安机关立案侦查；对已经查清的犯罪事实应当依法提起公诉。

五、审判程序的修改
与公诉工作

刑事二审中检察机关的应然和实然：
价值·困惑·路径

卢乐云[*]

在我国刑事审判实行二审终审制的制度框架下，二审程序对于保障刑事司法公正意义重大。修改后的刑诉法第223条、第224条规定，对被告人、自诉人及其法定代理人对第一审认定的事实或证据提出异议、可能影响定罪量刑的上诉案件，被告人被判处死刑的上诉案件，人民检察院抗诉的案件以及其他应当开庭审理的案件，第二审人民法院应当开庭审理；同级人民检察院对于第二审开庭审理的公诉案件都应当派员出席法庭。该修改无疑增加了人民检察院出席公诉案件第二审法庭的案件数量，扩大了在刑事二审中发挥人民检察院法律职能的空间。在检察实践中如何适用修改后的二审程序，本文认为有必要厘清人民检察院出席刑事二审法庭的应然价值，梳理并剖析以往检察实践在实现应然价值中所遇到的困惑，进而寻求理性的解困路径。

一、应然价值：维护法律的正确统一实施

学术界对于人民检察院在刑事二审中的法律职能定位一度存有审判监督说（也有的称为法律监督职能说）、公诉职能说（也有的称为公诉职能延伸或者控诉职能说）、公诉职能和法律监督职能兼具说等不同观点。本文认为，不论哪种观点，就人民检察院出席刑事二审法庭制度的应然价值即维护法律的正确统一实施是不容置疑的。其一，我国检察机关是宪法确立的法律监督机关，以维护法律的正确统一实施为使命是法律监督机关体现法律监督这一本质属性的重要标志。其二，保证案件的公正审理是修改二审程序的目的所在，这在全国人大常委会副委员长王兆国《关于〈中华人民共和国刑事诉讼法修正案（草案）〉的说明》中作了明确说明，扩大人民检察院出席第二审法庭的案件范围

---

[*] 刑法学博士，湖南大学教授、博士生导师，首届全国检察业务专家，中国检察学研究会理事，中国检察学研究会公诉专业委员会副主任，湖南省人民检察院副检察长。

系其措施之一。其三，人民检察院出席刑事二审法庭的基本任务，一是针对一审的判决或裁定发表意见，具体而言，如果认为一审判决或裁定正确，则撤回抗诉或者建议二审法院驳回上诉、维持原判；如果认为一审判决或裁定错误，则支持抗诉或者支持上诉，建议二审法院纠正一审错误判决或者裁定；如果认为一审判决或者裁定事实不清、证据不足或者一审诉讼程序违反应当发回重审的法定情形，则建议发回重审等。二是对二审法庭的审判活动实施监督，具体而言，对二审法庭审理案件的诉讼程序实施监督；维护诉讼参与人的合法权利等。这些都体现为维护实体公正和程序公正。归结为一点，就是维护实体法和程序法的正确统一实施。

二、实践困惑：制度缺失

修改前后的刑诉法关于第二审程序的构建，都是以人民法院的审理为中心和脉络展开的。对人民检察院在二审中履行职能的程序，修改前的刑诉法规定简单粗略；修改后的刑诉法虽然拓展了人民检察院在二审中发挥法律职能的空间，但就人民检察院如何履行职能的规定仍然比较原则，仅仅规定了出席二审法庭的范围和抗诉、支持抗诉、撤回抗诉的法律条件，以及查阅案卷的职责和法定期限。现行《人民检察院刑事诉讼规则》（以下简称《诉讼规则》）关于保障职责履行的制度规定也欠缜密。根据以往的实践，人民检察院在二审中实现应然价值将会遇到种种困惑。

困惑一：能否补充收集新的证据。在开庭前审查案件是出席二审法庭的检察人员发表出庭意见的前提，审查包括静态的书面审查和动态的复核证据及补充收集新证据，而现行《诉讼规则》仅在第 363 条对复核证据作了规定，即"检察人员在审查第一审案卷材料时，应当提讯原审被告人，复核主要证据"，没有规定能否补充收集新的证据。补充收集新证据不同于复核证据，后者是对原审证据的复查，前者则是围绕原审事实和证据补充收集新的证据。这一制度性缺失导致实践中对在二审期间是否补充收集新证据左右为难：如果不补充收集，则对原审存疑的事实和证据难判断，带着疑问出席法庭；如果补充收集，则对补充收集新证据的行为及所收集新证据的证据资格（能力）颇具争议。虽然如最高人民检察院 2007 年制发的《人民检察院办理死刑第二审案件工作规程》等有关内部文件规定可以补充收集新证据，甚至可以交由原侦查机关补充侦查取证，但在对维护诉讼参与人尤其是被告人的诉讼权利等方面缺乏统筹，在过去的司法实践中仍因此而常常引发庭审中无休止地争执或辩论。有的地方在检、法两家之间也存在不同的认识。即使在一些认可可以补充收集新证据的地方，应当履行补充收集新证据职责的主体机关也存在相互推诿的现象。

困惑二：能否变更抗诉主张及其理由。修改前后的刑诉法分别在第186条、第222条规定，人民法院在二审中应当进行全面审查，不受上诉或抗诉范围的限制；现行《诉讼规则》第362条规定，审查抗诉案件不受抗诉范围的限制并应当审查抗诉书的抗诉理由是否正确、充分。从这些规定出发，审查抗诉案件可以变更抗诉主张及其理由。在实践中，经对抗诉案件进行审查，认为抗诉的主张成立，但抗诉的理由错误或者部分错误的，支持抗诉主张而变更抗诉理由；认为抗诉主张不成立，但有新的抗诉主张的，应当变更抗诉主张及其理由。然而，修改前后的刑诉法和现行《诉讼规则》并没有明确规定可以变更抗诉主张及其理由。如同困惑一，虽然最高人民检察院有关内部文件规定可以变更抗诉，但由于涉及抗诉主体或涉及对不利被告人的变更抗诉如何充分保障被告人的辩护权等问题而产生质疑。制度的缺失导致在以往实践中，一方面，对一些该变更的未变更，检察人员在出席二审法庭时十分被动或尴尬；另一方面，一旦做出这种变更则引来不少争议，这些争议不仅存在于人民检察院与被告人、辩护人之间，而且在人民检察院与人民法院之间、审查抗诉的人民检察院与提出抗诉的人民检察院之间也存在着诸多矛盾和争执。

困惑三：如何充分保障被告人和被害人的人权。对于保障被告人人权的制度缺失，突出表现为与前述两个缺失相关联的两类情形：一是如何界定补充新的证据的权力边界，防止在刑事二审中为直接追加新的犯罪事实补充新的证据，侵犯被告人在一审中对指控犯罪证据的质证权、辩护权、上诉权等诉讼权利；二是如何在变更抗诉中为被告人及其辩护人充分行使辩护权提供有效保障。对于被害人人权的保障，其突出表现为告知义务制度的缺失。比如，由于没有规定相应的告知制度，导致实践中有的被害人或者其近亲属对二审开庭不知情、未参与，不能有效主张自己的诉求；还有，对因被害人申请而抗诉的，当不支持抗诉或者变更抗诉时在实践中不履行告知义务，不关注被害人及其法定代理人或者近亲属的相应诉讼权利。

此外，关于能否建议发回重审、能否建议延期审理和如何提高人民检察院在审查第二审案件、出席第二审法庭的效率问题，根据以往的司法实践也存在困惑。

三、解困路径：完善《诉讼规则》

从保证案件的公正审理的目的理解，刑事二审的功能有二：纠错功能和权利救济功能。① 解决司法实践中的问题是本次修改刑事诉讼法的指导思想之一。同理，为适用修改后的刑诉法的《诉讼规则》也应当回应实践中的问题，以有效促进其所期待功能的实现。《诉讼规则》系为了保障刑诉法关于检察职责的严格依法履行而构建的具体的运行程序，当前，《诉讼规则》正处于拟制研讨之中，在修改后的刑诉法增加关于限制发回重审和严格不得违背上诉不加刑原则等新的规定下，在具体修改完善《诉讼规则》关于"人民检察院出席第二审法庭"这部分内容时，应当有针对性地回应上述实践困惑，以促进更好地实现人民检察院出席刑事二审法庭的应然价值。

完善一：明确规定可以补充收集新的证据。建议在《诉讼规则》中规定，人民检察院在审查第一审案卷材料时，可以围绕原审事实和证据补充收集新证据，补充收集新证据可以要求原侦查机关（部门）或者由第一审人民法院的同级人民检察院进行，也可以自行进行；在补充收集证据中，发现了新的犯罪事实或者新的犯罪嫌疑人的，应当移送原侦查机关进行侦查。理由是：其一，为适用修改后的刑诉法所必需。该法规定对被告人第一审认定的事实或证据提出异议、可能影响定罪量刑的上诉案件应当开庭审理。根据司法实践，这种异议主要表现为：违背证据确实充分的证明标准，以孤证认定事实的；经通知鉴定人出庭而鉴定人未出庭的鉴定意见，依法应当排除而没有排除的；作为定案根据的证据被质疑是以非法方法取得的；综合全案证据，对所认定的案件事实不能排除合理怀疑的；一些影响定罪量刑的事实尤其是有利于被告人的事实应当调取的证据而未调取的；对死刑上诉案件的被告人犯罪时是否满 18 周岁、审判时是否为怀孕的妇女有疑问的；因民间纠纷引发的死刑案件的发案原因及当事人过错存在疑问的；等等。要澄清这些异议，需要补充调取新的证据。在办理抗诉案件中，除这些同样需要补充调取新证据情况外，还有基于抗诉案件的特点存在需要补充收集新证据的情况，比如，一审因孤证而未认定的事实通过补强证据可以认定的；一审因不能排除存在修改后的刑诉法第 54 条规定的以非法方法收集证据的情形而被排除的证据可以通过补证而不被排除的，等等。其二，是对检察改革成果的吸纳。如前所述的《人民检察院办理死刑第二审案件工作规程》明确规定，人民检察院在办理死刑第二审案件中可以补充完善新证据。其三，符合法理和法律原则。人民检察院在二审中围绕原审事实和证据补充收集新证据只要不涉及直接追加新的指控犯罪事实，并不侵犯被告人在一审中对指控证据的质证权、辩护权、上诉权等诉讼权利。修改前后的

---

① 王敏远：《刑事二审是审判公正的保障程序》，载《检察日报》2012 年 3 月 28 日第 3 版。

刑诉法分别在第 189 条、第 225 条规定，原判决事实不清或证据不足的，可以在查清事实后改判，人民检察院在审查案件中补充收集新证据有利于二审法庭查清事实。可见，无论是从法理和法律原则出发，还是从我国检察机关的法定使命考虑，对于这种补充收集新证据不仅完全可以而且很有必要。

同时，在规定中强调在补充收集证据中发现了新的犯罪事实或者新的犯罪嫌疑人的，应当移送原侦查机关进行侦查，旨在界定补充新证据的权力边界，以切实保障被告人的诉讼权利；明确规定补充取证的主体是防止实践中负有补充取证职责的主体相互推诿。

完善二：明确规定可以变更抗诉。建议在《诉讼规则》中规定，人民检察院在审查抗诉案件中可以变更抗诉。对变更抗诉的，应当保障被告人及其辩护人以充分行使辩护权的准备时间。对变更抗诉和撤回抗诉的，应当书面告知下级人民检察院；因被害人申请而抗诉的案件，应当书面告知被害人及其法定代理人或者近亲属。理由是：其一，符合刑诉法的立法本意。如前所述，修改前后的刑诉法都明确规定了人民法院在二审中对案件应当进行全面审查的原则，相对应的人民检察院的审查自然应与人民法院相一致。同时，修改前后的刑诉法分别在第 185 条、第 221 条都规定，上级人民检察院如果认为抗诉不当，可以向同级人民法院撤回抗诉，并且通知下级人民检察院。撤回抗诉是对抗诉主张及其理由做出的否定性评价，从一定角度上讲也是一种变更。其二，是维护司法公正的必然要求。只有有错必纠，全部错全部纠，部分错部分纠，才能真正恪守客观义务，维持司法公正。其三，是上级人民检察院的职责所在。上级人民检察院领导下级人民检察院是我国宪法和法律的规定，其中监督是领导的重要内容，强化检察机关的自身监督也充分体现在此次刑诉法的修改之中。对错误抗诉或应抗诉而未抗诉的一审认定变更抗诉，体现了上级人民检察院对下级人民检察院的监督。

其实，能否变更抗诉的争议焦点在于抗诉主体和如何维护被告人的辩护权问题，从前者来讲，可以从检察一体理论解决法律原理问题；从后者来讲，可以通过《诉讼规则》中的程序设计予以解决。

完善三：关注对诉讼参与人的诉讼权利保障。强调有关告知义务旨在落实保障人权的刑诉法任务，建议在《诉讼规则》中规定，人民检察院自调阅案卷材料之日起 3 日内，应当告知被害人及其法定代理人或者近亲属有权委托诉讼代理人。对变更抗诉的，应当及时书面告知被告人及其辩护人，给其以充足的时间行使辩护权；应当及时书面通知下级人民检察院，给其提出复议的必要时间。因被害人申请而抗诉的案件，撤回抗诉的，应当书面告知被害人及其法定代理人或者近亲属。其理由：一是保护被害人的诉讼权利。二是维护被告人及其辩护人和近亲属的诉讼权利。三是强化人民检察院上下级之间的相互制约。

此外，根据以往实践中遇到的困惑，《诉讼规则》应当明确人民检察院可以建议二审人民法院延期审理和发回重审。根据修改后的刑诉法，还应在《诉讼规则》中围绕适用简易程序的新规定增加有关人民检察院在二审审查案件和出庭公诉中提高诉讼效率的相应规定，以有效缓解在增加二审出庭案件数量的情形下案多人少的矛盾；增加诸如对继续羁押的必要性审查等人民检察院在刑事二审中适用修改后的刑诉法的程序规定。

从朗读书面证言到修炼盘询艺术

——从公诉视角看新刑事诉讼法对证人出庭制度的完善

李爱君*

一、引言

刑事诉讼法的二次大修终于尘埃落定，审判程序的改革亦是势在必行，为了改变证人"千呼万唤难出庭"的窘境，新刑事诉讼法建立了强制证人出庭制度、证人出庭经济补偿制度和证人保护制度，立法者希冀通过"强制＋激励＋保护"三位一体的机制，使刑事案件的证人能够打消顾虑、走进法庭。司法的经验表明，证人出庭是检验审判公正的"试金石"，保障刑事被告人与证人对质诘问的权利，更是被写入了诸多国家的宪法和国际人权公约。新刑事诉讼法关于证人出庭的改革，隐含的司法理念是通过口头审判的方式增强控辩对抗，促使刑事诉讼由"侦查中心主义"转向"审判中心主义"。尽管有学者认为，证人出庭是一项复杂的社会系统工程，这种"萝卜加大棒"式的规则，容易沦为"花瓶条款"。但是，客观地看，自2012年3月全国人大通过新刑事诉讼法以来，律师界已趁势加大了申请证人出庭的力度，公诉机关也开始开展证人出庭的试点工作，可以预判的是，随着新刑事诉讼法的实施，刑事案件的证人出庭率必将大幅度提升，对于习惯宣读未到庭证人证言的公诉人而言，如何从"间接、书面审理"模式过渡到"直接、言词审理"模式，从朗读书面证言提升到修炼盘询艺术，以应对证人出庭对公诉工作带来的挑战，是当务之急。

二、新刑事诉讼法关于证人出庭改革的述评

（一）中国证人出庭的现状

1998年，最高人民法院《关于执行〈中华人民共和国刑事诉讼法〉若干

---

* 南京市人民检察院检察委员会专职委员。

问题的解释》（以下简称《解释》）第 141 条明确规定了"证人应当出庭作证"，但是，司法实践中证人不出庭是常态，许多法院的刑事审判庭中甚至连证人席都未设置。来自基层法院的数据显示，一些基层法院证人出庭的比例尚不足 1%，[①] 而学者的实证研究表明，我国刑事案件证人出庭率不超过 5%。[②] 以笔者所在的南京市检察院为例，2002 年至 2012 年，一共审查起诉刑事案件 1212 件，90% 的案件存在证人证言，但证人出庭的案件不到 10 件。由此可见，刑事案件的证人出庭率极低，宣读书面证言是公诉人出示证人证言的主要方式，审查笔录证言和其他证据之间是否"印证"，是"笔录中心主义"[③] 的庭审模式中法官采信证人证言的主要标准。

（二）修法后尚未逾越的障碍

新刑事诉讼法关于证人出庭"三位一体"的制度设计，试图克服证人出庭的三个障碍：主观意愿不足、经济利益受损、出庭安全堪忧，但是，证人出庭的现实障碍不止上述三点。证人出庭作证，并非让证人成为刑事审判程序的"点缀"或"装饰"，而是力求通过控辩双方对证人的交叉询问、刑事被告人和证人的对质诘问，来帮助法庭发现真相，促使法官依赖庭审形成内心确信，由是观之，证人出庭制度要真正发挥实效，尚有诸多障碍。

1. 制度失灵的障碍

新刑事诉讼法 188 条规定，"证人没有正当理由拒绝出庭或者出庭后拒绝作证的，予以训诫，情节严重的，经院长批准，处以十日以下的拘留"。从法条主义的研究视角观察，该制度旨在对证人施压，从而提升证人出庭意愿，体现了对域外法制的积极借鉴。《德国刑事诉讼法》第 51 条规定，对应传不到的证人，可以科处秩序罚款或秩序拘留；我国台湾地区 2002 年修改"刑事诉讼法"，对无正当理由不到庭的证人，罚金从 50 元新台币提升至 3 万新台币；我国香港特别行政区《刑事诉讼程序条例》第 34、36、37 条规定，如证人没有正当理由不服从证人传票或命令，会被视为犯了藐视法庭罪，最高可处以两年监禁。但是，我国台湾、香港地区均确立了"传闻证据排除规则"，德国则采用"言词辩论主义"的审理原则，使得书面证言的效力被否定或大大限制，这才是证人出庭更重要的内在保障。司法实践表明，我国刑事诉讼制度所存在的根本问题，与其说是制度的缺失和完善问题，倒不如说是制度屡屡被架空而

---

① 载《人民日报》2006 年 6 月 1 日。

② 龙宗智：《刑事庭审制度改革》，中国政法大学出版社 2001 年版，第 243 页。

③ 田文昌笔谈，载陈虹伟：《司法公正期待证人出庭作证》，载《法制日报》2007 年 4 月 29 日。

产生的制度失灵问题。首先，此次修改刑事诉讼法，立法者增设了强制证人出庭制度，但并未确立与之配套的直接采证原则，书面证言的证据效力毫发无损，仍可大行其道，法官、检察官缺乏传唤证人出庭的内在动力。其次，法律对何谓"正当理由"语焉不详，侦查人员作为特殊证人是否适用该条也表述不清，这些都掣肘了法官实际动用这一威慑手段。最后，证人不得"拒绝"作证，但仍可以选择"沉默"、"失忆"、"不实表述"等消极态度抵触，对迫于威慑而出庭的证人，其出庭作证对刑事审判的实际意义可能丧失殆尽。"在所有国家，制定法律实施过程中都会出现许诺者与履行者不一致的情况，现存的传统都会对法院、警察局以及行政机构所执行的规则产生影响"①，因此，从以上三个方面检视，立法者精心设计的强制证人出庭制度，在实践中面临着被规避、被搁置等制度失灵的可能。

2. 文化心理的障碍

证人出庭是一种利他主义的行为②，以公民社会的利他主义的精神作为依托。在西方社会，由于公民具有较高的社会责任感、个人诚信度和法治意识，证人出庭就像纳税、服兵役一样融化于心，譬如，美国76岁的霍华德老太太坐轮椅来为与己无关的房屋租赁一案作证而自然死亡在底特律法庭上的著名案例，彰显了证人出庭制度在西方有深厚的文化心理根基。而中国传统文化中，厌诉、耻诉的思想根深蒂固，"多一事不如少一事"、"事不关己，高高挂起"更是大众普遍心理，这些都制约了证人自愿、主动地出现在法庭上。另外，中国社会讲究情面观，许多人认为庭外提供书面证言尚可接受，但出庭直面熟人说对其不利的话实在抹不开情面。特别是在贪污受贿案件中，证人多是行贿人转至的"污点证人"，曾接受过受贿人为其谋取的各种利益，担心出庭作证被他人谴责为"反咬一口"；或者是与受贿人有上下级关系或业务往来的"同事朋友"，基于昔日情谊视出庭作证为"投井下石"的不义之举，因而，证人在庭前笔录中可能迫于各种压力吐露真言，一旦出庭面对被告人，反而很有可能作不实陈述。综上所述，新刑事诉讼法关于证人出庭的改革的确有助于更多的证人走进法庭，但是，传统文化对证人角色心理的消极影响难以一朝祛除，证人出庭的主动性和当庭陈述的真实性仍面临考验。

---

① ［美］H. W. 埃尔曼：《比较法律文化》，贺卫方、高鸿钧译，清华大学出版社2002年版，第16页。

② 徐伟、鲁千晓：《诉讼心理学》，人民法院出版社2002年版，第235页。

三、以公诉视角看证人出庭制度的几个不足

（一）立法层面的缺失

制定配套的法庭询问规则和证言采信规则，是证人出庭制度有效运行的基石，也是证人出庭对审判和裁决产生实质性影响的重要桥梁。在证人出庭历史悠久和法庭盘询技巧发达的国家，都通过成文法或者大量判例确立了系统的询问规则和证据规则。譬如，美国通过《联邦证据规则》和各州证据法，明确了询问证人的步骤、发问方式、询问范围、询问目的、法官阻止或限制询问的情形、法官对证人陈述的采信标准等基本法则。对于如何削弱对方证人的证据力和降低其证言的可信度，还通过一系列判例建立了明确规则：如不能质疑己方证人规则及其例外、唤醒证人记忆力的规则、敌意证人出现的规则，等等。

我国没有制定专门的证据法，刑事诉讼法及其解释对法庭询问的规定过于粗略，存在以下几方面的缺失：（1）缺乏明确的询问制度。实践中，有论者依据《解释》第143条得出：我国对证人的询问是一种交叉询问制度，并且不自觉地将英美法系交叉询问规则移植于我国刑事诉讼。其实，英美的交叉询问与陪审团制度、当事人主义模式相匹配，交叉询问就是法庭的全部，法官根本不讯问；而从我国刑事审判程序规定的全局鸟瞰之，我国询问证人的制度设计更接近于德国的"轮流询问"① 而非英美的"交叉询问"，除了控辩双方外，法官、当事人、诉讼代理人都可以依次询问证人，因此，是否能够照搬英美法系的询问制度，值得商榷。（2）缺乏系统的询问规则。英美法系的交叉询问要求"一问一答"，德国的轮流询问则采取"连续陈述"的方式，我国应以何种方式询问证人？没有规范可依。同时，询问目的、询问范围、询问规则都是立法空白，法庭询问无标准可循，这些都大大制约了证人出庭发挥实效，损害程序正义和实体公正。（3）缺乏科学的证据采信规则。我国尚无与证人出庭相适应的证据采信规则，法官仍旧运用"印证"方式审查口头证言，而非依据证人的神态、表情和言语破绽来判断证言真伪，证人出庭容易流于形式，沦为"装点"书面审理方式的"噱头"。（4）现有规则不够科学。根据《解释》第146条的规定，我国刑事诉讼是一概排除诱导性发问的。而诱导性问题是测试证人在主询问中是否讲真话、是否被误导的一种最好不过的方式。② 这种绝对禁止的规定显然模糊了主询问与反询问的功能设置，妨碍了通

---

① 参见林钰雄等：《法庭诘问活动》，台湾学林出版社2002年版。

② 《美国联邦证据法》第611条（C）和《加拿大证据法》第59条（2）都规定了允许在反询问中使用诱导性发问。

过法庭询问来发现案件事实真相的立法宗旨的实现。

（二）询问经验的匮乏

如前所述，证人出庭刑事法庭目前在司法实践中是罕见的例外，[①] 因此，在传统的庭审模式中，公诉人形成了使用证人证言的两个规则：一是全部或部分宣读未到庭的证人证言，甚至可以按照"有利于指控"的立场对证言进行摘录、概括和总结；二是围绕书面证言的"真实性、关联性、合法性"，避重就轻地发表质证意见，以"证言取得程序合法"、"翻证没有合理解释"、"证言和其他证据能够印证"等理由机械驳回辩方质证意见。证人出庭作证机制的合理运行，必然会彻底打破上述固有模式，要求公诉人成为深谙法庭询问技巧的法律人。同时，法庭盘询作为亲历性、实践性很强的特殊活动，除了从大量经验中积累询问技巧外，别无他途。法庭盘询好似一场步履维艰的战斗，唯有经验可以使公诉人产生第六感，告诉他什么时候到达危险区域，什么时候可以前行，什么时候又必须撤销，什么时候可以冒险地奋力一击。但是，现实状况却不容乐观，从2006年开始，北京才开始关键证人出庭的试点，上海才逐步确立重要证人必须出庭的制度，对全国广大的公诉人而言，职业生涯中均缺乏当庭询问证人的经历，法庭询问经验极度匮乏，远未熟悉并习惯运用法庭询问技术。

（三）理论研究的不足

回顾近年来我们对证人出庭的理论研究，呈现以下三个方面的非均衡性：（1）学界和实务界的研究成果，均重在阐明证人出庭的意义、剖析证人不出庭的原因和探讨促使证人出庭的对策，欠缺对证人出庭如何与现有的刑事审判模式对接的前瞻性研究。（2）刑事诉讼理论重在介绍英美法系、大陆法系的询问规则和证据规则，缺乏立足我国国情和诉讼模式的本土化研究。（3）由于证人出庭案件的稀缺和实证资料的匮乏，学界和实务界重在进行如何完善证人出庭制度的宏观理论研究，缺乏以刑事案例为视角、以数据分析为基点的富有指导性的实证研究。

四、证人出庭改革对公诉工作的挑战

（一）加剧了诉讼风险

证人出庭的意义主要在于，辩方可以通过法庭询问实质性地参与到质证中来，有利于控辩双方在平等武装下展开诉讼竞赛，从而帮助法官通过审判直接采信证言并形成心证。在证人证言影响定罪量刑的案件中，有效的法庭询问或

---

① 陈瑞华：《刑事诉讼的中国模式》，法律出版社2010年版，第176页。

有害的法庭询问可能导致截然不同的裁判结果，高超的法庭询问可以为案件赢得转机，而拙劣、草率和过于自信的法庭询问则可能为败诉埋下伏笔。证人出庭制度使刑事审判更具实质意义的同时，也增加了诸多不可预期的诉讼风险，在"笔录中心主义"向"审判中心主义"的过渡中，证人出庭带给公诉工作的第一个挑战就是诉讼风险的大大加剧。

"法庭审判的直接原则和言词原则，一般禁止以书面方式代替证人出庭作证"①，但是，颇具戏剧性的是，证人庭前所做的书面证言可能比当庭陈述更具真实性。《美国联邦证据规则》的立法者，在修改确定该规则第 801 条（d）关于庭前不一致的证言在特定情况下可以使用的规定时，指出立法理由，"在许多情况下，（与法庭作证）不一致的庭前陈述很可能比开庭时证人的证言具有更大的真实可能性。因为庭前陈述与所涉事情的发生时间更为接近，而且受到诉讼争议影响的可能更小"。② 美国如是，乡土中国更是如此。目前，中国处于社会转型期，个人资信体系不健全，诚信缺失已成为具有典型意义的社会顽疾；西方社会"证人手按圣经的宣誓制度"对于缺乏宗教信仰的国民，难以激发其讲出实情的特殊义务感；刑法规定的"伪证罪"基于查证困难，也难以使证人产生作伪证要受刑事制裁的危机感，因此，在中国人情社会的关系网中证人更容易当庭翻证或者作伪证。特别是在贩卖毒品、强奸、贪污贿赂、聚众斗殴等特殊类型的案件中，言词证据是定案的"主要证据"甚至"关键证据"，证人则通常是被告人的亲朋好友、上下级、上下家，更容易受到被告人亲属的金钱利诱、人情劝诱甚至变相威胁，在法庭上作不实陈述。综上所述，在依赖言词证据定罪的特殊案件中，如何在"证人证言"这一主要证据当庭变化的情形下，顺利完成指控，避免无罪裁判的出现，是证人走上法庭带给公诉工作的首要挑战。

（二）提升了出庭要求

出席法庭，是对公诉人法律素养、语言技巧、逻辑推理能力的综合考验。在我国传统的刑事审判程序中，主要证据复印件甚至卷宗已随起诉书一并移送至法院，故法官在开庭审理前已经形成一定"预判"，实质上法官是径以侦查结果的卷宗为主要审理对象。在审判程序中的"证据出示"环节，由于辩方无法超越时空质疑未到庭的证人，"证据出示"已经流变成公诉人朗读笔录的仪式，因此，相较于更具现场感和对抗性的"法庭讯问"和"法庭辩论"环节，"证据出示"环节相对轻松，因为公诉人可以有选择地宣读笔录，跳过不

---

① 龙宗智：《论书面证言及其运用》，载《刑事司法指南》2009 年第 2 集。

② 载 http：//www. law. cornell. edu/rules/fre/rules. htm#Rule801.

利之处，避开可能的质疑，使证言能够顺利地配合指控，成为"定案的根据"。而一旦证人走进法庭，公诉人必须直面证据的瑕疵、弱点和变化，波澜不惊的"证据出示"阶段将演变为硝烟密布的主战场。与之相适应，公诉人需要历练的出庭能力不仅包括法律素养、语言技巧和逻辑推理能力，更需要具备清晰的常识判断，出众的语言表达，全面的知识结构，透过表情、声调、动作洞察人心的直觉，通过询问迅速发现对方证词弱点的本能，利用询问有力瓦解对方证人可信度的智慧，等等。唯有此，才能在法庭询问中立于不败之地。而上述种种能力和要求，对于早已习惯默示庭审、朗读书面证言的公诉人来说，无疑是一项巨大的挑战。

（三）加大了诉讼成本

公正与效率，是现代司法的两大价值追求。司法活动，同经济学中所研究的生产活动具有相同的特点：通过一定的社会资源的消耗，来实现一定的价值目标。证人出庭作证，正是牺牲效率以求公正的制度设计，其在增加诉讼对抗性的同时势必会增加公诉工作量。在传统书面审理模式中，公诉人只需全部、部分宣读书面证言或概括要点即可，而证人出庭作证所耗费的司法资源要高得多。以我们南京市检察院证人出庭的试点情况看，申请一个控方证人出庭公诉人需履行以下程序：（1）出庭申请的提出与审查、决定；（2）通知、动员证人出庭；（3）开庭前和证人进行必要沟通，让证人清楚其到庭需要证明的事实、可能面对的盘问；（4）根据案件情况和证人特点拟定询问提纲；（5）庭审中控辩审三方对证人进行询问、被告人和证人对质诘问。此番修法，鼓励证人出庭是进一步借鉴英美等国当事人主义诉讼模式的举措，但是，我们往往却忽视了美国证人出庭率高是建立在两个前提之上的：一是90%以上的刑事案件经过诉辩交易未进入正式审判程序①，二是被告人在庭前"罪状认否"程序中自愿认罪的案件，检察官不需要出庭支持公诉。但是，我国却不具备上述两项大大节约司法成本的诉讼制度。近年来，案多人少已经成为司法系统普遍面临的突出难题，"五加二"、"白加黑"在北京、吉林、江苏、广东等地的许多法院已成为工作常态，② 东部发达地区的许多基层检察院，公诉部门的年人均办案量高达上百件，而且，新刑事诉讼法关于"简易程序审理的公诉案件，公诉人仍需出庭"的改革，也进一步激化了公诉工作中"案多人少"的矛盾。因此，在证人出庭加大诉讼成本的背景下，如何协调司法资源配置的紧张关系，提高诉讼的效率，是证人出庭带给公诉工作的另一项重要挑战。

---

① 柯葛壮：《论美国诉辩交易制度及其在中国的应用》，载《社会科学》2003 年第 1 期。

② 赵刚：《白加黑困局以及破解》，载《人民法院报》2009 年 3 月 22 日。

五、公诉工作对证人出庭的应对

（一）更新公诉理念

1. 从一心求胜的"控方律师"到客观公正的"司法官员"

公诉权是代表国家提请法院追求被告人刑事责任的权力①，程序意义上的公诉权是一种司法请求权，而这一司法请求能否获得和能在多大程度上获得法院裁判支持，即能否"胜诉"，一直以来都是公诉工作的生命线。在对个人、部门双重考核的"指挥棒"下，"追求胜诉"成为公诉工作的核心理念，公诉人也不自觉地将自身定位为控方律师。但是，对公诉人的角色定位要符合一个国家的特定文化和民众的心理需求，在中国，检察官是国家公诉人，而非政府或当事人聘请的律师，民众期待公诉权这一公权力代表着社会公益，而非仅仅代表政府或被害人的利益。因此，我们应树立这样的公诉理念：公诉人的职责不仅仅是追诉犯罪，还负有发现案件事实真相、保证法律公正实施的客观义务。"检察官在作为一方当事人的同时必须肩负其维护正当程序和职责或者协助实现公正审判的义务"②，而证人出庭作证，是维护正当程序和实现公正审判之要义，因此，唯有公诉人将自身角色定位从一心求胜的"控方律师"转变为客观公正的"司法官员"，我们才不会因"图省事"而怠于申请控方证人出庭，或者因"怕败诉"怯于应对辩方证人出庭，这是应对证人出庭应秉持的基本公诉理念。

2. 从"笔录中心主义"到"直接言词主义"

长期以来，由于实行书面裁判主义和相应的卷宗移送制度，公诉人在出席支持公诉活动中，形成了"笔录中心主义"的公诉理念，宣读被告人供述、证人证言、被害人陈述等笔录是公诉人主导法庭调查的有力武器，侦查卷宗的笔录也成为法庭审理的直接对象。在"笔录中心主义"的公诉理念下，公诉人对证人到庭持排斥态度：既然笔录是侦查人员合法搜集的，甚至是公诉人庭前亲自制作的，自然是证人真实意思的表达，证人出庭是多此一举；此外，控方证人出庭表达不佳或者辩方证人出庭不如实陈述，反而会影响指控的效果。但是，程序正义客观上要求法庭审判对实体裁判发挥实质意义，笔录证言却妨碍了被告人、辩护人的有效质证，有损程序正义。面对新刑事诉讼法加强"直接言词主义"调查方式的改革，公诉人更需要转变公诉理念，从"笔录中

---

① 徐静村主编：《刑事诉讼法学》，法律出版社 2004 年版，第 252 页。

② ［日］松本一郎：《检察官的客观义务》，郭布、罗润麟译，载《法学译丛》1980年第 2 期。

心主义"过渡到"直接言词主义",如此,才能从根本上消除对证人出庭的抵触情绪,并且避免将"当庭询问证人"异化成"当庭核对笔录证言"的倾向。

（二）变革公诉模式

变更公诉模式,从而提高公诉队伍的专业化分工和团队战斗力,是应对证人出庭这一审判程序改革的重要措施。传统的公诉模式是一种"大综合"模式,对公诉人的角色预设是"精力充沛且样样精通的全才",该模式主要有三个方面的特点:一是全程。从案件受理到诉讼终结,由特定公诉人全程办理,"出庭支持公诉"的职责由"审查提起公诉"的公诉人一并履行。二是全面。没有为公诉人配备书记员或者助手,业务性工作和事务性工作一概由公诉人承担,而随着办案流程规范化、案件管理信息化建设的逐步推进,事务性工作所占比例越来越重,包括制作法律文书、送达告知、摘录卷宗、制作笔录、安排律师阅卷、网上信息录入、装订内卷等。繁重的事务性工作束缚了公诉人的手脚,使其无法有足够的精力钻研业务,提升综合素质。三是全能。随着信息社会和科技生活的发展,新型犯罪层出不穷,且呈现专业化、组织化、企业化、国际化的发展态势,对以法律为主业的公诉人,在应付一些专业性犯罪如知识产权、证券票据、国际贸易、财经会计等领域的犯罪时,往往有力不从心之感。目前,个别地区的公诉机关开始探索分类办案机制,但在全国范围看,公诉队伍并没有根据案件类型进行专门分组。

为了应对证人出庭所带来的种种挑战,从制度层面看,务必打破传统的"大综合"的公诉模式,探索一种"复合型"的崭新公诉模式,促使公诉工作朝着专门性、专业性、层次性的方向发展,提升公诉团队的整体战斗力。这种"复合型"的公诉模式包含以下三个方面的机制:一是建立"专门公诉人"机制。借鉴英国出庭律师（barrister）和事务律师（solicitor）的划分①,将公诉人划分为专门从事"审查提起公诉"的公诉人和"出庭支持公诉"的公诉人。从公诉队伍中遴选思维敏捷、知识全面、能言善辩、心思缜密的人才,专门履行出庭支持公诉的法律职责,通过大量的出庭实战来积累询问经验、提高询问技巧。二是建立"专业公诉人"机制。总结近年来全国各地分类办案的成功经验,根据公诉人的专业特长、办案经验将公诉人划分到不同的办案小组,承办特定类型的案件,以"专业化"模式来提升办理案件的质量和效率。三是建立"检察事务官"机制。我国台湾地区和日本都设有"检察事务官",以充

①　在英美,有权出庭支持公诉的人员包括检察长、检察官和出庭律师。其中,检察长很多出庭支持公诉,检察官只能在治安法院出庭支持轻罪案件的公诉,而出庭律师依据习惯法,则负责参与刑事法院对重罪案件的审理活动,代理检察官行使支持公诉权。

当"检察官助理"的角色①。台湾地区的检察事务官中设有一般侦查组、电子组、财经组、营缮工程组等专业组，选拔特定领域的专门性人才，以其专业特长辅佐检察官办案"。② 为了减轻公诉人的工作负荷和提升公诉人的专业技能，我们不妨借鉴"检察事务官"制度，遴选或招聘一批检察事务官专门从事辅助性、事务性、技术性工作。其中，"技术型事务官"可以从事送达告知、摘录卷宗、制作笔录、网上录入、装订内卷等工作，从而将公诉人从烦琐的事务性工作中解脱出来；"专业型事务官"可以利用其在财经、会计、贸易、电子等领域的特长辅佐公诉人，使其更从容应对新类型、高智商犯罪。

（三）提高公诉能力

为了应对刑事审判程序中对证人的法庭盘询，公诉人应着重培养以下三个方面的能力。

1. 提高询问技巧。正如罗科斯·庞德所言，"熟悉地使用语言是一笔不小的财富，能够恰当地使用语言是赢得诉讼的一个重要因素"。③ 因此，为了在法庭询问中制胜，公诉人需要不断锤炼询问技巧。在法庭询问中，对公诉人挑战最大的是询问辩方证人，公诉人需要通过对证人声调、表情、动作的观察，及时甄别证言的真伪，并设计一系列恰当和巧妙的询问，把真实和虚假区分开来，把夸张的陈述降到真实的维度。其次，在攻击辩方证人的记忆力、观察能力、感知能力、不可信度时，应先通过层层询问关掉所有的门，再给予关键一击，使证人既不能否认也不能解释。最后，借鉴美国著名法官、出庭律师艾尔文·雅格尔提出的反询问的"戒律"④，问简短、封闭性的问题，不能轻率提问不知道答案或者没有准备如何处理的问题。

2. 增强逻辑分析能力。适用法律的过程是严谨的逻辑推理过程，而法庭询问的现场性和突变性，对出庭公诉人的逻辑分析能力提出了更高的要求。在全面、精确地掌握案件事实和证据的基础上，公诉人要善于从证人的当庭陈述

---

① 在我国台湾地区，检、警本为"将兵"关系，但是，由于警察并不隶属于检察署，检察官在指挥、调度及监督上，终究无法顺畅进行，因此，台湾"立法院"在阐释"检察事务官"的立法理由时指出，设立检察事务官的目的在于使检察官拥有一支隶属于自己的机动侦查队伍。实践中，检察事务官除了处理搜索、扣押、勘验等侦查事务外，还协助检察官行使提起公诉、实行公诉等职权，充当"司法警察"和"检察官助理"双重角色。

② 万毅：《台湾地区检察制度》，中国检察出版社 2011 年版，第 173 页。

③ ［美］弗朗西斯·韦尔曼：《舌战羊皮卷》，新华出版社 2002 年版，第 286 页。

④ ［美］爱德华·T. 赖特：《法庭胜辩之策》，卫跃宁等译，中国人民公安大学出版社 2005 年版，第 200 页。

中敏捷捕捉以下三个方面的矛盾：（1）证人当庭陈述的前后矛盾、当庭陈述和庭前笔录的自相矛盾；（2）证人的当庭陈述和生活经验、常识判断的不符之处；（3）证人陈述和案件的其他证据，尤其是客观证据的重大矛盾。一旦发现疑问及时反诘证人，或利用自己掌握的具体证据加以核对，揭示证人陈述的破绽、虚假之处，起到立竿见影之效。

3. 完善知识结构。在法庭询问中，我们面对的证人可能是某一行业领域的能手，甚至是精通专业知识的专家，此时，公诉人若不具备一定的专门知识储备，很可能在法庭询问阶段被证人所挑衅、蒙蔽甚至嘲讽，因此，完善的知识结构是有效进行法庭询问的重要前提。譬如，故意伤害、故意杀人等侵犯人身案件的法庭询问中，医学问题经常成为询问之焦点；出席支持公诉侵犯知识产权刑事案件，公诉人若不掌握知识产权知识则容易陷入尴尬境地；虚开增值税发票、骗取出口退税、泄露内幕信息等经济案件，更需要公诉人以会计、税务、证券、国际贸易等领域的丰富知识储备作为询问的前提。

六、余论

多少信誓旦旦的出发，走得步履蹒跚，寂寂寥寥。1996 年，立法机关引入对抗制审判制度是我国第一轮"审判方式改革"，但是，司法实践体现了"纸面上的法"和"行动中的法"之间的巨大罅隙。2012 年，当我们再次修改刑事诉讼法，并且耗费心力设计制度促使证人走进刑事审判程序时，还需要为这一制度配制不可或缺的操作规则和运行机制，否则，刑事诉讼中的制度失灵恐怕将再次上演。询问经验极度匮乏的公诉人无法在一夜之间成为娴熟的盘询大师，应对证人出庭带给公诉工作的巨大挑战，唯有两条现实路径：公诉理念的不断进步和公诉能力的不断提升。正如美国法庭盘询大师弗朗西斯·韦尔曼所言："法庭盘询需要出众的天赋、逻辑思考的习惯、清晰的常识判断、无穷的耐心和自制力、透视人心的直觉能力、察觉他人动机的能力、强而准确的行动力、和主题有关的丰富知识以及一丝不苟的细心谨慎，还有最重要的，通过盘询发现对方证词弱点的能力。"也许，当公诉队伍的每一个人，能够以艺术匠师的完美之心来近乎严苛地培养上述能力时，证人出庭和法庭盘讯将不再是一种挑战。

如何做好侦查人员出庭作证工作

董兆玲[*]

修订后的刑诉法在 1996 年刑诉法规定的基础上，对 111 条条文作了 142 处修订。这些修订具体可以归结为三个大方面：一是人权入法，二是不得强迫自证其罪，三是确立了非法证据排除规则。修订的核心，是保护人权，在刑事诉讼领域贯彻落实宪法关于保护人权的规定。不得强迫自证其罪，是保护人权的应有之义，而非法证据排除是对不得强迫自证其罪规定的制度落实。

在 2011 年《关于办理死刑案件审查判断证据若干问题的规定》和《关于办理刑事案件排除非法证据若干问题的规定》（以下简称"两个证据规定"）颁布一周年之际，我省检察机关曾在全省范围内对公安机关移送审查起诉案件展开了一次质量调研，并收集到了 78 件宗非法取证或取证方式不当，导致证据被排除、案件无法认定的案例。在这 78 件案件中，存在讯问、询问方式不当情况的有 41 例，占 53.65%。主要表现为难以排除刑讯逼供可能，诱供、诱证，组织辨认方式不当，讯问、询问方式不当，笔录制作方式不当 5 种情形，具体如下图所示：

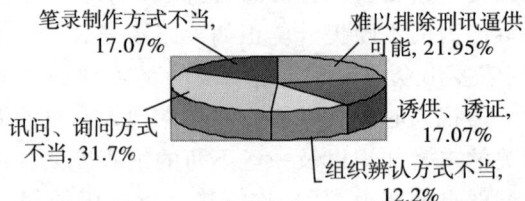

41 例获取言词证据方式不当案例的主要不当情形及所占比例

从上图数据可以看出，非法取证、特别是非法获取非法言词证据，是导致案件出现质量问题的重要原因。但由于在诉讼活动中公诉机关与侦查机关地位完全平等，公诉机关既难以介入侦查活动、对侦查机关也缺乏有效监督手段，表现为：首先，根据刑诉法规定，对侦查机关移送的案件，只要文书齐全、案

---

* 广东省检察官学院常务副院长。

卷装订齐整，公诉机关就必须受理。即使案件质量严重不合格，也不能拒绝受理案件。因此，在案件入口上质量问题就难以把握。其次，在诉讼地位上，侦查机关与公诉机关是完全平等、互不隶属的，法律甚至赋予了侦查机关制约公诉机关的权力。这就导致了公诉机关提出的引导侦查意见，对侦查人员、侦查机关没有任何法定约束力。再次，侦查机关的办案考评体系中，考评的主要是案件批捕率，至于起诉率、定罪率，反而不是重要考评指标。实践中，很多大要案只要检察院一批捕侦查人员可以报功，至于案件能否诉得出、判得了，反而并非关注焦点。最后，由于公诉机关对侦查活动并无指挥、指导甚至主动参与权。一方面，公诉机关虽然有权对侦查人员违法使用侦查权，如刑讯逼供、徇私枉法等行为进行监督，但要掌握相关线索实际非常困难，而事后展开调查，除非问题非常明显，否则非常困难；另一方面，对侦查人员消极侦查、拒绝配合补充侦查活动的情况，公诉机关更是难以掌握证据、难以实施监督。

针对目前侦、检关系的现状，为使非法证据排除制度落到实处，"两高三部"在"两个证据规定"中规定了对侦查机关提供证据之后仍认为无法排除刑讯逼供等非法取证嫌疑的，法庭可以通知侦查人员出庭作证。修订后的刑诉法也完全吸收了两个证据规定的上述内容，因此，如何做好侦查人员工作、如何进一步完善这项制度，是公诉工作的当务之急。对此，笔者试图参考国外相关规定、结合我国的司法实际，进行初步的研究探讨，以期抛砖引玉，为这项制度的落实、完善尽微薄之力。

一、我国侦查人员出庭作证的立法背景

从字面理解，侦查人员出庭作证，是指侦查人员作为证人到法庭上陈述其所知的案件情况并接受质询调查的法律制度。这项工作目前在我国虽然非常罕见，但在许多国家，侦查人员出庭作证都是常规性做法。例如，在英美法系国家，侦查人员经常作为控方的证人出庭作证，辩方也可以依据案件的实际情况和具体需要传唤某个侦查人员出庭作证。俄罗斯、法国、意大利等大陆法系的国家也将侦查人员纳入证人的范畴。

随着时代的发展，我国在刑事庭审方式方面也进行了改革，大量吸收了当事人主义审判模式的做法，庭审方式开始具有控辩双方对抗制的主要特征，庭审也逐步由单纯的实体性事实审理向实体性与程序性事实并重的审判模式过渡。而庭审，实质上关键审的就是证据。我国法律体系与大陆法系国家更为接近，注重案件的实体审查，在我国传统的庭审中，往往过分追求证据的真实性、关联性，而忽视了证据的合法性。证人出庭作证，控辩双方围绕所列证据、证人证言的真实性、合法性、关联性交锋，已成为庭审辩论的焦点，而侦

查人员出庭作证则是对证据合法性的最直接、最有力的证实。首先，侦查是对已经发生案件的一种回溯性活动，侦查人员对案件事实的感知一般是在案件发生以后进行的，侦查员作为刑事犯罪的查缉者，先天性地带有不利于被告人的倾向，这是侦查的先天属性造成的，本身不可归咎于侦查人员，但却可能实际地影响案件的处理。因此，为了避免侦查人员的偏差影响案件事实的认定，侦查人员有必要出庭作证，接受控辩双方的质询。其次，侦查的性质和任务决定了其带有一定的封闭性，侦查活动的过程和内容无法直接为外界所知晓，仅可通过笔录反映。而笔录的制作主体是侦查人员，在刑事诉讼中，被告人面对强大的国家追诉机器，防御力量是极其有限的，侦查活动的封闭性就不可避免地让人对侦查活动产生怀疑，因此，侦查人员出庭作证，可以直接解决对侦查活动的质疑，确认侦查活动形成的证据的合法性，为审理的进行奠定坚实的基础。最后，现代司法理念对程序正义提出了更高的要求。新刑事诉讼法的修订体现了尊重人权的现代司法理念，赋予了被追诉者更为广泛的防御性权利，强化了控辩双方的对抗，特别是非法证据排除程序的确定，更是充分体现了新刑事诉讼法对程序正义的重视。因此，侦查人员出庭，可以使得审判活动过程更有针对性、民主性、避免侦查结论的片面性，也是现代司法理念的必然要求。

因此，法学界、司法界呼吁建立侦查人员出庭制度的呼声越来越高，司法实务界也进行了一系列卓有成效的尝试。

极具讽刺意义的是，在我国目前有据可查的最早实施侦查人员出庭作证制度的案件，是著名的冤假错案——1998年云南的杜培武故意伤人案。公诉人安排了11名参与办案的刑侦技术人员出庭阐述案件中的"高科技证据"。虽然这个案件事后成了全国闻名的反面教材，但是也成了当代中国侦查人员出庭作证的先例。而在制度上最早推行侦查人员出庭的是北京市丰台区人民法院，2002年4月，他们就开始推行侦查人员出庭作证这一司法改革举措。随后，2005年8月6日，四川省人民法院首次出台庭审细则，侦查人员出庭作证也首次被写进了细则。2008年和2009年，福建省和山东省某地检察机关也相继推出了侦查人员出庭作证的新举措，根据反映，推行效果甚佳。而2011年闹得沸沸扬扬的重庆李庄伪造证据、妨害作证案，虽然围绕这个案件争议至今没有结束，但在二审程序中，重庆市北江公安分局情报分析科警员吴鹏等6名警察出庭作证，正如有些媒体在报道中所说的"开创了重庆的历史"，对案件的定案也起到了关键作用。

虽赞成者居多，但反对者也不乏其人，一直未形成一致观点。但随着近年来被我们戏称为"亡者归来"的佘祥林案、赵作海案等轰动了司法界乃至整个社会冤假错案被媒体的广泛报导，这些案件都共同反映了这样的特点，即办案过程中存在证据收集、审查、判断和非法证据排除不规范、不严格、不尽统一的问题，刑讯逼供等恶性非法取证手段时有发生。正是在这个背景下，特别是在赵作海案件的直接触动下，2010 年 5 月"两高三部"出台了"两个证据规定"，并在规定中对侦查人员出庭作证第一次作出了规定。而修订后的刑事诉讼法，也完全吸收了"两个证据规定"所规定的侦查人员出庭作证内容。

二、国外关于侦查人员出庭作证的制度规定

既然这项制度是借鉴国外先进经验建立的，我们就有必要具体了解一下国外相关规定。

在英美法系国家，侦查人员是可以作为证人出庭的。原因在于他们采取的是一种广义的证人概念，即所有走上证人席向法庭作证的人皆为证人。这样一来，侦查人员当然有证人能力，可以作为证人出庭作证。侦查人员与其他普通证人负有同样的义务和责任，出庭作证前也要手按《圣经》发誓，如果所说不属实就会构成伪证罪。美国法律深受英国影响，侦查人员出庭作证是法庭审判的必要环节，侦查人员没有合法理由不得拒绝，而且侦查人员作证时要接受控辩双方的交叉询问。澳大利亚相关法律规定，在刑事诉讼中，除特殊情况外，承办案件的侦查人员可以通过宣读证词或者根据其先前撰写的证词引导作证，为控方提供直接证据。

而在大陆法系国家，虽然传统理论将检察官、侦查人员、被告人、被害人等排除在证人之外，然而，由于侦查人员出庭作证体现了刑事诉讼的基本规律，因此侦查人员出庭作证在许多大陆法系国家也是比较普遍的现象。德国的刑事审判过程中，侦查人员可以以证人的身份出庭作证，如果侦查人员以证人身份被询问时陈述，其虽然无法对该案有所记忆，但其制作的所有的检举告发书状已尽力符合真实了，此时依联邦最高法院之见解，则审判的刑事法官依据该书面的及制作检举告发书状的侦查人员所为之空白保证，就被告之罪责以自由心证方式形成确信。在法国的轻罪审判程序中，法官询问被告人之后，就是询问证人，侦查人员作为控方证人最先受到询问，说明法国的侦查人员同样可以作为证人出庭作证。在混合法系的日本，证人虽然亦是指了解案件情况之第三人，当事人被排除在证人之外，但侦查人员不是当事人，可以作为证人出庭作证。

三、侦查人员出庭作证制度的理论基础

从上述对英美法系、大陆法系国家侦查人员出庭作证制度的介绍可以看出，侦查人员出庭作证，已经成为世界各国的一种常规性做法。但任何一项法

律制度的制定，都不是凭空而来，而是有其相应的基础。具体而言，侦查人员出庭作证制度的存在基础，主要是证据可采性规则、审判中心主义和直接言词原则。

1. 证据可采性规则。具体指传闻证据排除规则和非法证据排除规则。传闻证据指两种证据资料：一是证明人在审判期日以外、就直接感知事实亲笔所写的陈述书及他人制作并经本人认可的陈述笔录；二是证明人在审判期日就他人所感知的事实向法庭所作的陈述。在英美法系国家，传闻被认为是不可靠的而不具有可采性。因此，证人（包括侦查人员）只有到法庭上提供证言，通过对其的交叉询问，其陈述才是可以采纳的，否则应当依照传闻证据排除规则予以排除。非法证据排除规则指执法机关及其工作人员使用非法行为取得的证据不得在刑事审判中采纳，惩罚犯罪不能以牺牲当事人的合法权利为代价。为了防止侦查人员因为控制犯罪的需要而非法取证，英美法系国家普遍要求侦查人员出庭作证，对其取证情况进行说明。

2. 审判中心主义。这是现代法治国家庭审的基本原则之一，强调司法活动必须围绕着审判这个中心。根据这一项原则的要求，任何证据必须在审判中经过质证才最终可以作为判决的依据，侦查人员的证言也不例外。特别是在英美的法庭审判中，对证人采取的是一种"交叉询问"的方法。证人出庭提供证言后，首先由提出证据的一方进行"直接询问"，接着由对方进行"交叉询问"，进而揭露出证人的觉察力、记忆力和叙述力是否存在根本性缺陷。

3. 直接言词原则。在大陆法系国家，为了确保程序公正与审判公正，刑事审判中非常强调直接言词原则的运用，即强调法官必须亲自参与案件的审理，直接听取当事人及其他诉讼参与人对案件的描述与辩论。任何未经在法庭上以言词方式提出和调查的证据均不得作为法庭裁判的根据。

四、我国侦查人员出庭作证的立法及解读

在我国，真正开始直接规定侦查人员有出庭义务的法律，是 2010 年 5 月出台的《关于办理刑事案件排除非法证据若干问题的规定》（以下简称《非法证据排除规定》），该规定第 7 条首次明确规定我国侦查人员有出庭作证的义务，弥补了我国现存法制中侦查人员出庭作证但却无据可依的空白，修订后的刑诉法第 57 条也完全吸收了上述规定。

诚然，侦查人员出庭证明其取证的合法性，能更好地排除刑讯逼供，因而具有积极的意义，无疑是历史的进步。但作为侦查人员该以何种方式出庭作证？对出庭作证的侦查人员的身份如何定位？对取证合法性的问题进行质证和辩论，到底又应该以何种形式质证、辩论？在应该出庭作证规定的背后，又有

哪些相关证据立法迫切需要与该规定同步跟进？在保障被告人权利的同时如何保障出庭作证侦查人员的人身权利？

诸如此类的一系列问题显然不容忽视。如果不能对刑事案件非法证据排除规则的具体操作细则加以规定说明，则势必会因笼统化而流于一纸空文，或者陷入无限的争议当中。

《非法证据排除规定》第7条和修订后的刑诉法第57条的规定，体现了我国司法理念的重大转变，是中国刑事诉讼制度的巨大进步。然而，在当前我国的具体司法环境下，到底该如何系统准确地把握该规定的内涵，成为正确运用该制度的前提，下面笔者从法条原文出发，谈谈个人的理解：

（一）侦查人员出庭作证的前提

讯问时的侦查人员出庭作证需要满足如下三个条件：

第一，经法庭审查对被告人审前供述的取得合法性有疑问，或者对未到庭证人书面证言是非法取得的。

第二，公诉人向法庭提供的讯问、询问笔录，原始的讯问过程录音录像或者其他证据，经提请法庭通知讯问时其他在场人员或者其他证人出庭作证，仍不能排除刑讯逼供嫌疑的。

第三，提请法庭通知讯问人员出庭作证的主体只是公诉人，其他人员包括被告人则无权提出讯问人员出庭作证的申请。

根据这一规定，实践中我们必须对出庭必要性进行把握。动辄要求讯问人员到场，这不仅不利于侦查工作的正常进行，也加重了侦查人员的工作负担，降低了司法的效率。

（二）侦查人员出庭作证的范围

在刑事诉讼程序中，普通证人出庭，主要是就案件的实体法事实作证，主要解决证据的客观性和关联性问题，作证的重点在于证据的证明力。侦查人员出庭目的虽然也是为证明案件的实体事实，但他主要是通过证明案件的程序法事实，也就是通过证明自己取证程序合法、进而证明证据真实性、再进而证明事实真实性的。因此从某种程度上讲，侦查人员出庭作证，主要是针对程序性事实作证，出庭作证不但涉及证据的客观性和关联性问题，而且还涉及证据的合法性问题，作证的重心在于证据的证据能力。

但有必要指出的是，虽然法律规定侦查人员出庭主要是针对案件程序性事实，但并没有排除在某些特殊案件中，侦查人员也可以就案件实体事实出庭作证。比如在2008年5月，福建省厦门湖里区人民法院审理了一起2006年发生的毒品案件，在这起案件中，侦查员在抓捕毒贩、被告人罗某时，罗某一边逃跑一边把毒品扔掉了，归案后一直不承认贩毒事实。为查明事实，法庭让两名办案民警出庭作证。他们当庭陈述了抓捕罗某的经过，以及罗某扔掉毒品、他们提收毒品的过程，并接受了辩方的质询。由于民警的证言和另一名毒贩陈某供述能够相互印证，法庭采信了民警的证言，一审判处罗某8年零6个月有期徒刑，罗某事后也没有上诉。在这个案件中，民警出庭作证的身份更主要的是案件事实的直接目击证人。

（三）侦查人员出庭作证的内容

普通证人基于偶然因素介入案件，对案件事实的感知基于偶然的行为。而侦查人员对个案事实的介入是基于作为刑事侦查人员的身份，在刑事案件侦查中，侦查人员是案件的受理者，他或目击了犯罪过程，或亲自抓捕了犯罪行为人，或是自首、检举、控告的接受者；同时侦查人员又是勘验、检查、搜查、扣押、辨认、侦查实验、拘留、逮捕、讯问等侦查措施和强制措施的组织者和实施者。所以，侦查人员既可以是某实体法事实的见证人，但更主要是某些程序法事实的不可替代的见证人。对案件事实的感知来源于其对案件侦查行为，具有公务性、法定性。因此，侦查人员的职务行为是其感知案件事实的最大来源，而他出庭作证的内容，主要就是自己在执行职务行为过程中，就案件办案程序所直接感知的内容。通俗地讲，就是这个案件是怎样办理出来的，怎么立案、怎么讯问、怎么询问，怎么勘验检查、怎么鉴定、怎么做侦查实验等。

（四）侦查人员出庭作证的身份

侦查人员出庭作证具有双重属性。在被告要求法庭排除侦查人员通过非法手段获取的证据时，表面看侦查人员是以控方证人身份出庭作证，但从侦查人员的侦查行为在客观上受到法庭的司法审查以及侦查人员的非法取证行为受到刑事被告人的控告来看，侦查人员实际上是以司法审查之诉的被告身份出庭应诉。因此，侦查人员就实体法事实作证时，主要就自己基于职务行为感知的案件事实和情节向法庭陈述，并接受控辩双方的交叉询问；侦查人员就程序法事实作证时，目的在于证明其侦查、取证行为对证据客观性、关联性的影响及其行为的合法性。

（五）侦查人员出庭作证的应对

1. 正确认识、转变思想观念

在以往的司法实践中，侦查员鲜有出庭作证的例子，究其原因，除了法律规定不够完善之外，还存在侦查员自身的心理原因。归纳起来，侦查员不愿出庭作证的心理原因主要包括：

首先，存在抵触心理。多数侦查人员对于出庭作证的意义缺乏认知，在他们看来，出庭作证的目的就是为了查明案件事实，而侦查人员已经通过侦查活动收集了证明案件事实的证据，这些证据也已经全部移交给了检察机关或者法庭，侦查人员出庭作证无非是将侦查卷宗的内容进行复述而已，无非是走程序，没有实质意义，因此对出庭作证存在抵触心理。

其次，存在畏惧心理。长期以来，我国缺乏侦查人员出庭作证的相关要求和制度，侦查人员出庭经验不足。法庭审理和侦查活动的目的不同、程序不同、对抗程序也不同。对于缺乏相关培训的侦查人员而言，他们普遍的担心是在针锋相对的法庭上面对辩护律师的质询，容易让辩护律师钻了空子，从而让犯罪分子逃脱应有的制裁，影响了打击犯罪的效果，对出庭作证存在畏惧的心理。

再次，存在强势心理。部分侦查人员认为自己是国家公职人员，从事的是打击犯罪的神圣职责，对被告人进行侦查和讯问时也是高高在上的身份。现在出庭作证却要让其面对辩护人的盘问，甚至面对曾经被其拘留、逮捕和讯问的被告人的质疑和盘问，这降低了他们司法工作人员的身份，损害了其执法办案的形象，不利于以后侦查工作的开展。

最后，存在矛盾心理。在法庭上，侦查人员与普通证人一样，必须客观地、如实地提供证言，不得有意作伪证或者隐匿证据。但是，在法庭上侦查人员不仅仅是一名证人，其本身还是一名侦查人员，除了要履行其作为证人的义务之外，还必须严格遵守与其职务相关的保密规定，这些保密规定有可能涉及案发经过中的举报人信息、侦查机关的秘密侦查手段、决策过程、讯问的策略与技巧、被告人检举立功的细节等。因此，法庭上不可避免地会出现作证义务与保密义务相冲突的情况，如果依照作证义务的要求详细阐述侦查的细节，就可能会泄露侦查的秘密，违背保密义务；如果侦查人员按照保密义务的要求出庭作证，就可能无法向法庭说明侦查的合法性和采信性，无法履行出庭作证的职责。

总之，侦查人员出庭作证制度的实施，客观上增加了侦查人员的调查取证难度，必然会给侦查工作带来新的影响和阻力，但我们必须从站在构建和谐社会、保障人权的高度去看待这项制度，真正认识其意义，必须实现观念上的三个转变：一是从偏重惩治犯罪向惩治犯罪和保护人权并重转变。二是从偏重实体的侦查价值观向实体与程序并重的价值观转变。三是从偏重于证明力的证据观向强调可采性的证据观转变。我们必须明白，法治进步的进程是不可逆转的，主动接受、应变，必然胜于被动接受。只要积极应对，经过一定的"阵痛"，我们队伍的办案水平将会大幅提高。

2. 转变侦查模式

一是要提高获取言词证据的能力。反贪侦查人员出庭作证，既是挑战也是机遇。所以我们必须转变传统口供至上、由供到证等办案思维和强攻硬取的审讯方式，重视口供而不依赖口供，供证并重，以证促供。加强审讯、询问的谋略研究、应用。

二是要严格规范讯问、询问行为。首先，在讯问、询问过程中要杜绝暴力，慎用侮辱性、人身攻击性及刺激性言语，以免授人以柄。其次，要在程序上防疏堵漏，严格执行审讯、询问的程序规定，比如严格遵守讯问、询问时间、地点、告知程序、签名校对程序等规定。最后，要认真落实全程同步录音录像制度，降低侦查人员出庭作证的概率。

三是要严格规范勘验、检查、鉴定程序。勘验检查、搜查、鉴定，是发现、保存、运用物证的重要手段，在口供获取难度越来越大的情况下，物证书证作用将进一步提高。但物证、书证最大的问题在于受取证程序影响非常大，而且已经破坏往往不可逆转，所以，对于必须严格发现、保存、运用物证的勘验、检查、鉴定程序，避免因程序问题导致物证、书证丧失效力。

3. 加强侦诉、侦审沟通协调

一是要完善公诉提前介入侦查、引导侦查人员出庭作证机制，形成指控犯罪合力。公诉、侦查由于诉讼环节不同，思维模式也不同。侦查侧重于发现，公诉侧重于证明，这其中的区别，往往导致侦查人员的工作往往与公诉人的需要存在一定的区别。而弥补这一缺陷的最好方式，是公诉提前介入引导侦查，按照证明的要求引导侦查人员取证。但由于自侦案件存在特殊性，目前我们侦查人员在办案过程中往往基于保密等目的，很少主动邀请公诉部门提前介入引导侦查。可以说，公诉部门介入公安机关侦查案件的数量，远远多于自侦案件的数量。但随着形势变化、特别是新刑诉法的实施，这种现状必须得到改变，必须形成指控合力，否则将事倍功半、浪费诉讼资源。另外，对需要侦查人员出庭作证的案件，公诉人应当引导侦查人员对辩护人、被告人在庭审中可能提出的问题进行全面的分析判断，制订好应对预案。而对不需要侦查人员出庭作证案件，也可以邀请侦查人员观摩庭审，强化庭审意识、证明意识，为日后的出庭工作做好准备。

二是要加强检法沟通协调，构建侦查人员出庭的规范制度。反贪部门要主动联合公诉部门与法院沟通协调，对侦查人员出庭作证的适用条件、步骤制订实施细则，让出庭作证工作有规可依，防止推诿、扯皮现象发生。

4. 加强对侦查人员出庭作证的培训

伴随侦查人员出庭作证制度的出炉，目前侦查人员素质不适应出庭作证要求的问题将凸显出来。我国现阶段无法满足庭审对出庭侦查人员需具备良好的心理承受能力、表达抗辩能力、临场应变能力和较丰富的日常模拟法庭实践的要求。因此，侦查机关应采取超常措施提高侦查讯问人员的素质。因为从总体上看，虽然我们目前检察机关侦查人员素质普遍都较高，但受客观条件的限制，短期内很难保证侦查办案质量普遍达到较高的水准，证据的瑕疵必然会在质证的过程中暴露出来。而我们的侦查人员普遍缺乏出庭作证的实践经验和技术技巧培训，假如出庭，必将在法庭上表现出诸多问题。比如，出庭作证侦查人员在庭审中将不可避免地面临具有良好法律素养和丰富诉讼经验的律师，他们将导致侦查人员出现技巧性错误。目前，我们侦查人员个人对法言法语的驾驭能力有差别，临场应变能力也有差异。当一名诉讼经验生涩的侦查人员毫无防备地出现在法庭上面对律师的唇枪舌剑，诉讼难免陷于尴尬，辩护律师便可能钻空子，司法公正便会受到影响。

所以，当前应当将侦查人员出庭作证作为一个专门的内容，纳入侦查业务培训的基础科目。笔者个人认为可以通过以下几个步骤进行：一是建立庭审观摩制度，规定对自侦案件开庭的，办案侦查人员必须到庭观摩庭审活动，熟悉法庭运作规律和法庭现场氛围。观摩既可以在法庭旁听席观摩，也可以和法院联系在监控室进行。在笔者看来，在旁听席观摩可能更有现场感。二是要组织一些实战模拟演练，比如组织模拟法庭，让侦查人员尝试一下，通过亲身感受往往能在较短时间里适应这一要求。三是要抓好对侦查人员出庭作证的心理承受能力、应变能力、表达能力、抗辩能力的专项培训，并结合辩论赛、演讲比赛等模式，让侦查人员习惯于面对群众、面对旁人。四是在具体个案出庭前，要由公诉人与侦查人员就庭审过程进行演练，做好应对突发情况的预案。

5. 提升侦查员出庭作证能力

侦查员出庭作证，必须具备三种能力，即心理调节能力、表达能力和应变能力。

第一，心理调节能力。侦查员出庭是角色的转换，与作为国家查禁犯罪工作人员的侦查员身份相比，在法庭上侦查员的角色是证人，因此，侦查员能否转变角色，适应法庭作证的需要，是决定侦查员出庭效果的首要关键。笔者认为，提高侦查员的心理调节能力，必须做到以下几个方面的内容：

一是扭转侦查思维，适应庭审需要。在侦查时，侦查员的思维模式是证实被告人有罪、收集有罪证据，但在法庭作证时，侦查员应当秉承客观、公正的态度，如实向法庭陈述侦查中掌握的事实、证据以及取证的过程，不宜带有过于浓重的追诉色彩，否则，容易给法庭和群众造成不客观、不公正的反面印象，反而影响了法庭对案件事实的认定，也容易给被告人、辩护人借题发挥的机会。这里要特别指出的是，虽然侦查员的角色是控方证人，但这只是针对于其提供的证言内容而言，并非要求侦查员像公诉人一样，承担控诉犯罪的职能，否则就容易发生角色错位，影响法庭对侦查员取得证据可信性的质疑。

二是秉持文明理性，塑造良好形象。在庭审中，被告人、辩护人出于推翻证据的目的，往往容易就取证过程中的问题进行夸张、夸大，甚至无中生有，编造刑讯逼供等情节，意图推翻侦查阶段取得的证据。面对这些直接的质疑，侦查员应当秉持文明理性的应对方略，避免在一时气愤或者冲动之下口不择言，给予辩护方乘虚而入的空间和机会，特别是要避免使用不文明、不理性的词语或者辱骂、威胁被告人、辩护人，否则极易使人产生不良印象，从而信任被告人、辩护人的主张，也损害了国家公职人员的良好形象，影响了执法公信力。

三是坚持实事求是，争取法庭信任。对于被告人、辩护人提出的质疑和观点，侦查员应当坚持实事求是的态度回答问题，如果对方理据确实成立，事实确实存在，应当诚实回应，不宜陷入驳倒对方的怪圈，采取掩饰、隐瞒的方法隐藏事实，否则一经对方提出或者法庭查实，势必严重影响侦查阶段其他证据的可信性。例如，被告人质疑侦查员某次讯问是单人讯问，侦查员为了掩盖事实编造了谎言，在被法庭查实之后，被告人借机提出侦查阶段的所有证据都不能采信，法庭考虑了侦查员之前的作证行为之后，对侦查阶段的大部分证据均不予认定，这就影响了案件的处理。反之，如果侦查员诚实回答问题，其带来的后果最多是该份笔录无效，其他证据反而会因为侦查员的诚信得到法庭的支持，被告人也没有借题发挥的机会，效果会好得多。当然，对于证据上存在的瑕疵，侦查员在出庭前应当主动与公诉人进行沟通，避免在法庭上出现突发情况，影响公诉人的公诉策略和案件的成功处理。

第二，表达能力。这是侦查员出庭作证的基本能力。侦查员出庭作证，应当做到表达清楚、逻辑清晰、条理清楚，这有利于法庭清楚了解案情。要做到这一点，可以从以下三个方面考虑：

一是加强语言文字训练。对侦查员制作的法律文书从严要求，要求做到适用法律准确、分析得当、语言精练。同时，对侦查员进行案情汇报的有关训练，要求侦查员在结案时或者出庭前，必须进行案情总结和汇报，在实战中逐步锻炼侦查员的语言文字表达能力，培养侦查员出庭作证的能力。

二是提高逻辑思维能力。在业务培训中，除了传统侦查技能的培训之外，适当增加逻辑学、语言学等课程训练，培养侦查员的逻辑思辨能力，在日常的讨论和汇报中，加强侦查员语言组织逻辑能力的训练，力争做到语言条理清晰、逻辑清楚、详略得当。

三是进行庭前仿真演练。建立由公诉人和侦查员进行模拟演练的练兵制度，使侦查员掌握在询问中如何把握重点、详略得当，通过模拟演练，及时总结、发现存在的问题和不足，进行有针对性的个体训练，培养公诉人和侦查员之间的默契。

第三，应变能力。侦查员在庭审要面对被告人、辩护人的质疑和答辩，必须具备一定的应变能力，这方面可以参考公诉人法庭论辩的有关能力，笔者将之总结为"风林火山"四字要诀。

一是应变如风。风者，快也，面对被告人、辩护人的质疑要快速反应；风者，密也，是思路要多点开花，对于难以正面回应的问题，要学会侧面迂回。例如，可以采取边答边想、迂回回答、引申归谬的方式，准确、有效地回应对方提出的问题。这里举一个例子，例如在庭上辩护人提出侦查员进行了刑讯逼供，并指出"有证据、有伤痕、有申诉、有报告、有前科"等"五有"，听起来气势十分吓人。这时侦查员可以模仿对方的气势，提出"无动机、无必要、无时间、无证据"等"五无"或者"十无"辩解，也许侦查员在开始之初并没有完整的"五无"、"十无"提纲，但在进行过程中可以逐步补充、完善，这就比停下来思考、长时间冷场的效果要好，因为，如果长时间不作答，不仅助长了辩护方的气势，而且会使法庭和群众认为侦查员无言以对，从而认定侦查员进行了刑讯逼供。

二是言词如林。这也包括两层意思：一则要求用语规范，二则要求要逻辑严密。这首先就要求侦查员的语言要具有规范性，对于法律术语的运用要准确、得当，例如对于"前科"、"归案"、"讯问"、"询问"这些专用术语，要做到准确应用。其次是要准确，语言表达不能具有歧义，不能模糊不清。再次是要庄重，不能使用过于艺术化或者夸张的语言，要注意平实、准确、简洁。最后还要注意语言的衔接和语速、语态的运用，法庭审理需要面对很多证据和观点，如果侦查员的语句之间缺乏衔接，语速过快或者过慢，这些都容易让法庭听不清，从而产生疲惫甚至厌倦的心理，影响出庭作证的效果，因此，侦查员的表达时，应当注意自己的语速，保持良好的语态，有详有略，保证法庭能准确听取侦查员的证词。

三是严守如火。这主要是指，对于涉及诋毁侦查机关形象或者侦查秘密的提问，要严守底线，旗帜鲜明地予以反驳。在法庭上，部分辩护人、被告人出于各种目的，有时会进行诋毁侦查机关形象的发言，这时要坚决予以制止。对于提问内容涉嫌侦查秘密的，也应当坚决拒绝回答，态度明确。在司法实践中，这种情况虽不多见，但还是时有发生。例如，有的辩护人会诋毁侦查机关一向都是违法办案、超时办案，有的被告人会提出侦查机关用其家人的安全来威胁他，有的辩护人会要求侦查机关解释技术侦查的具体手段等。对于这些问题，侦查员应当旗帜鲜明地进行回应。

四是庄重如山。这主要是对非论辩因素的处理，包括除语言以外的表情、手势、眼神、语调以及服饰、仪表、身体动作等行为举止，主要是指身体语言，主要包括了仪表、神态、眼神、手势、语调等。首先，面部表情应庄重威严，自信稳健。在法庭上要全神贯注，冷静从容，不能东张西望、心不在焉，表现出不耐烦的急躁情绪或发言时摇头晃脑，不断变换站姿或身体晃动不止，这都给人一种不庄重的感觉，降低对证人的信任度。其次，眼神应当坚定有力，坚定有力的眼神，暗含着自信和成竹在胸，而衰竭疲乏的眼神，预示着心灰意冷、缺乏信心；灼灼逼人的目光是正派敏锐的反映，而游离漂浮的眼神是轻薄浅陋的写照。最后，要注意手势的运用，出庭作证尽量少用或者不用手势，如果表达的内容非用手势不可，则要注意张弛有度，不可过于张扬。

纸上得来终觉浅，绝知此事要躬行。要切实提高侦查员的出庭作证能力，还需要与公诉部门、司法行政部门进行模拟演练，在实战中提升。

6. 进一步完善侦查人员出庭作证的设想

虽然新刑诉法对侦查人员作证作出了明确规定，实施也势在必行，但从目前情况来说，侦查人员出庭作证还仅仅是一项规定而不是一项制度，从构建制度角度来讲，笔者个人认为还应从以下几个方面进行完善，建议大家对这些问题进一步思考，并促成高检院进一步出台司法解释，完善这一制度。

（1）加大对侦查机关人力财力保障力度

侦查人员出庭作证会直接导致侦查部门原本有限的人力资源更显得匮乏，这是一个不容回避的客观问题。侦查人员出庭作证，意味着侦查人员在刑事诉讼中的活动范围由审之前延伸到了庭审结束。因此，不得不将部分时间和精力投入出庭和作证之中，从而使本来就捉襟见肘的人力资源显得更加短缺。同时，侦查人员出庭作证也势必增加诉讼成本，加大相应的经费开支，因此必须有财政上的相应保障。比如为了在法庭上成功地证明讯问过程的合法性，同步录音录像应用将会更加广泛，因此，侦查人员出庭作证制度的良好运行必须有一系列配套的制度作保证，必须有足够的资金保障。

（2）应进一步出台司法解释，明确出庭侦查人员特殊证人的地位

《非法证据排除规定》第6条规定了侦查人员出庭作证的法定义务，而我国目前的证人范围很狭小，不包括侦查人员，这就迫切要求在立法上尽快完善证人制度，明确地将侦查人员纳入证人的范围。虽然侦查人员在庭审中作为证人出庭作证，按理应适用证人作证的一般规则，但侦查人员出庭的特殊目的性又决定了他在作证的范围、诉讼地位上与普通证人相比具有差异，侦查人员的这一特殊身份决定了其区别于普通证人，但也不是专家证人。与普通证人的最大的区别在于，侦查人员没有拒绝作证特权。

拒绝作证特权是证人所享有的拒绝提供证言的权利，这种权利存在的一个

基本理由是：社会期望通过保守秘密来促进某种关系，社会极度重视某些关系，宁愿为捍卫保守秘密的性质，甚至不惜失去与案件结局关系重大的情报。而侦查人员出庭作证时，当涉及是否使用了非法手段收集证据等可能不利于侦查人员的问题时，侦查人员能否拒绝回答呢？显然不能。关于目击犯罪的情况、关于被告人投案的情况、以及关于侦查过程中的有关情况，如物证收集、口供获得的过程和方法等必须要侦查人员来证明，因此侦查人员出庭作证不能与普通证人相提并论。而从其所证对象的特殊性方面来看，侦查人员出庭是为了证实其取证程序合法，因此笔者认为可以将出庭的侦查人员认定为一类特殊的证人。

（3）应视案件性质的不同采取不同的作证方式

结合国情并综合考虑现阶段刑事侦查工作的特殊性、艰巨性、侦查手段的保密性等特点，对侦查人员出庭作证方式的规定不能搞"一刀切"，而可以依照普通刑事案件、检察机关自侦案件以及普通刑事案件，根据案件性质及轻重作出不同的规定。因案件性质的特殊性需要，当重大恶性刑事案件和职务犯罪案件的侦查人员必须出庭证明其取证的合法性时，我们可以借鉴西方发达国家的隐蔽作证制度。所谓"隐蔽作证"，或称隐名作证、秘密作证等，主要是指在刑事诉讼过程中，为了保护特定证人的人身财产安全，在不暴露证人身份信息、面貌特征甚至声音的情况下，通过特定的法庭隐蔽设备，运用现代科技手段，如现场闭路电视、电脑多媒体等，使证人接受控、辩、审三方的询问、质证，履行作证义务。"隐蔽作证"制度是证人出庭作证的一种特殊方式，也是实现对证人保护的一项重要措施。当我们的侦查人员出庭作证并接受质询时，可以对侦查人员采取蒙面、变声、变像等，或者通过电视网线或其他装置，不在法庭上直接露面，而在其他地方同时作证并接受同步质询。这种做法在我国是有先例的，2009年，我国上海市第一中级人民法院第八法庭审理一起贩卖运输毒品案，由于毒贩坚称自己没有贩毒，公诉机关申请一名公安机关侦查人员出庭作证。庭审时，法庭通过屏蔽证人面部隐蔽作证的方式进行了出庭指证，收到了良好的社会效果。

（4）赋予侦查人员特定情况下的豁免权

侦查人员出庭作证范围的设定，应当在兼顾证明结果真实性与保障被告方权利的同时，适度考虑国家利益、公共利益以及侦查人员自身利益，因此应当赋予侦查人员一定的作证豁免权。

例如，对于下列事项侦查人员不宜出庭作证：（1）涉及国家秘密的；（2）涉及侦查工作秘密影响未破案件侦查的；（3）涉及秘密取证手段的；（4）涉黑、涉毒及其他重大案件，出庭陈述可能危及侦查人员及其近亲属人身安全的。值得注意的是，上述豁免事项也不是绝对的，在侦查人员必须出庭的情况下，应考虑变通侦查人员出庭作证的方式。

（5）建立完善侦查人员出庭职业保障制度

承办案件的侦查人员作为证人出庭作证，往往会对其以后的职务活动带来不便，特别在采用诱惑侦查等秘密侦查手段的案件中，这种危险更大。因此，在建立该出庭作证机制时，还应建立出庭侦查人员职业保障条款，从立法上保障出庭作证侦查人员的权利。

虽然新刑诉法对证人保障作了规定，但这一规定还仅仅局限在文字上，离制度构建还存在很大差距。假如让侦查人员出庭，又应当如何给侦查人员提供应有的保护？假如缺乏具体的可操作的办法，在没有任何制度保障的情况下，轻率地将侦查人员推上前台，对侦查人员而言无疑是不公平的。

一方面，从法理上说，权利与义务是相辅相成的。出庭侦查人员权利的保障是为了促使该侦查人员义务的履行，而义务的履行又反过来保证了其可以享受应得的权利。只享受权利而不承担义务，或者只承担义务而不能享受权利，都不是法律生活的常态。只有侦查人员的权利受到关怀和保障，才能使其履行义务成为一种可以期待的行为模式。强调侦查人员权利的重要性，不仅是一种法理上权利本位观念的具体体现，也是基于对侦查人员权利义务体系良性互动的现实考虑。

另一方面，我国的社会现实要求强化对出庭侦查人员权利的保护。我国是一个熟人社会，侦查人员与被告人生活在一个相对狭小的空间里，侦查工作又具有秘密性的特点，而重大刑事案件的办理可能会引起被告方对侦查人员的私怨，如此一来恶性的恐吓、报复必然会严重影响侦查人员及其家庭的生活。检察机关自侦的职务犯罪案件往往人员关系盘根错节，若毫无顾忌地将侦办案件的侦查人员暴露于法庭之上，则一旦矛盾激化，则势必会对侦查人员及其家人的生命和财产构成威胁。

因此，我们有必要参考境外、国外法制发达地区相关的制度，为我国侦查人员保护制度的完善提供经验。比如我国香港特别行政区从廉政公署（以下简称廉署）成立至今的30多年里，仅发生一次报复证人事件（被暗杀）。因该事件，廉署于1998年成立了证人保护机构，负责处理和执行廉署的证人保护计划。目前，凡是被列入证人保护计划的对象，廉署将派出武装人员，对证人进行全天候的保护，确保每一个受保护的证人万无一失。而早在20世纪70年代美国联邦及各州制定了一系列关于证人保护的立法，即"证人保护计划"，根据联邦证人保护计划，重大案件的证人会在作证后得到一个全新的身份，到另外一个城市开展全新的生活，即便是一般刑事案件的证人在事隔多年后，仍会得到警方的严密保护，任何透露其行踪的人将会受到重罪起诉。美国各州都把对证人进行打击报复作为犯罪来处理。德国则规定证人可以拒绝透露诸如住在哪里？在哪里工作等相关的身份信息，可以要求用屏风或者面具等遮挡自己。他山之石，可以攻玉，其他地区、国家的经验这些规定对于我们的立法是有借鉴意义的。

总之，侦查人员出庭作证更有利于被告人权的保障，是非法证据排除的一项重要举措，是我国与刑事诉讼及证据制度融合的产物。这一制度势必有助于促进刑事庭审方式改革，是推进我国民主法治建设和司法改革进程的一大进步。虽然，在当前时期内，该制度在实践中会遇到一系列的困难，但我们相信，随着证人保护等一系列相关配套制度的跟进，该制度定将为我国法制的长足发展发挥重要的指导作用。

量刑辩论对公诉工作的挑战及应对

连小可[*] 田 萍[**]

"量刑是刑事司法制度中的重要部分，是刑事正义的一半工程。"[①] 准确定罪，精确定刑，是国家刑事诉讼法的根本宗旨和最终要求。在法治建设逐渐完善的今天，定罪问题得到司法理论及实践界的重视，而量刑则仍被称为法律界的"哥德巴赫"猜想，是法治木桶中最短的那一块。[②] 为此，为进一步保障被告人的合法权益，增强对刑事自由裁量权的约束，使刑事诉讼程序更加公正和公开，新刑事诉讼法在对以往的量刑建议经验和方法进行归纳和改进的基础上，将量刑辩论纳入了法律审理的程序，将现代程序正义理念与我国刑事审判方式进行有机结合，对于增强量刑工作的公开性和透明度，进一步提高量刑的法律效果和社会效果具有重要意义，也对检察机关的公诉工作提出了更高的要求和更大的挑战。

一、量刑辩论综述

（一）基本内涵及历史沿革

新刑事诉讼法第 193 条增加了司法机关庭审中对量刑事实、证据进行法庭调查和辩论的任务，规定：法庭审理过程中，对与定罪、量刑有关的事实、证据都应当进行调查、辩论。具体来说，量刑辩论是指在刑事诉讼法规定的法庭辩论阶段中，检察机关在对所指控的被告人的犯罪事实、证据、定性以及法定量刑情节发表公诉意见后，还应当对被告人的量刑提出明确、具体的意见，被告人以及辩护人就被告人的量刑提出自己的观点，控辩双方围绕被告人的量刑

　＊　四川省成都市金牛区人民检察院检察长。

＊＊　四川省成都市金牛区人民检察院研究室干部。

　①　张启明：《量刑程序相对独立背景下公诉环节量刑证据的调取与运用》，转引自北京检察网，http：//bjjc. gov. cn/bjoweb/minfo/view. jsp？DMKID＝240&ZLMBH＝0&XXBH＝28110。

　②　冀祥德：《控辩平等论》，法律出版社 2008 年版。

展开的辩论活动。① 它是在量刑建议工作基础上确立的新的程序，是对以往量刑司法实践的总结和提升，是量刑建议的继续和深化。

自 1996 年刑事诉讼法修改后，随着庭审制度改革的深入，部分基层检察院开始尝试量刑建议改革。如北京市东城区人民检察院从 1994 年 4 月开始进行了一些初步的尝试。2002 年 8 月，上海市徐汇区人民检察院在法院和有关方面的支持配合下，开始了当庭提出量刑建议的尝试。法院在庭审辩论阶段增设了一个新的量刑答辩程序，作为合议庭评议的前置程序，法官需就公诉人、被告人及其辩护人在量刑意见上存在的差异，组织双方就具体量刑幅度进行充分的答辩。无锡市滨湖区人民检察院于 2003 年 6 月 25 日与区法院、司法局联合出台了《关于刑事案件量刑辩论的实施办法（试行）》。量刑辩论适用于事实清楚、证据较为充分、被告人和辩护人对被指控的基本犯罪事实无异议的案件。2003 年 7 月，浙江宁波北仑区人民检察院在全省检察机关中率先试行量刑建议制度，对于适用普通程序的案件，在量刑辩论阶段，先由检察官提出求刑意见，再由被告人、辩护人答辩，并且可以相互辩论。对适用简易程序审理的案件，求刑意见在提起公诉时以"求刑意见书"的书面形式向法院提出，2003 年下半年，山东省枣庄市人民检察机关在积极与当地法院沟通的基础上，推出了量刑建议制度，将法庭辩论分为定罪和量刑两个阶段进行。② 上述各试点检察院在量刑建议和量刑辩论上积累了很多成功的经验，为量刑辩论制度的合理性和可行性提供了很好的现实依据，并为量刑辩论制度的建构提供了现实的经验。

（二）程序价值及司法意义

量刑辩论不是游离于法庭辩论之外的一个新的诉讼程序，是对法庭辩论内容的增加和细化，该程序具有自身的程序价值和司法意义。

1. 程序价值

为适应社会发展需求，我国的刑事诉讼立法和实践的理念由单纯的"惩罚犯罪"逐渐向"惩罚犯罪与人权保障并重"转变。量刑作为刑事诉讼中的一个重要环节，保障人权便成为量刑辩论程序中的题中应有之义。为了有效保护刑事被告人的人权，刑事被告人不仅可以就自己的定罪问题进行辩护，也应当拥有就自己的量刑问题进行辩护的权利。这是体现宪法精神和顺应时代发展潮流的客观要求，检察机关的量刑辩论，有利于刑事被告人就量刑问题充分发

---

① 陈鑫：《检察机关开展量刑辩论的模式构造》，载《山西省政法干部管理学院学报》2010 年第 2 期。

② 谢莉：《量刑建议制度研究》，湖南大学 2007 年法律硕士学位论文。

表辩护意见，促进法院作出中立、公正的判决，进而实现对刑事被告人的人权保障。其次，在刑事诉讼中，控辩双方和法官一起形成一个完整的诉讼结构，控方负责依法对被告人提出控告，辩护人及被告人对行为进行辩护，法官作为第三方居中裁判。要维持这一诉讼结构平衡，必须对权力进行有效制约。引进量刑辩论程序，能保障控辩审三方的权利制衡，一方面，使控辩双方地位平等，互相制衡；另一方面，控辩双方的量刑辩论，可以使法官的量刑活动更加理性，量刑环节更加透明，防止在量刑中出现自由裁量权的滥用，从而保证各方面的协调与平衡，从制度角度确保诉讼结构的有效运转。①

2. 司法意义

我国刑法将量刑情节划分为从重处罚情节和从宽处罚情节两类，后者还可以再分为从轻处罚情节、减轻处罚情节和免除处罚情节三类。但到底如何从重、从轻、减轻或者免除处罚，仍须具体问题具体分析，对于法定情节中的"可以"型情节以及法无明定的"酌定"型情节，由于其弹性很大，具体适用需要量刑辩论。其次，据统计，我国现行刑法共规定了 37 种法定刑模式，它们分别配置给 847 种轻重不等的罪行。其中，规定"处死刑"的，有 5 种罪行；规定"可以判处死刑"的，有 8 种罪行，除此之外，其他罪行所配置的都是相对确定的法定刑。不仅如此，相对确定的法定刑幅度一般都比较大，其中幅度最宽者为"处 10 年以上有期徒刑、无期徒刑或者死刑"，刑种最多者为"处 5 年以下有期徒刑、拘役、管制或者罚金（或者剥夺政治权利）"。由此可见，多刑种、宽幅度是我国法定刑的基本特点。也就是说，除极少数罪行的法定刑为绝对确定刑以外，其他罪行均有一定的量刑空间，这就为量刑辩论提供了存在的基础。②

二、对公诉工作的挑战

量刑辩论程序为检察机关带来的不仅仅是思想观念和思维方式方面的挑战，还有量刑证据的收集、审查、运用以及配套设施的完善等一系列程序性问题。

（一）思维模式的挑战

一直以来，我国的刑事诉讼都未将量刑辩论作为独立的程序纳入法庭审理。在法庭审理中，公诉人与被告人、辩护人质证、争辩的重点都放在所起诉

---

① 陈鑫：《检察机关开展量刑辩论的模式构造》，载《山西省政法管理干部学院学报》2010 年第 2 期。

② 龚义年：《"量刑辩论"若干问题研究——兼论〈刑事诉讼法〉第 160 条的修改》，载《池州学院学报》2011 年第 1 期。

案件是否构罪、构成何罪上，很少就量刑证据进行激烈的质证和争辩。在量刑方面，公诉人仅仅提出应从重或从轻等概括性的意见。因为如此，使公诉人形成了一种思维定式——被告人被作了有罪判决检察机关指控犯罪的目的就已达到，检察机关只对显失公平、畸轻畸重的量刑判决实施法律监督。在这种思维支配下，公诉人在审查案件时，只注重定罪证据的审查，对量刑证据审查不严，甚至忽视了一些关键的量刑证据。

（二）具体诉讼行为的挑战

1. 给审查方式带来挑战。在我国，由于相当多的基层检察院的公诉人太少，案多人少使得公诉人除了对一些重大疑难复杂案件审查比较细致以外，对绝大部分案件的审查都是比较粗放的、程序性的。这种粗放的审查方式与新刑事诉讼法所要求的检察机关在庭审中要就量刑证据举证、质证对各种证据进行细致入微的审查和全面综合的考量是有差距的。而如果检察机关调查嫌疑人的一些酌定情节，则相应的办案期限就会延长，因此检察机关实际上面临着追求量刑准确性和强调办案效率的冲突问题。

2. 给收集证据带来挑战。为达到量刑辩论的顺利进行，公诉机关必将会投入更多的司法成本和人力资源，工作量将成倍增加。而目前案多人少是基层司法机关的普遍状态，按现有模式已然负担过重，根本没有精力去承担更为繁重的量刑调查工作。

3. 给公诉引导侦查工作带来挑战。司法实践中，对于个案中的自首、立功、累犯、前科等法定量刑情节，侦查机关一般会进行详细调查，也会有充分的证据在案佐证，但诸如案件的社会影响，被告人的一贯表现，未成年人的成长、教育环境、监护条件和再犯可能性等酌定的量刑情节，侦查机关一般不愿意进行调查。侦查机关对量刑情节的调查不足，直接影响到检察机关量刑辩论的质量和效率。

4. 公诉工作风险增大。实施量刑辩论前，量刑的社会压力和社会矛盾多数集中在人民法院，但在量刑辩论引入庭审程序后，就强调了检察机关在量刑判定中的作用，但这也如同一把"双刃剑"，容易引起受害人或者被告方的猜忌和指责，如果量刑判定轻了，受害人有意见并猜疑公诉人是不是接受了被告方的好处；如果量刑判定重了，又被指责为报应情结、重刑主义，引起当事人的上访缠诉，成为当事人上访的矛头指向，特别是一些重大、敏感、社会关注的矛盾纠结案件，容易导致公诉工作陷入比较被动的局面。

（三）公诉人素质的挑战

量刑辩论使得控辩双方在庭审中对抗性大大增强，给公诉人综合素质提出了较高要求。以前，在庭审中被告人是否构罪、构成何罪是控辩双方争辩的重点，但在将量刑辩论纳入法庭审理程序后，公诉人既要出示有关定罪量刑的证据，并接受辩方质证，同时要提出量刑意见，并就提出量刑意见相关依据作出说明、进行论证，并接受对方的质疑和询问，控辩双方的量刑建议、意见都相对具体，且公开透明，庭审的对抗性较原来大大增强，对公诉人在庭审中的举证、质证、辩论乃至应变水平无疑是一种挑战。[①]

（四）程序自身不完善

1. 目前的司法实践对刑事案件的量刑并没有统一的标准，通常是司法人员依靠自身的业务水平和生活经历决定量刑时间长短，法官、检察官以及当事人由于对案件具体情节的把握、相关法律的理解存在差异，量刑自然产生偏差，随意性很大，而且由于我国不是判例法国家，无须遵循先例，同类案件不同判决的情形也时有发生出，容易导致量刑辩论流于形式。

2. 证明标准不明确。与定罪证据证明标准相比较，我国并未就量刑证据设定证明标准，传统上，我们所说的英美法系国家的排除合理怀疑标准、大陆法系国家的内心确信标准以及我国现行刑事诉讼法规定的确实充分标准，无一例外都是关于定罪的标准，而不是量刑标准。而且量刑的证明标准不应该整齐划一地采取一个标准，而应当从控辩双方的取证举证能力、出现疑问时有利于被告人原则等情况出发考虑并设计合理的证明标准。毕竟法律不能强人所难，不能赋予当事人不能实现的权利，也不能强加其不能履行的义务。[②]

3. 被告人的量刑辩护权未得到充分保障。辩护权是犯罪嫌疑人、被告人诉讼权利的核心。保障被告人的辩护权是保障被告人基本人权的一个重要方面，是对国家追究犯罪力量的一种制衡，是维系刑事诉讼合理构造的需要，是刑事诉讼人权保障价值目标的体现。而作为辩护权内容之一的量刑辩护权同样也应引起人们的关注和重视。但在司法实践中，我国辩护律师的出庭率比较低，绝大多数刑事案件被告人或者近亲属未聘请辩护律师，法律援助工作也存在较多不足和弊端，如何保障辩护律师对于量刑辩论的有效参与，已经成为量刑辩论程序发挥其实质作用的"瓶颈问题"。[③]

三、应对策略

（一）更新执法理念

公诉人要加快与新刑事诉讼法的对接，更新执法理念，牢固树立定罪与量

---

① 尚锋：《量刑规范化改革给公诉工作带来的挑战与应对措施》，转引自咸阳市人民检察院网站，http：//www. xysjcy. gov. cn/shownews. asp？ id＝231。

② 崔志鑫、姜东兴、杨骆：《浅议量刑辩论程序》，载《合肥学院学报》2010 年第 4 期。

③ 《论量刑辩护》，来源：http：//china. findlaw. cn/info/lunwen/xingfalw/242546. html。

刑并重、实体公正与程序公正并重的理念，进一步增强人权保障意识、证据意识、程序意识，坚持理性、平和、文明、规范执法。特别是要牢固树立打击犯罪与保障人权并重的价值取向，把它贯穿到刑事诉讼当中。切实提高公诉能力和水平，用"思维"去引导"行为"，废除权力本位的法律思维，切实尊重和保护人权。

（二）提高诉讼能力

1. 认真审查证据，提高证据审查能力。改变传统的比较粗放的案件审查方式，把审查重点由是否构罪、构成何罪转变到是否构罪、构成何罪与恰当量刑并重上来。与定罪证据相比，量刑证据不仅数量多，而且涉及案前、案中、案后各个阶段，从轻、减轻、从重、加重各个方面，有的还属于案外证据，公诉人要以认真负责的态度和敬业精神，从众多证据中拨冗去杂、去伪存真。

2. 引导侦查机关全面收集证据。检察机关在批捕和起诉环节，应对案件进行认真审查，并引导侦查机关全面收集各种定罪量刑证据，特别是涉及量刑的证据。要通过提前介入、案件讨论、向侦查机关发出提供法庭审判所需证据材料意见书等形式引导侦查机关就个案中存在的量刑证据全面收集。要通过检察建议书、召开联席会议、参与庭审观摩等形式解决侦查机关在收集量刑证据方面存在的共性问题。既要注意收集从重、从轻、减轻或者免除处罚等法定情节方面的证据，又要收集犯罪嫌疑人的认罪态度等酌定情节方面的证据。既要注意收集影响定罪量刑的客观方面的证据，又要收集主观方面的证据。收集的证据既要全面，又要详细。

3. 提高庭审中指控犯罪的能力。首先，要做好出庭预案。要做到知己知彼，除了对己方的量刑证据、依据、理由有全面的把握外，还要对辩方可能出示的量刑方面的证据、依据、理由、辩点甚至量刑意见有一定的预见，并做好相应的准备工作。其次，要围绕量刑充分说理。出示证据和说理要逻辑清楚、层次清晰、语言简练、表述准确，在辩论环节，对辩方正确的观点要肯定，对其错误的观点要抓住要害，突出重点，予以反驳。

（三）完善诉讼程序

建议庭审程序中增加单独的量刑辩论环节，即在法庭辩论中，第一阶段先进行对案件的事实、证据及定性辩论，在第一阶段完成的基础上，再由法官宣布进入"量刑辩论"阶段，控辩双方在定罪的基础上就被告人应处的刑罚进行辩论。先由公诉人提出具体量刑建议，然后由辩方针对上述建议进行答辩，并提出辩方认为合理的量刑请求。附带民事诉讼原告人参加庭审的，其本人及代理人可以在控方提出量刑建议后，对量刑发表意见。被害人及其代理人也可以提出量刑意见。法官就控方、辩方及附带民事诉讼原告方、被害人在量刑意见上存在的差异，组织其在法庭上进行充分的辩论。公诉人客观公正地提出从重、从轻或者减轻情节，分析各情节对量刑的影响，对辩护方正确的量刑意见予以肯定，对其不正确的量刑意见要予以反驳。法官可以将控辩双方及附带民事诉讼原告方、被害人的量刑建议、请求或意见作为对被告人量刑的参考，最后根据被告人犯罪的事实、性质、情节和对社会的危害程度，依法对被告人处以刑罚。

（四）完善配套措施

1. 制定统一的量刑标准。为了保障检察官量刑建议的准确性和量刑辩论的实效性，有必要制定统一的量刑标准。检察机关可以协同法院将近几年来法院已判决的刑事案件，根据案件的性质、情节、裁判结果等内容进行分类整理，提取固定的量刑信息，建立动态的量刑信息数据库，并且适时更新，检法两院通过对数据信息的比对分析，找出量刑活动的规律性，根据具体的事实和情节对量刑在实体上进行细化，设定每一类甚至每一个罪名的量刑规格，包括确定在范围上的最低和最高限制以及在何种情况下允许超出最低、最高限等，保证量刑的精确化、精细化。

2. 构建独立的量刑证据规则。对量刑事实应当设置不同的证明标准：第一，对于定罪量刑混合事实和法定量刑情节的证明，应当设置一个较高的证明标准。在我国，由于控诉机关证明能力强大，辩方收集证据的能力和水平常常受到限制，且刑罚一旦实施于被告人即不可补救，因此，对于上述量刑事实，均应采用与定罪相同的证明标准，即达到"排除合理怀疑"的程度。特别是在可能适用死刑的案件中，只有在对被告人的罪行根据明确和合法的证据而对案件事实没有其他解释余地的情况下，才能判处死刑，这也是保障被告人合法权益的必然要求。第二，对于酌定量刑情节的证明，应当设置一个较低的证明标准。无论是对酌定从严情节还是酌定从宽情节的证明，只需达到高度的盖然性即可，即在证据对某一事实的证明无法达到确凿无疑的情况下，对盖然性较高的事实予以认定。换言之，如果辩方对酌定量刑事实举证，控方没有足够的证据否定对方证据时，人民法院应当结合案件情况，判断控辩双方提供证据的证明力哪一方更为明显，从而对证明力较大的证据予以确认。①

3. 完善律师辩护和法律援助制度。获得辩护律师的权利是以控辩双方寻求正义为基础的刑事司法制度的必要组成部分。为保障被告人的量刑辩护权，保障检察机关量刑制度的价值实现，应适当扩大指定辩护和法律援助的范围，

---

① 樊崇义：《定罪证据与量刑证据要区分》，来源：http：//www. law‐lib. com/LW/ lw_ view. asp？no＝21236&page＝

构筑法律援助网络，充分利用社会资源，建立起社会共同参与的法律援助工作格局，积极建立法律援助经费保障机制，广泛开辟法律援助资源，吸引更多优秀法律人才包括社会团体、法学院校有资格的优秀人才的参与，并加大法治宣传力度，不断提高社会弱势群体文化水平和法制观念。

公正与效率语境下的简易程序
出庭公诉机制探究

席正清[*]

第十一届全国人大五次会议通过了修改刑事诉讼法（以下简称刑诉法）的决定，规定适用简易程序审理的公诉案件，人民检察院应当派员出席法庭。从"可以出庭"到"应当出庭"的转变，可以看出这次关于简易程序出庭公诉方式的修改，着眼于追求司法公平的价值，更加符合现代诉讼规律。此前刑诉法关于简易程序的规定，分流简化了一部分刑事案件，节约了诉讼成本，提高了诉讼效率。但是，司法实践中对适用简易程序的案件，公诉人通常不出席庭审，这给检察机关行使法律监督权，保障被告人和被害人的权利，实现程序公正和实体公正，带来了一定的问题。从诉讼价值的角度，新刑诉法关于简易程序出庭公诉的规定，其实质是公正与效率之间相互妥协的产物。

一、现代司法诉讼效率与公正的价值取向

效率，原本是经济学的基本命题，亚当·斯密[①]首先将经济学的视野扩展到法学领域，开创了以效率为取向来评价法律制度的先河。现在，效率已成为衡量一个国家诉讼活动是否科学与文明的另一重要尺度。有的学者指出一切诉讼都应考虑经济合理性因素，这种要求主要与诉讼周期的长短、诉讼程序的繁简、司法资源的合理配置有关。[②]

"公正"即公平、正义、公道，《辞海》从微观上解释为"按照一定的社

---

　　* 兰州市七里河区人民检察院党组书记、检察长。

　　① 亚当·斯密（Adam Smith，1723 年 6 月 5 日（受洗）—1790 年 7 月 17 日），又译亚当·史密斯、亚当·史密夫，英国苏格兰哲学家和经济学家，他所著的《国富论》成为了第一本试图阐述欧洲产业和商业发展历史的著作。

　　② 陈光中、汪海燕：《刑事诉讼中的效率价值》，载樊崇义主编：《诉讼法学研究》，中国检察出版社 2002 年版，第 6 页。

会标准去待人处事的一种道德要求和品质"。司法公正作为现代司法制度的基本要求，具体包括审判程序公正和审判结果公正两部分。

效率的价值在于它追求资源的优化配置和有效利用的水平，促使有限资源产生最大化效益。一定程度上讲，只有追求效率才能保障司法公正，才能最大限度地达到预期的目标。效率的价值取向要求改革诉讼方式，减少诉讼环节、减轻当事人讼累，例如建立庭前证据开示制度、简易程序公诉人可以不出庭、减少法庭审理中质证、认证等，从而提高庭审效率、降低诉讼成本、缩短审理周期，提高诉讼效率。

公正的价值取向要求在诉讼程序方面应当做到以下几点：（1）控诉人和被告人以及当事人都是公平对抗的诉讼主体，控辩双方及当事人各方的法律地位平等；（2）裁判者应确保中立，不得先入为主；（3）对司法活动的监督。如检察机关的法律监督制度、公开审判制度等保证司法透明度。

二、效率优先下的检察监督缺失与审判职能错位

根据我国刑诉法和"两高"、司法部《关于适用简易程序审理公诉案件的若干意见》的有关规定，适用简易程序审理公诉案件，除了监督公安机关立案侦查的案件，人民检察院可以不派员出席法庭。可以这样说，公诉人不出庭支持公诉，这是我国现行刑诉法借鉴大陆法系国家适用简易程序审理公诉案件的特色之处。但是，不派员出席法庭支持公诉，作为法律监督者的公诉人又怎能对庭审过程是否合法、当事人的诉讼权利是否得到保障等情况及时地掌握？法庭是否告知被告人及其法定代理人提出新证据等依法享有的诉讼权利，这些权利的保障是不在场的公诉人难以掌握和监督的。这不仅影响到判决、裁定的实体是否公正的问题，而且影响到诉讼参与人特别是当事人对法律的信仰。

1. 检察监督缺失。宪法规定，检察机关是国家的法律监督机关，对刑事案件实行法律监督是检察机关的法定职责之一。在刑事诉讼过程中，检察机关对案件审理活动的法律监督主要表现在三个方面：一是出庭支持公诉；二是对错误裁判提起抗诉；三是对法院的违法行为发出检察建议或纠正违法通知。公诉人通过出庭活动，亲身体会、了解庭审活动，从而为抗诉、发出检察建议和纠违通知等监督行为奠定基础。但是，修改前的刑诉法规定适用简易程序审理的案件，庭审时只有独任审判员与被告人在庭，由法官一人承担着宣读起诉书、出示证据等公诉人的职责，甚至有时还需要向被告人及辩护人转述公诉人的意见。这样一来，不仅控诉与审判的权能划分不清，也很可能造成程序上的不完整。由于公诉人可以不出席法庭，审判员在司法实践实际操作中，一定程度上承担了反驳被告人及其辩护人的辩护意见的任务，容易导致法官产生为起

诉书和证据辩护的心态，不能完全居中裁判。同时，庭审法官集控、审两项职能于一身，容易导致法官身份错位，严重侵犯被告人的权利。例如，当被告人对犯罪指控无异议，却提出从轻或减轻处罚的辩解时，处于居中审判位置的法官就十分尴尬，或者由于辩护意见没有得到公诉人的反驳，法官本身又不能超越职权进行辩驳，只能采纳辩护意见；或者因为公诉人没有出庭，根据卷宗无法了解被告人具体是否存在从轻、减轻情节，为了最大限度地避免错误裁判，会要求被告人、辩护人举证证明，无形中将原本应当由公诉人承担的举证责任交给了被告人，增加了被告人的辩护难度。

2. 审判职能错位。公诉人不出庭，其导致的局面必然是由主审的独任法官来出示、宣读证据。此时的法官，既是形式上的控诉者，又是实际的仲裁者。这样一来，不仅控诉与审判的权能划分不清，亦很可能造成程序上的不完整。现代刑事诉讼中确立了控诉、辩护和审判三种最基本的诉讼职能，它们分别由三方诉讼主体承担，其分工和相互作用应贯穿于刑事诉讼活动的始终，使得控、辩、审三方"控审分离、审判者中立、控辩双方平等对抗"的现代司法理念雏形基本成形。然而，简易程序公诉人可以不出庭，使得控辩审三方的相互交涉变成了裁判者与被裁判者的对峙，将控辩审三角平衡结构打破的同时，又违背了法官中立、控辩平衡的一般原理，在事实认定方面的弊病更是显而易见：法官身份错位本身就是对程序公正的极大伤害。综观世界其他国家的简易程序体系，基本上只要开庭审理，检察官无一例外地都需要出庭指控。如英国的简易程序体系，一种是根据书面诉状直接裁判，另一种是治安法院采用简易程序审判，主要特点只是没有陪审团参加审判；美国的辩诉交易体系，不再经过正式审理而直接进入判刑程序；意大利的简易程序体系，法官可以直接根据侦查案卷、辩诉协议、处罚令直接判决，或者必须快速审理；日本的简易程序体系，明确要求必须听取控、辩双方的意见。① 这些国家的简易程序体系，虽然进行了诸多简化，也有一些不合理的地方，但是都建立在对控、辩、审充分分离的基础上，被告人的自主权、异议权、辩护权得到了充分的保障。

"公正与效率"是刑事诉讼法学中许多重要的理论与实践问题的落脚点。从宏观上看，整个刑事诉讼无非是诉讼公正与诉讼效率的统一，诉讼效率也是实现诉讼公正的要求和手段。当然，这两者之间又时刻存在尖锐的矛盾，因此，如何在二者之间寻求一种平衡，协调公正与效率的关系就成为刑事诉讼程序改革必须面对的问题。

---

① 王方林：《公诉人出庭是实现公正的基础保障》，载《检察日报》2007 年 1 月 9 日第 4 版。

三、公正价值下的公诉机制完善与法官角色还原

刑事诉讼活动中，设置简易程序主要有两大意义：首先，简易程序可以最大限度地减少诉讼成本保证法官集中精力处理双方分歧较大或者影响较大的案件，以充分实现公正。作为一种揭露犯罪、证实犯罪、惩罚犯罪的特殊社会活动，刑事诉讼的成本是较高的，而在一定时期内，国家给予司法系统的资源又是有限的，在有限资源的限定下要办理更多的刑事案件势必要降低每个案件的诉讼成本，而利用简易程序审理案件正是降低诉讼成本的可靠途径。简易程序节省了诉讼的时间，简化了诉讼的环节，诉讼成本必然降低。诉讼成本的降低使得司法机关能够利用有限的资源办理更多的案件，重点解决控辩双方分歧较大或者影响较大的案件，实质上是通过提高效率的方式，来更好地实现更多的公正。其次，简易程序本身通过快速处理达到最终公正。"迟来的正义非正义"，如果案件当事人在漫长的诉讼中所付出的物质、精神代价远远大于他所能从诉讼中得到的利益，那么即使最终法律还他以公正，这种迟来的正义对他而言已经失去了意义。通过简易程序迅速审判，无论是对于被告人还是被害人都是公正的一种体现。新刑事诉讼法中，适用简易程序审理公诉案件，公诉人从"可以不出庭"到"应当出庭"，是程序监督上的又一次改革，法官在简易程序中将不再承担既"控"又"判"的双重任务，而公诉人"控方"角色的归位，将可以对审判程序、判决结果等进行全方位的监督，同时使得法官专职履行审判职责，在形式上保障了诉讼程序的完整、公正。

按照刑事诉讼公正与效率的理论，公正是司法亘古不变的灵魂和生命，提高效率不能以牺牲公正为代价，无论是实体公正还是程序公正，都应当尽最大限度努力去实现，而公诉人出席法庭，无疑就是对公正的最有力的保障。

四、实现诉讼效益最大化，创新出庭公诉模式

任何一种法律程序，之所以是公正的，在很大程度上是符合效率原则的，至少和这一原则是不冲突的。一味地追求诉讼效率而使具有相对性的公正长期处于不稳定状态，将会带来很大的负面效应。具体来说：通过公正的程序而保障公正的裁判是最有效率的。公正的程序通过限制司法的恣意和任意的裁量，确保裁判者中立的地位，诉讼参加人平等地参与诉讼并充分表达其意见，促使裁判者公开审理案件并认真听取当事人的意见，严格认定事实，正确适用法律等，这些都能有效地保证裁判结果的公正性。

修正后的刑诉法规定，适用简易程序审理公诉案件，人民检察院应当派员出席法庭，一定程度上讲，将给公诉工作带来较大影响，需要检察机关积极应

对，有效解决。首先，是对公诉人办案观念的影响，要求公诉人树立开庭审理的刑事案件检察机关都必须出席法庭的观念和全程庭审监督的观念。其次，对公诉人的素质提出了更高的要求。如对案件事实是否清楚，证据是否充分的实体判断；对量刑建议能力的要求；对程序驾驭能力以及抗诉能力的要求。最后，简易程序出庭可能造成工作量的增加，对公诉工作的人力、物力提出了更高要求。但新刑诉法对于简易程序的规定，克服了公诉人不出庭造成的庭审诉讼结构的缺陷，凸显公诉权行使的完整性，增强了人民检察院指控犯罪的力度，强化了对简易程序案件的法律监督，避免了监督的盲点，是程序公正的重要体现。

简易程序的施行将对检察机关办理案件的相应工作机制带来转变。公诉部门应采取相对集中提讯、相对集中审查起诉、相对集中起诉、相对集中开庭等方式，适应简易程序的调整，探索建立快速办理工作机制，并尝试确定由相对固定的办案组或者专办人员来办理简易程序案件。但由于办案讲究亲历性，对检察官采用审控分离的方式则不合适，其可能导致公诉人员庭审中针对复杂案件的应对乏力。

为适应修改后刑诉法的要求，建立适用新简易程序工作机制，探寻适用新简易程序的有效工作方法，切实做好适用新简易程序工作，已成为各级检察机关公诉工作的紧迫课题。这里有必要对各地探索实行的公诉人出庭方式作一简单介绍。一是专职公诉人出庭模式。① 北京市海淀区人民检察院在大简易组内实行审查起诉与出庭公诉的职能分工，由专人负责集中出庭公诉。专职公诉人集中出庭不仅保证了较高的庭审效率，而且节省了数倍的人力，也减少了相应的物力投入，对节约使用有限的检察资源起到了重要作用，并实行6个月一换的轮岗制度。二是集中出庭公诉模式。② 2011年，上海市人民检察院专门下发了《关于"扩大简易程序案件公诉人出庭"试点工作的意见》，要求全市检察机关依托主诉检察官办案责任制，探索和建立"集中提起公诉"与"集中出庭公诉"相结合等工作机制。据悉，上海市检察机关简易程序公诉人出庭率已由2011年的1%上升到了36.8%，其中黄浦区、闸北区、闵行区、金山区4个区院出庭率已经达到100%。

简易程序公诉人出庭方式由于缺乏实践经验，各地检察机关的做法虽有不同，但总体上符合法律规定，其要旨在提高诉讼效率、维护当事人权益。我们

---

① 《试水简易程序专职公诉人出庭模式》，载《检察日报》2012年7月11日第3版。
② 《应对简易审新挑战，多地已经探索》，http://news.enorth.com.cn/system/2012/05/02/009151213.shtml。

有理由说，简易程序公诉人出庭，符合刑事诉讼的基本规律和原理，追求效率时做到不牺牲公正，其最重要的意义并不是指控犯罪，而是监督庭审程序，保障被告人的程序性诉讼权利。

建立侦查人员旁听庭审制度的思考

任耀东* 李和杰**

一、建立侦查人员旁听庭审制度的意义

(一) 刑事诉讼法修改对检察工作的影响

调查取证权、阅卷权、会见权等律师权利的明确,使得检察机关掌握的证据可以被律师获取,而律师自行收集的证据则可以直到法庭上才出示,检察机关可能面对更多的证据突袭,从而使得出庭支持公诉具有了更大的风险性。

北京市海淀区人民检察院与北京市律师协会签订协议,要求庭前双方进行证据开示,这固然是一种解决方法。但是,在更多没有此类协议的地方,如何应对前述风险,值得检察机关研究探讨。

检察机关一方面可以与律师、律师协会就证据开示问题进行相关约定,另一方面,也是更重要的,是应当从自身出发,提高审查起诉和出庭支持公诉的能力和水平,从而在律师获得更多权利的情况下确保公诉工作的有效完成。

然而,刑事诉讼法的修改对公诉工作的要求不能只靠公诉人自己去应对,还需要证据的来源、公诉的前一阶段——侦查工作同样获得改进。产生已久但一直未能真正形成制度的侦查人员旁听庭审就是需要改进的一个重要方面。

(二) 侦查人员旁听庭审的好处

旁听庭审,是一种已经诞生多年的工作机制。包括公诉部门的旁听庭审和侦查部门的旁听庭审等类型。其中最具好处也最被关注的是侦查人员旁听庭审机制。侦查人员旁听庭审的好处表现在:

1. 对侦查工作的促进

侦查机关立案侦查、破获案件的工作成果能否得到最后承认,必须最终通过法院审理案件的庭审活动来实现。同时,庭审活动又能充分暴露侦查人员的工作偏差与失误,使得旁听庭审成为提高侦查技能的绝佳机会。因此,侦查人

---

* 重庆市沙坪坝区人民检察院副检察长。

** 重庆市沙坪坝区人民检察院法律政策研究室干部。

员旁听公诉案件的法庭审判对于侦查工作具有极大的促进作用，具体表现在：

第一，旁听庭审可以帮助侦查人员树立起侦查活动为公诉服务的意识，从而提高侦办案件的质量。侦查与起诉的目的是一致的，都是为了揭露犯罪，惩治犯罪，但是，在直接目标上二者又有所区别。侦查阶段的目标侧重于缉拿犯罪嫌疑人，破获案件。而审查起诉阶段的目标侧重于全面审查犯罪事实、情节是否清楚，证据是否确实、充分，犯罪性质和罪名的认定是否正确，犯罪嫌疑人是否具有刑事责任能力，是否应追究其刑事责任。实践中，有的侦查人员往往在犯罪嫌疑人归案后便认为大功告成，而在诸如关系作案次数、数额等的证据方面却不太注意收集，导致与法庭最终认定上的不一致。旁听庭审能帮助侦查人员正确理解"破案"的标准与"定罪量刑"标准的区别，从而使侦查人员在各种证据上下工夫，把案件办成铁案。①

第二，旁听庭审可以提高侦查人员的证据意识和侦查能力。侦查人员参加旁听，可以使他们更加直观地了解哪些证据被采用，哪些证据未被采用，使今后再办理这类案件时知道应重点收集哪方面的证据。通过参加旁听，也缩短了他们与审查起诉部门之间对案件证据认识的距离。② 时至今日，依然存在这样的情况：在审查起诉环节，公诉人常常根据案件情况要求侦查机关补充侦查和说明情况，侦查人员有时带有怨气，认为公诉人是故意刁难，或者不予重视，拖沓办理。有时就会出现两次退回侦查机关补充侦查后检察人员却没有获得任何新证据的尴尬境地。侦查人员旁听庭审，可以充分体会到法庭审理对公诉人的要求：公诉人在开庭时必须对案件的事实、证据及侦查过程全面掌握，证据必须确实、充分，从而促使侦查人员提高侦查活动的证据意识。

不仅如此，旁听庭审中，侦查人员还可以通过法庭调查阶段的证据举示和法庭质证对自己所办案件进行一次回顾，查找侦查环节上存在的漏洞；也可以通过公诉人、辩护人和法官对此案在法学理论与司法实务等方面的辩论，提高自己的法律水平，并在今后的侦查工作中具有更加开阔的思路，从而使侦查能力获得全方位的提高。

第三，旁听庭审可以促使侦查人员依法办案、认真办案。对侦查活动是否合法的监督、对证据证明力的确定、证据取得的合法性的确认等情形，都将通过庭审活动反映出来。如侦查人员制作讯问笔录未经犯罪嫌疑人阅读即让犯罪嫌疑人签名，询（讯）问笔录上漏签侦查人员姓名或未注明制作笔录时间等问题，在法庭上经常被犯罪嫌疑人及其辩护人指出，用以否定公诉方证据的合

---

① 牛占武、张建山：《侦查人员旁听庭审好处多》，载《人民检察》1998 年第 10 期。

② 张韬等：《侦查人员旁听庭审有三重效果》，载《检察日报》2008 年 2 月 3 日。

法性。① 在实践中，曾经出现过这样的情况：犯罪嫌疑人在讯问笔录上签字时故意潦草模糊，侦查人员也没有仔细审查，结果在该份讯问笔录被作为证据移送审查起诉之后，犯罪嫌疑人辩解说其所签内容为："以上笔录与我所说不相符。"搞得侦查人员哑口无言。旁听庭审，让侦查人员亲身感受自己收集的证据由于程序瑕疵等问题被法庭不予采信而对打击犯罪带来的负面影响，有助于促使侦查人员自觉依法办案，杜绝工作疏忽。

2. 对公诉工作的促进

哪怕从侦查阶段解决了证据收集等若干问题，公诉人依然需要直面被告人及其辩护人，必须承担证据突袭等风险。刑事诉讼法的修改给公诉人带来了更大的压力，提高公诉人出庭支持公诉的水平成了亟须解决的任务。而侦查人员旁听庭审，则将为公诉工作带来极大的助力，表现在：

第一，侦查人员旁听庭审可以对公诉人提供现场支持。

在法庭调查和辩论过程中，证人当庭翻证，被告人提出新的证据，往往会影响到犯罪事实和犯罪情节的认定。由于个别案件中公诉人对整个案件未吃透，对一些案外的情况不了解，被告人和证人当庭出示新的证据后，公诉机关不得不采取延期审理等手段，之后再与侦查部门沟通了解情况。这样，不仅使公诉机关处于不利地位，也助长了被告人的狡辩心理。如果侦查人员在场，就可以及时向公诉人说明情况或指明在哪份笔录中有驳斥其说谎的证据，使公诉人得以向法庭说明。②

第二，侦查人员旁听庭审可以促进公诉工作完善。

侦查人员旁听庭审之后，还可以通过庭后评议、案例研讨等方式总结公诉人出庭支持公诉的成败得失、经验教训，让公诉人从不同的视野看问题，从更多的角度探寻公诉工作中存在的不足，从而促进公诉工作水平的提高。

总之，侦查人员旁听庭审是对所办案件的一次全面检阅，侦查人员能够通过旁听庭审衡量自己所办案件质量的高低，总结个案的经验教训，从实践中积累经验，克服不足，不断提高侦查水平；③ 同时，侦查人员旁听庭审也将推动侦诉协作，为公诉人提供现场和庭下的强劲支持，让侦查人员与公诉人在法庭审理中出现的各种问题面前更加紧密地携起手来。建立侦查人员旁听庭审制度将同时推动侦查工作和公诉工作的完善，促成侦查目标与起诉目标的统一，使侦查工作成为成功提起公诉的坚实基础，使公诉工作成为实现侦查成果的有力

---

① 牛占武、张建山：《侦查人员旁听庭审好处多》，载《人民检察》1998 年第 10 期。
② 张韬等：《侦查人员旁听庭审有三重效果》，载《检察日报》2008 年 2 月 3 日。
③ 张正新、杨祥湖：《建议侦查人员旁听庭审》，载《人民检察》2002 年第 1 期。

保障。

二、从机制到制度——国内旁听庭审制度现状分析

过去的相关著述中，更多谈论的是旁听庭审作为一种工作机制具有的好处，没有将其作为一种制度来考量，更缺乏实际操作研究。

《现代汉语词典》中对"机制"一词的解释是"机器的构造和工作原理；有机体的构造、功能和相互关系；泛指一个复杂的工作系统和某些自然现象的物理、化学规律"。而"制度"一词的是"要求大家共同遵守的办事规程或行动准则；在一定历史条件下形成的政治、经济、文化等方面的体系。"

从概念中可以看出，制度比机制更具有确定性、稳定性、明确性和强制性。过去，侦查人员旁听庭审更多的是一种被认为对工作具有好处的工作方式、方法，而没有形成固定的规定，没有被检警机关统一实施。要真正落实这种科学有效的工作方法并实现其好处，就必须将其形成制度，使之成为刑事诉讼实务中相关人员的行为准则和规范。

（一）国内相关实务

近年来，实务界越发重视旁听庭审，并加快了制度建设。我国各地检察机关、公安机关出台了一些相关规定，开始将这一机制向制度化方向大力推进。

1. 检察机关的实践

为保证案件在整个诉讼环节顺利进行，黑龙江省哈尔滨市道里区检察院反贪部门适时推出"一案一听审"制度。①

2007 年，山东省临沭县检察院开始举行听庭研讨会，并将"听庭"研讨制度化。每次听庭后，都组织有关人员进行集中研讨，重点针对庭审中出现的有关问题，逐一分析研究，变"自我提高"为"整体受益"。具体方法是，先由案件承办人说明情况，再由其他人阐述观点，最后形成结论，并形成书面文稿，发到每位检察官手中，以供他们学习借鉴。②

安徽省五河县人民检察院开展多种形式的听庭活动，在"听"字上下工夫，逐步建立和完善了听庭制度。③

2. 公安机关的实践

依照 2007 年出台的《抚顺市公安局出庭应诉、旁听庭审和案例点评暂行

---

① 张韬等：《侦查人员旁听庭审有三重效果》，载《检察日报》2008 年 2 月 3 日。

② 卢金增：《山东临沭：将"听庭"研讨制度化》，载《检察日报》2008 年 1 月 8 日。

③ 安徽省五河县人民检察院：《开展听庭活动提高公诉水平》，载《人民检察》1999 年第 1 期。

规定》，抚顺市公安局执法民警旁听人民法院庭审已形成制度。具体措施包括：各分县局及相关单位主管办案的负责人每年至少旁听庭审一次；参与办案的刑侦、治安、预审、法制部门和基层派出所的负责人每年至少旁听庭审两次；市公安局的法制部门从今年起每年挑选疑难、复杂或影响较大的刑事案件、行政案件各 3 件，组织各执法单位的民警参加旁听；分县局及相关单位按规定每两月组织一次本单位的民警旁听行政诉讼案件的庭审，未发生行政诉讼案件的单位，组织本单位民警旁听刑事诉讼案件的庭审；按规定负责承办庭审案件的派出所、执法办案单位的主办民警、协办民警，负责审理该案的预审部门的民警、负责审核该案的法制（治安）部门的民警必须到庭参加旁听；办案民警旁听后要结合调查或侦查取证工作、执法办案程序等，对比案件庭审情况写出书面的办案自评，总结经验，查找不足，务求实效，防止旁听工作流于形式。①

2007 年，北京警方"执法民警旁听法院庭审"活动正式开始。北京警方将借助人民法院司法审判平台，要求执法民警旁听行政和刑事诉讼案件审理。承办庭审案件的北京各派出所、主办民警与协办民警、预审民警，开庭时必须到庭旁听；北京警方各分局主管办案的负责人，每年至少旁听庭审一次；参与办案的刑侦、治安、预审、法制部门和基层派出所负责人，每年至少旁听庭审两次。除以上定量要求之外，市公安局法制办每年还将选出疑难、复杂或影响较大的刑事、行政案件各两件，要求各执法单位民警参加旁听。旁听后，每位民警都需对比案件庭审情况，写出书面办案自评。②

2007 年江西省出台《江西省公安机关民警旁听庭审规定》，规定人民法院公开审理涉及公安机关的国家赔偿、民警维权、行政诉讼等 6 类案件时，相关单位必须组织民警旁听庭审。这 6 类案件分别是本单位办理的重大、复杂、疑难刑事案件；本单位办理的与检察机关意见不一致，后经复议、复核提起公诉的案件；本单位涉及的行政诉讼案件；本单位涉及的国家赔偿案件；本单位涉及的民警维权案件；本单位办理的其他典型案件。此外，上级公安机关认为下级公安机关办理的案件有典型意义的，可以组织本机关和其他下级公安机关民警旁听。案件承办人、办案单位负责人、案件审核人、案件审批人 4 类人员原则上应当参加旁听。主要执法部门和法制部门的民警每人每年旁听庭审不得少于两次，市、县公安机关领导干部和其他执法部门、执法监督部门民警每人每年旁听庭审不少于一次。庭审结束后，组织旁听的法制部门或单位负责人可

① 张永兵：《执法民警旁听法院庭审形成制度》，载《抚顺日报》2007 年 6 月 9 日。
② 王姝：《执法民警旁听疑犯庭审》，载《新京报》2007 年 1 月 13 日。

以组织旁听庭审的民警召开案件研讨会，对案件进行认真总结、分析，汲取成功经验、找出存在的问题与不足。法制部门对庭审中发现的侦查活动存在的严重执法问题应当做好记录，纳入执法质量考评范围。①

3. 法检公联合开展的实践

2007年，河南省周口市中级人民法院、周口市人民检察院和周口市公安局联合下发通知，决定在全省率先对重大刑事案件庭审制度作出较大改革，对有重大社会影响的刑事案件，特别是命案，开庭时，公诉部门邀请公安机关主办侦查人员旁听庭审全过程。对于提起公诉的一般刑事案件，检察机关在接到人民法院的开庭通知后，主诉检察官有权决定通知公安机关刑侦部门的案件主办侦查员参加庭审。公诉部门负责人根据案件需要，可以要求侦查人员旁听庭审。同时，公安刑侦部门负责人也可以向公诉部门提出旁听庭审要求，主诉检察官在接到出庭通知后应当予以通知。规定要求，检察机关决定或者公安机关要求参加旁听庭审的案件，除法律另有规定外，人民法院应当发放旁听证，待旁听者接受安检后允许旁听。公安机关刑事侦查部门的主办侦查员接到通知后，必须参加旁听庭审。庭审后，主办侦查员可以和审判人员、出庭公诉人员及时沟通，剖析原因，制定对策。②

（二）国内实践的经验和不足

这些国内各地的实践取得了大量有益经验，表现在：

第一，加强重视程度，制定相关规定。各地检察机关和公安机关不断加强对侦查人员旁听庭审工作的重视，以规定、通知等形式将旁听庭审初步作为一项制度予以确立，开始将侦查人员旁听庭审工作纳入制度化、法治化轨道，使这项工作具有了更为明确的法律依据。

第二，确定了旁听人员和案件范围，将方式、方法具体化。各地在相关规定中根据工作需要初步明确了旁听庭审的参加人员和旁听案件的范围、频率等，明确了对各部门、人员的要求，使这项工作能够规范化开展。

第三，注重评审总结，纳入考评范围。各地高度重视旁听庭审之后的沟通、交流，以评审总结、纳入考评范围等方式加强旁听庭审工作的实际效果，务求使旁听庭审发挥出有效的促进作用。

而这些已有实践中仍然存在着大量的不足，包括：

第一，制度化脚步不统一。各地制定的规范法律层级较低，条文规范性有待提高；规则的制定机关各自为政，检察机关、公安机关往往根据自己的工作

---

① 王若刚：《公审6类案件须组织民警旁听》，载《新法制报》2007年7月13日。

② 夏吉春：《警方旁听重大刑事案件庭审》，载《人民公安报》2007年6月7日。

需要制定规则，缺乏沟通协调，不利于检警协作发挥这一制度的最大功效。

第二，可操作性依然不强，随意性较大。现有的一些规定中，对于旁听人员、次数的规定较笼统，比如"领导每年至少旁听一次"这样的规定，既缺乏可操作性，也难以保证规定得到贯彻执行。

三、侦查人员旁听庭审制度的构建

在 2008 年重庆市第二次检察工作会议上，余敏检察长明确提出要建立侦查人员旁听庭审制度，将其上升到了"制度"的高度。笔者认为，应当以刑事诉讼法修改为契机，以余敏检察长讲话为指导，以重庆市检察实务工作为依托，借鉴国内各地有益经验，在重庆市率先建立较高层级的侦查人员旁听庭审制度，从而提高侦查与公诉工作的配合衔接，提高侦查机关对证据的收集水平和公诉工作水平，从整体上提高刑事司法工作的质量。

（一）旁听庭审的参加人员

公安机关的旁听人员应当包括：分管领导、承办人员和法制部门工作人员。分管领导包括：公安机关分管办案的领导干部、派出所负责人。承办人员包括：案件主办人员、协办人员、预审人员。法制部门工作人员包括：案件复核人员、执法监督人员。

检察机关的旁听人员应当包括：分管领导、承办人员。分管领导包括：检察长、分管职务犯罪侦查的副检察长。承办人员包括：主办检察官、协办检察人员。

但并不是要求每次旁听上述所有人员均到场，应根据案件的不同选择不同人员到场旁听。分管领导应当根据工作需要旁听庭审。承办人员并不仅仅旁听自己承办的案件，还应旁听一部分其他人承办的案件。有复议、复核情况时，复议、复核的人员应当旁听庭审。

（二）旁听行为的发起

旁听行为既可以由公诉部门发起，也可以由侦查部门发起。

1. 公诉部门通知或者要求

公诉部门认为适宜侦查人员旁听庭审的案件，应当通知侦查部门。公诉部门认为侦查人员必须旁听庭审的案件，应当要求侦查部门派员旁听，侦查部门应当派员旁听。

2. 侦查部门要求

侦查部门认为应当旁听庭审的案件，可以向公诉部门提出要求，公诉部门应当通知侦查部门开庭时间地点等相关情况。

（三）旁听案件的选择

每年大量的刑事案件审判不可能全部要求旁听，因此选择案件就是这一制度可操作性中最重要的环节，应当根据案件办理情况确定哪些案件应当旁听。

1. 自侦案件数量相对较少，因此可以一案一听

以重庆市沙坪坝区人民检察院为例：各办案组平均数量并不大，出于"磨刀不误砍柴工"的考虑，应当派遣侦查人员每案必听。对于具有数额巨大、情节严重等情节的案件，分管领导、主办检察官应当旁听，由各地根据当地实际情况确定标准。

2. 公安机关办理的刑事案件数量较大，应当综合考察案件数量、开庭数量等情况确定比例进行旁听。

主要标准：罪名类别。根据刑法划分的罪名类别，以该类案件数量在所有案件数量中所占的比重确定旁听比例。

辅助标准：不诉案件、退查（第一时间处理不到位）案件、撤回案件。这些处理结果反映了侦查人员的证据收集、固定能力和案件处理水平，在出现这类情况较多的案件中，应当着重旁听，分析查找问题出现的原因，提高办案质量。

同时，应当根据当年度办案情况决定下一年度旁听案件的分配比例，每年调整。

（四）旁听之后的评议、反馈工作

旁听庭审结束后，旁听庭审的侦查人员应当开展评议、总结、反馈信息等工作，将旁听庭审的效果落到实处，推动工作完善。

1. 侦查部门自行评议

侦查部门人员可以自行组织评议，就办案情况进行总结，提炼成功经验，查找问题和漏洞。对于侦查人员在办案过程中出现的违法违纪或者相关执法问题，由法制部门进行处理。

2. 侦查部门与公诉部门交流

侦查部门可以与公诉部门共同进行评议，双方就案件办理情况、证据情况等进行交流，相互查找问题、提出意见和建议，加深了解和信任，促进双方工作的共同完善。

3. 侦查部门应当制作规范化的《旁听庭审总结、反馈表》，内容包括旁听时间、案件情况、旁听人员情况、收获与反思、改进意见反馈情况等。表格应由法制部门统一发放、收取，每次旁听庭审之后由旁听人员填写，并将该表格作为年终考核内容之一，从而既可以统计旁听工作的完成情况，又可以促进旁听工作的落实。

比较视野下的全卷移送

张际枫[*]

2012 年新修订的刑事诉讼法（以下简称"新刑诉法"）第 172 条规定，对于侦查终结移送起诉的案件，人民检察院审查后认为"犯罪嫌疑人的犯罪事实已经查清，证据确实、充分，依法应当追究刑事责任的，应当作出起诉决定，按照审判管辖的规定，向人民法院提起公诉，并将案卷材料、证据移送人民法院"。这一规定形式上似乎是否定了现行刑诉法第 150 条关于起诉时移送"证据目录、证人名单和主要证据复印件或者照片"的规定，恢复了 1979 年刑诉法中有关向法院移送全部卷宗的做法。然而，这样简单地理解"全（案）卷移送"，[①] 显然无助于正确贯彻落实"尊重和保障人权"等宪法和刑诉法确立的根本原则，实现刑事法治的发展进步，需要更深入地把握其修改根源和实施应对。

一、"部分卷宗移送"的提出与实施中的衰落

1996 年修订刑诉法时，有鉴于 1979 年刑诉法中关于全卷移送带来的所谓弊端，贯彻增加抗辩制因素的理念，对职权主义下的卷宗移送主义与当事人主

---

[*] 北京市人民检察院第一分院研究室主任。

[①] 关于刑事一审程序中检察机关将案卷材料、证据移送法院这一活动，有多种概括性地描述方式，如"全卷移送"、"全案移送"、"职权主义卷宗移送方式"、"卷宗移送主义"等（参见后文相关引注所示）。本文认为有关的讨论主要针对以书面卷宗形式出现的办案材料和证据材料，特定的物证的移送与此处讨论的内容有所区别（"司法实践中，由于种种原因，办案机关移送给法院大多是一本卷，涉案财物多数未随案移送。"参见黄太云：《刑事诉讼法修改释义》，载《人民检察》2012 年第 8 期，第 5 页。）。因此，在本文范围内，"卷"能够更直观地反映该项活动的形式特点，故采"全卷移送"来表述，但不排除其他表述，引注中也不作一一标注予以区分，特此说明。另外，刑事二审程序中的卷宗移送和使用问题与一审尚有不同，本文暂不讨论，可参见陈瑞华：《刑事诉讼的中国模式》，法律出版社 2008 年版，第 155—195 页。

义下的起诉书一本主义予以折中，规定提起公诉时检察机关应向法院移送"证据目录、证人名单和主要证据复印件或者照片"。其主要理由是，由于案件主审法官在审查检察机关移送的案卷材料时，不仅对侦查过程和侦查机关收集证据的情况了如指掌，而且对侦查机关制作的案卷笔录和相关证据也产生了明确的认识，并由此而对案件产生明确的认知，从而在开庭前就对案件进行了实质性审查，造成的结果是，法官审查后认为案件符合开庭条件了，也就意味着对被告人实施犯罪形成了内心确信，[1] 这就进而导致法庭审判流于形式，开庭成了走过场；它与庭、院长审批制和审委会讨论决定制等结合起来，造成了严重的"先定后审"、"先判后审"。解决这一严重问题的出路，就是废除庭前实质审查，避免法官庭前阅卷形成预断，借鉴日本引进起诉书一本主义改革的经验，同时，保留庭前审查公诉的制度，尊重中国司法体制的实际，将"实质审查"改革为"形式审查"，方式即为移送证据目录、证人名单和主要证据复印件或者照片。[2] 法律修改甫一完成，"获得了理论界和实务界的一致追捧"，认为这是结合了我国实际，吸收了起诉状一本主义和卷宗移送主义的某些合理因素，能够一定程度上扼制普遍存在的"先定后审"、"庭审走过场"等弊病，并可以促使法官提高业务素质，增强控、辩双方的对抗性，从而保证审判程序的公正性和判决的客观性。[3]

然而，这一法律规定出台未久，就在实践中遇到挑战，并在随后的法律文件中陆续被削弱。刑事诉讼法于 1997 年 1 月 1 日正式实施后仅一年，最高人民法院、最高人民检察院、公安部、国家安全部、司法部、全国人大常委会法制工作委员会就在《关于刑事诉讼法实施中若干问题的规定》中明确规定，"人民检察院对于在法庭上出示、宣读、播放的证据材料应当当庭移交人民法院，确实无法当庭移交的，应当在休庭后三日内移交。对于在法庭上出示、宣读、播放未到庭证人的证言的，如果该证人提供过不同的证言，人民检察院应当将该证人的全部证言在休庭后三日内移交"。同时还规定，"对于适用简易程序审理的公诉案件，无论人民检察院是否派员出庭，都应当向人民法院移送全部案卷和证据材料。"考虑到很多基层法院的简易程序案件占到全部公诉案件的半数左右，而基层院的办案量又占全部案件总数的 80% 以上，这就意味

---

① 陈瑞华：《刑事诉讼的中国模式》，法律出版社 2008 年版，第 111 页。

② 陈瑞华：《刑事诉讼的中国模式》，法律出版社 2008 年版，第 111—113 页；孙远：《卷宗移送制度改革之反思》，载《政法论坛》2009 年第 1 期，第 167 页。

③ 王彧：《我国刑事诉讼卷宗移送方式的困境及其改革出路》，载《时代法学》2006 年第 1 期，第 57 页。

着近半数案件已经恢复为全卷移送了；对于当庭和庭后移送卷宗的案件而言，也使得庭审的实质性大打折扣，审判法官依赖检控机关提供的书面材料而不是当庭获得的证据来作出判决的实践取代了制度设计者所作的规划。之后，最高人民法院、最高人民检察院、司法部于 2003 年制定了《关于适用普通程序审理"被告人认罪案件"的若干意见（试行）》，进一步规定了"对于决定适用本意见审理的案件，人民法院在开庭前可以阅卷"。由此，对于绝大部分案件来说，法院均可以合法地在庭前获得全部案卷材料和证据；① 对于那些不能依照上述法律法规和司法解释获得的卷宗材料，通过沟通协调、借阅等方式，法官基本也可解决庭前阅卷的困难。至此，刑诉法第一次修订时确定的"部分卷宗移送"制几乎名存实亡，此次修订刑诉法，看上去更多的是对这一实际情况的确认。

可是，对于这一"实践反对理论"② 的典型实例，止步于表面上的认知是远远不够的，对于执行好新刑诉法也可能是有损害的，特别是由于新刑诉法对证据制度、辩护制度和审判制度等作出了大量的修订完善，更需要将全卷移送置于刑事诉讼制度的整体中给予更为深刻的理解。

二、卷宗移送方式的比较与解读

针对法官开庭前预断和庭审形式化而制定的部分卷宗移送制度，自始就没有得到有效执行，之后又被不断侵蚀，以至彻底消亡，令人不禁思考，是卷宗移送方式的规定本身有问题，还是防止法官预断或避免庭审形式化的目标有问题？抑或是二者相互影响导致这一结果？换言之，全卷移送的合理性何在？对此，笔者试作以下分析。

（一）全卷移送符合诉讼制度的目的并有利于各相关制度的协调统一运作

新刑事诉讼法开宗明义，在第 2 条"任务"中把"保证准确、及时地查明犯罪事实"作为首要任务，而"法庭审判程序专为查明案件事实量身定做"，③ 对此，各国并无分歧，区别在于"对实现真实之具体方法上的不同认

---

① 根据最高人民法院公布的 2010 年办案数据，当年生效的刑事判决共 656198 件 1007419 人，其中判处 5 年以上有期徒刑至死刑的 159261 人，参考这一数据也可推测出，属于可全卷移送的案件占刑事案件的绝大多数。

② "实践反对理论"一语出自周光权教授，参见陈兴良、周光权：《刑法学的现代展开》，中国人民大学出版社 2006 年版，第 10 页。此处借用其表示理论与实践矛盾的现象，无褒贬之义。

③ 孙远：《卷宗移送制度改革之反思》，载《政法论坛》2009 年第 1 期，第 167 页。

识"。① 其中，就卷宗移送方式与审判方式相协调而言，大体上可从当事人主义和职权主义两种诉讼模式角度来看。以当事人主义诉讼模式的代表美国为例，其采用起诉书一本主义而不采卷宗移送主义的前提是，"约85%至90%的刑事案件都通过辩诉交易而获得解决"，② 法官是否庭前获知证据对于定罪没有影响，事实上法官可以不受限制地接触证据；③ 其余案件通过证据开示、大陪审团审查起诉、预审法官审查等配套制度的审核通过，到开庭审理时，被告人有权获得陪审团审判，陪审团当庭获知的均为经过法官审查后合法的证据，且陪审团只对事实认定负责；所谓的防止预断，主要是防止陪审团事先获知证据而对案件事实产生预断，对于法官来说，事先获知证据是必然的，预断也是允许的，但由于陪审团决定是否有罪，这种预断对于定罪不产生决定性影响，例如著名的辛普森杀人案中，主审法官认为被告人有罪，但由于陪审团作出无罪裁决，他也只能无奈地接受。相反，在职权主义的典型国家德国，其《刑事诉讼法》第155条第2项规定，"法院有权并且有义务在这些（即起诉书指控的）范围内独立行使职权。"第244条第2项也规定，"为了发现真相，法院应该依照职权对所有对判决具有重要意义的事实和证据进行调查。"为此，检察官起诉时要将全部卷宗移送法院，而法官"只有在开庭审理之前熟读案卷，做到心中有数，才能指挥和驾驭庭审过程，才能依职权主动地开展证据调查活动，才能履行其查明案件事实真相的职责"；④ "为了履行澄清事实的义务，德国法官需要阅读（由警察制作的）调查卷宗，并且在此基础上形成审判的大致思路；而且，主审法官几乎毫无例外地在作出开庭审判决定的时候就已大概确定了判决的可能内容。"⑤ 在采用严格的起诉书一本主义的日本，由于其职业法官主审和公诉审查制度的缺失等因素，导致其起诉书一本主义"根本不能发挥其在英美法系刑事诉讼中所具有的防止法官预断和保障庭审实质化的功能。司法实践也已经证明，日本的起诉状一本主义既不能充分保障被

---

① 孙远：《卷宗移送制度改革之反思》，载《政法论坛》2009年第1期，第167页。

② 宋英辉、孙长永、朴宗根等：《外国刑事诉讼法》，北京大学出版社2011年版，第87页。

③ "在美国，轻罪案件一般不经公诉审查，而直接进入治安法院由治安法官主持庭审。治安法官可以在庭前完全接触轻罪案件的证据材料。"参见沈源洲：《论起诉状一本主义的功能缺失》，载《铁道警官高等专科学校学报》2011年第1期，第78页。

④ 张泽涛：《我国现行〈刑事诉讼法〉第150条亟需完善》，载《法商研究》2001年第1期，第128页。

⑤ 宋英辉、孙长永、朴宗根等：《外国刑事诉讼法》，北京大学出版社2011年版，第269页。

告人的权利从而损害了公正，又由于拖沓的审判程序的存在从而也降低了效率，是一种公正与效率均失并且进退两难的公诉方式"。①

以上正反两方面的实践表明，卷宗移送方式与案件审理方式及其他相关制度必须协调统一，才能实现查明事实、正确适用法律的诉讼目标，"实践反对理论"只是对这一原则的正确贯彻而已；并不存在普世适用的特定的卷宗移送方式，片面地借鉴或移植也难以成功。就我国的刑事司法体制和新刑诉法的制度设计而言，法官和检察官、侦查警察都负有以事实为根据、以法律为准绳来办理案件的义务，法官主持法庭审理活动、查明案件事实的职责要求其开庭前审阅案卷，以把握庭审重点，并"发现证据中存在的疑点，以便及时建议检察机关进行补充侦查，有助于全面查清案件事实，提高诉讼效率，最大限度地实现实体公正"；② 新刑诉法有关律师辩护、证据开示、庭前准备等配套制度的补充完善，能够与全卷移送协调配合起来，共同服务于发现事实、公正司法的目标。

（二）法官的合理"预断"应予适当维护

关于法官审前预断的问题，可从两个层面上讨论。其一，"预断"二字本身并非贬义，预断的内容完全可以是全面、客观的，而不一定是否定、负面的，因此，指责主审法官由于开庭前接触了案卷材料和证据，就会形成有罪确信，进而造成先定后审、庭审走过场，这一推理过程和结论看来至少是值得怀疑的，法官阅卷后所形成的"预断"未必是被告人有罪，反倒很可能是如上所述的对案件事实的全面把握和对疑点的正确判定，为庭审提供更扎实的基础；对于被告人认罪案件来说，这种预断甚至是"符合被告人尽快摆脱诉累和获得从轻处罚的利益的"。③ 对于这样的"预断"，其合理性有必要坚持。相反，仅仅移送部分案卷，尤其是法官如果只接触到控方移送的有罪证据，更容易形成片面的、有罪的预断，更不符合司法公正的要求。

其二，法官对案件产生预断是不可避免的客观存在。从抽象的意义上说，凡是经过侦查、审查起诉后提交到法院要求进行审判的刑事案件，必然是被警察、检察官认定为构成犯罪、应予刑罚惩罚的案件；即使是构建了预审法官与主审法官分离的审查机制，也无法排除这一预断，甚至由于经过本院预审法官

① 沈源洲：《论起诉状一本主义的功能缺失》，载《铁道警官高等专科学校学报》2011年第1期，第81页。

② 黄太云：《刑事诉讼法修改释义》，载《人民检察》2012年第8期，第42—43页。

③ 刘家琛主编：《刑事诉讼法及配套规定新释新解》（下），人民法院出版社2005年版，第1426页。

的审查后仍然提交审判，更强化了这一预断；这与司法官员秉承无罪推定原则来执法办案并不矛盾，正如"德国联邦最高法院认为，无罪推定原则并不代表在法院作出有罪判决确定前，要强制其接受犯罪行为事实没有发生的推测，因此以判断犯罪嫌疑为基础的强制措施，无论是为了确保程序或预防作用，并非法所不许，无罪推定原则的要求并不禁止有罪判决确定前对被告犯罪嫌疑的认定"。① 就实践中而言，采取起诉书一本主义的日本有98%以上的被告人是通过简易程序处理的，"所谓起诉状一本主义不适用于简易程序"，起诉时除起诉书外，检察官还必须向法院提交简易程序命令所需要的其他文书和证据物，② 法官开庭前必然已有初步判断；"并且日本起诉状一本主义的法律和实践也无法解释为什么只在部分案件中防止法官预断而不及其他"，因为事实上法官通过审查羁押或保释、审查当事人请求提交的证据是否有证据能力等都可以接触到证据，形成预断。③ 恰恰是在全卷移送的德国，正视法官预断的可能性，设置了多重机制防止法官恣意行使职权，"比如，赋予控辩双方的证据调查申请权以制衡法官职权；要求法官于判决书内详细论证其自由心证的过程；通过设立事实审的上诉审查机制对法官的事实认定予以制约等等。诸如此类的各种措施，使职权主义诉讼得以一直维持其法官职权调查的基本特征，其他制度可以说均是直接或间接地围绕这一基本特征而设。在这样一套制度逻辑下，所谓全案移送制度的弊端基本上是不存在的，即使有，也已经被抵消了。"④

可见，法官开庭审理前对案件形成预断是不可避免的，关键在于通过程序设计防止片面预断、错误预断，而不是寄希望于不向法官移送案卷材料和证据。

（三）完成庭前准备程序需以全卷移送为条件

关于提起公诉后、开庭审判前是否需要对公诉内容进行一定形式的审查，为开庭审理做好准备，在理论上和实践中都有争论。一些西方国家采用了公诉审查的程序设计。所谓公诉审查是指检察机关提起公诉后、法院审判前，由法院对起诉进行审查，以判断起诉是否符合法定起诉条件。"无论是英美还是大

---

① 转引自韩红兴：《我国刑事公诉审查程序的反思与重构》，载《法学家》2011年第2期，第118页。原文参见杨云骅：《刑事诉讼法起诉审查制度若干疑义之检讨》，载《台湾本土法学》2002年第7期。

② 此处的案件数字和论述引自〔日〕松尾浩也：《日本刑事诉讼法》（下卷），张凌译，中国人民大学出版社2005年版，第319—324页。

③ 沈源洲：《论起诉状一本主义的功能缺失》，载《铁道警官高等专科学校学报》2011年第1期，第79—80页。

④ 孙远：《卷宗移送制度改革之反思》，载《政法论坛》2009年第1期，第168页。

陆国家，都有一个共同的发展趋势，即法院有权对公诉机关的起诉决定进行一定程度的司法审查……这种司法审查，是在正式开庭审判之前，由专门的法官进行的预备性审理活动，它们有完整的诉讼构造，控、辩双方在该程序中还享有相应的诉讼权利。"① 区别主要在于程序名称上，有的称"预审程序"（法、美、英等），有的称"中（居）间程序"（德）等。

新刑诉法修改过程中，关于人民法院对检察机关提起公诉的案件做何种审查有过热烈的讨论。最高人民法院和一些专家学者认为，"根据现行刑事诉讼法的规定，人民法院对检察机关提起公诉的案件只作形式审查，只要检察机关起诉时具备法定的形式要件法庭就应当开庭审理，这为检察机关滥用起诉权提供了'便利条件'。一些案件由于证据不确实、不充分，根本达不到定罪标准，检察机关仍然起诉，法院必须开庭审理，既浪费了司法资源，又影响了司法公正。"② 但也有意见认为，检察院作为代表国家对犯罪提起公诉的机关，拥有决定对案件是否起诉的权力。对于决定起诉的，法院无权驳回，如果法院审理后认为无罪，可以宣判无罪或者作出"证据不足，指控的罪名不能成立的无罪判决"。立法机关采纳了后者的意见，没有规定法院在开庭前对案件进行实质审查。③

同时，新刑诉法充分考虑到，如果开庭前案卷材料、证据不移送法院，法官、辩护人看不到案卷，审判过程中便会出现一些问题。例如，如果控辩双方准备的材料内容繁杂，证据和证人较多，案件争议点不明确，法官不易掌握庭审重点，或者回避、证人出庭等问题不能提前作出判断和解决，造成庭审不必要的拖延，等等。④ 为解决开庭前准备程序的问题，新刑诉法第 182 条第 2 款规定："在开庭以前，审判人员可以召集公诉人、当事人和辩护人、诉讼代理人，对回避、出庭证人名单、非法证据排除等与审判相关的问题，了解情况，听取意见。"为此，应当在提起公诉的同时，将案卷材料、证据全部移送法院，才能完成庭前准备程序的工作。

（四）全卷移送更有利于辩护权的实现

现行刑诉法规定，辩护律师及经过许可的其他辩护人自人民检察院审查起诉之日起可以查阅、摘抄、复制本案的诉讼文书、技术性鉴定材料；自人民法院受理案件之日起可以查阅、摘抄、复制本案所指控的犯罪事实的材料。由于

---

① 陈卫东：《程序正义之路》（第二卷），法律出版社 2005 年版，第 197 页。
② 黄太云：《刑事诉讼法修改释义》，载《人民检察》2012 年第 8 期，第 43 页。
③ 黄太云：《刑事诉讼法修改释义》，载《人民检察》2012 年第 8 期，第 43 页。
④ 黄太云：《刑事诉讼法修改释义》，载《人民检察》2012 年第 8 期，第 44 页。

移送法院的上述指控材料仅限于证据目录、证人名单、主要证据复印件，因此，事实上辩护人开庭前所接触到的案件材料往往很有限，对于完成辩护工作造成很多不便，这一点遭到来自各方面的诸多批评，[1] 尽管很多地方检察机关采取了尝试开展证据开示等方式予以弥补，但效果比较有限；此外，对于大量未进行证据开示或开示不完全的案件，庭审中的证据突袭（或称伏击审判）[2]等也难以避免。为此，修订刑诉法时首先扩大了辩护人审查起诉期间阅卷的范围，规定自检察院审查起诉之日起，辩护律师和其他经过检察院许可的辩护人可以查阅、摘抄、复制本案的案件材料（第38条），在此基础上，通过全卷移送法院并由法官主持开庭前的准备工作，"可以比较有效地解决目前控辩双方对证据掌握的不对称问题，比以前更能充分保障辩方诉讼权利的行使。控辩双方对需要通过证据规则排除的证据或者双方均无异议的证据加以确认，意味着双方对对方即将在法庭上使用的证据有较全面的了解；证人、鉴定人、警察出庭制度的确立，意味着今后对于那些证人证言有异议且对定罪量刑有重大影响，需要证人出庭的案件，庭前准备会议一旦提出来，法官不能再像以往对辩方关于证人证言不实的辩解视而不见，不能像现在这样只在庭审时由公诉人将证人书面证言一念了之，而应当在庭前会议程序上将其列入需要出庭的证人名单。"[3] 由此能够使辩护权得到更加有力的保障。

（五）全卷移送有利于提高诉讼效率和效益

由于部分卷宗移送而可能导致法官庭前准备不足、开庭被迫中断等问题已如前述，这一弊端在日本过去的实践中尤其突出显现出来，由于其实行起诉书一本主义，又没有设置公诉审查程序，法院收到起诉书后，只能在第一次开庭时才能发现欠缺起诉条件等问题并予以解决，导致审判的不间断的中断，甚至出现审判时间超过20年的案件，不得不在修订法律时设立审前法官来推进公诉审查和庭前准备工作，以此提高诉讼效率。[4] 另外，目前我国实行的复印件移送方式，还造成大量的资源消耗，据研究，平均一件起诉案件需要复印约60张主要证据材料，按每张复印材料0.1元，一台复印机寿命10万张、价格3.8万元计算，1999年全国起诉案件53.9万余件，检察机关花在复印主要证

---

① 陈瑞华：《刑事诉讼的中国模式》，法律出版社2008年版，第118页。

② 陈卫东：《程序正义之路》（第二卷），法律出版社2005年版，第119页。

③ 黄太云：《刑事诉讼法修改释义》，载《人民检察》2012年第8期，第44页。

④ 韩红兴：《我国刑事公诉审查程序的反思与重构》，载《法学家》2011年第2期，第118—119页；［日］松尾浩也：《日本刑事诉讼法》（上卷），丁相顺译，中国人民大学出版社2005年版，第220—222页。

据材料的费用至少高达 1552.32 万元（不包括机器维修等费用），① 即使按原价格计算，10 年来案件数量增长了约 50%，这一支出也相应增长；这项开支对目前司法经费总体不足的检察机关来说，无疑是一种沉重的负担；② 同时，由于复印卷宗而增加的人力支出也不能不予以考虑。以上问题通过全卷移送完全可能获得较大程度的解决。

三、检察工作面临的挑战和应对建议

以上对全卷移送所作的分析，并不否认这种方式对法庭审理等工作会带来一定的不利影响，而是意图更为全面地认识到其存在的合理性与缺陷，从而扬其长避其短，在司法实践中，认真对待从部分卷宗移送改为全卷移送对检察机关的执法理念，对侦查、批捕、起诉等工作带来的挑战，做好充分的应对准备，使全卷移送能够与各项制度良性协调运作，减少其可能产生的负面影响，最大可能地实现司法公正。

（一）进一步巩固证据裁判的观念

新刑诉法在规定全卷移送的同时，对非法证据排除、证人出庭等制度都作了相应的修改，再次强调一切案件都要重证据，进一步明确证据确实、充分的标准。检察人员面临的首要任务，就是要牢固树立起证据裁判的观念，强化非法证据必须予以排除的意识，从而对移送法院的卷宗材料和证据形成合理的预期，既坚信其对于证明案件事实的客观性、合法性，也承认其需要接受法官的审查和辩护人的质疑，从而降低对卷宗的依赖性，提升全面、依法收集、固定证据的能力。

（二）进一步改进侦查工作及对侦查活动的监督

全卷移送的主要内容即为侦查工作所获取的证据材料，因此，从根本上看，应对挑战的措施应放在加强侦查工作、提高侦查质量上来，这就需要在加强职务犯罪侦查工作之外，全面加强侦查监督工作，加大引导侦查力度，认真审查侦查机关收集证据的真实性、合法性，打好扎实的证据基础。

（三）进一步加强公诉准备工作

由于全卷移送后公诉人将不再拥有随时查阅全部卷宗的方便条件，出庭前的准备工作面临着一定的困难，除了复印必要的证据材料之外，更重要的是加

---

① 邓思清：《对我国案件移送方式的反思》，载《法学家》2002 年第 4 期，第 58 页。

② 即使考虑到本文所述的简易程序全卷移送而不需复印的因素，也不能排除该项复印费用及相关人力、物力资源的大量支出，因此，或许上述数字并不完全准确，但问题却真实存在。

强审查起诉期间的阅卷、提讯等工作，提高综合评价证据和运用证据的能力，同时完善案件审结报告等供公诉人使用的文件材料，尽可能在移送卷宗前完成充分的准备工作。

（四）进一步改进出庭支持公诉工作

依照新刑诉法的规定，即使卷宗全部移送法院，开庭时公诉人的指控任务也没有减轻，这就需要协调好审判组织工作，对于示证、质证等活动采取适当的方式进行，避免庭审的混乱。

（五）积极协调各相关部门共同推进新刑诉法的实施

全卷移送涉及侦查机关、审判机关和辩护人的工作模式的改变，需各方协力配合才能顺利推进，如有关证据开示问题，应积极协调审判和司法行政机关，对双向开示、证据突袭等问题达成共识，为公诉人创造更加有利的工作基础。

量刑辩论程序：价值、原则与展开

刘昌强* 崔志鑫**

准确定罪与适当量刑历来是刑事司法不懈追求的两大目标。要确保量刑适当，程序的作用功不可没。量刑程序改革渐渐成为中国司法界的热门话题，不仅中国学者要求规范量刑程序的呼声像潮水一样冲击着司法的栅栏，实务部门也进行着积极的尝试。《人民法院量刑程序指导意见（试行）（以下简称《意见》)》的出台及刑事诉讼法的修改无疑开启了量刑程序改革具有"里程碑"意义的中国实践。

一、增设量刑辩论程序的价值

"量刑辩论"是指在法庭辩论阶段中，公诉人除对被告人的犯罪事实、案件定性发表意见外，还要对被告人的量刑提出建议，然后被告人及其辩护人可就公诉人的量刑建议与其展开辩论的相关程序的制度安排。量刑辩论不是游离于法庭辩论之外的一个新的诉讼程序，而是司法实践中对法庭辩论内容的增加和细化，旨在切实控制法官的自由裁量权、强化被告人的辩护权，完善刑事诉讼制度，进而在诉讼程序中真正体现量刑的公正、公平、公开。①

（一）增设量刑辩论程序的理论价值

1. 量刑辩论是灵活运用罪刑法定原则的需要。"量刑辩论"能够充分发挥法官的主观能动性，通过平等、公开的机制，让控辩双方明晰模糊的认识，进而让法官全面考虑被告人行为的性质及危害程度，确保准确、公正地适用实体法。

2. 量刑辩论是贯彻罪刑相适应原则的需要。"量刑辩论"把刑事程序上的控制手段具体化，在罪刑相适应原则的基础上，实行刑罚的个别化。即对应于

---

* 重庆市人民检察院第一分院研究室主任，西南政法大学博士研究生。
** 重庆市人民检察院第一分院助理检察员，法学硕士。
① 高庆国：《量刑辩论制度规范化研究》，载《哈尔滨学院学报》2010 年第 5 期。

一定责任的刑罚，根据罪刑相适的原则，不是确定一个刑期或刑罚量，而是确定一个幅度，然后在此幅度内再根据具体情况考虑刑罚个别化的要求，促使刑罚合理化。

（二）增设量刑辩论程序的实践价值

1. 量刑辩论是司法改革的需要。《人民法院第三个五年改革纲要（2009—2013）》提出："要规范法官自由裁量权，将量刑纳入法庭审理程序，研究制定《人民法院量刑程序指导意见》。今后除考虑自首、立功、精神疾病等影响量刑情节外，可能还会参考被告人所在地区提交的意见，以及被告人心理问题引发犯罪等因素，更全面地衡量量刑标准。"[①] 结合我国实际情况，《意见》第1条规定："人民法院审理刑事案件……应当保障量刑活动的相对独立性。"这种相对独立的量刑程序要求不能将适用于定罪活动的诉讼原则或规则简单照搬或者套用于量刑程序，而且量刑程序与定罪程序在庭审过程中的分离只能是相对的。根据《意见》第7条、第8条、第9条等规定，相对独立的量刑程序设计为：（1）对于被告人不认罪案件，或辩护人提出定性异议的案件，或适用普通程序审理的案件，在法庭调查和法庭辩论阶段，应当对定罪和量刑分别单独进行调查和辩论；（2）对于适用简易程序审理，或普通程序简化审理的被告人自愿认罪且辩护人对案件定性不持异议案件，在依法确定被告人认罪是处于自愿并且知道认罪后果的基础上，法庭调查和辩论主要围绕量刑情节及其他有争议问题进行。在刑事诉讼法规定的基本框架下，《意见》明确量刑程序的相对独立地位，具体规定了量刑的调查和辩论程序，为量刑程序提供了所依据的程序规范，符合法庭定罪量刑的规律，对于保障正确量刑无疑具有十分重要的意义。新刑事诉讼法更是明确规定，在庭审程序中增加量刑辩论程序。

2. 量刑辩论是权力制衡的需要。量刑规范化改革包括量刑实体改革和量刑程序改革。与量刑实体改革不同，"量刑程序改革是一个系统工程，虽然法院在其中发挥着至关重要的作用，但是仅靠法院一家之力绝无可能完成这一改革任务……需要包括公安机关、人民检察院、人民法院、当事人及其辩护人、诉讼代理人等多方主体的参与和配合才能有效进行。"[②] 在刑事诉讼中，控、辩、审三方是一个"三角诉讼结构"，法官作为独立于控辩之外的第三方居中裁判。在司法活动中，怎样防止法官主观的随意性，保证量刑的客观性与合理

---

① 参见高健：《量刑将纳入庭审程序》，载新浪网 http：//news.sina.com.cn/c/2009 - 03 - 26/101715371342.html。

② 参见熊选国：《〈人民法院量刑指导意见〉与"两高三部"〈关于规范量刑程序若干问题的意见〉理解与适用》，法律出版社2010年版，第48页。

性，除了法官个人的素质外，更重要的是在制度上予以规范。而"量刑辩论"就是在这个三角结构中，强化被告一方的法律构造，使之与控方势均力敌，形成真正意义上的平等。同时对法官的人权意识、法治意识的建立，接受一个更为理性化、人性化的诉讼制度也是一个有力的促进。"量刑辩论"程序可使法官的量刑更加趋于理性化，增强判决的透明度，防止在量刑中可能出现的"隐性腐败"的发生，保证各方面利益的协调平衡，没有任何权力可以独断专行。

二、量刑辩论程序应当坚持的原则

量刑程序的设计应当遵循三大原则。

（一）人权保障原则

规范量刑程序，将量刑辩论纳入庭审的目的在于依法保障被告人、被害人等诉讼当事人的合法权益。反映在量刑辩论程序中，就在于允许代表国家的控方与代表个人利益的被告方、被害方等作为平等的诉讼主体，积极行使量刑建议权以及与此相关的举证和质证权，从而影响法官量刑结果的形成。[①] 一方面，相对独立的量刑程序拓宽了量刑辩护的空间，更加有利于辩护权的实现。另一方面，相对独立的量刑程序也应当尊重被告人的合法权益，不能因为量刑程序的相对独立而忽视其合法权益。

（二）坚持公开公正原则

程序正义的基本要求就是通过正当的程序实现实体正义。设计相对独立量刑程序的初衷就是要突出量刑程序的重要性，彰显量刑程序的独立价值。通过将量刑程序制度化、法治化，确保量刑程序的开放性、参与性，控辩审三方严格遵循该程序，实量刑的规范化。

（三）坚持兼顾效率原则

量刑程序的设计应当针对不同情况体现出一定的灵活性。公正与效率是刑事诉讼价值理念中的一对重要范畴。正如美国学者波斯纳指出的，"公正在法律中的第二种含义是指效率。"可以说，完全不讲效率的公正也不是真正的公正。公正与效率都是刑事诉讼追求和实现的基本价值。刑事诉讼法是确定并实现国家于具体刑事个案中对被告人刑罚权的程序规范，实体刑法借此而得以实现。[②] 这是诉讼程序的工具性价值的体现。不可因为量刑程序的相对独立而使

---

① 参见李玉萍：《程序正义视野中的量刑活动研究》，中国法制出版社 2010 年版，第 34 页。

② 林钰雄：《刑事诉讼法（上册）》，中国人民大学出版社 2005 年版，第 344 页。

庭审显得过分拖沓，浪费司法资源。量刑辩论作为一项细化庭审的司法改革措施，除了要考虑实现程序正义、实体正义外，还要注重司法效率。尤其是在我国犯罪率居高不下的今天，每一项司法措施的革新都必须兼顾这一事实。然而，量刑辩论的展开必定会拖累庭审的进度；判决书说理性的增强，必然会导致司法成本（人力的、物力的投入）的增加。由此可见，公正与效率并不总是一致的。当公正与效率发生冲突时，应当付出一定的效率对价而尽可能实现公正价值。在刑事诉讼中，应当是在保证司法公正的前提下追求效率，而不能草率办案而损害实体公正和程序公正。如果只讲"从快"，而违背诉讼的规律，虽然结案率很高，但错案往往也会增多，冤枉了无辜，轻纵了犯罪，不仅做不到公正，也难以真正实现效率。因为错案率高，不仅会放纵犯罪，还会冤枉无辜，其后无论是再追究犯罪还是纠正错案，都会投入比当时多得多的成本。①

三、设置量刑辩论程序应当注意的问题

在定罪与量刑两个程序的关系上存在着两种模式：一种是英美法系的定罪与量刑程序分离模式；另一种是大陆法系中的定罪与量刑程序一体化模式。如何构建我国相对独立的量刑辩论程序，必须立足于我国的国情，而不能照搬国外的模式，英美法学的量刑程序只能作为一个参考。在法庭调查、法庭辩论等阶段，应当保障量刑活动的相对独立性，基于这种思路我们认为"量刑辩论"实际上是对我国传统刑事司法制度的补充，它的主要特点在于公诉机关、辩护人除了可以对案件的事实、定性进行辩论外，还可以就如何对被告人进行量刑、量刑的具体幅度展开辩论，这实际是法庭辩论的细化和具体化。

（一）量刑辩论需建立在公开、公平基础上

法庭量刑辩论程序实质上并不是一个新生事物，而只是对法庭辩论的细化，所以法庭辩论过程必须要符合法庭审理公开的要求，不能定罪公开而量刑秘密进行。同时不仅庭审要公开，而且必须通过一定的方式体现量刑辩论对量刑结果的影响，这就是法官的心证也要公开，人民法院的刑事裁判文书应当说明量刑理由，具体包括：1. 已经查明的量刑事实及其对量刑的作用；2. 是否采纳公诉人、当事人和辩护人、诉讼代理人发表的量刑建议、意见及理由；3. 人民法院量刑的理由和法律依据。这不仅是对法官工作提出的更高、更严格的要求，也是审判公开的实质内核之一。量刑辩论程序中控辩双方均可以平

---

① 宋英辉、王贞会：《时效意识：公正前提下实现效率价值》，载《检察日报》2012年6月14日第3版。

等地针对量刑进行辩论，平等地对抗，提出各自的意见和证据，具体而言，不仅检察人员有量刑建议权，而且辩护人也应当有对刑罚适用的请求权，法官应当平等地对待"双方"，不能因为哪一方的力量强大，就偏袒哪一方。

（二）法官必须适度发挥能动作用

自 1996 年我国刑事诉讼法改革尝试引入对抗式审判以来，一些司法者、学者对通过当庭的对抗实现正义这一路径寄予了太多的期待。由此带来的是对法官能动性的警惕和不满，如为了防止庭审形式化、法官庭前的预断，规定法官不得庭前阅卷；为了严格贯彻证明责任、证明标准的要求，对法官庭外调查取证等保有的忧虑及其制度设计无不试图将法官塑造成英美式的法官。但是，我们却忽略了我国的司法传统、司法现状。要真正实现量刑辩论实质正义的目标，法官必须保持一种相对能动灵活的角色，包括主持好庭前会议程序、做好庭审中的详细询问、讯问及庭审后为核实确信而进行的取证、确证活动等。

（三）准确区分定罪证据与量刑证据

在量刑程序改革的背景下，对量刑证据的研究显得尤为重要和迫切。以证据为核心进行量刑裁判是量刑公正性和合理性的有效保障。刑事诉讼证据，就其表现形式而言就是存储了刑事案件事实信息的物或者人这两类物质载体，具体讲，证据就是记忆了案件事实信息的人或者存储了案件事实信息的物。①定罪证据是指能够证明对于某一行为是否构成犯罪、构成何种犯罪的确认与评判的根据。其证明对象为犯罪事实，即犯罪构成要件事实，包括犯罪行为、结果以及二者之间的因果关系、犯罪动机、场所、手段、时间，阻却违法性的事实等。量刑证据是与定罪证据相对应的一类重要证据。具体而言，是指在行为成立犯罪的前提下，与犯罪行为或犯罪人有关的，体现行为社会危害性程度和行为人人身危险性程度，因而在量刑时从重、从轻或者免除刑罚时必须予以考虑的各种具体事实情况。② 其证明对象为刑罚事实，即刑罚加重、减轻、免除的原因事实。③

量刑证据与定罪证据在属性、证明客体、证据规则等多个层面都表现出不同的特质。原因主要在于：1. 定罪活动与量刑活动的性质和目的不同。法定刑司法运用的基本逻辑是：建构案件事实以确认罪名（定性分析）——寻找

---

① 陈卫东、王兆峰：《诉讼证据定义新论》，载《河南社会科学》2007 年第 2 期。

② 樊崇义、杜邈：《定罪证据与量刑证据要区分》，载《检察日报》2012 年 6 月 4 日第 3 版。

③ 陈卫东、张佳华：《量刑程序改革语境中的量刑证据初探》，载《证据科学》2009 年第 1 期。

抽象个罪的刑种及刑度（第一次定量分析）——估量抽象个罪的量刑基准（第二次定量分析）——确定具体个罪的刑罚量（第三次定量分析）。前述之定性分析属于定罪论的范畴，而定量分析则是量刑论的题中之义。① 定罪确定被告人的刑事责任，而量刑则在定罪的基础上给予被告人相应的刑罚。定罪是一种问责活动，裁判被告人是否为控诉方指控犯罪行为的实施者，证明与辩论的焦点集中于被告人的罪否问题；量刑是一种问罚活动，裁决被告人应承担刑事责任的大小。2. 定罪和量刑遵循的原则不同。定罪遵循的首要原则是无罪推定原则，而量刑更应该遵循罪刑相适应原则。3. 定罪和量刑的事实依据不同。通常情况下，定罪依据的事实包括构成犯罪的基本要素，那么定罪证据也应当与此具有关联性；量刑依据的事实包括各种法定或酌定的从重、从轻、减轻或者免除处罚情节展开。

四、量刑辩论程序的具体展开

目前，应当明确量刑辩论程序的具体程序设计，总体而言，应当区分以下情形：对被告人不认罪的案件，法庭应当按照传统的审理模式，重点对定罪的事实、证据进行调查，以确定被告人是否有罪、构成何罪；② 对被告人认罪案件可以在法庭调查、辩论后直接进行量刑辩论；或者不经案件事实辩论直接进入法庭量刑辩论阶段，毕竟被告人认罪案件中的事实调查，更多的是对被告人量刑情节的事实调查核实。

（一）适用量刑辩论的案件

量刑辩论适用的案件范围本身不应该成为问题，只是具体到中国语境下才有提及的必要。因为既然量刑辩论是法庭辩论的组成部分，辩论权是每个被告人享有的不可剥夺的权利，所以量刑辩论程序原则上应适用于所有的案件。但是从哲学上的一般与个别、矛盾的普遍性与特殊性来讲，有原则就有例外，这个世界就是在原则与例外的不断流变中存在。法庭量刑辩论的例外大体有：

1. 被告人、辩护人不同意适用"量刑辩论"的案件。

2. 法官认为其他不宜适用"量刑辩论"的案件。

（二）量刑辩论的庭审程序

对被告人不认罪或者辩护人作无罪辩护的案件，在法庭调查阶段，应当查明有关的量刑事实。在法庭辩论阶段，审判人员引导控辩双方先辩论定罪问

---

① 参见周光权：《量刑基准研究》，载《中国法学》1999 年第 5 期。

② 童建明主编：《新刑事诉讼法理解与适用》，中国检察出版社 2012 年版，第 201页。

题。在经过法庭调查、辩论确认被告人有罪或者被告人认罪的情况下，法庭应当对量刑问题进行调查、辩论。

（三）量刑辩论的主体

量刑辩论主要围绕应当对被告人判处的刑罚，其目的是为了正确解决被告人的刑事责任问题。只要与被告人承担的刑事责任有直接利害关系的人都有权参加到量刑辩论的程序中来，其中包括作为诉讼"两方"的检察人员、自诉人及其诉讼代理人和刑事被告人及其辩护人。此外，由于我国刑罚报复观念的传统，而被害人作为犯罪行为损害结果的直接承受者，其对被告人的刑事处罚必定十分关心，所以被害人也有权利参加量刑辩论的庭审过程。其他主体，比如未成年犯罪嫌疑人的父母或监护人也有权利参加法庭辩论程序，且以上主体均有权利表达自己的主张。另外，不应忽视此程序中审判法官的角色，法官要承担起引导、规范量刑辩论的使命，通过理出争论焦点，提高法庭辩论的效率。

（四）量刑辩论的顺序

《意见》明确规定了量刑辩论的顺序，即在审判长允许量刑辩论之后，首先由公诉方发表量刑意见，具体是宣读量刑建议书。随后是被害人及其诉讼代理人的意见表达，当然可以是书面地呈送法庭，由法庭书记员宣读。再次是被告人及其辩护人的辩护。最后是控辩、被告被害双方的辩论。其他关于发现新事实时的恢复法庭调查、需补充侦查，应当休庭延期审理的规定等可以参照传统辩论规定。经过一轮或几轮的辩论，合议庭认为控辩双方没有新的意见，没有继续辩论的必要时，审判长即终止双方发言，宣布辩论结束。①

（五）量刑辩论的内容

法庭量刑辩论的具体内容主要涉及的是影响被告人量刑的事实，控辩双方均要提出自己的量刑建议，包括刑种、刑期、刑罚执行方式等，而这些事实和主张的建构主要靠的是证据。这些证据材料的收集和举示是法庭辩论的前置条件。

1. 量刑辩论的证明对象。证明对象是指诉讼中需要运用证据加以证明的问题，根据最高人民法院的司法解释和司法经验，刑事诉讼中的证明对象可概括为实体法事实和程序法事实。其中，实体法事实又可分为有关犯罪构成要件的事实和作为从重、从轻、减轻、免除刑事处罚的事实以及犯罪嫌疑人、被告人的个人情况和犯罪后的表现的事实。既然量刑辩论程序是对辩论程序的具体细化，因此，只需要就量刑情节进行证明，即作为从重、从轻、减轻、免除刑

---

① 参见陈光中、徐静村：《刑事诉讼法学》，中国政法大学出版社 2002 年版，第278—279页。

事处罚的理由以及犯罪嫌疑人、被告人的个人情况和犯罪后的表现的事实，被告人系未成年人的，还应当当庭举示社会调查报告，并接受质证。

2. 量刑辩论的证明责任。证明责任的分配是指证明被告人有罪、无罪或其他与犯罪有关的特定事项的责任如何在有关机关和个人之间进行配置的问题。量刑辩论是在已经完成定罪的情况下进行，控辩双方的积极举证其实都是为了己方的利益而努力，并且鉴于量刑证据的证明对象相对形象具体，主要涉及被告人的品格、年龄、社会经验、犯罪具体情境时、行为时的过错大小、犯罪后的表现，如认罪态度、道歉、退赃、积极赔偿等情节，关于这些情节的证据一般比较好收集。但是，量刑事实的证明而言，应当充分考虑控辩双方的调查取证能力及我国司法制度的特点。在公诉案件中，由于羁押率高、取证能力弱、律师辩护率低等原因，被告人在很多时候不可能提出证据以证明其量刑意见，而控方无论是在调查手段、调查范围上，获取证据的能力都远远高于被告人一方，因而控方应当承担量刑证明责任。同时，检察机关基于客观公正义务的要求，提出的量刑建议既应包括证明被告人从重处罚的根据，也应包括证明被告人从轻或免除处罚的根据。被告人或辩护人在发表量刑意见时，享有提出相关证据或证据线索之权利，而不承担证明责任；检察机关应履行证明责任证明量刑事实是否存在，审判机关应依法予以核实，不得因被告人及其辩护人未提出相应的证据而处以较重的刑罚。[1]

3. 量刑辩论的证明标准。在证明理论中，证明标准依确定程度由高到低被分为绝对确定、排除合理怀疑、清楚而令人信服的证据[2]、可能的理由[3]、优势证据、合理怀疑等几个层次。传统上我们所说的英美法系国家的排除合理怀疑标准、大陆法系国家的内心确信标准以及我国现行刑事诉讼法规定的确实充分标准，都无一例外地是关于定罪的标准，而不是量刑标准。量刑的证明标准不应该整齐划一地采取一个标准，而应当从控辩双方的取证举证能力、出现疑问时有利于被告人原则等情况出发考虑并设计合理的证明标准。毕竟法律不能强人所难，不能赋予当事人不能实现的权利，也不能强加其不能履行的义

---

① 樊崇义、杜邈：《定罪证据与量刑证据要区分》，载《检察日报》2012年6月4日第3版。

② 美国某些州在死刑案件中拒绝保释、被告主张智虑不足的必备条件的证明中采用，参见陈卫东、张佳华：《量刑程序改革语境中的量刑证据初探》，载《证据科学》2009年第1期。

③ 签发各种令状，进行无证逮捕、搜索及扣押，实施公民逮捕，起诉条件，撤销缓刑和假释等司法程序阶段运用的证明标准是 probable cause。参见张建伟：《司法竞技主义——英美诉讼传统与中国庭审方式》，北京大学出版社2005年版，第350页。

务。具体为：罪重事实的证明适用排除合理怀疑的标准，以促使侦查、检察机关在办案过程中注重收集相关证据和事实，保证指控的准确性和量刑的适当性。而罪轻事实的证明标准，考虑被告人的能力，并且在大多情况下没有辩护律师的情况下，其证明达到优势证据即可。

4. 量刑证据的排除规则

新刑事诉讼法明确了非法证据排除规则。① 在定罪程序中必须严格遵守该规则，然而在量刑程序中可以适当突破，如传闻证据、意见证据、品格证据等都可能得到法官的采纳。这是因为在量刑程序中遵循的是罪刑相适应原则，而非无罪推定原则。进入量刑证明阶段的被告人是确定有罪的人，有利于公正量刑的证据都可以被采纳，对证据的来源、形式、方式的限制较少。以品格证据为例，我国在构建独立的量刑程序中，应当允许使用品格证据。关于被告人品格方面的证据，可以"委托社会调查"，即人民检察院和人民法院基于正确量刑的需要，可以委托被告人住所地或者案发地的司法所等机构就被告人的基本情况进行调查并制作调查报告。

司法公正是有限的正义，而不是完美的正义。正如龙宗智教授所言："在一个不尽如人意的法治环境中，在多方面条件的制约下，我们无论是制度改革还是程序操作，都只能追求一种相对合理，不能企求尽善尽美。"② 量刑程序改革作为一项系统工程，仍然有进一步探索的空间。我们应当以理性和宽容的态度去面对改革中遇到的各种问题，研究新情况，开发新思路，探索新方法，推动我国量刑改革健康、良性发展。

---

① 新刑事诉讼法第54条规定："采用刑讯逼供等非法方法收集的犯罪嫌疑人、被告人供述和采用暴力、威胁等非法方法收集的证人证言、被害人陈述，应当予以排除。收集物证、书证不符合法定程序，可能严重影响司法公正的，应当予以补正或者作出合理解释；不能补正或者作出合理解释的，对该证据应当予以排除。在侦查、审查起诉、审判时发现有应当排除的证据的，应当依法予以排除，不得作为起诉意见、起诉决定和判决的依据。"

② 参见龙宗智：《相对合理主义》，中国政法大学出版社1994年版，第18页。

公诉案件适用简易程序工作机制探究

王润生* 顾忠长**

刑事诉讼是一项大量耗费国家司法资源却又不可或缺的司法活动。因此，在确保公正司法的同时，如何充分发挥刑事诉讼程序的效能，已成为当前世界各国必须面对的严峻课题。我国在既有刑事诉讼简易审判程序的基础上，基于该程序过于狭猛的适用范围已无法充分体现刑事诉讼效能的现实，便开始在司法实践中探索并试行"被告人认罪案件的普通程序简化审"制度。这一形成于司法实践中的制度虽然没有获得刑事诉讼法典的明文确认，但却较好地解决了一段时期以来我国刑事案件数量增加所形成的诉讼效率困境问题。

诉讼经济理念引导人们的不只是从公正角度审视诉讼的价值，同时也引导人们从看得见的效益角度考察诉讼的价值。不容置疑的是，"被告人认罪案件的普通程序简化审"制度确实迎合了当今世界刑事诉讼发展的趋势和潮流，对于合理配置我国有限的诉讼资源，有效降低诉讼成本，切实提高办案效率，具有非常重要的现实意义。有鉴于此，2012年颁布的新刑事诉讼法将该项程序吸收进了简易程序之中，扩大了原有简易程序的适用范围，充实了简易程序的应用价值，并强化了对简易程序适用情形、运作机制与救济程序的规制，赋予了被告人对简易程序的选择权，同时还明确了检察机关应当派员出席法庭的职责。但新刑事诉讼法对简易程序的这些重要改革，给检察机关带来了一个无法回避的新的挑战和必须解决的现实司法难题，即面对简易程序适用范围的扩大和检察机关应当派员出席法庭的法律规定，检察机关应如何通过完善相关工作机制来提升检察官的出庭效率，以有效解决检察机关所面临的巨大办案压力和凸显的"案多人少"矛盾。为此，本文拟通过对目前公诉案件适用简易程序审理与出庭情况及其相关问题的深入分析，从办案模式、庭审方式、文书制作等方面的变革入手，研究并探讨细化与完善公诉案件适用简易程序工作机制

---

* 上海市黄浦区人民检察院检察长。
** 上海市黄浦区人民检察院研究室主任。

的思路与方案，以利于检察机关在坚守简易程序公正底线的基础上，有效提高诉讼效率，不断强化审判监督，合理破解即将面临的或已经面临的"案多人少"矛盾和困境，以实现与明年新刑事诉讼法实施的平稳对接。

一、公诉案件适用简易程序审理的现实概况及前瞻

根据1996年刑事诉讼法的规定，上海检察机关严格把握公诉案件适用简易程序的条件、范围及要求，逐步推进，规范适用，进展较大，成效十分明显。仅2011年，全市公诉案件适用"两简"（即简易程序和被告人认罪案件的普通程序简化审）审理的比例就占81.88%，其中适用简易程序的占63.73%。①

近年来，黄浦区人民检察院公诉案件适用简易程序审理的占比也逐步提高。1999年该占比仅为34.8%，2004年则提高到55.8%，较1999年增加了21个百分点。2006年至2010年间，该占比已达72.8%，较1999年和2004年又分别增加38个和17个百分点。

然而，随着2012年新刑事诉讼法对简易程序适用范围的扩大和检察机关应当派员出席法庭职责的明确，公诉案件适用简易程序审理的关注重点，已然从过去的检察机关可以不派员出庭而引发的审判监督问题转移到检察机关应当派员出庭而带来的人案矛盾和诉讼效率如何提高等问题上。主要是：

（一）公诉部门的出庭数量和出庭时间将明显增加

基于现行法律规定，检察机关对于适用简易程序审理的公诉案件，一般是以不派员出庭为惯例或常态的，因而统计数据表明，目前全市各级检察机关所办理的一审刑事案件派员出庭支持公诉的尚不到40%；而2011年，全市检察机关适用简易程序审理的公诉案件占比为63.73%。这意味着今后本市各级检察机关公诉人在原有出庭的基础上，还必须增加这63.73%的出庭数量。而依据人均办案数量看，2011年本市各级检察机关公诉部门人均办案数为53.7件，基于适用简易程序审理的公诉案件占比为63.73%，这就意味着今后本市各级检察机关公诉人的出庭数量年均人均将增加34个。根据一个适用简易程序审理的案件出庭公诉（包括开庭等待、庭审及来回车程）花费的时间折中计算约需1小时左右，这也意味着今后本市各级检察机关公诉人的出庭时间年

---

① 上海市人民检察院公诉一处、上海市长宁区人民检察院：《简易程序案件公诉人出庭可能加剧人案矛盾情况的分析与应对》，载《上海检察调研》2012年第6期，第21页。

均人均增加 34 小时。①

（二）公诉案件受理数的增长态势将进一步加剧人案矛盾

据调查，近 5 年来，本市各级检察机关公诉部门案件受理数年均增长 4%，而 2008 年和 2011 年则分别比上年增长 12.81% 和 11.64%。今年 1—4 月，本市各级检察机关公诉部门受理案件数同比上升 56.8%，成为近十年来同比上升最高阶段。② 我院公诉部门也不例外，今年 1—3 月，我院公诉部门受理案件数同比上升 10.89%，提起公诉案件数同比上升 32.24% 和 22.87%，月人均办案数为 5 件。鉴于该状况仍在持续进行，故预计我院今年将高位突破 2011 年全市公诉部门的年人均办案数。由此可见，随着公诉部门受理案件数的不断攀升，本市各级检察机关公诉部门的人案矛盾将进一步加剧，办案压力将进一步增大。

二、简易程序案件公诉人出庭情况基本特点及相关问题分析

（一）简易程序案件公诉人出庭情况的基本特点

为认真贯彻新刑事诉讼法，上海市人民检察院公诉一处将简易程序案件公诉人出庭工作列为重点实施项目，下发了《关于"扩大简易程序案件公诉人出庭"试点工作的意见》，并将我院等五个区级检察院作为简易程序案件公诉人出庭的试点单位，组织出庭公诉并开展听庭评议，积极探索简易程序办案模式，简化庭审程序，改革文书制作，认真积累实践经验。2012 年第一季度，全市各级检察机关简易程序公诉人出庭率已达到 37%，而我院等四个区级检察院已 100% 派员出庭。

从我院开展简易程序案件公诉人出庭的试点情况看，其基本特点主要是：

1. 统一归口，建立简易程序专人出庭制度

基于适用简易程序审理的公诉案件本身具有案情简单、事实清楚、证据确凿，且被告人认罪等特点，同时为减轻公诉人的出庭办案压力，提高简易程序诉讼效率，我院在公诉部门设立了简易程序专人出庭小组，以全面应对并统一受理各公诉组所办适用简易程序审理的公诉案件的出庭任务。自该制度建立以来，运行情况良好。据统计，今年 3—5 月近三个月内，我院专人出庭小组人均出席简易程序法庭支持公诉 73.5 人次，除因被告人自称有从轻处罚情节尚

①　上海市人民检察院公诉一处、上海市长宁区人民检察院：《简易程序案件公诉人出庭可能加剧人案矛盾情况的分析与应对》，载《上海检察调研》2012 年第 6 期，第 20 页。

②　上海市人民检察院公诉一处、上海市长宁区人民检察院：《简易程序案件公诉人出庭可能加剧人案矛盾情况的分析与应对》，载《上海检察调研》2012 年第 6 期，第 20 页。

需作进一步核实等因素而有 1.36% 的案件未当庭宣判和因被告人当庭翻供而有 0.68% 的案件转为普通程序审理外，法院对 97.96% 的案件均作出了当庭有罪宣判。

2. 加强协调，力求简易程序庭审安排集中

为有效降低诉讼成本，节省出庭公诉的路途往返时间，我院通过积极沟通与协调，取得了法院的理解与支持，使之在对适用简易程序审理的公诉案件的庭审时间、地点等安排上尽可能做到相对集中，从而在较大程度上方便了公诉部门的专人出庭，提高了诉讼效率。如在目前简易程序公诉人出庭制度试行期间，法院在庭审时间和地点上能够保持持续状态的案件占 71.4%，从而使公诉人半天至少可连续出庭公诉 2 个以上案件，最多时为 4 个案件；而半天只出庭公诉 1 个案件的，占 28.6% 。

3. 规范衔接，确保简易程序专人出庭质量

简易程序专人出庭模式客观上使案件承办人与出庭公诉人并非同一人，因此，规范案件承办人与出庭公诉人之间的庭前各项衔接工作，就显得格外重要。我院在试行阶段明确规定，对于法院决定适用简易程序审理的公诉案件，案件承办人必须在收到案件出庭通知书当日，即将该案起诉书、审结报告等相关法律文书、庭审材料悉数移交至出庭公诉人，并对该案件在庭审中可能出现的情况予以必要的介绍。出庭公诉人也必须认真做好庭审前阅卷及准备工作，并可就案件事实、证据等方面的问题及时与案件承办人交流。案件承办人未能及时将案件的出庭通知书及相关法律文书、庭审材料移交至出庭公诉人的，该案件则由案件承办人自行出庭公诉，以有效防止该案件因庭前准备不够充分而影响简易程序公诉人的出庭质量。

4. 完善规则，严格规制简易程序出庭程序

为切实提高简易程序公诉人出庭的质量和效率，我院专门拟制了《上海市黄浦区人民检察院简易程序公诉案件出庭规则（征求意见稿）》，并在以检法联席会议等形式广泛听取法院刑庭审判长以上法官意见的基础上，对该规则予以修改、完善，得到了法院的高度认同。如该规则针对简易程序中独任法官审理与合议庭审理的不同庭审程序，规定了有所区别的起诉书宣读、庭审讯问及举证质证等方式，从而既有效规范了公诉案件适用简易程序审理的出庭程序，也统一了检法人员在简易程序庭审工作中的手势，并使公诉案件适用简易程序真正达到了简便增效的目的。

5. 关注重点，确立简易程序特案特办原则

相对而言，适用简易程序审理的公诉案件也有难易之分。而专人出庭模式应当是而且也只能是应对简易程序审理中相对容易的公诉案件。因此，我院在

试行简易程序公诉人出庭制度中，高度关注重点案件，确立并坚持特案特办原则，即对于由法院决定以合议庭方式审理的简易程序公诉案件和由简易程序变更为普通程序审理的公诉案件两种特殊情况，明确规定由案件承办人本人出庭公诉。这样既可确保简易程序审理中具有一定难度的公诉案件的出庭质量，又可使相关案件在合议庭一旦决定由简易程序变更为普通程序审理时，案件承办人可直接出庭应诉，有效提升办案效率，同时可对被告人的心理形成较强的法律震慑力。从试行情况看，特案特办的成效十分明显。在由独任法官审理的、由我院专人出庭的简易程序公诉案件中，因被告人当庭翻供而转为普通程序审理的仅占 0.68%。

6. 强化职能，切实加强简易程序审判监督

简易程序的公诉人出庭制度，较大程度上增强了公诉人对庭审情况的直观感受，有利于检察机关履行审判监督职能。我院在该制度试行中，主要是以庭审监督、判决书同步审查，以及听取诉讼参与人意见等方式和途径进行必要的个案或类案监督。如我院以公函形式从实体上纠正了 2 起经该程序审理的法院判决书上的错误。但目前尚未发生提起抗诉或因程序违法而予以纠正的情况。

（二）简易程序案件公诉人出庭相关问题分析

1. 法律规定过于简单，庭审规制缺乏统一

新刑事诉讼法虽然规定适用简易程序审理案件，不受有关讯问被告人、询问证人、鉴定人、出示证据、法庭辩论程序规定的限制，但由于该规定过于原则简单，以致试行中检法机关对上述程序应当如何简化或省略的认识还不尽统一，不同的法官采取的庭审方式或手势有时仍会有所不同。庭审规制缺乏统一标准，一定程度上使公诉人不得不依据不同法官平时所采取的庭审方式或手势，采取不同的出庭方式。

2. 人案矛盾十分突出，诉讼效率亟待提高

一方面，在目前刑事案件明显增加的情况下要求检察机关对适用简易程序的公诉案件全部派员出庭，人案矛盾必然明显加剧；且就个案而言，虽然审判程序有所简化，但公诉人办案及其出庭的整个过程与普通程序的差别并不大。另一方面，由于法院对公诉案件适用简易程序的庭审安排不可能做到全部集中，公诉人半天只出庭公诉 1 个案件尚占近 30%，以致公诉人的出庭时紧时松，有时还出现了公诉人上、下午各出庭 1 个简易程序审理公诉案件的现象。因此，诉讼效率尚难以有效提高。

3. 办案亲历性有所缺乏，出庭机制有待完善

目前，简易程序案件公诉人的出庭，基本上可分为案件承办人本人出庭和专人代替案件承办人出庭两种模式，而大多采用专人代替案件承办人出庭的模

式。该模式虽有利于公诉力量的优化配置，节约司法资源，提高简易程序诉讼效率，但由于案件毕竟并非由专人承办，因而其在办案的亲历性上相对缺乏，可能导致庭审中其对具有一定难度的公诉案件的应对相对乏力。因而有必要进一步完善出庭机制，严格限制专人代替案件承办人出庭公诉的案件适用范围或情形，以确保出庭质量和办案的整体效能。

4. 案件流程尚欠顺畅，庭前衔接需更紧密

基于简易程序专人出庭模式客观上存在着案件承办人与出庭公诉人之间对案件相关材料的衔接工作，且该项工作刚刚起步，尚在探索与试行阶段，因此，难免还存在着案件承办人未能及时传递出庭通知书，或对简易程序案件在庭审中可能出现的问题未能作重点交流等现象。虽然此类情况已通过案件承办人本人的出庭应诉或专人出庭公诉时的及时冷静应对而得以解决，但从进一步深化简易程序案件出庭工作，有效提升出庭质量和效率的角度看，有必要切实加强简易程序案件的流程监控，进一步规范并完善庭前衔接机制。

5. 文书制作繁简不分，格式标准不尽统一

公诉工作面临的新矛盾、新情况和新问题，决定了适用简易程序公诉案件的审查报告、公诉意见等文书制作改革的必要性和紧迫性。从目前试行情况看，本市各级检察院在办理适用简易程序审理的公诉案件中，存在着审查报告版本繁简不分、证据摘录及标准摘录均不统一、问题说明不够全面细致等问题，这对于提高办案效率和案件质量极为不利。

三、公诉案件适用简易程序工作机制的构建与探究

（一）健全公诉案件适用简易程序工作指导机制

我们认为，强化上级人民检察院对下级人民检察院执法办案活动的指导与监督，对于推进检察机关法律监督能力建设，提高检察机关执法公信力具有十分重要的作用。上级人民检察院应自觉地担负起对简易程序案件出庭公诉、审判监督以及工作机制构建的全面指导与监督职责。一要加强对公诉案件适用简易程序工作的指导与检查。通过深入基层，加强联系和定期指导、检查制度，及时发现并纠正下级人民检察院在公诉案件适用简易程序中出现的不宜适用而适用、应当纠正审判活动中的违法问题而不纠正、应当提起抗诉而未提起抗诉等问题，确保公诉案件适用简易程序以及审判监督工作的规范、有序进行。二要统一公诉案件适用简易程序的出庭基本规则。上级人民检察院应在积极建议最高人民检察院、最高人民法院对公诉案件适用简易程序的出庭与庭审程序等作出相应司法解释或指导意见的同时，根据试点实践与需求，适时对办案模式、庭审方式、文书制作等作出必要的规制或指导，以及时解决简易程序案件

公诉出庭中出现的各类问题，有效缓解人案矛盾，提高诉讼质量和效率。三要完善简易程序出庭定期培训与听庭评议制度。要根据办案模式和出庭方式的不同，分别对主诉检察官和专门出庭人员进行有针对性的简易程序出庭培训，并定期组织市级层面的简易程序案件听庭评议活动，增进互相交流，增强工作责任感，提升庭审应变能力和出庭质量。四要健全公诉案件适用简易程序工作考核与激励机制。应将公诉案件适用简易程序工作作为业务考核的重要内容，通过对下级人民检察院中期与全年出庭公诉情况的考核，及时发现并总结鲜活经验，表彰与推广出庭公诉与审判监督成果，积极引导并促进公诉案件适用简易程序工作的切实完善与加强。

（二）建立公诉案件适用简易程序的出庭规则与运作机制

应在积极探索、总结简易程序案件出庭公诉工作试点经验与不足，借鉴、吸收国外刑事诉讼简易程序成功经验的基础上，集思广益，认真制定检察机关公诉案件适用简易程序的出庭规则与运作机制。根据我院的试行实践，我们认为，该规则可包括五个方面的主要内容：一是总则部分。主要依据并参照新刑事诉讼法的规定，对该规则制定的目的依据、简易程序公诉案件的适用范围以及限制范围作出明确规定。二是庭前准备部分。主要根据案件承办人本人出庭和专人代替案件承办人出庭两种出庭模式，对案件审查及庭前衔接的具体内容等提出要求，并对专人代替案件承办人出庭的案件或情形作出限制性规定。如对被告人虽作有罪供述但其供述曾出现波动或反复的，或者法院决定以合议庭庭审方式审理的等情形，应明确规定由案件承办人本人出庭公诉。三是庭审规范部分。主要就庭审中宣读起诉书、讯问被告人、举证质证、发表公诉意见、法庭辩论等程序的简化作出规制，并对简易程序变更为普通程序审理的情形与处置方法等作出规定。如对于法官独任审理的简易程序案件，在审判员确认被告人对起诉指控的证据没有异议后，可规定公诉人不再举证。这既符合新刑事诉讼法第213条规定，提高诉讼效率，又可使检法人员统一出庭与庭审手势。当然，对于法庭认为有必要调查核实的证据，或者控辩双方有异议的证据，或者辩方要求出示、宣读的证据，则也应规定公诉人"应逐一宣读出示并质证"，以有效维护法庭权威和被告人的合法权益。四为审判监督部分。主要对庭审中发现的违反法定程序的行为或情形如何监督，对判决书同步审查以及其他审判监督途径和方式作出规定。如对于庭审监督，可规定一般采取休庭后向本院检察长报告或庭审后向人民法院提出纠正意见等方式；对于指定专人出庭的简易程序案件，应规定案件原承办人和出庭公诉人在收到判决书后需进行同步审查，以利于增强审判监督力度，并达到内部互相监督的目的。五为其他事项。主要对因工作不负责任、违反该规则而造成不良后果的情形或行为给予必要处罚等作出规定。

（三）完善简易程序案件流程监控机制

针对明年无论是适用简易程序审理的、还是适用普通程序审理的一审刑事案件，公诉人必须全部出庭的办案要求，检察机关应在加强案件管理部门工作职能的同时，进一步增强科技强检含量，积极研发并完善案件流程管理应用软件，尤其是建立简易程序公诉案件的流程监控提示与报警系统。如对于本院建议法院以简易程序审理的公诉案件，该软件在案件审结移送法院后应有流程监控标记，一旦案件管理部门收到法院开庭通知书并输入该软件，软件系统即可同时提示案件管理部门和公诉部门案件承办人。公诉部门案件承办人在做好专人代替出庭的相关衔接工作或决定由本人出庭应诉后，可消除该提示信号；否则，软件系统可于案件开庭前一天，同时向公诉部门负责人与案件承办人发出红色警示，以便妥善处置该案件的出庭事宜，以真正实现公诉案件流程监控的目的，有效杜绝检察机关未派员出庭支持公诉情况的可能发生。

（四）建立公诉案件适用简易程序工作信息收集、意见征询、评估反馈机制

1. 信息收集机制。即通过开展听庭评议、加强与检察机关外部的联系，及时收集公诉案件适用简易程序审理中的相关信息以及上诉、申诉材料或违纪违法苗子与信息，以全面、客观掌握办案质量与出庭公诉质量。

2. 意见征询机制。即采取约谈、制表调查等多种方式，定期或不定期地征询或听取一定数量的案件当事人及其法定代理人的意见，了解公诉案件适用简易程序审理中存在的问题及其改进建议。

3. 评估反馈机制。即通过听庭评议、案件审查以及对相关案件当事人及其法定代理人所反映的问题和意见的整理与综合分析，全面评估一个阶段公诉案件适用简易程序工作及出庭公诉情况，并向主诉检察官和专人出庭人员作出反馈，进一步研究制定具有针对性、有效性的缓解人案矛盾、提高诉讼效率、强化审判监督的改进方案或意见，以促进公诉案件适用简易程序工作的深化与发展。

（五）健全公诉案件适用简易程序检法协调机制

一是要以检法联席会议为载体，加强与法院的密切联系与沟通协调，并积极建议法院进一步统一规范庭审程序与手势。二是要积极争取法院的理解与支持，完善简易程序公诉案件集中庭审机制，以便与检察机关的集中审查、专人出庭机制相配套，有效提升诉讼效率。三要不定期地听取法院对简易程序办案质量与公诉出庭工作的意见，以利于及时改进简易程序案件的公诉与出庭工作，进一步提高办案质量。

（六）强化公诉案件适用简易程序审判监督执行机制

审判监督重在抓落实、抓执行。对于简易程序审判监督中发现的问题，检察机关应及时纠正，绝不姑息纵容。如对于法院判决适用法律有错误，量刑不当，或因程序违法可能影响案件公正判决的，应通过检察长列席法院审委会及时纠正，或依法提出抗诉；对于审判程序虽有瑕疵，但尚不影响案件公正判决的，可依程度不同，以纠正违法通知书、检察公函或检察建议书等方式予以纠正或警示。对于一个阶段简易程序在适用与审理中的一类问题，适时以通报形式向法院反馈，提出整改建议，同时上报同级人大常委会监督和上一级人民检察院备案。对于案件审理中发现有徇私舞弊、徇私枉法等行为的，应当坚决查处；触犯刑律的，应当依法追究相关人员的刑事责任。

开庭审理的上诉案件办理机制之完善

庄 伟* 金 鑫**

新刑诉法适当扩大了二审案件开庭审理范围，再次明确了以开庭审理为原则的立法精神，上诉案件开庭数量增多即将成为一种趋势，二审检察机关面临工作量增大的现实挑战。而新法同时又将二审检察机关对上诉案件开庭审理的阅卷期限限定在一个月内，这对二审检察机关办案的诉讼效率提出了更高要求。如何更有效地完善二审开庭审理上诉案件的办案机制，优化司法资源配置，实现案件质量与效率统一，是需要二审检察机发挥主观能动性加以探索的实务性课题。

一、当前上诉案件办理工作面临的新形势

（一）新法修改扩大了二审案件开庭审理的范围，开庭审理的上诉案件数量有激增趋势

为解决二审程序存在的问题，新法在保留了人民检察院抗诉的案件应当开庭审理规定的基础上，适度扩大了二审开庭审理的案件范围，新增了三类应当开庭审理的案件，即死刑上诉案件，当事人对"第一审判决认定的事实、证据提出异议可能影响定罪量刑"的上诉案件和"其他应当开庭审理的案件"。开庭案件增多使二审检察机关面临工作压力增大的现实挑战，虽然新法没有正式实施，但是这种挑战已经在司法实践中凸显出来。以笔者所在的单位为例，2011 年全年我院共开庭审理上诉案件 20 件，在办案人员数量没有增加的情况下，2012 年 1—7 月我院开庭审理的上诉案件已达到 85 件，是 2011 全年的 4 倍之多，开庭数量出现激增，案多人少的矛盾进一步加剧。

＊ 北京市人民检察院第一分院二审监督处处长。

＊＊ 北京市人民检察院第一分院二审监督处助理检察员。

（二）　新法修改限定了检察机关的二审阅卷期限，对办案诉讼效率提出了更高的要求

现行刑诉法没有明确规定二审检察机关的阅卷时间，造成实践中出现二审检察机关阅卷速度慢、周期长、诉讼时间过度延长的现象，导致案件诉讼效率得不到保证。为解决这一顽疾，新刑诉法第 224 条规定：第二审人民法院应当在决定开庭审理后及时通知人民检察院查阅案卷。人民检察院应当在一个月以内查阅完毕。人民检察院查阅案卷的时间不计入审理期限。合理的审查期限能够保证司法机关及时、准确地打击犯罪，较快地恢复被犯罪行为破坏的社会关系，又能有效地防止上诉人被无期限地羁押，保障其合法权益，进而维系惩罚犯罪与保障人员之间的平衡，实现程序公正和实体公正。① 然而，在当前开庭审理的案件数量激增的情况下，一个月的阅卷期限无疑使二审承办人面临严峻考验。根据我院二审工作实际，以往审查二审案件的实际时间，很多都超过一个月，新刑诉法对于审限的规定无疑对二审的办案效率提出了更高的要求。同时值得注意的是，新刑诉法对二审阅卷期限的规定并没有区分案件难易程度，而是采取"单一制"的方式统一规定审理期限。刑事二审案件中，有大量是重大、疑难复杂案件，检察机关要花费较长时间阅卷，还要主动核实证据、内部讨论、起草出庭意见书或者不出庭的审查意见书等，如何在一个月内完成重大、疑难复杂案件的阅卷工作，也是二审检察机关面临的挑战。

（三）　新法修改依然赋予法官对于开庭审理案件的决定权，检察机关的法律监督能力有待进一步提高

新法修改前，法官对于上诉案件是否开庭审理具有决定权，检察机关的法律监督职能具有弱化趋势在实践中饱受诟病，尤其对二审案件不开庭审理的法律监督更处于被动状态，主要表现为：（1）对于不开庭审理的案件，上诉状副本无法送达上级检察院，检察院无从知悉被告人是否上诉；（2）二审法院决定不开庭无须征求检察机关意见，检察机关无法监督书面审理案件；（3）裁判文书没有送达或送达不及时，检察机关无法进行监督。② 新法修改后，这一问题并没有从立法层面上获得解决，检察机关除了面对上述监督的老问题外，还将面临新的法律监督难题：第一，检察人员对"事实和证据异议可能影响定罪量刑"的判断能力需要进一步增强。事实与证据异议与可能影响定罪量刑的关系目前仍然缺乏具体判断的标准，如果法官滥用自由裁量权，动辄认为异议不影响定

---

① 曾新华：《论刑事二审审理期限制度的改革》，载《人民司法》2011 年第 3 期。
② 张惠保：《刑事上诉不开庭审理案件的检察监督》，载《人民检察》2011 年第 15 期。

罪量刑,那么二审开庭的良好愿景又将遭遇被规避的实践困境。第二,"其他需要开庭审理的案件"仍有赖于主观判断。如果法院沿袭旧例,以各种理由规避开庭审理,那么二审案件就又可能重新走回不开庭审理的老路上来。因此,检察机关还需要依靠自身的主观能动性,积极寻找监督的可行途径。

二、完善开庭审理上诉案件办案机制的现实意义

(一)执法水平适应新法修改的内在要求

新法修改给检察机关履职带来许多新的机遇和挑战,其"所确立的许多条文都是近年来司法改革成果的固化和提升,实践中的随意性、不随意性、不统一性必然受到限制和法律的约束"。[①] 新法的正确实施,不仅有赖于检察人员的正确执法观念,更有赖于相关工作机制的配套和协调,完善的工作机制能够兴利除弊,为新法的贯彻执行搭建平台。

(二)检察业务科学管理的现实需要

新法修改不仅对检察人员的素质能力提出了更高要求,同时也对检察业务管理水平提出了更高要求。对检察业务管理的探索和研究,使得我们能够将现代管理理念和先进理论不断应用到检察管理过程中去,实现检察管理的科学化,这对于合理配置资源具有重要意义。[②]通过对内部工作机制的科学管理,可以减少不必要的办案环节,缩短办案期限,实现各个环节的高效衔接。

(三)提高办案效率的客观要求

新法无论是坚持开庭审理为原则,不开庭审理为例外的立法精神,还是明确规定二审阅卷期限,都体现出了对于诉讼效率的深度关切。这意味着在现有的国情和条件下,司法实践必须要在实现二审功能和诉讼效率之间寻求平衡。完善开庭审理上诉案件的工作机制,从而提高诉讼效率是对新法立法旨意的尊重和实现。

三、二审检察机关办理开庭审理上诉案件存在的问题

(一)新法修改后,二审检察机关缺乏对开庭必要性的审查判断

新法修改以后,法院及时贯彻二审案件开庭审理为原则的立法精神,积极支持上诉案件开庭审理,通过设置开庭率使上诉案件开庭审理全面铺开。然而

---

① 甄贞:《立足法律监督定位,切实履行刑事诉讼监督职能》,载《人民检察》2012年第7期。

② 文雪莲、周映彤:《检察机关执法办案风险评估预警机制的实践探索》,载《人民检察》2012年第10期。

这一做法的实效却令人喜忧参半：一方面，这一举措彻底改变了延续十年的不开庭审理习惯，开庭审理的上诉案件数量激增，使二审审理方式在短时间得到了显著改观。另一方面，开庭审理案件数量的单纯增长并不意味着开庭审理的价值和功能得到实现。"审判方式的选择并不是简单地选择开庭审理方式那么简单，而是要探求形式二审的目的和任务"。[①]法院仅将目光投放在了有多少案件实现了开庭审理，却对案件是否需要开庭审理缺乏关注，导致大量不需要开庭审理的案件依然进入了开庭审理程序。而这一做法对二审检察机关的工作带来了诸多挑战：首先，案件压力陡然增大，二审检察机关没有做好人力、物力等资源的配套准备，二审检察人员陷入疲于应付的工作状态。其次，二审检察机关缺乏对案件开庭必要性的判断，无法有效分流案件，切实行使法律监督权。新法修改后，法院依然拥有案件开庭审理的决定权，在以往的研究中，有论者提出应当赋予检察机关对于案件开庭审理的建议权作为实现法律监督职能的有效载体，[②] 但是新法并没有明确这一规定以对法院的自由裁量权形成制衡。在近期的司法实践中，只要是法院移送的拟开庭审理的案件，二审检察机关基本开庭审理，没有对开庭必要性进行审查。应当说，检察机关在上诉案件开庭审理的问题上，仅仅起到了积极配合作用，处于被动接受法院安排的状态，既增加了工作压力，无法有效分流案件，又没有积极行使法律监督权，对开庭必要性进行审查，以保证新法开庭审理上诉案件兼顾诉讼资源的立法精神得以实现。

（二）拟开庭审理上诉案件的上诉理由粗疏笼统，不利于二审检察机关对案件进行有针对性的重点审查

尽管新法对于二审程序的修改条文并没有触动全面审查原则，但是二审审理范围从全面审查走向重点审查已在学界和实务界得到广泛认同。有学者认为全面审查使二审程序完全重复一审程序，审理争端双方无意义部分不仅浪费二审资源，也使二审裁判背离了程序正义的基本要求。[③] 重点审查既是司法被动型特征的要求，又能够提高诉讼效率。针对如何对二审案件重点审查，有观点指出应当在现有制度的兼容中寻求制度的转型与发展，即对法律的审查继续保

---

① 蒋文列、蒋林：《从目的、对象到方式的选择——关于刑事二审审理方式的思考》，载《刑事二审程序深度研讨》，法律出版社 2012 年版，第 94 页。

② 江伟：《刑事二审上诉案件审理程序的困境与出路——对二审上诉案件开庭审理的反思》，载《刑事二审程序难题与应对》，法律出版社 2008 年版，第 205 页。

③ 陈卫东主编：《刑事二审开庭程序研究》，中国政法大学出版社 2008 年版，第 273页。

持全面审查，而对事实的审查应当仅以上诉、抗诉为限。① 针对上诉案件而言，如果对事实的审查以上诉为限，那么上诉理由作为重点审查的依据就显得非常重要。但是通过观察司法实践我们发现，由于受当事人文化、素质、能力等诸多因素的影响，以及法院对上诉理由的审查缺乏重视，上诉理由大多粗疏笼统，其中以"事实不清、证据不足"最为常见，上诉理由并不能为案件的重点审查提供充分的帮助。

以笔者所在的单位为例，2011 年我院受理的开庭审理的上诉案件共计 20 件，涉及的上诉理由仅有两种，其中以事实不清、证据不足为由上诉的有 16 件，占上诉理由的 80％；以量刑过重为由上诉的有 4 件，仅占上诉理由的 20％。2012 年 1—7 月年我院受理的开庭审理的上诉案件共计 85 件，上诉理由扩大至 4 种，其中以事实不清、证据不足为由上诉的有 38 件，占上诉理由的 44.7％；以量刑过重为由上诉的有 36 件，占上诉理由的 42.3％；以立功等法定或酌定情节为由上诉的有 3 件，占上诉理由的 3.5％；上诉后又撤诉的有 8 件，占上诉理由的 9.5％。

可以看出，"事实不清、证据不足"以及"量刑过重"在上诉理由中占有较大比例，针对大部分开庭审理的上诉案件，上诉人均没有附具体的上诉理由，并详细指摘原判决的不当之处。二审检察机关的承办人无法从上诉理由中直接获知上诉重点，并对上诉人进行有效的权利救济，应当说，上诉理由并没有为重点审查发挥更好地指引作用。如果二审检察人员要详细地了解上诉理由，只能通过提讯，与上诉人充分沟通，或者抛开上诉理由，对案件实行全面审查来实现，无论是哪一种方式，都不能对提高诉讼效率起到有益作用。仔细分析上诉理由粗疏笼统的原因，上诉人文化水平较低，法律认知和表达能力不高固然是因素之一，但是法院本身对上诉理由缺乏关注，没有首先为上诉人提供更好的法律指引也是不可忽视的因素。现有的上诉状仅为一张表格，完全由上诉人自行填写，既没有注明上诉理由的具体情形，也没有说明上诉理由对于权利救济的重要意义。法院和当事人都只关注了上诉与启动二审程序的关系，而没有关注上诉理由对于二审审查范围和审理方式的重要作用。

同时值得注意的是，新法修改以后，上诉人上诉后又撤诉的案件进入开庭审理的案件数量增多，应当说，如果不对上诉理由加以把握，不仅不利于案件的重点审查，也会对判断案件是否开庭审理起到负面作用，这部分案件不开庭审理也不影响二审程序功能的发挥，但是一旦进入拟开庭案件范围，即使撤诉也会走完开庭审理程序，无疑是对司法资源的浪费。

---

① 秦宗文：《刑事二审全面审查原则新探》，载《现代法学》2007 年第 3 期。

（三）针对上诉案件的审查方式单一，文书制作较为繁复

目前司法实践中，二审检察人员一般采用撰写审查报告，即制作文书的方式审查上诉案件，方式较为单一。上诉案件的审查报告一般包含五个部分：上诉人基本情况、诉讼过程（含移送起诉、起诉、一审审理和上诉情况）及各方意见、事实和证据情况、审查意见以及其他需要说明的问题。由于二审审查是在一审审理的基础之上，因此上诉案件的审查报告都倾向于全面展示案件的诉讼过程，不仅要对诉讼过程及各方意见进行详细的说明，还要对一审判决已经确定的事实和证据进行重复的摘抄，每一份案件审查报告的字数超过 1 万字是非常普遍的，这使二审检察人员要将更多时间花费在文书制作和重复的文字录入工作中，工作成本较高，而收效甚微。

（四）办案流程和审批机制缺乏灵活性，二审检察机关没有二审特色与效率的办案流程

办案流程和案件审批机制对规范办案行为至关重要。统一的办案流程和层层把关的审批机制无疑能最大限度地确保案件质量。但是，对所用案件不加区分地适用统一的办案流程和审批机制无疑会减损诉讼效率。在新法规定二审开庭审理阅卷期限的新形势下，办案流程和审批机制缺乏灵活性和多样化所造成的诉讼效率低下的问题会日益凸显出来。例如，在目前的司法实践中，提讯上诉人是办案流程中必不可少的环节，二审检察人员对所有上诉案件都要进行提讯，以笔者所在的单位为例，其辖区八个区县院的看守所均路途较远，承办人员在协调、交通方面需要花费大量的时间和精力，使本来就十分紧张的阅卷期限更为吃紧。需要值得注意的是，对于一些并不复杂或上诉理由清晰的案件，提讯时间要远远少于路途时间，付出和收益极其不对称。又如，对于案件不加区分地都要经过承办人员、主任检察官和主管处长三级审批机制，不仅增加了办案环节，而且增加了不必要的案件汇报次数和审批时间，无形中又缩短了阅卷期限，反而不利于保证案件质量。

四、开庭审理上诉案件工作机制的完善进路

为适应新法修改带来的挑战，切实提高诉讼效率，对开庭审理上诉案件的工作机制予以完善势在必行，通过前文分析可以看出，检察机关完善相关工作机制，有的需要自身努力，有的需要法院的积极配合。

（一）细化开庭审理的案件范围，完善上诉案件开庭审理的庭前审查机制

基于诉讼经济原则和司法资源的考量，在短时间内大规模地实现上诉案件开庭审理并不实际。对于并不必要开庭审理的案件实行书面审理也符合新法的立法精神。细化开庭审理范围可以约束法官的自由裁量权，充分发挥检察机关

的法律监督职能，是保证上诉案件开庭审理质量和诉讼效率的基础。新法修改虽然新增了三类应当开庭审理的案件类型，但是在"上诉人对第一审认定的事实、证据提出异议，可能影响定罪量刑的"以及"其他应当开庭审理的案件"的规定中仍给司法实践留下了空间，如果不加以细化，就会造成开庭审理程序准入的随意和混乱，司法实践尽管能够在短时间内从形式上实现开庭审理案件数量的增长，但是从长期来看，却与"具有实质意义的开庭审理"目标相距甚远。因此，检察机关应当积极与法院进行沟通，在实证调研的基础上细化开庭审理范围。同时，完善庭审审查机制，针对法院拟移送开庭审理的案件，首先进行开庭必要性的审查，对于不需要开庭审理的案件及时向法院提出建议，将案件转入书面审理程序，从而实现案件的有效分流，保证确有必要开庭审理的案件及时进入开庭审理程序，使上诉案件的开庭审理取得实现二审功能和诉讼效率的"双赢"效果。

（二）改革上诉状模板，完善上诉理由审查机制

针对上诉理由粗疏笼统，无法为二审检察人员重点审查案件提供有效指引的问题，二审检察机关应当积极与法院沟通，推动上诉状模板的改革，具体而言，上诉状应当分为三部分：第一部分详细释明上诉理由对于上诉人权利救济所发挥的作用，以督促上诉人认真对待上诉理由的撰写工作。第二部分应当根据司法实践经验，采用列举方式列明上诉理由，以为上诉人撰写上诉理由提供参考。第三部分应当要求上诉人提出具体的上诉理由，并详细指摘原判决的不当之处。让上诉人具体阐明自己对哪一部分事实或证据有异议、存在哪些应当或可以从轻处罚的情节等，以便于二审司法机关有效甄别案件是否应当开庭审理，同时也有利于二审检察人员对案件进行重点审查。二审检察人员应当根据上诉状积极审查上诉理由，如果上诉理由仅涉及事实问题，那么上诉案件的审查应限于上诉理由所指向的事项，针对控辩双方分歧的焦点和一审判决存在的难点进行重点审查复核；如果上诉理由涉及法律问题，那么案件审查不限于上诉范围，应对案件实行全面审查以切实保障上诉人的权益。

（三）简化文书制作，完善上诉案件审查方式

针对上诉案件审查方式单一的问题，可以依据上诉理由，区分不同案件采用文书和表格相结合的方式审查上诉案件。具体而言：

1. 对于原审被告人上诉后撤回上诉的案件，可以使用的简化表格形式，重点写明上诉理由，撤回上诉的理由以及承办人意见。

2. 对于原审被告人仅对量刑有异议的上诉案件，也可以采用表格形式，重点列明上诉人具有的各种法定或者酌定情节，并参照量刑指导意见的具体规定，得出量刑是否适当的结论。

3. 对于原审被告人认为自己有自首、立功等法定情节或者退赔、取得被害人谅解等酌定量刑情节的上诉案件，仍采用制作文书的审查方式，但可以省略定罪部分的事实和证据认定情况，重点叙述原审被告人到案、提供犯罪线索、协助抓捕其他犯罪分子或者赔偿被害人等的具体经过及证据，提出是否认定的处理意见。

4. 对于事实和证据有异议的上诉案件，仍然严格采用完整的文书制作审查方式，详细叙述事实的前因后果，原审被告人的行为在犯罪中所起的作用，尤其对于原审被告人有争议的事实要重点阐述，最后提出处理意见。

（四）规范办案流程，完善主任检察官办案责任制

应当根据案件的难易程度设置有针对性的办案流程，同时根据案件的处理结果设置不同的审批方式，以增加办案流程和审批机制的多样性，最大限度地减少不必要的办案环节和审批环节，提高办案效率。例如，对于上诉理由清晰的上诉案件，可以直接进入案件审查程序，省略提讯环节，以节省在途时间。同时，完善主任检察官办案责任制，增加主任检察官的审批权限，对于经审查后认为事实清楚，证据确实、充分，量刑适当，建议驳回上诉维持原判的案件，二审承办人员提出意见后，可以由主任检察官予以审批，不必再经主管处长审批，主任检察官有不同意见的再报主管处长审批。这样可减少不必要的汇报时间和次数，使承办检察人员把精力集中在办理复杂疑难案件上，最大限度地保障办案时间。

（五）完善撤诉案件退出机制，及时节省司法资源

如前所述，在 2012 年 1—7 月我院开庭审理的案件中，有 8 件案件系上诉后又撤诉案件，但是这些案件依然进入开庭审理程序，并均获得维持原判的处理结果。上诉后又撤诉的案件，表明上诉人对一审判决的结果没有异议，维持原判的处理结果也能说明这部分案件即使不开庭审理也不影响二审程序功能的发挥，如果依然开庭审理则不符合新法确立的诉讼经济原则。如果上诉人是在二审检察机关庭前审查结束以后提出撤诉的，那么二审检察机关应当及时提出终结开庭审理程序的建议，将案件转入不开庭审理程序，以节省司法资源。

结语

任何法律要想获得良好的实施都离不开司法工作机制的配套和完善，与法律精神相契合的工作机制可以使纸面上的法律迅速获得司法实践中的生命力。作为司法者，在法律框架已经形成的情况下，以现行法的诠释为基础，寻求司法解决的途径，使新法修改的成果在实践中取得实质性的进步是义不容辞的任务和职责。完善开庭审理上诉案件的工作机制，有利于二审程序功能与价值的

实现，保证案件办理的运转有序。从实践中存在的问题切入从而提出有针对性的建议无疑是解决问题最有效的进路，虽然由于能力有限，建议难免会存在不足，但通过司法实践做出积极的努力依然是我们坚定的选择。

六、特别程序及检察监督

超越与突破：未成年人检察工作机制研究

——兼及未成年人刑事案件公诉体系的重构

田宏杰[*]　温长军[**]

一、引言

自 1986 年 6 月上海市长宁区人民检察院成立"少年刑事案件起诉组"，开启中国未成年人检察（以下简称为"未检"）制度探索改革进程至今，已经走过了 26 个春秋。26 年的不懈探索和努力实践，我国未检制度不仅初具雏形，而且有力地推动着我国检察体制改革的不断深入。但必须承认的是，我国未检制度的发韧不仅缘于未成年人审判制度改革的促动，其发展演进路径乃至于机构设立无不带有典型的外发促动型制度建设的被动追赶特征，而且较之于成年人检察业务及其检察程序，并没有本质性的显著差异。（在新刑事诉讼法对未成年人刑事诉讼程序予以特别规定的今天，未检工作如何前瞻过去，面向未来，笔者拟通过对未检机能定位、机构设立、公诉体系重构等未检机制变革等核心问题的研讨，以期为我国未检工作的持续科学发展提供决策参考意见。）

二、机能定位：国家监护与法律监督的统一

"少年法理论并非来自一家之言，而系导源于英国普通法之国家监护权观念，经长期之演变为其主因"。[①] 究其根源，该理论其实源于罗马法中的"国家亲权"学说，即国家是无法律能力者（如未成年人或者精神病人）的最终监护人，且国家亲权高于父母亲权，只要未成年人的父母不能适当履行监护职

　＊　法学博士、金融学博士后，中国人民大学刑事法律科学研究中心教授、博士生导师，北京市东城区人民检察院副检察长。

　＊＊　北京市东城区人民检察院副检察长，北京市检察业务专家，西南科技大学客座教授。

　①　朱胜群：《少年事件处理法新论》，台湾三民书局 1976 年版，第 32 页。

责，国家即应超越父母亲权积极担负起对未成年人的最终监护职责。① 因而国家，如同少年的双亲一样，应为缺乏管教和缺乏寄托的少年谋福利，并应对他们尽一定的扶助义务。即便对于罪错少年，国家也只是少年儿童的最高监护人，而不是惩办官吏，② 即便出手施罚，彰显的仍然是"爱之深，责之切"的"可怜天下父母心"，追求的始终是"未成年人最大利益原则"的实现。为此，1985 年 11 月 29 日的联合国大会不仅明确指出少年幸福的增进乃是少年司法制度的核心使命，而且明确规定，罪错少年的父母或监护人虽然有权参加罪错少年的诉讼程序，但主管当局可以要求他们必须是为了少年的利益而参加诉讼，如果父母或监护人的出席起了反作用，例如，如果他们对少年表现出仇视的态度，那么这种父母亲权的关怀就会受挫，主管当局有权为了保护少年的利益而排除他们参加诉讼。③

显然，国家对于未成年人的监护职责，是由国家机关依照法定职权和法定程序代为行使，在我国，则由教育行政机关、司法行政机关、民政部等行政机关、审判机关与检察机关共同担负国家监护人的职责。从这个意义而言，未检工作首先是国家监护职责实施系统的有机组成部分，国家监护的基本原则和价值追求既是构建国家未成年人保护体系的基石，也是未检工作必须始终坚守的原则和致力于实现的目标。

但是，这绝非中国未检工作的完整机能定位。众所周知，作为国家法律监督机关，检察机关的职责和使命在于，通过法律监督活动的开展，确保国家法律、法规、方针、政策的统一实施。因此，检察机关法律监督的对象并非普通公民和社会组织的活动，而是除权力机关以外的国家行政机关、审判机关以及检察机关自身等公权力机关的法律实施活动以及所有国家工作人员的公务行

---

① See Joseph J. Senna and Larry J Siegel, Introduction to Criminal Justice, West Publishing Company 1996, p. 707；转引自姚建龙：《国家亲权理论与少年司法——以美国少年司法为中心的研究》，载《法学杂志》2008 年第 3 期。

② 参见甘雨沛、何鹏：《外国刑法学》（上册），北京大学出版社 1984 年版，第 577 页。

③ 1985 年《联合国少年司法最低限度标准规则》（以下简称《北京规则》）第 5.1 条就少年司法的目的规定："少年司法制度应强调少年的幸福，并应确保对少年犯作出的任何反应均应与罪犯和违法行为情况相称。"

第 15.2 条就法律顾问、父母和监护人规定："父母或监护人应有权参加，主管当局可以要求他们为了少年的利益参加诉讼，但是如果有理由认为，为了保护少年的利益必须排除他们参加诉讼，则主管当局可拒绝他们参加。"

为。① 故而检察机关法律监督活动的开展亦即检察权的行使，不仅要遵守宪法、人民检察院组织法的规定，而且必须按照三大诉讼法的基本原则和法定程序进行。正是在这个意义上，"加强诉讼监督，维护公平正义"不仅是中国检察机关永恒的使命，而且成为中国检察体制改革的目标与行进的方向。

未检工作的机能定位与未检制度的改革当然也不例外。就未检业务而言，检察机关对于直接受理的刑事案件即国家工作人员在履行其对未成年人国家监护职责中的职务犯罪案件进行侦查，表面上检察机关是与公安机关进行分工管辖的侦查机关，其实是检察机关通过职务犯罪侦查权的行使和侦查活动的依法开展，对未成年人国家监护活动中的行政、检察、审判机关的法律实施活动和所有国家工作人员的公务监护活动履行法律监督职责；检察机关对于公安机关侦查的未成年人刑事案件进行审查，决定是否批准逮捕或者提起公诉，其实是对公安机关未成年人刑事案件侦查权的行使和刑事侦查活动的开展进行的法律监督；而检察机关对于未成年人刑事案件提起公诉和支持公诉，以及对未成年人刑事案件裁判提起二审抗诉或者审监抗诉，对未成年人为一方或双方当事人或者第三人的民事诉讼、行政诉讼终审裁判提起抗诉，则是对法院审判权的行使和审判活动是否切实履行了法院担负的国家监护人职责开展的法律监督。至于检察机关对于未成年人刑事案件判决、裁定的执行，以及对监狱、看守所、劳动改造机关和社区矫正机构对于未成年人刑罚执行监管活动开展的法律监督，由于未成年人刑事执行活动不仅是未成年人国家司法行政监护活动的重要组成部分，更是刑事诉讼活动的必要延伸与拓展，刑事诉讼法对于刑事执行活动不仅专门予以明确规定，而且刑事执行活动的开展必须以刑事诉讼法的规定为准绳，因而检察机关对于监所劳改机关中的未成年人刑事执行活动的监督，同样是在诉讼活动中开展的监督。

所以，检察机关依法享有的检察权在未检工作中的行使，是为了保障行政机关、审判机关以及检察机关所担负的未成年人国家监护职责的依法实现，以及国家关于未成年人保护的有关法律、法规、政策的贯彻落实。由《中华人民共和国未成年人保护法》、《中华人民共和国未成年人预防犯罪法》、《中华人民共和国义务教育法》等有关未成年人国内法律、法规，以及我国批准、加入的《北京规则》、《联合国预防少年犯罪准则》（以下简称《利雅得准则》）、《联合国保护被剥夺自由少年规则》等未成年人国际条约、公约的规定可知，中国未检制度改革以及未检工作开展的关键，并不在于对未成年人犯罪

---

① 参见田宏杰、温长军：《守望法治：法律监督的价值分析与机制变革》，载《政法论坛》2012 年第 1 期。

的预防与惩治，而是未成年人国家监护职责的全面依法落实，以及未成年人全面保护原则、未成年人最大利益原则的贯彻施行。

由此决定，未成年人检察业务范围除传统的未成年人刑事案件的侦查、起诉、审判、执行以及未成年人犯罪的预防外，还应扩展至所有诉讼活动中与未成年人国家监护职责的履行有关的领域，尤其是刑事案件中的未成年被害人合法权益的保障与全面保护，以及民事、行政案件中一方或者双方乃至于第三人为未成年人等未检业务中检察权的有效行使和法律监督的及时到位。

为此，特别需要指出的是，随着我国目前刑事犯罪率的居高不下，因涉嫌犯罪被羁押的犯罪嫌疑人以及被判处自由刑乃至生命刑的犯罪分子的数量也呈逐步上升趋势。随之而来的社会问题是被羁押人员的未成年子女的抚养以及教育问题日益成为社会一大隐患。根据司法部课题组 2005 年对全国 12 省、市服刑人员未成年子女调研情况来看，被调查服刑人员未成年子女中，以独生子女的最多。年龄分布大体为 0—6 周岁的占 13.7%，6—12 周岁的占 36.1%，12—15 周岁的占 26%，15—18 周岁的占 24.2%。[①] 辍学在家的服刑人员未成年子女占总数的 13.1%，其中，在其父（母）入狱前就已经辍学的占 17.6%；在其父（母）入狱后辍学的占 82.4%。不难看出，父亲或者母亲，抑或父母双亲被收监改造，与其未成年子女辍学存在一定内在联系。而对服刑人员未成年子女辍学原因的调查结论显示，被调查服刑人员未成年子女中，因受歧视而辍学的占 7.4%，因自己厌学而辍学的占 6.2%，因生活困难而辍学的高达 69.1%，因病、残而辍学的占 0.6%，因无人照管而辍学的占 11.7%，因其他原因而辍学的占 4.9%。显然，生活困难是服刑人员未成年子女辍学的首要原因。[②]

尽管如此，在押人员未成年子女的救助情况却不容乐观。问卷调查结果显示，仅有 5.2% 的服刑人员表示其未成年子女在其服刑后得到过社会救助机构的救助；而 94.8% 的被调查人员表示，在其入狱后其未成年子女没有受到过任何救助机构的救助。[③]

而从已经开展的对在押人员未成年子女进行救助的情况来看，也存在救助效果不良、救助模式单一等诸多缺陷。例如，北京、大连等地开设的专门针对服刑人员未成年子女救助的太阳村，虽然可以统筹一定社会力量进行集中救

---

① 郑霞泽主编：《服刑人员未成年子女现状调查》，法律出版社 2006 年版，第 32 页。

② 郑霞泽主编：《服刑人员未成年子女现状调查》，法律出版社 2006 年版，第 34 页。

③ 郑霞泽主编：《服刑人员未成年子女现状调查》，法律出版社 2006 年版，第 37 页。

助，但是存在救助资金缺乏、救助覆盖范围较小等问题，同时集中救助虽然对于在押人员未成年子女的衣食住行及受教育等问题进行了解决，却很少进行心理层面的干预和帮助，致使在押人员未成年子女成年后融入社会存在不同程度的困难。①

因此，对在押人员未成年子女进行救助不仅需要民间组织或个人的广泛参与，更为重要的是公权力机关的合理介入，而集国家监护人与法律监督机关于一体的检察机关，在诉讼监督中大力关注并依法稳妥地推进在押人员未成年子女检察救助机制的建立与完善，以为在押人员未成年子女提供机会，"特别是受教育的机会，以满足青少年的不同需要，作为对所有青少年，特别是那些明显处于危险或面临社会风险而需要特别照顾和保护的青少年的一种辅助办法，以保障所有青少年的个人发展"，② 更是义不容辞，职责所在。

三、机构设立：未检职能一体化

基于《北京规则》第 2.3 条的要求，"应努力在每个国家司法管辖权范围内制定一套专门适用于少年犯的法律、规则和规定，并建立受权实施少年司法的机构和机关……"最高人民法院、最高人民检察院、公安部、司法部联合发布了《关于办理少年刑事案件建立互相配套工作体系的通知》（以下简称《通知》）。《通知》第 2 条明确规定："人民检察院应根据办理少年刑事案件的特点和需要，逐步建立专门机构。"据此，在全国 3000 多个基层检察院中，有 2/3 以上设置了未检专门机构，③ 具体有以下三种模式：一是独立建制的未检机构，包括科级、处级两个级别，名称不一，有以未检科（处）命名的，有以未成年人刑事起诉科（处）相称的，有冠之以未成年人刑事检察科（处）的，还有称为未成年人犯罪检察科（处）的，等等；二是依附于普通检察机构中，具有半独立性的未检组，具体名称和职能也各行其是；三是未检员，即在不具备建立独立或半独立未检机构的地方，确立数名未检人员专门办理未成年人犯罪案件。④

---

① 参见田宏杰、王然：《在押人员未成年子女检察救助机制研究》，载刘明祥、田宏杰：《刑事法探究》（第 4 卷），北京：中国人民公安大学出版社 2012 年版，第 113—115 页。

② 《利雅得准则》第一部分"基本准则"之第 5 条（a）。

③ 参见田涛、李益明：《抉择与构想——利用刑诉法确立检察机关在未成年人司法中主导性地位的设想》，载《重庆城市管理职业学院学报》2008 年第 3 期。

④ 参见张利兆：《未成年人犯罪刑事政策研究》，中国检察出版社 2006 年版，第 165—166 页。

　　显然，在办理案源、办案人员、办案场所、办案经费、办案编制等条件均具备的情况下，第一种模式更符合未检机构设立的国际发展趋势，因而也是我国现行未检机构设立的主要模式。但综观此类未检机构的实际运行，无论是上海在全国率先试行的未检案件捕、诉、防、所及民行未检业务的综合化，还是北京、广州及全国其他大中城市推行的捕、诉、防、所业务一体化，均只是将未检业务全部或者部分综合交于未检专门机构办理，但就具体案件的办理流程来看，却仍然是"铁路警察，各管一段"，同一案件的审查批捕、审查起诉、监所业务以及犯罪预防，仍然交由不同的承办人具体经办。这种"分站式"的处理模式，与将未检业务的不同职能分别交由不同部门行使的传统未检业务工作机制，并不具有职能一体化的实质变革意义，至多只有将"大分站式"管理调整为"小分站式"管理的形式意义。而正是这种形式上的机构调整而非实质性的机构职能整合，笔者以为，不仅与未检业务的机能定位与未检业务一体化的价值追求不相契合，而且成为阻滞我国未检制度科学发展的最大瓶颈。

　　首先，"小分站式"未检业务处理模式不利于未成年人最大利益原则的贯彻。多年未检工作实践表明，触法少年的成功帮教和彻底转变，往往不是缘于抽象的少年刑事司法制度的感化，而是心悦诚服于具体办案人员的能动公正司法从而油然而生的触动与震撼。司法往往意味着中立和冷漠，但少年司法却必须将情感融入其中，需要检察官"弯下身"来与孩子对话，[1] 所以，未成年人检察机构和检察官的角色不能完全等同于普通检察机构和检察官。此外，未成年犯罪人走上违法犯罪道路以后，因家长数落、公众指责、同伴鄙夷而深感社会的排斥和厌恶，不仅变得感情冷漠，对前途丧失信心乃至绝望，而且对未检人员往往心怀戒备甚至敌视，加之未成年犯罪人正处于由不成熟向成熟方向发展的过渡时期，可塑性强、变化快，因而未检案件的承办尤其是触法未成年人的矫正帮教突发性问题十分突出。[2] 因而未检业务的成功办理和检察机关国家监护活动法律监督职责的实现，需要同一未检人员或者同一办案组对同一未检案件全程跟进、持续关注、综合考量地进行"一站式"办理，不仅全程洞察未成年犯罪人在未检业务不同流程和不同阶段的表现及其心理变化，全面收集、深入分析未成年犯罪人的犯罪起因、根源、主观恶性、客观实害、人身危险性以及矫正可行性，进而确立实施既有针对性又具个体差异性的矫正保护方

---

　　① 参见姚建龙：《理解未成年人检察制度》，载《青少年犯罪问题》2007 年第 2 期。
　　② 参见贾洛川：《中国未成年违法犯罪人员矫正制度研究》，中国人民公安大学出版社 2006 年版，第 85 页。

案，而且可让承办人或办案组有更长的时间、更多的机会与未成年人进行深入沟通交流，持续随时洞悉未成年人的思想转变和心态变化，在与未成年人逐渐建立亲切友好、真诚信任的情感联系的同时，进行及时有效的富有情感的心理干预，无疑更有利于未成年人利益的最大保护，更有利于实现国家对未成年人的国家监护。

其次，"小分站式"未检业务处理模式不利于未检机构法律监督职能的充分发挥。无论是传统的"大分站式"模式还是当下推行的"小分站式"模式，其实都是未检人员各管一段的流水线作业。由于每一承办人都只需对自己承办环节内的案件质量负责，而不是对案件办理全程负责，不仅导致了捕、诉不同环节在阅卷、提讯、案情熟悉乃至于卷宗装订工作中的不断重复，降低办案效率，进而导致案多人少的矛盾凸显，而且因所有承办人均难以了解案件办理全貌，致使不同环节的承办人囿于考核工作的压力而相互掣肘、推诿责任甚至集体不负责任。不仅如此，未检工作不仅需要未检人员精通未成年人法律、法规，熟悉国家的未成年人政策，而且要求未检人员洞悉未成年人心理，具有良好的与未成年人进行沟通交流的能力。但是，"只要人在理解，那么总是会产生不同的理解"，① 同一未检案件的法律适用与政策把握，包括矫正保护方案的制定和帮教措施的采取，不同环节的不同承办人往往存在认识分歧。而未检职能的一体化和未检业务的"一站式"处理，不仅可以有效弥补上述缺陷，而且因未检职能的充分整合，使得未检人员在未成年人司法保护体系中的法律监督力量得以全面提升，进而为未检业务法律监督职能的发挥乃至于检察机关在未成年人法律保护体系中的主导地位的确立，奠定了坚实的基础。

最后，"小分站式"未检业务处理模式不利于未检队伍专业素质和法律监督能力的提高。21 世纪是风险丛生的社会，更是竞争激烈的时代。竞争的关键不在于人才的拥有，而在于学习力的绵延不绝。江郎才尽的故事早已表明，人才是相对的，学习欲的旺盛和学习力的提升才是赢得世界竞争的根本。随着我国工业化进程的基本完成，尤其是金融全球化和经济一体化时代的来临，作为社会问题终极反映的法律问题，无论是静态制度的设计还是动态实务的运行，已非单一的法学知识所能合理解决。囿于亚当·斯密在《国富论》中的大力倡导，即国民财富是专业化和劳动分工的函数，各国现代化进程奉其为圭臬，从而在现代社会随处可见这样一个场景：随着劳动分工的日趋专业以及专业领域划分得愈益精细，专业化的个人在一个越来越窄的领域懂得比常人越来

---

① 林格："编者导言"，载伽达默尔：《哲学解释学》，林格编，夏镇平译，上海译文出版社 1994 年版。转引自梁治平编：《法律解释问题》，法律出版社 1998 年版，第 90 页。

越多的同时，在专业领域之外却与常人一样无知，以致面对综合复杂的社会问题，专家治理方案在治理社会风险的同时常常滋生出更多的风险，甚至引发更大的灾难。因此，面对 21 世纪的风险社会挑战尤其是未成年人失范行为、社会越轨行为的频现，需要切实提升未检人员的学习力，打造集未检业务知识宽度、未检司法经验厚度、未检问题分析深度、未检案件办理高度于一体的学习型未检队伍。

但令人遗憾的是，囿于中国传统的法学教育模式以及刑检业务捕、诉分离的传统工作模式，法学与其他人文社会科学之间、不同部门法之间虽然"鸡犬之声相闻"，但却常常"老死不相往来"，研习法律的不善洞悉人的心理，熟悉实体法的不了解程序法，精通刑事法的生疏于民商法原理和行政法运行。知识结构的单一和研究视野的狭窄，不仅使得未成年人刑事案件的侦查监督、批捕审查和审查起诉质量难以尽如人意，而且严重妨碍了检察机关诉讼监督职能的发挥和法律监督工作的开展，而这也正是长期制约民行监督工作包括未成年人民行监督工作发展的"瓶颈"所在。由此决定，未检队伍建设，包括未检人才招聘和未检人员的在职培训，在进一步夯实法学理论功底、提升检察业务技能的同时，应着力拓展知识结构宽度和问题研究视野，尤其是对教育学、社会学、心理学等其他人文社会科学基本原理和最新发展动态的学习了解和转化运用，以使未检干警在吸纳其他人文社会科学研究成果的同时，逐步完成未检制度建设中的知识积累、思维跃升和价值观念的重塑，进而最大限度地引导、激发未检干警发现问题根源、能动解决问题的法律运用能力和未成年人国家监护的社会管理创新能力。

可见，未检机构的专门化和独立化只是未检业务一体化的前提，未检职能的一体化才是未检业务一体化的核心和未检制度改革的关键。而秉承职能一体化的未检改革思路，笔者以为，首先，应当在各基层检察院设立与公诉部门、侦监部门平级的独立未检业务部门即未检处（或科），承办所有与未成年人国家监护有关的所有诉讼监督业务，包括捕、诉、监、防等未成年人刑事检察业务，一方或双方当事人或者第三人为未成年人的民行案件，刑事被害人为未成年人的未检业务，以及在押人员为未成年子女的未检业务，等等。其次，未检部门内部视建制不同，设立未成年人刑检科（或组）和未成年人民行科（或组），前者集捕、诉、监、防等未年人刑事检察业务于一体，后者集未成年人民行申诉、抗诉职能于一体。最后，未检业务的承办，以实行同一办案组（或承办人）全程负责的"一站式"处理为原则，以特殊未检案件的"小分站式"处理为例外。

四、机制变革：未检工作社会化

与西方发达国家相比，我国经济社会发展虽然尚未完全达到现代化程度，但 2003 年以来 SARS、禽流感、三鹿奶粉、太湖蓝藻、血铅超标等一系列事件在媒体的频频曝光，在不断考验政府处置突发风险事件应急能力的同时，也使得国人真切地感受到风险社会的来临。由于风险具有易碎性、裂变性的特征，风险在现代社会不仅无处不在、无时不在，而且不断地以几何级数般的速度和规模发生变异进行传导，甚至风险治理本身也在制造着新的风险。可以说，我们生活在一个"除了冒险别无选择的社会"。[1] 而未成年人保护不力，则是我们不得不面临的重大社会治理风险之一。

实际上，风险社会特征在当代的日益凸显，昭示的是国家中心治理能力的不足以及传统法律刚性治理模式的失败，"人们开始反思负担过重和过分官僚化的政府是否有能力负担起指派给它的繁重的工作任务。"[2] 人们不仅必须告别这样的错误观念，即行政机构和专家能够准确地了解对每个人来说什么是正确的和有益的，而且必须意识到，风险的应对决策不能由专家与决策者闭门协商，而是应向全社会开放，行政机构和专家系统对于专门知识的垄断必须破除，畅通的政府、专家、非政府组织和公民公开对话与充分协商的决策机制必须建立。

因而面对风险社会的挑战，无论是社会治理结构的调整，还是国家治理模式的变革，孜孜以求的不是国家权力的集中和加强，而是国家权力的合理限缩以及多元治理结构的培育运行。[3] 由此决定，未检运行方式的社会化、参与主体的多元化与运行目标的社会化不仅是未成年人司法制度的国际发展趋势，而且应当成为我国未检工作机制改革与科学发展，包括未成年人刑事案件公诉体系重构的方向。

（一）未检运行方式的社会化：检察主导下的社会组织实施

《北京规则》第 16 条规定，"所有案件除涉及轻微违法行为的案件外，在主管当局作出判决的最后处理之前，应对少年生活的背景和环境或犯罪的条件进行适当的调查，以便主管当局对案件作出明智的判决。"此即少年司法制度的社会调查原则，即在办理未成年人刑事案件中，通过走访家庭、学校、单

---

[1] N. Luhmann. 1993. Risk: A Sociological Theory. Berlin: de Gruyter. p. 218；转引自杨雪冬等：《风险社会与秩序重建》，社会科学文献出版社 2006 年版，第 9 页。

[2] Lester salamon, the rise of the third sector, foreign affairs, 1994, pp. 7 – 8.

[3] 参见田宏杰：《风险社会的刑法立场》，载《法商研究》2011 年第 4 期。

位、居委会、派出所等有关部门，对未成年人犯罪嫌疑人、被告人在作案以前的一贯表现、作案原因和家庭生活环境作一个全面的了解，① 其主要内容是反映未成年犯罪嫌疑人或被告人的成长经历和接受帮教的条件，而不是直接反映案件本身的犯罪事实。

在美国，社会调查工作由缓刑官负责，为了帮助法官对未成年犯罪者正确处理，缓刑官须对未成年犯罪人的生活环境、学习经历等进行查访，会见未成年被告人及其父母，有时还得走访逮捕官、学校老师、邻里以及未成年被告人的伙伴，并制作调查报告。缓刑官一般要花 30—60 天时间方能准备好社会调查报告。"在撰写的报告中，须包括少年被告人的逮捕记录，最新的犯罪事实，对少年被告人的心理评估，社会机构所提供的信息。"② 在欧洲，则由缓刑局负责这一工作，调查报告中必须有犯罪行为的分析，还要谈到犯罪活动中有关情况；同时，对未成年犯罪人所实施行为的危害性进行评估，然后对法官提出建议。

在我国，2006 年 12 月 28 日通过的《人民检察院办理未成年人刑事案件的规定》（以下简称《规定》）第 16 条第 4 款也要求，"审查起诉未成年犯罪嫌疑人，应当听取其父母或者其他法定代理人、辩护人、未成年被害人及其法定代理人的意见。可以结合社会调查，通过学校、社区、家庭等有关组织和人员，了解未成年犯罪嫌疑人的成长经历、家庭环境、个性特点、社会活动等情况，为办案提供参考。"2001 年 4 月 12 日施行的最高人民法院《关于审理未成年人刑事案件的若干规定》第 21 条则明确规定："开庭审理前，控辩双方可以分别就未成年被告人性格特点、家庭情况、社会交往、成长经历以及实施被指控的犯罪前后的表现等情况进行调查，并制作书面材料提交合议庭。必要时，人民法院也可以委托有关社会团体组织就上述情况进行调查或者自行进行调查。"而实践中的做法则不尽一致，既有检察机关开展的社会调查工作，也有法院委托司法局（所）等机关单位或者聘请公民充当调查员完成。囿于审判机关在刑事案件裁判中的中立地位以及侦查机关与辩护人的角色分担和职能定位，加之社会调查报告在一定程度上起着未成年人刑事案件中的品格证据作用，而检察机关参与未检诉讼活动，其实并非缘于诉讼当事人的角色定位，而是基于其所担负的未成年人国家监护职责履行的法律监督者地位，尤其是刑事

---

① 参见温小洁：《我国未成年人刑事案件诉讼程序研究》，中国人民公安大学出版社 2003 年版，第 80 页。

② 王远生、严军兴：《英国刑事司法与替刑制度》，中国法制出版社 1999 年版，第 86 页。

诉讼法修订后未成年人刑事诉讼特别程序的增设及其进而导致的未成年人刑事案件公诉体系的重构，笔者认为，实行检察机关主导，社会调查机构具体实施的方式开展未成年人案件中的社会调查工作，不仅合法，而且更为科学合理。

（二）未检运行目标的社会化：未成年人案件公诉体系的重构

面对未成年人失范行为的增长态势，包括未检业务在内的少年司法的因应之策不是刚性刑事法律的机械适用和刑事司法程序的简单发动，相反，是对刚性刑事法律谦抑性的捍卫和柔性社会治理方式的创新。在此，应当指出的是，刑事法律的谦抑性或者最后性必须相对而言，且至少由这样两个层面并行组成：一方面，刑事立法要谦抑，即刑事法关于犯罪的规定必须以民商法、行政法等前提法的规定为基础，刑事法划定的犯罪边界必须小于或者等于民商法、行政法所规定的侵权违法圈，否则，犯罪的立法规定就成了无源之水、无本之木。另一方面，刑事司法要谦抑，即司法实际处置的犯罪圈必须小于或者等于刑事立法所规定的犯罪圈。对于一个符合刑事立法规定的犯罪构成条件、达到追诉标准的行为，若综合全案犯罪情节认为不需要适用刑罚，则在审查起诉阶段可作相对不诉处理，在审判阶段可作免刑或者无罪判决。之所以如此，是因为刑起于兵，用兵之道其实就是用刑之策。《孙子兵法》早已指出，"上攻伐谋"，不战而屈人之兵方为用兵的上策，同理，司法实践中对于情节较轻的犯罪若不用刑就能实现用刑所追求的预防犯罪效果，这才是司法用刑的最高境界。

正因为如此，《北京规则》第11.1、11.2条特别规定，"应酌情考虑在处理少年犯时尽可能不提交下面规则14.1中提到的主管当局正式审判。"为此，"应授权处理少年犯案件的警察、检察机关或其他机构按照各法律系统为此目的规定的标准以及本规则所载的原则自行处置这种案件，无须依靠正式审讯。"因为，"观护办法、包括免除刑事司法诉讼程序并且经常转交社区支助部门，是许多法律制度中正规和非正规的通常做法。这种办法能够防止少年司法中进一步采取的诉讼程序的消极作用（例如被定罪和判刑所带来的烙印。）许多时候不干预可能是最佳的对策。"而且，"这些做法不一定局限于性质较轻的案件……"①

而在我国，检察机关对未成年人犯罪案件不起诉只占检察机关受理起诉未成年人案件总数的10%左右。显然，检察机关在对未成年人犯罪起诉或者不起诉标准的掌握上，并未践行《北京规则》的上述要求。究其根源，笔者以为，不是相对不起诉的法定条件规定过严限制过多，而是检察机关在相对不起

---

① 《北京规则》"11.观护办法"及其说明。

诉的适用上忽略了未成年人刑事案件的特点，未对未成年人刑事案件与成年人刑事案件相对不起诉的法律适用予以区别对待。事实上，我国刑事诉讼法虽然既可适用于未成年人刑事案件，也可适用于成年人刑事案件，但却是以成年人刑事案件的诉讼程序为蓝本予以规定的，至于未成年人刑事案件诉讼程序的适用，则应秉持少年司法的基本原则和刑事政策要求，对刑事诉讼法的规定能动地予以从宽适用。由此决定，未成年人刑事案件相对不起诉的条件宽于成年人相对不起诉的条件才是法律适用的应有之义，不仅"犯罪情节轻微，依照刑法规定不需要判处刑罚或者免除刑罚的"应当适用相对不起诉，而且没有实际监禁服刑必要的轻罪案件，也有适用相对不起诉的必要。

现行刑法第72条明确规定："对于被判处拘役、三年以下有期徒刑的犯罪分子，同时符合下列条件的，可以宣告缓刑，对其中不满十八周岁的人、怀孕的妇女和已满七十五周岁的人，应当宣告缓刑：（一）犯罪情节较轻；（二）有悔罪表现；（三）没有再犯罪的危险；（四）宣告缓刑对所居住社区没有重大不良影响。……"因而没有实际监禁服刑必要的未成年人轻罪案件是指应当宣告缓刑，或者判处管制，以及应当单处附加刑的未成年人刑事案件。此外，应当被判处3年以下有期徒刑或者拘役，但行为人与被害人已达成刑事和解的未成年人刑事案件，也应属于相对不起诉的适用范围。

在此，应当指出的是，司法实践中的重罪、轻罪，一般以5年有期徒刑而非3年有期徒刑为界，即应当判处5年以上有期徒刑的是重罪，应当判处5年以下有期徒刑的是轻罪，加之修正后的刑法典第100条规定，"犯罪的时候不满十八周岁被判处五年以下有期徒刑的人"，免除前科报告义务，因而未成年人刑事案件相对不起诉的条件，是否也可放宽至应当判处5年以下有期徒刑的情形？笔者以为，答案是否定的。毕竟，相对不起诉作为消极的实体处分权，应与实体刑罚制度的适用条件保持均衡衔接，否则，对于应当判处3年以上5年以下有期徒刑的未成年犯罪人，在审判阶段连缓刑都不得适用，而是必须判处实刑并交付执行，但在审查起诉阶段却可以适用相对不起诉。这样一来，不仅有违相对不起诉的内在要求，而且轻重处置严重失衡，既有违罪责刑均衡原则的要求，又导致了实体刑罚制度与程序不诉制度之间的矛盾与冲突。

所以，未成年人相对不起诉条件，上承缓刑适用的最高条件，下接成年人相对不起诉条件，不仅符合未成年人犯罪不起诉的内在要求，而且实现了实体制度和程序设计、未成年人犯罪相对不诉与成年人犯罪相对不诉适用条件上的均衡科学对接。至于应当判处3年以上5年以下有期徒刑的未成年犯罪人，基于最大限度地防止将未成年犯罪人提交审判的少年司法原则要求，则应以附条件不起诉的方式解决。

由此决定，未成年人刑事案件公诉体系的构建，即由存疑不诉、绝对不诉、相对不诉、附条件不诉和起诉5种方式组成，存疑不诉、绝对不诉的现行法律规定及其适用条件不变，相对不诉的适用条件是具有下列情形之一的案件：(1) 犯罪情节轻微不需要适用刑罚处罚的；(2) 应当宣告缓刑的；(3) 应当判处管制的；(4) 应当单处附加刑的；(5) 应当被判处3年以下有期徒刑或者拘役，但行为人与被害人已达成刑事和解的。附条件不诉的适用条件则是不具备存疑不诉、绝对不诉、相对不诉条件，且应当判处3年以上5年以下有期徒刑的案件。除此以外的未成年人刑事案件，则应提起公诉，交付法院审判。其中，相对不诉的适用条件，通过法律适用解释包括由最高人民检察院出台司法解释的方式，即可在未检工作中能动地适用，因为其是未成年人刑事案件的处理有别于成年人刑事案件处理的当然之义；附条件不诉则已为2012年修正的刑事诉讼法予以增设，待2013年1月1日生效即可在实践中适用。

因此，未成年人轻罪记录的封存义务机关是检察机关而不是审判机关，需要封存的是未成年人决定不诉的有关案宗材料。这样一来，因部分未成年人刑事案件的公开审理以及所有刑事判决均在网上公开的法院审判改革的推进，而产生的未成年人轻罪记录封存难题及其相关困惑，也就迎刃而解。

未成年人附条件不起诉的适用研究[*]

陈胜才^{**}　　盛宏文^{***}

新刑事诉讼法在总结司法改革实践经验的基础上，在立法上首次确立了附条件不起诉制度。同时，为了防止附条件不起诉被滥用甚至侵蚀审判权，新刑事诉讼法严格限定了附条件不起诉的适用范围，明确适用对象为可能判处1年有期徒刑以下刑罚的未成年人。附条件不起诉制度的确立，在一定程度上完善了我国的不起诉制度。但立法规定与理论界、实务界的预期尚有较大差距，与前期试点工作也存在较大差异，对不起诉工作产生较大影响。如何转变工作观念，准确适用新刑事诉讼法关于附条件不起诉的相关规定，对检察机关无疑是一个重大挑战。

一、附条件不起诉制度的改革探索

为了适应国内刑事犯罪居高不下的态势，贯彻宽严相济刑事政策和恢复性司法的要求，自20世纪90年代末开始，检察机关从两条路径探索未成年人刑事案件轻缓化办案机制：一是扩大适用微罪不起诉，特别是中央确定刑事案件"两扩大、两减少"① 政策后，刑事犯罪不起诉率呈逐年上升趋势；二是探索附条件不起诉。

附条件不起诉，又称暂缓起诉，是指"检察机关对某些符合起诉条件的

　＊　本文是最高人民检察院检察应用研究课题《未成年人刑事案件附条件不起诉的适用研究》的阶段性研究成果。

　＊＊　重庆市人民检察院副检察长。

　＊＊＊　重庆市人民检察院研究室副主任。

　①　"两扩大、两减少"是周永康同志在中央政法工作会议上提出的刑事司法工作的指导方针，是对宽严相济刑事政策中如何运用好宽的具体要求和部署。"两减少、两扩大"方针的具体内容是：对初犯、偶犯、未成年犯、老年犯中一些罪行轻微的人员，依法减少判刑、扩大非罪处理；非判刑不可的，依法减少监禁刑、扩大适用非监禁刑和缓刑。

案件，考虑到犯罪嫌疑人的自身状况、公共利益以及刑事政策的需要，设立一定的考验期，要求嫌疑人履行一定的义务，考察期满后如果嫌疑人没有出现违反义务情形，检察机关将不再对其提起公诉；如果嫌疑人出现违反义务情形，检察机关将对其提起公诉的一项制度"。① 关于附条件不起诉制度的改革探索，最早是从基层检察院开始的。由于附条件不起诉主要针对未成年人，也符合世界不起诉制度改革的发展趋势，附条件不起诉的探索获得了学术界的充分肯定和理论支撑。2008 年，中央司法体制改革意见明确提出"设立附条件不起诉制度"后，各地检察机关附条件不起诉经历了从个案试点到规模扩大、再到制度规范的过程，案件适用范围从未成年人犯罪扩大到老年人、在校大学生等特殊人群的轻微犯罪案件，适用刑罚一般掌握在可能判处 3 年以下有期徒刑、拘役、管制、单处罚金或者缓刑案件，并确定 6 个月至 3 年不等的考察期限，对被附条件不起诉人进行帮助教育。②

从各地的试点情况看，附条件不起诉充分考虑了被害人与犯罪嫌疑人的利益，有利于社会矛盾化解，修复因犯罪行为所破坏的社会关系，构建和谐社会；有利于对轻微犯罪嫌疑人实行教育、感化、挽救政策，预防和减少犯罪；有助于解决刑事犯罪居高不下与诉讼资源有限之间的矛盾，分流一部分轻微刑事案件，减轻司法机关和当事人的诉讼压力。因此，试点得到了社会各界的广泛认可和支持。但是，也有学者认为附条件不起诉制度与现行法律存在冲突，其合理性和正当性于法无据，是"违法实验"。③ 一些地方在试点过程中也存在着适用范围扩大化、适用程序不规范、考察帮教不得力等问题。如果适用不当，更对审判权构成威胁。

二、附条件不起诉的制度设计

新刑事诉讼法第 271 条第 1 款规定："对于未成年人涉嫌刑法分则第四章、第五章、第六章规定的犯罪，可能判处一年有期徒刑以下刑罚，符合起诉条件，但有悔罪表现的，人民检察院可以作出附条件不起诉的决定。"为了准确适用未成年人附条件不起诉制度，亟须明确有关概念，完善相关配套制度。

---

① 葛琳：《附条件不起诉之三种立法路径评析》，载《国家检察官学院学报》2011 年第 6 期，第 75 页。

② 参见邓思清：《建立我国的附条件不起诉制度》，载《国家检察官学院学报》2012 年第 1 期，第 101 页。

③ 参见郭斐飞：《附条件不起诉制度的完善》，载《中国刑事法杂志》2012 年第 2 期，第 63 页。

（一）附条件不起诉是第四种不起诉类型

关于附条件不起诉和微罪不起诉的关系，目前有包含说、交叉说和并列说三种观点，故厘清两者之间的关系是当务之急。我们认为，两者之间是并列关系或者梯级关系。微罪不起诉是对犯罪情节轻微，依法不需要判处刑罚或者免予刑罚的犯罪人作出的不起诉决定。这类案件即使起诉，审判机关一般只能作无罪或者免予处罚决定。而附条件不起诉是指本身应当起诉的案件，在正常起诉情况下，审判机关可能判处 1 年以下有期徒刑、拘役或者单处罚金等刑罚。只是因为犯罪人是未成年人，又有悔罪表现，作为一种教育、挽救未成年人的特殊措施才实施的附有条件的不起诉，并保留起诉的可能性。应当说，附条件不起诉适用于比微罪不起诉更严重的犯罪人，两者的适用对象没有交叉或者包容关系。

之所以出现这种认识分歧，主要是因为近几年检察机关在实施宽严相济刑事政策、创新社会管理过程中，扩大适用微罪不起诉的现象比较突出，而忽略了微罪不起诉的前提："犯罪情节轻微，依照刑法规定不需要判处刑罚或者免除刑罚的。"按照法律规定，只有两种情况才能作出微罪不起诉：一是具有法定免除处罚情节的；二是根据刑法第 37 条，犯罪情节轻微不需要判处刑罚的。实践中，对于未成年人犯罪或者因亲戚、邻里纠纷引起的轻伤害犯罪等可能判处 3 年有期徒刑以下的案件，即使不具备上述两个条件之一，被作微罪不起诉的俯拾即是。由于微罪不起诉的扩大化，导致了将大量本应起诉、或者按照新刑事诉讼法只能作附条件不起诉的案件作了微罪不起诉处理。附条件不起诉制度的设立，将会使检察人员在适用微罪不起诉时会更加谨慎，一定程度上限缩了微罪不起诉的适用空间。很难想象，同样的案情，对未成年犯罪嫌疑人适用附条件不起诉，却对成年犯罪人适用微罪不起诉。

现行刑事诉讼法规定的不起诉类型有三种，即法定不起诉、存疑不起诉和微罪不起诉。新刑事诉讼法规定的附条件不起诉决定，只是一个附监督考察条件的具有临时效力的决定。经过监督考察可能产生两种结果：如果被附条件不起诉人有第 273 条第 1 款规定情形之一的，即在考验期内实施新的犯罪或者发现漏罪需要追诉的；违反治安管理规定或者考察监督管理规定，情节严重的，检察机关应当提出公诉；如果被附条件不起诉人没有前述情形的，考验期满，检察机关应当作出不起诉决定。考察期满后所作的不起诉决定不同于前述三种不起诉类型，应当是新刑事诉讼法所规定的第四种不起诉类型：即依据新刑事诉讼法第 273 条第 2 款所作出的不起诉决定。

（二）明确附条件不起诉的适用范围

根据新刑事诉讼法的规定，适用附条件不起诉，必须具备下列五个条件：

1. 犯罪嫌疑人是未满 18 周岁的未成年人。按此规定，目前试点中附条件不起诉广泛适用于已成年的在校大学生、老年人犯罪的情况必须予以重新调整。

2. 涉嫌罪名在刑法分则第四章侵犯公民人身权利、民主权利罪，第五章侵犯财产罪和第六章妨害社会管理秩序罪的范围内，在这三章范围之外的其他犯罪，不得适用附条件不起诉。未成年人常见犯罪主要是故意轻伤害案、盗窃案、抢夺案、抢劫案、强奸案和寻衅滋事案等，基本上可以被这三章所涵盖。但随着未成年人犯罪模式的多元化和犯罪手段的复杂化，近年来未成年人犯罪涉及的罪名范围也在逐渐扩大，以往鲜有涉及的诸如第二章中的交通肇事罪、危险驾驶罪，第三章中的生产销售伪劣产品罪以及与毒品有关的犯罪等罪名，未成年人都有所涉及，但根据新规定，这些罪名均不能适用附条件不起诉。

3. 犯罪事实已经查清，证据确实充分，符合起诉条件，依法应当追究未成年犯罪嫌疑人的刑事责任。如果其犯罪情节轻微，依照刑法规定不需要判处刑罚或者免除刑罚的，检察机关可以直接作出微罪不起诉决定，而不能作出附条件不起诉决定。

4. 犯罪人可能判处 1 年有期徒刑以下刑罚。这里的可能被判处 1 年有期徒刑以下刑罚是指根据犯罪性质、情节，"一旦交付审判可能被实际判处的刑罚，而不是其涉嫌罪名及其量刑幅度的法定最高刑。"① 可能被判处 1 年有期徒刑以下刑罚应当包括可能判处 1 年以下有期徒刑、拘役、管制或者单处罚金。

5. 犯罪人有悔罪表现。悔罪就是认罪，认罪的体现就是如实交代实施犯罪的事实，并且以一定的方式表现出悔改的诚意，如向被害人赔礼道歉、赔偿损失等。这主要根据未成年人犯罪后的到案情况（包括是否自首，有无立功等法定情节）、认罪态度（到案后是否愿意并如实供述犯罪事实）和行为表现（包括是否退赔、是否对被害人进行赔偿和道歉等）进行综合判断。

（三）建立对附条件不起诉决定的制约、救济机制

根据新刑事诉讼法的规定，检察机关经审查，认为案件可以适用附条件不起诉的，在作出决定前应当听取以下三个方面的意见：

1. 听取未成年犯罪嫌疑人及其法定代理人的意见，如果对附条件不起诉有异议的，检察机关应当直接作出起诉决定。

2. 听取公安机关的意见。公安机关认为附条件不起诉决定有错误的，可以要求复议；如果意见不被接受，可以向上一级检察机关提请复核。

---

① 黄太云：《刑事诉讼法修改释义》，载《人民检察》2012 年第 8 期，第 62 页。

3. 听取被害人的意见。被害人对附条件不起诉决定不服的，可以向上一级检察机关申诉，请求提起公诉；也可以不经申诉，直接向人民法院起诉。

按照《人民检察院刑事诉讼规则》，现行的三种不起诉决定，除法定不起诉经检察长决定外，其余两种不起诉决定都需要经检察委员会讨论决定，而实践中三种不起诉决定一般都要经检察委员会决定。鉴于附条件不起诉案件性质更重于这三种不起诉案件，从慎重、规范适用的角度考虑，附条件不起诉决定应当经过检察委员会讨论决定。

（四）完善检察机关监督考察机制

在对未成年人宣布附条件不起诉决定时，检察人员应向被附条件不起诉人讲明附条件不起诉的法律后果、考察期限和强制性义务的内容，并与未成年犯罪嫌疑人及其法定代理人签订考察帮教协议，启动考察帮教程序。

1. 建立检察机关为主导、相关社区单位为主体的监督考察体系。检察机关对被附条件不起诉人的案情包括未成年人的个人情况比较熟悉，由检察机关主导监督考察，有利于工作的顺利进行，也有利于考验期满后及时作出不起诉决定或者继续提起公诉。但是，单靠检察机关一家的力量是不够的，必须依靠社会组织的广泛参与。未成年犯罪嫌疑人的监护人，应当对未成年人加强管教，配合检察机关做好监督考察工作。检察机关应当会同未成年犯罪嫌疑人的监护人、所在学校、村居（社区）、未成年人保护组织、观护帮教基地等单位建立帮教考察小组，定期对其进行考察、教育，实施跟踪帮教。

2. 设置考验期。新刑事诉讼法规定附条件不起诉的考验期为 6 个月至 1 年，由检察机关根据未成年犯罪嫌疑人的犯罪情节和悔改表现来确定。设置考验期主要是检验附条件不起诉决定是否正确，与被附条件不起诉人可能判处的刑罚期限并没有必然的联系。即使未成年犯罪嫌疑人可能判处 3 个月的拘役，其考验期也不能低于 6 个月的法定最低考验期。

（五）规范附条件不起诉的考察结果

被附条件不起诉人，在考验期内如果实施新的犯罪或者发现决定附条件不起诉以前还有其他犯罪需要追诉的；违反治安管理规定或者考察机关有关附条件不起诉的监督管理规定，情节严重的，检察机关应当撤销附条件不起诉决定，提起公诉。情节严重可以参照"两高两部"《关于对判处管制、宣告缓刑的犯罪分子适用禁止令有关问题的规定（试行）》关于"情节严重"的规定，如三次以上违反禁止令、两次被治安处罚等。

被附条件不起诉人在考验期内如果没有违反相关规定，考验期满后，检察机关应当作出不起诉决定。该不起诉决定是依据新刑事诉讼法第 273 条第 2 款所作出的，是第四种不起诉决定，不能适用微罪不起诉的决定。当然，在新刑事诉讼法实施之前的过渡期，各试点附条件不起诉制度的检察机关似乎只能依据现行刑事诉讼法第 142 条第 2 款作出不起诉决定。

三、适用附条件不起诉需要解决的几个问题

新刑事诉讼法关于附条件不起诉的制度设计与近年来检察机关的试点工作存在较大差异，对检察机关不起诉工作必将产生重大影响。如何准确适用新刑事诉讼法关于附条件不起诉的相关规定，亟须解决以下几个方面的问题：

（一）观念问题

附条件不起诉对于化解社会矛盾、减少当事人和人民法院的讼累，其效果是比较直观的。但对于直接承办的检察机关来说，附条件不起诉不仅要经过内部复杂的审批程序，其半年以上的监督考察也需要承办人付出极大的心血。承办人宁愿"一诉了之"，而不愿意承担过多的工作量和社会责任。在当前本来就案多人少的情况下，这一矛盾更加突出。但附条件不起诉制度无疑代表着现代刑事诉讼的发展方向。这就要求检察机关和检察人员进一步转变观念，一方面增加公诉工作力量配备；另一方面从促进社会和谐发展、教育挽救未成年人的角度，克服人手不足和经验缺乏的困难，不断规范和加强附条件不起诉工作，保障该项制度的顺利实施。

（二）适用范围过窄问题

与专家和实务界建议将附条件不起诉的适用范围定位于 3 年有期徒刑以下刑罚的设计不同，新刑事诉讼法最终将适用对象定位于可能判处 1 年有期徒刑以下刑罚的未成年人。这一制度设计，可能导致不起诉工作两个方面的萎缩：一方面，由于附条件不起诉本身适用范围较窄，又只针对未成年人，附条件不起诉在实践中的适用比率肯定不会太高[①]；另一方面，附条件不起诉制度的设立进一步压缩了实践中逐步在扩大的微罪不起诉的适用空间，间接导致微罪不起诉适用比率的降低。这与创设附条件不起诉制度以分流轻微刑事案件、减轻诉讼压力、化解社会矛盾的立法初衷是背道而驰的。当然，立法者创设该制度时是带着谨慎稳妥的态度的。我们相信，随着附条件不起诉制度的日益规范和成熟，在适当的时候扩大其适用范围是必然的。

（三）减化内部审批程序问题

从某种程序上来讲，附条件不起诉类似于缓刑[②]，两者在考察期内应遵守

---

① 以重庆市检察机关为例，2006 年至 2011 年未成年人占公诉案件总人数的 9.41%。

② 《刑法》第 76 条规定，"被宣告缓刑的犯罪分子，……如果没有本法第 77 条规定的情形，缓刑考验期满，原判的刑罚就不再执行，并公开予以宣告"，因此，缓刑是对原判刑罚附条件不执行的一种刑罚制度。

的规定和应当撤销的情形也基本相同。因此，附条件不起诉在操作程序上可以参考缓刑，即先由检察委员会对未成年犯罪嫌疑人作出附条件不起诉决定，检察机关制作《附条件不起诉决定书》，决定书中应当明确对未成年犯罪嫌疑人作出附条件不起诉决定、考验期限和应当履行的义务，以及法律后果。被不起诉人在考验期内没有法定撤销附条件不起诉决定之情形的，检察机关应在考验期满后对未成年人宣告不起诉决定，无须再提交检察委员会讨论；如果未成年犯罪嫌疑人在考验期内有法定撤销附条件不起诉决定之情形的，检察机关应当依法撤销附条件不起诉决定，提起公诉。为了更准确地把握法定撤销附条件不起诉决定的情形，应当提交检察委员会讨论之后再予以撤销。当然，随着附条件不起诉工作的顺利开展和日益规范，应当逐步减化检察机关内部烦琐的审批程序。

（四）被害人自诉对附条件不起诉的影响问题

新刑事诉讼法规定，检察机关作出附条件不起诉决定之前应当听取被害人的意见。被害人如果不服，可以向上一级检察机关申诉，请求提起公诉；也可以不经申诉，直接向人民法院起诉。如果被害人对附条件不起诉决定坚决不服且法院已经受理了其申诉，而同时检察机关作出附条件不起诉决定并对其进行监督考察，那么法院的审判是否违反"一事不再理原则"？我们认为，被害人的自诉权是其法定权利，不能被剥夺，涉罪未成年人的权益也同样需要法律保护。为了避免在实践中出现涉罪未成年人一边接受附条件不起诉的监督考察一边接受法院审判的尴尬局面，检察机关对于被害人坚决不同意附条件不起诉的案件，应当依法提起公诉。同时，检察机关在出席审判时应当建议人民法院坚持"教育为主，惩罚为辅"的原则，依法对未成年犯罪人从轻判处，或者判处缓刑。

这里还牵涉到一个问题：被害人自诉或者因未成年犯罪嫌疑人在考验期内有新刑事诉讼法第273条第1款规定之情形检察机关撤销附条件不起诉决定提起公诉后，如果人民法院判决被告人1年以上有期徒刑的，对附条件不起诉决定应当如何评价，是否启动执法过错责任追究程序？我们认为，如果法院判决刑罚在3年以下1年以上的，应当认定为办案质量有瑕疵，检察机关必须对附条件不起诉决定进行反思；如果法院判决刑罚在3年以上的，则必须启动执法过错责任追究程序，追究相关人员的错案责任。

（五）建立监督考察机制问题

尽管法律规定由检察机关行使对被附条件不起诉人的监督考察权，但实际操作中会遇到很大的困难。检察人员要承办大量的刑事案件办理工作，精力非常有限，又缺乏必要的考察帮教经验，必须建立一整套的监督考察体系，依靠社会力量的广泛参与，才能保障监督考察工作的顺利开展。关于未成年人的帮教考察，目前全国有两种典型的模式可供借鉴。一种是重庆市检察机关近几年开展的微罪被不起诉人帮教管理工作机制。通过将附条件不起诉人纳入社会治安综合治理体系，依托广泛的社会力量加强对未成年犯罪嫌疑人的监督考察、帮助教育。① 另一种是上海等地开展的观护帮教机制，对附条件不起诉的未成年人，组建专门的观护帮教社团组织，吸纳富有社会责任感和观护能力的企事业单位、工读学校、救助中心、社区活动中心等作为社团成员，为观护对象提供食宿及文化知识学习、法制教育、劳动技能培训等帮教条件。② 这两种模式都将检察官从烦琐而具体的帮教事务中解脱出来，检察院主要通过跟踪回访了解帮教情况；而且专业的帮教组织更有利于保障未成年人的合法权益，帮助其顺利回归社会。从长远来看，将被附条件不起诉人的帮教工作上升到党委、政府工作层面，构建综治部门牵头、多部门参与的附条件不起诉帮教考察的系统，能够最大化地实现附条件不起诉的价值与功能。③

鉴于附条件不起诉非刑罚化的处理性质，附条件不起诉人并非犯罪分子，监督考察也不同于刑罚执行，对被附条件不起诉人的帮教考察一定要与社区矫正区别开来，不宜将被附条件不起诉人的考察纳入社区矫正体系。

结语

附条件不起诉制度带来了不起诉制度的重大变革，对目前检察机关开展不起诉工作特别是微罪不起诉起到了补强和规范的作用。检察机关应当进一步转变观念，充分发挥附条件不起诉制度在教育、挽救未成年犯罪嫌疑人的作用，依靠广泛的社会力量，推动附条件不起诉工作的顺利开展。

① 参见盛宏文：《微罪被不起诉人社区帮教工作机制探索》，载《中国刑事法杂志》2012 年第 1 期，第 79 页。

② 参见王蔚：《未成年人附条件不起诉制度的构建》，载《上海检察机关未成年人刑事检察专业人才小组论文汇编》，第 71 页。

③ 参见左卫民：《通过试点与实践推进制度创新——以 L 县检察院附条件不起诉的试点为样本》，载《四川大学学报（哲学社会科学版）》2011 年第 5 期，第 135 页。

检察机关在违法
所得没收程序中的地位和职责

时延安[*]　　孟宪东[**]

一、引言

新刑事诉讼法[①]之"新"体现两个方面：一是对已有刑事诉讼制度和规范的完善；二是创设新的刑事诉讼制度和规范。"犯罪嫌疑人、被告人逃匿、死亡案件违法所得的没收程序"（以下简称"违法所得没收程序"）即属于后者，也正因为以往缺乏这样的程序和规范，在立法机关排除争议于刑事诉讼法中予以规定的情况下[②]，为维护法律的尊严，就应在这一法律框架下通过合理且有说服力的司法解释和学理解释，以及制定配套的程序性细则来确保这一特别程序的可操作性和效率性，同时也要确保宪法第 13 条第 1 款所规定的"公民的合法的私有财产不受侵犯"原则的贯彻和实现。

新刑事诉讼法规定"违法所得没收程序"，其立法目的和背景在于："为严厉惩治腐败犯罪、恐怖活动犯罪，并与我国已加入的联合国反腐败公约及有关反恐怖问题的决议的要求相衔接。"[③] 可见，刑事诉讼法中规定这一程序，既是我国反腐败、反恐怖活动的现实需要，也是积极履行国际公约义务的表现。就目前国际刑事合作看，没收与资产返还问题也是一个热点问题，更是一

　＊　中国人民大学法学院副教授、刑事法律科学研究中心研究员，北京市怀柔区人民检察院副检察长（挂职）。
　＊＊　北京市怀柔区人民检察院法律政策研究室主任。

　①　即经 2012 年 3 月 14 日第十一届全国人民代表大会第五次会议《关于修改〈中华人民共和国刑事诉讼法〉的决定》第二次修改后的刑事诉讼法。

　②　大多数国家和地区都是寻求通过民事程序来追缴腐败犯罪的收益。See Jean – Pierre Brun, etc, Asset Recovery Handbook – A Guide for Practitioners, Stolen Asset Recovery Initiative, The World Bank and UNODC, 2011, 159.

　③　王兆国：《关于〈中华人民共和国刑事诉讼法修正案草案〉说明》，2012 年 3 月 8 日在第十届全国人民代表大会第五次会议上。

个难点问题。对此，国际银行与联合国毒品与犯罪问题办事处"被窃资产返还行动"（Stolen Asset Recovery Initiative，缩写为 StAR）所发布的报告即指出，当前资产返还存在的三大类 29 个具体障碍。① 由于这一程序所涉及法律问题宽广（包括刑法、刑事诉讼法、民法等法律），且很有可能涉及处于国外、境外的资产而涉及国际刑事司法协助、区际刑事司法协助问题，因而如何妥善适用这一程序，实现此次修法的立法目的，是当前需要认真解决的一个重要问题。

作为国家法律监督机关，根据宪法和刑事诉讼法的规定，检察机关在违法所得没收程序中负有重要的职责。如何准确把握新刑事诉讼法有关这一程序的规定及精神，及时、有效地追缴和没收违法所得和涉案资产，是检察机关即将面临的一项重大任务。为此，有必要在准确界定检察机关在这一程序中地位的基础上，根据刑事诉讼法所确定的具体职责，充分考虑违法所得没收问题的复杂性和紧迫性，明确具体操作规则，以实现最高立法机关对检察机关所赋予的使命。

二、违法所得没收的法律性质及程序特征

新刑事诉讼法第 280 条第 1 款规定，违法所得没收的实体法根据为"刑法规定"，具体是指刑法第 64 条的规定。对于违法所得没收法律性质的界定，也就是对刑法第 64 条有关追缴与没收法律性质的界定。由于刑事诉讼法的任

---

① 第一类是"一般性障碍和制度问题"，包括：（1）缺少信任；（2）缺少综合性的资产返还政策；（3）资源不足；（4）缺乏与洗钱和打击资助恐怖活动措施的衔接及这些措施的执行；（5）缺少有效的合作；（6）轻易否决刑事司法协助请求。第二类是"拖延协助的障碍及要求"，包括：（7）法律传统的差异；（8）缺少能力提供刑事司法协助；（9）失于关注《联合国反腐败公约》和《联合国打击跨国有组织犯罪公约》；（10）没有快速冻结或扣押机制；（11）失衡的注意规定导致财产挥霍；（12）银行保密法；（13）棘手的程序和证据法；（14）缺乏等量价值的扣押和没收规定；（15）缺少无定罪判决的没收机制；（16）无能力达成诉辩交易；（17）阻碍起诉和刑事司法协助的豁免法；（18）短暂的限制性规定；（19）缺乏能力发现并执行外国没收和扣押令；（20）无能力向财产来源地返还资产。第三类是"障碍和联络问题"，包括：（21）要点缺乏或者模糊不清；（22）内容繁多的请求刑事司法协助要求和明显宽泛的拒绝刑事司法协助；（23）缺乏请求刑事司法协助要求的信息；（24）缺乏解决问题的真诚意愿；（25）模糊的渠道和缺乏反馈；（26）在刑事司法协助反应方面毫无理由的耽搁；（27）缺乏公开且可以使用的档案系统；（28）识别外国银行账户；（29）使用有限的资金支付法律费用；因应急费用支出而减少被没收的资产；资产的错误处置。See Kevin M. Stephenson, et al, Barriers to Asset Recovery, Stolen Asset Recovery Initiative, The world Bank and UNDOC, 2011.

务就是"为了保证刑法的正确实施"（新刑事诉讼法第 1 条），因而明确违法所得没收的法律性质，相应地也就确定了违法所得没收决定权的属性，进而也就可以相应地界定违法所得没收程序各方主体的法律地位及相互关系。从一定意义上讲，对违法所得没收法律性质的确定，相应地也就明确了其程序特征。

（一）违法所得没收的法律性质

刑法第 64 条规定的违法所得没收，属于一种保安性措施，既与刑法第 59 条规定的没收财产刑相区分，也不属于行政处罚或者行政性强制措施。与没收财产刑相区分，违法所得没收的对象包括犯罪分子违法获取的财产及收益，以及用于犯罪或者为法律所禁止持有的本人财物，而没收财产刑的对象为犯罪人合法拥有且未用于违法犯罪行为的财产。与行政处罚或者行政强制措施相区分，违法所得没收的法律根据为刑法，因而又称刑事没收，且由法院裁决宣告；而以没收为内容的行政处罚或者行政性强制措施的法律根据为行政处罚法（第 8 条第 3 项）或者行政强制法①，且决定权归于行政机关。将违法所得没收理解为行政性强制措施的观点，是不符合我国现行法律规定的。② 此外，对供犯罪使用的财物的没收，也不仅仅"具有诉讼证据的作用"，不仅仅是"刑事诉讼的需要"③，其同样具有实体性处分犯罪人财产的性质和功效，否则就无法理解诉讼之后不再返还该财物，且为何不采取其他替代性固定证据的方法来取代没收这一剥夺性手段。

违法所得没收在实质上相当于一些国家和地区（包括我国台湾、澳门地区）刑法中规定的保安处分。马克昌教授将保安处分的特征归纳为两项：（1）必须以实施刑法上的违法行为为前提，并且以将来实施违法行为之虞为要件；（2）保安处分是刑法上的法律效果，应以法院宣告为必要。④ 违法所得没收已经具有这两个基本特征，可以说，这一措施已经具有了保安处分的实质。对此，有学者将违法所得没收直接称为"保安处分"⑤。这一观点有其可

---

① 根据《行政强制法》第 2 条第 2 款规定："行政强制措施，是指行政机关在行政管理过程中，为制止违法行为、防止证据损毁、避免危害发生、控制危险扩大等情形，依法对公民的人身自由实施暂时性限制，或者对公民、法人或者其他组织的财物实施暂时性控制的行为。"

② 通说认为，没收违禁品是一种行政性强制措施。参见高铭暄、马克昌主编：《刑法学》（第五版），北京大学出版社、高等教育出版社 2011 年版，第 245 页。

③ 高铭暄、马克昌主编：《刑法学》（第五版），北京大学出版社、高等教育出版社 2011 年版，第 245 页。

④ 参见马克昌：《比较刑法原理》，武汉大学出版社 2002 年版，第 957 页。

⑤ 参见张明楷：《论刑法中的没收》，载《法学家》2012 年第 3 期。

取之处，不过，保安处分作为一种法律概念，在比较法、法制史以及刑法学中具有特定的含义，但在现行立法没有明确对此明确"定名"的情况下，将其称为"保安处分"并不严谨，而将其称为"保安性措施"更为妥当。所谓"保安性措施"，是指由法律规定的、针对具有实施严重危害社会行为的人员适用的、以限制人身自由和财产利益为内容的、具有预防功能的强制性措施，是根据功能属性相同而将一类措施进行归纳的学理概念。

刑事没收的对象包括三种类型：（1）犯罪分子违法所得的一切财物；（2）违禁品；（3）供犯罪所用的本人财物。被害人的合法财产，应当及时返还被害人，其不属于刑事没收的范围。将后两者的没收归入到保安性措施里，不会有太大争议。而对前一种对象的没收，是否属于保安性措施，在认识上会有很大不同。持反对意见的看法会认为，此种没收并无明显的预防性，而只是令犯罪人从犯罪中所获利益"归零"而已。对此，将这种没收一并归入保安性措施，仍是可以的。理由在于：（1）这种措施显然不是惩罚。因为任何惩罚都是对合法利益的限制和剥夺，而没有这一特征的处理，显然不能视为惩罚。①（2）将这类财物没收，会令犯罪人丧失通过犯罪所获利益，进而有利于遏制其通过再次犯罪或者其他违法手段获得利益的念头。（3）对于恐怖活动犯罪、黑社会性质组织犯罪乃至其他有组织性犯罪而言，这种没收有利于遏制这些犯罪组织运用这类违法所得从事其他违法犯罪活动。（4）这种措施也有利于形成一般预防效果，即吓阻其他人希冀通过犯罪获得利益。新刑事诉讼法有关刑事没收程序的规定，实际上属于缺席审理程序。其适用范围为贪污贿赂犯罪、恐怖活动犯罪等重大犯罪案件，具体包括两种情形：（1）犯罪嫌疑人、被告人逃匿，在通缉1年后不能到案；（2）犯罪嫌疑人、被告人死亡。显然该程序适用范围要窄于刑法第64条规定的适用范围，但其保安性措施的意味却更为浓烈。

在新刑事诉讼法颁行之前，对于违法所得没收即由法院在作出定罪量刑宣告之外，在刑事判决主文中一并作出，进言之，这一措施的决定权在于法院。虽然在实践中确实存在一些基层侦查机关在扣押、冻结犯罪人违法所得之后即先行上缴国库的现象，但从刑法规定看，最终还是应由法院作出终局性决定。与新刑事诉讼法有关违法所得没收程序的规定不同，以往审判实践是以犯罪人到案且出庭受审为前提，这与刑法第64条规定是一致的，即没收对象的所有人或持有者为"犯罪分子"，根据刑事诉讼法第12条所确定的原则，"犯罪分子"是指已经法院审理并确定有罪的人，而不包括犯罪嫌疑人和被告人。新

---

① 当然，保安性措施虽着眼于再犯预防，但仍会形成对合法利益的剥夺和限制。

刑事诉讼法有关违法所得没收程序的规定，实际上已经超越了刑法第 64 条的规定，将没收对象的所有人或者持有者扩及犯罪嫌疑人和被告人。不过，如此并未改变违法所得没收的法律性质，反倒增强了这样的认识：违法所得没收是一种具有预防功能的保安性措施，其正当性是建立在其预防功能的基础上。

（二）违法所得没收程序的法律特征

从新刑事诉讼法的规定看，违法所得没收程序具有以下四个主要特征：

1. 违法所得没收程序是刑事审判程序。在美国等国家，这种违法所得没收属于民事没收，而非刑事没收。刑事没收仅是对因某一特定犯罪而被判有罪的个人而施加的惩罚，而民事没收在一个针对"侵犯性"财产而进行的没收，对于适用民事没收的案件，采取较低的证明标准，即"证据优势"标准（preponderance of evidence），而非排除一切合理怀疑的刑事案件标准。① 我国将违法所得没收程序定位于刑事诉讼法中，属于刑事没收而非民事没收，因而在程序上应与一般刑事诉讼程序保持协调一致。也正是因为该程序属于刑事程序，因而适用该程序要首先解决"缺席"的犯罪嫌疑人或被告人被指控的行为是否已经构成犯罪。如果不构成犯罪，即便该行为属于违法，也不应适用刑法第 64 条予以没收，在该程序已启动的情况下，则应当终止审理，若已经构成行政违法，则应移交相应的行政机关机关予以处理。

2. 违法所得没收程序属于对物（in rem）程序。对物程序，相对于对人（in personam）程序而言。按照《布莱克法律辞典》的解释，对物诉讼（action in rem）是指法院裁决确定财产的所有权以及当事人对该财产权利的诉讼，该裁决不仅对当事人有效，而且也针对任何时候主张该权益的所有人有效。从这一界定看，违法所得没收程序就属于一种对物程序，该程序所要解决问题就是，被认为是属于犯罪嫌疑人、被告人所有或者持有的财产属于刑法第 64 条所规定的是三种可没收之物。由于该诉讼中并没有被告人，其针对是财产的性质和用途，以及应处理方式，因而与一般刑事诉讼程序（对人程序）是明显不同的。在这样的诉讼中，要解决事实和法律问题有四个：（1）涉案财产是否属于犯罪嫌疑人或被告人所有的财物？（2）是否具有刑事诉讼法第 280 条第 1 款所确定的法定条件？（3）涉案财产与犯罪嫌疑人、被告人涉嫌犯罪之间具有关联性？是否属于可没收财产的哪种类型？（4）犯罪嫌疑人或被告人是否具有合法债务人，应没收财物可否用于清偿债务？可见，从违法所得没收程序具有对物程序的法律特征看，该程序应解决实体性核心问题之一就是涉案

① Irving A. Pianin, Criminal Forfeiture: Attacking the Economic Dimension of Organized Narcotics Trafficking, 32 Am. U. L. Rev. 233.

财产的权属问题。

3. 违法所得没收程序属于缺席审判程序。违法所得没收程序适用的实质条件，根据新刑事诉讼法第 280 条的规定，就是犯罪嫌疑人、被告人无法出庭接受审判，即要么是逃匿且在通缉 1 年后不能到案，要么出现死亡的情况。在犯罪嫌疑人、被告人不能出庭的情况下，法院认定涉案财产属于根据刑法第64 条应没收的财产，要达到刑法第 53 条第 2 款规定所要求的"证据确实、充分"的标准，尤其是该款第（三）项所要求的"综合全案证据，对所认定事实已排除合理怀疑"的要求，十分困难，也过于苛刻。考虑到这一程序具有缺席审判的特征，出于有效打击和预防犯罪的考虑，应采取优势证据标准来作为定案标准。对此，有学者也指出，在刑法中没收处于量刑环节，达到优势证据或高度可能性即可。① 这一见解是符合实践需要的。此外，虽然该程序属于缺席审判程序，在诉讼中涉案财产的所有人或持有者，仍应称之为"被告人"，而非犯罪嫌疑人，其理由在于这一程序虽属于对物程序，但财产的所有人或持有者是存在的，而且正是因为其涉嫌实施犯罪，而对其违法所得等进行没收，其诉讼主体身份并未因其缺席而丧失，即便是该人已经死亡，也不能认为其财产属于无主财产，在未发生实际继承之前，该财产的所有者或持有者的身份，在刑事法律上不应视为已经改变。既然如此，在审判阶段，不应将该人称为"犯罪嫌疑人"，而应称之为"被告人"。

4. 违法所得没收程序属于无刑事定罪程序。在以往实践中，审判机关根据刑法第 64 条没收涉案违法所得，是以被告人已到案且其行为已被定罪为前提，而新刑事诉讼法规定的违法所得没收程序，却不以对刑事定罪为前提，因为犯罪嫌疑人或被告人根本未到案或者死亡当然无从给予定罪。因而这一程序也属于无刑事定罪程序，也有学者也将其称为"判决前财产没收程序"。② 新刑事诉讼法如此规定，是履行国际公约义务的一种体现。《联合国反腐败公约》第 54 条第 1 款规定："考虑采取必要的措施，以便在因为犯罪人死亡、潜逃或者缺席而无法对其起诉的情形或者其他有关情形下，能够不经过刑事定罪而没收这类财产。"根据这一程序没收违法所得不以财产所有人或持有人的刑事判决为前提，只要能证明涉案财产属于违禁品，或者属于通过违法行为所获得乃至进而形成收益，或者用于违法用途，即应予以没收。需要强调的

---

① 参见陈瑞华：《量刑程序中的证据规则》，载《吉林大学社会科学学报》2011 年第 1 期。

② 参见陈卫东、柴煜峰：《判决前财产没收程序：不让贪利型犯罪钻法律空子》，载《检察日报》2012 年 4 月 10 日第 3 版。

是，这里的违法应以达到刑事不法为条件，即可能受到指控的犯罪嫌疑人或者被告人的行为已经符合刑法规定的具体罪刑规范的犯罪构成的要求，且已有充分证据予以证明。换言之，从事实上看，该行为已经构成犯罪，但是，从程序上看，尤其是从刑事诉讼法第12条原则出发，还未被法院认定为犯罪的情形。

三、检察机关在违法所得没收程序中的地位

由于违法所得没收程序与一般刑事诉讼程序有着明显不同，因而在违法所得没收程序中的诉讼地位值得进一步探讨。探讨检察机关在违法所得没收程序中的地位，首先要明确根据刑事诉讼法，检察机关在这一程序拥有的具体权项，进而确定其在这一程序的诉讼地位。检察机关在违法所得没收程序中行使的权力，仍属于检察权中的公诉权和监督权，前者是代表国家提起追缴和没收违法所得诉讼的权力，后者是监督公安机关和人民法院依法行使法律所赋予权力的权力。而对于公安机关而言，其具有向检察机关移送没收违法所得意见书的提请权，而法院行使的权力则属于刑事审判权。

如前所述，违法所得没收程序是一种特殊的刑事审判程序，检察机关对本单位自侦部门经侦查发现某一案件是否具有刑事诉讼法第280条第1款情形或公安机关移送的没收违法所得意见书的审查，属于该程序的准备阶段，也可以看成这一程序的组成部分，但这一程序的主要阶段还是人民法院的审判活动。对于贪污贿赂案件，检察机关具有侦查权，而发现涉案财产系贪污贿赂案件犯罪嫌疑人所有或者持有，是侦查活动的组成部分，从一定意义上说，也是为违法所得没收程序进行准备，不过这一侦查活动与一般刑事诉讼程序的侦查并无二致，应依照刑事诉讼法有关侦查的规定从事相关的侦查活动。但是，从新刑事诉讼法有关"违法所得的没收程序"一章的规定看，这一侦查活动不属于违法所得没收程序的一个阶段，因而在这一程序中检察机关对自侦案件的侦查活动并非这一程序的组成部分。

一般的刑事诉讼呈现"等腰三角形"的结构，即审判机关居中，公诉机关与被告人及其辩护人分列"两造"。而在违法所得没收这一特别程序中，其结构是"一对一"结构，即检察机关提出没收违法所得的申请，而法院根据申请及相关证据材料作出是否没收涉案财产的裁定。在被告人的近亲属和其他利害关系人申请参加诉讼的情况下（新刑事诉讼法第281条第2款），这个"一对一"结构并未发生实质性的改变，因为被告人的近亲属和其他利害关系人并非当事人，不能呈现与检察机关相对立的角色。当然，从实质上看，被告人的近亲属和其他利害关系人作为违法所得没收程序的诉讼参加人，对于涉案财产上的权益是可能存在民事上请求权的，也正因为如此，违法所得没收程序

具有一定民事诉讼程序的特点，法院的审判职能也明显超越了刑事审判职能而兼有民事审判的形式。① 不过，即便如此，违法所得没收程序仍是一个刑事程序，而非民事程序。

虽然与一般刑事诉讼程序有着明显不同，违法所得没收程序是一个诉讼程序的性质并未改变，因为这一程序还是以解决纠纷为内容的，而且有着明确的被告人，只是被告人（即涉案财产的所有者或者持有者）缺席审判。在这种情况下，检察机关仍是以公诉机关的身份出现。虽然新刑事诉讼法有关违法所得没收程序的规定，多次使用"申请"的字眼，检察机关在这一程序中的角色并非一个"申请"机关，或者代表国家而行使的一种财产上的请求权（并非一种类似于民事上的请求权），而是代表国家指控犯罪提出涉案财产应予以没收。检察机关在这一特别程序中仍发挥着公诉职能，其作为公诉机关的身份并非有丝毫改变。既然如此，在这一程序的过程以及相应的法律文书中，检察机关作为公诉机关的地位应予以明确。

四、检察机关在违法所得没收程序中的职责

在违法所得没收程序及相关程序中，检察机关作为法律监督机关，除发挥立案监督、侦查监督、审判监督和执行监督的一般性职责外，根据刑事诉讼法第 280 条至第 283 条之规定，检察机关负有的具体职责包括三个方面：一是审查侦查机关移送的"没收违法所得意见书"（新刑诉法第 280 条第 1、2 款）；二是向人民法院提出没收违法所得的申请（新刑事诉讼法第 280 条第 1 款），并承担相应的举证责任；三是认为法院作出的没收财产的裁定错误，提起抗诉（新刑事诉讼法第 283 条第 1 款）。对于贪污贿赂等属于检察机关有权自侦的案件，发现违法所得及其他涉案财产的线索及证据，并予以查封和扣押也是检察机关的职责，对于法院没收违法所得裁定执行也应予以监督，不过，这并不属于违法所得没收程序中检察机关的职责。以下对这三项职责所涉及具体法律和实务问题进行分析：

（一）审查侦查机关移送的"没收违法所得意见书"

"违法所得没收程序"适用的案件范围是"贪污贿赂犯罪、恐怖犯罪等重大犯罪"，侦查权限归属检察机关反贪污贿赂侦查部门和公安机关。检察机关在行使该项职责时，其公诉部门应担负起对自侦部门和公安机关的监督权，对二者在"违法所得没收程序"中实施的收集犯罪嫌疑人、被告人违法所得证

---

① 参见刘方：《违法所得特别没收程序的处理原则》，载《检察日报》2012 年 4 月 3 日第 3 版。

据的合法性加强监督，对应当立案侦查而未立案侦查加强监督。对于公安机关应移送违法所得没收申请书而未移送的，检察机关应基于侦查监督权要求公安机关说明理由，经审查，认为公安机关不移送理由不能成立的，应当通知公安机关移送。

在审查过程中，检察机关应审查以下内容：一是是否符合刑事诉讼法第280条第1款的规定，即审查是否符合适用违法所得没收程序的前提条件；二是根据刑事诉讼法有关管辖的规定，审查是否属于其管辖；三是根据新刑事诉讼法第280条第3款的规定，审查与犯罪事实、违法所得相关的证据材料，以及财产的种类、数量、所在地及查封、扣押、冻结的情况；四是，审查涉案财产是否存在其他利害关系人，以及被告人近亲属对涉案财产是否存在争议。经审查，如果符合违法所得没收程序申请条件的，即应向有管辖权的法院提出申请；如果不符合条件的，则应作出决定不提出没收违法所得申请，对于属于证据不足的，应要求侦查部门进补充侦查。在审查过程中，如果被告人近亲属和其他利害关系人提出异议的，检察机关应进行必要的核实，设若该异议确有根据，则应将案件退回侦查部门补充侦查，或者作出不提出没收违法所得申请的决定。

（二）向人民法院提出没收违法所得申请，并承担相应的举证责任

经审查，认为符合提出违法所得没收申请条件的，检察机关作为公诉机关向有管辖权的同级人民法院提出申请。在没收违法所得申请书中，应载明以下内容：（1）被告人的基本情况；（2）案件来源；（3）被告人逃匿及被通缉或者死亡的情况；（4）被告人的犯罪事实；（5）涉案财产与犯罪事实的关联性；（6）被告人的违法所得及其他涉案财产的种类、数量、所在地；（7）已采取查封、扣押、冻结等措施的情况；（8）被告人近亲属的情况，以及是否有利害关系人及是否已提出异议的情况；（9）提出没收违法所得申请的法律根据；（10）提出没收违法所得申请的具体内容。

检察机关对于违法所得没收申请书上的具体内容，应承担相应的举证责任，即对上述内容应提供相应的证据材料。对于被告人近亲属和其他利害关系人提出异议的，检察机关应根据证据材料进行反驳。在这一程序中，检察机关的举证责任的重点在于，涉案财产与被告人犯罪事实之间的关联性，因此，检察机关应明晰刑法第64条规定的内涵，区分涉案财产的类型及特征，以便于形成举证上的"压倒性"优势。

（三）对违法所得没收程序的审判监督

新刑事诉讼法第282条规定："人民法院经审理，对经查证属于违法所得及其他涉案财产，除依法返还被害人的以外，应当裁定予以没收；对不属于应

当追缴的财产的，应当裁定驳回申请，解除查封、扣押、冻结措施。对于人民法院依照前款规定作出的裁定，犯罪嫌疑人、被告人的近亲属和其他利害关系人或者人民检察院可以提出上诉、抗诉。"据此，检察机关在向法院提出没收违法所得的申请后，在法院审理过程中和裁决后，要充分发挥法律监督职责，对于法院审判程序的合法性进行现场监督和事后审查，保障不服裁定的利害关系人的上诉权，充分行使抗诉权，通过法律救济渠道使确有错误的没收违法所得的裁定在发生法律效力前得到及时的纠正，确保办案质量和司法公正。

五、余论：关于健全违法所得没收程序的几点建议

新刑事诉讼法所确立的违法所得没收程序，为检察机关工作提出了新的挑战，也为检察机关有力打击贪污贿赂犯罪提供了新的机遇。如何充分运用这一程序，解决在今后实践中可能遇到的各种问题，是新刑事诉讼法适用前，检察机关应着力解决的一项重大课题。本文主要讨论了检察机关在违法所得没收程序中地位和职责，而有关具体的操作性规范，还需要通过司法解释加以明确，具体包括：（1）检察机关内部的承办案件部门及具体职责。对此，我们认为，应由公诉部门负责，同时明确反贪污贿赂局侦查部门"违法所得没收"申请前的具体侦查职责。（2）违法所得没收程序的级别管辖问题。我们认为，由于违法所得没收程序所涉案件类型为"贪污贿赂犯罪、恐怖活动犯罪等重大犯罪案件"，因而违法所得没收案件的审判权应归中级人民法院，相对应的公诉机关应为地（市）一级的检察机关及直辖市的分院，区县级院对重大的贪污贿赂犯罪案件违法所得没收不具有申请权，应进一步规范报请或提请程序，使案件顺利交接承办。（3）规范相应的具体程序性规定，如明确有关没收违法所得申请决定的公开审查、权益人的救济、没收违法所得申请决定的申诉、没收违法所得申请决定的撤销和撤回等具体规定。（4）明确违法所得没收的证明标准和证明责任。如上所述，违法所得没收的证明标准应坚持"优势证据标准"，这是符合这一程序特殊性的，且该程序具有一定的救济途径（新刑事诉讼法第283条），可以在相当程度上避免合法权益受损的不可恢复性。由于违法所得没收程序是一个刑事诉讼程序，检察机关应负有主要的举证责任，不过，这一程序也具有相当的民事诉讼的特点，对于被告人近亲属和其他利害关系人提出异议及主张的，应考虑适当借鉴"谁主张，谁举证"的规则作为有益补充。① （5）明确办理案件期限。（6）明确诉讼代理人或律师的介入规

---

① 参见王学成：《检察机关适用特别程序探讨》，载 http://www.jcrb.com/xztpd/2012zt/201206/gjftjlhhdsjyth/sfshij/201206/t20120625_890348.html，2012 年 7 月 14 日访问。

定。"违法所得没收"案件是无犯罪嫌疑人、被告人参加的诉讼，而诉讼中，因为外逃或死亡的犯罪嫌疑人、被告人的违法所得往往涉及单位和集体的利益，在对"违法所得"的合理界定时，也可能涉及犯罪嫌疑人、被告人亲属的合法权益，因而，应进一步明确"违法所得没收程序"中诉讼代理人或律师的介入规定。(7) 规范法律文书。

总之，对于新刑事诉讼法所确立的这一全新的特别程序，需要我们认真加以研究，合理借鉴外国立法例及实践，主要根据我国刑事法制的实际和现实需要，全面构建起违法所得没收法律制度。正像本文引言所提到的，违法所得没收是世界性难题，对于今后实践所面临的各种障碍，我们要有心理准备，未雨绸缪，观念先行，充分发挥我国法律制度的"能量"，尽早使这一制度发挥其应有的效用。

刑事诉讼法修改与公诉案件和解制度的完善

孙春雨*

公诉案件和解是对新形势下贯彻宽严相济刑事司法政策的一种探索和尝试。作为一种新型的刑事案件处理方式，其核心价值理念是被害人保护思想，体现了对被害人和犯罪嫌疑人进行平等保护的刑事司法理念，它以恢复被破坏的社会关系、消弭矛盾和冲突、促进社会和谐为目的，将惩戒寓于教化之中，体现了现代法治的精髓，契合了刑事法治现代化的发展进路。其积极意义不仅在于提升了被害人的诉讼主体地位，最大限度地保障其合法权益；而且还兼顾了犯罪嫌疑人、被告人的利益诉求。

公诉案件和解虽然在西方发达国家早已被体制化，并在促进社会和谐方面发挥了重要的作用，但在我国受到理论界的关注和司法实务界的青睐，仍是近些年的事情，而且呈现各地"八仙过海、各显神通"的发展态势，并逐渐形成自下而上的发展趋势和特征。虽然 2012 年 3 月 14 日第十一届全国人民代表大会第五次会议通过的《关于修改〈中华人民共和国刑事诉讼法〉的决定》中就当事人和解的公诉案件诉讼程序作出了专门规定，但总体而言，我国的公诉案件和解实践得仍不够规范，各地做法不尽一致。需要认真梳理研究，根据立法进行相应清理调整的同时，找寻规律性的认识、经验和做法，为和解立法的进一步精细化、司法的进一步精致化提供参考和依据。

一、新修订的刑事诉讼法对公诉案件和解制度的规定

新修订的刑事诉讼法在第五编"特别程序"的第二章就当事人和解的公诉案件诉讼程序作出了明确规定，标志着我国公诉案件和解制度在立法上得到最终确认，集中体现在以下三个条文中：

1. 关于公诉案件和解的条件和案件范围，新修订的刑事诉讼法第 277 条规定："下列公诉案件，犯罪嫌疑人、被告人真诚悔罪，通过向被害人赔偿损

---

* 北京市人民检察院第二分院法律政策研究室主任、检察员，法学博士。

失、赔礼道歉等方式获得被害人谅解，被害人自愿和解的，双方当事人可以和解：（一）因民间纠纷引起，涉嫌刑法分则第四章、第五章规定的犯罪案件，可能判处三年有期徒刑以下刑罚的；（二）除渎职犯罪以外的可能判处七年有期徒刑以下刑罚的过失犯罪案件。犯罪嫌疑人、被告人在五年以内曾经故意犯罪的，不适用本章规定的程序。"

可见，该程序只能适用于以下两类公诉案件：一类是故意犯罪案件。对这类犯罪，有三个方面的限制条件：一是从案件起因上看，只能是因民间纠纷引起的，如婚姻家庭矛盾、邻里纠纷、财产纠纷等；二是从罪行的轻重程度上看，只能是可能判处 3 年以下有期徒刑、拘役、管制或者单处附加刑的案件，重刑犯罪案件不得适用该程序；三是从犯罪的种类上看，只能是属于刑法第四章、第五章规定的侵犯公民的人身权利、财产权利的犯罪。需要指出的是，刑法第四章中包括侵害公民民主权利的犯罪，如破坏选举罪、非法剥夺公民信仰自由罪等，考虑到此类犯罪对刑法保护的社会关系往往损害较大，一般也不能因民间纠纷引起，因此不宜适用和解程序。另一类是过失犯罪案件。过失犯罪案件适用和解程序，也有两个方面的限制：一是由于渎职犯罪侵犯法益的重要性和一般具有严重的社会危害性，不得适用和解程序；二是可能判处 7 年有期徒刑以下刑罚。这类案件中比较典型的是交通肇事犯罪。交通肇事罪虽然是危害公共安全的犯罪，但考虑其为过失犯罪、多发犯罪，且被害人家属往往需要获取赔偿和修复精神创伤，因此，对情节较轻的（可能判处 7 年以下刑罚的）交通肇事犯罪可以适用和解。此外，在适用中，还应考查犯罪嫌疑人、被告人是否存在"五年以内曾经故意犯罪的"的禁止适用情形。[①]

2. 关于公诉案件和解的审查确认。新修订的刑事诉讼法第 278 条规定："双方当事人和解的，公安机关、人民检察院、人民法院应当听取当事人和其他有关人员的意见，对和解的自愿性、合法性进行审查，并主持制作和解协议书。"

可见，法律强调的是双方当事人和解后，公安机关、人民检察院、人民法院才在听取当事人和其他有关人员的意见的基础上，对和解的自愿性、合法性进行审查，并主持制作和解协议书。

3. 关于公诉案件和解后案件的处理。新修订的刑事诉讼法第 279 条规定："对于达成和解协议的案件，公安机关可以向人民检察院提出从宽处理的建议。人民检察院可以向人民法院提出从宽处罚的建议；对于犯罪情节轻微，不需要判处刑罚的，可以作出不起诉的决定。人民法院可以依法对被告人从宽

---

① 童建明主编：《新刑事诉讼法理解与适用》，中国检察出版社 2012 年版，第 264 页。

处罚。"

二、新修订的刑事诉讼法对公诉案件和解制度规定存在的缺陷和不足

应该说，新修订的刑事诉讼法虽然确立了公诉案件和解制度，初步解决了公诉案件和解的法律依据问题，规范了和解制度的一些要素和内容，在一定程度上平息了理论界、司法实务界一些纷争，但是，该规定仍然原则粗疏，缺乏可操作性，主要存在以下问题和不足，需要在立法、司法解释、司法实践层面进一步解决和完善。

（一）对该制度实施的一些基本原则没有作出规定，容易导致适用偏差

虽然从刑事诉讼法的规定可以推导出公诉案件和解必须坚持的双方自愿原则、合法原则，但是对于该制度实施必须坚持的一些关键性原则，如案件事实清楚、证据确实充分的原则；国家专门机关中立原则；不得以和解不成，作出对加害人不利处理的原则；公开透明原则等均未作出规定，容易在实践中出现问题和偏差，甚至导致和解制度的滥用。

（二）对和解适用的诉讼阶段没有作出明确规定，导致界限不明确

虽然从新刑事诉讼法第279条的规定可以看出，侦查、公诉、审判阶段可以进行和解，但是对于立案、执行阶段是否可以和解，审判阶段的和解是一审、二审、审判监督程序中都可以进行和解，还是仅指一审，都不清楚。因而导致实践中界限不清，遇到实际问题难以把握处理。

（三）对和解的具体适用程序没有作出规定，可操作性不强

主要体现在三个方面：

1. 作为特别程序，与其他特别程序，如未成年人刑事案件诉讼程序，犯罪嫌疑人、被告人逃匿、死亡案件违法所得的没收程序，依法不负刑事责任的精神病人的强制医疗程序等相比，缺乏特别程序的相对独立性，单独适用能力不强，依据不足。

2. 依赖其他程序实施时，与其他程序之间的关系是什么，如何有效衔接，不清楚。比如，诉讼程序进行中，一旦出现和解情形，是否应当中止已经进行的程序，启动和解程序，如和解成功，原有程序不再进行；如和解不成功，则恢复原有程序，不明确。

3. 对和解的一般适用程序，如和解的启动方式，启动程序，组织人（主

持人)①，组织方式，自愿性、合法性如何审查，和解协议如何达成、如何履行、反悔或不履行如何处理，和解的监督等，均没有规定，致使实际操作中无所适从。

（四）对和解程序的监督没有明确规定，是否由检察机关实施监督不明确

尽管按照刑事诉讼法第 8 条关于"人民检察院依法对刑事诉讼实行法律监督"的规定，检察机关的监督似乎包含了当事人和解的公诉案件诉讼程序，但从立法技巧看，检察机关的监督需要刑诉法中具体的规定作为支撑，如新刑事诉讼法第 289 条就明确授权人民检察院对强制医疗的决定和执行实行监督，而当事人和解的公诉案件诉讼程序中并没有类似的明确规定，因此，在和解程序中检察机关是否有权监督不明确。

三、现行和解制度面对新修订的刑事诉讼法应当作出的调整和对接

自 20 世纪 80—90 年代恢复性司法理论被介绍到中国之后，公诉案件和解在相当长的时间内并没有引起司法实务部门和立法机关的足够重视，直至 21 世纪初在构建和谐社会的背景下，司法实务界才开始公诉案件和解的探索，逐渐形成"八仙过海、各显神通"的局面，不少地区还通过制定规范性文件实现了一定区域或范围内此项工作的规范化。

据粗略统计，各地对公诉案件和解的实践探索和规范依据，其中省级规定的有 7 个，地市级规定的有 5 个，这些规范性文件为公诉案件和解在我国的生根、发芽、成长起到了非常重要的培育作用，并为该制度最终上升为立法起到了关键的助推作用。但是，由各地的司法机关根据办案的具体需要而颁布各种各样规定的做法显然缺乏统一规范。主要表现为：第一，规范性文件的名称不统一。有的法规或文件明确使用了刑事和解的字眼，如《湖南省人民检察院关于检察机关适用刑事和解办理刑事案件的规定（试行）》；而有的却并未写明，只是在内容中实际提及，如《轻伤害案件处理程序实施规则》。第二，发布机构不统一。法院、检察院、公安机关以及各地司法局都能颁布各自的规定与文件，或者几者也可联合发布。如上海市高级人民法院、上海市人民检察院、上海市公安局、上海市司法局联合制定的《关于轻伤害案件委托人民调解的若干意见》。第三，发布单位的级别不统一。有的发布主体是省级司法机

---

① 值得注意的是：新刑事诉讼法第 278 条并未对刑事和解的主持人作出明确规定，只是强调双方当事人和解的，公安机关、人民检察院、人民法院在对和解的自愿性、合法性进行审查时，要主持制作和解协议书。

关，如重庆市人民检察院；有的是地市级的司法机关，如江苏省无锡市人民法院。这样的局面一方面对于各地因地制宜，保持相对独立以探索和解的本土化具有一定的益处，但从长远看其弊端也是显而易见的：（1）缺乏统一的标准，容易造成各地区适用和解的极大差异，加剧了大众对其合法性的质疑，并有可能违反平等原则。（2）由于没有统一指导与规范，各地司法或行政机关往往充分利用其自由裁量权，按照自己的要求来设计和解程序，这就往往使得这些程序偏离了恢复性司法语境下的和解制度之目标。（3）由于这些规定或文件由各地司法、行政机关制订并解释，对其修改、变更或废止都较为容易，在一定程度上扩张了权力，不利于防止司法腐败的产生。因此，随着2013年1月1日新修订的刑事诉讼法正式实施的日益临近，以前通过各地不同级别司法机关搞试点、搞创新的混乱局面应得到彻底改变，有必要从以下几个方面对以前各地自行探索实践的和解制度进行清理调整，以便与新刑事诉讼法有效对接。

（一）统一使用"公诉案件和解"的概念，以维护法律术语的规范性

应该说，"刑事和解"是学界以及一些司法机关经常使用的比较约定俗成的称谓。但是这一称谓不够贴切，容易引起误解。刑事和解显然属于民事性质，不能处理刑事事项，只是对刑事处理产生影响。北京师范大学刑事法律科学研究院宋英辉教授认为，所谓刑事和解，实质上是当事人对民事部分达成和解，并表达对刑事部分如何处理的意见，由办案机关根据具体情况对案件作出处理。与自诉案件的和解不同，在公诉案件的和解中，当事人直接处分的是民事权益（可能间接影响刑事部分的处理），而不是刑罚权。①

也有学者认为"刑事和解"这一称谓并不妥当，因为这种和解是一种民事和解，而非刑事和解，其根本原因在于和解契约的民事性质。

笔者完全同意上述学者的主张和分析，这一点可以从有关官方文件精神中得到印证。《最高人民检察院关于办理当事人达成和解的轻微刑事案件的若干意见》规定，当事人双方可以就赔偿损失、恢复原状、赔礼道歉、精神抚慰等民事责任事项进行和解，并且可以就被害人及其法定代理人或者近亲属是否要求或者同意公安、司法机关对犯罪嫌疑人、被告人依法从宽处理达成一致，但不得对案件的事实认定、证据和法律适用、定罪量刑等依法属于公安、司法机关职权范围的事宜进行协商。

因此，新刑事诉讼法第五编"特别程序"的第二章中使用了"当事人和解的公诉案件诉讼程序"的称谓，意指规制的是"公诉案件和解"，而不是

---

① 陈卫东、汪建成、宋英辉：《专家访谈：刑事和解的理论探讨》，载《中国检察官》2009年第1期。

"刑事和解"是正确的。一方面厘清了概念,另一方面区别于自诉案件的和解、附带民事诉讼案件的调解。这一法律术语应当得到遵循。

(二)清理公诉案件和解的适用对象范围,保持与新刑事诉讼法的规定一致

关于公诉案件和解的对象范围,以往司法实践中的做法很不统一,主要有以下几种:

1. 适用于轻微刑事案件

北京市朝阳区人民检察院出台的《刑事和解暂行规定》第4条规定:"刑事和解适用于以下范围的轻微刑事犯罪案件:(一)刑法分则第四、五章规定的,侵犯公民人身权利、财产权利的犯罪;(二)未成年人、七十岁以上的老人初次实施的犯罪;(三)发生在亲友、邻里、同学、同事等具有特殊关系的当事人之间的犯罪;(四)过失类犯罪。本规定所称'轻微刑事犯罪'是指法定最高刑为五年有期徒刑以下刑罚的犯罪。"第5条规定:"有下列情形之一的案件不得适用刑事和解程序处理:(一)危害社会公共安全的;(二)有预谋、有组织地实施犯罪的;(三)犯罪嫌疑人涉嫌多项罪名,或者多次实施犯罪的;(四)行为人有故意犯罪前科的;(五)可能判处超过五年有期徒刑刑罚的;(六)犯罪嫌疑人有脱逃、伪造或毁灭证据、串供或其他恶劣情节的;(七)没有被害人或者被害人下落不明的。"

湖南省人民检察院《关于检察机关适用刑事和解办理刑事案件的规定(试行)》第4条规定:"依照本规定处理的案件主要是轻微刑事案件和未成年人刑事案件,且应当同时具备以下条件:(一)犯罪嫌疑人、被告人系自然人;(二)基本事实清楚,基本证据确实、充分;(三)犯罪嫌疑人的行为触犯刑法;(四)犯罪嫌疑人悔罪,并且对主要事实没有异议。"湖南省检察机关在刑事和解案件的适用范围和条件的把握上,主要为轻微刑事案件和未成年人犯罪案件。2006年11月至2009年3月,湖南省检察机关公诉部门适用刑事和解办理的案件中,法定刑或有法定减轻处罚情节可能判处3年以下刑罚的轻微刑事案件4159件5239人,占刑事和解总人数的97%;未成年人犯罪案件826件1105人,占刑事和解总人数的20.46%。适用刑事和解案件罪名分布上,相对集中在少数罪名。

2. 适用于轻微犯罪案件和部分法定刑较重案件

江苏省无锡市委政法委联合公检法司四部门出台了《关于刑事和解工作的若干意见》。与其他省市已出台的相关规定不同,除了轻微违法犯罪案件之外,一些法定刑较重,但主要以民间纠纷引发的人身损害、侵犯财产犯罪以及部分过失犯罪和刑事自诉案件也被纳入了该意见规定的刑事和解范围。具体适用的案件范围分为五类,分别为:(1)侮辱、诽谤、暴力干涉婚姻自由、虐

待、侵占案等告诉才处理的案件；（2）未成年人犯罪案件；（3）过失致人重伤案、过失致人死亡案、交通肇事案；（4）因民间或同事纠纷、婚姻家庭矛盾引发的人身损害、侵犯财产犯罪案件；（5）故意伤害、非法侵入住宅、侵犯通信自由、遗弃、因合法债务、经济纠纷引发的非法拘禁案件等可能被判处3年以下有期徒刑、管制、拘役或者单处财产刑的轻微刑事案件。凡雇凶伤人、寻衅滋事、聚众斗殴等涉黑涉恶，或抢劫、抢夺等严重影响社会治安的案件以及行为人系累犯，或在服刑、缓刑、劳动教养和被采取强制措施期间故意犯罪的不适用刑事和解。①

3. 适用于列举的特定案件

江苏省扬州市《关于刑事和解工作的若干意见（试行）》第3条规定："对于下列案件，可以适用刑事和解：（一）告诉才处理的案件：1. 侮辱、诽谤案（刑法第二百四十六条。严重危害社会秩序和国家利益的除外）；2. 暴力干涉婚姻自由案（刑法第二百五十七条第一款）；3. 虐待案（刑法第二百六十条第一款）；4. 侵占案（刑法第二百七十条）。（二）下列可能被判处三年以下有期徒刑、拘役、管制或者单处财产刑的轻微刑事案件：1. 故意伤害案（刑法第二百三十四条第一款）；2. 非法侵入住宅案（刑法第二百四十五条）；3. 侵犯通信自由案（刑法第二百五十二条）；4. 遗弃案（刑法第二百六十一条）；5. 因合法债务、经济纠纷引发的非法拘禁案。（三）过失致人重伤案、过失致人死亡案、交通肇事案；（四）因邻里纠纷、婚姻家庭矛盾引发的人身损害、侵犯财产犯罪案件；（五）附带民事诉讼的案件；（六）其他适合刑事和解的案件。"第4条规定："有下列情形之一的，不适用本意见：（一）行为人系累犯，或在服刑、缓刑、劳动教养和被采取强制措施期间故意犯罪的；（二）行为人多次犯罪的；（三）被害人是单位的案件；（四）其他不宜适用和解的刑事案件。"

从上述规定可以看出，各地的规定虽然有借鉴可取之处，为推行公诉案件和解积累了非常宝贵的经验，但是，一旦国家立法有明确统一的规定，那么，为了维护法律的权威性、统一性，各地应当按照新刑事诉讼法的规定进行清理调整，以便与新刑事诉讼法的规定保持高度一致。

（三）改变和解达成的方式，由公检法机关主持制作和解协议书

在以往的司法实践中，和解成功后，往往由公检法机关对由此达成的和解协议书进行审查确认，作出相应的司法处理。如山东省淄博市临淄区人民检察院《刑事和解实施细则》规定，对以下方式达成的和解协议确认其效力：

---

① 《无锡出台刑事和解工作意见》，载《法制日报》2007年4月3日。

（1）当事人自行达成的和解；（2）当事人的近亲属、代理人、辩护人促成双方达成的和解；（3）人民调解委员会或者其他基层组织主持下达成的和解；（4）其他机关、单位和个人协调下达成的和解；（5）在民商案件中，当事人达成的和解；（6）公安机关、人民检察院主持下达成的和解。① 但是，按照新事诉讼法第278条的规定，和解协议书一律在公检法机关主持下制作。

（四）对法无明确规定的环节，按照"公权力，法无授权即禁止；私权利，法无禁止即允许"的原则进行调整

就公权力而言，应当秉承中立的原则，不主动促和，不主动介入，不主持调和，而是被动审查，主持制作和解协议书。

就私权利而言，当事人和解启动的方式（谁提起）、和解的程序（是自行协商还是委托他人促和）、和解的形式（是赔偿损失、赔礼道歉、劳务补偿，还是其他形式）、和解履行的方式（是及时一次履行，还是分期分批履行）可以自愿选择，可以多样化。

四、新刑事诉讼法背景下公诉案件和解制度的进一步完善

（一）明确公诉案件和解的基本原则，防止制度走偏

对于一项新确立的法律制度，为防止制度实施过程中有可能出现的偏差和问题，有必要确立统领制度运行的基本原则，以有效引导、指导司法实践。笔者认为，公诉案件和解应当遵循以下六个基本原则：双方自愿原则；合法原则；案件事实清楚、证据确实充分的原则；国家专门机关中立原则；不得以和解不成，作出对加害人不利处理的原则；公开透明原则。

（二）明确公诉案件和解适用的诉讼阶段，防止任意适用

关于公诉案件和解适用的诉讼阶段，学界有"审查起诉阶段或者审判阶段说"、"审判阶段说"、"侦查、起诉和审判阶段说"、"审查起诉和一审审判阶段说"、"刑事诉讼所有阶段说"的争论。从新刑事诉讼法第279条的规定看，公诉案件和解适用于侦查、提起公诉、审判阶段，而不适用于立案阶段，因为该条只规定"对于达成和解协议的案件，公安机关可以向人民检察院提出从宽处理的建议"，也即公安机关对于达成和解协议的案件无权自行处理，只能在案件侦查终结移送审查起诉时建议检察机关从宽处理。该条规定自然不包含立案阶段。公诉案件和解也不适用于刑罚执行阶段，因为新刑事诉讼法第279条只规定"对于达成和解协议的案件，人民法院可以依法对被告人从宽处

---

① 马永平：《轻伤害案件公诉阶段适用刑事和解研究》，载《安徽警官职业学院学报》2010年第1期。

罚"。而刑罚执行过程中的减刑、假释是刑罚变更措施，而不是"从宽处罚"，因此该条规定排斥刑罚执行阶段。

那么，审判阶段的和解，是一审、二审、再审都可以，还是仅仅指一审？笔者认为，二审、再审程序中不能进行和解。二审和再审程序主要是法律审程序，对法律问题本身不允许变通、和解。二审和再审程序设置的目的是为了对一审过程中出现的违法和违规行为进行纠正，如果允许在二审和再审程序中进行和解，无异于允许对法律问题进行协商、变通，这是法律稳定性和严肃性绝不允许的。再者，二审和再审程序中设置和解环节必将摧毁一审和解的稳定性，最终将损害和解制度本身。①

但是，在侦查阶段，一般要控制适用和解制度。因为在侦查阶段的任务就是收集证据，查明犯罪事实，抓获犯罪分子，使未暴露的犯罪事实最大限度地"还原"。如果在侦查阶段过早适用和解，就会放松对侦破案件的追求，丧失保护国家、社会和公民合法利益不受侵犯的动力。因此，要加强对这一环节适用和解制度的监督。另外，在审查批捕阶段，由于检察机关办案期限较短，一般也应当控制适用和解。

（三）明确公诉案件和解特别程序与其他诉讼程序之间的关系，确保诉讼程序之间有效衔接

作为特别程序，公诉案件和解程序与其他特别程序有所不同，它的实施依赖其他诉讼程序，需要借助其他诉讼程序，嵌入其他诉讼程序中去完成。因此，应当明确其与其他诉讼程序之间的关系，以便有效衔接。

笔者认为，一是应当明确侦查、起诉、审判程序正在进行中，如出现和解情形，相应的诉讼程序应当中止，另行启动和解程序，和解成功并作出处理的，相应的诉讼程序终止。和解不成功的，相应的诉讼程序恢复进行。二是应当明确公诉案件和解程序受相应的诉讼程序办案期限的限制，以防止无原则纠缠和反复，提高办案效率。三是应当明确和解程序结束、相应司法处理生效后，出现当事人反悔、和解协议变更或存在受胁迫、欺诈而违心和解等法定事由后，诉讼程序应当回转，以维护制度的权威性、严肃性。

（四）明确公诉案件和解的一般程序，增强制度的可操作性

虽然从新刑事诉讼法的规定看，具体的和解协商的程序和过程应当由当事人双方自己来把握，似乎不在法律考虑的范围，但是从规范的角度看，国家应当制定这方面的指导意见，以引导当事人合法有序地进行和解。有必要对和解

---

① 田圣斌、石琰子、周家富：《论刑事和解制度设置的原则和程序》，载《中南民族大学学报（人文社会科学版）》2010年第3期。

的启动、和解方式的选择（是自行协商还是委托第三人促和）、如系第三人促和如何委托、当事人双方如何进行和解协商、和解的内容、和解内容的履行、和解后如何提请司法机关审查等环节作出细致规定，以便当事人进行和解时参照适用，避免走弯路。

（五）明确检察机关对公诉案件和解的监督权，确保制度公正

对刑事诉讼活动的监督是检察机关法律监督权的一项重要内容，公诉案件和解作为一种刑事案件的处理方式，检察机关也有权予以监督。具体而言：（1）对侦查阶段和解的监督。凡是侦查阶段达成和解的案件，侦查机关应当将和解协议、被害人申请和处理结果等情况形成文字材料报人民检察院备案，主动接受检察机关的监督。人民检察院进行审查，必要时可以联系当事人了解情况，发现侦查机关有擅自对不符合和解条件的案件适用和解、强迫当事人接受和解等违法情形的，应当行使法律监督权，责令纠正。公安人员在和解过程中如有滥用权力牟利行为的，应当根据情节严重程度，建议给予行政处分或追究刑事责任。赋予当事人救济权，对于和解过程中出现的违法行为，当事人随时可以向负有法律监督职能的检察机关进行申诉、控告。（2）对起诉阶段和解的监督。在起诉阶段，应当借鉴日本的检察审查会制度，通过人民监督员对因和解而作出不起诉决定的进行必要的监督。检察人员在案件和解过程中如有滥用职权、徇私舞弊行为的，应当根据情节严重程度，给予行政处分或追究刑事责任。（3）对审判阶段和解的监督。在审判阶段，应当公布影响判决的和解因素，在裁判书中列明案件和解的过程和情况以及采信的情况，接受检察机关的监督。检察机关对于审判阶段违反法律规定的和解有权提出抗诉或提请纠正。审判人员在案件和解过程中如有滥用职权、徇私舞弊行为的，应当根据情节严重程度，建议给予行政处分或追究刑事责任。[①]（4）赋予检察机关对无效和解的撤销权。为了防止在和解过程中出现以钱买刑、花钱赎罪、受害人漫天要价、威胁、利诱以及弄虚作假等问题的发生，检察机关作为国家的法律监督机关，有责任、也有权力对明显不合法、不合理的和解协议行使撤销权，促使案件重新进入诉讼程序。监督的范围不仅包括程序上是否合法，也包括和解的内容是否合法、合理。[②]

（六）修改完善刑法相关规定，扫除制度适用的实体法障碍

我国现行刑法第61条规定，对于犯罪分子决定刑罚的时候，应当根据犯

[①] 参见葛琳：《刑事和解研究》，中国人民公安大学出版社2008年版，第369—370页。

[②] 宋聚荣、王鹏：《试论检察机关在刑事和解中的职能定位——以山东省检察机关的实践探索为基础》，载《中国司法》2009年第12期。

罪的事实、犯罪的性质、情节和对社会的危害程度，依照本法的有关规定判处。这一规定体现的是罪刑相适应的原则，而不是刑与责的适应，并没有给公诉案件和解留下多少适用空间。因为和解是以加害人人身危险性的降低或者消除为前提的，而刑法第 61 条中的"犯罪事实、性质和情节"都仅仅说明了犯罪的社会危害程度，显然并没有将人身危险性的降低或者消除作为决定刑罚的条件。为了更好地贯彻罪刑相适应原则，为和解制度发挥作用提供充分的法律空间，有必要在刑法第 61 条中增加一款，明确规定：被害人和加害人达成和解协议的，可以根据案件情况，从轻、减轻或者免除处罚。以便为各个阶段的和解提供充分的法律依据。

附条件不起诉适用实证研究

——以甘肃省附条件不起诉试点工作为研究对象

赵宏斌* 金石** 张建春*** 方静雯****

附条件不起诉起源于德国、日本等一些国家和地区，是指公诉机关对符合提起公诉条件的犯罪嫌疑人，综合其涉嫌犯罪事实和人身危险性，认为暂时不提起公诉适当并确实不致再危害社会的，可以暂时不予起诉，而对其施加强制命令和行为规则，若犯罪嫌疑人在规定期间内履行义务，没有发生法定撤销的情形，期满就不再提起公诉的制度。① 其理论基础是起诉便宜主义、诉讼经济、公共利益的考量等。近年来，面对犯罪总量的激增和诉讼负担过重，我国一些地方的检察机关进行了附条件不起诉的试点，此次刑事诉讼法的修改也对附条件不起诉制度进行了规定。作为轻罪非犯罪化处理的一种起诉替代措施，附条件不起诉具有节约司法资源、实现审前程序分流等功能，有利于更好地体现刑罚个别化思想和促进犯罪人回归社会。为准确理解和适用修订后的刑事诉讼法（以下简称"新刑诉法"）对附条件不起诉的规定，为附条件不起诉制度的正确、规范实施做好充分准备，我们以甘肃省检察机关附条件不起诉试点工作为研究对象，对试点工作中存在的问题及产生原因进行了探究，并从理论及实践层面提出了对策建议，以期对新刑诉法附条件不起诉规定的正确实施有所裨益。

一、甘肃省附条件不起诉试点情况

自 2011 年 5 月《甘肃省检察机关适用附条件不起诉暂行规定》（以下简

---

* 甘肃省人民检察院检委会专职委员。
** 甘肃省人民检察院公诉办公室副主任。
*** 甘肃省人民检察院公诉办公室干部。
**** 甘肃省人民检察院案件管理办公室干部。
① 叶肖华：《比较法视域下的附条件不起诉制度》，载《金陵法律评论》2007 年第 2 期。

称《暂行规定》）经省院检委会审议通过后，省院于当年6月确定了14个基层检察院作为试点单位。试点工作开展一年来，全省14个试点院中有10个院适用了附条件不起诉程序，对14件25人作出附条件不起诉决定，其中10人系成就附条件不起诉条件而作出了相对不起诉。决定附条件不起诉的14件案件，全部由拟决定不起诉的检察院上报上级院检委会决定，有1案还经过人民监督员的监督表决后决定适用。目前，在适用附条件不起诉的25人中已有10人达成所附条件，按程序作出了相对不起诉决定；尚未解除考察的15人均表现良好，未发生违法违纪行为。

据调研，我省检察机关附条件不起诉试点工作因主客观因素的影响，表现出以下特点：

（一）适用主体较为宽泛。因省院《暂行规定》确定的附条件不起诉的适用主体较新刑诉法的规定更为宽泛，并未将未成年人确定为唯一主体，故而，全省已适用附条件不起诉的主体范围较为广泛，已决定附条件不起诉的25人中有未成年人13人，成年人12人；以身份标准划分，其中在校学生16人，国家机关工作人员1人（盗窃罪），事业单位工作人员5人，无业人员2人，自由职业者1人；以是否共同犯罪为标准划分，其中共同犯罪6件17人，人数占适用附条件不起诉总人数的68%。

（二）涉嫌罪名较为集中。在已适用附条件不起诉的14件25人中，其中过失犯罪3件3人，均为涉嫌交通肇事罪；故意犯罪11件22人，涉嫌的具体罪名为：抢劫罪3件8人、盗窃罪4件4人、寻衅滋事罪1件2人、故意伤害罪1件2人、危险驾驶罪1件1人、非法获取国家秘密罪1件5人。

（三）所附条件较为多样。从试点情况来看，所有适用附条件不起诉的案件均将遵守国家法律法规，服从监督管理，主动接受帮教和监督；在传讯的时候及时到案；不侵扰被害人、证人及其家属的正常工作与生活；不得毁灭伪造证据或者串供等四项作为所附的必选条件，除此之外有11人被禁止进入特定场所，2人必须为社区或所在单位定期提供公益服务，1人强制戒除毒瘾。

（四）所附条件较为灵活。附条件不起诉所附条件即检察机关的帮教考察措施。在考察期内，犯罪嫌疑人有义务接受检察机关的帮教考察。考察期满后，检察机关根据犯罪嫌疑人的表现作出起诉或者不起诉的决定。执行中，各试点院根据被不起诉人的具体情况分别确定其所在学校、单位、社区等为帮教组织。针对农村考察对象地处偏远、监督不便的情况，个别院因地制宜，采用灵活措施，定期完成考察任务。如民乐县院在办理一起附条件不起诉案件时，由于该院在11个乡镇、社区都设立了"下访寻访接待室"、"政法干警一线工作室"，办案人员在宣传法律的同时，利用下乡服务的机会，对犯罪嫌疑人进行定期的矫治监督，督促其悔过自新。

（五）适用程序较为严格。据调研，各试点院在严把犯罪嫌疑人适用资格审查的前提下，严格执行附条件不起诉的适用程序。对犯罪嫌疑人适用附条件不起诉的案件，均严格按照《暂行规定》的规定，经办案人员审查、部门负责人审核、科（处）室集体讨论、分管领导同意后，报上级院和本级检委会研究同意，作出附条件不起诉决定，在作出附条件不起诉决定后 7 日内将案件报上一级检察院备案。同时，部分院还建立了与案件风险评估制度相结合的适用机制，对拟附条件不起诉的案件，形成信访风险评估报告，全面考虑到附条件不起诉后，是否会引发涉检上访事件和其他风险发生，充分听取被害人意见并考虑社会影响，确保适用附条件不起诉案件的程序与实体的公正。

二、试点中存在的问题及原因分析

（一）对适用附条件不起诉的积极性不高。试点工作开展一年来，15 个试点单位共适用附条件不起诉案件 14 件 25 人，占同期受理移送审查起诉案件的 1.17‰，这一数字从侧面反映出办案单位对附条件不起诉案件的适用持谨慎态度。究其原因，主要有以下两点：1. 对附条件不起诉这项改革措施的重要性认识不足，认为已存在不起诉制度，附条件不起诉是相对不起诉的一种特殊形式，没有独立存在的必要，故对开展此项工作的积极性不高。2. 由于检察系统内部对适用附条件不起诉的程序设计较为烦琐，需要向主诉检察官、部门负责人、主管检察长以及检委会层层上报，还要进行相应的联络、劝说、评估风险等工作，可能会投入更多的时间和精力，加之办案期限和绩效考核等方面因素的影响，而决定起诉的工作简单得多，所以承办人很可能因为个人工作量的考虑而放弃适用附条件不起诉。

（二）监督考察流于形式。新刑诉法规定，人民检察院对被附条件不起诉的未成年犯罪嫌疑人进行监督考察，即由检察机关直接实施监督考察。从甘肃省试点单位所办理的附条件不起诉案件来看，检察机关目前使用的监督考察方式单一，即要求犯罪嫌疑人定期以书面形式汇报工作、生活、学习及思想情况，书面审查后装卷存档。个别检察院与相关学校、社区等商定由上述帮教机构定期向检察院报告帮教监管情况，但执行中很少能够落实。检察机关的监督考察权之所以流于形式，原因主要在于：1. 配套的社会协助制度缺失。按照现行规定，检察院在作出附条件不起诉时就要对犯罪嫌疑人进行帮教，由于案多人少的矛盾突出，在缺乏配套的社会协助制度之下，检察机关开展帮教、矫正工作力不从心。2. 帮教、监督与保护未成年人之间的关系未理顺。设立附条件不起诉制度的目的是为了更好地教育挽救未成年犯罪嫌疑人，但由于帮教、监督制度不完善，人们对附条件不起诉制度的理解还不深入，使得部分办案人员在适用附条件不起诉过程中出现矛盾心理，一方面试图通过多部门的共同作用努力实现真正意义上的帮教；另一方面存有不扩大影响以免给被附条件不起诉人造成不利影响而失去设定该制度意义的想法。在此种矛盾心理的影响下，对帮教对象的监督考察难以有效进行。

（三）附条件不起诉所设定的条件各地适用差异较大。附条件不起诉制度要求在考验期内设定一定的条件，一方面给犯罪嫌疑人施加一定的压力，督促其改过自新；另一方面也有利于检察机关通过条件的完成情况来判定犯罪嫌疑人的悔罪表现。从调研情况来看，大部分检察院设置的条件与犯罪嫌疑人被取保候审或监视居住时须遵守的规定有重叠之处。在不起诉决定作出之前，犯罪嫌疑人一般都被采取取保候审、监视居住等强制措施，附条件不起诉的"条件"与之重叠甚至完全一致，未能很好地体现附条件不起诉的立法原意。出现这一问题的原因主要在于：1. 新刑诉法未对考察机关的具体考察事项作出规定。新刑诉法规定的被附条件不起诉的未成年犯罪嫌疑人应遵守的规定包括四项，即遵守法律法规，服从监督；按照考察机关的规定报告自己的活动情况；离开所居住的市、县或者迁居，应当报经考察机关批准；按照考察机关的要求接受矫治和教育。其中第4项的规定授权考察机关决定被附条件不起诉人须承担的除前三项规定以外的义务。由于个案的差异，法律不能也不可能对不同案件、不同犯罪嫌疑人所须承担的义务作穷尽列举。2. 执行难限制了所附条件的多样化设定。新刑诉法原本赋予了检察机关根据具体案情灵活多变设置所附条件的权力，但由于该制度尚处于探索阶段，制度运行所需的配套机制还不完善，各环节之间的衔接配合尚不协调，导致一些具有良好效果的条件难以实现。

（四）附条件不起诉适用对象可能判处的刑期规定不明确。新刑诉法规定，检察机关对于涉嫌刑法分则第四章、第五章、第六章规定的犯罪，可能判处1年以下有期徒刑，有悔罪表现，符合起诉条件的未成年犯罪嫌疑人，可以实施附条件不起诉。但检察机关如何根据刑法分则规定的法定刑期以及未成年犯罪嫌疑人的法定、酌定从轻、减轻或从重处罚情节作出计算，准确判断可能判处的刑罚，目前还不确定。刑期判断得不确定使得是否符合附条件不起诉条件的判断也因人而异，将会导致同类案件处理结果不同的情况出现。这一问题与量刑建议相类似，实践中办案人大多依靠以往的办案经验来进行判断，或者参考法院关于量刑的相关规定。上述问题究其根源仍是检察官自由裁量权的规范问题，尚须进一步探索解决。

此外，《暂行规定》的出台先于新刑诉法的修改，《暂行规定》在适用附条件不起诉的主体范围及刑期幅度上均与新刑诉法的规定不相一致。新刑诉法将于 2013 年 1 月 1 日起正式实施，我们应尽快根据新刑诉法的规定及时对《暂行规定》的相关内容进行修改，以适应新刑诉法的要求。

三、对正确实施新刑诉法附条件不起诉规定的思考

通过对甘肃省检察机关附条件不起诉试点工作的实证研究，我们查找了问题，剖析了原因。而即将实施的新刑诉法对附条件不起诉的规定和要求更为严格，为执行好这些规定和要求，我们必须要准确理解其内涵，深刻把握其实质，在实践中予以严格适用。

（一）严格按照新刑诉法的规定适用附条件不起诉。根据新刑诉法的规定，适用附条件不起诉时需要在实体上严格把握以下四点：1. 必须是未成年人犯罪案件；2. 必须是涉嫌侵犯公民人身、民主权利罪，侵犯财产罪，妨害社会管理秩序罪这三类犯罪；3. 必须是可能判处 1 年有期徒刑以下刑罚，且符合起诉条件的。符合起诉条件即说明犯罪事实已经查清、证据确实充分，依法应当追究未成年犯罪嫌疑人的刑事责任，检察机关应当向人民法院提起公诉；4. 必须有悔罪表现。有悔罪表现需要检察官从未成年人犯罪后的到案情况（包括是否自首，有无立功等法定情节）、认罪态度（到案后是否愿意并如实供述犯罪事实）和行为表现（包括是否退赔、是否对被害人进行赔偿和道歉等）等进行综合判断。附条件不起诉决定的作出和最终实施还需要具备三个条件：1. 必须听取公安机关和被害人的意见。这对于检察机关而言是一个必经程序，公安机关或被害人的不同意见并不直接阻碍检察机关对未成年犯罪嫌疑人作出附条件不起诉决定，只要检察机关认为案件符合附条件不起诉规定的，仍然可以作出附条件不起诉的决定，公安机关和被害人则可以依据新刑诉法第 271 条第 2 款的规定，对附条件不起诉决定复议复核或进行申诉。2. 必须得到未成年犯罪嫌疑人及其法定代理人的同意。这个条件成立与否将直接影响检察机关能否作出附条件不起诉决定，如果未成年犯罪嫌疑人及其法定代理人有异议的，即使检察机关认为该案符合附条件不起诉的规定，也必须将案件提起公诉。3. 对未成年犯罪嫌疑人适用附条件不起诉时，还应当具备适宜的帮教条件。适宜的帮教条件应当具备以下要素：具有稳定的家庭、融洽的家庭成员关系，父母或监护人、直系亲属愿意承担帮教责任，并能够采取积极措施教育感化未成年人；具有一定的社会管理教育环境，学校、居委会或其他基层组织能够承担起对未成年犯罪嫌疑人的监管职责，使其能够从学习、生活中得到教育感化。反之，若没有适宜的帮教条件，让未成年犯罪嫌疑人在较差的社会环境中放任自流，很可能会导致其再次犯罪。

（二）细化附条件不起诉的适用程序。附条件不起诉是程序性制度，在有着严格适用范围的同时，更要有规范的适用程序。1. 严格审查程序。一要查清案件事实、法定情节是否还存在争议，证据是否确实充分。二要查明未成年人犯罪的主观情况，即犯罪动机、犯罪目的、是否具有悔罪表现等。三要调查未成年犯罪嫌疑人的个人情况，包括未成年人的身心特征、成长经历、受教育情况、家庭环境和一贯表现等。四要分析适用附条件不起诉的可行性，即未成年犯罪嫌疑人是否具有良好的家庭监护条件和社会帮教条件。经过以上几个方面的严格审查后，案件承办人认为该未成年犯罪嫌疑人满足适用附条件不起诉条件的，即可交由分管检察长审核，报经检委会讨论决定。附条件不起诉决定作出后，应当及时告知未成年犯罪嫌疑人及其法定代理人，其对决定有异议的，应当作出起诉决定。2. 宣告送达程序。检察机关对未成年人作出附条件不起诉决定后应当制作《未成年人附条件不起诉决定书》，并在审查起诉期间向被附条件不起诉人宣布。为保护未成年犯罪嫌疑人的声誉，减轻其回归社会的心理负担，宣布附条件不起诉决定应当不公开进行。在宣布决定时，检察官应向被附条件不起诉人讲明附条件不起诉的意义，考察期和强制性义务的内容，以及考察期若不能履行相关义务的法律后果，并与有关帮教人员签订帮教协议，并将附条件不起诉决定书送达对被附条件不起诉人后续考察帮教相关的机关、团体、学校或社区等。3. 考察帮教程序。在宣布了对未成年犯罪嫌疑人进行附条件不起诉的决定并与之签订帮教协议后，检察机关就应启动相应的考察帮教程序。在未成年人附条件不起诉的考验期内，法律赋予检察机关监督考察权，并要求未成年人的监护人予以配合。① 因此，考察责任主体应当由检察机关来担任，检察机关可以设立一名考察官（可以是案件承办人或专职人员担任，笔者认为案件承办人对案件及未成年犯罪嫌疑人的情况掌握更全面，由其担任考察官更为适宜）负责履行监督考察职责，日常的教育矫治和考察帮教可以委托社工、帮教志愿者等社会组织人员组成的帮教小组进行。4. 处理程序。被附条件不起诉的犯罪嫌疑人在考验期内没有违反相关规定，没有需要撤销附条件不起诉情形的，在考验期满后，人民检察院应当作出不起诉决定。该不起诉决定应当采用书面形式向被不起诉人宣告，宣告事项应当包括考察小组对未成年犯罪嫌疑人的鉴定意见，宣布附条件不起诉考验期满，决定对其不起诉。如果被附条件不起诉的犯罪嫌疑人不履行规定的义务，或者故意犯

---

① 新刑事诉讼法第 272 条第 1 款规定："在附条件不起诉的考验期内，由人民检察院对被附条件不起诉的未成年犯罪嫌疑人进行监督考察。未成年犯罪嫌疑人的监护人，应当对犯罪嫌疑人加强管教，配合人民检察院做好监督考察工作。"

罪，或者发现以前有故意犯罪行为，经查证属实，人民检察院应当撤销附条件不起诉决定，继续作为轻罪予以追究。①并且，原考验期不得折抵刑期，被附条件不起诉的犯罪嫌疑人已经履行的部分，不得请求返还或者赔偿。但如果被告人经审判被判为无罪或者虽被判有罪，判决履行的义务轻于其已经履行的义务时，未成年被告人应有权就超出的部分义务请求返还或者赔偿。

（三）对附条件不起诉附加条件的理解。附条件不起诉的价值体现在对犯罪嫌疑人的教育、挽救上，即刑法的教育功能，其核心在于检察机关与犯罪嫌疑人之间以何种附加条件决定不起诉，也即犯罪嫌疑人应履行何种法定义务，通过犯罪嫌疑人这种自愿履行义务，起到其惩戒、警戒、教育和改造的目的，并可以避免采取刑罚手段导致犯罪嫌疑人对国家、社会产生仇视和报复心理。因此，条件选择是否恰当，是否对犯罪有针对性，将直接决定最终取得的实际效果。1. 所附加条件应具有较强的可操作性。一是要切合犯罪嫌疑人的自身实际情况，针对其犯罪性质来设定，不能是遥不可及的目标，而是通过其自身努力能够实现的。二是要体现犯罪嫌疑人对犯罪行为的真诚悔过和自我矫正，以取得被害人的谅解。三是通过犯罪嫌疑人的实际行为，消除犯罪所造成的危害和影响，并获得社会公众的认可。2. 附条件不起诉作为一项司法制度，必须考虑其公平性。其所附条件必须具有普适性且是针对社会和公益的补偿，而并非只局限于自身的进步，如要求犯罪嫌疑人遵守国家法律法规，不得从事任何违法犯罪行为；学生要求遵守校纪、校规，认真完成学业；对被害人的损失作出赔偿或者给予被害人补偿；参加一定时间的志愿服务和公益劳动；必要时接受心理疏导；禁止从事特定活动，进入特定区域、场所，接触特定人等，禁止期限应与附条件期限相同。

（四）附条件不起诉与相对不起诉的区别。附条件不起诉和相对不起诉都属于检察官自由裁量权的范围，但二者存在以下区别：1. 效力不同。相对不起诉具有终止诉讼的程序效力；而附条件不起诉只是中止诉讼，诉讼是否继续进行得取决于犯罪嫌疑人在考察期内的具体表现和是否有其他需要追究刑事责任的情形。2. 适用条件不同。相对不起诉的适用条件为"犯罪情节轻微，依照刑法规定不需要判处刑罚或者免除刑罚的"。相对不起诉决定的作出不需要附加一定的条件，而附条件不起诉是以附加条件为其本质特征。《人民检察院刑事诉讼规则》第291条规定："人民检察院决定不起诉的案件，可以根据案件的不同情况，对被不起诉人予以训诫或者责令具结悔过、赔礼道歉、赔偿损失。对被不起诉人需要给予行政处罚、行政处分或者需要没收其违法所得的，

---

① 兰耀军：《论附条件不起诉》，载《法律科学（西北政法学院学报）》2006 年第5 期。

人民检察院应当提出检察意见，连同不起诉决定书一并移送有关主管机关处理。"但二者确有本质的区别，相对不起诉附加的条件不是必须的，即使犯罪嫌疑人没有履行条件，检察机关也不能以此作出撤销不起诉的决定；而附条件不起诉的条件是必须遵守的，否则检察机关就得提起公诉。3. 法律后果不同。相对不起诉具有不起诉的确定力，检察机关只能基于新的事实和理由，才能对犯罪嫌疑人提起诉讼；而附条件不起诉具有不确定的法律后果，只要犯罪嫌疑人没有遵守所附条件，检察机关即可在没有新的事实和理由的情况下对犯罪嫌疑人决定起诉。由此可见，附条件不起诉实际是在起诉与不起诉之间作了一个缓冲，增加了一种新的中间性的处理方式，建立起"不起诉—附条件不起诉—起诉"的阶梯式的起诉裁量制度，实现了起诉制度的衔接与协调。①

（五）附条件不起诉配套制度的建立。1. 建立有效的社会调查制度。检察机关在作出是否对未成年犯罪嫌疑人附条件不起诉决定时，不仅需要对案件进行全面审查，还要考察未成年人个人、家庭、学校、社区等多方面的综合情况。据此，只有建立起一个有效的社会调查制度，保证检察机关能够得到全面、客观的调查报告，才能使附条件不起诉制度得以准确、有效运行。2. 建立全面的观护帮教机制。囿于时间和精力，检察机关有必要依托被附条件不起诉的未成年犯罪嫌疑人所在的家庭、学校、社区以及社会组织的力量，建立一个全方位的帮教机制，检察机关则应在其中充分发挥组织、指导、监督和审核的职能作用。3. 建立考察监督机制。为了提高未成年人附条件不起诉考察教育的效果，降低未成年犯罪嫌疑人的重犯率，达到未成年人附条件不起诉制度的适用目的，必须建立有效的未成年人附条件不起诉考察测评机制。一是针对考察对象的测评机制。负责案件的检察官应定期对被适用附条件不起诉的未成年犯罪嫌疑人进行跟踪回访，结合观护帮教人员出具的相关报告，对未成年犯罪嫌疑人考察期内的生活、学习等情况进行测评打分，并将测评结果整理分析，记录备查。二是针对观护帮教人员的考察机制。检察机关还应对协助考察的观护帮教人员进行监督指导，强化协助考察人员的责任意识，使其对未成年犯罪嫌疑人负责，对未成年犯罪嫌疑人的父母负责，对检察机关负责。如果检察机关发现观护帮教人员有不履行或不认真履行监督考察职责等情形的，应采取警示、训诫、更换观护帮教人员等措施予以惩戒。三是针对检察机关的监督机制。附条件不起诉制度如果运用不好、制约不力，就可能放纵犯罪分子，滋生腐败，因此必须强化制度运行的监督制约，以保证自由裁量权不被滥用。为此，新刑诉法规定："……人民检察院在作出附条件不起诉决定前，应当听取

---

① 许道敏：《暂缓起诉的合理性与实践性分析》，载《人民检察》2006 年第 4 期。

公安机关、被害人的意见。"原则性地确定了公安机关的监督制约机制和被害人的自我救济权利。实践中，如果公安机关认为案件不符合附条件不起诉条件的，检察机关应当听取公安机关的意见，如果检察机关仍然作出附条件不起诉决定的，公安机关可以要求复议，或者向上一级人民检察院提请复核。如果被害人不服检察机关附条件不起诉决定的，有权在法定期限内向上一级人民检察院申诉，对复查结果仍然不服时，可以以自诉人的身份将案件起诉到人民法院。如果未成年犯罪嫌疑人及其代理人不同意适用附条件不起诉的，人民检察院应当作出起诉或者不起诉的决定。

论对强制医疗程序的检察监督

张　恺* 颜飞**

一、增设强制医疗程序的重要意义

1997 年修订的《中华人民共和国刑法》第 18 条第 1 款规定："精神病人在不能辨认或者不能控制自己行为的时候造成危害结果，经法定程序鉴定确认的，不负刑事责任，但是应当责令他的家属或者监护人严加看管和医疗；在必要的时候，由政府强制医疗。"根据该规定，一般情况下，无刑事责任能力精神病人在被判定不负刑事责任后，首先应当由其家属或者监护人进行看管和医疗；在必要的时候，由政府进行强制医疗。然而，由于 1996 年刑事诉讼法与相关法律法规没有对强制医疗作出具体程序规定，使得对精神病人的强制医疗在实际执行中存在不规范甚至混乱的现象。

一方面，精神病人家属往往无力或不愿意履行监管与医疗义务，导致大量精神病人被放任不管，精神疾病得不到及时治疗，继续对社会的安全与秩序产生威胁，或者为了防止精神病人继续危害社会，家属将其长期非法拘禁甚至杀害。据中央电视台 2005 年 9 月 26 日所制作的《新闻调查》之"精神病暴力事件调查"反映，"在多数精神病人的家庭中，作为法定监护人的亲属都没有真正尽到监护人的责任，精神病人基本上都处于失控的状态下。"

另一方面，政府对于精神病犯罪者的监管也存在较大缺位。主要的做法是公安机关决定将精神病犯罪者送交公安系统管辖的安康医院进行监管与治疗。但是由于长期投入与建设不足，目前全国仅有 24 所此类医院，收容治疗能力有限，与日益增多的肇事肇祸精神病人之间形成严重不平衡状态。这种混乱的处置状况，造成很多精神病人或者游荡于社会，继续危害社会安定，或者未经

---

　* 重庆市江北区人民检察院检察长。
　** 重庆市江北区人民检察院检察长助理。

鉴定程序而直接被判定有罪投放到监狱执行刑罚，合法权利受到侵害。[①]

2012年3月14日第十一届全国人民代表大会第五次会议通过了《关于修改〈中华人民共和国刑事诉讼法〉的决定》，其中第五编第四章专门增设了依法不负刑事责任的精神病人的强制医疗程序，填补了我国精神病人强制医疗程序的法律空白，为我国精神病人强制医疗提供了程序法上的依据，对于保障刑事强制医疗制度的公正性和程序正当性，实现刑事强制医疗制度的社会防卫、治疗疾病和保障人权的基本功能具有重要意义。[②]

二、加强对强制医疗程序检察监督的必要性

（一）是尊重和保障人权的需要

此次刑事诉讼法修改的一大亮点即在于将"尊重和保障人权"写入刑事诉讼的基本原则。精神病犯罪者的基本诉讼权利同样应当得到应有的保障。而目前精神病人强制医疗程序呈现出明显的"行政化"色彩。依据人民警察法第14条规定："公安机关的人民警察对严重危害公共安全或者他人人身安全的精神病人，可以采取保护性约束措施。需要送往指定的单位、场所加以监护的，应当报请县级以上人民政府公安机关批准，并及时通知其监护人。"公安机关可以自行启动精神病鉴定程序，并作出强制医疗决定。在这一行政性的决定程序中，既没有当事人及辩护人的参与，更没有法院与检察院的审理与监督，缺乏透明度，很容易滋生"被精神病"现象，严重侵犯公民合法权益。

（二）是落实法律监督权的需要

我国宪法和人民检察院组织法明确规定，人民检察院是国家的法律监督机关。人民检察院对诉讼活动实行法律监督，是法律赋予人民检察院的一项重要职权。强制医疗程序既涉及精神病犯罪者的基本诉讼权利，同时还涉及公安机关、人民法院在其中所实施的职权行为是否合法的问题。根据《最高人民检察院关于进一步加强对诉讼活动法律监督工作的意见》，侦查机关的侦查取证行为、人民法院的审判程序是否违法都属于检察机关应着重加强诉讼监督的重要环节。因此，加强对强制医疗程序——这一涉及公民基本人身权益的诉讼程序的检察监督，是落实人民检察院法律监督权的题中应有之义。

---

① 陈光中、王迎龙：《创建刑事强制医疗程序 促进社会安定有序》，载《检察日报》2012年4月11日。

② 李娜玲：《我国刑事强制医疗措施之现状分析》，载《探索与争鸣》2010年第2期。

三、对强制医疗程序实施检察监督面临的问题

（一）刑事诉讼法条文过于简单，缺少可操作性规范

根据新刑事诉讼法第 289 条的规定，人民检察院对强制医疗的决定和执行实行监督。这一规定虽然明确了人民检察院的监督职权，但对于监督的方式、途径、法律效果等问题却没有涉及。作为新增的一项重要诉讼程序，如果没有切实有效的具体操作性规范，一方面将极大地制约程序本身的功能；另一方面还可能因为"无章可循"，导致程序虚置，甚至可能出现滥用权力的情况，这就与制度设计的初衷背道而驰。

（二）强制医疗程序仍保留了较强的"行政性"色彩，尚未完全纳入诉讼的轨道

从条文规定来看，强制医疗程序作为特别程序，既有司法程序的特点，又明显具有行政方面的特征。其行政性特征主要表现为检察机关对于人民法院作出的决定无法通过诉讼（抗诉）的渠道进行监督。而被决定强制医疗的人、被害人及其法定代理人、近亲属对强制医疗决定不服的，只能向上一级人民法院申请复议。复议也不等于"上诉"，乃是一种典型的行政性程序。这就使得检察机关无法通过行之有效的渠道和方式来行使对这一程序的监督职权。

（三）司法精神病鉴定机制尚不健全，将制约强制医疗程序的有效运转

强制医疗程序启动的前提之一是已对犯罪嫌疑人、被告人进行司法精神病鉴定，且鉴定意见表明该犯罪嫌疑人无刑事责任能力。此时，鉴定意见的科学性和权威性对于后一程序——强制医疗程序能否顺利进行有着重要的制约作用。但我国现有的司法精神病鉴定机制却存在以下三个方面的突出问题：

首先，精神病鉴定缺乏统一的科学标准。目前，精神病鉴定确定疾病诊断所依据的 3 个诊断系统（中国精神障碍分类与诊断准第 3 版、国际疾病分类第 10 版及美国精神障碍诊断和统计手册第 4 版）之间甚至各诊断系统不同版本之间的诊断标准并不完全一致，故使用不同的诊断标准就可能得出不同的诊断结果；而更关键的是，评估精神病对辨认能力、控制能力的影响程度却缺乏标准，鉴定人对其理解存在差异；且精神损伤因果关系的评定更为复杂，常因鉴定人的认识差异导致不同的结论。[①] 其次，鉴定人过失或故意地错误鉴定和虚假鉴定屡见不鲜。还有利用精神病鉴定来帮助被告逃脱法律制裁的现象。因为肯定的精神鉴定意见在司法实践中素有"免罪金牌"之称，而错鉴的存在，

---

① 刘小林、刘杰：《司法精神病鉴定中不同结论的原因及对策研究》，载《中华精神科杂志》2005 年第 1 期。

导致它们有时成为被告开脱罪责的工具。知名专家刘锡伟教授认为，中国司法精神病鉴定的误鉴率高达 10%，其典型案如"1999 年南通王逸亲姐妹硫酸毁容"一案，由于上海司法部鉴定科学研究所精神病鉴定组的误鉴，认为王逸精神正常，有完全的刑事责任能力，并且又否定了第一次鉴定（南通医学会）和第二次鉴定（江苏省医学会）的正确意见"，而导致法院采纳了错误的鉴定意见。① 第三，司法精神病鉴定一旦重复鉴定，往往容易出现多次相互冲突的鉴定意见。同一法院委托鉴定所获得的若干次鉴定意见相互冲突；法院委托的鉴定机构出具的鉴定意见与侦控一方提交的鉴定意见相冲突；公、检、法三机关委托或指派的鉴定单位出具的鉴定意见彼此矛盾。例如，2007 年云南丽江中院审理徐敏超涉嫌杀人案中，辩护律师出示了由法院委托的中国法医学会司法鉴定中心对徐敏超作出的《法医精神病学鉴定书》，其认定"徐敏超作案时患有旅行性精神病，评定为限制（部分）刑事责任能力"；而在此之前，云南省公安厅技术处鉴定"徐敏超对作案具有完全责任能力"。不同的鉴定机构作出了截然相反的鉴定结论，控辩双方各执一份精神病鉴定书，争辩不休。②

上述问题的存在将严重影响到强制医疗程序的启动与审理，甚至还会延伸到执行程序中，这无疑将极大地制约强制医疗程序的适用。

四、完善对强制医疗程序的检察监督的建议

人民检察院对强制医疗的监督主要包括两个方面：一是对强制医疗的决定实行监督。在强制医疗的决定程序中，既包括公安机关的侦查活动，也包括人民法院的审理活动。二是对强制医疗的执行实行监督。在强制医疗的执行程序中，既包括强制医疗机构的执行活动，也包括人民法院的解除批准活动。

（一）对强制医疗决定的监督

由于在检察机关内部一般是由公诉部门受理、审查公安机关移送的强制医疗案件，然后向人民法院提出强制医疗的申请，因此，这项监督权由公诉部门行使较为妥当。

首先，人民检察院对公安机关的监督，主要通过审查公安机关提出的强制医疗意见及日常侦查工作来实现监。具体而言，包括：

1. 公安机关在收集精神病人实施暴力行为的证据材料的行为是否合法。

---

① 赵天水：《精神鉴定何时出现"珍贵范本"》，载《南方周末》2010 年 4 月 29 日第 A03 版。

② 段墨红：《徐敏超案：两份相反司法精神病鉴定书昨同呈法庭》，载 http://www.clzg.cn/xinwen/2007 - 12/14/content_ 1091590. htm。

2. 对精神病人进行鉴定的程序是否合法。

3. 对实施暴力行为的精神病人采取临时的保护性约束措施等是否合法。

其次，人民检察院对人民法院在审理阶段的监督，主要通过审查人民法院审理强制医疗是否符合法律规定的程序，对强制医疗的决定是否正确、合法等来实现。具体而言，包括：

1. 强制医疗决定书所认定的事实是否清楚、证据是否充分。

2. 强制医疗决定书所采信的证据是否有误。

3. 强制医疗决定书所适用的法律是否正确。

4. 审理强制医疗案件程序是否合法，包括有无违反回避规定、审判组织组成是否合法、有无剥夺、限制有关诉讼参与人法定的诉讼权利等。

5. 审判人员有无徇私舞弊、贪赃枉法的行为。

最后，监督的方式可以因违法的情形不同而有所不同，对于违反法定办案程序的，应当向公安机关或人民法院发出《纠正违法通知书》，并责令限期回复；对于发现侦查人员、审判人员有贪赃枉法、徇私舞弊，构成犯罪的，应当将线索移交职务犯罪侦查部门立案侦查，尚不构成犯罪的，移送相关纪检监察部门处理。

（二）对强制医疗执行的监督

在检察机关内部，对于刑罚执行的监督是由监所检察部门负责。对强制医疗执行的监督虽不是刑罚执行监督，但因其工作性质及特点与刑罚执行监督类似，可以并入监所检察部门的工作范围。为保证强制医疗执行监督的有效性，建议在强制医疗机构设置派驻检察室，隶属于监所检察部门。

1. 对强制医疗机构的监督

派驻检察室对强制医疗执行的监督应当紧紧围绕强制医疗执行程序的各个环节，突出保障被强制医疗者的合法权益这个重点进行。

一是对强制医疗者出、入院的监督。派驻检察室必须认真审查强制医疗者入院是否具有生效的强制医疗决定书及执行通知书，审查被强制医疗者的基本身份情况是否与生效法律文书所载明的内容相符，有无携带违禁物品入院。严禁未经人民法院生效决定而被强制医疗的情形出现。被强制医疗者出院时，是否具有强制医疗机构所出具的诊断评估报告及人民法院解除强制医疗批准书，严禁批准未经治愈仍具有人身危险性的精神病人提前出院。

二是监督强制医疗机构在治疗和监管过程中，文明监管，科学治疗，杜绝侮辱人格、虐待歧视行为，保障被强制医疗者的人格尊严及人身权利不受侵害。特别要注重监督对被强制医疗者的保护性约束措施是否必要、是否得当。

三是监督强制医疗机构落实安全防范措施及规章制度，严防被强制医疗者自伤、自残、自杀及逃跑事件的发生。

四是通过在强制医疗机构内设立检察官信箱，定期接待被强制医疗的人的近亲属、监护人来访，与被强制医疗人谈话等方式，受理被强制医疗人及其近亲属、监护人的控告、举报和申诉，并及时审查处理。

人民检察院发现强制医疗机构有下列违法情况的，应当提出纠正意见：（1）对送交强制医疗的人应当收治而拒绝收治的；（2）没有依照法律、行政法规等规定对被决定强制医疗的人进行医疗的；（3）没有定期对被强制医疗人进行诊断评估的；（4）对于被强制医疗人不需要继续强制医疗的，没有及时提出解除意见报请决定强制医疗的人民法院批准的；（5）对被强制医疗人及其近亲属提出的解除强制医疗的申请没有及时进行审查处理，或者没有及时转送决定强制医疗的人民法院的；（6）体罚、虐待或者变相体罚、虐待被强制医疗人，违反规定对被强制医疗人使用械具、约束措施，以及其他侵犯被强制医疗人合法权利的；（7）人民法院作出解除强制医疗决定后，不立即办理解除手续的；（8）其他违反强制医疗法律、行政法规、规章的行为。

2. 对人民法院解除决定的监督

人民检察院对人民法院批准解除强制医疗的监督，主要体现在人民法院解除强制医疗的批准程序和批准决定是否合法、是否存在徇私舞弊等行为。人民检察院发现人民法院解除强制医疗的决定不当的，应当向人民法院提出纠正意见。

实体与程序：强制医疗
法律监督的一体化思索

张守良*   鞠佳佳**

近年来屡屡曝出的"被精神病"事件将强制医疗问题推到了舆论的风口浪尖，如湖北武汉的徐武案、河南驻马店的徐林东案、江苏南通的朱金红案等。在这类案件中，当事人被当成精神病人被强行反复使用镇静药物，人身自由长期受到限制，并且申诉无门，身体和精神都受到了极大摧残。而他们当中有些是因经济纠纷被家人强行送进精神病院；有些则是在没有经过科学鉴定、履行相关手续的情况下即被权力机关强行送入精神病院。在上述情况下，强制医疗沦为个人谋取私利或政府公权力滥用的工具，严重侵犯了公民的人身权利，危害后果触目惊心。2012 年新修订的刑事诉讼法专章规定了依法不负刑事责任的精神病人的强制医疗程序，第一次从法律上对强制医疗制度加以明确并进行了较为完整的规定，对保障公民权利具有重大的现实意义。但与此同时必须认识到，强制医疗制度本身仍然隐含着侵犯人权的极大风险，现有法律规定还不够细致完善，要保证强制医疗制度的健康发展和运行，切实发挥其制度价值，还必须对其加强监督。

一、强制医疗法律监督的法理分析

从法理上讲，强制医疗的法律监督是十分必要和重要的。其一，强制医疗制度本身隐藏着侵犯人权的风险。强制医疗是一种特殊的社会防卫措施，与西方的保安处分在理念上有类似之处。所谓保安处分，是刑事法律和行政法规所规定的，对实施危害行为的无责任能力人、限制责任能力人以及其他有相当人身危险性的人所采取的，代替或者补充刑罚而适用的，旨在消除行为者的危险

---

　* 北京市顺义区人民检察院检察长。

** 北京市顺义区人民检察院研究室副主任。

状态、预防犯罪、保卫社会安全的各种治疗、矫正措施的总称。① 它是西方资本主义经济发展到垄断阶段，在强调社会本位、注重公益与秩序的大背景下产生的，强调刑罚个别化，注重处遇措施的实效性。与此相类似，强制医疗虽尽量兼顾个人利益与社会利益，但其价值取向还是社会本位的，因为强制医疗毕竟具有强制性，并且是以人身危险性的预断为标准对公民的人身自由加以剥夺，旨在通过对具有人身危险性的精神病人的强制医疗，消除危险性，维护社会利益。正如有学者指出，从理论上讲强制医疗虽具有"治病救人"的目的，但终究是以剥夺公民人身自由为代价，与公民的人身自由权、健康权、隐私权等重要人身权利存在冲突。② 可以说，强制医疗对当事人最基本、最重要的人身权利有重大影响，该制度包藏着侵犯人权的风险，运用不当会对当事人的身体和精神造成极大的创伤。其二，强制医疗机构专业性强，又采取封闭式管理，外人很难了解，治疗中经常采用强制用药、约束性手段等带有强制性的方法等，这些特点使得该制度中侵犯人权的风险极易现实化。另外，虽然新修订的刑事诉讼法对强制医疗程序作了规定，但我国整体的精神卫生立法尚不完善，还有许多问题缺乏法律规范。因此，加强法律监督是强制医疗制度良性运行的重要保证。

需要指出的是，新刑事诉讼法第 289 条规定："人民检察院对强制医疗的决定和执行实行监督。"特别提示和强调了检察机关对强制医疗程序进行监督，由此也反映出立法者对强制医疗法律监督的重视。

二、强制医疗的实体监督

强制医疗的实体监督主要是对强制医疗适用条件的审查和把握。根据新刑事诉讼法第 284 条的规定，适用强制医疗应满足四个条件，缺一不可。具体包括：

（一）实施暴力行为

刑法上的"暴力"是指自然人非法实行的有形物理力。③其一，"暴力"的对象，在危害公共安全的犯罪中可以是对人实施的，也可以是对物实施的；在侵犯公民人身权利的犯罪中主要是对人身实施的。包括放火、爆炸、投放危

---

① 参见张小虎主编：《犯罪学研究》，中国人民大学出版社 2007 年版，第 189 页。

② 参见房国宾：《精神病强制医疗与人权保障的冲突与平衡》，载《中国刑事法杂志》2011 年第 7 期，第 63—65 页。

③ 参见林亚刚：《暴力犯罪的内涵和外延》，载《现代法学》2001 年第 6 期，第 139 页。

险物质、故意杀人、故意伤害、绑架、强奸、抢劫等。其二,"暴力"应达到一定程度,可结合行为造成的损害或现实危险以及被害人对暴力行为的反应综合评定,因为"暴力的实质在于因攻击行为所导致的物理损伤或因现实的物质性损害威胁从而使人处于不能防卫或不敢防卫的情况"。① 具体来说就是以"危害公共安全或者严重危害公民人身安全"为限,这也是适用强制医疗的第二个条件。

(二)危害公共安全或者严重危害公民人身安全

强制医疗的第二个条件是实施暴力行为造成"危害公共安全或者严重危害公民人身安全"的后果。

1. 危害公共安全。"公共"是指不特定或者多数人,② "公共安全"是指不特定或者多数人的生命、健康、财产安全。公共安全强调的是侵犯对象和危害后果的无法预料性、难以控制性以及侵犯范围的广泛性。

2. 严重危害公民人身安全。这里的关键是如何理解"严重"。"严重"一词的本义为"程度深、影响大、情势危急";③ 而在刑法理论上多采用法定刑标准区分重罪与轻罪。④ 结合"严重"一词的本义及刑法学意义,可以从以下几个方面进行判断:(1)犯罪性质严重。暴力行为一经实施就可能对人身权利造成较重大的损害,包括故意杀人、抢劫、强奸、绑架等犯罪。(2)法定刑较重。刑罚与犯罪的社会危害性程度相适应,法定刑的高低反映了立法对社会危害性的评价。一般来说,法定刑为3年以上有期徒刑的犯罪可评价为严重犯罪。(3)造成较大影响、群众反映强烈的犯罪。

需要说明的是,上述几个方面只是一种概括性的标准,"严重"毕竟包含着主观价值判断,因此还需要结合案情具体情况具体分析,才可得出妥当结论。

(三)经法定程序鉴定为依法不负刑事责任的精神病人

这一条件包含以下几个方面:

1. 须经法定程序鉴定。

其一,在鉴定机构方面,根据1996年刑事诉讼法第120条第2款的规定,对精神病的医学鉴定由省级人民政府制定的医院进行;而新修订的刑事诉讼法

---

① 张远煌:《中国非暴力犯罪死刑限制与废止研究》,法律出版社2006年版,第4页。

② 参见张明楷:《刑法学》(第三版),法律出版社2007年版,第514页。

③ 参见《现代汉语词典》,商务印书馆2000年版,第1445页。

④ 参见李汝川:《严厉打击严重刑事犯罪刑事政策初论》,载赵秉志:《刑法论丛》2010年第1卷,法律出版社2010年版,第439页。

则删掉了这一规定。这一修改在鉴定机构的选择上淡化了行政色彩，更加强调规范性和专业性。笔者认为，精神病司法鉴定应由依法取得执业资质的精神障碍司法鉴定机构进行，而获取资质应有严格规范的考查、审核程序。

其二，在鉴定程序方面，除了严格遵循刑事诉讼法及相关法律、司法解释的规定，从制度完善的角度考虑，法院在作出强制医疗的决定之前，应由两个以上的鉴定机构分别作出鉴定并得出两份以上意见一致的鉴定意见。因为强制医疗对当事人的基本权利有重大影响，所以在实践操作上应抱着极为审慎和严格的态度。有国外学者作过研究，再审程序案件中的精神鉴定错误率非常高，而且在第一次鉴定中鉴定人对被鉴定人多存在偏见，倾向于作出对被鉴定人不利的判断。[①] 因此，很多国家对作为强制医疗依据的精神病鉴定作了严格规定。例如在荷兰，根据《荷兰刑法典》第 37 条第 2 款、第 38c 条第 2 款的规定，法官发布对精神病人收容于精神病院的命令，或发布委托令对精神病人进行治疗，需要有不低于两名检查过该精神病人的不同学科的行为学家签署、标明日期并说明充分理由的意见，其中一名应当是精神病学家。[②] 我国精神病司法鉴定的现状不容乐观，存在很多问题，在这种情况下更应从制度层面严格谨慎地对待鉴定意见。

2. 依法不负刑事责任。这里包括三层意思：一是客观上已经实施犯罪行为。没有实施犯罪行为或行为不构成犯罪的，不适用强制医疗。二是依法不负刑事责任，不包括减轻刑事责任的情况，即尚未完全丧失辨认或者控制自己行为能力的精神病人犯罪，不适用强制医疗。三是精神疾病与不负刑事责任之间具有因果关系。

（四）有继续危害社会的可能

该要件以人身危险性的预断为基础，并且精神疾病与危害社会的可能性之间具有因果关系。一般可考虑如下因素：（1）被告人犯罪前一定时期内的精神状况；（2）实施犯罪的严重程度；（3）先前因精神疾病实施违法或犯罪行为的次数；（4）当前的身体、精神状况，比如是否已严重残疾，没有再危害社会的能力；精神疾病是否已有所好转等。需要强调的是，"有继续危害社会的可能"是适用强制医疗的核心要件。如前文所述，强制医疗不是一种刑罚措施，不具有报应性质，之所以适用强制医疗，不是为了对犯罪的精神病人加

---

① 参见郭华：《精神病司法鉴定若干法律问题研究》，载《法学家》2012 年第 2 期，第 122 页。

② 参见《荷兰刑法典》，于志刚、龚馨译，中国方正出版社 2007 年版，第 29、32 页。

以惩罚，而是要通过治疗减轻、消除其危险性，不致再危害社会。因此，这一要件的判断会对是否适用强制医疗产生关键影响。而人身危险性的评估本身又是非常复杂的，所以需要格外谨慎，制定科学周密的评估标准。在德国，关于危险预测有三种方法：直觉法、临床法和统计法。直觉法是由法官依据自己的专业知识与经验判断行为人的再犯可能性。临床法是由受过犯罪法训练的心理学家或精神病学家负责调查可能导致个人犯罪的因素，并针对个人存在的危害社会的危险作出判断，供法官参考。统计法是根据专家所作成的预测表作为主要参考，如果评估对象符合预测表上的特征越多，他再犯的可能性就越高；反之亦然。[①] 国外的相关经验值得借鉴，我们可以根据我国的实际情况，多种方法并用，对再犯可能性进行较为科学的评估。

三、强制医疗的程序监督

强制医疗的程序监督主要包括对强制医疗的审理和决定程序、执行程序以及救济程序等的监督。

（一）对强制医疗审理和决定程序的监督

新刑事诉讼法对强制医疗的申请、受理、审理、决定以及复议都规定了相应的程序，检察机关可以充分发挥职能，在审查案件过程中对强制医疗的整个审理程序进行监督，确保强制医疗的审理和决定程序严格依法进行。主要措施包括：其一，在审查起诉工作中严格审查强制医疗的适用条件，对公安机关提出的强制医疗意见严格把关；对强制医疗的审理程序加强监督，发现问题及时提出和纠正。审查起诉中的监督是一种事中监督，检察机关直接参与案件的办理，对相关情况非常了解，在这个过程中加强监督，及时维护当事人合法权利和司法公正，效果比事后监督更好。其二，对监督中发现的涉嫌贪污受贿、渎职、侵权等情形，检察机关应依法行使职务犯罪侦查权，通过追究职务犯罪形成强制性监督，确保法律监督的效果。

（二）对强制医疗执行程序的监督

对强制医疗执行程序的监督主要包括对治疗过程和定期评估及解除程序的监督；主要措施是设立针对强制医疗的专门机构进行监督。

1. 监督内容

对强制医疗执行程序的监督主要包括两个方面：

（1）对治疗过程的监督。包括是否以治疗为目的使用药物、实施手术；采取强制性手段是否必要；是否有利用约束、隔离等保护性医疗措施惩罚被强

---

① 参见黄兴瑞：《人身危险性的评估与控制》，群众出版社 2004 年版，第 71—72 页。

制医疗者的情况；是否为治疗以外的目的强迫被强制医疗者从事生产劳动；是否如实记录治疗情况并依法保存；有无侵犯被强制医疗者隐私权的情况；其他侵犯被强制医疗者合法权利的情况；等等。

（2）对定期评估和解除程序的监督。新刑事诉讼法对强制医疗的定期评估和解除程序也作了规定，该法第288条第1款规定："强制医疗机构应对定期对被强制医疗的人进行诊断评估。对于已不具有人身危险性，不需要继续强制医疗的，应当及时提出解除意见，报决定强制医疗的人民法院批准。"但这一规定比较笼统，需要通过司法解释进一步细化，比如定期评估的期限、具体的评估程序等。有些国家对此作了比较详细的规定，值得借鉴。如《俄罗斯联邦刑法典》第102条第2款规定："对被判处医疗性强制措施的人，每6个月至少一次由精神病医生委员会出具证明，以便解决是否应向法院终止适用或变更这种措施的问题。……在没有理由终止适用或医疗性强制措施时，进行强制医疗的行政机关应向法院提高延长强制医疗的诊断结论。延长医疗制度的构想始治疗之时起满6个月时可以进行第一次延长，以后治疗每年延长。"①

2. 监督措施

对强制医疗执行程序的监督，可以在检察机关的主导下设立由检察官、精神病医学专业人士等组成的专业委员会，通过日常检查与定期巡视相结合的方式对强制医疗的执行过程和定期评估进行监督，并提出具有约束力的相关建议。该委员会可以作为检察机关中的独立机构设立，也可以在现有内设部门之中设立，比如在监所检察处下设立；对检察人员之外的其他组成人员可以采用聘任制等方式聘请。具体做法可借鉴国外的成熟经验。例如，德国拜仁州《精神病人收容和护理法》规定：由独立的探视委员会对精神病人收容机构进行检查。委员会应至少每两年一次无事先通知地探视这些机构。每个委员会由一位具有法官资格或者高级行政人员资格的官员领导，由一位可以成为医疗官的神经科或者精神科医生、一位负责或负责过收容案件的法官、一位在照顾精神病人上有经验的社会工作者组成。上述人员在身份上应保持中立，既不能为拟探视机构的工作人员，也不能为拟探视机构范围内直接负责处理收容案件的人员。每个委员会应在探视后向内政部提交检查报告和结果，同时还应处理被收容人的建议和申诉，并提出符合目的的改善建议。② 在法国，各省建立由法官、精神病医生、知名人士和精神病人家属代表组成的精神病住院委员会，审

---

① 《俄罗斯联邦刑法典》，黄道秀译，北京大学出版社2008年版，第44—45页。

② 参见［德］伯恩特·舒耐曼：《德国对精神病人刑事收容的法律保护》，司绍寒译，载《中国社会科学报》2010年4月6日第3版。

查所有住院精神病人的状况，对精神病强制医疗的适用加以制约，借以维护被强制医疗者的人身自由及人格尊严。① 这些国家的专业委员会中司法人员主要是法官，而在我国，检察机关是专门的法律监督机关，而且新刑事诉讼法明确规定由检察机关对强制医疗程序进行监督，因此由检察机关主导并由检察官参加专业委员会比较符合我国国情和司法机关的职能定位。

（三）对强制医疗救济程序的监督

对救济程序的监督，根本目的在于，通过监督保障当事人的救济权利，进而保护当事人的人身权等合法权利，确保强制医疗程序的公正。具体包括：其一，被决定强制医疗的人、被害人及其法定代理人、近亲属对强制医疗决定不服，申请复议的，法院应及时告知检察机关。从严格、公正和维护当事人权利的角度考虑，对当事人的复议，法院应重新组成合议庭开庭审理，检察机关可通过出席法庭等方式对复议程序进行监督。上述权利人对复议决定不服的，可向检察机关提出申诉，经审查确有错误的，检察机关可建议法院重新审理。其二，被强制医疗的人及其近亲属申请解除强制医疗的，强制医疗机构或法院应及时告知检察机关，由检察机关对申请的受理、审查等程序跟踪监督。其三，被强制医疗的人或近亲属对强制医疗中有关人员侵犯当事人合法权利等行为，可向检察机关提出控告，检察机关依法进行审查并根据不同情况作出不同处理。

---

① 参见〔法〕米海依尔·戴尔玛斯－马蒂：《刑事政策的主要体系》，卢建平译，法律出版社 2000 年版，第 126 页。

浅谈刑事诉讼法修正案刑事和解制度

郭其财[*]

 宽严相济的刑事司法政策，是我们党和国家的一项重要的刑事司法政策，是构建和谐社会对于刑事司法的必然要求，也是刑事司法活动自身内在规律的必然要求，其实质就是要根据社会治安形势和犯罪分子的不同情况，实行区别对待，对宽与严进行全面把握，注重宽与严的有机统一，做到打击少数，挽救、教育大多数，既有力打击和震慑犯罪，维护法律的权威和尊严，又充分重视依法从宽的一面，最大限度地化消极因素为积极因素。实践表明，刑事和解充分体现出对当事人的尊重，在此基础上双方达成谅解，可以增加被害人的满意度和安全感；有利于恢复因犯罪而受损害的社会关系，化解当事人之间的矛盾；减少因审前羁押和适用短期自由刑导致的交叉感染，有利于加害人的复归社会。修改后的刑事诉讼法增加规定特别程序，对当事人和解的公诉案件诉讼程序进行了专门的规定。现行刑事诉讼法刑事和解只限于自诉案件，这次修改将部分公诉案件纳入和解程序，适当扩大和解程序的适用范围，有利于化解矛盾纠纷。本文以该特别程序为基础，对新刑事诉讼法公诉案件当事人和解制度的构建作初步的论述，并提出监督措施。

一、刑事和解制度存在的必要性

 传统刑法观通常将刑法理解为国家根据社会形势的发展所确立的判断犯罪、配置刑罚进行惩罚的规范，强调有罪必罚，不赞成对于犯罪的变通处理，这是从国家的立场认识刑法。一定条件下，国家本位的刑法观念，对于被害人来说，只解决了复仇心理的需求，而忽视了得到民事赔偿的需求。在建设和谐社会的今天，传统的刑法观念应该得到一定程度的修正，从被害人的需求出发，加强人文关怀。刑法的运作并不是简单地表现为压制与威慑，它应当有助于促进法治精神力量的生成。因此，法律理论应进行视角转换，从被害人的立

---

 * 福州市鼓山地区人民检察院助理检察员。

场重新审视刑法，软化刑法的强制性，加入有利于被害人民事权利实现的合理内涵，承认在传统刑法之外进行制度创新的意义。

（一）有利于更好地保障被害人权益

对被害人而言，伤害既已造成，这时候理性的做法应该是从利益最大化的角度来考虑问题，这里的利益包括经济利益和精神利益，经济利益用以弥补人身和财产损失，精神利益则是通过惩罚犯罪人使被害人或是被害人家属获得心理上的慰藉。①

（二）有利于被告人回归社会，预防犯罪

"刑罚的功能应该不仅仅是打击犯罪，还应该要预防犯罪"。刑事和解贯彻了宽严相济的政策，实现了"惩罚和教育相结合"，对于一些积极赔偿的轻微刑事犯罪的被告人，通过减轻处罚甚至判处缓刑等宽大处理，可以减少被告人对社会的仇恨心理，有利于其尽早回归社会重新开始正常生活。②

（三）有利于节约司法资源，提高刑事诉讼效率

在一起案件中，追究犯罪人的刑事责任，需要很大的社会经济成本，对犯罪人的拘留、审判、执行刑罚等需要大量的人力、物力、财力，即使一个小的案件有时候也会耗时累月，造成国家司法资源的浪费。对一些轻微的故意犯罪案件和过失犯罪案件，实行刑事和解制度，有利于将大量的司法资源用于处理重大的疑难复杂案件。

（四）有利于缓和双方对立情绪，构建和谐社会

在刑事案件中，当事双方经常将对方视为仇人，而刑事和解有利于改善犯罪人和被害人之间的关系，促进社会和谐。刑事和解以保护被害人的合法权益为核心，注重发挥犯罪人和被害人在解决刑事矛盾中的能动作用，努力促进双方的谅解，在相互磨合中化解矛盾，从而减少社会冲突，加强社会和谐。

二、刑事和解制度的理论基础

（一）历史基础

刑事和解制度在我国是有深厚的历史文化土壤的。几千年来，儒家、道家等都在倡导一种和合思想。例如，孔子的"礼之用，和为贵"、"宽以济猛，猛以济宽，政是以和"，西周时期的"明德慎罚，因势而治"，道家的"合异以为同"，这样的思想都深入人心，为我国的刑事和解制度提供了坚实的理论依据。我国早在20世纪40年代初，就已经在陕甘宁边区创建了系统的刑事调

---

① 钱科：《新刑诉法为刑事和解制度正名》，载正义网。
② 苟连静：《新刑诉法开启刑事和解新篇章》，载东方法治。

解（和解）制度，并且形成了专门的法律条例。1943 年的《陕甘宁边区民刑事件调解条例》，已将刑事调解与民事调解一并纳入法律规范。该《条例》共12 条，分别规定了《条例》的宗旨、调解的范围、调解的方式等内容。

（二）刑事诉讼法修正案的新规定

新刑事诉讼法第 277 条规定："下列公诉案件，犯罪嫌疑人、被告人真诚悔罪，通过向被害人赔偿损失、赔礼道歉等方式获得被害人谅解，被害人自愿和解的，双方当事人可以和解：（一）因民间纠纷引起，涉嫌刑法分则第四章、第五章规定的犯罪案件，可能判处三年有期徒刑以下刑罚的；（二）除渎职罪以外的可能判处七年有期徒刑以下刑罚的过失犯罪案件。犯罪嫌疑人、被告人在五年以内曾经故意犯罪的，不适用本章的程序。"

第 278 条规定："双方当事人和解的，公安机关、人民检察院、人民法院应当听取当事人和其他有关人员的意见，对和解的自愿性、合法性进行审查，并主持制作和解协议书。"

第 279 条规定："对于达成和解协议的案件，公安机关可以向人民检察院提出从宽处理的建议。人民检察院可以向人民法院提出从宽处罚的建议；对于犯罪情节轻微，不需要判处刑罚的，可以作出不起诉的决定。人民法院可以依法对被告人从宽处罚。"

（三）刑事和解制度的可行性

在刑事法律关系中，随着被告人、被害人地位的提升，传统上被认为是不平等的法律关系中开始引进一些私法领域才有的概念，如当事人主义、个人意思、协商、契约、交易等。近代法学家提出的刑事契约理论为刑事和解制度的构建提供了较强的理论支持，犯罪是加害人对被害人的严重侵权行为，同时对社会公共利益造成损害。在恢复原有秩序的过程中，加害人与被害人之间、加害人与公共利益之间，形成了相应的契约关系，其中加害人对被害人的赔偿关系尤为重要，对整个社会关系的恢复起决定作用，在刑事法律关系中，通过加害人与被害人之间契约关系的处理，尽量达到公权力与私权利之间的平衡，更好地恢复社会秩序。加害人与被害人之间的契约关系决定了民事赔偿的可协商性质，也决定了刑事和解制度的可行性。[①]

三、刑事和解制度模式的构建

（一）适用范围

1. 刑事和解在审查起诉阶段的适用范围主要包括轻微财产性案件和轻微

---

① 李志国：《刑诉法修正案草案刑事和解制度的理解》，载河南法院网。

人身伤害案件两种，具体范围如下：

（1）因民间纠纷引起，涉嫌刑法分则第四章、第五章规定的犯罪案件，可能判处 3 年有期徒刑以下刑罚的。

（2）除渎职犯罪以外的可能判处 7 年有期徒刑以下刑罚的过失犯罪案件。

2. 犯罪嫌疑人、被告人在 5 年以内曾经故意犯罪的，以及渎职犯罪案件，不适用和解程序。即如果前罪与后罪的时间间隔没有超过 5 年，且前罪是故意犯罪的，无论后罪是故意犯罪还是过失犯罪，都不能适用刑事和解。前罪是过失犯罪的，满足本条规定的其他条件的，当事人之间仍然可以和解。对于国家机关工作人员玩忽职守、严重不负责任等渎职犯罪行为虽然也表现为过失，但法律对国家机关工作人员履行职责有更严格的要求，因而法律规定，渎职犯罪案件不在和解案件的范围之内。

（二）适用阶段

和解程序适用的阶段：侦查阶段；审查起诉阶段；审判阶段。办案机关对和解案件处理的权限和方式，应当根据分工负责、互相配合、互相制约的原则，不同诉讼阶段有所区别。

（三）适用条件

1. 公诉案件。公诉案件是国家追诉的犯罪案件。因此，在刑事诉讼的侦查、起诉、审判等各个阶段，由有关机关履行代表国家追诉犯罪的职责。

2. 犯罪嫌疑人、被告人必须真诚悔罪。这是适用刑事和解的前提条件。犯罪嫌疑人、被告人出于自己的意愿，发自内心地认识到自己的犯罪行为给被害人带来的伤害，对自己的犯罪行为真诚悔过，以表明犯罪嫌疑人和被告人不再具有社会危害性。如果犯罪嫌疑人和被告人对自己所犯罪行毫无悔改之意，应当依法予以惩罚。

3. 通过向被害人赔偿损失、赔礼道歉等方式获得被害人的谅解。这是适用刑事和解的必要条件。赔偿损失、赔礼道歉，是被告人真诚悔罪的具体表现。对犯罪给被害人造成经济损失和人身伤害的，积极赔偿损失对于恢复被害人的正常生活至关重要，必不可少。通过赔礼道歉和赔偿损失，缓解当事人之间的冲突，可以减轻犯罪行为对被害人的伤害。

4. 犯罪嫌疑人、被告人与被害人自愿和解。"自愿和解"是指被害人不受外力的干扰，在谅解犯罪嫌疑人、被告人的基础上，出于自己的意愿，与犯罪嫌疑人、被告人和解。将自愿和解作为公诉案件当事人和解的条件之一，是为防止当事人在受到暴力、胁迫等情况下违背自己的意志同意和解，影响和解的公正性。

（四）和解程序

修改后的刑事诉讼法第 278 条规定："双方当事人和解的，公安机关、人民检察院、人民法院应当听取当事人和其他有关人员的意见，对和解的自愿性、合法性进行审查，并主持制作和解协议书。"

公安机关、人民检察院、人民法院在听取当事人和有关人员意见的基础上，对和解进行审查。主要是审查当事人是否自愿和解、有无被胁迫的情况以及和解的内容和形式是否合法合理，如有无过分索赔或赔偿不够、违反法律的内容等，并由有关机关主持制作和解协议，督促当事人双方严格按协议执行。

（五）和解形式

达成和解协议后需要在公检法机关的主持下制作刑事和解协议书，这是刑事和解的形式要件。公诉案件双方当事人无论是自行和解还是在有关机关主持下和解，都不能自行达成协议，任意处分权利和影响对案件的处理。和解协议中应有被害人谅解的内容，但不应涉及刑事责任的处理。和解协议中包含被害人表示不追究犯罪嫌疑人、被告人刑事责任意愿的内容的，对司法机关没有约束力，刑事责任最终取决于公安机关、人民检察院、人民法院根据刑法和刑事诉讼法对犯罪嫌疑人、被告人作出的处理，犯罪嫌疑人、被告人不得以此作为不履行和解协议的理由。①

（六）处理方式

修改后的刑事诉讼法第 279 条规定："对于达成和解协议的案件，公安机关可以向人民检察院提出从宽处理的建议。人民检察院可以向人民法院提出从宽处罚的建议；对于犯罪情节轻微，不需要判处刑罚的，可以作出不起诉的决定。人民法院可以依法对被告人从宽处罚。"

"从宽处罚"是指依法对犯罪嫌疑人、被告人从轻、减轻或者免除处罚。这样规定，使刑事和解协议可能产生的、可预期的法律后果一目了然，可以促使犯罪嫌疑人、被告人真诚悔罪，改过自新，又不致影响对犯罪的追诉和惩罚，避免依和解协议免除处罚而放纵犯罪。如何从宽处罚可以由人民法院根据人民检察院的建议和案件情况、当事人和解协议依法裁量。

所谓刑事和解，并非加害人和被害人之间就刑事处罚进行和解，其实质是当事人对民事权益的处分，而非对刑罚权的处分。对被告人从轻、减轻、免除处罚只是加害人与被害人在刑事和解协议中表达的愿望以及加害人期望得到的结果，最终是否被从轻、减轻、免除处罚还得由法院根据案件的具体情况来决定。

---

① 黄太云：《刑事诉讼法修改释义》，载《人民检察》2012 年第 8 期。

1. 公安机关是负有侦查职责的机关，除可以根据刑事诉讼法的规定对不构成犯罪的人作撤销案件处理外，对于构成犯罪的案件，都应当移送检察机关审查起诉。因此，对于在侦查阶段虽然和解但已经构成犯罪的案件，刑事诉讼法没有规定公安机关可以撤销案件，公安机关应当将案件材料移送人民检察院，并可以根据双方达成和解协议的情况和案件情况向人民检察院提出从宽处理的建议。这样一方面有利于检察机关对侦查活动的监督；另一方面也避免公安机关对构成轻微犯罪的案件既侦查又处理，引起对是否公正执法的质疑。

2. 对于在侦查阶段、审查起诉阶段达成和解的案件，原则上检察机关应向人民法院提起公诉。因为法律规定刑事和解的案件是可能判处 3 年以下有期徒刑的犯罪案件，如果赋予检察机关对达成刑事和解的案件一律可以作出不起诉处理，权限过大，与检察机关的公诉职责存在冲突，将使法院判决 3 年以下有期徒刑犯罪案件的审判权受到冲击，容易导致刑罚适用的失衡。对于犯罪情节轻微，不需要判处刑罚的可以作出不起诉的决定；对于符合刑事诉讼法规定的附条件不起诉的案件，由检察机关作出附条件不起诉的决定；对于其他可能判处 3 年以下有期徒刑的和解案件，检察机关原则上应当向人民法院提起公诉，同时向人民法院提出从轻、减轻处罚或者免除处罚的量刑建议；人民法院可以根据案件情况对被告人作出从轻、减轻或者免除处罚的判决。

四、刑事和解监督机制的建立

适用刑事和解，一定要杜绝以钱赎刑和司法腐败等问题。应当说，刑事和解与以钱赎刑是完全不同的两个问题。不是说有钱就可以进行和解，也不是说没钱就不能进行和解。刑事和解的关键环节在于犯罪嫌疑人、被告人自愿真诚悔罪，并通过赔礼道歉、支付一定的经济赔偿来适当弥补被害人一方的损失，从而得到被害人一方的谅解，双方当事人自愿合法地达成和解协议。在本质上是一种建立在平等对话和自愿协商之上的内心沟通过程，重要的是化解矛盾、修复关系，这才是真正的刑事和解。那种纯粹以支付金钱的方式来换取从宽处理的做法，绝对不是法律倡导的刑事和解，在实践中应当坚决予以避免。[①]

审慎把握刑事和解，防止"花钱买刑"，笔者建议应建立相关监督机制。

（一）当事人回访机制

适用刑事和解时或者刑事和解后，同级检察机关（针对同级公安机关、法院采取的刑事和解）或者上一级公安机关、检察院、法院应对案件双方当事人采取电话回访或者现场回访的方式，进一步审查该和解是否自愿，是否具

---

① 李晓：《新刑诉法中刑事和解要杜绝以钱赎人》，载《检察日报》2012 年 4 月 15 日。

有合法性。在刑事和解制度中，不仅要关注过程，更要关注结果，关注群众对和解的满意度。

（二）当事人投诉机制

适用刑事和解时或者刑事和解后，双方当事人对和解自愿性、真实性、合法性有异议的可向同级检察机关或者上一级公安机关、检察院、法院的申诉部门投诉。在收到投诉后，各机关内部的监督部门应启动监督机制，对刑事和解的矛盾及时化解，构建和谐。

（三）完善诉讼监督机制

公安机关、检察院、法院在办理刑事和解案件时应加强互相监督制约，特别是检察机关应发挥检察职能，从维护司法公正的目标出发，结合办理刑事案件的实际需要，采取多种方式开展监督工作。主要表现在监督部门对刑事和解程序的启动进行监督、对刑事和解程序的过程是否合法进行监督、对机关工作人员的行为有无滥用权力或是越权进行监督，还可以对和解的协议进行监督，从公权力机关的内部杜绝腐败。

五、建立国家补偿制度加以补充

刑事和解制度固然能鼓励被告人对被害人进行赔偿，但前提条件是被告人有经济能力，当被告人无力支付赔偿时，仅靠刑事和解制度仍不能给予被害人充分的救济。除建立刑事和解制度外，还应建立国家补偿制度。当被害人无法从被告人身上获得赔偿，被害人又有生活困难时，国家应给予一定的补偿。重大案件受到严重侵害的被害人，无法从被告人一方获得最低限度赔偿的，应由国家进行必要的补偿。

刑事被害人国家补偿，就是指国家对一定范围内因受犯罪侵害而受损害的，且又无法通过刑事附带民事诉讼获得损害赔偿的被害人及其近亲属，通过法律程序给予一定的物质补偿。对刑事被害人进行国家补偿，并不是国家代替犯罪行为人或者对犯罪行为依法承担民事赔偿义务的责任人承担民事责任，而是国家对符合法律条件的被害人给予一定的经济补偿，是刑事附带民事诉讼的必要补充，是国家对刑事被害人广义的民事权利的直接保护。在这种制度中，补偿的主体是国家，补偿的对象是因无法从犯罪行为人处获得应有的赔偿而导致生活贫困的被害人或其近亲属。被害人作为犯罪行为侵害的社会弱势群体，更应受到国家和社会的关怀，实现自己民事权利的维护。

恢复性司法视野下的强制医疗程序

郭　文*

一、问题的提出：我国刑事强制医疗程序陷入"瓶颈"

先看一个案例：2009 年 10 月，许某用刀砍伤同村村民，司法鉴定许某为无刑事责任能力人。同年 12 月，许某再次砍伤一名村妇，此后经强制治疗了一段时间，病情好转出院。出院前，医院通知了村干部，但出院当天没有一个村干部到场。回到家后，许某发现父母、妻儿以及兄弟们对他已经没有太深的感情，同村的村民们都不相信他的病全好了，对他还是很畏惧的，他也想融入村民的生活中，但无论他怎么努力也无法改变村民们对他歧视，再加上康复后一直不能找到正当的职业，生活陷入困境，终于他的精神病又复发了。2010 年 7 月，许某到李某家用刀砍死了李某。经司法精神病鉴定，许某为临床诊断精神分裂症，实施杀人行为时控制不全，应评定为限制责任能力。

这样的案例在现实生活中屡见不鲜，归根到底是因为我国刑事强制医疗程序不能起到很好的作用。刑事强制医疗最早出现于 1997 年刑法第 18 条，但该条只是规定"精神病人在不能辨认或者不能控制自己行为的时候造成危害结果……在必要的时候，由政府强制医疗"，并没有其他具体规定。经过十几年的发展仍然未有太大突破，刑事强制医疗程序已经陷入"瓶颈"状态，即使是 2012 年 3 月 14 日发布的修改后的刑事诉讼法也不例外。修改后的刑事诉讼法专章规定了对实施暴力行为的精神病人强制医疗程度，明确规定了适用条件，也规范了适用程序，包括：公安机关提出强制医疗意见，人民检察院申请，人民法院组成合议庭审理、决定，被申请人或被告人法定代理人到场，强制医疗措施的解除申请和决定等内容，这些规定对于保障公民的合法权益、防止公权力滥用和维护社会稳定有着重要的意义，[①] 但是从上面的案例来看，即

---

* 福建省福清市人民检察院助理检察员。

① 李娜玲：《刑事强制医疗程序的法律思考》，载《人民司法》2012 年第 1 期，第 63 页。

使有这些新的规定也不能防患精神病人的社会危害性和再犯可能性，不能完全、真正发挥刑事强制医疗程序的作用，这也正是我国刑事强制医疗程序的"瓶颈"所在，如果不能突破这个"瓶颈"，刑事强制医疗程序就失去了存在的实质性意义。而恢复性司法正是可以克服这个"瓶颈"的新的司法理念，因此在刑事强制医疗程序中适用恢复性司法理念势在必行。

二、理论探究：恢复性司法概述

恢复性司法（restorative justice），最早出现于 20 世纪 70 年代的北美，20世纪 90 年代盛行于西欧、北美诸国以及亚洲、大洋洲的部分国家。[①] 此后许多国家都在积极探索恢复性司法程序的应用。联合国有关机构对此也相当关注，1999 年联合国通过一项决议，鼓励成员国在适合的案件中适用恢复性司法。2000 年在维也纳召开的联合国第十届预防犯罪和罪犯待遇大会批准了一项决议草案，在这项决议中全面评述了在刑事司法领域使用恢复性司法计划的共同准则，要求成员国扩大恢复性司法的使用。2002 年 4 月，联合国预防犯罪和刑事司法委员会第 11 届会议通过了《关于在刑事事项中采用恢复性司法方案的基本原则》，从而有力地推动了恢复性司法在国际范围内的普及和发展。[②]

（一）恢复性司法的定义

恢复性司法虽然经过了几十年的发展，但到目前为止，对恢复性司法的定义仍没有统一的界定。从总体上看，学界对恢复性司法定义的争议可以依侧重角度的不同分为以下三类：

第一，从侧重司法理念的角度定义恢复性司法。比较有代表性的是张善燚、印波所下的定义："是在反思与批判报应性正义的基础上，一种旨在修复犯罪人、被害人、社区与社会之间正常利益关系并实现正义和谐的刑事理念或价值取向。"[③] 因此支持这个角度定义的学者也将"restorative justice"译为"恢复性正义"或"修复性正义"。[④] 这类定义是从价值层面来理解恢复性司法的，从目前来看，学界中从这个角度下定义的较为少见。

第二，从观察犯罪的角度用不同的方式描述恢复性司法，认为犯罪是对人

---

① 王平：《恢复性司法论坛》，群众出版社 2005 年版，第 1 页。

② 吴立志：《恢复性司法基本理念研究》，吉林大学 2008 年博士学位论文。

③ 张善燚、印波：《修复性正义与我国刑事司法制度创新》，载《湖南经济管理干部学院学报》2006 年第 6 期，第 15 页。

④ 王建平：《恢复性司法研究》，复旦大学 2009 年硕士学位论文。

格的背叛和对人与人之间关系的违背，并因此而招致处事公正的责任；恢复性司法强调融合受害人、犯罪人和社区，并以寻求能够促进恢复伤害、达成和解以及恢复当事人信心的解决途径为目标。①

第三，从侧重程序的角度下定义，这是多数学者更倾向于接受的定义方式，但从这个角度上的定义学者也没有达成统一意见。美国霍华德·泽尔（Hoard Zehr）提出恢复性司法"是一个过程，在这个过程中，与特定犯罪相关的所有利益方集体证明和强调伤害、需要和义务，目的是治愈和尽可能使事物恢复到原状"。② 英国犯罪学家托尼·马歇尔（Tony Marshall）的意见是，"恢复性司法是一种过程，在这一过程中，所有与特定犯罪相关的当事人走到一起，共同商讨如何处理犯罪所造成的后果及其对未来的影响。"③美国丹尼尔·W. 凡奈思则认为，"恢复性司法是对犯罪行为所作的系统性反应，它着重于治疗犯罪行为给被害人和社会所带来的或引发的伤害。"④ 国内学者王瑞君认为所谓恢复性司法，"也称刑事和解，是指在犯罪发生后，经由调停人（通常是一名社会自愿人员）的帮助，使被害人和加害人直接商谈、解决刑事纠纷，其目的是为了恢复被加害人所破坏的社会关系，弥补被害人所受到的伤害，以及恢复被害人与加害人之间的和睦关系，并使加害人改过自新、复归社会。"⑤ 此外，联合国《关于在刑事事项中采用恢复性司法方案的基本原则》第1条第1款至第3款也对恢复性司法作出了定义，认为恢复性司法是指采用恢复性司法程序并寻求实现恢复性结果的任何方案。恢复性程序系指通常在调解人帮助下，受害人和犯罪人及酌情包括受犯罪影响的任何其他个人或社区成员共同积极参与解决由犯罪造成的问题的程序。恢复性程序可能包括调解、调和、会商和共同确定责任。恢复性结果系指由于恢复性程序而达成的协议。恢复性结果可能包括旨在满足当事人的个别和共同需要和履行其责任并实现受害人和犯罪人重新融入社会的补偿、归还、社区服务等对策和方案。⑥

---

① 王建平：《恢复性司法研究》，复旦大学 2009 年硕士学位论文。

② 吴宗宪：《恢复性司法述评》，载《江苏公安专科学校学报》2002 年第 16 期，第 3 页。

③ 吴贵森：《修复性司法的理念及制度背景》，载《理论界》2007 年第 8 期，第 12 页。

④ ［美］丹尼尔·W. 凡奈思：《全球视野下的恢复性司法》，王莉译，载《南京大学学报》2005 年第 4 期，第 32—35 页。

⑤ 王瑞君：《也论建立刑事被害人国家补偿制度——从恢复性司法的利弊谈起》，载《河南省政法管理干部学院学报》2008 年第 1 期，第 177 页。

⑥ 宋英辉、许身健：《恢复性司法程序之思考》，载《现代法学》2004 年第 26 期，第 32—37 页。

在上述定义中，无论从哪一个角度来理解恢复性司法都各有特色，当然，联合国《关于在刑事事项中采用恢复性司法方案的基本原则》中对恢复性司法的界定显得更加全面、客观。然而，相比之下，笔者更倾向于接受托尼·马歇尔的观点，托尼·马歇尔教授强调为与特定犯罪相关的各方利益集体提供一个解决纠纷的平台，各方当事人自愿参与纠纷的解决，在此过程中，各方当事人对犯罪行为及其产生的影响进行充分阐述，犯罪人在经历了良心的自我谴责和悔恨后，真诚悔悟，向被害人道歉并积极赔偿，希望将自己重新改造成为一名守法和对社会有用的人，被害人接受犯罪人的道歉和赔偿，对犯罪人的犯罪行为表示宽恕，愿意积极配合矛盾化解，这是一个在各方共同商议的基础上解决矛盾纠纷使各方利益实现最大化的过程。同时，托尼·马歇尔的定义比较集中、全面地体现了恢复性司法的基本特征，即：1. 参与主体的广泛性，在恢复性司法活动中，所有与犯罪行为相关的当事人都有机会参与发表自己的意见，争取相应的赔偿，包括犯罪人、被害人及其家庭成员以及代表公共利益的其他个人或社会成员等；2. 纠纷解决的自愿性，各方参与的自愿性也是恢复性司法程序启动的前提和基本原则，犯罪人自愿承担责任，其他各方当事人自愿接受和遵守处理结果；3. 各方利益的平衡性，不同于传统的刑事司法以犯罪人为中心，忽视被害人甚至将被害人边缘化，社区更是被排除在外的格局，恢复性司法更关注犯罪人犯罪的原因、犯罪人与被害人的关系，犯罪人与社区的关系，其反对为了一方的利益而忽视甚至牺牲另一方的利益，相反，恢复性司法追求的是实现各方利益以及利益与利益之间的平衡；4. 发展性，恢复性司法关注的是未来，而不是过去，是用全新的、发展的眼光看待犯罪行为，更强调如何处理犯罪所造成的后果及对未来的影响；5. 恢复性。这是恢复性司法最重要的特征，强调恢复性司法是在当事人充分参与的基础上，通过与传统刑事司法程序相异的程序解决刑事冲突以实现恢复性的法律效果的非正式的犯罪处遇模式。

（二）恢复性司法的主要模式

恢复性司法按照个案的特殊性和当事人的不同要求，在多元价值的基础上建立起多元的犯罪处理模式，实践中，各国适用的恢复性司法模式不尽相同，总结各国的实践经验，恢复性司法主要有以下几种常见的模式：

1. 被害人——犯罪人调解模式

这种模式于 1974 年起源于加拿大，最初适用于情节较轻的青少年财产型犯罪，经过实践的演进，目前有向严重的暴力犯罪案件扩张的趋势，并且不再局限于未成年人。在一般情况下，被害人—犯罪人调解模式的参加人员包括犯罪人、被害人和一名培训有素的调解员。"程序开始，调解人先向双方讲述启动程序的意义、操作规则和希望达到的目标，一般是由受害人陈述犯罪行为给自己工作、生活造成的损失及精神上承受的痛苦，可以面对面地表达自己的情感需求。然后，由犯罪人陈述实施犯罪的动机、目的及此刻的心情。通过面对面的交流使双方对犯罪行为的事实情况、前因后果有清晰明确的认识，使犯罪人对自己行为产生的后果有一个新认识，也使他们获得了直接为自己行为承担责任，赔偿受害人的机会。调解的侧重点在于满足各方的需要，调解得出的协议也直接表达了双方的真实意愿"。① 从形式上看，这种模式虽然灵活性不大，比较机械，但却更能体现恢复性司法人文主义的理念和关怀。

2. 家庭小组会议模式

家庭小组会议模式起源于新西兰土著毛利人解决纠纷的原始方式，这种模式对未成年人犯罪效果最好，所以实践中许多国家将这种模式专门用于未成年人。家庭小组会议模式由协商人主持，参加人员主要由犯罪人及其家庭成员或朋友、被害人及其家庭成员或朋友组成，他们聚集在一起共同商议因犯罪行为产生的矛盾纠纷的解决方案。在这种模式下，犯罪人必须承认其犯罪行为，并且意识到自己行为产生的后果，真诚悔悟，各方当事人坐在一起共同商讨后，"犯罪人家庭成员可私下商议形成一个建议性的方案。最后，当家庭商议结束后，会议重新开始，专业人士和受害人一方可以同意或反对犯罪人家族提出的建议方案。"② 这种模式强调家庭在犯罪处理过程中的作用，有利于洞察在犯罪成因中家庭因素产生的影响。

3. 量刑小组模式

这一模式来源于北美印第安人解决纠纷的传统，既适用于未成年人，也适用于成年人，并且没有犯罪轻重的局限，鉴于这种模式适用的灵活性和广泛性，主张恢复性司法的很多国家都采用这种模式。量刑小组模式适用于审判阶段，一般由被害人及其监护人、犯罪人及其监护人、法官、检察官、警察、律师和社区成员组成，由他们就如何恢复犯罪行为的后果，如何对犯罪人量刑等问题进行商议，大家都以诚恳的态度共同对事件寻求了解，最后探讨解决方案及预防犯罪的步骤，③ 形成统一意见后交由法院最后审查决定犯罪人的量刑。在这个过程中，社区扮演着重要的角色，社区从解决被害人、犯罪人以及社区三者间利益冲突的角度去看待犯罪，而不是从国家和公共利益的角度去看待，

① 狄小华、李志刚：《刑事司法前沿问题——恢复性司法研究》，群众出版社 2005 年版，第 52 页。

② 艾静：《未成年人恢复性司法》，中国政法大学 2007 年硕士学位论文。

③ 陈晓明：《恢复性司法的理论与实践》，法律出版社 2006 年版，第 146 页。

有利于从微观的具体层面恢复犯罪损害的社会关系，充分体现了社区作为恢复性司法终极目标的司法理念。

三、可行性分析：我国刑事强制医疗程序适用恢复性司法具有可行性

在我国，恢复性司法已经成为学界和实务界的热点，苏州、无锡、上海等地的基层司法机关已经引入恢复性司法制度，并取得了很好的成效，这说明恢复性司法是符合我国国情的。虽然在刑事强制医疗程序中适用恢复性司法没有相关的实践经验，但这并不意味着恢复性司法不适用于刑事强制医疗程序；相反，在我国刑事强制医疗程序中引入恢复性司法理念具有可行性。

（一）恢复性司法为刑事强制医疗程序运行提供有力保障

修改后的刑事诉讼法专章规定了刑事强制医疗程序，但是这些"冰冷"的程序对于作为社会弱势群体的精神病犯罪人来说，无疑是附加在他们身上的一道无形的枷锁，这是修改后的刑事诉讼法对于强制医疗程序规定的美中不足之处，而恢复性司法通过转变司法视角，将犯罪人与被害人置于一个平等的平台，保护被害人的同时也帮助犯罪人，对其给予人文关怀，帮助犯罪人回归社区，充分利用多元主体恢复犯罪损害的社会关系，恢复精神病犯罪人的健康，这无论是对强制医疗实施阶段还是强制医疗解除以后，无疑都是一个强有力的保障，这样可以让刑事强制医疗程序更加饱满、充实。

（二）刑事强制医疗程序的终极目的需要恢复性司法来实现

对精神病人强制医疗并不是目的，目的在于使其回归社会，而且其最终也是要回归到社会中去的。事实上他们中的许多人是因为无法承受工作、生活压力、无法适应社会等原因导致心理障碍，又因缺乏社会支持和心理疏导而进一步诱发精神疾病，精神病人犯罪后更会对自己的人生感到绝望，如果没有理解、包容和关爱，即使强制医疗收到很好的成效，在解除后精神病犯罪人也不能排除其再犯可能性，仍然有可能成为社会安全稳定的隐患，这样就不能真正实现刑事强制医疗的终极目的，也在一定程度上违背了刑事强制医疗程序设置的本意，失去了刑事强制医疗程序存在的意义。而恢复性司法可以充分调动社区等多元力量，清除精神病犯罪人重新回归社会的障碍，让精神病犯罪人得以重生。

（三）传统文化为恢复性司法在我国精神病人强制医疗程序的适用提供文化基础

虽然恢复性司法与我国传统的刑事司法文化有一定的冲突，但是二者也有统一的一面。著名的儒学大师钱穆曾经说过："中国人乃在异中求同，其文化

特征乃为一和合性。"① "和合"是中国人根深蒂固的观念，体现在传统的刑事司法文化中就是追求法律效果和社会效果相统一。在当前构建社会主义和谐社会的大环境下，社会效果显得尤为重要，刑事强制医疗程序更应彰显其社会效果，这与恢复性司法理念追求的价值目标是一致的。

四、抛砖引玉：我国刑事强制医疗程序适用恢复性司法的路径选择

恢复性司法作为一种新型的犯罪处理模式，给传统的刑事司法制度带来极大挑战，已经为越来越多的国家所接受，到目前为止许多国家对恢复性司法的适用已有三四十年的时间，很多做法已趋向成熟，因此我国刑事强制医疗程序构建中恢复性司法的适用可以借鉴国外的模式，并考虑精神病人这一特殊的社会群体及我国的国情，构建一套有中国特色的刑事强制医疗制度。恢复性司法语境下的刑事强制医疗制度必须建立在各方当事人平等、自愿的前提下，因为通过协商的方式达成协议是恢复性司法的最大特点，只有建立在各方当事人自愿的基础上，并将他们置于一个平等的平台进行对话，这样才能实现恢复性的后果。在这个大前提下，笔者从以下几个方面对我国刑事强制医疗程序适用恢复性司法的路径选择进行分析：

（一）强制医疗申请审理阶段

结合修改后的刑事诉讼法对刑事强制医疗程序的规定，在恢复性司法理念下，为了更好地体现司法能动性，在强制医疗的申请审理阶段，可以组成由多方当事人参与的会议小组，参加人员包括：被害人及其家庭成员、犯罪人及其家庭成员、犯罪人委托的律师或人民法院为其指定的律师、心理辅导员1名、精神病专业医生1名、社区成员代表1—2名、公安机关办案人员1名、人民检察院工作人员1名以及人民法院的合议庭组成人员。

运作模式：与普通刑事犯罪不同，精神病人犯罪涉及司法精神病学的专业知识，因此在小组会议启动前，由人民法院指派精神病专业医生、心理辅导员提前介入，由精神病专业医生对犯罪人进行初步鉴定及临时治疗并由心理辅导员辅助治疗以缓解犯罪人的病情，接着由心理辅导员对被害人进行心理疏导以稳定被害人的情绪，再由人民法院在犯罪人病情相对缓解期和被害人心理相对稳定期间内选定一个日期将上述人员召集在一起，针对犯罪行为给被害人和社区带来的影响进行讨论，并对是否对犯罪人实施强制医疗提出初步意见。在小组会议开始时，先由犯罪人描述犯罪事实、解释犯罪的原因和动机，当然会议

---

① 钱穆：《晚学盲言》，广西师范大学出版社2004年版，第188页。

虽然是在精神病犯罪人的病情相对稳定期进行，但有时他们可能不能完成这个过程，因此如果犯罪人无法完成的可以由熟悉整个案件情况的家庭成员或律师代为陈述，公安机关办案人员可以就犯罪事实进行补充；然后由被害人陈述，让其有机会表达自己的感情，并询问与犯罪事件有关的问题，接下来由双方家庭成员描述犯罪行为给他们各自的生活产生的影响，社区成员代表从解决被害人、犯罪人以及社区利益冲突的角度发言。通过这些叙述让犯罪人真正了解自己的行为给被害人及其家庭、给自己的家庭以及给社区造成的后果，使其从内心深处感受到羞耻和悔悟。各方陈述完毕并充分讨论后，所有与会者都可以对如何解决犯罪事件、是否对犯罪人采取强制医疗措施发表意见并记录在案，案件如何处理以及是否对犯罪人采取强制措施由人民法院审理后决定。整个过程由人民检察院全程监督，精神病专业医生和心理辅导员可根据被害人及犯罪人的情绪适时作相应的辅助指导。

（二）强制医疗阶段

这是对精神病罪犯人进行强制治疗的实行阶段，精神病人是一个特殊群体，对他们的治疗仅仅靠药物上的强制治疗是不够的，还必须要加入"关爱"的因子，解除禁锢在他们心灵的枷锁。为此，在这个阶段可以组成一个"解锁"小组，小组人员包括：犯罪人及其家庭成员、朋友、社区成员 3—4 名、司法工作人员 1 名以及医疗机构人员。

运作模式：由医疗机构人员根据犯罪人的病情不定期组织，以"圆桌会议"的模式由犯罪人的亲友对其给予亲情的关爱，对其犯罪行为给予更多的理解和包容；社区成员给予犯罪人社会的人文关怀，帮助他们正确对待生活、正确对待社会，消除其与社会、组织的对立情绪；司法工作人员对犯罪人进行普法教育，对其犯罪行为的社会危害性和应受刑罚惩罚性进行分析，让他们知道何谓"有所为，有所不为"。通过这些帮助和教育，可以让犯罪人重新整合其内心的羞耻心，促使犯罪人悔过自新，重新社会化。这个过程中犯罪人的家庭成员、朋友、社区成员、司法工作人员不一定每次都要参加，可以由医疗机构决定全部或部分参与，以取得更好的恢复后果。

（三）社区矫正阶段

刑事强制医疗措施解除后并不是意味着强制医疗的结束，为了创造和谐社会环境，对精神病人强制治疗解除后的矫正是必要的，社区在其中扮演着重要的角色。社区矫正阶段可以组成一个"跟踪"小组，既是对精神病犯罪人的监督，也是为清除其重新回归社会的障碍而服务。小组成员包括：精神病犯罪人及其家庭成员、训练有素的社区矫正员及其他社区人员、司法工作人员1 名。

运作模式：这个阶段主要是为了更好地让精神病犯罪人回归社会、融入社会，实现社区的和谐，因此具体操作可以灵活进行，运作方式也可以充分调动各方的力量实现多元化服务，例如：1. 结合精神病犯罪人的兴趣和特长，组织他们参加相应的技能培训。2. 提供就业机会，让他们在工作中找到成就感和自我存在的价值，这不但有利于恢复他们的健康，也能让他们通过自己的努力赔偿被害人的损失，取得被害人的谅解。3. 通过组织社区活动等形式，积极创造机会，加强精神病人与其他社区成员之间的联系，让他们感觉到社会并没有抛弃他们。4. 进行心理疏导，帮助他们树立积极向上的生活态度等。① 这个阶段应主要由社区起主导作用，精神病犯罪人的家属及司法工作人员起辅助性的配合作用。

（四）刑事强制医疗程序中的调解制度

"从制度理念上看，恢复性司法计划是一种以被害人权利保护、实现个案实质正义为宗旨的，借助社会多元力量帮助被害人，消除犯罪带来的直接损失与间接影响，对犯罪与犯罪人进行科学的处理的制度安排"。② 刑事强制医疗程序中的调解制度正是运用恢复性司法理念的重要体现，是指发生在精神犯罪人、被害人及相关人员之间的调解制度。这里的调解并不仅仅适用于强制医疗阶段，而应贯穿于强制医疗的始末，可以适用于前述的任何阶段，还可以适用于对精神病犯罪人的审判阶段。精神病犯罪人与被害人如果能达成调解协议，既能修复犯罪对被害人的损害，缓解犯罪人与被害人之间的冲突，也有利于减轻精神病犯罪人的精神负担，更好地接受强制医疗，同时强制医疗措施解除后回归社会也有很大的帮助。调解仍然以会议小组的模式进行，小组成员包括：精神病犯罪人及其家庭成员、被害人及其家庭成员、律师、训练有素的人民调解员1名、社区代表1—2名、司法工作人员1名。

运作模式：会议由司法工作人员主持，选择精神病犯罪人的病情相对稳定的期间，召集各方人员，会议首先由犯罪人陈述自己的犯罪行为及对自己的行为以及行为产生的后果的认识，对被害人及其家属表示歉意，真诚悔悟，如果犯罪人无法完成的可以由熟悉整个案件情况的家庭成员或律师代为陈述，这样可以在一定程度上抚平被害人心灵上所受到的创伤，宽恕犯罪人；接下来由被害人或其家庭成员描述犯罪人犯罪行为对自己造成的身体、情绪上的伤害和经济上的损失并提出赔偿计划；然后由人民调解员进行调解工作，在调解过程中

---

① 陈晓明：《修复性司法的理论与实践》，法律出版社2006年版，第31页。
② 单勇、周彬彬：《被害人权利保护与恢复性司法》，载《当代法学》2008年第5期，第48页。

应特别注意要将被害人置于核心地位，更多地从被害人的角度看待犯罪，先从精神上消除他们内心的恐惧后再就赔偿问题进行调解。调解结束后，双方就赔偿问题达成书面协议。如果协议不能达成，人民调解员也应作出书面报告，讲述调解程序进行的情况以及不成功的原因，作为下一次调解工作进行的参考。①

"刑罚的存在应当减少犯罪而不是增加犯罪"，如果仅仅对精神病犯罪人采取强制医疗措施，进行隔离治疗，忽视社会关系的恢复，那只能是治标不治本，在强制医疗措施解除后，精神病人罪犯有再次变成精神病人罪犯的可能性。因此，对精神病人罪犯进行强制医疗并不是目的，最终的目的是在于让其回归社会，恢复被损坏的社会关系，重建社区和谐，这也是我国构建社会主义和谐社会的题中之义，是和谐社会理念在刑事司法领域的体现。笔者希望本文对恢复性司法在刑事强制医疗程序中适用的探讨可以为更好地预防和控制精神病人犯罪提供一个新的思路。

---

① 于华：《恢复性司法及其在我国的构建》，西北师范大学 2009 年硕士学位论文。

判决前财产没收程序初探

曾学愚[*]

2012 年，我国刑事诉讼法的修改，在章节体例方面的最大亮点，就是新设了四个特别程序。其中的犯罪嫌疑人、被告人逃匿、死亡案件违法所得的没收程序，因契合当前国际及公众对反腐反恐的强烈要求，尤为让人关注。本文拟对判决前财产没收程序相关问题进行研究，以期完善程序，为实践服务。

一、判决前财产没收程序设立的现实价值评介

判决前财产没收程序[①]的设立，顺应国际国内形势的需求，具有极高的现实价值。

（一）完善我国刑事立法的科学体系

刑事诉讼法修改之前，对于死亡、逃匿的犯罪嫌疑人、被告人的涉案财产如何处理的问题，法律方面存在空白，司法解释方面略有涉及。[②] 在相关司法解释中，对此规定：在侦查、审查起诉过程中犯罪嫌疑人死亡的，人民检察院、公安机关可以申请人民法院裁定通知冻结犯罪嫌疑人存款、汇款的金融机构上缴国库或者返还被害人。从司法解释的规定中不难看出，程序适用范围

---

[*] 广西壮族自治区人民检察院党组副书记、副检察长。

[①] 对修改后的刑事诉讼法确立的"犯罪嫌疑人、被告人逃匿、死亡案件违法所得的没收程序"，有学者称之为"未定罪的没收"（Confiscation Without Conviction），参见何帆：《刑事没收程序研究——国际法与比较法的视角》，法律出版社 2007 年版，第 208 页；有学者称之为"判决前的财产没收程序"（Confiscation Without Trial），参见陈兴良：《构建中国特色刑事特别程序》，载《中国法学》2011 年第 6 期。基于对刑事审判分为定罪和量刑两个阶段理由的赞同，笔者在拙文中也将该程序称为判决前的财产没收程序。

[②] 参见最高人民法院、最高人民检察院、公安部、国家安全部、司法部、全国人大常委会法制工作委员会《关于刑事诉讼法实施中若干问题的规定》第 19 条；公安部《公安机关办理刑事案件程序规定》第 231 条；最高人民检察院《人民检察院刑事诉讼规则》第 239 条；最高人民法院《关于执行〈中国人民共和国刑事诉讼法〉若干问题的解释》第 294 条。

小，仅限于侦查、审查起诉过程；程序启动非限制性，仅规定是可以申请人民法院裁定。因此，从严格意义上讲，修改后的刑事诉讼法在专章中规定判决前财产没收程序，使我国初步建立了系统、完备、可操作的审前没收程序，填补了我国刑事立法的空白，完善了我国刑事立法的科学体系。

（二）履行批准生效的国际公约义务，实现国际接轨

《联合国反腐败公约》第 54 条第 1 款第 1 项规定，采取必要的措施，使其主管机关能够执行另一缔约国法院发出的没收令；第 3 项规定，为了实现没收事宜的国际合作，各缔约国均应当根据本国法律"考虑采取必要的措施，以便在因为犯罪人死亡、潜逃或者缺席而无法对其起诉的情形或者其他有关情形下，能够不经过刑事定罪而没收这类财产"。我国在刑事诉讼法中专章规定判决前财产没收程序，是履行批准生效的《联合国反腐败公约》等国际公约义务的一项重要措施。同时，由法院作出裁定，可实现与国际上多国法律的接轨，从而实现国际追赃合作。因目前，美国、英国、澳大利亚等国家的法律，均认可执行外国刑事没收裁决。

（三）化解当前刑事司法实践的重大难题

近年来，我国反贪、反恐形势日益严峻，贪污贿赂、恐怖活动等犯罪资产、资金跨国、跨境转移现象十分突出，而我国现行的刑事诉讼法没有作出对不到庭的贪污贿赂犯罪、恐怖活动犯罪嫌疑人、被告人，由法院对其涉案财产进行实体处分的规定，导致法律规定的缺失，不利于此类案件的办理。大量的事实是：贪污贿赂犯罪嫌疑人、被告人自杀、逃匿，以逃避刑事责任，而涉案财产无法追缴，产生"牺牲我一人，幸福一家人"的现象，或是追赃申请屡被他国拒绝，贪污贿赂犯罪嫌疑人、被告人在境外挥金如土，国有资产大量流失。有数据表明，从 20 世纪 90 年代中期以来，政府官员和国有企事业单位、驻外中资机构高层管理人员，外逃、失踪人员数目高达 16000 至 18000 人，携带款项达 8000 亿元人民币；因贪污贿赂犯罪嫌疑人、被告人自杀而未能追缴的赃款同样是一个巨大的黑洞。[①] 多年来，检察机关反贪部门在侦查过程中冻结、查封或扣押潜逃职务犯罪嫌疑人的涉案资产的数量也不在少数，且时间较长。据有关部门统计，潜逃职务犯罪嫌疑人被检察机关冻结、查封或扣押的涉案资产，时间最长超过 22 年，一般案件也往往超过 5 年。[②] 此外，在恐怖活动犯罪案件中，无法对按《反洗钱法》已经冻结的资金和财产进行实体处分，

---

① 杨涛：《"没收违法所得"，反腐力度不断加强》，载《法制日报》2011 年 8 月 26 日第 7 版。

② 陈雷：《细化特别程序做追赃工作》，载《检察日报》2012 年 4 月 25 日第 3 版。

在一定程度上弱化了反洗钱国际合作的有效性，不利于打击日益猖獗的跨国恐怖活动犯罪。而修改后刑事诉讼法中判决前财产没收程序的设立，正顺应了当前刑事司法实践的需求，其存在是客观必要性的体现。

（四）部分实现了正义

由于国际刑事协助程序复杂，引渡制度不完善，我国现行刑事诉讼法没有规定制度审判制度等原因，贪污贿赂、恐怖活动犯罪嫌疑人、被告人，有时需要很长的时间才能引渡回国，有的甚至根本无法引渡，有的甚至一死了之，刑事诉讼程序随之终止。如果长期无法追究这些人的刑事责任，在一定程度上会让人产生法律也不能实现正义的想法，同时也让一些人心存侥幸，削弱了司法机关对此类案件的打击力度。判决前财产没收程序的设立，可追缴这些犯罪嫌疑人、被告人的财产，让其犯罪后一无所得，断绝其外逃的物质基础，或是打破其将财产留给后人的美梦，这在一定程序上严厉打击了此类犯罪，震慑现存及潜在的犯罪分子，体现了刑事司法体系对效率价值的追求，部分地实现了正义。此外，也可起到增加犯罪成本、减少犯罪发生的目的。

二、需要厘清的几个理论问题

对判决前财产没收程序进行价值评估，证明此程序存在的重大现实意义。接下来的研究进程，就应当厘清几个理论问题，以便把握好本文的研究出发点及方向，这也是下一步深入研究的基础。

（一）判决前财产没收程序与传统没收制度的本质区别

有学者对判决前财产没收程序的设立，心有余悸，担心该项权力会被滥用。其中一条理由为：在犯罪嫌疑人、被告人逃匿、死亡的情形下，法院如何确定其是犯罪人。既然，无法将其宣告为法律上的罪犯，何来"犯罪所得的赃款赃物"之说。[①] 笔者认为，判决前财产没收程序与传统没收制度的本质区别就在于此。判决前财产没收程序是基于传统没收制度以定罪为前提出现困境，在借鉴多国有益做法的基础上，顺应国际国内司法实践现状，而产生的一种特别程序。它不需以对犯罪嫌疑人、被告人定罪为前提，可经过一定的司法程序，将相关违法所得及其他涉案财产进行追缴。如果此时，过多地强调先行定罪，那无异于又回到困境的原点，不利于问题的解决。此外，严格意义上讲，判决前财产没收程序本质上是一种对物的诉讼，无须过多地纠缠于相关人是否被定罪。例如，当今世界很多国家的独立财产没收制度，不但可以在尚未对被告人定罪的情况下进行，还可以在尚未对犯罪嫌疑人启动刑事诉讼程序之

---

① 陈瑞华：《刑诉法修正案之隐忧》，载《南方周末》2011年9月1日第A3版。

前适用。澳大利亚《2002 年犯罪收益追缴法》第 335 条第 4 款规定，如果被怀疑实施了犯罪的人尚未确定，为没收目的而签发的限制令可以不针对任何犯罪嫌疑人，而仅仅对犯罪收益颁布限制令。①

（二）判决前财产没收程序的诉讼价值

此处的诉讼价值指的是判决前财产没收程序在整个刑事诉讼体系中的地位、作用，仅从法条的理论意义而言，而非从实际运行的角度进行考量。有学者认为，判决前财产没收程序的价值为特别程序对正当程序的有限减损。减损理由：一是从程序设计本身而言，该程序关注的是如何防止因犯罪嫌疑人、被告人逃匿、死亡引起的诉讼拖延和诉讼终止，程序设计本身偏重对诉讼效率的追求，而非诉讼公正；二是从程序形式来看，它是一种特别程序，没有完全体现普通程序所必须具备的全部内容；三是从实质上看，该程序在一定程度上抛弃了对无罪推定、司法最终裁决原则、证据裁判原则的信守。有限减损理由：一是判决前财产没收程序仍为一种特殊程序，被动性、合议审理、公开开庭、对审、救济性等特征的存在，表明程序正当的基本要素仍然具备；二是该程序的客体是物而非人，具有更强的回溯性，更易于救济。② 笔者认为，修改后刑事诉讼法之所以将判决前财产没收程序纳入特别程序之中，就在于其内容的特殊性，从一定意义上讲，它就不可能具备普通程序的全部要素，否则，就没有必要在专章规定。其次，正如前文所述，该程序顺应国际国内形势的需求，完善我国刑事立法科学体系，部分先行实现正义，实现惩治犯罪的目的。同时，相关权利救济内容的规定，又充分体现了对人权的保障。综合而言，该程序与刑诉法的价值追求完全相同，都是为了公正的实现。因此，笔者认为，判决前财产没收程序的价值是特别程序对正当程序的有益补强。

（三）判决前财产没收程序的立法模式选择

目前，世界上许多国家都设有财产没收的特别程序。从立法模式上看大致可分为：民事没收、综合立法、单独立法三类。其中，英美法系国家主要采用民事没收模式。③ 美国作为现代独立财产没收制度的起源国家，首次在《1970 年毒品滥用预防与控制综合法》中引入民事没收制度。英国《2022 年犯罪收益追缴法》第 241 条第 2 款规定，民事追缴不仅可以针对发生在英国境内的触

---

① 宋英辉、茹艳红：《刑事诉讼特别程序立法释评》，载《苏州大学学报》2012 年第 2 期。

② 陈卫东：《构建中国特色刑事特别程序》，载《中国法学》2011 年第 6 期。

③ See Simon N. M. Young: Civil Forfeiture Of Criminal Property: Legal Measures For Targeting The Proceeds Of Crime, Edward Elgar Publishing Limited, 2009 (2).

犯刑事法律的行为，而且包括在外国实施的犯罪行为。综合立法模式以德国、法国、意大利等大陆法系国家为代表，倾向于在刑法典与刑事诉讼法典中以保安处分命令的方式在判决前对未定罪的财产作出处理；① 单独立法模式以新加坡为代表，在惩治贪腐的单行法中对财产没收制度作出规定。② 就我国目前的立法方式而言，是采用综合立法的方式，即在刑事诉讼法中以专章对此进行规定。这样的立法模式是与我国基本国情及刑事立法惯例相适应的。我国在刑事立法方面，没有制定单行法的传统，相关规定均集中于刑事诉讼法和刑法之中。且此内容在我国尚属首次规定，许多问题有待进一步探索，经验还有待总结，单独立法模式难被立法机关接受。这里需要强调的是，民事没收制度非民事制度，由于它借鉴了许多民事诉讼的规则（如民事证据规则、民事缺席审判规则等），因此被称为民事没收，但实质上是一种以追缴犯罪所得为目的的刑事制裁措施，是一种特别的刑事诉讼程序。此外，判决前财产没收程序，不涉及犯罪嫌疑人、被告人的定罪量刑，因此，它与普通诉讼程序中对犯罪嫌疑人、被告人进行定罪量刑的缺席审判制度有根本的区别，不属于普通法意义上的刑事缺席审判制度。

（四）判决前财产没收程序遵循的原则

根据修改后刑事诉讼法规定的判决前财产没收程序相关内容，该程序主要遵循了以下三个原则：一是正当程序原则。正当程序意味着在广义上剥夺某个人利益时，保障他享有被告知和陈述自己意见并得到倾听的机会。③ 判决前财产没收程序中设置了6个月的公告期，允许利害关系人参加诉讼、提出上诉，犯罪嫌疑人、被告人自动投案或被抓获时的程序终止，这些规定都充分体现了正当程序原则。二是比例原则。比例原则，即指国家机关达到某一特诉讼目的，所采取的手段，必须有利于目的的实现且有必要，不应超过达成目的所需的范围。④ 判决前财产没收程序中规定由人民检察院提出没收违法所得申请，申请应具体列明的情况，公告、审理、上诉、抗诉等内容，无不体现了比例原则的遵循。三是权利救济原则。指侵权事实发生后，国家能给予相关人员以救济，恢复被损害的权利。在判决前财产没收程序中，案外人的财产权有可能被不当侵犯。为此，规定了申请、公告、审理、上诉、抗诉、到案程序终止、确

① ［德］克劳思·罗科信：《刑事诉讼法》（第24版），吴丽琪译，法律出版社2003版，第600—601页。

② 《新加坡刑法》，刘涛、柯良栋译，北京大学出版社2006年版，第171—173页。

③ 万毅：《底线正义论》，中国人民公安大学出版社2006年版，第191页。

④ 林钰雄：《刑事诉讼法》（上册），中国人民大学出版社2005年版，第233页。

有错误应返还、赔偿等内容，处处体现了立法对权利救济的重视。

就判决前财产没收程序遵循的原则而言，修改后的刑事诉讼法设立的判决前财产没收程序总体设计本身，是可以实现立法目的的，目前问题的关键是如何在保持立法原意的情况下，将各项操作程序予以具体化。

三、与检察机关相关的具体程序设计

根据修改后刑事诉讼法规定的判决前财产没收程序，向人民法院提出没收违法所得的申请，由人民检察院来提出。检察机关作为判决前财产没收程序的直接参与人及国家规定的专门法律监督机关，在其中必将发挥重要的作用。自判决前财产没收程序在我国刑事诉讼法修正案中设立以来，许多专家学者就针对其中的相关问题建言献策，相关问题涉及程序设置、权力监督、权利救济等方方面面。本文限于篇幅，仅就与检察机关相关的具体程序设计方面的四个问题提出拙见。

（一）案件范围问题

修改后刑事诉讼法对判决前财产没收程序的案件范围，表述为：贪污贿赂犯罪、恐怖活动犯罪等重大犯罪案件，其中的"等重大犯罪案件"就让诸多专家学者及实务部门的人员产生意见分歧。大多数人建议案件范围严格控制在贪污贿赂、恐怖活动两类犯罪，等运行一段时日后，再予以范围上的扩大。在此，笔者也认同这一观点。该程序初次设立，经验不足，又是犯罪嫌疑人、被告人未到案的情况下审理，应予谨慎，且该两类犯罪对经济社会稳定、发展产生严重危害，对这两类犯罪的涉案资产进行没收是履行国际公约及相关义务的要求。对今后有必要对此类程序适用案件范围进行扩大时，考虑到刑事诉讼法基本法的定位，届时，还是应当由立法机关作出立法解释，而不是由"两高"作出司法解释。对该程序适用的案件进行认定后，有必要再进行具体化，这就是司法解释的权限范畴了。对恐怖活动犯罪的具体内容，根据刑法第120条及《全国人大常委会关于加强反恐怖工作有关问题的决定》的规定，还是比较好确定的。对贪污贿赂犯罪，因刑法分则第八章的专章有规定，使实务界产生了不同的看法。究竟判决前财产没收程序中规定的"贪污贿赂犯罪"，是指刑法第八章的贪污贿赂犯罪，还是仅包括贪污罪、受贿罪、行贿罪等贿赂犯罪认识不一为此，高检院在《人民检察院刑事诉讼规则（修改征求意见稿）》中，就设置了两个方案。笔者认为，判决前财产没收程序中规定的贪污贿赂犯罪，是指刑法第八章规定的贪污贿赂犯罪。因为，刑法分则划分各类罪的标准，是根据各罪侵犯的法益，即同类客体。也就是说这类罪对经济社会的危害是一致的，有必要予以相同的处罚。当然，也要注意对于重大案件才能适用。

（二）具体启动程序部门的问题

根据我国的刑事诉讼法，判决前财产没收程序由人民检察院启动，至于在检察机关，启动程序由哪个部门承担，这属于检察机关内部事宜，理应由《人民检察院刑事诉讼规则》来予以规范。根据高检院近日下发的《人民检察院刑事诉讼规则（征求意见稿）》第502条的规定：人民检察院审查公安机关移送的没收违法所得意见书和向人民法院提出没收违法所得的申请，由公诉部门办理。笔者认为，该规定设计的理由基于：一是判决前财产没收程序是刑事诉讼法的特别程序，在刑事诉讼范畴中，向法院提起公诉的，只能是公诉人。此处的向法院提出申请，与提起公诉职责类似；二是在向法院提出没收申请前，检察机关相关部门须审查犯罪事实、违法所得相关的证据材料，这方面的工作，公诉部门相对其他部门更有经验；三是判决前没收程序的提出，在刑事诉讼范畴涉及公、检、法，由公诉部门承担此项工作，在程序上更为顺畅；四是判决前没收程序是一种对物的诉讼，但毕竟是在犯罪嫌疑人、被告人不到案的情况下进行的，审查的重点应放在犯罪事实、违法所得相关证据材料的审查方面。笔者所在单位于今年6月在全自治区范围内组织召开了"新刑事诉讼法与检察工作"的专题理论研讨会，会上，有作者提出可考虑由民行部门来承担向法院提出申请的工作。理由为：一是判决前财产没收程序，是一种对物的诉讼，由民行部门来承担，在法律知识及经验方面，比公诉部门更有优势；二是判决前财产没收程序是刑事诉讼法的特别程序，特别之处就在于，它的设计本身，参照了民事诉讼法的诸多原则、内容，比如公告、利害关系人及其诉讼代理人参加诉讼、执行回转等。因此，在具体化相关操作程序时，不能简单参照刑事诉讼法普通程序的设置。基于判决前财产没收程序初次设立，且作为刑事诉讼法特别程序的设置本身，及诸多专家对此项权能可能滥用的担忧，笔者认为，在初次运用阶段，由公诉部门具体承担向法院提出申请的职责，更为合适。待判决前财产没收程序运行一段时日，总结出更好的经验，再作出调整也不迟。也如同学者指出的那样：刑事案件的举证责任十分严格，以刑事特别程序没收违法所得，在效率方面，不如民事程序简便、灵活，甚至在当事人不到庭的情况下也可作出缺席判决。因此，用民法处置，更为有效。欧盟制定的《反腐败民法公约》，主要的精神就是通过民事程序来为腐败受害者提供赔偿，把国家直接作为腐败的受害者，通过起诉要求腐败行为人赔偿，这种做法值得我国借鉴。[1]

---

[1] 孙艳敏：《不让贪官在经济上占便宜将有法律保障》，载《检察日报》2011年8月30日第5版。

（三）举证责任问题

我国的判决前财产没收程序是刑事诉讼法的特别程序，受刑事诉讼基本原则的规范和限制。因此，在举证责任承担方面，检察机关作为申请的提出者，应承担的举证责任包括证明：犯罪嫌疑人、被告人实施了贪污贿赂、恐怖活动等重大犯罪行为；申请没收的财产是依照刑法规定应当追缴的违法所得及其他涉案财产；申请没收的财产与犯罪嫌疑人、被告人的犯罪行为有直接因果关系。证据的标准应符合起诉的条件，即：证据标准应达到确实、充分，且排除合理怀疑的程度。同时，正如前文所述，我国的判决前财产没收程序是作为刑事诉讼的特别程序，因此有其特别性，就在于参照了民事诉讼的一些程序规定。这充分体现在犯罪嫌疑人、被告人的近亲属、其他利害关系人及其诉讼代理人，有权申请参加诉讼方面。为此，作为参加诉讼的犯罪嫌疑人、被告人的近亲属、其他利害关系人及其诉讼代理人，应承担的举证责任为：申请没收的财产是其本人所有。这也是对物权的主张，是民法上的概念。因此，其证据标准采用优势证据标准即可。

（四）回转程序建立问题

判决前财产没收程序中规定：对没收犯罪嫌疑人、被告人财产确有错误的，应当予以返还、赔偿。如何启动这一程序，使其不至于形同虚设？此外，该程序是在犯罪嫌疑人、被告人未到案的情况下进行的，若没收裁定已作出，而后犯罪嫌疑人、被告人到案的，此时，是否应考虑回转程序的设定？即是否启动对没收裁定的重新审理工作？根据权利救济原则，笔者认为，有必要作出一些具体规定。毕竟判决前财产没收程序，是在犯罪嫌疑人、被告人未参加的情况下进行的。没收裁定存在不准确的可能。基于该程序由检察机关提出申请，并纳入刑事诉讼特别程序的立法设计本身，对返还、赔偿程序的启动，也应由检察机关来审查把关。即对原因正当理由未参加没收审理程序的利害关系人，可就没收裁定向检察机关提出申诉，检察机关经审查，发现原没收犯罪嫌疑人、被告人财产确有错误的，应向原作出没收裁定的法院提出抗诉。法院应按原审理程序进行审理。也就是说，要按审判监督程序进行审理。这里要强调的是，检察机关对申诉进行审查时，不能由原办案人员进行，以防先入为主的思维定式形成，不利于对公民合法权益的保护。对原未参加没收审理程序的犯罪嫌疑人、被告人，其到案时，公安机关、检察机关应告知其财产没收裁定情况，听取其辩解，并在移送起诉、提起公诉时，在提起审查起诉意见书、起诉书中，专节就犯罪嫌疑人、被告人是否同意原财产没收裁定的意见及其辩解进行说明。由法院就其刑事审判部分一并审理，一并作出判决。这样，才能更切实地实现保障人权与惩治犯罪相结合的目的，使判决前财产没收程序更加完善。

判决前财产没收程序的设立在我国尚属首次，立法规定还比较原则，仅有4 个条文。11 款内容的规定，许多具体方面的工作有待在实践中进一步依法完善，且此项工作内容涉及检察机关的公诉、反贪部门，公安机关反恐部门，国际合作部门，涉及境内外追赃等。为了确保此项工作的顺利推进，高检院有必要联合或组织相关部门，建立相关办案、联系工作机制，出台相关司法解释，依法细化相关程序及操作内容，确保判决前财产没收程序在我国发挥应有的作用。

论强制医疗检察监督的范围和方式

严奴国*　　陈长均**

2012 年 3 月修改后的《中华人民共和国刑事诉讼法》，专门增设了"依法不负刑事责任的精神病人的强制医疗程序"，从第 284 条到第 289 条共 6 个条文，对强制医疗程序进行了框架性规定，初步构建起了不负刑事责任的精神病人之强制医疗程序。这一特别程序的增设对于保障公众安全、维护社会秩序、妥善医治精神病人都将发挥重要作用。

强制医疗尽管不追究被申请人的刑事责任，但剥夺被申请人的人身自由。为了保证强制医疗程序的正确适用，保障被申请人的合法权利，防止和及时纠正在强制医疗决定和执行环节中出现的错误和违法行为，修改后的刑事诉讼法除在强制医疗程序中设置法律援助和法律救济程序外，新增的第 289 条还规定："人民检察院对强制医疗的决定和执行实行监督。"但人民检察院对强制医疗进行监督的具体范围以及以何种方式对强制医疗展开监督，刑事诉讼法没有作详尽规定。本文试图就强制医疗检察监督的范围和方式展开阐述与探讨，谈些个人的粗浅认识，以期有利于强制医疗检察监督的实践操作。

一、明确强制医疗检察监督范围和方式的必要性

在修改后的刑事诉讼法即将施行的背景下，明确检察机关对强制医疗的监督范围和监督方式，具有重要的现实意义。

一方面，只有明确检察机关对强制医疗的监督范围和监督方式，才能将刑事诉讼法第 289 条的规定落到实处。对诉讼活动实行法律监督，是法律赋予人民检察院的一项重要职权。检察机关对强制医疗决定和执行的监督，既包括对公安机关在侦查阶段的监督，又包括对法院在审理阶段的监督；既包括对强制医疗机构执行活动的监督，也包括对法院解除强制医疗批准活动的监督。面对

---

* 山西省人民检察院副检察长。
** 山西省晋中市人民检察院研究室副主任。

如此繁重的监督任务，如果既没有明确的监督范围，又没有明确的监督方式和监督手段来保证，检察监督就像没有牙齿的老虎，监督质量和监督实效也就无从谈起，刑事诉讼法第 289 条的规定从而难以得到很好的贯彻执行，可能会直接导致该条文立法旨趣的落空，甚至使该条规定成为一纸空文。如此，将严重削弱刑事诉讼法的权威，影响法治理念和法律信仰的培育。

另一方面，只有明确检察机关对强制医疗的监督范围和监督方式，才能确保强制医疗检察监督的法治化、权威性。根据现代法治的基本精神，对于公民权利而言，法无禁止即可为；对于国家权力而言，法无规定不可为。毫无疑问，检察机关对强制医疗决定和执行的法律监督权属于公权力，其监督范围、监督方式和监督手段需要通过立法等方式予以明确，并划定其权力边界。这样，不但有利于强制医疗检察监督沿着法治的轨道进行，而且有利于提升检察监督的权威性和公信力。强制医疗检察监督既是检察机关的职权，也是职责，只有明确检察机关对强制医疗决定和执行的监督范围和监督方式，检察机关才能用好权、履好职。修订后的刑事诉讼法实施后，如若强制医疗检察监督的范围和方式仍不甚明确，监督对象可能会对检察机关的监督范围边界及采取的监督方式产生疑问，这会导致检察监督无权威；由于监督内容和监督方式不明确，有些检察机关可能会畏首畏脚，这会导致检察机关失职。因此，探讨强制医疗检察监督的范围和方式，对其予以具体化、明确化，进而规范化、法制化，就显得非常必要和迫切。

二、强制医疗检察监督的范围

根据刑事诉讼法第 289 条的规定，检察机关对强制医疗的法律监督主要包括对强制医疗的决定和执行实行监督，但规定较为粗疏，对监督的具体范围未作详尽、明确的规定，缺乏可操作性。因此，检察机关面临其监督范围的具体划定问题。

（一）对强制医疗决定的监督

在强制医疗的决定程序中，既包括公安机关的侦查活动，也包括审判机关的审理活动。检察机关对公安机关的侦查和人民法院的审理进行的监督，是其法律监督职能的重要表现。检察机关要通过审查公安机关提出的强制医疗意见及日常侦查工作来实现监督。检察机关审查的具体范围应包括：侦查机关在收集精神病人实施暴力行为的证据材料、侦查机关对精神病人进行鉴定的程序、侦查机关对实施暴力行为的精神病人采取的临时保护性约束措施等方面是否合法等等。① 检察机关对人民法院在审理阶段的监督，主要是审查人民法院审理强制医疗是否符合法律、法规及司法解释规定的程序，审查人民法院对强制医疗的决定是否正确、合法，也就是说，检察机关通过审查法院审理行为的合法性来实现法律监督职能，既要审查其程序的合法性，又要审查其实体的合法性。

（二）对强制医疗执行的监督

对强制医疗的执行进行监督是强制医疗程序中检察机关的另一项重要监督职责。在强制医疗的执行程序中，既包括强制医疗机构的执行活动，也包括人民法院的解除批准活动。从检察监督的应有之义来看，检察机关对强制医疗机构执行活动进行的监督至少包括以下几项内容：审查强制医疗机构是否对被强制医疗的人实施必要的治疗，是否给予被强制医疗的精神病人恰当的生活处遇，是否按照要求定期对被强制医疗的人进行诊断评估，是否按照要求提出解除强制医疗的申请，是否保障被强制医疗之人（特别是那些经过强制医疗后精神健康状况得到一定恢复，而没有继续强制医疗必要的对象）的合法权益等。检察机关对人民法院批准解除强制医疗的监督，主要应体现在人民法院解除强制医疗的批准程序和批准决定是否合法，是否存在徇私舞弊行为等。②

三、强制医疗检察监督的方式

在强制医疗检察监督的具体实施中，检察机关应认真履行法律赋予的职权，加强对强制医疗决定和执行情况的法律监督。根据修订后的刑事诉讼法第285条之规定，人民法院对强制医疗的处理方式是"决定"，而不是判决或者裁定。换言之，法律上没有针对强制医疗决定和执行程序设立上诉审，检察机关对强制医疗决定和执行的监督，不同于对一审、二审案件审理过程的监督，而"只是限于程序意义上的一般性监督"，③ 所以不宜采取抗诉监督方式。④关于检察机关对强制医疗决定和执行的监督方式，笔者认为，在现行制度空间下的具体操作中，大体可以采取检察建议、纠正违法通知书、现场监督、向强制医疗机构派驻检察室等方式。

---

① 参见陈国庆主编：《中华人民共和国刑事诉讼法最新释义》，中国人民公安大学出版社2012年版，第340页。

② 参见黄太云：《刑事诉讼法修改释义》，载《人民检察》2012年第8期，第73页。

③ 刘方：《精神病人强制医疗程序：非刑事处分诉讼方式》，载《检察日报》2012年5月2日第3版。

④ 参见汪建成：《论强制医疗程序的立法构建和司法完善》，载《中国刑事法杂志》2012年第4期，第68页。

（一）检察建议

通过发检察建议，纠正存在的问题，监督对象审查后不予采纳的，应提供书面答复意见。例如，对人民法院直接决定强制医疗的情形，如果检察机关认为被强制医疗的人没有精神病，或者虽然患有精神病但没有达到刑事责任能力程度的，可以建议人民法院撤销其决定，或者要求作出决定的人民法院说明理由并提供相关的医学鉴定意见。对于强制医疗决定和执行中有滥用职权、徇私舞弊、渎职、受贿等涉嫌犯罪行为的，检察机关应依法予以严肃查处，并可以建议暂缓执行。

（二）纠正违法通知书

检察机关对强制医疗的决定和执行实行监督过程中，如果发现公安机关、人民法院、强制医疗机构有违法行为，可以提出限期纠正意见，通知有关机关予以纠正。有关机关应当接受人民检察院的监督，及时纠正自己的违法行为，并及时将落实情况反馈给检察机关。对强制医疗执行活动的监督，要根据强制医疗执行机构及其职责，对强制医疗程序中的治疗、诊断、评估进行监督，既要注意维护被强制医疗之精神病人的合法权益，对已经不具有人身危险性、不需要继续强制医疗而执行机构没有解除强制医疗的提出纠正意见，又要注意纠正强制医疗机构出于成本考虑或者工作疏忽对未得到有效治疗而仍有人身危险性的精神病人提出解除意见。①

（三）向强制医疗机构派驻检察室

修订后的刑事诉讼法仅宣示性地规定检察机关对强制医疗决定和执行进行监督，但并未构建起有效的监督机制，也未明确监督方式。强制医疗执行机构具有封闭性的特点，若没有一个科学、合理的监督机制和监督方式，检察机关对强制医疗活动的监督就会阙如，或者说就只能是一种臆想，不可能有实质性意义。比如，对于已经不具有人身危险性，不需要继续强制医疗而解除强制医疗的情形，如果人民法院将解除强制医疗的决定通知检察机关，检察机关可以通过事后监督的方式进行监督，但现有法律并没有规定此种情形下，人民法院有将解除强制医疗措施的决定通知检察机关的义务。因此，从现有法律规定看，检察机关缺乏必要的信息来源，即使能够监督，也仅仅是一种事后监督，从既有的监督实践经验来看，这种监督可能难以达到预期效果。

针对这一难题，可以借鉴我国现行法律关于监所检察室的制度设置，通过向强制医疗机构派驻检察室的方式加以解决。这一监督方式不仅符合我国法律

---

① 参见童建明主编：《新刑事诉讼法理解与适用》，中国检察出版社 2012 年版，第276 页。

监督实践经验，而且契合构建长效监督机制之要求。检察实践中，监所检察室的检察人员长期驻扎在监所，通过信息联网等沟通机制的建设，基本实现了对监所实时、实地的监督，对确保监所的规范化运转，保障在押人员的合法权益发挥了重要作用。强制医疗执行机构类似于监狱、看守所等羁押场所，基本与社会隔绝，若没有检察机关等外部力量的监督，极易发生侵权等违法犯罪事件。检察机关在强制医疗机构派驻检察室，将有助于打破强制医疗机构与世隔绝的状态，通过外部力量的介入实现对其执行行为的监督。而且，作为一种规范化的监督机制和监督方式，派驻检察室是一种长效机制，可以有效解决监督无门、监督乏力的困境。此外，通过信息联网、信息通报、信息共享等相关机制的建设，检察机关还可以通过网络等方式了解被强制医疗精神病人的执行状况，实现对人民法院解除强制医疗措施的监督。

（四）现场监督

根据修订后刑事诉讼法第 286 条的规定，人民法院审理强制医疗案件，应当通知被申请人或者被告人的法定代理人到场，对于是否通知检察机关莅庭却没有规定。在当前司法现状下，如若检察机关不能莅庭，对于强制医疗决定作出的过程则无法进行有效的监督。尤其是对于人民法院在审理案件过程中直接决定予以强制医疗的情形，既没有检察机关的筛选与把关，也没有决定过程的事中监督，只能通过事后的监督方式进行监督。为切实履行法律监督职责，检察机关莅庭应当是其在刑事诉讼活动中承担的一项基本义务。强制医疗程序是公检法三机关在办理刑事案件过程中对依法不负刑事责任之精神病人的一种处理程序，属于刑事诉讼活动的一部分。鉴于以往实践中"被精神病"的现象时有发生，如果检察机关不通过莅庭来进行现场监督，很有可能导致强制医疗程序演变为人民法院直接向精神病人作出决定的行政程序，极易滋生权力滥用和腐败。立法之所以构建强制医疗程序，其初衷就是要改变强制医疗的行政化运转。因此，非常有必要明确检察机关在强制医疗程序中的莅庭义务和莅庭监督方式。①

对于强制医疗决定和执行中的重大、疑难、复杂等案件，可基于监督对象的邀请，由检察机关派员到现场，对发现的问题及时提出，与监督对象一同维护公正。

另外，为确保强制医疗检察监督取得实效，可规定检察机关有权采取以下手段：

---

① 参见陈卫东、杜磊：《刑事特别程序下的检察机关及其应对》，载《国家检察官学院学报》2012 年第 3 期，第 44 页。

一是调卷审查。检察机关要对强制医疗决定和执行进行有效监督，必须通过审阅卷宗了解决定和执行过程等事项，否则，监督会成为无源之水、无本之木。

二是调查取证。对于强制医疗决定和执行活动是否违反法定程序，工作人员在决定和执行中是否有渎职行为等，检察机关只有通过调查取证才能知晓。为保障检察机关履行监督职责之需要，应明确规定人民检察院可以向有关单位或组织调取证据、询问证人以及采取其他调查措施，公安、法院、强制医疗机构及其他相关部门应当予以配合。

需要指出的是，检察机关通过法律监督保证强制医疗正确适用和执行的活动，必须依照刑事诉讼法和有关法律、法规及司法解释的规定进行，不得违背或者超越法律等相关规定。

检察机关强化刑事诉讼监督的
现实能动与制度理性

——兼论刑事诉讼法再修改视角下的诉讼监督谦抑性[*]

卢　希[**]

2012 年 3 月 14 日十一届全国人大五次会议通过了《关于修改〈中华人民共和国刑事诉讼法〉的决定》，对我国现行刑事诉讼法律制度作出了重要补充和完善，这既是深化司法体制和工作机制改革的重要成果，也是完善中国特色社会主义法律体系的重大举措，对于提高司法机关有效惩治犯罪的能力和效率、保障当事人合法权益、维护社会和谐稳定等方面具有重要意义。新刑事诉讼法将于 2013 年 1 月 1 日起施行，新法所确立的一系列新的刑事诉讼规则，对检察机关履行刑事诉讼监督职责提出了全新要求。

一、检察机关强化刑事诉讼监督具有现实能动的内外动因

在我国检察机关的诉讼监督法律体系中，相对于民事诉讼监督、行政诉讼监督而言，刑事诉讼监督是一种在站位上最突出、在立法上最完备、在实践中最丰富的诉讼监督制度。不断强化刑事诉讼监督、维护社会公平正义，不仅是中央的明确要求和人民群众的迫切需要，更是检察机关义不容辞的神圣职责，是检察机关的立业之基、立身之本。因此，在司法实践中一直有一种强化诉讼监督的"现实能动"，这在刑事诉讼监督领域表现得尤为突出，其主要表现形

---

[*] 持该观点的代表人物为最高人民检察院孙谦副检察长，他认为：法律监督是检察机关的一项基本义务与责任，但检察机关法律监督的初衷是为公安机关、人民法院的执法活动提供警示、提醒作用，以实现完善执法行为、维护公平正义的共同目标，因此，检察机关对于监督权的行使要有正确的认识和把握；同时，我们还要进一步探索有中国特色的检察制度的科学性，探寻更加合理有效的监督方式与方法，遵循谦抑原则，在行使监督权时采取更加谨慎的态度。

[**] 北京市人民检察院第二分院检察长。

式为"扩权",而这种要求既有内在动因,又有外在要求。

（一）长期法律依据的缺位使得检察机关有"扩权"的内在动因

长期以来,我国有关诉讼监督的法律依据一是不够充分、二是比较分散,法律位阶上存在降格化倾向,缺少专门性法律,这导致本应在国家立法层面上解决的问题降格到地方性立法中解决,无形中弱化了监督力度。[①] 2008 年 9 月25 日,北京市人大常委会作出《关于加强人民检察院对诉讼活动的法律监督工作的决议》。决议引发了全国性的诉讼监督热潮,目前全国 31 个省、直辖市、自治区的人大常委会都作出了关于加强检察机关对诉讼活动法律监督的决议或决定,支持和规范检察机关的诉讼监督工作。[②] 始于北京的这一法治现象,也为出台法律监督的相关立法工作积累了宝贵经验。[③] 从一系列决议、决定的实际效果来看,一方面,使诉讼监督改变了以往疲软被动的状态,检察权的行使更为顺畅。另一方面,也促使法院、检察院关系更加和谐,积极合作、密切配合、上下协同。但是,从长远角度看,检察机关作为宪法所规定的专门的法律监督机关,其监督权尚无法律的基本依据和完整依据,这不能不说是一大缺憾。[④] 因此,检察机关一直期待在国家立法层面能够有所突破,反映在实践中就是出台了很多延伸检察职能、强化诉讼监督的具体改革措施,而此次刑事诉讼法再修改可以说对检察机关的要求和实践有了比较明确的、系统的回应和确认。

（二）现实存在的司法需求使得检察机关有"扩权"的外在动因

诉讼监督是对包括刑事诉讼、民事诉讼和行政诉讼的全部诉讼活动、整个诉讼过程的监督,包括诉讼中的一般违法行为和犯罪行为。[⑤] 其中,诉讼监督的范围一直是理论与实务界共同关心的一个重要问题,关于扩大诉讼监督范围

---

① 参见《北京加强诉讼法律监督决议引发全国性诉讼监督潮》,载《检察日报》2011 年 5 月 3 日。

② 甚至一些市级人大常委会也出台了类似决议、决定,如 2010 年 8 月 27 日,河南省郑州市第十三届人大常委会第十三次会议通过了《关于加强检察机关法律监督工作的决议》,参见邓红阳:《检察建议如何摆脱"束之高阁"窘境》,载《法制日报》2011 年 6 月 9 日。

③ 参见甄贞:《法律监督专门化立法之必要性考察》,载《人民检察》2011 年第 9 期,第 41 页。

④ 参见汤维建:《"检察监督法"与其他法律的关系》,载《检察日报》2011 年 6 月 8 日。

⑤ 参见王桂五主编:《中华人民共和国检察制度研究》,法律出版社 1991 年版,第 265 页。

的呼声一直很高，如在 2011 年 4 月举行的第十二届全国检察理论年会上，无论是检察实务界还是法学理论界，都出现了很多主张"扩权"的声音。这与现实的需要是分不开的，当前刑事诉讼活动中存在一些违法现象，人民群众对此意见很大，期待检察机关通过强化诉讼监督来维护公平正义，这也是此次刑事诉讼法修改的基本背景之一，因此说，人民群众日益增长的司法需求对检察机关扩大诉讼监督权具有一定的推动作用，是主要的外在动因。

但同时笔者注意到，也有人反对诉讼监督范围的片面扩大化，主张理性延伸诉讼监督触角，保持诉讼监督的谦抑性，将诉讼监督工作的重点放在"对现有监督职责的落实上"。对此，笔者认为扩权的前提有两个：一是有必要延伸职能，二是有能力延伸职能。当前，一方面是诉讼活动中的执法不公和司法腐败现象较为严重，另一方面是检力资源的相对有限、增长缓慢，二者之间的矛盾非常突出。为了将有限的诉讼监督资源集于最需要关注的问题上，应当考虑哪些情况不必列入诉讼监督的范畴。周永康同志也曾经指出："法律监督工作只有突出重点，才能取得事半功倍的效果，"[①] 因此，检察机关在理性拓展监督范围时要特别注意尊重诉讼活动的规律，尊重被监督权力自身的特点，保持必要的谦抑性，而坚持诉讼监督的谦抑性是由检察机关诉讼监督的地位、诉讼监督效力的有限性和诉讼监督力量的有限性所共同决定的。[②] 此外，无论是诉讼监督的对象和范围，还是手段和方式，都是法律明确规定的。[③] 因此，不得任意扩大诉讼监督的范围，强化诉讼监督也不可能通过片面扩大诉讼监督的范围来实现。[④]

---

① 参见周永康：《检察机关要强化法律监督、维护公平正义》，载《法制日报》2008 年 7 月 10 日。

② 检察机关是国家法律监督机关，这种监督是一种专门监督，是整个司法制度中最后的纠错手段；诉讼监督的效力要在与其他机关的配合与制约中得到体现，纠错具有间接性；检察机关自身的人力、物力资源有限，必须考虑投入和产出的关系，所以要突出监督的重点，不可能全面出击。参见童建明：《加强诉讼监督需把握好的若干关系》，载《国家检察官学院学报》2010 年第 5 期，第 12—19 页。

③ 参见王会甫：《试论"小院整合"后诉讼监督机制构建》，载《人民检察》2011 年第 2 期，第 26—29 页。

④ 在 2011 年 6 月 2 日至 3 日由武汉市人民检察院、武汉市法学会共同主办的"刑事诉讼法律监督理论与实务"研讨会上，中国政法大学的陈光中、卞建林、宋英辉，四川大学的龙宗智等一批知名学者对刑事诉讼法律监督职能的拓展进行了深入讨论，认为应当坚持依法拓展、有限拓展、兼顾公正与效率、统筹协调等四大原则，值得关注。参见《准确定位依法拓展。加强刑事诉讼法律监督》，载《检察日报》2011 年 6 月 10 日。

　　具体到刑事诉讼监督领域，就是要坚持有错必纠,① 刑事诉讼监督的范围是有限的，检察机关只能根据法律的授权来进行，对于法律规定的监督对象，运用法律规定的监督手段，并依照法定程序进行监督，不能任意扩大或缩小监督的范围。检察机关必须遵循"敢于监督、善于监督、依法监督、规范监督"的要求，在法律规定的范围内行使监督权，特别是不能任意对法律没有规定的对象、行为或事项进行监督。

二、新法在强化检察机关刑事诉讼监督职能的同时也强调规范

　　强化检察机关对刑事诉讼活动的法律监督，维护社会公平正义，切实保障犯罪嫌疑人、被告人和其他诉讼参与人的合法权益，是此次刑事诉讼法修改的重要内容。此次刑事诉讼法修改所确立的许多条文都是近年来司法改革成果的固化和提升，但随着这些司法实践经验上升为法律，其在实践中的随意性、不规范性、不统一性必然受到限制和法律的约束。② 因此，从这一角度说，此次修法将强化刑事诉讼监督纳入了规范化、制度化、法治化的轨道，主要体现在以下三个方面：

　　（一）监督内涵更加丰富，监督范围适度扩大

　　1996 年刑事诉讼法明确规定了"人民检察院依法对刑事诉讼实行法律监督"，从监督内涵和范围看，检察机关对刑事诉讼活动的法律监督主要体现在四个方面：立案监督、侦查监督、审判监督、执行监督。此次刑事诉讼法修改，为强化检察机关的刑事诉讼监督职能，回应司法实践的需求，在立法层面增加了十个方面的监督内容，进一步扩大了监督范围：一是加强检察机关对羁押执行的监督，设立了逮捕后羁押必要性审查程序。二是对指定居所监视居住的决定和执行的监督。三是对阻碍辩护人、诉讼代理人行使诉讼权利的违法行为的监督。四是通过依法排除非法证据，加强对非法取证行为的监督。五是明确检察机关对查封、扣押、冻结等侦查措施的监督。六是加强对简易程序审判活动的监督。七是将量刑纳入法庭审理过程中，强化对量刑活动的监督制约。八是完善死刑复核法律监督。九是完善检察机关对减刑、假释和暂予监外执行

---

　　① 参见吕涛、杨红光：《刑事诉讼监督新论》，载《人民检察》2011 年第 8 期，第24—29 页。

　　② 参见甄贞：《立足法律监督定位 切实履行刑事诉讼监督职能》，载《人民检察》2012 年第 7 期，第 46 页。

的法律监督。十是增加对强制医疗的决定和执行的监督。① 新刑事诉讼法按照"有权力必有监督，有权力必受制约"的理念，将监督贯穿始终，从立案一直到特别程序都贯彻了检察机关的法律监督，使得以往许多司法实践中的监督盲点和监督死角都得以纳入监督视野，确保了刑事诉讼监督的全面性、全程性和系统性。

（二）监督手段更趋多样，监督效力日渐明确

"监督者能做什么"、"应该怎么做"、"按照什么方式来行使权力"、"行使监督权有哪些效力"，等等，这些问题一直都是诉讼监督研究和讨论的重点，归根到底就是因为监督手段和监督效力对监督效果具有较强的制约关系，监督手段的多样化可以使检察机关在开展监督时拥有更多选项，甚至可以打出"组合拳"；而监督效力的明确化可以将检察机关行使监督权的效果和作用力预先昭示，甚至实现"不战而屈人之兵"。因此，人民检察院具有明确的监督手段和刚性的监督效力是检察机关实现监督职能的重要保障。② 长期以来，检察机关行使诉讼监督权时，因缺乏监督手段或者监督效力不明确而影响监督的实效。此次刑事诉讼法修改，注意总结司法实践经验和理论研究成果，适当增加了诉讼监督的手段，明确了诉讼监督的效力。例如，在贯彻非法证据排除规则、强化侦查监督方面，修正案规定："人民检察院接到报案、控告、举报或者发现侦查人员以非法方法收集证据的，应当进行调查核实。对于确有以非法方法收集证据情形的，应当提出纠正意见；构成犯罪的，依法追究刑事责任。"显然，发现违法行为是纠正违法行为的前提，要强化检察机关的侦查监督，首先要保证检察机关的知情权和调查权，因此授权检察机关对侦查机关非法取证行为进行调查核实，是十分必要和有效的。③

同时，为了改变实践中监督滞后的情况，也为了保障检察机关的知情权，以便适时开展监督，立法明确有关机关在采取某种诉讼行为或者作出诉讼决定时，要将相关行为或者决定同时告知检察机关。④ 例如，修正案规定，监狱、看守所提出暂予监外执行的书面意见的，应当将书面意见的副本抄送给人民检

---

① 参见陈国庆：《全面强化检察机关对刑事诉讼活动的法律监督》，载《人民检察》2012 年第 7 期，第 56 页。

② 参见张国臣：《通过羁押必要性审查监督"以捕代侦"》，载《法制日报》2012 年6 月 5 日。

③ 参见张国臣：《新刑诉法法律监督规定呈现四个特色》，载《检察日报》2012 年 5月 27 日。

④ 参见陈卫东：《"关于修改刑事诉讼法的决定"专家解读：新刑诉法从九方面规范强化法律监督》，载《检察日报》2012 年 4 月 1 日。

察院。人民检察院可以向决定或者批准机关提出书面意见。

此外，针对实践中监督乏力、监督效果不明确的问题，修正案也作了一些补充性、强制性的规定。例如，为了减少不必要的审前羁押，修正案新增规定，犯罪嫌疑人、被告人被逮捕后，人民检察院仍应当对羁押的必要性进行审查。对于不需要羁押的，应当建议予以释放或者变更强制措施。并且规定，检察机关提出释放或者变更强制措施的建议后，"有关机关应当在十日以内将处理情况通知人民检察院。"①

（三）监督责任更加强化，监督程序得到健全

检察机关诉讼监督权是通过参与具体诉讼程序进行的，在诉讼参与中完成其诉讼监督职能。在我国，人民检察院在刑事诉讼中不仅是国家公诉机关，同时还是国家法律监督机关。② 因此，检察机关应当妥善处理好所承担的诉讼职能与诉讼监督职能的关系，着力保证法律的正确实施，实现司法的公平正义，维护犯罪嫌疑人、被告人及其辩护人的合法权益。此次立法修改，注意强化了检察机关履行诉讼监督职能方面的责任。例如，为维护辩护人的合法权益，保证辩护人依法履行职务，修正案规定："辩护人、诉讼代理人认为公安机关、人民检察院、人民法院及其工作人员阻碍其依法行使诉讼权利的，有权向同级或者上一级人民检察院申诉或者控告。人民检察院对申诉或者控告应当及时进行审查，情况属实的，通知有关机关予以纠正。"

三、检察机关应当从宏观和微观两个层面推动强化刑事诉讼监督由现实能动向制度理性回归

无论是省级人大出台加强检察机关对诉讼活动法律监督的《决议》或《决定》，还是三大诉讼法的修改，都为检察机关强化诉讼监督工作提供了实践基础、丰富了立法经验，有利于推动诉讼监督从对立性监督走向统一性监督、从现实能动监督走向制度理性监督，这将是一个不断调整、规范，再调

---

① 参加卞建林：《中国特色刑事诉讼制度的重大发展》，载《法学杂志》2012 年第 5 期，第 1—8 页。

② 参见樊崇义：《"关于修改刑事诉讼法的决定"专家解读：刑事诉讼法律监督规定从抽象走向具体》，载《检察日报》2012 年 4 月 13 日。

整、再规范的过程。① 特别是在刑事诉讼法再修改这一特定语境下，检察机关应当以此为契机，从宏观理念和微观措施两个层面，推动刑事诉讼监督由现实能动向制度理性回归。

（一）宏观理念

如果观念落后于制度，势必会造成"行动中的法律"与"纸面上的法律"之间存在"缝隙"，从实践层面看，观念更新与制度创新是相辅相成的。法律修订毕竟是改革旧做法、创制新规则，因此，真正做到观念与实践的"无缝对接"，将强化刑事诉讼监督的现实能动与制度理性有机结合起来，关键在于强化四个意识。

一是强化证据意识。证据是诉讼的基石，在刑事诉讼中，从立案、侦查、起诉到审判，全部诉讼活动都是围绕证据来展开和推进的。本次刑事诉讼法修改虽然没有明确在文本上明确写入证据裁判原则，但在具体规范上却体现了该原则的精神。例如，第49条首次对刑事诉讼的举证责任作出了明确规定，进一步强化了控方的举证责任，这对于处理事实真伪不明的刑事案件具有重要的现实意义；② 又如，第53条完善了刑事案件证明标准，确立了"排除合理怀疑"的证明标准，以求刑事司法人员从主观方面印证"证据确实、充分"的客观要求。检察机关对刑事诉讼的参与程度很高，侦查、批捕、起诉、审判等诸多环节都有检察机关的身影，因此，检察官必须强化证据意识，坚持从证据出发认定案件事实，推动刑事司法活动的整体质量和水平。检察机关不仅在审查起诉中要做到"重证据，重调查研究，不轻信口供"，在诉讼监督中更要注意用证据说话，如第55条人民检察院对侦查机关非法取证的审查与核实、第86条人民检察院对侦查活动重大违法行为的调查核实，等等，这些都需要通过证据来证实。需要注意的是，作为一种理性自觉，证据意识要求人们能够正确认识证据的本质及其诉讼价值，并能够自觉运用证据认定事实和解决争端。同时，证据意识也是一种本能，是人们在诉讼中或者诉讼外自动养成的收集、

---

① 在2012年6月16日召开的"第三届刑事诉讼监督论坛"上，北京市人民检察院慕平检察长指出："检察机关学习、贯彻、落实修改后的刑诉法，全面履行刑事诉讼监督职能，需要面临调适角色定位冲突、转变监督工作理念、协调强化诉讼监督与遵循诉讼规律关系、处理司法改革与严格执法关系等多方面的挑战"。参见张伯晋：《如何应对刑诉法修改对诉讼监督的新挑战》，载《检察日报》2012年6月22日。

② 参见沈德咏：《树立现代刑事司法观念是正确实施刑事诉讼法的必由之路》，载《人民法院报》2012年6月5日。

保存、运用证据的习惯，决定着人们对于证据基本问题的态度。① 检察机关在强化刑事诉讼监督时，要从口供本位向物证书证本位转变、由关注证据客观性向关注证据合法性转变、由"抓人破案"向"证据定案"转变。

二是强化程序意识。周永康同志在实施修改后的刑事诉讼法座谈会上强调指出，"程序公正是司法公正的重要保证"，要"切实做到实体与程序并重，把程序公正的要求落实到刑事司法活动全过程"。刑事诉讼法作为程序法，其立法价值在于以程序正义实现法律的公平正义，从程序正义通向实体正义。② 现代社会，事实真相的发现和结论的正确性已经不是司法活动的唯一目标，司法还必须实现程序的正义，在追求"真"的同时，也在追求"善"。强化程序意识，就要遵守程序法定原则，就要强化控辩平等，就要确保程序公开透明，就要尊重程序的终结性。③ 从程序公正的内涵看，公开是程序公正的根本属性，中立是程序公正的基本特征，制约是程序公正的基础，民主是程序公正的重要体现，效率是程序公正的必然要求，和谐是程序公正的重要因素。④ 具体到检察机关，其在开展刑事诉讼监督的过程中强化程序意识关键在于把握"三要"：一要严格执行，健全执法规范；二要依法保障律师合法的诉讼权益，创造良好的职业环境；三要依法规范庭审活动，保障简易程序公诉人出庭，认真落实证人、鉴定人出庭。

三是强化时效意识。强调时效，必须以保证质量为前提，没有质量的效率是一种无价值的效率。讲求司法效率，主要在于防止发生不必要、不合理的诉讼拖延。当前，检察机关的任务越来越重，如刑事诉讼法修改后，简易程序中检察官应当出庭支持公诉，而"案多人少"的矛盾在短期内也不会有大的改善。⑤ 因此，必须通过优化资源配置，合理分配检力资源，用好修改后刑事诉讼法赋予的程序、措施和手段，着力提高司法效率，牢固树立时限意识，不允许超期羁押，对于申请延长期限的也要从严把握，正确理解延长办案期限的立

---

① 参见樊崇义、张中：《证据意识：刑事诉讼的灵魂》，载《检察日报》2012 年 6 月 13 日。

② 参见《强化程序意识　确保司法程序合法公正》，载《法制日报》2012 年 5 月 31 日。

③ 参见陈卫东：《程序意识：求真的同时还要求"善"》，载《检察日报》2012 年 6 月 11 日。

④ 参见黄尔梅：《认真贯彻修改后刑事诉讼法　切实保障刑事司法程序公正》，载《人民法院报》2012 年 6 月 13 日。

⑤ 周永康：《深入学习认真贯彻修改后的刑事诉讼法　更好地惩罚犯罪保障人权维护社会秩序》，载《检察日报》2012 年 5 月 29 日。

法意图,① 以守时为原则,以延长为例外,努力实现公正与效率的有机统一。

四是强化权限意识。监督不越权,制约不逾矩。司法机关在办理刑事案件中分工负责、互相配合、互相制约,是宪法和刑事诉讼法规定的基本原则,这次刑事诉讼法修改,通过完善刑事诉讼程序,优化司法职权配置,进一步落实了这一原则。侦查权、起诉权、审判权、执行权分别由不同的司法机关行使,检察机关在强化监督时要特别注意不要越权逾矩,影响其他司法机关独立、正常行使的权力。② 这里面,检察机关一定要注意把握住诉讼监督的"度",注意各种监督手段的有效衔接和综合运用。比如,目前检察机关启动再审程序的方式主要有再审检察建议和抗诉,是不是符合抗诉条件的我们都要提抗,在新刑事诉讼法给予检察机关多种监督手段的时候,检察机关应当注意到监督手段的层次性和递进性,在法律容许的裁量幅度内尽可能给予被监督者自我纠正的空间。③

(二)微观措施

一是强化业务专题研究。刑事诉讼法中规定的立案监督、侦查监督、审判监督、执行监督等各个程序之间条块分割比较明显,不同程序中都有不同的特点、要求,监督的侧重点不尽相同。因此,由各部门对新修订刑事诉讼法中涉及本部门工作的新变化、新挑战、新问题,结合"两高"出台的相关司法解释,进行专题研究就显得十分必要。

二是优化检力资源配置。新修订的刑事诉讼法给检察机关在扩充诉讼监督权的同时,也相应地增加了工作量,如简易程序要求检察院应当派员出庭;有些新规定还缩短了时限,如,第二审程序中检察院查阅案卷的时间限定为1个月,等等。上述这些新变化,要求检察机关内部在检力资源的调配方面要根据工作量和时限的变化,在上级院与下级院之间、各个业务部门之间、业务部门与非业务部门之间都要作出相应的调整。

---

① 参见宋英辉、王贞会:《时效意识:公正前提下实现效率价值》,载《检察日报》2012年6月14日。

② 参见程晓璐:《检察机关诉讼监督的谦抑性》,载《国家检察官学院学报》2012年第2期,第50—56页。

③ 笔者也注意到此次刑事诉讼法修改后,一些学者也提出:"在审判活动中加强检察机关法律监督,必然涉及与审判权的关系问题,并且强调,审判权威是法律有效实施的前提条件,审判没有权威,法律就没有权威。"参见龙宗智:《理性对待法律修改。慎重使用新增权力——检察机关如何应对刑诉法修改的思考》,载《国家检察官学院学报》2012年第3期,第52—56页。

三是协调做好检务保障。"徒法不足以自行",新刑事诉讼法实施后,不仅需要增加检力资源,而且也需要加大经费投入,因为工作职责的增加必然会相应增加业务经费,这对检务保障提出了更高的要求。如新刑事诉讼法第210条规定适用简易程序审理公诉案件,人民检察院应当派员出庭,由此产生的检察机关出庭业务经费就需要积极协调各级财政部门尽快落实。

四是组织进行先期试点。如前所述,这次刑事诉讼法修改的一大特点就是适度拓宽了诉讼监督范围,这些新领域大多没有现成的经验和先例模式可供借鉴参考,如,羁押必要性审查、指定居所监视居住的决定和执行的监督、对非法取证行为的监督等。针对这些新的诉讼监督领域,可以通过指定若干检察院或者职能部门进行先期试点,组织实战演练,从中发现问题、了解情况、积累经验,为明年1月1日新刑事诉讼法的顺利实施和新旧法的衔接过渡奠定基础。

五是公检法司协调联动。无论是诉讼环节还是监督环节,很多问题不是检察机关一家就可以解决的,需要公检法司互相协调配合才能最终落实,因此要加强这方面的工作联动。比如说简易程序检察院派员出庭的问题,司法实践中适用简易程序的案件量较大,如果像普通程序一样件件出庭,检察院所面临的工作量会呈几何倍数递增。因此,协调法院采取集中开庭审理、检察院集中派员出庭的联动模式,以便提高诉讼效率,解决"案多人少"的难题。

六是内部流程修改规范。新法实施后,对检察机关内部工作流程也有较大影响,如法律文书的格式和内容、办案流程、案件质量考核、案件管理、检务公开。这些都需要提前作出清理、修改和完善,从而在配套措施方面保障新旧刑事诉讼法有序过渡。

新刑事诉讼法对案件管理工作的影响

张衍路*

案件管理工作与刑事诉讼法的关系非常密切，刑事诉讼法的修改完善，既对案件管理工作提出了新的要求，也为案件管理工作注入了新的内容，提供了广阔的发展空间。因此，深入研究新刑事诉讼法对案管工作的影响，尤其是对提升案件管理质量的影响，具有重大的现实意义和长远意义。笔者试图从重庆案管中心试点运行情况和全国先进院的有益探索、经验介绍角度着眼，结合对新刑事诉讼法的学习体会略谈己见，供参考。

一、案件管理职能与刑事诉讼法的关系

案件管理是检察机关内部一项重要的管理监督制度。从全国检察机关案管部门的设立情况来看，案管部门主要职能大多集中体现在"管理、监督、服务"上。具体表现为：对各个业务部门办理的案件，负责统一受理、流转、对外移送审核，对办案期限、办案程序等进行流程管理、预警监控，对查封、扣押、冻结、处理涉案款物以及开具法律文书等工作进行统一管理，组织对办案质量进行核查、评价以及对检察业务进行综合考评，同时还负责组织协调执法规范化建设、执法风险评估预警等工作。由此可见，这此案管职能除少数体现为"服务性"外，大多体现为对侦查、审查逮捕、审查起诉、提起公诉、办理刑事申诉案件等刑事诉讼程序方面的监督、管理与控制，处处体现为检察机关对刑事诉讼活动的法律监督职能，最终服务和服从于"严格履行检察职能，依法办案，高质量办案"这个根本。可以说，案管工作就是案管部门对各业务部门在执行刑事诉讼节点环节尤其是重要节点活动的管理与监督，其工作的依据、标准就是刑事诉讼法的各项规定，离开了刑事诉讼法，案管工作就失去了存在的价值与必要性。

---

* 重庆市人民检察院研究室副主任（正处级），三级高级检察官。

二、新刑事诉讼法对案管工作的主要影响

开展案件管理工作，必须以新修订的刑事诉讼法为依据，不能再以原有的规定作为监督和衡量其他业务部门工作的标准。因此，案管部门应加强对新刑事诉讼法的学习，尽快调整完善原有的案件管理制度、操作规则、监督管理标准等。从新刑事诉讼法修订情况来看，以下几个主要方面的修订与案管工作联系较为密切。

（一）对案件流程管理要求更加严格

对案件流程的监管是案件管理部门的重要职责，案管部门主要通过对办案期限、办案行为有无违法进行提示预警、跟踪监督等方面体现。此次修改主要表现为：

1. 办案期限相对延长。新刑事诉讼法第 103 条第 4 款规定，期间的最后一日为节假日的，以节假日后的第一天为期满日期，但犯罪嫌疑人、被告人或者罪犯在押期间，应当以期满之日为止，不得因节假日而延长。又如，第 117 条规定，对于案情特别重大、复杂，需要采取拘留、逮捕措施的案件，传唤、拘传持续的最长时间为 24 小时，比以前的 12 小时有所延长。另外，第 149 条规定，有关机关批准采取技术侦查措施决定的有效期限为 3 个月，期限届满需要继续采用的，应当再次经过批准。上述规定需要案管部门在流程监管工作中特别注意期限预警提示工作。

2. 对强制措施的适用以及对侦查行为、审查起诉更加明确规范。（1）对强制措施的适用。新刑事诉讼法第 83 条、第 91 条规定，拘留、逮捕后，应当立即将被拘留人、被逮捕人送看守所羁押，至迟不得超过 24 小时。除无法通知或者涉嫌危害国家安全犯罪、恐怖活动犯罪通知可能有碍侦查的情形外，应当在拘留后的 24 小时以内通知家属；除无法通知的以外，应当在逮捕后的 24 小时以内通知家属。第 73 条规定，指定居所监视居住的，除无法通知的以外，应当在执行监视居住后 24 小时以内通知家属。改变了原刑事诉讼法"可以通知家属"的规定。（2）对侦查行为和证据收集的排除要求。新刑事诉讼法第 50 条、第 54 条、第 55 条规定，严禁刑讯逼供和以威胁、引诱、欺骗以及其他非法方法收集证据，不得强迫任何人证实自己有罪；对采用刑讯逼供等非法方法收集嫌疑人、被告人供述和采用暴力、威胁等非法方法收集的证人证言、被害人陈述，检察机关在侦查、审查起诉中应当予以排除，不得作为起诉意见、起诉决定的依据；检察机关接到报案、控告、举报或者发现侦查人员以非法方法收集证据的，应当调查核实并予以纠正。另外，新刑事诉讼法第 116 条、第 117 条、第 121 条规定，侦查人员应当保证被传唤人、被拘传人的饮食

和必要的休息时间；讯问被羁押的犯罪嫌疑人，应当在看守所内进行；对符合法定条件的讯问犯罪嫌疑人的过程要进行录音或者录像。上述规定要求案管部门及时对侦查行为、强制措施以及审查起诉环节进行认真监管，发现问题及时通知相关业务部门进行纠正。

3. 更加注重保障犯罪嫌疑人及其他诉讼参与人的权利。新刑事诉讼法第33条、第34条、第37条规定，侦查机关在第一次讯问犯罪嫌疑人或者对犯罪嫌疑人采取强制措施的时候，应当告知犯罪嫌疑人有权委托辩护人；对符合法定条件的，应当通知法律援助机构指派律师为其辩护；辩护人会见在押的犯罪嫌疑人的权利应予以保障，只有危害国家安全犯罪、恐怖活动犯罪、特别重大贿赂犯罪案件，才能在侦查期间限制辩护律师会见犯罪嫌疑人，其他案件不得禁止会见。第47条规定，辩护人、诉讼代理人向检察机关申诉或控告其被有关机关阻碍依法行使诉讼权利的，检察机关的相应部门应当及时进行审查，情况属实的，通知有关机关予以纠正。第95条规定，检察机关自收到犯罪嫌疑人、被告人及其法定代理人、近亲属或者辩护人要求变更强制措施的申请后，应当在3日以内作出决定，不同意变更的，应当告知申请人并说明理由。第115条规定，诉讼参与人及有关利害关系人对侦查机关、侦查人员采取强制措施、侦查措施违法的，有权向该机关申诉或者控告，对受理机关的处理不服的，可以向检察机关申诉。这些规定要求案管部门要及时加强监督并对业务部门违法办案行为进行纠正。

另外，该法对保护未成年犯罪嫌疑人、被告人的合法权益作为特殊程序在承办人的条件、法律援助机构的指派、讯问的特殊要求等方面作出了特别具体规定，案管部门对此不可忽视。

（二）对律师接待工作及法律文书监管提出了特殊要求

1. 对律师接待工作量会有所增加。按照案件管理部门职能要求，其职能之一就是负责统一接待律师的投诉、案卷查阅等工作。由于新刑事诉讼法完善了辩护律师制度，扩大了辩护人的权利，案管部门对此要特别予以注意。一是辩护律师在审查逮捕、侦查终结、审查起诉时可以要求检察机关听取其意见，也可提交书面意见。二是对辩护人在审查起诉阶段、审判阶段的阅卷范围作了调整，由以前只能在"审查起诉阶段查阅、摘抄、复制本案的诉讼文书、技术鉴定材料……自人民法院受理案件之日起，可以查阅、摘抄、复制本案所指控的犯罪事实的材料"改为将阅卷范围一律扩大为"本案的案卷材料"。

2. 对法律文书的开具、登记提出了新要求。对取保候审、监视居住、拘留、逮捕等强制措施的适用对象、适用条件作了调整，案管部门在开具适用强制措施的法律文书时，除了审查办案部门手续是否合法齐全外，也要审查适用对象是否合适，对于明显违反法律、不符合适用条件的，可以与办案部门沟通协调，必要时向分管领导提出意见，防止适用错误。另外，新刑事诉讼法增加了"技术侦查措施"一章，明确了严格审批的程序，对相应的法律文书制作的审查也不可忽视。新增加的查封措施以及冻结的对象扩大，带来了法律文书种类的增加或应作相应的调整。

（三）对案件质量评查和综合考评工作增加了难度

案件质量评查及综合考评工作是案管部门对各业务部门在案件办结后，对所办案件从程序、实体及法律、政治、社会效果等方面所进行的检查和评价活动。新刑事诉讼法对执法办案及案管部门管理带来的最大影响就是理念的转变问题，包括：惩治犯罪与保障人权相统一理念、实体公正与程序公正相统一理念、公正与效率相统一理念、宽严相济刑事政策理念等。这些理念的转变对评查活动的开展具有重大影响，而且真正落实到位还有相当长的过程。因此，案管部门要特别注意把握好以下因素：一是案件办理是否符合刑事诉讼法的修改理念；二是证据收集活动是否合法及是否符合非法证据排除规定；三是对犯罪嫌疑人的权益保护及对辩护人、证人、鉴定人、被害人等诉讼参与人的权益保护是否到位等。

三、提升案件管理质量的主要路径、方法

（一）树立"提升案件质量"是案管部门主要职责意识

新刑事诉讼法更加强化了检察机关的法律监督职能，赋予了许多监督职权。这就要求案管部门要把提升案件质量管理放在更加突出的位置，"事务性管理"要服务、服从于"案件质量监督管理"。这是因为，案件质量是执法机关尤其是是检察机关的生命线。检察机关法律监督职能要求我们一切工作的出发点和落脚点。由于检察机关负有对公安移送的刑事案件审查、提起公诉和对法院出庭支持公诉、事后审判监督等法定职能，因而在整个刑事诉讼链条中对整个案件质量把关具有举足轻重的作用。从近几年全国所发生的众多冤假错案来看，都是执法机关没有正确把握好"以事实为根据，以法律为准绳"的司法原则所致，都是对案件事实的认定和证据的把握以及对法律的适用、办案程序的控制出了问题，因而在人民群众中造成了恶劣影响，严重影响了执法机关在人民群众中的形象。这就要求不仅办案人员、办案部门要牢固树立案件质量意识，案件管理部门更要站在内部"管理、监督"和"最后防线"角度，采取一切有效措施，管理、监督好案件质量，使之真正发挥好案件质量的"过滤器"、"安全阀"作用。

（二）提升案件管理质量的基本途径——直接手段和间接手段并用

1. 提升案件管理质量的直接手段——事中审查、事后评查

笔者认为，高检院确立的"统一受案、全程管理、动态监督、案后评查、综合考评"执法办案管理新机制，适用了新刑事诉讼法的精神，（其中的"动态监督"原则包括案管系统对办案期限及时预警、赃证款物的管理和对开具的法律文书审查把关、对法律文书的审查把关等"事中审查"，以及案后评查的"事后评查"等方法对监督刑事诉讼法的有效实施起到关键性作用。）实践证明，"事中审查、事后评查"已经成为案管部门把好案件质量关的两大基本途径。

（1）事中审查。所谓"事中审查"是指案管部门对经各业务部门分管领导审批的法律文书文稿的内容负有形式上审查的责任义务，对经审查合格的予以盖章出具的过程，体现了对案件质量监督的及时性。

在实务操作中，对"事中审查"不少同志持不同观点，一种观点认为，案管部门不应具备此功能，只负责对事先拟制好的法律文书进行盖章、登记、送达即可，无须对文书内容进行审查，因为法律文书已经分管领导审查过了，如果再审查，工作量太大，现有工作人员不可能完成此任务。另一种观点认为，对法律文书的审查是案管把好案件质量关的重要途径和基本职责，对于及时发现并纠正法律文书错误十分有利，以免造成不利的法律后果。笔者对于后一种观点持赞成态度。虽然法律文书已经分管领导签字，但不能代表其一定细致审查，由于领导事务性工作多，有的也不一定认真审查，再者即便审查了也不一定能审查出问题来，因此，案管部门再审查一道有利无害，但也确有一个把握"审查度"的问题，即审查到什么程度的问题。笔者认为，从案管人员工作量及对案件事实证据熟知程度角度考虑，对法律文书"审查度"的把握原则上限于"形式审查"，确有必要时再进行实质审查。为此，应注意把握好两点：一是首先审查法律文书的格式是否规范；二是审查法律文书的基本内容是否存在"明显"错误，包括：文字是否有错漏字，语言表述是否前后矛盾，认定事实与所适用法律条文是否一致等，原则上不对案件事实和证据进行审查，故此种审查只是形式审查或叫部分实体审查。对经审查发现的文书格式不规范、错漏字、语言表述前后矛盾、法律条文错误等问题要及时退回相关业务部门予以纠正。当然，对审查中发现的部分案件事实和证据存在重大疑点或错误可能时，也可提请相关业务部门进行重新审查，必要时（重大案件）经检察长批准，案管部门也可直接调卷审查。一般来说，对案件事实和证据等实体审查应在"事后评查"中去完成。

（2）事后评查。"事后评查"也即"案后审查"。所谓"事后评查"是指

案管部门在业务部门案件办结完毕后的一段时间内，通过一定途径对原办案部门和人员所办案件的质量和效果进行检查和评议的方式。其目的是检验原案是否存在错误，办案行为是否规范，办案人员是否廉洁，进而为充实检察官执法档案和业务考评奠定一定的基础。笔者认为，采取下列三种案件评查（检查）方式最能体现案件质量的效果：

①开展个案质量督查（个案抽查）。个案质量督查是指案管部门经领导审批，对原业务部门已办理的某一个或几个可能存在问题的案件（通过一定途径获知）进行抽查的一种方式，目的是检验案件质量，对发现的问题案件及时纠正。通常案管部门启动个案督查的来源主要包括：一是通过上访渠道反映的涉检重大复杂案件；二是上级检察机关交办的案件；三是人大、政协转办的案件；四是本院检察长要求督查的案件；五是案管部门在开展案件质量综合管理过程中发现可能存在问题的案件。对于需要个案质量督查的案件，应当报请检察长审批。个案督查的内容主要包括：A. 案件事实是否清楚，证据是否确实充分；B. 办案程序是否合法；C. 定性是否准确，处理是否恰当；D. 法律文书制作及其他执法行为是否规范；等等。个案督查的形式主要采取书面审查（卷宗）的方式进行，必要时可邀请纪检监察部门参加并辅之走访调查的方式进行。一般来讲，抽查时间因情况而定，可根据检察长要求或工作需要随时进行抽查。个案督查工作结束后应写出督查报告，向检察长报告，由检察长或检委会研究决定。

在开展个案质量督查时要注意以下问题：一是要注意将督查发现的问题及时记入原办案人员的执法档案；二是督查的范围和数量不宜过大，只是抽查；三是督查的对象原则上要与控申部门所办理的申诉案件区别开来。控申部门受理的申诉案件为发生法律效力的生效法律文书，包括检察机关作出的生效决定和人民法院的生效判决，只要符合立案条件，控申部门都要受理，不存在抽查的问题，而案管部门则是重点抽查自侦、公诉、侦监、民行、监所、控申等部门已办理的案件，因此，要注意二者在审查方式、对象范围、审查数量、处理的结果等方面的区别。

②开展案件质量专项检查。专项检查是指案管部门针对业务部门在一定时间段所办理完毕的某一类或几类的案件所进行的检查，目的在于对案件关键环节质量进行测评，从中分析查找执法水平方面存在的共性问题，以利于改进工作。其所检查的对象一般为：本院（或下级院）不立案、不批捕、不起诉、撤回起诉、撤案、无罪判决等案件以及起诉后改变定性、改变事实、改变重要情节的案件。检查的方式既可以是案管部门单独进行，也可以会同办案部门一并进行；既可以对某一类案件进行检查，也可以同时对几类案件进行检查；既

可以是上级院案管部门对辖区范围内的案件进行检查，也可以是本院案管部门组织对本院各业务部门所办案件进行检查。检查的范围数量一般是一定时期内所办理的某一类或几类所有案件，而非抽查。检查组检查工作结束后要对专项检查活动形成专题报告，经检委会研究后予以通报相关业务部门。专项检查一般每年进行1—2次为宜。

③开展执法规范化检查。执法规范化检查通常系对某一个院所有业务部门在一定时间内办案水平和执法执纪等执法规范化行为所进行的一次综合性全面检查。此项工作由原研究室转为案管部门完成，有利于其全面掌握各业务部门案件质量情况，有利于进一步检验检察机关开展业务建设、队伍建设和信息化建设的能力和水平，有利于严格对照高检院的要求找差距、析原因、建措施、出成效，有利于统筹业务考核，进一步加强和改进案件综合质量管理工作。执法规范化检查活动原则上每个院每年进行一次，或者两年进行一次。以省级院组织检查为主，以分院和区县院自查为辅。为了更好地突出和体现执法规范化检查的成效，笔者结合近几年参与市院组织检查活动的体会，认为应注意把握好以下几点：

一是首先省级院要制定好"执法规范化检查实施办法"。它是指导整个检查工作的纲领性、规范性文件。该"办法"应当明确：检查的目的、依据；检查方法和时间；检查内容；检查组人员组成；检查程序；形成检查报告的内容；院检委会研究及通报；检查结果的运用；检查回访；检查纪律等内容。

二是每次检查前要制定详细的"检查实施方案"。此方案应着重体现：A. 检查组成员的专业性、权威性。组长应由省（直辖市）院、各分院领导、专职检委会委员、巡视员及副巡视员担任（均为副厅级以上）。其他成员由省（直辖市）院、分院侦查监督、公诉、职务犯罪侦查、监所检察、民事行政检察、控告申诉检察、法律政策研究室等业务部门的负责人或业务骨干组成；B. 明确检查内容及标准（事前已征求业务部门意见）。特别是关于办案流程、案件质量标准，以及执行检察委员会工作规范、检察官执法档案制度执行等关节点情况；C. 明确检查程序和打分标准。一般按照"听取汇报、抽查案卷、召开座谈会、书面能力测试、总体评价、汇总通报"等方法步骤进行，必要时，可以走访有关单位及人员。其中抽查案卷是重点，其分值约占总分的80%，书面能力测试和总体评价各占总分的10%；D. 明确需要"回访检查"的院。即省级院根据工作需要，对以往被查的问题较多的院进行再次抽查，重点检查以前存在的问题整改落实情况；E. 明确检查结果在被查院年度目标考核中的运用。

三是要撰写好"四个检查工作报告"。检查工作结束后检查组、案管部门、业务部门、被查院都要注重总结，分别撰写出高质量的检查情况报告或整改报告，以便于领导科学决策。A. 各检查组要在检查结束后的 15 日内写出综合检查情况报告，内容主要包括：检查的总体情况、对被抽查院总体评价及得分情况；简要总结被检查院取得的成效；存在的主要问题及原因分析；提出改进工作的意见和建议，包括对检查方式和内容的改进意见。报告既要有总体概况，又要有具体情况，内容要有数据、有案例作支撑，提出的问题要客观真实，解决问题的方案要切实可行。B. 省级院各业务部门要在本处室指定一人负责汇总分析本业务条线的检查情况，并在 15 日内写出条线综合检查情况报告。C. 被检查院要在 15 日内写出整改报告并报省级院。D. 省级院案管部门要在各检查组和各业务条线报告的基础上进行汇总，向本院检委会提交综合检查情况报告，该报告与各业务处室报告在经院检委会研究后分别向全省检察机关进行通报。

上述三种检查方式既有联系也有区别，均为提升案件质量的有效方式，共同目的都是为了发现问题，提出改进措施，提高执法规范化水平。区别在于检查时间、检查范围、检查结果运用有所不同。"个案督查"强调在较短时间（通常为一个季度或随时）重点抽查某一个或几个案件，检查结果在于提醒有关部门和人员及时纠正存在的问题，并记入个人执法档案；"专项检查"强调在一年或半年内对不立案、不起诉等一类或几类案件情形进行检查，检查结果在于有针对性分析类案形成的原因，从而对相关部门的业务水平的作出评价，以便引起分管检察长和检察长的重视；"执法规范化检查"通常强调在一年或二年内针对所辖的院（部分院或全部院）的各业务条线进行一次全面检查，检查结果通常经检委会研究进行通报并与被检查院年度目标考核挂钩。

2. 提升案件质量的间接手段——建立检察官执法档案、严格业务考评

（1）建立好、运用好检察官执法档案。检察官执法档案是案管部门对本院检察官的执法质量、执法作风、执法纪律进行检查、督察、考核、评议所形成的各种客观记载资料，是案管部门对事中检查和事后评查活动的真实反映。它既是干部部门年终考核评价该检察官业绩的依据，也是对该检察官晋职晋级、奖惩的重要依据。因此，既是案管部门进行案件综合质量管理的有效手段，也是政治部门提高队伍建设能力的有力举措。其建立的对象是从事侦监、公诉、职务犯罪侦查、监所检察、民事行政检察、控告申诉检察等业务工作的检察官。通常由案管部门、业务部门、纪检监察部门每一季度（或根据情况）在案管系统及时录入检察官的办案质量、作风纪律等相关信息。从重庆近几年对执法档案管理来看，其作用发挥并不理想，主要表现为：有的院虽然建立了执法档案，但由于没有及时开展个案督查等工作，致使该档案无内容可填；有

的案管部门没有及时建立检察官执法档案，使检察官执法信息无处可填；有的对执法档案的内容填写不认真、不客观、不真实，流于形式；绝大部分院没有注重结果运用，更没有与年终目标考核、职级晋升有效挂钩。其根本原因是院领导重视不够，没有制定具体的奖惩措施，或虽有奖惩措施但兑现不够。相信随着案管部门的建立和措施的不断完善，检察官执法档案在实践中将会更加规范，作用发挥得会更加明显。

（2）赋予并运用好对各业务部门的考评权。由于案管部门行使的主要职权是"管理权、监督权"，最易发现业务部门在执行办案流程、标准环节存在的问题，能为业务考核提供第一手客观资料，同时赋予其业务考核权也有利于提升管理监督效果，有利于树立其权威性。但问题是案管部门如何实现对各业务部门科学考评，尤其是如何通过案件质量的动态管理（如个案督查、专项检查、执法规范化检查、程序性控制、执法档案管理建立），实现动态与静态考核目标的有机对接是一大难题。笔者认为要想实现这一目标，案管部门关键要把握好以下几点：一是要设定科学合理的业务目标考核办法，该考核办法的内容要充分体现对业务部门案件流程管理和重要节点的案件质量标准管理；二是要注重日常的信息管理，及时录入相关执法活动信息，客观真实反映动态管理监督的全过程，并及时进行动态分析，对存在的问题实施动态跟踪，为年度目标考核打下坚实基础。三是对管件质量管理活动中发现的扣分因素要敢于向领导提出意见，坚持原则，该扣则扣，真正起到目标考评的促进作用，为管件质量管理的进一步提升创造有利的条件。

（三）实现案件管理质量提升的前提条件——树立案管部门的权威性、软件设置的科学性、业务培训的及时性

案件管理部门要想切实把新刑事诉讼法的精神贯彻落实到实处，把好案件质量关，除了案管部门及时进行事中检查和事后评查等工作外，还必须具备下列条件，才能真正发挥好案管部门的作用，以充分体现设立案管部门的初衷和价值。

1. 加强队伍建设，突出和树立案管部门的权威性。案管部门如果没有权威性，案件"管理、监督"就无从谈起，其他业务部门的配合支持也就成了一句空话，自然也谈不上案件质量的提升。笔者认为，权威性的主要体现在：第一，各级院必须首先明确规定"案管部门的工作直接对检察长负责，向检察长和检委会报告工作"，而不对某一副检察长负责，以便增强案管部门的管理力度、效果。第二，案管部门负责人（主任、副主任或处长、副处长）实行职级高配，实现检察业务管理职能和组织机构规格相适应，那种与其他业务部门"平起平坐"的管理模式不可能实施有效的案件质量管理。第三，配齐

配强案管部门人员，总的原则要求是要将"业务精通、责任心强、坚持原则、有一定组织管理能力"的同志充实到案管部门中去，否则，忽视这个选人用人标准，再好的制度设想都不可能真正实现。"业务精通"是有效实施业务管理的前提，能够体现出管理人员的业务水平，它既包括对职侦、公诉、侦监、控申、民行、监所的业务知识精通（至少要对刑事法律精通），也包括对计算机使用与管理和语言文字表达知识的精通，只有如此，管理起来才能得心应手，才具有说服力。"责任心强"是做好案件管理的充要条件，如果一个人业务能力再强，其不愿管或工作不负责任，同样难以胜任此项工作。因为，案件管理工作中的收发案、法律文书的审查与送达、赃证款物的登记与保管、案件数据信息录入、律师的接待等环节都是细致性工作，都需要责任心强的同志来完成。近几年执法规范化检查个别院所暴露的"业务水平不高、管理不严和责任心不强"等问题很能说明问题。"坚持原则"主要是指对在案件管理监督过程中发现的质量问题敢于指出，尤其是要对目标考核的扣分项目自觉做到该扣则扣，不做老好人，不拿原则做交易。实践中许多规章制度制定得很多很好，可就是执行不了，其原因就是没有坚持原则，不敢于碰硬。当然，坚持原则需要检察长"一把手"的支持，这也是为什么必须由检察长主管此项工作的理由所在。"一定的组织管理能力"是有效实施案件"管理"的必备条件，管理是一门艺术，管理既要敢管，也要善管，否则，只靠一片热情和善意是管不好的。在对案件实施动态管理中，要想业务部门密切配合、支持案管工作，主要靠讲究协调沟通的方法和艺术，靠说服力。因此，少了此项能力同样做不好案管工作。第四，领导重视，教育引导广大干警自觉树立和维护案管部门的权威。各级检察院党组和检察长要高度重视引导检察人员改变传统观念和习惯做法，克服不愿意接受监督的错误思想，及时研究解决改革中的实际困难，要明确案件管理部门的业务管理职能地位，有意识地树立其工作权威，切实为案件管理部门发挥职能作用创造良好的外部环境和履职氛围。牢固树立"有为才有位"的思想并付诸实践才是根本和内因。

2. 注重网络信息化管理。案件的有效管理归根到底还是信息化的管理，不会、不善于运用网络信息进行案件质量管理，提升案件质量也就无从谈起。由于所有案件管理的信息都要及时录入，信息化的管理是最为原始的管理，一旦录入信息，不会因人的意志改变而改变，因而数据较为客观真实。同时，有效运用信息化管理手段，可以进行案件质量数据分析，为领导科学决策服务。为此，实现案件质量管理信息化要做好以下两项工作：一是要实现软件的科学设计（当然，软件科学设计源于案管部门职能定位和业务管理的规程设计）。软件的设计要充分体现"网上执法办案、全程精细管理、实时动态监督、重点案件评查、综合业务考评、信息优化共享"六大工作目标功能；二是要充分运用好软件，及时按照要求录入或调取相关案件信息，实现软件功能效益的最大化，不断提升案件质量管理工作的科学化水平。

3. 加强案管业务培训。由于案件集中管理工作是一项创新，案管部门和业务部门的人员对相关知识相对生疏，如果案管部门人员及业务部门办案人员不熟悉管理规程，主动管理和有效配合工作就无法开展，案件质量提升和刑诉法的贯彻执行也就无从谈起，因而相关业务培训就显得十分重要。笔者认为，该项业务培训工作由省级院或高检院统一组织较妥。培训内容应重点突出以下两个方面的内容：一是突出新刑事诉讼法对各项检察业务要求的培训。一方面，要根据案件管理的特征，结合对案管人员素能的要求，有针对性地加强对案管人员检察业务的集中培训。要通过聘请相关业务专家专题讲授新刑事诉讼法修改对各检察业务流程、标准的影响以及业务技能、易发生问题的环节，使从事案管部门的工作人员对各项检察业务有一个总体全面的认知和把握。另一方面，要通过聘请较为熟悉案管工作的同志给办案人员讲清在哪些方面、哪些环节需要做好配合、支持案管工作。二是要突出对完善后的检察案件管理应用软件和现代管理知识的培训。案件管理是一项兼具检察学、管理学以及计算机知识的综合性、复合性的工作。它不仅要求管理人员具备法学和检察业务技能，还要求具备管理技能、信息化运用、综合协调等方面的技能。为此，必须对案管人员进行多学科、多技能的培训，使其成为具备检察技能和现代管理技能的复合型人才。

试论检察机关调查权的实现与制约

—— 以强化和规制诉讼监督职能为视角

邱　勇 *

检察机关在刑事诉讼中承担着对刑事立案、侦查、审判以及刑罚执行等诉讼活动的法律监督职能，这一法律监督权是宪法和法律赋予的，无疑具有法定性和权威性。但长期以来，检察机关的诉讼监督职能作用并未得到充分和有效的发挥，究其原因，除了当前公、检、法三家相互配合与制约的机制不健全，在工作衔接与配合方面不顺畅等因素以外，关键还在于诉讼监督缺乏可操作性强的实施规范，导致检察机关开展诉讼活动法律监督始终面临着对违法行为知情困难、核查不易、纠正乏力等问题。这些问题得到了立法机关的高度关注，比如，在新刑诉法的相关条文中，就明确赋予了检察机关对诉讼活动违法行为的调查权。在加强对非法证据的排除方面，新刑诉法第55条规定：人民检察院接到报案、控告、举报或者发现侦查人员以非法方法收集证据的，应当进行调查核实。对于确有以非法方法收集证据情形的，应当提出纠正意见；构成犯罪的，依法追究刑事责任。推而广之，笔者认为，检察机关一旦发现诉讼活动违法线索，在正式提出监督意见之前，应当对此进行必要的调查，以判明该行为是否属于检察机关的诉讼监督对象，进而及时、充分和有效地行使诉讼监督手段。

一、赋予检察机关调查权的正当依据

在检察机关进行诉讼活动法律监督过程中，赋予其对违法行为的调查权，具有理论和现实上的正当依据，是极其必要和切实可行的。

（一）赋予检察机关调查权，符合权力的制衡与监督理论

毋庸置疑，在诉讼监督中赋予检察机关调查权，其理论基础追根溯源可以归于国家权力分权制衡学说。洛克在《政府论》中集中阐述了他关于权力制

---

* 江苏省镇江市人民检察院研究室副主任。

约的政治思想。为了能最有效地保护人们的生命、自由、财产，洛克认为政治权力必须受到法律的约束。孟德斯鸠则继承和发展了洛克的分权学说，并对这一学说赋予了完备的结构和形态。他认为，一个自由、健全的国家，必然是一个权力受到合理、合法限制的国家，因为自由只能在国家的权力不被滥用的时候才存在，但是"一切有权力的人都容易滥用权力，这是万古不易的一条经验，有权力的人们使用权力一直到遇有界限的地方才休止"。① 所以，要防止滥用权力，就必须以权力约束权力。在我国，权力的使用者是通过人民代表大会的形式，由人民选举出来的代表组成的。人民把权力交给这些代表，委托他们代为行使，这就形成了权力的所有者与使用者的分离，而这种分离就有可能导致人民对权力失去控制。同时，权力在运行过程中，具有派生性，几乎每一种权力都具有派生其他权力的功能。权力的这种派生性，使得权力能为其使用者带来巨大的利益，从而也使得权力在运行过程中，潜伏着巨大的被滥用的危机。因此，从根本上说，赋予检察机关调查权，其目的在于保障检察机关行使诉讼监督职权，以有效对公安机关、人民法院等进行必要的权力制衡与监督。

（二）赋予检察机关调查权，符合法律监督内在结构性权力的基本要素配置

就诉讼活动违法行为来说，其表现形式各种各样，有的行为情节简单，过程和结果直接显现出来，通过察看或审查就能确定是否违法；有的行为情节复杂，其过程和结果较为隐蔽，需要通过一定的手段才能查明事实，而怎样发现和查明违法事实并进行纠正，法律没有明文规定。对一次完整的诉讼活动监督流程进行考量，检察机关的诉讼活动监督权可由调查权、程序决定权、违法行为纠正和责任追究权，以及预防犯罪检察建议权构成。② 其中，调查权无疑是诉讼监督权的结构性前提要素。确认行为违法需要有确实充分的证据，而证据的获得只能通过调查手段来收集，因此诉讼监督权的行使必须建立在调查权的基础之上，没有调查权或者调查权得不到充分保障，检察机关作出的程序性决定权就难以符合客观事实和法律要求。比如在刑事立案监督中，一般来说，公安机关如果不向检察机关报送立案备案材料或者立案情况报表，检察机关就无法了解公安机关的立案审查处理情况，而只有通过被害人的申诉途径获得公安机关不依法立案的信息。但如果被害人忍气吞声不提出申诉，或者被害人申诉后检察机关不进行必要的调查了解，那么检察机关除了在审查案件中发现之外就没有其他更好的途径实施刑事立案监督。可以说，检察机关直接参与诉讼活动本来就有全面获得案件信息的条件和优势，但是忽视了调查权的结构性地

① ［法］孟德斯鸠：《论法的精神》，张雁深译，商务印书馆1959年版，184页。
② 周理松：《论检察监督的程序性和实效性》，载《人民检察》2001年第6期。

位，反而不能把这种优势发挥出来。

（三）赋予检察机关调查权，符合诉讼活动监督的现实状况和客观需要

如前所述，长期以来，我国关于刑事诉讼监督手段的规定，绝大部分是事后监督，检察机关的诉讼监督职能作用没有得到充分和有效的发挥。比如，检察机关对于侦查活动的监督，往往在侦查机关提请批准逮捕之后才开始进行，主要是通过书面审查案卷材料的方式，但实际上对于提请批准逮捕之前，公安机关侦查活动是否存在违法行为，基本上不可能在卷宗中得到反映。而对于批捕后的侦查活动，法律并没有规定事中监督的措施和程序，只能依靠审查起诉阶段的事后审查，导致对侦查活动的监督几乎都是在违法行为发生之后，而此时违法行为的危害结果已经产生，即便再进行事后补救，也会导致诉讼监督效果大打折扣。实践证明，检察机关只有及时发现并调查核实司法人员的违法行为，才能有针对性地依法提出纠正意见。如果不能调查违法，纠正违法也就成了无本之木、无源之水。可见，调查违法是开展诉讼监督所必须具备的措施，是检察机关实现对诉讼违法的知情权，从而有针对性地纠正违法的题中应有之义。同时，近几年，各类媒体对侦查活动、审判活动的违法情形时有披露和报道，引起社会的广泛关注，对检察机关诉讼监督权运行状况也存在一定的质疑之声，迫切需要进一步强化对诉讼活动的法律监督。正如胡锦涛总书记在同全国政法工作会议代表和大法官大检察官座谈时曾经强调的那样，要进一步规范司法行为，完善对司法权行使的监督机制，加强对诉讼活动的法律监督，切实解决执法不严、司法不公问题。

二、检察机关调查权的实现程序与保障

调查是检察机关发现和查明刑事诉讼过程中是否存在违法事实的一种工作方法，应当进行严格、规范的程序设置，并予以必要保障。

（一）调查的启动程序

检察机关对诉讼活动违法行为的调查属于诉讼监督工作中比较重大的举措，因此要慎重行事，严格受理和批准程序。对于司法人员在诉讼活动中的违法行为，任何单位或者个人都有权向检察机关举报、投诉或者控告。检察机关接到举报、投诉或者控告后，应当及时受理并进行审查。相关职能部门对移交的线索、材料审查后，认为行为涉嫌违法，需要启动调查程序才能查明违法行为事实的，由承办人填写《提请调查违法行为审批表》交部门负责人审核后，报检察长决定是否进行调查。其他政法部门有线索或者证据认为检察人员有违法行为的，可以向检察机关提出，检察机关检务督查部门也应在报经检察长批准后及时进行调查。

（二）调查范围与重点

根据不同的诉讼阶段，针对不同的调查对象可以划分为三个不同的调查范围。一是对侦查机关的刑事立案与侦查活动是否合法实行监督，对应当立案侦查而不立案侦查或不应当立案侦查而立案侦查等情况进行调查。二是对审判机关的刑事审判活动是否合法实行监督，对无故拖延办案期限而造成不良影响、或者审判人员严重违法法定程序办案、侵犯当事人和诉讼参与人诉讼权利等情况进行调查。三是对刑罚执行和监管机关的监管活动是否合法实行监督，对看守所应当交付监狱执行的罪犯，无正当理由或者未经审批予以留用等情况进行调查。

同时，检察机关应突出重点，对于经审查认为确有一定根据并且比较严重的违法行为开展调查。结合新刑诉法的规定和司法实践，对于以下违法行为的举报、投诉或者控告予以调查核实：对明知是没有犯罪事实或者不应追究刑事责任的人立案、侦查、起诉、审判的，或者对明知是有犯罪事实需要追究刑事责任的人而故意包庇使他不受立案、侦查、起诉、审判，或者在审判活动中故意违背事实和法律作枉法判决、裁定的；非法限制或剥夺他人人身自由的；对明知是与涉嫌犯罪无关的人身、住宅非法进行搜查的；使用肉刑、变相肉刑或者威胁方法逼取口供、证言的；侵吞或者违法处置被查封、扣押、冻结的款物的；超期羁押情节较重的；私放在押人员，或者严重不负责任致使在押人员脱逃的；对明显不符合减刑、假释、暂予监外执行条件的罪犯违法提请或者裁定、决定、批准减刑、假释、暂予监外执行的；对被监管人进行殴打或者体罚虐待的；收受或者索取当事人及其近亲属或者辩护人等贿赂的；有其他严重损害当事人合法权利，影响公正司法的违法行为的。

（三）调查方式和期限

检察机关对诉讼违法行为的调查不同于刑事侦查，因此严格禁止使用限制被调查人人身自由或者财产权利的强制性调查措施。应当明确，调查人员要依法、全面、客观地收集证据，对涉及被调查对象有无违法行为、违法行为情节轻重的各种证据都应当收集。可以采取询问、查询、勘验、辨认、鉴定、调取证据材料或调阅相关案卷材料等方法，但不得采取限制人身自由或查封、扣押、冻结财产等强制性措施，也不得使用监视、窃听等有可能侵犯隐私的技术侦查性调查方法。调查一般不接触被调查对象，如果认为确有必要的，可以要求涉嫌违法人员就调查事项所涉及的问题作出解释或说明。检察机关在违法行为调查中，应主动与涉嫌违法单位或个人的主管机关联系，争取支持，可以建议主管机关暂予扣留、封存能证明违法行为的文件、资料、卷宗、财务账目及其他有关的材料，责令案件涉嫌单位和涉嫌人员在调查期间不得变卖、转移与案件有关的财物，暂停有严重违法嫌疑的人员执行职务。调查终结后，应当听取被调查部门和人员的陈述和申辩。

同时，调查诉讼违法行为不能无限期进行。如果检察机关在审查案件时发现公安机关、人民法院的工作人员在诉讼活动中可能存在违法行为的，一般应在审查期限内进行调查；情况复杂、在审查期限内无法完成调查的，可以报经检察长批准在案结后继续调查，但继续调查的时间以不超过一个月为宜。在开展其他方面的诉讼监督工作中，需要调查违法行为的，应当在一个月内完成调查；确需延长期限的，经检察长批准，应在 3 个月内完成调查。

（四）调查后的处理

调查完成后，承办人应当制作《违法行为调查终结报告》，载明调查的事实、证据和处理意见，制作诉讼监督法律文书，移送案件管理部门审查。案件管理部门对移送的违法行为监督案件应当及时进行审查，提出处理意见，报检察长或检委会决定。

一是对于经核实已涉嫌职务犯罪的，必要时进行初查，符合立案条件的则应依法立案侦查。

二是对于确有违法行为，但是尚不构成犯罪的，应当依法向被调查人所在单位发出《纠正违法通知书》，书面提出纠正违法意见，并将证明其违法的材料移送有关部门处理。对于继续承办案件将严重影响诉讼依法公正进行的，可以建议其所在单位依法更换办案人。

三是对于刑事诉讼中违法事实已经形成，违法结果已经发生，无法予以纠正的，应当依法提出《检察建议》，建议相关单位针对管理上存在的问题和漏洞，建章立制，加强管理；认为有关机关或者人员行为违法尚未构成犯罪，但违反党纪政纪应当给予处分的，依法向有关机关发出追究有关人员党纪政纪责任的《检察建议》。

四是对于举报、投诉、控告不实的，应当向被调查人的所在单位说明情况。调查中接触过被调查人的，应当向其本人说明情况，并采取适当方式消除不良影响。同时，将调查结果及时回复举报、投诉、控告人。属于错告的，应当告知投诉人；属于诬告的，应当依法追究诬告者责任，涉嫌构成犯罪的，移送公安机关依法处理。

（五）对调查权的保障措施

程序性是法律监督权的基本属性，法律监督的权威性应体现在它必然引起一定程序，以及被监督者必须作出法律规定的反应，而不应赋予检察机关以直接的实体处分权，否则就改变了法律监督权的本质。① 但无疑，在调查基础之上，为确保检察机关诉讼监督程序性制裁权的顺利实现，以使检察机关的调查活动具有基本程序保障和应有的法律效力，还应当确定相应的权利义务。一是明确被调查机关的配合义务。检察机关为调查违法而向有关机关借阅、调取相关材料或者询问相关事项的，有关机关应当予以提供或者配合，不得拒绝或者阻挠。必要时，检察机关还可商请被调查机关所属纪检监察部门派员协助调查。对于检察机关依法提出纠正意见的，被监督机关应及时通知检察机关，反馈纠正意见的落实情况。二是强化检察机关的程序处理决定权。无论是刑事立案监督权、侦查活动监督权，还是审判监督权、刑罚执行监督权，都包含着程序处理决定权，其行使必然会引起某项法律程序的启动，这是检察机关进行诉讼监督的目的所在。而为了有效实现这一目的，有必要强化和扩大检察机关程序处理决定权的适用范围。比如，对公安机关错误撤销的刑事案件，有恢复侦查的程序性处理决定权，有权通知公安机关恢复侦查，公安机关必须执行。对公安机关另案处理的刑事案件，认为需要一并处理的，有权决定一并提起公诉。对于采取非法行为获得的相关证据，有权宣布该证据无效，排除其证明效力。三是赋予检察机关违法责任追究建议权。检察机关享有对国家工作人员职务犯罪侦查权而没有享有行政处分权，对不构成犯罪的诉讼违法行为的责任人员，检察机关有权建议主管机关启动行政监察程序。为了保证这种建议取得应有的监督效果，使违法行为人受到惩戒，需要赋予检察机关享有违法责任追究程序建议权，而且这种建议权不能是软弱的，必须具有刚性的法律强制力。四是增加检察机关进行程序性处理的救济权。当检察机关发出纠正违法通知的时候，被监督的机关在国家法律强制力的约束之下，能自觉地进行纠正，这是我们所要追求的法律监督效果。但在特殊情况下，检察机关如果遇到阻力，难以实现诉讼监督权，就可以明确检察机关有权向国家权力机关建议启动特别的执法监督程序，如，进行特别的调查程序、质询程序等，把检察机关的法律监督转化为更高层次的国家权力机关执法监督。

三、检察机关调查权的监督制约

对权力的规范和有效控制是现代社会的普遍共识。② 在检察机关进行诉讼

---

① 刘国媛、花耀兰：《准确定位依法拓展加强刑事诉讼法律监督》，载《检察日报》2011年6月10日第3版。

② 常桂祥：《行政自由裁量权的运作及其控制》，载《云南行政学院学报》2004年第4期，第105页。

活动监督的过程中，如果检察官的随意性渗入其中，他对诉讼违法行为的程序性处置权便可能产生偏差，法律及其运行的不确定性将会加剧，法律的精神和立法原意也将受到破坏，因此对检察官裁量权的规制是权力本身的需要，也是司法实践中实现公平正义、促进社会和谐，进而实现司法和谐的需要。① 在此意义上，对包括调查权在内的检察机关诉讼监督权进行必要的监督与制约，则是法治化的必然结果。

（一）明确被监督机关的制约权限

在一般意义上，监督权是针对公权力资源、主体权责、运作效能等开展的检查、审核、评议和督促活动，监督权的功能在于将违法犯罪问题暴露出来，而非直接对刑事诉讼程序中的违法、违规、犯罪现象直接予以惩罚或处分。如果监督权被赋予实体处分的权力，就有可能对侦查、立案、审判、行刑等活动构成干扰和冲突，这与公检法"互相配合、互相制约"的精神也是不相符合的。② 因此，应当明确被监督机关对于检察机关诉讼监督权的实现途径，包括调查权的运作等进行必要的制约。比如，检察机关提出了纠正违法意见或者更换办案人的建议，但被监督机关对此存有异议的，有权在收到纠正违法意见或者更换办案人建议后，向检察机关提出不同的意见及其理由，检察机关应当及时进行复查。经复查认为异议成立的，应当撤销纠正违法意见或者更换办案人建议；认为纠正违法意见或者更换办案人建议正确的，应当立即向上一级检察院报告。上级检察院经审查，认为下级检察院的纠正违法意见或者更换办案人建议正确的，应当书面建议同级有关机关督促其下级机关进行纠正或者更换办案人；认为下级检察院的纠正违法意见或者更换办案人建议不正确的，应当通知下级检察院予以撤销，下级检察院应当执行。③

（二）扩大人民监督员的监督范围

为了保证检察权、特别是职务犯罪侦查权的正确行使，我国检察机关实行了人民监督员制度。人民监督员制度的实施，通过引入社会公众直接参与案件的监督，来解决检察机关直接侦查的职务犯罪案件在撤案、不起诉和逮捕犯罪嫌疑人等环节上自我运作、缺少外部刚性监督制约的制度缺陷。但目前，人民监督员制度只局限于对职务犯罪侦查权的监督，没有从更广的范围上进行考

---

① 万源：《检察权的拓展与让渡——基于权力本质的分析》，载 http：//www. scwyj-cy. gov. cn/dispart. asp？ id＝2964 ，2012 年 4 月 15 日访问。

② 李波：《论犯罪控制视野中的刑事诉讼监督》，载《政法论丛》2011 年第 6 期。

③ 参见万春：《关于完善诉讼违法调查权的几个问题》，载《检察日报》2009 年 1 月16 日第 3 版。

量，没有对检察权的整体运行进行监督，与设计这一制度的初衷并不完全相符。因此，应逐步扩大人民监督员的监督范围，比如，对于检察机关启动违法行为调查的那些群众反映强烈、有较大社会影响、可能有严重违法违纪行为的少数重大刑事案件，可以交由人民监督员进行监督，借以规范检察机关的诉讼监督行为，提高检察权的社会公信度。

（三）对争议案件处理实行公开听证

司法实践中，对检察机关经过调查认为不存在违法行为，而没有进行法律监督的案件，有的案件当事人对检察机关的处理不能接受，认为检察机关监督不力，继续控告申诉甚至越级上访，成为检察机关涉法上访案件的主要来源，影响了社会稳定和检察机关形象。为了解决这个矛盾，可以就当事人不服检察机关处理决定的案件进行公开听证，由人大代表、政协委员、当事人或其聘请的律师参加听证，并通知被监督机关派出原案件承办人或相关部门负责人参加，让参与听证人从不同角度发表意见，检察机关充分吸收各方意见，以便作出符合最大多数意见的程序性决定，确保诉讼监督权最终落到实处。

（四）完善诉讼监督权的内部制约

通过检察机关内部的职权分工，建立避免包括诉讼监督权在内的检察权滥用的制约机制，这是对检察权进行监督的一个重要方面。检察职权内部的分工和制约机制包括上下级检察机关之间和同一检察机关内部不同职能部门之间。就上下级检察机关之间的监督制约来说，应当通过完善检察一体化机制予以实现。检察一体化要求在上下级检察机关之间实行上命下从的领导关系，上级检察官对下级检察官具有指令权，包括指挥监督权和职务收取和转移权，下级检察官则有相应的服从义务和报告义务。我国在检察机关内部确立了上级领导下级的体制，建立了请示、报告制度、指令纠正、备案和报批等制度，避免下级检察机关滥用权力，实现上级对下级检察机关的监督制约。就同一检察机关内部的监督制约来说，我国实行检察长以及检察委员会负责制，普遍建立了纪检监察、案件管理、检务督查等部门，实践中已有一定的运作，但关键在于要进一步完善内部监督的执行和保障程序，以及健全对责任人员的追究和对瑕疵案件的处置等相关机制。检察人员对于诉讼违法行为不依法履行法律监督职责，造成案件被错误处理或者其他严重后果的，或者放纵司法工作人员职务犯罪的，或者滥用职权违法干扰有关司法机关依法办案的，检察机关的纪检监察部门应当进行调查处理；构成犯罪的应依法追究刑事责任。